職業能力開発促進の
実務手引

監修　厚生労働省職業能力開発局

財団法人　職業訓練教材研究会

目次

序　説

我が国の職業訓練制度は、昭和三十三年の旧職業訓練法の制定（法律第百三十三号）により制度的に確立された。

この法律は、それまでの企業内の技能者養成と公共機関が行っていた職業補導の両制度を統合し、近代的技能労働者を養成することを目的としていた。それから十年を経過した昭和四十四年には、高度経済成長下における本格的な労働力不足時代の到来等を背景として、これらに対応する技能労働者の養成、確保を図るため、昭和三十三年の職業訓練法を廃止し、生涯訓練の推進等を掲げた新たな職業訓練法を制定した。

その後本法については、昭和五十三年に、石油危機以降の景気後退による厳しい雇用情勢や産業構造の変化等に対処するための大改正が行われ、民間・公共が一体となった幅広い機動的な職業訓練体制の確立、生涯訓練、生涯技能評価体系の理念の達成が図られた。

しかしながら、近年、我が国においては、マイクロ・エレクトロニクス化等の技術革新の急速な進展、本格的な高齢化社会の到来、さらにはサービス経済化や国際化により、労働者の職業生活の全期間を通じて職業能力の開発向上を図ることの重要性が高まると同時に、職業に必要な技能や知識の多様化が進み、より幅広い職業分野について多様な方法による職業能力開発の促進を図ることが求められるようになってきた。

こうした要請に応えるために、昭和六十年、職業訓練法を改正し、法律の題名も、「職業能力開発促進法」に改められ、民間企業における自主的な職業能力の開発の促進と公共職業訓練の充実を行った。

また、平成四年、若年労働力の大幅減少等の労働供給構造の変化、技能離れの風潮の中で職業能力開発の一層の推進を図るため、経済社会の変化に的確、柔軟に対応できる人材の育成等を狙いとして、職業能力開発促進法の一部改正を行い、公共職業能力開発施設の情報提供、相談援助サービス拡充、公共職業訓練体系の再編整理による公共部門の教育訓練体制の整備充実を行った。

さらに、平成九年、急激な産業構造の変化の中で、製品の高付加価値化、新分野展開等を担う人材を育成するため、職業能力開発大学校の設置等の公共職業訓練の高度化、労働者の自発的な職業能力開発の開発・向上の促進を内容とする改正を行った。

平成十三年には労働移動の増加等の変化に適切に対応するため、従来の企業主導の職業能力開発に加えて労働者がその職業生活設計に即して自発的な職業能力開発を行うこと（キャリア形成）を支援する体制及び職業能力評価制度の整備を進めることとし、雇用対策法等と併せて改正を行った。

職業能力開発促進法改正の主な概要

(1)　経済社会の変化に的確、柔軟に対応できる人材の育成

①　相談援助機能の充実による公共職業能力開発施設の総合的能力開発センター化

職業能力開発に関するノウハウを積極的に提供することにより、民間の自主的な職業能力開発の促進を図るため、公共職業能力開発施設の情報提供・相談援助機能を強化することとした。

②　労働者、産業の多様なニーズに対応した多様で柔軟な能力開発の推進

公共職業能力開発施設において、労働者、産業の多様なニーズに応じつつ、変化に柔軟に対応できる人材を育成する職業能力開発を推進するため、現行の訓練体系を再編整理し、多様で柔軟な教育訓練体系の導入を図ることとした。

③　職業能力開発短期大学校における在職労働者に対する高度かつ多様な職業能力開発機会の提供

中小企業労働者等が技術革新等に対応した高度な職業能力を身につけられるよう、職業能力開発短期大学校に、従来の養成訓練（二年間の専門課程）に加え、在職労働者向けに短期の多様なコースを開設できることとした。

(2)　技能を尊重する社会の形成のための技能振興施策の推進

技能尊重気運の醸成を図るため、事業主等による自主的な職業能力評価の促進を図るとともに、国は技能の振興に関する啓発事業等を行うこととした。

(3)　人づくりによる国際協力の推進

人づくりを通じて国際協力に貢献するため、公共職業能力開発施設等は、その業務に支障のない範囲内で外国人研修生等を受け入れることができることを明確にすることとした。

(4)　公共職業訓練の高度化に伴う高度職業訓練の実施体制の整備等

①　職業能力開発大学校の設置

現在職業能力開発短期大学校で行っている高度職業訓練に加え、専門的・応用的な職業能力の開発・向上のための新たな高度職業訓練を行う施設を「職業能力開発大学校」とすることとした。

②　職業能力開発総合大学校の設置

現在職業能力開発大学校で行っている職業訓練指導員の養成及び職業能力の開発・向上に関する調査・研究に加え、公共職業訓練等の実施の円滑化に資する先導的・中核的な職業訓練等、職業能力の開発・向上の促進に資するための業務を総合的に行う施設を「職業能力開発総合大学校」とすることとした。

(5)　労働者の自発的な職業能力の開発・向上の促進

①　事業主の行う職業能力開発促進の措置

事業主は、必要に応じ、有給教育訓練休暇、長期教育訓練休暇その他の休暇の付与や教育訓練等を受ける時間を確保するための措置を講ずること等により、その雇用する労働者の自発的な職業能力の開発・向上を促進することとした。

②　事業主等に対する国等の援助等

国等は、労働者が自ら教育訓練等を受ける機会を確保するための援助を講ずる事業主等に対して、必要な援助等を行うこととした。

(6)　労働者の自発的な職業能力開発（キャリア形成）の促進

労働者の自発的な職業能力開発を促進するために事業主が講ずべき措置として、業務に必要な職業能力についての情報提供、相談その他の援助等を追加するとともに、事業主が講ずべき措置の有効な実施を図るため、必要な指針を策定することとした。

(7)　職業能力評価制度の整備

民間機関の活用による適正な職業能力評価を促進するため、技能検定制度について、試験業務の委託対象となる民間機関の範囲及び民間機関に行わせることのできる試験業務の範囲を拡大することとした。

一　職業訓練の体系

職業能力開発促進法（昭和四十四年法律第六十四号。以下「法」という。）に基づく職業訓練は、公共職業能力開発施設及び認定職業訓練施設等で行われる「職業訓練」（法第八条、第十五条及び第二十七条）と、職業能力開発総合大学校で実施される「指導員訓練」（法第二十七条）に大別される。

職業訓練は、公共職業能力開発施設である職業能力開発校、職業能力開発短期大学校、職業能力開発大学校、職業能力開発促進センター及び障害者職業能力開発校等で実施され、また、職業訓練及び指導員訓練は、後述（二一一頁参照）するように、事業主及びその団体等が都道府県知事の認定を受けて行う「認定職業訓練」としても実施される（法第二十四条第一項、第二十七条の二第二項）。

㈠　職業訓練

(i)　普通職業訓練

普通職業訓練は、高度職業訓練以外の職業訓練であり、主として新たに技能労働者になろうとする新規学校卒業者を対象として行う普通課程と、在職労働者（事業主に雇用される者（船員職業安定法第六条第一項に規定する船員を除く。以下同じ。））、離転職者（求職者（同法第六条第一項に規定する船員となろうとする者を除く。以下同じ。））、高齢者、短時間労働者等の様々な者を対象として行う短期課程があり、職業能力開発校、職業能力開発促進センター及び障害者職業能力開発校等において行われる。

1　普通課程

普通課程は、中学校もしくは高等学校を卒業した者又はこれらと同等以上の学力を有すると認められる者に対し、職業に必要な高度の技能（専門的かつ応用的な技能を除く。）及びこれに関する知識を有する労働者となるために必要な基礎的な技能及びこれに関する知識を習得させるための長期間の訓練課程である。

2　短期課程

短期課程は、職業に必要な基礎的な技能（高度の技能を除く。）及びこれに関する知識を習得させるための短期間の訓練課程であり、在職労働者、離転職者、高齢者、短時間労働者等の様々な者を対象とするものである。

短期課程には、職業訓練の実施者が弾力的に定めるものの他に、厚生労働省令で具体的な基準を定めている以下の職業訓練がある。

(1)　一級技能士コース

一級技能士コースは、当該訓練課程の訓練科に関し、普通課程の普通職業訓練、専門課程若しくは応用課程の高度職業訓練を修了した者若しくは二級の技能検定に合格した者で、その後相当程度の実務の経験を有するもの又はこれと同等以上の技能を有すると認められる者に対し、技能労働者として必要な専門的な知識を付与することを目的としている。

(2)　二級技能士コース

二級技能士コースは、当該訓練課程の訓練科に関し、普通課程の普通職業訓練、専門課程若しくは応用課程の高度職業訓練を修了した者で、その後相当程度の実務の経験を有するもの又はこれと同等以上の技能を有すると認められる者に対し、技能労働者として必要な専門的な知識を付与することを目的としている。

(3)　単一等級技能士コース

単一等級技能士コースは、当該訓練課程の訓練科に関し、普通課程の普通職業訓練、専門課程若しくは応用課程の高度職業訓練を修了した者でその後相当程度の実務の経験を有するもの又はこれと同等以上の技能を有すると認められる者に対して技能労働者として必要な専門的な知識を付与することを目的としている。

(4)　管理監督者コース

管理監督者コースは、管理者又は監督者としての職務に従事しようとする者又は従事している者を対象として、管理者又は監督者としての職務に必要な知識及び技能を付与することを目的としている。

(ii)　**高度職業訓練**

高度職業訓練は、労働者等に対し、職業に必要な高度の技能及びこれに関する知識を習得させるためのものであり、職業能力開発短期大学校、職業能力開発大学校及び職業能力開発促進センター等において行われる職業訓練で、専門課程、専門短期課程、応用課程及び応用短期課程がある。

1　専門課程

専門課程は、高等学校を卒業した者又はこれらと同等以上の学力を有すると認められる者に対し、将来職業に必要な高度の技能（専門的かつ応用的な技能を除く。）及びこれに関する知識を有する労働者となるために必要な基礎的な技能及びこれに関する知識を習得させるための長期間の訓練課程である。

2　専門短期課程

専門短期課程は、職業に必要な高度の技能（専門的かつ応用的な技能を除く。）及びこれに関する知識を習得させるための短期間の訓練課程であり、高度の技能及びこれに関する知識の習得を目的とする在職労働者等を対象とするものである。

3　応用課程

応用課程は、専門課程の高度職業訓練を修了した者又はこれらと同等以上の技能及びこれに関する知識を有すると認められる者に対し、将来職業に必要な高度の技能で専門的かつ応用的なもの及びこれに関する知識を有する労働者となるために必要な基礎的な技能及びこれに関する知識を習得させるための長期間の訓練課程である。

4　応用短期課程

応用短期課程は、職業に必要な高度の技能で専門的かつ応用的なもの及びこれに関する知識を習得させるための短期間の訓練課程であり、高度の技能で専門的かつ応用的なもの及びこれに関する知識の習得を目的とする在職労働者等を対象とするものである。

㈡　指導員訓練

指導員訓練は、職業訓練において訓練を担当する者（以下「職業訓練指導員」という。）になろうとする者又は職業訓練指導員に対し、必要な技能を付与することによって、職業訓練指導員を養成し、又はその能力の向上に資するために行う訓練であり、職業能力開発総合大学校において行われる訓練で長期課程、専門課程、研究課程、応用研究課程、研修課程がある。

1　長期課程

長期課程は、高等学校卒業者又はこれと同等以上の学力を有すると認められる者を対象として、職業訓練指導員に必要な技能、専門的知識、指導方法等を付与することを目的としている。

2　専門課程

専門課程は、職業訓練指導員免許を受けた者、職業訓練指導員の業務に関し一年以上の実務の経験を有する者、当該訓練課程の訓練科に関し、二級の技能検定に合格した者で、その後三年以上の実務の経験を有する者又はこれと同等以上の技能及びこれに関する知識を有すると認められる者を対象として、職業訓練指導員に必要な指導方法及び担当する訓練科に関する技能又は専門的知識を付与することを目的としている。

3　研究課程

研究課程は、長期課程の指導員訓練を修了した者又はこれと同等以上の学力及び技能を有すると認められる者を対象として、高度の専門的知識、技能に加え、優れた研究能力を備えた職業訓練指導員を養成することを目的としている。

4　応用研究課程

応用研究課程は、研究課程の指導員訓練を修了した者又はこれと同等以上の学力及び技能を有すると認められる者を対象として、高度の専門的知識、技能に加え、優れた応用力、研究開発能力を備えた職業訓練指導員を養成することを目的としている。

5　研修課程

研修課程は、職業訓練において訓練を担当しようとする者又は職業訓練指導員として職業訓練を担当している者その他職業訓練指導員免許を受けた者を対象として、生産技術の進歩等に伴う訓練内容の多様化、高度化に対応させるために技能及び知識を補充又は追加することを目的としている。

二　事業主等の行う職業能力開発の促進

(一) 事業内職業能力開発計画

1　計画の作成

事業主は、その雇用する労働者が多様な職業能力の開発及び向上を図ることができるように、その機会の確保について、次のような措置を通じて配慮することとされている（法第八条）。

① 業務の遂行の過程内において又は当該業務の遂行の過程外において、自ら又は共同して職業訓練を行うこと。

② 公共職業能力開発施設その他職業能力の開発及び向上について適切と認められる施設により行われる職業訓練を受けさせること。

③ 他の者の設置する施設により行われる職業に関する教育訓練を受けさせること。

④ 自ら若しくは共同して行う職業能力検定又は職業能力の開発及び向上について適切と認められる他の者が行う職業能力検定を受けさせること。

⑤ 労働者が自ら職業能力の開発及び向上に関する目標を定めることを容易にするために、職業の遂行に必要な技能及びこれに関する知識の内容及び程度その他の事項に関し、情報の提供、相談その他の援助を行うこと。

⑥ 労働者が実務の経験を通じて自ら職業能力の開発及び向上を図ることができるようにするために、労働

者の配置その他の雇用管理について配慮すること。

⑦　有給教育訓練休暇、長期教育訓練休暇の付与等その労働者が自ら職業に関する教育訓練又は職業能力検定を受ける機会を確保するために必要な援助を行うこと。

これらの措置が、事業内において有効に機能するためには、いつ、どのような内容の教育訓練を行うかについて必要な計画を定め、当該計画の内容を労働者に周知しておく必要がある。

しかしながら、現在、事業主の行う教育訓練の実施状況をみると、計画的に教育訓練を行っている企業は少なく、大半の企業は必要のつど教育訓練を行っている状況にある。このため、事業主による職業能力の開発及び向上が、さらに段階的かつ体系的に行われることを促進するため、事業内職業能力開発計画を作成するように努めなければならないこととされている（法第十一条）。

本条における計画の作成は努力義務であるが、雇用保険法に基づく能力開発事業として行われるキャリア形成促進助成金（四㈠参照）制度においては、事業内職業能力開発計画の作成が当該助成金の支給要件とされている。

また、計画を作成したときは、その計画の内容をその雇用する労働者に周知させるために必要な措置を講ずることにより、その労働者の職業生活設計に即した自発的な職業能力の開発及び向上に促進するように努めなくてはならないとされている。

2　計画の内容

計画に定めるべき内容は、常時雇用する労働者に対して、次に掲げる事項その他必要な事項を定めることとされている。

①　新たに職業生活に入る者に対する職業に必要な基礎的な能力の開発及び向上を促進するための措置に関

する事項。

② ①の措置を受けた労働者その他職業に必要な相当程度の能力を有する労働者に対する職業能力の開発及び向上を促進するための措置に関する事項。

(二) 職業能力開発推進者

1 意　義

企業内の職業能力開発の推進にあたっての阻害要因の一つとして、労働者に対する計画的かつ段階的な能力開発を行う組織体制の不備があげられる。

このため、事業主は企業における職業能力開発の推進にあたって、中心的役割を果たす職業能力開発推進者を選任するよう努めなければならないこととされている（法第十二条）。

2 選任すべき事業所の規模

① 推進者は、原則として事業所ごとに一名選任することとされている。

② 常時雇用する労働者が一〇〇人以下の小規模な事業所であって、その事業所専任の推進者を選任することが適切でない場合は、①にかかわらず、その事業所ごとの専任の者であることを要しない。

具体的には、本社の推進者が複数の事業所の推進者を兼ねることができる。

③ 二以上の事業主が共同して労働者の職業能力の開発、向上を図る場合は、①にかかわらず、関係事業所ごとの専任の者であることを要しない。

具体的には、認定職業訓練を共同して行う場合や、二以上の事業主が商工会議所、商工会、業種別団体等を通じて地域別、業種別等に共同して職業能力の開発、向上を図る場合がこれに該当する。

3　推進者として望ましい者

推進者は、その事業所の労働者の職業能力の開発、向上に関する措置の企画、実施について所要の権限を有する者のうちから選任することが望ましいこととされている。

具体的には、教育訓練部などの組織が確立されている事業所にあっては、その組織の部課長、その他の事業所にあっては、労務・人事・総務担当部課長が選任されることが適当である。

なお、中小企業事業主であって、このような組織がない場合は、教育訓練実務担当者を選任して差し支えない。

4　推進者の役割

推進者の主な役割は、次の三つである。

①　事業内における職業能力開発計画を作成し、その実施に関する業務を行うこと。

多様な教育訓練の手段を有効に組み合わせて効果的な職業能力の開発を図るためには、各種の施策を適切に選択してその企業に適した職業能力開発計画を作成することが必要であり、推進者には、当該企業の直面する問題点と十分関連づけて、職業能力開発計画を作成することが期待されている。

②　その雇用する労働者に対して、職業能力開発に関して相談、指導を行うこと。

ここでは、職業能力開発推進者には、職業能力開発に関するカウンセラーとしての役割が期待されている。

③　国、都道府県、中央職業能力開発協会、都道府県職業能力開発協会との連絡にあたること。

ここでは、推進者には、職業能力開発行政機関との連絡窓口としての役割が期待されている。

(三)　事業主等に対する援助

1　国及び都道府県は、事業主等の行う職業訓練について、次のような援助を行うよう努めなければならないこととなっている（法第十五条の二）。

①　職業訓練指導員を派遣すること。

②　委託を受けて職業訓練の一部を行うこと。

③　情報及び資料を提供すること。

④　職業能力開発計画の作成及び実施に関する助言及び指導その他職業能力の開発及び向上の促進に関する技術的な援助を行うこと。

⑤　職業能力開発推進者の講習の実施及び職業能力開発推進者相互の啓発の機会の提供を行うこと。

⑥　その他、公共職業能力開発施設を使用させる等の便益を提供すること。

また、国及び都道府県は、事業主等に対して援助を行う場合には、中央職業能力開発協会又は都道府県職業能力開発協会と密接な連携の下に行うこととなっている（法第十五条の四）。

2　公共職業能力開発施設の援助を必要とする事業主等は、訓練の内容、必要とする援助事項等を記載した「職業訓練援助申請書」を援助を求めようとする都道府県知事又は雇用・能力開発機構（各職業能力開発施設の長）あて提出し、援助の決定が通知されたときは、申請書提出先の定める条例、規則等により必要な費用を負担することになる（昭和四十四年十月一日訓発第二百四十八号第四、7別添(2)参照）。

職業訓練援助申請書の記入例は、次ページのとおりである。

（職業訓練援助申請書の例）

職 業 訓 練 援 助 申 請 書

下記により訓練を行いたいので援助をお願いします。

平成 ○ 年 ○ 月 ○ 日

申請者　事業所所在地　東京都大田区大森北３－１

事業所名称及び事業主氏名　株式会社　中 和 計 器

代表取締役　山 本 伸 三 ㊞

東 京 都 知 事 殿

記

1. 訓 練 の 種 類　短期課程の普通職業訓練
2. 訓練の内容，対象及び方法　監督者訓練第１科「仕事の教え方」を組長，班長を対象として会議式にて行う
3. 訓 練 対 象 人 員　20名（１回10名あて２コース）
4. 訓練の期間(時間)及び場所　○年○月○○日より○年○月○○日まで
午後３時より午後５時まで，当社第１会議室
5. 職業能力開発促進法第24条による認定の有無　有
6. 援助に関する事項

希望する援助の方法	職員の派遣（囲み）　資料の提供　助言指導 訓練委託　その他
援助を必要とする　教科	仕事の教え方
援助を必要とする　期間(時間)	５日間（各２時間）２コース10日間（20時間）
援助を必要とする　内容等	T．W．I 方式による監督者訓練
援助を必要とする理由	当社「仕事の教え方」監督者訓練員がいないため

3　その他の援助

(1)　職業能力開発サービスセンターの業務の実施

職業能力開発サービスセンターは、業務として地域における労働者のキャリア形成の推進に資するため、事業主等に対し、次に掲げるキャリア形成支援に関する専門的な相談援助、情報提供等を行っている。

① 労働者の職業生活設計に即した自発的な職業能力の開発及び向上を促進するために事業主が講ずる措置に関する指針の周知啓発
② 事業内職業能力開発計画の作成に関する助言又は指導
③ 技術革新や高齢化に対応した職業能力開発の効果的な実施に関する助言
④ 公共職業能力開発施設や各種給付金制度等の利用に関する助言又は情報提供
⑤ 労働者のキャリア形成支援に関する各種情報の提供
⑥ 職業能力習得制度（ビジネス・キャリア制度）に関する情報提供又は相談
⑦ その他相談援助、情報提供に係る必要な事項
⑧ 労働者のキャリア形成支援に関する各種の情報の収集
⑨ 事業主が行う職業能力開発に関する各種の情報及び資料の収集
⑩ 事業主や労働者の教育訓練ニーズの把握

なお、これらの業務等を実施するため、「キャリア形成推進員」および「人材育成コンサルタント」を配置している。

また職業能力開発に関する情報をデータベース化した「能力開発情報システム」を活用し、相談援助・情報提供を行っている。

(2)　地域職業訓練センターの設置運営

地域職業訓練センターは、地方産業都市を中心とする地域における中小企業労働者、求職者等に対し各種職業教育訓練を行う事業主、事業主団体等に施設を提供するほか、地方公共団体等の団体が地域住民に対して行う多様な職業教育訓練、例えば、各種職業講習、講座・市民教室等を行う場としても利用できるものである。

(3)　職業能力開発推進者講習の開催

各都道府県において、毎年二～五回程度推進者に対し、効果的な職業能力開発を行うために必要な知識及び技法の付与を目的として、講習会が開催されている。

講習会においては、①企業内における労働者のキャリア形成支援に関すること。②事業内職業能力開発計画の作成及びその円滑な実施に関すること。③労働者に対して行うキャリア形成に関する相談、指導等に関すること。④キャリア・コンサルティングの基礎的技法に関すること（キャリア・シート内容、活用方法等）。⑤キャリア形成支援に対する助成制度に関すること。⑥その他企業内における職業能力開発に関すること。等について、学識経験者、民間実務経験者、行政関係者等が説明することとなっており、推進者が積極的に参加することが望ましい。

(4)　職業能力開発推進者経験交流プラザの開催

中央及び都道府県職業能力開発協会では、推進者を対象に、企業内における労働者の職業能力の開発・向上に関する具体的計画の立て方、教育訓練の実施方法等のノウハウをさらに深めるため、経験交流を行うことにより推進者自身の創意工夫と学習を促進することを目的としてプラザを開催している。

プラザは、中央レベルの全国プラザ、都道府県レベルの都道府県プラザがあり、その内容としては、①優良事業所の事例発表、②パネルディスカッション、③職業能力開発に関する講演等からなっており、職業能力開発推進者講習と同様、企業内教育訓練を推進するうえで、推進者の積極的参加が期待されている。

三　職業訓練の認定

今後の労働経済の変化、技術革新の進展等に対処するためには、労働者の職業生活の全期間を通じて段階的かつ体系的に職業訓練が実施され、これが社会的慣行となる必要があるが、この意味からなによりも事業主等の行う民間における職業訓練の拡大実施が要請される。このため、法第四条においては、事業主はその雇用する労働者に対し必要な職業訓練を行うよう努めるべき旨の規定が置かれるとともに国及び都道府県は事業主等に対して必要な援助等を行うことにより職業訓練の振興及び内容の充実を図るよう努めることとしている。事業主等の行う職業訓練は、昭和四十九年十二月雇用保険法の施行により能力開発事業の支柱として位置づけられ、法律補助として積極的に援助助成が行われている。また、法においては、事業主等の行う民間での職業訓練が法に定める職業訓練の体系とその基準にしたがって行われる場合は、都道府県知事がその旨の認定を行い、これに対しては各種の恩典を与え、その推進を図ることとしている。

一般に民間で行われる職業訓練は、その必要性に応じて訓練の内容も多様な形態をとられうるが、法が期待するような職業人として有為な技能労働者は単に便宜的に行われる職業訓練からは生まれてこない。これは、実際の生産活動に直結した体系的段階的な技能及び関連知識の習得を行う合理的な職業訓練であるからこそ可能なのである。

職業訓練の認定制度は、民間で行われる職業訓練が法で定めるところにより体系的段階的にかつ合理的効果的な訓練方法によって行われるよう誘導し、これによって全国的な一定水準のもとに技術革新の進展等に対応し、国民経済の発展に寄与できるような腕と頭を兼ね備えた有為な職業人が多数養成されることを期待するものである。

㈠　認定の要件

職業訓練の実施について都道府県知事の認定を受けることができるものは、①事業主、②事業主の団体及びその連合団体、③職業訓練法人（法第四章参照）、④中央職業能力開発協会（以下この章において「中央協会」という。）及び都道府県職業能力開発協会（以下この章において「地方協会」という。）、⑤民法（明治二十九年法律第八十九号）第三十四条の規定により設立された法人、⑥法人である労働組合、⑦その他の営利を目的としない法人であって、職業訓練を行い、又は行おうとするものである（法第二十四条第一項）。

認定の対象となる職業訓練は、事業主等がその雇用する労働者等に対して行う職業訓練であって、法に定める普通職業訓練、高度職業訓練（法第十九条）並びに指導員訓練（法第二十七条の二）の各訓練基準に該当するものである。

職業訓練の認定に当たっては、事業主等の行う職業訓練が一で述べた職業訓練に関する基準に適合しており、かつ、申請事業主等が次の各要件を充足し、職業訓練を的確に実施する能力を有すると認められるか否かが判断される。

1　事業主の場合にあっては、当該事業の内容等から勘案して職業訓練の永続性があると認められること。

2　職業訓練法人、中央協会及び地方協会以外の団体の場合にあっては、定款等に後述するような規則第三十五条第二項に規定された事項が記載されるとともにその業務又は事業の一つとして職業訓練について明確な定めがあるほか、職業訓練について永続性があると認められること。特に法人格のない団体については、当該団体が職業訓練を遂行しうる能力を現実に有する団体であること。

3　労働基準法（昭和二十二年法律第四十九号）に基づく特例措置に関して都道府県労働局長の許可を受けられないため、職業訓練の実施に支障をきたすと認められる場合は、認定が受けられない。

4　訓練生数は、事業主の場合は総数で五人以上、団体の場合は一訓練科につき五人以上であること。

5　管理監督者コースの短期課程の普通職業訓練については、一部の訓練において監督者訓練員等特別の訓練を受けた職業訓練指導員が担当するものであること。

右のうち訓練生数については、職業訓練がその態様をなし、永続性をもって行われる限度として設けられているものであるので、第一年度につき訓練生が七人～十人いることが望ましいとされている。

なお、一級技能士コース、二級技能士コース及び単一等級技能士コースの短期課程の普通職業訓練については、その修了者が一級、二級又は単一等級の技能検定の学科試験の免除を受けられることにかんがみ、訓練修了時試験は全国的にみて公平に行われる必要がある。このため、当該職業訓練の認定に当たっては更に慎重に行われるべきものとの立場から、それぞれの訓練につき実施要領（昭和五十三年二月十三日付け訓発第二十四号、昭和四十五年四月八日付け訓発第七十号、昭和五十八年二月二十五日付け訓発第四十四号）が定められている。

㈡　認定の効果

職業訓練の認定は、法に基づく職業訓練基準に適合した訓練であることを公的に認めることであって、この認定を受けた職業訓練は、国及び都道府県が設置する公共職業能力開発施設における訓練と同水準のものとして位置づけられる。

この他に、認定を受けた結果として次のような特典がある。

1　一定の要件を満たす認定職業能力開発施設については、「職業能力開発校」、「職業能力開発短期大学校」又は「職業能力開発促進センター」という名称を用いることができる（法第二十五条、規則第三十五条）。

2　労働基準法及び労働安全衛生法（昭和四十七年法律第五十七号、第六十一条第四項）で規定している年少労働者の危険、有害業務の就業制限等の特例が認められる。

3　訓練生が定時制や通信制の高校教育を受けている場合、職業能力開発施設が文部科学大臣の指定を受けているときは、当該施設での訓練の教科の一部が高校教育の教科の一部とみなされる（学校教育法第四十五条の二、昭和三十七年五月九日付け訓発第百六号、昭和四十三年四月三十日付け訓発第百八号）。

4　訓練の修了者は、技能検定、職業訓練指導員試験及び職業訓練指導員免許の取得に当たって、試験の一部の免除、必要な実務経験年数の短縮等があるほか、関連する国家試験の受験や免許の取得に際しても有利な取扱いがある。

以上のほか、事業主等の行う認定職業訓練に対しては、後の四において述べるように各種の助成措置があるほか、公共職業能力開発施設の利用や指導員の派遣等を求めることができる。

㈢　認定の申請

1　事業主がその実施する職業訓練について認定を受けようとするときは、その所在地の都道府県知事あてに、法第十五条に掲げる職業訓練にあっては「職業訓練認定申請書」（様式第四号、規則第三十条）、指導員訓練にあっては「厚生労働大臣が別に定める指導員訓練の認定に係る申請書」（規則第三十六条の十三、以下これらを「認定申請書」という。）を提出しなければならない。この場合、労働基準法に定める契約期間（同法第十四条）、年少者及び妊産婦等の危険有害業務の就業制限（同法第六十二条、第六十四条の三）並びに年少者及び女子の坑内労働の禁止（同法第六十三条）に関する特例の許可（同法第七十条、第七十一条）を受けようとするときは、都道府県労働局長あての「職業訓練に関する特例許可申請書」（同法施行規則第三十四条の四）を提出する。

2　事業主の団体等が職業訓練について認定を受けようとする場合も、前記1と同様認定申請書（様式第四号）を都道府県知事あて提出しなければならない（規則第三十一条）。この場合において、職業訓練法人、中央協会及び地方協会以外のものにあっては、定款、寄附行為、規約等その組織及び運営の方法等を明らかにする書面（以下「定款等」という。）を、構成員を有する団体にあっては、職業訓練の場合「構成員名簿」（様式第六号）を、指導員訓練の場合「厚生労働大臣が別に定める指導員訓練に係る構成員名簿」（以下「構成員名簿等」という。）を認定申請書に添付しなければならない（規則第三十一条）。

以上の手続を図示すれば次ページ第一図のとおりである。

3　職業訓練認定申請書及び添付書類の具体的な記入方法についての例をあげると二七ページのとおりである。

この申請書に記入する場合の注意事項は、同申請書注意欄のほか、次のことに留意すること。

(1)　事業の種類の欄には、統計調査に用いる産業分類並びに疾病傷害及び死因分類を定める政令（昭和二十六年政令第百二十七号）第二条の規定に基づく日本標準産業分類中分類による産業名を記入する。例えば、「鉄鋼業」、「輸送用機械器具製造業」というように記入する。

(2)　訓練生数の欄は、職業訓練の種類、訓練課程及び訓練科ごとに記入し、その訓練科の訓練期間が二年以上の場合は、平常年度において予定する訓練生の概数を記入すること。例えば、訓練期間が二年で毎年十名ずつ訓練をしようとするなら「一〇名」と記入する。また、訓練期間が一年以下の場合は、例年一年間

（第一図）　職業訓練認定申請手続図解

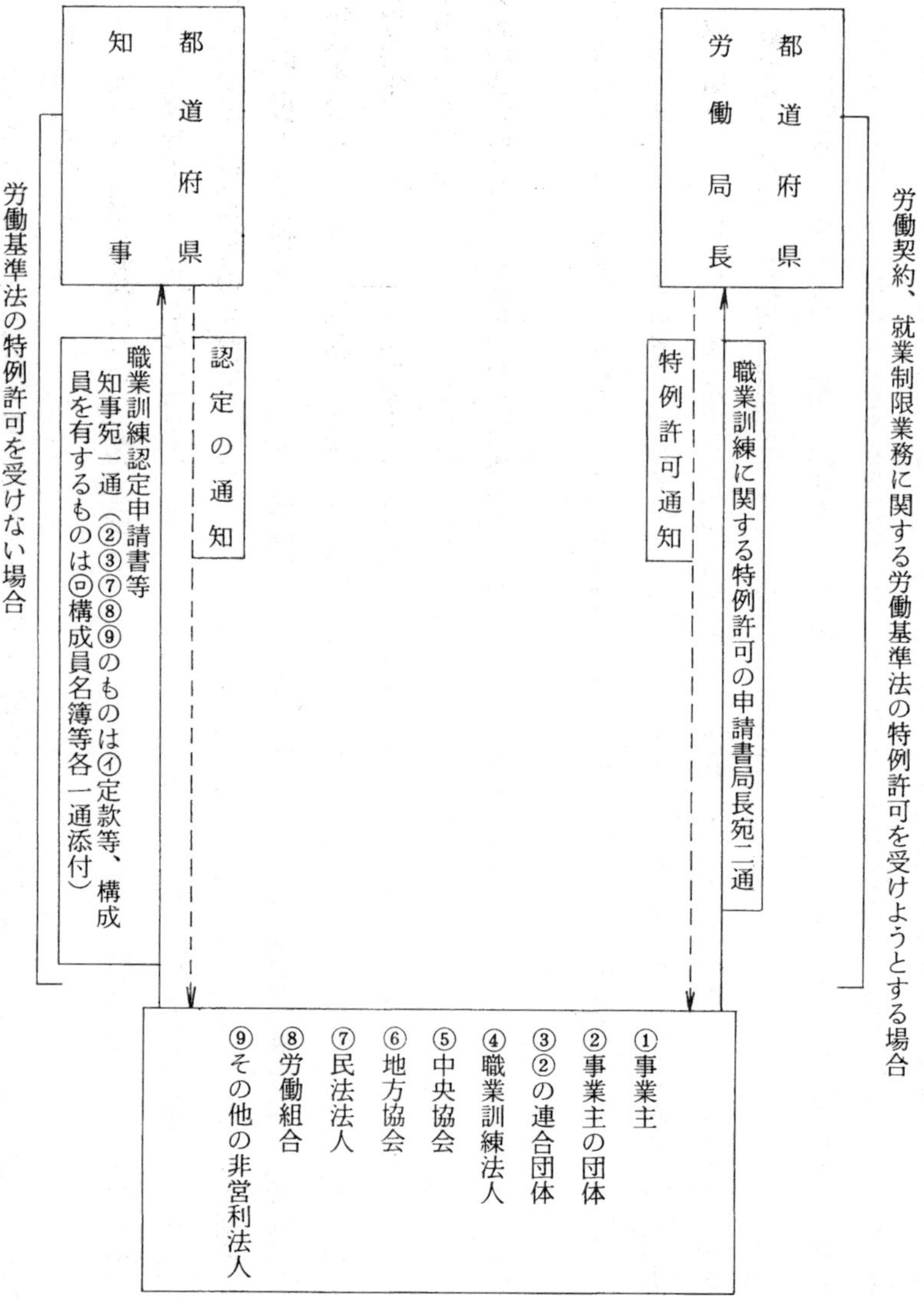

様式第四号（第三十条及び第三十一条関係）

職業訓練認定申請書（事業主・団体）

職業能力開発促進法第24条第１項の認定を受けたいので申請します。

平成○年４月30日

申請者　　速水機械株式会社

東京都千代田区大手町１－３－１

社長　　速　水　　　清　　　　㊞

東京都知事　殿

1　事業の概要

(1)　事業主

事業の種類	事業の内容	常用労働者数
機械製造業	昭和33年設立、資本金30億円 主たる製品　フライス盤 年間生産額　125億円	395　人

(2)　団　体

団体の種類	団体設立年月日	団体構成員数
		(　　　)

2　職業訓練の概要

職業訓練の種類	訓練課程名	訓練科名	訓練の対象となる技能及びこれに関する知識の範囲	訓練開始年月日	訓練生数
普通職業訓練（　　）	普通課程	機械系 機械加工科	機械工学の基礎一般	平成○年○月○日	20人（　　）
（　　）	（　　）				（　　）
（　　）	（　　）				（　　）

3　訓練期間、教科及び訓練時間

(1)　普通職業訓練（普通課程）及び高度職業訓練（専門課程及び応用課程）

職業訓練の種類及び訓練課程名	訓練科名	訓練期間	教科の科目、科目の内容及び訓練時間								
			第１年度			第２年度			第３年度		
			科目	科目の内容	訓練時間	科目	科目の内容	訓練時間	科目	科目の内容	訓練時間
普通	機械系 機械加工科	1年	機械工学概論		70（　）			（　）			（　）
			電気工学概論		70（　）			（　）			（　）
			NC工作概論		70（　）			（　）			（　）

(2)　普通職業訓練（短期課程）及び高度職業訓練（専門短期課程及び応用短期課程）

職業訓練の種類及び訓練課程名	訓練科名	訓練期間	教科の科目、科目の内容及び訓練時間		
			科目	科目の内容	訓練時間
					（　　）
					（　　）
					（　　）
					（　　）
					（　　）

4　設備及び職業訓練指導員

職業訓練の種類・訓練課程名及び訓練科名	設備	職業訓練指導員					
		学科担当			実技担当		
		指導員免許		指導員資格	指導員免許		指導員資格
		職種名	人数		職種名	人数	
普通職業訓練 普通課程 機械系機械加工科	学科教室 1 黒板 1 机 20 いす 20	機械	2(　)	2(　)	機械	2(　)	2(　)
		電気	1(　)	1(　)	電気	1(　)	1(　)

5　訓練実施方法及び試験

職業訓練の種類・訓練課程名及び訓練科名	訓練実施方法		試験	
	学科	実技	学科	実技
普通職業訓練　普通課程　機械系機械加工科	1教室　20人	実習場で実技の一部を集合訓練し，その後は生産作業に従事さ	修了時に1回実施	同左
	機械工学概論 1週間4時間			

6　職業訓練の実施を他に委託する場合の訓練委託先

職業訓練の種類・訓練課程名及び訓練科名	委託先の施設，事業所又は団体の名称	認定年月日及び認定番号	所在地

7　職業訓練施設の概要

職業訓練施設の名称	職業訓練施設の所在地	自己所有，借用の別及び借用の場合は，借用施設の名称	職業訓練施設の長の氏名	構造設備の概要	職業訓練の種類，訓練課程名，訓練科目及び教科の科目	設置年月日
速水機械職業訓練校	東京都練馬区石神井607	自己所有	仲里洋行	鉄筋コンクリート 2階	普通職業訓練 普通課程 機械系機械加工科 学科及び実技の一部	平成○年○月○日
				教室 $50m^2$		

注意

1　認定の申請について

⑴　標題中（事業主・団体）については、認定職業訓練の実施主体に応じ、該当するものを○印で囲むこと。

⑵　氏名を記載し、押印することに代えて署名することができる。

2　「事業の概要」関係

事業主又は団体のいずれか該当する項目について、次により記入すること。

⑴　「事業主」関係

①　「事業の種類」欄には、日本標準産業分類中分類による産業名を記入すること。

②　「事業の内容」欄には、資本金の額、主たる製品名、年間生産高又は売上高等事業活動の概況を簡潔に記入すること。

⑵　「団体」関係

①　「団体の種類」欄には、法人でない団体、職業訓練法人、中央職業能力開発協会、都道府県職業能力開発協会、民法法人、労働組合又はその他の法人（設立根拠法名付記）の別を記入すること。

②　「団体設立年月日」欄には、法人でない団体にあっては設立年月日を、職業訓練法人、中央職業能力開発協会及び都道府県職業能力開発協会にあっては設立年月日及び認可番号を、民法法人、労働組合及びその他の法人にあっては登記年月日及び登記番号を記入すること。

③　「団体構成員数」欄の（　）内には、団体構成員のうち訓練生を置く予定のものの数を記入すること。

3　「職業訓練の概要」関係

⑴　「職業訓練の種類」欄には、普通職業訓練及び高度職業訓練の区分を記入し、学科について通信制により実施する場合には（　）内に「通信制」と記入すること。

⑵　「訓練課程名」欄には、普通課程の普通職業訓練を実施する場合であって、中学校卒業者等を対象とするときには（　）内に「中卒等」と記入し、管理監督者コース、一級技能士コース、二級技能士コース又は単一等級技能士コースの短期課程の普通職業訓練を実施する場合には（　）内に当該コースの区分を記入すること。

⑶　「訓練科名」欄には、短期課程の普通職業訓練及び専門短期課程の高度職業訓練については、当該訓練の目的又は内容を示す名称を記入すること。

⑷　「訓練の対象となる技能及びこれに関する知識の範囲」欄には、それぞれの訓練課程において標準として行われるもの並びに一級技能士コース、二級技能士コース及び単一等級技能士コースの短期課程にあっては㊞と記入し、これらの訓練課程以外のものにあっては訓練の対象となる技能及びこれに関

する知識の範囲の概要を簡潔に記入すること。

(5)「訓練生数」欄には、訓練期間が1年を超えるものにあっては初年度において実施を予定している訓練生の数を、訓練期間が1年未満のものにあっては1年間において実施を予定している訓練生の総数を記入すること。

なお、職業訓練の実施を他に委託する場合にはその対象となる訓練生の数を（　）内に内数として記入すること。

4「訓練期間、教科及び訓練時間」関係

(1)「訓練期間」欄には、訓練期間が1年未満のものについては日数又は月数で記入すること。

(2)「科目」欄には、学科について通信制により実施する場合には、その旨も記入すること。

(3)「科目の内容」欄には、「訓練の対象となる技能及びこれに関する知識の範囲」欄に㊕と記入した訓練科にあっては記入は要しないこと。

(4)「訓練時間」欄には、学科について通信制により実施する場合には、各科目の面接指導時間を記入すること。

なお、（　）内には、職業訓練の実施を他に委託する訓練時間数を内数として記入すること。

5「設備及び職業訓練指導員」関係

(1)「設備」欄には、訓練生に使用させる施設、装置、機械器具等について記入すること。

(2)「職業訓練指導員」欄には、事業所（団体にあっては、団体又は構成員の事業所。）に所属しないで訓練を担当する者がある場合には、（　）内にその数を外数として記入すること。

6「訓練実施方法及び試験」関係

(1)「訓練実施方法」欄には、学科及び実技の別に訓練を行う期間及び時間について、1日何時間、週又は月何日、1年何月間のように記入するとともに、学科の欄には、1教室において同時に訓練を受ける訓練生の数を記入すること。

また、学科について通信制により訓練を実施する場合には、面接指導を行う時間、添削指導を行う回数をそれぞれ教科の科目ごとに記入すること。

(2)「試験」欄には、学科及び実技の別に、訓練期間中における実施予定回数及び実施予定時期等を具体的に記入すること。

7「職業訓練の概要」関係

「構造、設備の概要」欄には、建物の構造、教室、実習場別の面積等の概要を記入すること。

（規則様式第六号）

構　成　員　名　簿

構成員の氏名又は名称及びその代表者の氏名	構成員の住所又は所在地	事業所の名称及び所在地	常用労働者数	職業訓練の種類及び訓練課程名	訓練科名	訓練生数	職業訓練指導員						設備の概要
							学科担当			実技担当			
							指導員免許		指導員	指導員免許		指導員	
							職種名	人数	資格	職種名	人数	資格	
本田清一	十和田市東町1－2	本田製作所十和田市東町1－3	7	普通職業訓練普通課程	電力系電気工事科	2	電気工事	1	1	電気工事	1	1	電動機 発電機 変圧器

（注意）

設備の概要の欄には、訓練生に使用させる装置、機械及び器具について記載すること。

において訓練を予定する訓練生の概数を記入すること。例えば、管理監督者コースの第一科のように訓練期間が五日の場合、一年間にこれを十名ずつ三回行う予定であれば「三〇名」と記入すること。なお（　）内には、以上によって記入した訓練生のうち他に委託して訓練を行う訓練生数を内数で記入すること。

(3)　教科の科目、科目の内容及び訓練時間の欄は、年度別又は一年度を期に分ける場合は期別に記入することとなるが、別表第二の普通課程の普通職業訓練の訓練基準に基づき訓練を行う場合、「機械系」の系基礎の教科の欄に掲げられている学科及び実技の科目は最低限必要とされる科目のため、すべての科目を取り上げることとする。次に「機械加工科」の訓練に必要な専攻の科目についても系基礎同様最低限必要な科目のためすべての科目を取り上げることとする。

以上の科目のほか、訓練実施施設においての訓練ニーズ等を考慮してそれぞれ必要な科目が考えられるが、それらの科目を追加して記入する。

今回の訓練基準改正で、各訓練施設のニーズ等に応じた訓練ができるよう弾力化されたところである。また、訓練時間については、別表第二の訓練期間及び訓練時間の欄に示された教科の時間は、最低限必要な時間であるので、この時間を上回るように科目別に割り振って記入する。

すなわち、総時間は一、四〇〇時間以上、系基礎の学科が三〇〇時間以上、実技が一五〇時間以上、専攻の学科が一〇〇時間以上、実技が三〇〇時間以上ということになる。

(4)　設備の欄は、教室の数、一教室あたりの黒板、机、いす等の数、実習用の場所、工作物、機械等の名称、数量を記入する。工具類は、個々の名称、数量まで記入する必要はない。

(5)　職業訓練指導員の欄には、免許職種別に主として実技担当か学科担当かの別によって事業所に所属する職業訓練指導員の数を記入する。この場合他の事業所等の職業訓練指導員に訓練担当を依頼している場合は、その者の数を（　）内に外数として記入する。なお、短期課程の普通職業訓練の一部及び専門短期課程の高度職業訓練を担当する職業訓練指導員は必ずしも免許を有する必要がないので、この場合は免許職種別に記入する必要はない。

(6)　訓練実施方法の欄には、一日八時間で毎日学科二時間、実技六時間訓練をするとすれば、学科の欄には一教室五十人ずつ「一日二時間、週六日」、実技の欄には「作業現場で、一日六時間、週六日」のごとく記入する。

(7)　試験の欄には、年度ごとあるいは期ごとに「第一、第二、第三年度三月十日から十五日まで年一回実施」というように記入する。

(8)　構造設備の概要欄には、「鉄筋耐火構造二階建、二教室、一教室四十平方米、オーバヘッドプロジェクタ一台、図書二百冊、ロッカー十台」というように建物の構造、教室、実習場別の面積等の概要を記入する。

(9)　職業訓練の種類、訓練課程名、訓練科及び教科の科目の欄の教科は、当該施設において学科の訓練のすべてと実技の一部が行われるときは、「学科及び実技の一部（機械工作実習）」というように記入する。

4　事業主の団体等団体の場合においても職業訓練認定申請書の様式は「事業主」の場合と同じであるので二七ページの様式第四号の記載例を参照のこと。

右の申請書に記入する場合の注意事項は、次に掲げるもの以外は前掲の事業主の場合と同様である。

(1)　設備の欄には、団体の施設に備えてあるものについてのみ記入すればよいのであって、例えば団体の施設で学科のみを訓練するのであれば、教室の数、各教室に備えてある机、いす、黒板の数を記入し、各構成事業所で行う実技関係の設備、装置、機械及び器具についてはここに記入する必要はない。

(2)　訓練実施方法の欄には、各構成事業所の労働時間が一日八時間で、学科は団体の施設で月、火、水、金の各曜日に一日三時間訓練し、実技は各構成事業所作業現場で毎日行う場合は、学科の欄には「団体の施設において一教室四十名収容、月、火、水、金の各曜日一日三時間、週十二時間、年四十八週」と記入し、実技の欄には「各構成事業所作業現場で、月、火、水、金の各曜日は一日四時間、木、土の各曜日一日七時間、週三〇時間、年四十八週」というように記入する。

前述したように認定申請書には①定款等及び②構成員名簿を添付しなければならない場合があるが、このうち定款等に記載しなければならない事項は次のとおりである（規則第三十一条）。

㋑　目的　㋺　名称　㋩　認定職業訓練のための施設を設置する場合には、その名称及び所在地　㋥　主たる事務所の所在地　㋭　構成員を有する団体にあっては、構成員に関する事項　㋬　役員に関する事項　㋣　会計に関する事項　㋠　解散に関する事項　㋷　定款等の変更に関する事項

また、構成員名簿については、構成員であるが現に訓練を行っていない場合は、構成員の氏名等、住所又は所在地、事業所の名称及び所在地、常用労働者数のみを記入すればよいが、労働組合の場合はこの記入も不要である。

訓練を行っている構成員の場合は全部の欄に記入するわけであるが、設備の概要の欄には訓練生に使用させる装置、機械及び器具について基準に示されているものがあるかどうかわかる程度に記入すればよい。

なお、構成員の数及び訓練生の概数の計は、認定申請書記載の数と合致すべきである。

㈣　職業訓練に関する特例許可の申請

労働基準法第七十条では、認定職業訓練を受ける労働者について必要がある場合においては、その必要の限度で、第十四条の契約期間、第六十二条及び第六十四条の三の年少者及び妊産婦等の危険有害業務の就業制限並びに第六十三条及び第六十四条の二の年少者及び女子の坑内労働の禁止に関する規定について、命令で別段の定めをすることができる。ただし、第六十三条の年少者の坑内労働の禁止に関する規定については、満十六歳に満たない者に関しては、この限りでない旨を規定し、労働基準法施行規則第三十四条の二から同条の五までの各条で、長期契約、就業制限業務のうち就業してよい業務と就業させるための方法を具体的に規定し、これら労働基準法の特例の許可申請手続について定めている。

労働契約については、労働基準法第十四条で、一年をこえる期間について締結することを禁じているが、普通課程の普通職業訓練等訓練期間は一年をこえるものがあるので、この場合訓練期間の範囲（規則別表第二、二、2により一年をこえない範囲内で訓練期間を延長する場合は、延長期間を加算した期間、規則第十四条の規定により訓練期間を短縮する場合は短縮した期間を控除した期間となる。）で、長期契約を締結することができる。

また、年少者又は女子の就業制限業務及び年少者又は女子の坑内労働についても、認定職業訓練を行う場合、これらの制限又は禁止の業務に就かせなければ所期の訓練目的が達成されない場合があるので、労働基準法の坑内労働の禁止や年少者労働基準規則（昭和二十九年労働省令第十三号）による危険有害業務の就業制限の一般的基準をある程度緩和することが必要なわけである。そこで認定職業訓練に限り、一定の条件の下に、これらの業務に就かせることができることとし、その就業させてよい業務とそれに就かせるための条件を労働基準法施行規則別表第一で定めている。その例を示すと次のとおりである。

第一表　労働基準法施行規則別表第一

一　訓練生を就かせることができる危険有害業務及び坑内労働の範囲は、当該訓練生が受ける職業訓練の訓練課程に応じ職業能力開発促進法施行規則第十一条第一項第二号若しくは第十二条第一項第二号又は昭和五十三年改正施行規則附則第二条第一項に規定する訓練課程の養成訓練に関する基準において例によるものとされる昭和五十三年改正前の職業訓練法施行規則第三条第一号の教科のうちの実技に係る実習を行うために必要な業務であって、次の表の中欄に掲げるものとする。

二　使用者が講ずべき措置の基準は、次のとおりとする。

1　一般的措置の基準

(イ)　職業訓練指導員をして、訓練生に対し、当該作業中その作業に関する危害防止のために必要な指示をさせること。

(ロ)　あらかじめ、当該業務に関し必要な安全作業法又は衛生作業法について、教育を施すこと。

(ハ)　常時、作業環境の改善に留意すること。

(ニ)　常時、訓練生の健康状態に留意し、その向上に努めること。

2　個別的措置の基準

次の表の中欄の業務についてそれぞれ下欄に掲げるものとすること。

就業制限及び就業禁止の根拠規定	訓練生をつかせることができる危険有害業務及び坑内労働の範囲	使用者が講ずべき個別的措置の基準
年少者労働基準規則第八条第三号	クレーン、移動式クレーン又はデリックの運転の業務	職業訓練開始後六月（訓練期間六月の訓練科に係る訓練生にあっては、五月）を経過するまでは作業につかせないこと。

年少者労働基準規則第八条第三号	揚貨装置の運転の業務	職業訓練開始後六月（訓練期間六月の訓練科に係る訓練生にあっては、五月）を経過するまでは作業につかせないこと。
年少者労働基準規則第八条第十号	クレーン、移動式クレーン又はデリックの玉掛けの業務	職業訓練開始後六月（訓練期間六月の訓練科に係る訓練生にあっては、三月）を経過するまでは作業につかせないこと。
年少者労働基準規則第八条第十号	揚貨装置の玉掛けの業務	職業訓練開始後六月（訓練期間六月の訓練科に係る訓練生にあっては、三月）を経過するまでは作業につかせないこと。
年少者労働基準規則第八条第七号	動力による巻上機、運搬機又は索道の運転の業務	職業訓練開始後六月（訓練期間六月の訓練科に係る訓練生にあっては、三月）を経過するまでは作業につかせないこと。
年少者労働基準規則第八条第八号	高圧（直流にあっては七百五十ボルトを、交流にあっては六百ボルトをこえ、七千ボルト以下である電圧をいう。以下同じ。）若しくは特別高圧（七千ボルトをこえる電圧をいう。以下同じ。）の充電電路若しくは当該充電電路の支持物の敷設、点検、修理若しくは操作の業務、低圧（直流にあっては七百五十ボルト以下、交流にあっては六百ボルト以下である電圧をいう。以下同じ。）の充電電路	上欄の業務のうち、高圧又は特別高圧に係るものにあっては職業訓練開始後一年（訓練期間一年の訓練科に係る訓練生にあっては八月、訓練期間七月又は六月の訓練科に係る訓練生にあっては五月）、低圧に係るものにあっては職業訓練開始後三月を経過するまでは作業につかせないこと。

	（対地電圧が五十ボルト以下であるもの及び電信用のもの、電話用のもの等であって感電による危害を生ずるおそれがないものを除く。）の敷設若しくは修理の業務又は配電盤室、変電室等区画された場所に設置する低圧の電路（対地電圧が五十ボルト以下であるもの及び電信用のもの、電話用のもの等であって感電による危害を生ずるおそれがないものを除く。）のうち充電部分が露出している開閉器の操作の業務	
年少者労働基準規則第八条第九号	運転中の原動機より中間軸までの動力伝動装置の掃除、注油、検査、修繕又は調帯の掛換の業務	職業訓練開始後六月を経過するまでは作業につかせないこと。
年少者労働基準規則第八条第十三号	ゴム、エボナイト等粘性物質のロール練りの業務	職業訓練開始後一年（訓練期間一年の訓練科に係る訓練生にあっては、八月）を経過するまでは作業につかせないこと。
年少者労働基準規則第八条第十四号	直径二十五センチメートル以上の丸のこ盤又は動輪の直径七十五センチメートル以上の帯のこ盤における木材の送給の業務	職業訓練開始後六月（訓練期間六月の訓練科に係る訓練生にあっては、五月）を経過するまでは作業につかせないこと。
年少者労働基準規則第八条第十五号	動力によって運転する圧機の金型若しくは切断機の刃部の調整又は掃除の業務	職業訓練開始後六月（訓練期間六月の訓練科に係る訓練生にあっては、五月）を経過する

		までは作業につかせないこと。
年少者労働基準規則第八条第一号	ボイラの取扱の業務	職業訓練開始後六月（訓練期間六月の訓練科に係る訓練生にあっては、五月）を経過するまでは作業につかせないこと。
年少者労働基準規則第八条第十八号	蒸気又は圧縮空気による圧機又は鍛造機械を用いる金属加工の業務	1　職業訓練開始後六月を経過するまでは作業につかせないこと。 2　上欄の業務のうち、四分の一トン以上の鍛造機械を用いるものにあっては職業訓練開始後一年（訓練期間一年の訓練科に係る訓練生にあっては、九月）を経過するまでは作業につかせないこと。
年少者労働基準規則第八条第十九号	動力による打抜機、切断機等を用いる厚さ八ミリメートル以上の鋼板加工の業務	職業訓練開始後一年（訓練期間一年の訓練科に係る訓練生にあっては、九月）を経過するまでは作業につかせないこと。
年少者労働基準規則第八条第二十一号	木工用かんな盤又は単軸面取り盤の取扱いの業務	職業訓練開始後六月を経過するまでは作業につかせないこと。
年少者労働基準規則第八条第二十二号	岩石又は鉱物の破砕機に材料を送給する業務	職業訓練開始後六月を経過するまでは作業につかせないこと。
年少者労働基準規則第八条第二十四号	高さが五メートル以上の箇所で墜落により労働者が危害を受けるおそれがあるところにお	1　上欄の業務のうち、装柱及び架線の作業については、職業訓練開始後一年（訓練期

	ける業務	間一年の訓練科に係る訓練生にあっては、八月）を経過するまでは作業につかせないこと。 2　上欄の業務のうち、前項以外の作業については、職業訓練開始後二年（訓練期間二年の訓練科に係る訓練生にあっては、一年六月、訓練期間一年の訓練科に係る訓練生にあっては九月）を経過するまでは作業につかせないこと。
年少者労働基準規則第八条第二十五号	足場の組立、解体又は変更の業務	職業訓練開始後二年（訓練期間二年の訓練科に係る訓練生にあっては、一年六月、訓練期間一年の訓練科に係る訓練生にあっては九月）を経過するまでは作業につかせないこと。
年少者労働基準規則第八条第二十八号	火薬、爆薬又は火工品を製造し、又は取り扱う業務で爆発のおそれのあるもの	
年少者労働基準規則第八条第二十九号	危険物（労働安全衛生法施行令別表第一に掲げる爆発性の物、発火性の物、酸化性の物、引火性の物又は可燃性のガスをいう。）を製造し、又は取り扱う業務で、爆発、発火又は引火のおそれのあるもの	
年少者労働基準規則	圧縮ガス若しくは液化ガスの製造又はこれら	職業訓練開始後六月を経過するまでは作業に

第八条第三十一号	を用いる業務	つかせないこと。
年少者労働基準規則第八条第三十二号	水銀、ひ素、黄りん、ふっ化水素酸、塩酸、硝酸、青酸、苛性アルカリ、石炭酸その他これらに準ずる有害なものを取り扱う業務	1　当該業務に従事させる時間が二時間をこえる場合には、従事させる時間二時間ごとに十五分の休息時間を与え、当該業務に従事させる時間が二時間をこえて継続しないようにすること。 2　作業終了後身体の汚染された部分を十分に洗わせること。 3　作業に必要な最小限の量を与えること。 4　上欄の業務のうち、塩酸、硝酸、苛性アルカリ、硫酸、さく酸等腐蝕性の有害物又はふっ化水素酸、石炭酸、アンモニア、クロルベンゼン、ホルマリン等皮ふ刺戟性の有害物を取扱うものにあっては、噴射式洗眼器を備え付けること。 5　前項の業務で、その業務につかせる労働者の身体、衣服等が当該有害物によって継続的に汚染されるものにあっては、職業訓練開始後一年（訓練期間一年の訓練科に係る訓練生にあっては、八月）を経過するまでは作業につかせないこととし、当該業務に従事させる時間は一日について四時間を

		こえないこと。 6　第四項の業務で、第五項の業務以外のものにあっては、当該業務に従事させる時間は、一日について四時間をこえないこと。 7　上欄の業務のうち、第四項の有害物以外の有害物を取り扱うもので、その業務につかせる労働者の身体、衣服等が継続的に汚染されるものにあっては、当該業務に従事させる時間は、職業訓練開始後一年未満の訓練生については一日について二時間、それ以外の訓練生については一日について四時間をこえないこと。
年少者労働基準規則第八条第三十三号	鉛、水銀、クローム、ひ素、黄りん、ふっ素、塩素、青酸、アニリンその他これらに準ずる有害なもののガス、蒸気又は粉じんを発散する場所における業務	1　当該業務に従事させる時間が二時間をこえる場合には、従事させる時間二時間ごとに十五分の休息時間を与え、当該業務に従事させる時間が二時間をこえて継続しないようにすること。 2　作業終了後身体の汚染された部分を十分に洗わせること。 3　上欄の業務のうち、一酸化炭素その他厚生労働大臣が別に定める有害物のガス、蒸気又は粉じんを発散する場所におけるもの

にあっては、ガス検知器具を備え付け、一月一回以上測定し、測定結果の記録を保存すること。

4　上欄の業務のうち、クローム、黄りん、塩酸等腐蝕性の有害物又はふっ化水素酸、石炭酸等皮ふ刺戟性の有害物のガス、蒸気又は粉じんを発散する場所におけるものにあっては噴射式洗眼器を備え付けること。

5　上欄の業務のうち、厚生労働大臣が別に定める有害性が高度な有害物のガス、蒸気又は粉じんを発散する場所におけるものにあっては、職業訓練開始後一年（訓練期間一年の訓練科に係る訓練生にあっては、八月）を経過するまでは作業につかせないこととし、当該業務に従事させる時間は、職業訓練開始後二年未満の訓練生については一日について二時間、それ以外の訓練生については一日について四時間をこえないこと。

6　上欄の業務のうち、厚生労働大臣が別に定める有害性が中度な有害物のガス、蒸気又は粉じんを発散する場所におけるものにあっては、当該業務に従事させる時間は、

		職業訓練開始後一年未満の訓練生については一日について二時間、それ以外の訓練生については一日について四時間をこえないこと。 7　上欄の業務のうち、厚生労働大臣が別に定める有害性が低度な有害物のガス、蒸気又は粉じんを発散する場所における業務にあっては、当該業務に従事させる時間は、一日について四時間をこえないこと。
年少者労働基準規則第八条第三十四号	土石、獣毛等のじんあい又は粉末を著しく飛散する場所（坑内における遊離けい酸分を多量に含有する粉じんの著しく飛散する場所を除く。）における業務	1　当該業務に従事させる時間が二時間をこえる場合には、従事させる時間二時間ごとに十五分の休息時間を与え、当該業務に従事させる時間が二時間をこえて継続しないようにすること。 2　上欄の業務のうち、坑内における作業にあっては、職業訓練開始後一年を経過するまでは作業につかせないこととし、当該業務に従事させる時間は、職業訓練開始後二年未満の訓練生については一日について二時間、それ以外の訓練生については一日について三時間をこえないこと。 3　上欄の業務のうち、じん肺法施行規則

年少者労働基準規則第八条第三十五号	
電離放射線（紫外線を除く。）以外の有害放射線にさらされる業務	
職業訓練開始後六月を経過するまでは作業につかせないこととし、当該業務に従事させる時間は、職業訓練開始後一年未満の訓練生については一日について二時間、それ以外の訓練生については一日について四時間をこえな	（昭和三十五年労働省令第六号）第一条に規定する粉じん作業に該当する作業であって、前項に該当するもの以外のものにあっては、当該業務に従事させる時間は、職業訓練開始後一年未満の訓練生については一日について一時間、職業訓練開始後一年以上二年未満の訓練生については一日について二時間、それ以外の訓練生については一日について三時間をこえないこと。 4　上欄の業務のうち、前二項に該当するもの以外のものにあっては当該業務に従事させる時間は、職業訓練開始後一年未満の訓練生については一日について二時間、職業訓練開始後一年以上二年未満の訓練生については一日について三時間、それ以外の訓練生については一日について四時間をこえないこと。

		いこと。
年少者労働基準規則第八条第三十六号	多量の高熱物体を取り扱う業務及び著しく暑熱な場所における業務	1　上欄の業務のうち、著しく暑熱な場所における重激なものにあっては、当該業務に従事させる時間が一時間をこえる場合には、従事させる時間一時間ごとに十五分の休息時間を与え、当該業務に従事させる時間が一時間をこえて継続しないようにすること。 2　上欄の業務のうち、前項に該当するもの以外のものにあっては、当該業務に従事させる時間が二時間をこえる場合には、従事させる時間二時間ごとに十五分の休息時間を与え、当該業務に従事させる時間が二時間をこえて継続しないようにすること。 3　上欄の業務のうち、多量の高熱物体を取り扱うものにあっては、職業訓練開始後一年（訓練期間一年の訓練科に係る訓練生にあっては、八月）を経過するまでは作業につかせないこととし、当該業務に従事させる時間は、一日について四時間をこえないこと。 4　上欄の業務のうち、著しく暑熱な場所に

	年少者労働基準規則第八条第三十七号
	多量の低温物体を取り扱う業務及び著しく寒冷な場所における業務
おけるものにあっては、当該業務に従事させる時間は、職業訓練開始後一年未満の訓練生については一日について一時間、職業訓練開始後一年以上二年未満の訓練生については一日について二時間、それ以外の訓練生については一日について四時間をこえないこと。	1　上欄の業務のうち、冷凍室の内部におけるものにあっては、当該業務に従事させる時間は、一日について一時間をこえないこと。 2　上欄の業務のうち、著しく寒冷な屋外におけるものにあっては、当該業務に従事させる時間は、職業訓練開始後一年未満の訓練生については一日について二時間、それ以外の訓練生については一日について四時間をこえないこと。 3　上欄の業務のうち、多量の低温物体を取り扱うものにあっては、当該業務に従事させる時間は、一日について一時間をこえないこと。 4　第二項に該当する業務にあっては、当該

業務に従事させる時間が一時間をこえる場合には、適当な採暖設備を設け、従事させる時間一時間ごとに十分の採暖時間を与え、当該業務に従事させる時間が一時間をこえて継続しないようにすること。

年少者労働基準規則第八条第三十九号

さく岩機、びょう打機等の使用によって身体に著しい振動を受ける業務

1　当該業務に従事させる時間が一時間をこえる場合には、従事させる時間一時間ごとに十分の休息時間を与え、当該業務に従事させる時間が一時間をこえて継続しないようにし、休息時間中は身体に著しい振動を受ける場所にとどまらせないこと。

2　上欄の業務のうち、坑内におけるさく岩機又はびょう打機を使用するものにあっては、職業訓練開始後一年を経過するまでは作業につかせないこととし、当該業務に従事させる時間は、職業訓練開始後二年未満の訓練生については一日について二時間、それ以外の訓練生については一日について四時間をこえないこと。

3　上欄の業務のうち、坑外におけるさく岩機又はびょう打機を使用するものにあっては、当該業務に従事させる時間は、職業訓

練開始後一年未満の訓練生については一日について二時間、職業訓練開始後一年以上二年未満の訓練生については一日について三時間、それ以外の訓練生については一日について四時間をこえないこと。

4　上欄の業務のうち、前二項に該当するもの以外のものにあっては、当該業務に従事させる時間は、一日について四時間をこえないこと。

年少者労働基準規則第八条第四十号	ボイラを製造する場所等強烈な騒音を発する場所における業務	1　当該業務に従事させる時間が一時間をこえる場合には、従事させる時間一時間ごとに十分の休息時間を与え、当該業務に従事させる時間が一時間をこえて継続しないようにし、休息時間中は強烈な騒音を発する場所にとどまらせないこと。 2　上欄の業務のうち、百フォーン以上の騒音にさらされるものにあっては、職業訓練開始後一年を経過するまでは作業につかせないこととし、当該業務に従事させる時間は、職業訓練開始後二年未満の訓練生については一日について二時間、それ以外の訓練生については一日について三時間をこえ

		ないこと。 3　上欄の業務のうち、九十フォーン以上百フォーン未満の騒音にさらされるものにあっては、当該業務に従事させる時間は、一日について四時間をこえないこと。
労働基準法第六十三条	石炭鉱山における坑内労働	1　職業訓練開始後一年を経過するまでは作業につかせないこと。 2　訓練生の体格及び健康の状態がはじめて坑内作業につかせる際次の基準に適合していること。 (イ)　満十六才の者については、身長百五十二センチメートル以上、体重四十八キログラム以上、胸囲七十九センチメートル以上及び肺活量三千二百立方センチメートル以上であること。 (ロ)　満十七才の者については、身長百五十五センチメートル以上、体重五十一キログラム以上、胸囲八十一センチメートル以上及び肺活量三千四百三十立方センチメートル以上であること。 (ハ)　上部気道に異常がなく、かつ胸部X線検査の結果異常がないこと。

3　はじめて坑内作業につかせて後一年間は労働安全衛生規則第四十四条の規定による健康診断を年三回以上行うこと。

4　出水、ガスの突出、自然発火、大規模の落ばん及び崩壊を伴う作業等特に危険な作業につかせないこと。

5　立坑又は四十度以上の斜坑の内部においては作業させないこと。

6(イ)　満十六才の者については、摂氏三十度をこえる場所では作業させないこととし、摂氏二十度をこえ摂氏二十五度以下の場所で作業させるときは作業時間の合計が一日につき三時間、摂氏二十五度をこえる場所で作業させるときは作業時間の合計が一日につき二時間をこえないこと。

(ロ)　満十七才の者については、摂氏三十四度をこえる場所では作業させないこととし、摂氏二十四度をこえ摂氏二十九度以下の場所で作業させるときは作業時間の合計が一日につき三時間、摂氏二十九度をこえる場所で作業させるときは作業時間の合計が一日につき二時間をこえないこと。

右の表の中欄に掲げてある作業に訓練生をつかせることができるのであるが、それには事業主は下欄に掲げてある措置の基準によらなければならない。

なお、労働安全衛生法第六十一条の就業制限についても労働安全衛生規則第四十二条で一定の就業にあたっての措置を講じたものについては、職業訓練の特例が認められている。

以上述べたような長期契約、年少者又は女子の就業制限業務への就業など労働基準法の一般規定を緩和する措置が講ぜられるためには、次に例示する「職業訓練に関する特例許可申請書」（労働基準法施行規則様式第十四号の二、以下「特例許可申請書」という。）二通を当該事業所又は主たる事務所の所在地を管轄する都道府県労働局長あてに提出し、その許可を受けなければならない（労働基準法施行規則第三十四条の四、第五十九条）。この許可は団体の構成員が事業主である場合には構成員たる事業主がそれぞれ受けなければならない建前であるが、これらの事業主の許可申請書は団体がとりまとめ一括して提出することになっている。

また、特例許可申請書の年次有給休暇の日数の欄には、訓練生が十八歳未満の未成年者であるものについて記入するものであり、未成年者である訓練生に関する年次有給休暇については、労働基準法第七十二条で十二労働日を与えなければならない旨規定されている。

なお、以上と関連して労働基準関係の措置としては、事業主が労働契約締結に際して労働者に明示すべき労働条件の一つに職業訓練に関する事項（事業主がこれを定める場合に限る。）があげられている（労働基準法第十五条第一項及び同施行規則第五条第一項第八号）。また、認定職業訓練の普通職業訓練を受ける訓練生については、最低賃金法（昭和三十四年法律第百三十七号）に基づき一定の場合都道府県労働局長から最低賃金の適用除外の許可を受けることができる（同法第八条第三号、同法施行規則第五条）。

（労働基準法施行規則様式第十四号の二）

職業訓練に関する特例許可申請書

※職業訓練の認定年月日及び認定番号	

事業の種類	事業の名称	事業所の所在地	事業の全労働者数
職別工事業	㈱佐々木工務店	宮崎県宮崎市宮脇町一六八	十六

訓練課程、訓練科別許可対象労働者数及び契約期間	訓練課程及び訓練科	訓練生数	契約期間
	普通課程 建築仕上げ系左官・タイル施工科	一	二年

職業訓練形態	所属団体名	所属団体所在地
共同職業訓練	職業訓練法人 宮崎建築職業訓練協会	宮崎県宮崎市恵美寿町八の六

別表第一に定める訓練生を就かせる危険有害業務及び坑内労働の範囲中就業を予定する業務、使用者	訓練課程及び訓練科	就業予定業務	使用者が講ずる措置	就業場所
	普通課程	高さ五メートル以上の個所における土壁の施工作業	一　予め安全作業法を十分教習し訓練開始後二年（訓練期間二年の訓練科に係る訓練生にあっては一年六月）を経て作業に就かせる 二　職業訓練指導員の安全作業法についての的確な指示及び厳重な監督の下に作業させる	

が講ずる措置及び就業場所	建築仕上げ系左官・タイル施工科	足場の組立、解体又は変更の作業	一　予め安全作業法を十分教習し訓練開始後二年（訓練期間二年の訓練科に係る訓練生にあっては一年六月）を経て作業に就かせる 二　職業訓練指導員の安全作業法についての的確な指示及び厳重な監督の下に作業させる	佐々木工務店
年次有給休暇の日数	未成年の訓練生については十二労働日			

平成〇年〇月〇日

使用者　株式会社　佐々木工務店
社長　佐々木雄一　㊞

宮崎労働局長殿

〔備考〕　職業能力開発促進法第二十四条第一項の認定を受けて、その構成員である事業主に雇用される者に対して普通職業訓練を行う団体（以下「共同職業訓練団体」という。）においては、当該団体の構成員に係る申請書の提出は、一括して行うこと。

〔記載心得〕

一　訓練生の欄には、各訓練年度を通じた訓練生の概数について記載すること。
二　職業訓練形態の欄には、共同職業訓練、単独職業訓練の別を記載すること。
三　所属団体名の欄には、共同職業訓練の場合においてはその所属する共同職業訓練団体名を記載すること。
四　就業場所の欄には、当該業務に就かせる場所について当該事業場、共同職業訓練施設の別を記載すること。
五　年次有給休暇の日数の欄には、未成年者である訓練生に関するものを記載すること。
六　※印の欄は、本件許可申請を職業能力開発促進法第二十四条第一項の認定の申請と同時に行う場合には、記載する必要がないこと。

(五) 認定職業訓練に関する事項の変更届

認定職業訓練を行う事業主等は、認定職業訓練に関し、次の1又は3から6までに掲げる事項について変更があった場合（軽微な変更があった場合を除く。）にはすみやかに変更のあった事項及び年月日を、2に掲げる事項について変更しようとする場合にはあらかじめその旨を管轄都道府県知事に届け出なければならない（規則第三十三条）。

1　認定職業訓練を行うものの氏名又は名称及びその事業所又は主たる事務所の所在地
2　認定職業訓練のための施設の名称及び所在地並びに定款等に記載した事項
3　訓練生の概数、教科、訓練期間、訓練時間、設備及び職業訓練指導員の数
4　構成員及び団体の行う認定職業訓練の一部を行う当該団体の構成員
5　構成員が当該団体の行う認定職業訓練の一部を行う場合には、その行う訓練の状況
6　認定職業訓練を委託した施設、事業所又は団体の名称及び所在地

この場合、2の前段に掲げる事項については、規則第三十五条の規定により認定職業訓練の施設の名称に職業能力開発校、職業能力開発短期大学校又は職業能力開発促進センターを使用し設置するときは、都道府県知事に申請し、その設置についての承認を受けなければならないこととなっているので、施設名称等を変更しようとするときはあらかじめ届出が必要とされる。

3の訓練生の概数については、おおむね一〇人以上の増減があった場合に変更届が必要とされるが、普通課程及び職業転換コースの短期課程の普通職業訓練においては、職業訓練指導員数は三〇人をこえる訓練生を一単位とする場合には四人（三〇人以下の場合は三人）が標準となっているので、訓練生が増加した場合には、職業訓

練指導員数について訓練の実施に伴う危険の程度又は指導の難易に応じて増加変更する必要がある場合もあることを留意すべきである。

4の後段に掲げる事項については、団体の構成員で当初訓練を実施しなかったものが訓練を開始した場合又は訓練を実施していたものが訓練を行わなくなった場合に変更届が必要とされる。

5に掲げる事項については、団体の構成員が当該団体の行う認定職業訓練の一部を行っている場合において、当該訓練に変更があった場合に変更届が必要とされる。

なお、規則別表第二、二、1、2、同第四、三、1、2、同第六、二、2により訓練期間を延長する場合又は訓練期間を短縮する場合においても変更届を提出することが必要である。しかし、新たな訓練科に係る認定職業訓練を行おうとする場合は、変更届ではなく、新たに認定申請をしなければならない。

ここに「訓練科名」及び「訓練時間」を変更しようとする場合の記載例を掲げれば、次のとおりである。

（認定職業訓練事項変更届の例）

認定職業訓練事項変更届

昭和63年５月21日付け能発第30号により認定されました職業訓練に関する事項の一部を、職業能力開発促進法施行規則の一部を改正する省令（平成５年労働省令第　１　号）の公布により、次のとおり変更しましたので届け出ます。

平成５年３月１日

届出者　事業所・団体の所在地　　東京都台東区浅草橋５の134
　　　　事業所・団体の名称　　　職業訓練法人　台東職業訓練協会
　　　　及び代表者氏名　　　　　会長　　山　川　太　郎　印

東　京　都　知　事　殿

記

職業訓練の種類	訓練課程の種類	変更事項	変更内容（現行）	変更内容（新）	変更年月日
普通職業訓練	普通課程	1　訓練科名	板金科	金属加工系塑性加工科（養成訓練普通課程板金科）	平成５年４月１日
		2　教科の内容	能開則別表３のとおり	能開則別表２のとおり	
		3　訓練時間	総時間　1,600時間 （うち集合訓練　時間） 普通学科　時間 専門学科　時間 基本実技　時間 応用実技　時間	総時間 1,440時間 （うち集合訓練　時間） 系基礎学科　時間 系基礎実技　時間 専攻学科　時間 専攻実技　時間 その他学科　時間 その他実技　時間	
備　考	現在、在籍する２年生については、旧基準により訓練を実施する。				

（注）１　変更事項及び変更内容欄には、新基準により、訓練を実施する場合の訓練科、教科、訓練時間及び対象範囲についての変更事項と変更内容を記載する。
なお、旧基準による訓練を継続する場合は、その旨備考欄に記載すること。

２　「普通課程の養成訓練」等施行規則における訓練基準と異なる名称を通称として用いる場合は、「変更内容」欄にその旨カッコ書きで記載すること。

(六) 認定職業訓練の廃止届

認定職業訓練を行うものは、認定職業訓練を行わなくなったときは、その旨を管轄都道府県知事に届け出なければならない(規則第三十四条)。

なお、この場合と関連して都道府県知事は、①認定職業訓練が基準に適合しなくなったと認めるとき、②事業主等が当該認定職業訓練を行わなくなったとき、及び③事業主等が当該認定職業訓練を的確に実施することができる能力を有しなくなったと認めるときに認定を取り消すことができることとなっている(法第二十四条第三項)。

廃止届の例を示せば下記のとおりである。

(七) 職業訓練施設設置の承認

認定職業訓練を行う事業主等は、職業能力開発施設として職業能力開発校、職業能力開発短期大学校又は職業能力開発促進センターを設置することができる（法第二十五条）が、当該施設を設置しようとするときは、管轄都道府県知事に申請し、その設置について承認を受けなければならないこととなっている

（認定職業訓練廃止届の例）

認 定 職 業 訓 練 廃 止 届

昭和○○年４月５日○○第６号により認定されました下記職業訓練につきましては，平成○○年４月10日をもって廃止しましたので，職業能力開発促進法施行規則第34条の規定に基づき届け出ます。

平成○○年４月10日

東京都台東区浅草１－２

職業訓練法人　台東職業訓練協会

東京都知事　殿　　　　佐々木洋之㊞

記

職業訓練の種類	訓練課程の種類	訓練科
普通職業訓練	普通課程	建築科

（規則第三十五条第一項）。

また、管轄都道府県知事は、申請に係る職業能力開発施設が次の各号に適合するものと認めるときでなければ同項の承認をしてはならないこととなっている（規則第三十五条第二項、昭和六十年十月一日付け能発第二一〇号参照）。

1　職業能力開発校又は職業能力開発促進センター

(1)　教室のほか、当該認定職業訓練の必要に応じた実習場を備えていること。

(2)　教室の面積は、同時に訓練を行う訓練生一人当たり一・六五平方メートル以上あること（訓練生の数の増加に応じて職業訓練上支障のない限度において減ずることができる。）。

(3)　建物の配置及び構造は、訓練を実施するうえで適切なものであること。

(4)　教科、訓練生の数等に応じて必要な教材図書その他の設備を備えていること。

2　職業能力開発短期大学校又は職業能力開発大学校

(1)　教室、実習場及び図書室を職業能力開発専用施設として備えるほか、当該認定職業訓練の必要に応じた施設を備えていること。

(2)　教室の面積は、同時に訓練を行う訓練生一人当たり二・〇平方メートル以上あること（訓練生の数の増加に応じて職業訓練上支障のない限度において減ずることができる。）。

(3)　実習場その他の施設の面積は、訓練を実施する上で適切な面積であること。

(4)　建物の配置及び構造は、訓練を実施する上で適切なものであること。

(5)　教科、訓練生の数等に応じて必要な教材、図書その他の設備を備えていること。

右の要件の1の(1)及び2の(1)については、認定職業訓練実施上の必要に応じて実習場、運動場等の施設を備えることが期待されているが、少なくとも教室を備えておれば要件を満たすものである。なお、教室等の施設を借用している場合においても、将来にわたって職業能力開発施設としてその継続性が認められるものであれば差し支えない。

1の(2)及び2の(2)の教室の面積は、公共職業能力開発施設の施設基準に定められたものであるが、訓練生の数が多い等の場合には、職業訓練実施上支障がない限度でそれぞれ訓練生一人当たり一・六五平方メートル及び二・〇平方メートルを下まわっても差し支えないこと。

1の(3)、2の(3)及び2の(4)については、建物の配置が訓練生の通校の便、安全衛生又は風紀上の環境からみて適切であるとともに、建物の構造は、堅ろう度、換気、採光、照明、保温、防湿、清潔、避難その他訓練生に対する安全衛生等の面からみて適切なものであることを要する。

1の(4)及び2の(5)については、訓練生の数等に応じて教材、図書等の設備が職業訓練実施上支障のないよう備えられていなければならないものである。

名称使用についての都道府県知事の承認の申請の手続は、特に定められていないが次によることができる（昭和四十四年十月一日付け訓発第二四八号通達記第四、6参照。）。

まず、職業訓練認定の手続をもってかえることができる。職業訓練認定申請書には職業能力開発施設の概要の事項があって職業能力開発施設の名称等の欄があるので、これを提出することによって都道府県知事の承認を受けることになる。

次に、職業訓練法人の場合は、法第三十五条第一項の認可の手続若しくは法第三十九条の定款又は寄附行為の変更の認可の手続をもってかえることができる。職業訓練法人の場合、定款又は寄附行為の絶対的記載事項の一つに職業能力開発施設の位置及び名称があげられているので、認可の申請手続をもって都道府県知事の承認を受

（認定職業訓練事項変更届の例）

認定職業訓練事項変更届
（施設名称使用承認申請）

昭和〇〇年４月１日〇〇第〇号により認定されました職業訓練のための施設の名称を下記のとおり変更したいので，職業能力開発促進法施行規則第33条の規定に基づき届け出ます。
なお、下記名称使用について承認をお願いします。

平成〇〇年３月10日

山梨県山梨市徳行町３番地

〇〇職業訓練運営会
会長　石　岡　明　二㊞

山梨県知事　殿

記

事　　項	変　更　前	変　更　後
認定職業訓練のための施設の名称	〇〇職業訓練校	〇〇職業能力開発校

けることになる。

すでに認定職業訓練を行っている事業主等で右の手続によれない場合は、規則第三十三条の認定職業訓練の名称に係る変更の届出の手続にあわせて承認の申請の手続をとることができる。この場合の変更の例示をすれば前ページのとおりである。

施設の名称には、認定職業訓練を行うものの名称、関係地域の名称、認定職業訓練に係る作業又は職種の名称、認定又は共同の文字を冠する等の形があるが、具体例を例示すれば次のとおりである。

（例）　職業訓練法人北星会職業能力開発校
　　十和田職業能力開発校
　　長野建築職業能力開発校
　　広島市共同職業能力開発校

その他施設要件に該当しないため名称使用の承認を受けられない施設については、職業能力開発校という文字を用いてはならない。

(八)　認定職業訓練実施状況報告書

認定職業訓練を行うものは、毎年五月三十一日までに認定職業訓練実施状況報告書（様式第七号）を認定を受けた都道府県知事に提出しなければならない（法第百二条、規則第三十六条）。この記入例を示せば次のとおりである。

様式第七号（第三十六条関係）

認定職業訓練実施状況報告書

認定職業訓練の実施状況を次のとおり報告します。

平成○○年５月30日

職業訓練法人
呉西職業訓練協会（平成○○年４月30日現在）

富山県高岡市金屋中町84

会長　伊　東　淳　三　　　　㊞

富山県知事　殿

※事業の種類		※常用労働者数	
職業能力開発施設の名称及び所在地	呉西職業能力開発校　富山県高岡市波岡５		

1　訓練生数

(1)　普通職業訓練（普通課程）及び高度職業訓練（専門課程及び応用課程）

職業訓練の種類	訓練課程名	訓練科名	訓練期間	訓練生数										訓練中止者数		技能照査合格者数及び不合格者数					修了者数
				年度別内訳					学歴・訓練歴別内訳							合格者数	不合格者数				
				第一年度	第二年度	第三年度	第四年度	合計	中学校卒業者数	高等学校卒業者数	短期大学卒業者数	大学卒業者数	専門課程の高度職業訓練修了者数	離職者	その他		学科のみ	実技のみ	学科及び実技	合計	
(　)	普通課程	建築施工系木造建築科	2年	21	39			60	3	41	9	7		3	1	25	1	0	2	3	28
(　)		建築仕上げ系左官・タイル施工科	2年	29	20			49	11	27	6	5		2	3	21	0	1	0	1	22
(　)																					
合計				50	59			109	14	68	15	12		5	4	46	1	1	2	4	50

(2)　普通職業訓練（短期課程）及び高度職業訓練（専門短期課程及び応用短期課程）

職業訓練の種類	訓練課程名	訓練科名	実施期間	学歴別訓練生数					訓練中止者数		修了者数
				中学校卒業者数	高等学校卒業者数	短期大学卒業者数	大学卒業者数	合計	離職者	その他	
(　)											
(　)											
(　)											
合計											

2　訓練実施状況

(1)　普通職業訓練（普通課程）及び高度職業訓練（専門課程及び応用課程）

職業訓練の種類	訓練課程名	訓練科名	教科の科目	訓練時間数					試験実施月日	技能照査実施月日
				第一年度	第二年度	第三年度	第四年度	合計		
普通職業訓練	普通課程	建築施工系木造建築科	社　　会	35	35			70	平成○○年3月20日	平成○○年3月20日
			体　　育	35	35			70	〃	
			数　　学	40				40	〃	
			物　　理	20				20	〃	
			建築概論	20				20	〃	
			建築計画概論		20			20	〃	

(2)　普通職業訓練（短期課程）及び高度職業訓練（専門短期課程及び応用短期課程）

職業訓練の種類	訓練課程名	訓練科名	実施期間	訓練時間数	試験実施月日

3　団体構成員

構成員の氏名又は名称及び代表者の氏名	事業の種類	常用労働者数	職業訓練の種類及び訓練課程名	訓練生数	職業訓練指導員数
本田清一	建設業	7	普通課程	2	1
田中文男	建設業	25	〃	4	2
井上正夫	建設業	32	〃	4	2
合計		625		109	51

（注意）

1　事業主以外のものにあっては、※印の欄には記入を要しないこと。

2　「訓練生数」関係

(1)　「職業訓練の種類」欄には、普通職業訓練及び高度職業訓練の区分を記入し、学科について通信制により実施する場合には（　）内に「通信制」と記入すること。

(2)　「訓練課程名」欄には、普通課程の普通職業訓練を実施する場合であって中学校卒業者等を対象とする場合には（　）内に「中卒等」と記入し、管理監督者コース、一級技能士コース、二級技能士コース及び単一等級技能士コースの短期課程の普通職業訓練を実施する場合には（　）内に当該コースの区分を記入すること。

(3)　「年度別内訳」欄及び「学歴別内訳」欄には、当年４月30日現在（訓練期間が１年未満の場合は前年４月１日から当年３月31日までの間の当該訓練開始時現在）における該当者の数を、「訓練中止者数」欄、「技能照査合格者数」欄、「不合格者数」欄、及び「修了者数」欄には、前年４月１日から当年３月31日までの該当者の合計数を記入すること。

(4)　「年度別内訳」欄には、編入者があった場合に当該編入者の数を（　）を付して内数として記入すること。

3　「訓練実施状況」関係

「教科の科目」欄には、前年４月１日から当年３月31日までの状況を記入するものとし、「訓練時間数」欄には、学科については科目別にその訓練時間数を、実技については科目に区別することなく実技の総訓練時間数を記入すること。

4　「団体構成員」関係

「訓練生数」欄及び「職業訓練指導員数」欄には、構成員ごとに上記２の(3)の例により算定した数を記入すること。

この報告書に記入する場合、次の事項に留意すべきである。

(1)　報告書の記入欄は、大別して①当年四月末日現在の状況を記入する欄、②前年四月一日から当年三月三十一日までの訓練開始時現在の状況を記入する欄及び③前年四月一日から当年三月三十一日までの状況を記入する欄に分けられる。

①に該当する欄は、普通職業訓練の普通課程等訓練期間が一年以上の訓練の場合の年度別内訳及び学歴別内訳の各欄並びに団体構成員の項の欄である。

②に該当する欄は、普通職業訓練の短期課程のように訓練期間が一年未満の訓練（専修訓練課程）の場合の学歴別内訳の各欄並びに団体構成員の項の欄である。

③に該当する欄は、編入者数、訓練中止者数、技能照査合格者数、修了者数、教科の科目、訓練時間数、試験実施月日及び技能照査実施月日の各欄である。

(2)　訓練中止者数のその他の欄には、当該事業所に在籍しているが病気、事故等によって訓練を中途でやめた訓練生の数を記入するものである。

(3)　事業の種類の欄には、統計調査に用いる産業分類並びに疾病傷害及び死因分類を定める政令（昭和二十六年政令第百二十七号）第二条の規定に基づく日本標準産業分類中分類による産業名を記入するものである。

以上のほか報告書様式中に記載された注意を参照して記入する必要がある。

(九)　学校教育との連携

認定職業訓練と高等学校との間には連携措置がとられている。すなわち高等学校の定時制課程又は通信制課程に在学する生徒が技能教育のための施設で当該施設の所在地の都道府県の教育委員会の指定を受けた認定職業訓練施設において訓練を受けているときは、当該認定職業能力開発施設における訓練が当該高等学校の教科の一部の履修とみなされる（学校教育法第四十五条の二第一項）。

認定職業訓練を行うものが、教育委員会の指定を受ける場合には、管轄都道府県の教育委員会に申請しなければならないが（学校教育法施行令第三十二条）、指定の基準とされているものは次のとおりである（同施行令第三十三条。なお、昭和三十七年五月九日付け訓発第一〇六号、昭和四十三年四月三十日付け訓発第一〇八号参照）。

1　設置者が高等学校における教育に理解を有し、かつ、この政令及びこの政令に基づく文部科学省令を遵守する等設置者として適当であると認められる者であること。

2　就業年限が一年以上であり、年間の指導時間数が六八〇時間以上であること。

3　技能教育を担当する者（実習を担任する者を除く。）のうち半数以上の者が担当する技能教育に係る高等学校教諭免許状を有する者又はこれと同等以上の学力を有すると認められる者であり、かつ、実習を担任する者のうち、半数以上の者が担任する実習に係る高等学校教諭免許状を有する者若しくはこれと同等以上の学力を有する者又は六年以上担任する実習に関連のある実務の経験を有し、技術優秀と認められる者であること。

4　技能教育の内容に文部科学大臣が定める高等学校の教科に相当するものが含まれていること。

5　技能教育を担当する者及び技能教育を受ける者の数、施設及び設備並びに運営の方法が、それぞれ文部科学省令で定める基準に適合するものであること。

4の文部科学大臣の定める教科は、高等学校の職業に関する教科（工業、家庭、農業、商業、看護その他水産等）であるが、連携をとることができる科目は、この教科の科目及び文部科学大臣が告示するその他の科目である（技能教育施設の指定等に関する規則（昭和三十七年文部省令第八号）第二条第一項及び第五条）。

また、5の基準は、次のとおりとなっている（同規則第二条第二項）。

イ　技能教育担当者の数が技能教育を受ける者の数を二十をもって除して得た数以上であること。

ロ　科目ごとに同時に技能教育を受ける者の数が、十人以上であること。

ハ　高等学校の教科に相当する内容の技能教育を行うために必要な施設及び設備を有すること。

ニ　運営の方法が適正であること。

以上の基準に合致して教育委員会の指定を受けた認定職業能力開発施設において連携科目について訓練した場合は、連携する高等学校の校長から単位修得の認定を受けるが、認定を受ける単位数の合計は、当該高等学校が定めた全課程の修了を認めるに必要な単位数の二分の一以内となっている（同規則第七条第二項）。

なお、指定申請書の様式、添付書類等については、同規則第一条及び昭和四十三年文部省告示第二百九十三号に規定されているので参照されたい。

四　事業主等に対する助成

事業主等に対する助成措置としては、労働者が必要な時期に適切な職業訓練を受けることのできる生涯訓練体制の確立を図ることを目的としたキャリア形成促進助成金、認定訓練助成事業費補助金等の制度がある。

(一) キャリア形成促進助成金

(i) 概　要

キャリア形成促進助成金は、職業能力開発促進法（昭和四四年法律第六四号）第一二条に規定する職業能力開発推進者を選任し、かつ、同法第一一条に規定する計画及び当該計画に基づく年間職業能力開発計画に基づき、目標が明確化された職業訓練の実施、職業能力開発休暇の付与、長期教育訓練休暇制度の導入、職業能力評価及び労働者に対するキャリア・コンサルティングの機会の確保を行う事業主に対して助成を行うことにより、労働者の職業生活設計の全期間を通じて段階的かつ体系的な職業能力開発を促進し、もって企業内における労働者のキャリア形成の効果的な促進に資することを目的とする。

キャリア形成促進助成金は、訓練給付金、職業能力開発休暇給付金、長期教育訓練休暇制度導入奨励金、職業能力評価推進給付金及びキャリア・コンサルティング推進給付金がある。

また、キャリア形成促進助成金のうち訓練給付金及び職業能力開発休暇給付金の特例として中小企業労働力確保法に基づく認定組合等の構成中小企業者又は認定中小企業者には中小企業雇用創出等能力開発助成金が、地域雇用開発促進法に基づく「同意能力開発就職促進地域」の事業主又は「同意高度技能活用雇用安定地域」内の事業主団体傘下の構成事業主に対しては地域人材高度化能力開発助成金がそれぞれ支給される。

(ii)　**基本要件**

1　雇用保険の適用事業の事業主であること。

2　労働組合等の意見を聴いて、事業内職業能力開発計画（以下「事業内計画」という。）を作成し、当該計画の内容をその雇用する労働者に対して周知している事業主であること。

3　事業内計画に基づき年間職業能力開発計画（以下「年間計画」という。）を作成し、当該計画の内容をその雇用する労働者に周知している事業主であること。

4　職業能力開発推進者を選任し、都道府県職業能力開発協会に選任届を提出している事業主であること。

5　労働保険料を過去二年間を超えて滞納していない事業主であること。

6　過去三年間に雇用保険三事業に係るいずれの助成金についても不正受給を行っていない事業主であること。

(iii)　**訓練給付金**

1　支給対象者

訓練給付金は、次のすべてに該当する事業主に対して予算の範囲内で支給するものとする。

(1)　年間計画に基づき、その雇用する労働者（雇用保険の被保険者に限る。以下同じ。）に対して、目標が明確である職業訓練であり、かつ、職業に必要な専門的な知識若しくは技能を習得させるための職業訓練、配置転換等により新たな職務に就かせるために必要な職業訓練又は定年退職後の再就職の円滑化等のために必要な職業訓練（通信制の職業訓練を除く。以下「対象職業訓練」という。）であって、次に掲げるものを受けさせる事業主に対して支給するものとする。

イ　事業内において集合して行う対象職業訓練（受講者数に占めるその雇用する労働者の割合が二分の一以上のものに限る。）

ロ　事業外の施設等に委託して行う対象職業訓練

ハ　支給対象となる対象職業訓練は、一訓練コース当たりの実訓練時間が延べ一〇時間以上のものであり、かつ、ＯＪＴで行われるものを除くものとする。

(2)　次の書類を整備している事業主であること。

イ　対象職業訓練を受講したその雇用する労働者の受講状況、職業訓練の実施内容を日ごとに明らかにした書類

ロ　事業内で自ら対象職業訓練を行うのに要する費用及び事業外の施設に委託して対象職業訓練を行うに要する費用の額を明らかにした書類

ハ　対象職業訓練を受講したその雇用する労働者に対して当該対象職業訓練を受講した日（当該対象職業訓練を受講するために全一日にわたり業務に就かなかった日に限る。）について支払われた賃金の額を明らかにした書類

2　支給額

支給額は、次に掲げる区分に応じ、それぞれに定める額とする。ただし、当該その雇用する労働者が当該訓練のコースを修了しない場合は、支給しないものとする。

(1)　事業内で自ら対象職業訓練を行うのに要した費用（外部講師の謝金及び教材費等）について、その費用の四分の一（中小企業事業主にあっては三分の一）の額。ただし、労働者一人当たりの費用が一コース五万円を超える場合は、五万円に当該その雇用する労働者の数を乗じて得た額を限度とする。

(2)　事業外の施設に委託して対象職業訓練を行うのに要した費用（入学料及び受講料等）についてはその四分の一（中小企業事業主にあっては三分の一）の額。ただし、労働者一人当たりの費用が一コース五万円を超える場合は、五万円を限度とする。

(3)　対象職業訓練受講期間中のその雇用する労働者の賃金（中小事業主がその雇用する労働者に対して認定訓練を受講させる場合を除く。）の四分の一（中小企業事業主にあっては三分の一）に相当する額。賃金は、事業主が負担した労働保険料の確定保険料の賃金総額から算定した額とする（創業時等を除く。）。ただし、一人一日当たり雇用保険の基本手当日額の最高額を限度とする。

(4)　中小企業事業主がその雇用する労働者に対して認定訓練を受講させる場合の対象職業訓練期間中のその雇用する労働者の賃金の三分の一に相当する額。賃金は、事業主が負担した労働保険料の確定保険料の賃金総額から算定した額とする（創業時等を除く。）。ただし、一人一日当たり雇用保険の基本手当日額の最高額を限度とする。

(iv)　職業能力開発休暇給付金

1　支給対象者

職業能力開発休暇給付金（以下「休暇給付金」という。）は、次の(1)から(3)のいずれかに該当する事業主であって、(4)に該当するものに対して予算の範囲内で支給するものとする。

(1)　年間計画に基づき、その雇用する労働者の申し出により、次のすべてに該当する職業能力開発休暇を与える事業主

イ　教育訓練を受けるための職業能力開発休暇の日数が一教育訓練コースについて一〇労働日以上であること。ただし、公共職業能力開発施設の行う職業訓練、職業能力開発促進法第一五条の六第一項ただし

書に規定する職業訓練、職業能力開発総合大学校の行う指導員訓練若しくは職業訓練又は中央職業能力開発協会若しくは都道府県職業能力開発協会の行う教育訓練を受ける場合において、当該訓練の日数が一〇労働日未満であるときは、当該日数とする。

ロ　職業能力開発休暇の対象となる教育訓練は、次に掲げるものであってその雇用する労働者の現在の職務又は近く就くことが予定されている職務の遂行に密接に関連するものであること。

(イ)　公共職業能力開発施設の行う職業訓練又は職業能力開発促進法第一五条の六第一項ただし書に規定する職業訓練

(ロ)　職業能力開発総合大学校の行う指導員訓練又は職業訓練

(ハ)　学校教育法による高等学校、大学又は高等専門学校の行う学校教育

(ニ)　学校教育法による専修学校又は各種学校の行う教育であって、次のａからｄのすべてに該当する職業人としての資質の向上に資すると認められるもの

ａ　国、地方公共団体、独立行政法人通則法第二条に規定する独立行政法人及び公益法人等（民法第三四条による法人のほか、学校法人、準学校法人等特別の法律により設立され、かつ、営利を目的としない法人。）が設置する専修学校又は各種学校が行う教育

ｂ　一コースの教育訓練時間が一七〇時間以上の教育（授業時数の場合、一時間を五〇分と置き換えて差し支えないこと。以下同じ。）

ｃ　一日の教育訓練時間が三時間以上の教育

ｄ　昼間に行われる教育

(ホ)　前記(イ)から(ニ)までに掲げる教育訓練に準ずる教育訓練であって、次のａからｃいずれかに該当する

職業人としての資質の向上に資すると認められるもの

a　中央職業能力開発協会又は都道府県職業能力開発協会の行う次のすべてに該当する教育訓練であること。

(a)　一コースの教育訓練の日数が二日以上の教育訓練

(b)　一コースの教育訓練時間が一二時間以上の教育訓練

(c)　一日の教育訓練時間が三時間以上の教育訓練

(d)　昼間に行われる教育訓練

b　次のすべてに該当する教育訓練であること。

(a)　国、地方公共団体、特殊法人、独立行政法人及び公益法人等（民法法人、職業訓練法人、学校法人、商工会議所、事業協同組合等特別の法律に基づいて設立された営利を目的としない法人。）が行う教育訓練

(b)　一コースの教育訓練の日数が一〇日以上の教育訓練

(c)　一コースの教育訓練時間が四八時間以上の教育訓練

(d)　一日の教育訓練時間が四時間以上の教育訓練

(e)　昼間に行われる教育訓練

c　次のすべてに該当する教育訓練であること。

(a)　国、地方公共団体、特殊法人、独立行政法人、公益法人その他営利を目的としない法人以外の法人が行う教育訓練

(b)　一コースの教育訓練時間が一七〇時間以上の教育訓練

(c)　一日の教育訓練時間が三時間以上の教育訓練

(d)　昼間に行われる教育訓練

(へ)　上記(イ)から(ホ)までに掲げる教育訓練のほか、次のaからcまでのすべてに該当する教育訓練

a　一コースの教育訓練の日数が一〇日以上の教育訓練

b　一コースの教育訓練時間が四八時間以上の教育訓練

c　一日の教育訓練時間が四時間以上の教育訓練

(2)　年間計画に基づき、その雇用する労働者の申し出により、次のすべてに該当する職業能力開発休暇を与える事業主

イ　職業能力評価を受けるための職業能力開発休暇であり、かつ、その日数が一つの職業能力評価について一労働日以上であること。

ロ　職業能力開発休暇の対象となる職業能力評価は、次に掲げるものであること。

(イ)　当該事業主以外の者が行う職業能力評価であって、年間計画において規定されたものであること。

(ロ)　年間計画に基づき、職業能力評価を受ける者に対して教育訓練（当該職業能力評価の対象となる技能又はこれに関する知識を習得するためのものに限る。）を受けさせていること。

(3)　年間計画に基づき、その雇用する労働者の申し出により、キャリア・コンサルティング（(vii)キャリア・コンサルティング推進給付金の対象となるキャリア・コンサルティングに限る。）を受けるための職業能力開発休暇を与える事業主。ただし、その日数が一回のキャリア・コンサルティングについて一労働日以上であること。

(4)　次の書類を整備している事業主であること。

イ　職業能力開発休暇期間中のその雇用する労働者の受講状況、職業能力評価の受検の状況又はキャリア・コンサルティングの実施内容を明らかにした書類

ロ　職業能力開発休暇を付与したその雇用する労働者に対して当該休暇の期間について支払われた賃金の額を明らかにした書類

ハ　当該休暇を付与したその雇用する労働者に対して教育訓練の受講に要する経費又は職業能力評価の受検に要する経費を援助した場合には、その援助に要した費用の額を明らかにした書類

2　支給額

休暇給付金は、次の区分に応じ、それぞれに定める額とする。ただし、職業能力開発休暇を付与したその雇用する労働者が当該教育訓練のコースを修了又はキャリア・コンサルティングを終了しない場合は、支給しないものとする。

(1)　教育訓練に係る職業能力開発休暇期間中のその雇用する労働者の賃金の四分の一（中小企業事業主にあっては三分の一）の額（一五〇日を限度とする。ただし、大学若しくは高等専門学校又は職業能力開発総合大学校、職業能力開発大学校若しくは職業能力開発短期大学校において教育訓練を受講する場合にあっては、二〇〇日を限度とする。）。賃金は、事業主が負担した労働保険料の確定保険料の賃金総額から算定した額とする（創業時を除く。）。ただし、一人一日当たり雇用保険の基本手当日額の最高額を限度とする。

(2)　教育訓練に係る職業能力開発休暇期間中における教育訓練の受講に要した費用（入学料、受講料等）の援助として支払った額の四分の一（中小企業事業主にあっては三分の一）の額。ただし、一コース一人当たり五万円を限度とする。

(3)　職業能力評価に係る職業能力開発休暇期間中のその雇用する労働者の賃金の四分の一（中小企業事業主にあっては三分の一）の額。賃金は、事業主が負担した労働保険料の確定保険料の賃金総額から算定した額とする（創業時を除く。）。ただし、一人一日当たり雇用保険の基本手当日額の最高額を限度とする。

(4)　職業能力評価に係る職業能力開発休暇期間中における職業能力評価の受検に要した費用（受検料等）の援助として支払った額の四分の一（中小企業事業主にあっては三分の一）の額。

(5)　キャリア・コンサルティングに係る職業能力開発休暇期間中のその雇用する労働者の賃金の四分の一（中小企業事業主にあっては三分の一）の額。賃金は、事業主が負担した労働保険料の確定保険料の賃金総額から算定した額とする（創業時を除く。）。ただし、一人一日当たり雇用保険の基本手当日額の最高額を限度とする。

(v)　長期教育訓練休暇制度導入奨励金

1　支給対象者

長期能力開発休暇制度導入奨励金（以下「導入奨励金」という。）は、次のすべてに該当する事業主に対して予算の範囲内で支給するものとする。

(1)　年間計画に基づき、労働協約又は就業規則に定めるところにより、新たに長期教育訓練休暇制度（以下「休暇制度」という。）を導入した事業主であること。

(2)　当該休暇制度により長期教育訓練休暇（以下「長期訓練休暇」という。）の取得者（当該事業主が雇用する雇用保険の被保険者に限る。以下「休暇取得者」という。）が生じた事業主であること。

なお、導入奨励金の対象となる教育訓練は、次のすべてに該当するものとする。

イ　年間計画に基づく教育訓練であり、かつ、職業に関する知識、技能又は技術の習得又は向上を目的とするものであること（通信制の教育訓練及びＯＪＴで行われるものを除く。）。

ロ　教育訓練の期間（教育訓練を開始した日から教育訓練を修了した日までの日数）が、長期訓練休暇期間（長期訓練休暇を開始した日から長期訓練休暇の最終日までの日数）の二分の一以上に相当するもの

(3)　次の書類を整備している事業主であること。

イ　休暇制度を導入したことを明らかにした労働協約又は就業規則

ロ　当該休暇取得者に係る長期訓練休暇の付与の状況を明らかにした書類

2　支給額

導入奨励金は、次の区分に応じ、それぞれに定める額とする（受給資格の認定は一回に限る。）。また、支給対象期間は、受給資格認定日から起算して三年を経過した日までとし、当該日までに終了した長期訓練休暇を支給対象とするものとする。ただし、休暇取得者が、対象となる教育訓練を修了しない場合には支給しないものとする。

(1)　休暇制度を導入した場合

三〇万円。ただし、受給資格認定後、導入奨励金の対象となる教育訓練を修了した最初の休暇取得者が発生した場合にのみ支給する。

(2)　休暇取得者が発生した場合

休暇取得者一人につき五万円（休暇取得者は二十人を限度とする。）。

(vi)　職業能力評価推進給付金

1　支給対象者

職業能力評価推進給付金（以下「評価推進給付金」という。）は、(1)及び(2)に該当する事業主に対して予

算の範囲内で支給するものとする。

(1)　年間計画に基づき、その雇用する労働者に対して、次に定める職業能力評価を受けさせる事業主であること。

イ　職業能力の開発及び向上に資するものとして厚生労働大臣が定める職業能力評価であること。

ロ　当該事業主以外の者が行う職業能力評価であって、年間計画において規定されたものであること。

ハ　年間計画に基づき、職業能力評価を受ける者に対して教育訓練（当該職業能力評価の対象となる技能又はこれに関する知識を習得するためのものに限る。）を受けさせていること。

(2)　次の書類を整備している事業主であること。

イ　その雇用する労働者について職業能力評価の受検の状況を明らかにした書類

ロ　職業能力評価を受検したその雇用する労働者に対して当該評価を受検している間について支払われた賃金の額を明らかにした書類

ハ　職業能力評価に要した受検料等の額を明らかにした書類

2　支給額

評価推進給付金は、次の各号の区分に応じ、それぞれ当該各号に定める額とする。

(1)　職業能力評価の受検に要した費用（受検料等）として支払った額の四分の三に相当する額。

(2)　職業能力評価期間中のその雇用する労働者の賃金の四分の三に相当する額。賃金は、事業主が負担した労働保険料の確定保険料の賃金総額から算定した額とする（創業時等を除く。）。ただし、一人一日当たり雇用保険の基本手当日額の最高額を限度とする。

(vii)　キャリア・コンサルティング推進給付金

1　支給対象者

キャリア・コンサルティング推進給付金（以下「キャリア推進給付金」という。）は、次のすべてに該当する事業主に対して予算の範囲内で支給するものとする。

(1)　年間計画に基づき、その雇用する労働者に対して、次のすべてに該当するキャリア・コンサルティングを受けさせる事業主であること。

イ　キャリア・コンサルティングに係る専門的な知識及び技能を有する事業外の機関又は個人（以下「専門機関等」という。）に委託して実施するものであること。

ロ　次に掲げるキャリア・コンサルティングであること。

(イ)　当該キャリア・コンサルティングのカリキュラムが予め定められていること。

(ロ)　当該カリキュラムにおいて、次のすべての内容が盛り込まれていること。

a　過去における職務（経験）の棚卸に関する事項

b　現在における職業の興味・価値観・能力の明確化に関する事項

c　労働者個人、企業、経済社会等を取り巻く環境の明確化に関する事項

d　今後のキャリア・プランの作成に関する事項

(ハ)　当該カリキュラムは、集団によるキャリア・コンサルティングにあっては、実施期間二日以上、かつ、実施時間一二時間以上であり、個別によるものにあっては、実施時間計六時間以上であること。

(ニ)　カリキュラム実施時間に占める(ロ)の内容の割合が三分の二以上であること。

(2)　次の書類を整備している事業主であること。

イ　専門機関等との間で締結したキャリア・コンサルティングの委託の実施状況を明らかにした書類

ロ　当該キャリア・コンサルティングの委託に要する経費の負担の状況を明らかにした書類

2　支給額

キャリア推進給付金は、専門機関等へのキャリア・コンサルティングに係る年間委託費用の二分の一に相当する額とする。ただし、当該キャリア・コンサルティングの助成の対象となる期間は、受給資格の認定を受けた日から起算して一年を経過した日を限度とし、かつ、支給申請時までに支払いが終了しているものであること。

なお、その額が二五万円を超える場合は、二五万円を限度とする。また、支給は、一事業所一回に限るものとする。

(viii)　中小企業雇用創出等能力開発助成金

1　支給対象者

(1)　中小企業雇用創出等能力開発助成金は、次のいずれかに該当する中小企業者（以下「構成中小企業者等」という。）であって、(2)のすべてに該当するものに対して予算の範囲内で支給する。

イ　都道府県知事から「中小企業における労働力の確保及び良好な雇用の機会の創出のための雇用管理の改善の促進に関する法律」に基づく改善計画（以下「改善計画」という。）の認定を受けた事業協同組合等の構成中小企業者等であること。

ロ　都道府県知事から改善計画の認定を受けた個別中小企業者（以下「認定中小企業者」という。）であること。

(2)　中小企業雇用創出等能力開発助成金は、次のすべてに該当する構成中小企業者等であって(3)に該当するものに対して支給するものとする。

イ　「(ii)　基本要件」のすべてに該当すること。

ロ　改善計画に次の(イ)又は(ロ)のいずれかの雇用管理の改善に関する事項の他に、他の雇用管理の改善に関する事項が含まれていること。

(イ)　事業の高度化等を担う人材の育成に資する事項

(ロ)　新分野進出に伴う良好な雇用の機会の創出に資する事項（個別の認定中小企業者のみ）

ハ　以下のいずれかに該当すること。

(イ)　年間計画に基づき、その雇用する労働者又は内定者に目標が明確であり、職業に必要な高度の技能及びこれに関する知識を習得させるための職業訓練（新分野進出等に係る改善計画の認定を受けた場合は、新分野進出等に伴い職業に必要な技能及びこれに関する知識を習得させるための職業訓練）であって、前記(iii)1(1)に掲げる職業訓練を受けさせること。

(ロ)　年間計画に基づき、その雇用する労働者の申し出により、前記(iv)1(1)に掲げる教育訓練を受けるための職業能力開発休暇を与えること。

ニ　新分野進出等に係る改善計画の認定を受けた認定中小企業者の場合にあっては、以下のすべてに該当すること。

(イ)　新分野進出等に伴う事業の用に供するための施設又は設備等の費用を三〇〇万円以上負担していること。

(ロ)　当該改善計画の認定日の翌日から起算して一年以内までに、新分野進出等の部署に労働者の雇入れを行い、原則として一年以上勤務していること。

(ハ)　中小企業雇用創出等能力開発助成金の受給資格認定申請の六か月前の日から労働者の雇入れ日の六

か月後までの間に、当該認定中小企業者の企業において事業主都合による常用労働者の離職がないこと。

(3) それぞれ次の書類を整備している構成中小企業者等（ただし、新分野進出等に係る改善計画について認定を受けた認定中小企業者にあっては、次に掲げる書類の他、出勤簿及び労働者名簿を整備していること）

イ　(2)のハの(イ)の職業訓練を実施する構成中小企業者等にあっては次の書類

(イ) 対象職業訓練を受講したその雇用する労働者及び内定者の受講状況、職業訓練の実施内容を日ごとに明らかにした書類

(ロ) 事業内で自ら対象職業訓練を行うに要する費用及び事業外の施設に委託して対象職業訓練を行うに要する費用の額を明らかにした書類

(ハ) 対象職業訓練を受講したその雇用する労働者に対して当該対象職業訓練を受講した日（当該対象職業訓練を受講するために全一日にわたり業務に就かなかった日に限る。）について支払われた賃金の額を明らかにした書類

ロ　(2)のハの(ロ)の職業能力開発休暇を付与する構成中小企業者等にあっては、次の書類

(イ) 職業能力開発休暇期間中のその雇用する労働者の受講状況を明らかにした書類

(ロ) 職業能力開発休暇を付与したその雇用する労働者に対して当該休暇の期間について支払われた賃金の額を明らかにした書類

(ハ) 当該休暇を付与したその雇用する労働者に対して教育訓練の受講に要する経費を援助した場合には、その援助に要した費用の額を明らかにした書類

2　支給額

(1)　職業訓練を受けさせる場合の経費（事業内で自ら行う場合若しくは事業外の施設で行う場合）又は職業能力開発休暇期間中の教育訓練の受講に要した経費の二分の一。ただし、一人一コース一〇万円を限度とする。

(2)　職業訓練期間又は職業能力開発休暇期間中のその雇用する労働者の賃金の二分の一。賃金は、事業主が負担した労働保険料の確定保険料の賃金総額から算定した額とする（創業時等を除く。）。ただし、一人一日当たり雇用保険の基本手当日額の最高額を限度とする。

3　支給期間

助成の対象となる期間は、最初の受給資格の認定日から起算して三年（新分野進出等に係る改善計画の認定を受けた認定中小企業者の場合は五年）を経過した日までとする。

(ix)　地域人材高度化能力開発助成金

1　支給対象者

(1)　地域人材高度化能力開発助成金は、「前記(ii)　基本要件」のすべてに該当し、次のいずれかに該当する事業主であって、(2)に該当するものに対して予算の範囲内で支給する。

イ　地域雇用開発促進法に定める同意能力開発就職促進地域に所在し、当該地域に居住する者を雇い入れた事業主であって、次のいずれかに該当する事業主

(イ)　年間計画に基づき、その雇い入れた同意能力開発就職促進地域に居住する者（雇入れ後一年未満の者に限る。以下「対象能開地域被保険者」という。以下同じ。）又は内定者に目標が明確であり、就職促進対象職業に必要な技能及びこれに関する知識を習得させるための職業訓練であって、前記(iii)1

(1)に掲げる職業訓練を受けさせること。

(ロ)　年間計画に基づき、対象能開地域被保険者の申し出により、前記(iv)1(1)に掲げる教育訓練を受けるための職業能力開発休暇を与えること。

ロ　地域雇用開発促進法に定める同意高度技能活用雇用安定地域に所在する事業所の事業主で構成される事業主団体の構成員である事業主であって、次のいずれかに該当する事業主。ただし、当該事業主団体が雇用・能力開発機構都道府県センターから人材高度化支援計画の認定を受けている場合に限るものとする。

(イ)　人材高度化支援計画及び年間計画に基づき、その雇用する労働者又は内定者に対して目標が明確であり、職業に関し新たに必要な高度の技能及びこれに関する知識を習得させるための職業訓練であって、前記(iii)1(1)に該当する職業訓練を受けさせること。

(ロ)　人材高度化支援計画及び年間計画に基づき、その雇用する労働者対象能開地域被保険者の申し出により、前記(iv)1(1)に該当する教育訓練を受けるための職業能力開発休暇を与えること。

(2)　次の書類を整備している事業主

イ　(1)イ(イ)及び(1)ロ(イ)の職業訓練を行う事業主にあっては次の書類

(イ)　対象職業訓練を受講した対象労働者等の受講状況、職業訓練の実施内容を日ごとに明らかにした書類

(ロ)　事業内で自ら対象職業訓練を行うに要する費用及び事業外の施設に委託して対象職業訓練を行うに要する費用の額を明らかにした書類

(ハ)　対象職業訓練を受講した対象労働者等に対して当該対象職業訓練を受講した日（当該対象職業訓練

を受講するために全一日にわたり業務に就かなかった日に限る。）について支払われた賃金の額を明らかにした書類

ロ　(1)イ(ロ)及び(1)ロ(ロ)の職業能力開発休暇を付与する事業主にあっては、次の書類

(イ)　職業能力開発休暇期間中の対象労働者の受講状況を明らかにした書類

(ロ)　職業能力開発休暇を付与した対象労働者に対して当該休暇の期間について支払われた賃金の額を明らかにした書類

(ハ)　当該休暇を付与した対象労働者に対して教育訓練の受講に要する経費を援助した場合には、その援助に要した費用の額を明らかにした書類

2　支給額

(1)　職業訓練を受けさせる場合の経費（事業内で自ら行う場合若しくは事業外の施設で行う場合）又は職業能力開発休暇期間中の教育訓練の受講に要した経費の三分の一（中小企業事業主は二分の一）。ただし、一人一コース五万円を限度とする。

(2)　職業訓練期間又は職業能力開発休暇期間中のその雇用する労働者の賃金の三分の一（中小企業事業主は二分の一）。賃金は、事業主が負担した労働保険料の確定保険料の賃金総額から算定した額とする（創業時等を除く。）。ただし、一人一日当たり雇用保険の基本手当日額の最高額を限度とする。

(x)　**支給手続**

1　キャリア形成促進助成金

(1)　受給資格認定申請

助成金の支給を受けようとする事業主は、職業訓練の実施、職業能力開発休暇の付与、長期教育訓練休

暇制度の導入及び休暇取得者の発生並びにキャリア・コンサルティングに係る年間委託契約を行う前に受給資格認定申請（年間計画等を添付。）等を事業所が所在する雇用・能力開発機構都道府県センター（以下「都道府県センター」という。）に行い、認定を受けるものとする。

受給資格認定の申請期間は、年間計画の期間に応じ、原則として次のとおりとする。ただし、助成金の受給資格認定申請を初めて行う事業主にあっては、随時受け付けることとし、次回以降において認定申請期間内に申請するものとする。

認定申請期間	年間計画期間
三月中	四月一日～翌年三月末日
六月中	七月一日～翌年六月末日
九月中	一〇月一日～翌年九月末日
一二月中	一月一日～一二月末日

(2)　支給の申請

助成金の受給資格認定を受けた事業主は、職業訓練の実施、職業能力開発休暇の付与、長期教育訓練休暇制度の導入及び休暇取得者の発生並びにキャリア・コンサルティングに係る年間委託契約について、原則として、毎年四月から九月までに修了又は終了したものを一〇月中に、一〇月から翌年三月までに修了又は終了したものを四月中に、支給申請を都道府県センターに行うものとする。

2　中小企業雇用創出等能力開発助成金

事業協同組合等及び中小企業者が改善計画の認定を受けた後、1のキャリア形成促進助成金と同様の手続を行う。

3　地域人材高度化能力開発助成金

同意能力開発就職促進地域に係る場合は、1のキャリア形成促進助成金と同様の手続を行うが、同意高度技能活用雇用安定地域に係る場合は、事業主団体が人材高度化支援計画の認定を受けた後、1のキャリア形成促進助成金と同様の手続を行う。

様式第１号

キャリア形成促進助成金受給資格認定申請書（平成13年）

平成13年10月15日

雇用・能力開発機構東京センター所長　殿

住　　所　東京都千代田区○○１－１－１

事業主　　○○電気株式会社

代表者氏名　雇用　太郎　　印

キャリア形成促進助成金の受給資格の認定を受けたいので別紙を添付のうえ、申請します。

① 雇用保険適用事業所番号	○○○○—○○○○○○—○		
② 事業所の名称	○○電気株式会社		
③ 事業所の所在地	〒100－1234 東京都千代田区○○１－１－１　電話（代）03－３○○○－1234		
④ 企業の事業内容	電気計測器製造業 (回路素子測定器・磁性体測定器の製造)	⑤ 企業の主たる事業	イ．小売業（飲食店を含む。） ロ．サービス業 ハ．卸売業 ㊁．その他 （　製造業　）
⑥ 企業の資本の額又は出資の総額	5,000 万　円	⑦ 企業全体の常時雇用する労働者総数	30　人
⑧ 当該事業所の常時雇用する労働者数	30　人	⑨ 職業能力開発推進者名	役職　氏名 人事課長　厚生　一郎
⑩ 認定申請額	a 訓練給付金　260,998 円（様式第３号－１⑩欄～⑫欄の合計額） （うち認定訓練施設に委託するもの）（　　）円（様式第３号－１⑫欄の額） b 職業能力開発休暇給付金　49,266 円（様式第３号－１⑬欄の額） c 長期教育訓練休暇制度導入奨励金　　円（様式第３号－１⑮欄の額） d 職業能力評価推進給付金　165,600 円（様式第３号－１⑭欄の額） e キャリア・コンサルティング推進給付金　250,000 円（様式第３号－１⑯欄の額） 認定申請額　725,000 円 （上記をａからｅまでの額を合計した額のうち1,000円未満の額を切り捨てた額を記入してください。）		
⑪ 従業員に対して年間職業能力開発計画（様式第３号）が周知されていることの確認印 労働組合等の代表者氏名 ○○電気株式会社労働組合　代表　能力　次郎　印			
⑫ 年間計画期間	平成 13 年 11 月 1 日　～　平成 14 年 3 月 31 日		
⑬ 担当者氏名	担当部課係名	電話番号　03－３○○○－1234 内　線　1005 ＦＡＸ　03－３○○○－4321	
労働　二郎	総務部　人材開発課		

＊処理欄	受理年月日	平成　年　月　日	審査結果	認定・不認定
	認定年月日	平成　年　月　日	認定番号	第　　号
	中小事業主の判定	中小・大		
	認定額	円		
	備考		決裁欄	所長／次長／課長／課長／係長／担当

様式第1号〔キャリア形成促進助成金受給資格認定申請書〕（裏面）

提出上の注意

この申請書は、事業内職業能力開発計画に基づく職業訓練の実施、職業能力開発休暇の付与、職業能力評価及びキャリア・コサルティングの開始日前までに、申請事業主の事務所の所在地を業務担当区域とする雇用・能力開発機構（以下「機構」という。）の都道府県センターに提出してください。なお、受給資格認定の申請期間は、年間職業能力開発計画（以下「年間計画」という。）の期間に応じ、年4回となっています。

助成金の受給資格認定申請を初めて行う事業主にあっては、随時受け付けますが、2回目以降に申請を行う場合には、認定申請期間内に申請してください。この場合において認定申請期間内に提出できない場合には、次の認定申請期間に提出することとなります。

認定申請期間	年間計画期間
3月1日～3月末日	4月1日～翌年3月末日
6月1日～6月末日	7月1日～翌年6月末日
9月1日～9月末日	10月1日～翌年9月末日
12月1日～12月末日	1月1日～12月末日

記入上の注意

1　「＊処理欄」には記入しないでください。

2　各欄ともこの申請書提出日における現況を記入してください。

3　⑤欄には、小売業（飲食店を含む。）、サービス業、卸売業、その他のうち該当する記号を○で囲み、その他の場合は（　）内に具体的な業種を記入してください。（事業の区分は、日本標準産業分類（総務省編）によります。）

4　⑦欄及び⑧欄でいう「常時雇用する労働者」とは2ヶ月を超えて使用される者であり、かつ週当たりの所定労働時間が当該企業の通常の従業員と概ね同等である者をいいます。

5　⑦欄には、この申請書を提出する企業全体の常時雇用する労働者総数を記入してください。

6　⑧欄には、この申請書を提出する事業所(雇用保険の適用事業所)の常時雇用する労働者数を記入してください。

7　⑨欄には、事業所で選任している職業能力開発推進者名を記入してください。なお、初めて申請を行う事業主は、都道府県職業能力開発協会に提出した選任届の写しを提出してください。また、職業能力開発推進者の変更を行った場合にも、変更後の選任届の写しを提出してください。

8　⑩欄には、様式第3号－1で算定した各欄の数字を記入し、認定申請額は各給付金のａからｅまでの申請額を合計した上で、1,000円未満の金額を切り捨てて記入してください。なお、2年度に計画期間が分かれる場合には、別葉で作成した様式第3号－1のそれぞれの額を合計して記入してください。また、訓練給付金の内訳として認定訓練を行う施設へ委託して行う訓練に係る申請額を記入してください。

9　⑪欄には、当該事業所に労働者の過半数で組織する労働組合がある場合においてはその労働組合、労働者の過半数で組織する労働組合がない場合においては労働者の過半数を代表する者が、年間職業能力開発計画が周知されていることを確認していれば確認印を押印してください。なお、確認印が押印されていないものは支給要件に該当しないものとなります。

10　⑫欄には、今回申請する1年間の年間計画期間を記入してください。なお、初めて申請する場合及び1年未満の計画期間を希望する場合は都道府県センターにご相談ください。

11　⑬欄の担当者氏名及び担当部課係名は、当該事業主に現に勤務している者を記入してください（事業所外の者を記入することはできません）。

12　このキャリア形成促進助成金（以下「助成金」という。）においては、以下の支給についての制限があります。

(1)　訓練給付金及び職業能力開発休暇給付金（訓練に係るものに限る。）の支給については、1事業所につき、1年間、延べ300人が限度となっています。

(2)　職業能力開発休暇給付金（職業能力評価に係るものに限る。）及び職業能力評価推進給付金の支給額の合計額が、1人につき1年間10万円を超える場合は、10万円が限度となっています。

(3)　助成金の支給額が、1事業所につき1年間500万円を超える場合（中小事業主が認定訓練を行う施設に委託する場合の訓練給付金を除く。）は、500万円までが支給限度額となっています。なお、1年未満の計画の場合には、計画した期間と1年間の割合に応じた支給限度額となります。

その他

1　機構は助成金の支給に関して必要があると認めるときは、調査又は報告を求める場合がありますので協力してください。なお、調査又は報告の際に求められた書類等を提示又は提出できない場合には、助成金の支給を行いません。

2　助成金の支給申請に当たって機構に提出した書類等（教育訓練等の実施に要した費用の支出に関する証拠書類）については当該助成金の最後の支給日が属する年度から起算して5年間保管してください。

3　偽りその他不正の手段により助成金の支給を受けた場合は、支給した助成金の全部又は一部を返還していただきます。なお、偽りその他不正の行為により助成金の支給を受け、又は受けようとした事業主については、当該助成金を受け、又は受けようとした日以後、当該助成金は支給しません。

様式第２号

事業内職業能力開発計画　周知等確認書

１　事業所の概要

事業所の名称	○○電気株式会社		
職業能力開発推進者	役職　人事課長 氏名　厚生一郎	連絡先	TEL　03－3○○○－1234 FAX　03－3○○○－4321

２　事業内職業能力開発計画の周知の方法

事業内職業能力開発計画の内容について、従業員に対して具体的にどのように周知しているか記入してください。

（周知の方法） 「○○電気キャリア形成プラン」の冊子を作成し、従業員全員を集めた説明会で説明のうえ、配布した。

３　事業内職業能力開発計画についての労働組合等の意見等

（意見） 「○○電気キャリア形成プラン」は、労働組合の代表も参加したプロジェクトで検討し、作成されたものである。今後はプランの円滑な実施と職場レベルでの理解の促進が必要である。			
労働組合等の代表者 氏　名	○○電気株式会社 労働組合代表　能力　次郎	従業員に対して本計画が周知されていることの確認印	㊞

４　その他

事業内職業能力開発計画の作成についての相談を実施している都道府県職業能力開発協会における相談の有無（○で囲んでください）。

（相談した）	相談していない

様式第２号〔事業内職業能力開発計画周知等確認書〕（裏面）

提出上の注意

この確認書には、職業能力開発促進法第11条に基づく事業内職業能力開発計画（Ａ４版、様式自由）を必ず添付してください。事業内職業能力開発計画には、下記の内容（左欄）を盛り込むことが望まれます。

また、キャリア形成促進助成金の各給付金等を受給する場合には、右欄の事項がすべて含まれていることが必要です（１～３は必須事項。４～７は各給付金等を受給する場合に必要な事項。なお、それぞれの事項が含まれているかの確認のため、右欄の□にレ印を付けてください。）。

事業内職業能力開発計画に求められる内容	キャリア形成促進助成金の受給のために必要な事項
1　計画の基本方針 ・　経営理念・経営方針 ・　人材育成（従業員のキャリア形成支援）の基本的方針・目標	☑　経営理念・経営方針に基づく人材育成（従業員のキャリア形成支援）の基本的方針・目標
2　従業員のキャリア形成に即した配置その他の雇用管理に関する配慮 ・　従業員の配置に係る基本的な方針 ・　従業員のキャリア形成に即した配置等雇用管理の具体的な内容	☑　昇進昇格、人事考課等に関する事項
3　従業員のキャリア形成を促すため各職務に必要な職業能力の明確化と明示 ・　事業内における職務等の内容の明示 ・　事業内における職務等の遂行に必要な職業能力の内容及びレベルの明示	☑　職務に必要な職業能力に関する事項（職能要件等）
4　従業員のキャリア形成を支援するために事業主が行う教育訓練 ・　教育訓練全体を示す体系（階層別・職能別・課題別等の体系図）と各教育訓練の到達目標	【訓練給付金】 ☑　教育訓練全体を示す体系 ☑　各教育訓練の目的及び内容 ☑　各教育訓練によって得られる技能、知識その他の能力の内容及びレベル ☑　各教育訓練の対象者の要件 ☑　各教育訓練の対象者の選定又は選抜の方法 ☑　各教育訓練修了後の能力向上の評価方法
5　従業員のキャリア形成に即して必要となる職業能力の評価 ・　従業員に対して実施する教育訓練の効果を評価する方法（社内検定、技能検定、ビジネス・キャリア制度等）	【職業能力評価推進給付金】 ☑　各評価制度の名称 ☑　各評価制度の概要 ☑　各評価制度を活用して効果測定をする教育訓練の範囲 ☑　各評価を受けさせる者の要件 ☑　各評価を受けさせる者の選定又は選抜の方法 ☑　事業主の行う援助の内容（賃金、経費負担等）
6　従業員のキャリア形成を推進するための機会の提供 ・　有給教育訓練休暇、長期教育訓練休暇等の休暇制度の内容 ・　教育訓練等を受ける時間を確保するための措置	【職業能力開発休暇給付金、長期教育訓練休暇制度導入奨励金】 ☑　休暇を付与する教育訓練等の範囲 ☑　休暇付与の要件 ☑　各休暇付与者の選定又は選抜の方法 ☑　付与する休暇の期間 ☑　各休暇付与者に課される負担（レポートの提出等）の内容 ☑　各教育訓練修了後の能力向上の評価方法 ☑　事業主の行う援助の内容（賃金、経費負担等）
7　従業員に対するキャリア・コンサルティングの実施 ・　キャリア・コンサルティングの実施方法（直属の上司、専門家の活用等） ・　キャリア・コンサルティングを効果的に行うための支援措置	【キャリア・コンサルティング推進給付金】 ☑　キャリア・コンサルティング実施機関名 ☑　キャリア・コンサルティングの概要（名称、目的、カリキュラム） ☑　キャリア・コンサルティングを受けさせる者の要件 ☑　キャリア・コンサルティングを受けさせる者の選定又は選抜の方法 ☑　事業主の行う援助の内容（賃金、経費負担等）

様式第３号

（　　枚中の　　枚目）

申請する給付金の区分	
訓練給付金	○
（うち認定訓練施設への委託）	
職業能力開発休暇給付金	
長期教育訓練休暇制度導入奨励金	
職業能力評価推進給付金	
キャリア・コンサルティング推進給付金	

年間職業能力開発計画

計画期間　平成　　年　　月　　日　～平成　　年　　月　　日

①年間計画番号	②訓練又は評価等の名称（訓練、休暇又は評価の場合には具体的名称を、キャリア・コンサルティングの場合にはその概要を記入してください。）	③訓練給付金の場合の区分（○で囲む）	④訓練、休暇、評価又はキャリア・コンサルティングの対象者の範囲	⑤訓練、休暇、評価又はキャリア・コンサルティング等の目的及び内容（具体的に記入して下さい。）	⑥訓練等によって得られる到達目標又は職業能力評価を受けさせるために行う教育訓練の内容（具体的に記入して下さい。）	⑦訓練等の期間、日数及び時間（日程が決定していない場合は、実施予定月を記入してください。）	⑧事業内訓練の実施場所（事業内訓練の場合に記入してください。）	⑨講師名は委託先教育訓練機関等の名称	⑩受講又は受検等予定被保険者数	⑪職務との関連性（職業能力開発休暇を与える場合に記入してください。）	備考
1	難素材・新素材の切削加工技術について（80,000円）	(専門) 配転 再就職	製造部門の中堅の従業員	切削加工技術を習得した製造部門の中堅の従業員に対して、外部の専門講師により、難素材・新素材等、被削材の違う切削を行い、適正工具材種や最適加工条件の設定等について習得することにより従業員の技術力を強化する。	難素材・新素材等、被削材の適正工具材種や最適加工条件の設定等ができること。	平成13年11月５日 ～ 平成13年11月８日 （又は　月実施予定） 合計４日間 合計24時間	第1研修室	佐藤一郎 （○○（株））	10 人		
2	マシニングセンタの高速加工技術研修（60,000円）	(専門) 配転 再就職	製造部門の中堅の従業員	高速切削技術を支える高速マシニングセンタの加工方法について、高速切削工具や高速切削保持具などの最近の技術動向を習得するとともに、複雑形状をもつ加工物に対応する等、効率的な使用ができるようにすることにより社員の技術力を高めるため、外部の専門講師による教育を行う。	高速切削工具や高速切削保持具などの最近の技術が習得できること。	平成13年12月10日 ～ 平成13年12月12日 （又は　月実施予定） 合計３日間 合計18時間	神奈川研修センター	鈴木二郎 （（株）○○）	6 人		
		専門 配転 再就職				平成　年　月　日 ～ 平成　年　月　日 （又は　月実施予定） 合計　　日間 合計　　時間			人		
		専門 配転 再就職				平成　年　月　日 ～ 平成　年　月　日 （又　は月実施予定） 合計　　日間 合計　　時間			人		
		専門 配転 再就職				平成　年　月　日 ～ 平成　年　月　日 （又　は月実施予定） 合計　　日間 合計　　時間			人		
合計	⑫ 2コース（件）							合　計	⑬ 16人		

（注）この計画は、受給資格認定を申請する給付金の区分毎に別葉（訓練給付金においては、事業内訓練・事業外訓練・認定訓練施設への委託を行う場合にそれぞれ別葉）にして作成してください。

様式第３号

（　　枚中の　　枚目）

申請する給付金の区分	
訓練給付金	○
（うち認定訓練施設への委託）	
職業能力開発休暇給付金	
長期教育訓練休暇制度導入奨励金	
職業能力評価推進給付金	
キャリア・コンサルティング推進給付金	

年間職業能力開発計画

計画期間　平成　　年　　月　　日　～平成　　年　　月　　日

①年間計画番号	②訓練又は評価等の名称（訓練、休暇又は評価の場合には具体的名称を、キャリア・コンサルティングの場合にはその概要を記入してください。）	③訓練給付金の場合の区分（○で囲む）	④訓練、休暇、評価又はキャリア・コンサルティングの対象者の範囲	⑤訓練、休暇、評価又はキャリア・コンサルティング等の目的及び内容（具体的に記入して下さい。）	⑥訓練等によって得られる到達目標又は職業能力評価を受けさせるために行う教育訓練の内容（具体的に記入して下さい。）	⑦訓練等の期間、日数及び時間（日程が決定していない場合は、実施予定月を記入してください。）	⑧事業内訓練の実施場所（事業内訓練の場合に記入してください。）	⑨講師名又は委託先教育訓練機関等の名称	⑩受講又は受検等予定被保険者数	⑪職務との関連性（職業能力開発休暇を与える場合に記入してください。）	備　考
3	NC ワイヤカット加工法 (12,000円)	(専門) 配転 再就職	製造部門の中堅の従業員	生産現場の効率化のため、新たな機器の導入を行ったが、基本的加工についてはメーカーが研修を行ったが、NC ワイヤカット加工の種々の加工法について習得の必要があるため、中堅の従業員に対し訓練を実施する。	NC ワイヤカット加工の種々の加工法ができること。	平成14年１月15日 ～ 平成14年１月16日 （又は　月実施予定） 合計 2 日間 合計 12 時間		○○職業能力開発促進センター	2人		
4	テクニカルイラストレーション (20,000円)	(専門) 配転 再就職	製造部門の中堅の従業員	機械製図の応用的なものを習得し、それを CAD、テクニカルイラストレーションによる応用図法により、中堅の従業員の製図に対する技術を向上させるための教育訓練を行う。	CAD、テクニカルイラストレーションによる応用図法ができること	平成14年２月４日 ～ 平成14年２月６日 （又は　月実施予定） 合計 3 日間 合計 18 時間		○○技術研修センター	1人		
		専門 配転 再就職				平成　年　月　日 ～ 平成　年　月　日 （又は　月実施予定） 合計　日間 合計　時間			人		
		専門 配転 再就職				平成　年　月　日 ～ 平成　年　月　日 （又は　月実施予定） 合計　日間 合計　時間			人		
		専門 配転 再就職				平成　年　月　日 ～ 平成　年　月　日 （又は　月実施予定） 合計　日間 合計　時間			人		
合計	⑫ 2コース（件）							合　計	⑬ 3人		

（注）この計画は、受給資格認定を申請する給付金の区分毎に別葉（訓練給付金においては、事業内訓練・事業外訓練・認定訓練施設への委託を行う場合にそれぞれ別葉）にして作成してください。

様式第３号

（　　枚中の　　枚目）

申請する給付金の区分	
訓練給付金	
（うち認定訓練施設への委託）	
職業能力開発休暇給付金	○
長期教育訓練休暇制度導入奨励金	
職業能力評価推進給付金	
キャリア・コンサルティング推進給付金	

年間職業能力開発計画

計画期間　平成　　年　　月　　日　～平成　　年　　月　　日

①年間計画番号	②訓練又は評価等の名称（訓練、休暇又は評価の場合には具体的名称を、キャリア・コンサルティングの場合にはその概要を記入してください。）	③訓練給付金の場合の区分（○で囲む）	④訓練、休暇、評価又はキャリア・コンサルティングの対象者の範囲	⑤訓練、休暇、評価又はキャリア・コンサルティング等の目的及び内容（具体的に記入して下さい。）	⑥訓練等によって得られる到達目標又は職業能力評価を受けさせるために行う教育訓練の内容（具体的に記入して下さい。）	⑦訓練等の期間、日数及び時間（日程が決定していない場合は、実施予定月を記入してください。）	⑧事業内訓練の実施場所（事業内訓練の場合に記入してください。）	⑨講師名又は委託先教育訓練機関等の名称	⑩受講又は受検等予定被保険者数	⑪職務との関連性（職業能力開発休暇を与える場合に記入してください。）	備　考
5	OS/2プログラミング導入技術コース（35,000円）	専門 配転 再就職	研究開発部門の社員	本人の持つプログラミング技術を向上したいということから、有給教育訓練休暇を付与し、△△技術研究所において、OS/2に関するプログラムについて習得させる。	OS/2に関するプログラム作成ができること。	平成14年３月４日 ～ 平成14年３月19日 （又は　月実施予定） 合計　12　日間 合計　60　時間		△△技術研究所	1 人	研究開発部門においてプログラム作成等の業務に就いている。	
		専門 配転 再就職				平成　年　月　日 ～ 平成　年　月　日 （又は　月実施予定） 合計　　日間 合計　　時間			人		
		専門 配転 再就職				平成　年　月　日 ～ 平成　年　月　日 （又は　月実施予定） 合計　　日間 合計　　時間			人		
		専門 配転 再就職				平成　年　月　日 ～ 平成　年　月　日 （又は　月実施予定） 合計　　日間 合計　　時間			人		
		専門 配転 再就職				平成　年　月　日 ～ 平成　年　月　日 （又は　月実施予定） 合計　　日間 合計　　時間			人		
合計	⑫　1コース（件）							合　計	⑬　1人		

（注）この計画は、受給資格認定を申請する給付金の区分毎に別葉（訓練給付金においては、事業内訓練・事業外訓練・認定訓練施設への委託を行う場合にそれぞれ別葉）にして作成してください。

様式第３号

（　　枚中の　　枚目）

申請する給付金の区分	
訓練給付金	
（うち認定訓練施設への委託）	
職業能力開発休暇給付金	
長期教育訓練休暇制度導入奨励金	
職業能力評価推進給付金	○
キャリア・コンサルティング推進給付金	

年間職業能力開発計画

計画期間　平成　　年　　月　　日　～平成　　年　　月　　日

①年間計画番号	②訓練又は評価等の名称（訓練、休暇又は評価の場合には具体的名称を、キャリア・コンサルティングの場合にはその概要を記入してください。）	③訓練給付金の場合の区分（○で囲む）	④訓練、休暇、評価又はキャリア・コンサルティングの対象者の範囲	⑤訓練、休暇、評価又はキャリア・コンサルティング等の目的及び内容（具体的に記入して下さい。）	⑥訓練等によって得られる到達目標又は職業能力評価を受けさせるために行う教育訓練の内容（具体的に記入して下さい。）	⑦訓練等の期間、日数及び時間（日程が決定していない場合は、実施予定月を記入してください。）	⑧事業内訓練の実施場所（事業内訓練の場合に記入してください。）	⑨講師名又は委託先教育訓練機関等の名称	⑩受講又は受検等予定被保険者数	⑪職務との関連性（職業能力開発休暇を与える場合に記入してください。）	備考
1	1級機械加工 （マシニングセンタ作業） （108,000円）	専門 配転 再就職	製造部門の中堅の従業員	機械加工に従事しているもののうち、主にマシニングセンタによる加工に携わっている者の当該技能、技術及び知識の習得状況を公的な試験制度により判定することにより、従業員の適正な評価、処遇等に活用するとともに、さらなる技能習得意欲の促進を図る。なお、試験は学科試験及び実技試験により行う。	・事業内で実施するoff－JTを受講させる（「マシニングセンタの高速加工技術研修」）。 ・そのほか、直属の上司のOJTによる技能習得の向上を図ることとする。	平成14年２月３日 ～ 平成14年２月７日 （又は　月実施予定） 合計　２　日間 合計　10　時間		東京都職業能力開発協会	6 人		
		専門 配転 再就職				平成　年　月　日 ～ 平成　年　月　日 （又は　月実施予定） 合計　　日間 合計　　時間			人		
		専門 配転 再就職				平成　年　月　日 ～ 平成　年　月　日 （又は　月実施予定） 合計　　日間 合計　　時間			人		
		専門 配転 再就職				平成　年　月　日 ～ 平成　年　月　日 （又は　月実施予定） 合計　　日間 合計　　時間			人		
		専門 配転 再就職				平成　年　月　日 ～ 平成　年　月　日 （又は　月実施予定） 合計　　日間 合計　　時間			人		
合計	⑫ 1コース（件）							合　計	⑬ 6人		

（注）この計画は、受給資格認定を申請する給付金の区分毎に別葉（訓練給付金においては、事業内訓練・事業外訓練・認定訓練施設への委託を行う場合にそれぞれ別葉）にして作成してください。

様式第３号

（　　枚中の　　枚目）

申請する給付金の区分	
訓練給付金	
（うち認定訓練施設への委託）	
職業能力開発休暇給付金	
長期教育訓練休暇制度導入奨励金	
職業能力評価推進給付金	
キャリア・コンサルティング推進給付金	○

年間職業能力開発計画

計画期間　平成　　年　　月　　日　～平成　　年　　月　　日

①年間計画番号	②訓練又は評価等の名称（訓練、休暇又は評価の場合には具体的名称を、キャリア・コンサルティングの場合にはその概要を記入してください。）	③訓練給付金の場合の区分（○で囲む）	④訓練、休暇、評価又はキャリア・コンサルティングの対象者の範囲	⑤訓練、休暇、評価又はキャリア・コンサルティング等の目的及び内容（具体的に記入して下さい。）	⑥訓練等によって得られる到達目標又は職業能力評価を受けさせるために行う教育訓練の内容（具体的に記入して下さい。）	⑦訓練等の期間、日数及び時間（日程が決定していない場合は、実施予定月を記入してください。）	⑧事業内訓練の実施場所（事業内訓練の場合に記入してください。）	⑨講師名又は委託先教育訓練機関等の名称	⑩受講又は受検等予定被保険者数	⑪職務との関連性（職業能力開発休暇を与える場合に記入してください。）	備　考
1	中高年齢者に対する今後のキャリア形成のためのコンサルティング （500,000円）	専門 配転 再就職	①係長以上の職であって満40歳に達した者 ②幹部職員であって、満50歳に達した者 ③満55歳に達した者	従業員の今後のキャリア形成の方向性を明確にするため集団形式によるキャリア・コンサルティングを実施する。 ①今までの職場の棚卸 ②自己啓発の状況 ③キャリア目標の設定等		平成　年　月　日 ～ 平成　年　月　日 （又は11月実施予定） 合計　3　日間 合計　18　時間		財団法人○○カウンセラー協会	25 人		
		専門 配転 再就職				平成　年　月　日 ～ 平成　年　月　日 （又は　月実施予定） 合計　　日間 合計　　時間			人		
		専門 配転 再就職				平成　年　月　日 ～ 平成　年　月　日 （又は　月実施予定） 合計　　日間 合計　　時間			人		
		専門 配転 再就職				平成　年　月　日 ～ 平成　年　月　日 （又は　月実施予定） 合計　　日間 合計　　時間			人		
		専門 配転 再就職				平成　年　月　日 ～ 平成　年　月　日 （又は　月実施予定） 合計　　日間 合計　　時間			人		
合計	⑫　1コース（件）							合　計	⑬　25人		

（注）この計画は、受給資格認定を申請する給付金の区分毎に別葉（訓練給付金においては、事業内訓練・事業外訓練・認定訓練施設への委託を行う場合にそれぞれ別葉）にして作成してください。

様式第３号〔年間職業能力開発計画〕（裏面）

記入上の注意

1　この計画書は、右上欄に掲げている給付金の区分（訓練給付金（事業内訓練・事業外訓練・認定訓練施設委託）、職業能力開発休暇給付金、長期教育訓練休暇制度導入奨励金、職業能力評価推進給付金及びキャリア・コンサルティング推進給付金）の別毎に、それぞれ別葉にして作成してください。なお、認定訓練を行う施設に委託する場合の訓練給付金は、中小事業主のみとなります。

2　①欄は、申請する訓練又は評価等のコース毎に通し番号を付してください（給付金の区分毎に別葉にする場合には、同じ番号とならないように通し番号としてください）。この場合には、申請する訓練給付金（事業内訓練・事業外訓練・認定訓練施設委託）、職業能力開発休暇給付金、長期教育訓練休暇制度導入奨励金、職業能力評価推進給付金及びキャリア・コンサルティング推進給付金の順番で別葉にした上で、訓練又は評価等を実施する予定日が近いコースから順に記載してください。なお、この年間計画番号は、支給申請手続の際にも使用します。

3　②欄は、給付金毎に申請する訓練又は評価等の名称を記入してください。なお、訓練、休暇又は評価の場合には具体的名称を、キャリア・コンサルティングの場合にはその概要を記入してください。

4　③欄は、訓練給付金の計画作成の場合に、計画する訓練の内容に応じて、
「専門」（職業に必要な専門的な知識若しくは技能を習得させるための職業訓練）
「配転」（配置転換等により新たな職務に就かせるために必要な職業訓練）
「再就職」（定年退職後の再就職の円滑化等のために必要な職業訓練）
の該当するものを○で囲んでください。

5　④欄は、訓練、休暇、評価又はキャリア・コンサルティングの対象者の範囲を記入してください。（例：中堅社員、幹部社員、技術部門、製造部門等）

6　⑤欄は、訓練、評価又はキャリア・コンサルティング等の目的及び内容を具体的に記入してください。なお、訓練の場合はその目的及び内容について、新製品・新商品の開発、新分野展開（事業の転換又は新たな事業分野への進出）、販路の拡大、高付加価値化、生産性の向上等の理由について目的及び内容が分かるように記入してください。

7　⑥欄は、計画した訓練等によって得られる到達目標を具体的に記入してください。また、職業能力開発休暇給付金（職業能力評価を受ける場合）又は職業能力評価推進給付金の計画作成の場合には、職業能力評価を受けさせようとする対象者に対して行おうとする教育訓練（当該職業能力評価の対象となる技能又はこれに関する知識を習得するためのものに限る。）の内容を具体的に記入してください。

8　⑦欄は、計画した訓練又は評価等の計画予定期間、合計日数及び計画延べ時間を記入してください。なお、この計画の提出時点において、具体的な日程等が定まっていない場合には、実施予定月、実施予定日数及び計画延べ時間を記入してください。

9　⑧欄は、事業内実施の訓練給付金の場合、実施する会場名を記入してください。なお、雇用・能力開発機構においてこの記入した会場を事前に確認する場合があります。

10　⑨欄は、訓練給付金の事業内訓練においては予定している講師名（講師を依頼する機関を計画している場合には、その機関名）を記入し、事業外の教育訓練機関等に委託する場合、職業能力評価を行う場合又はキャリア・コンサルティングを実施する場合は、その教育訓練機関名、職業能力評価実施機関名又はキャリア・コンサルティング委託機関名を記入してください。
　なお、講師名及び委託先機関名（予定でも可）が記入されていないものは、「計画的な教育訓練等」であると認められず、受給資格認定を受けられませんのでご注意ください。

11　⑩欄は、当該訓練等を受講する又は職業能力評価を受検する若しくはキャリア・コンサルティングを受けさせようとする予定の当該事業主に雇用されている被保険者数を記入してください。なお、当該事業主に雇用されている被保険者以外の者が受講等を行う場合にはその被保険者以外の者の数は含めないでください。

12　⑪欄は、職業能力開発休暇を与える場合に、当該休暇により受講する教育訓練と受講被保険者の現在の職務との関連性を記入してください。

13　この年間職業能力開発計画の作成時点で予定している訓練、職業能力評価等の名称、内容等が具体的に定まっていない場合には、別に定めるところによりキャリア形成促進助成金受給資格認定変更申請書（様式第６号）及びこの様式により変更認定申請の手続を行うことができます。

様式第３号－１

キャリア形成促進助成金・受給資格認定申請（見込）額の積算内訳書

（　枚中の　枚目）

年間職業能力開発計画における受給資格認定申請額の積算期間		
年間職業能力開発計画期間が２つの年度（４月から翌年３月まで）の期間を含む場合には、この様式を３月までの積算書と４月以降の積算書に分けて作成してください。	（年間職業能力開発計画期間） 平成 13 年 11 月 1 日～平成 14 年 3 月 31 日	
	＊２年度を含む場合 (年間職業能力開発計画期間のうち積算した期間を記入してください。)	平成　年　月　日 ～ 平成　年　月　日

申請する給付金の区分
(1) 訓練給付金（認定訓練施設委託含む。）
(2) 職業能力開発休暇給付金
３．長期教育訓練休暇制度導入奨励金
４．職業能力評価推進給付金
５．キャリア・コンサルティング推進給付金
企業規模 (1) 中小　２．大

表１〔A 訓練給付金（事業内訓練）・B 同（事業外訓練）・C 同（認定訓練施設委託）D 職業能力開発休暇給付金・E 職業能力評価推進給付金〕

① 実施予定コース数、休暇予定件数、評価件数	② 受講又は受検予定被保険者総数	③ 通常の賃金の支払いを受けながら受講又は受検のために全１日業務に就かない日の延べ予定日数又は延べ休暇予定日数	④ コースを運営するため要する経費見込み総額	⑤ 受講料・受検料等の見込み総額	⑥ 対象賃金日額（様式第７号－４により算定した額又は概算額）	⑦ 経費の助成見込総額 (計算式) ④欄又は⑤欄の額×1/ 4 (中小１/３・職業能力評価推進給付金３/４)	⑧ 賃金の助成見込総額 〈計算式〉 ③欄の日数×⑥欄の額×1/ 4 (中小１/３・職業能力評価推進給付金３/４)	⑨ 合計額 (⑦＋⑧)
事業内訓練 A　2　コース	16 人	58 日	140,000 円		9,400 円	46,666 円	181,733 円	⑩ 228,399 円
事業外訓練 B　2　コース	3 人	7 日		32,000 円	9,400 円	10,666 円	21,933 円	⑪ 32,599 円
認定訓練施設委託 C　　コース	人	日			円		円	⑫ 円
D　1　件	1 人	12 日		35,000 円	9,400 円	11,666 円	37,600 円	⑬ 49,266 円
E　　件	6 人	12 日		108,000 円	9,400 円	81,000 円	84,600 円	⑭ 165,600 円

(注)　算定した金額の円未満の端数は切り捨ててください。
②欄は、年間職業能力開発計画における受講又は受検予定の被保険者の総数（様式第３号⑬の欄の数）を記入してください。
③欄は、②欄の者が、通常の賃金の支払いを受けながら受講のために全１日業務に就かない日の延べ予定日数又は延べ休暇予定日数を記入してください。なお、２コース以上を計画する場合はAコース（受講予定被保険者数×訓練予定日数）＋Bコース（受講予定被保険者数×訓練予定日数）のように、各コース毎の延べ日数を合計してください。
⑥欄の対象賃金日額は、様式７号－４により算定して記入してください。算定が難しい場合には概算額を記入してください。また、休暇を与えた場合等に特別に給与が定められている場合にはその額を記入してください。
⑦欄において、A、B及びDのうち訓練に係る部分の限度額は１コース１人当たり５万円です。

表２
〔長期教育訓練休暇制度導入奨励金〕

1) 年間計画番号	2) 長期教育訓練休暇制度導入奨励金の導入（見込）月日	3) 年間職業能力開発計画における長期教育訓練休暇取得者見込数	4) 経費の助成見込額 (2)〔30万円〕＋3）×５万円)	備考
	平成　年　月　日	人	⑮ 円	

(注)　算定した金額の円未満の端数は切り捨ててください。
制度導入に係る奨励金（30万円）については受給資格認定後、導入奨励金の対象となる教育訓練を修了した最初の休暇取得者が発生した場合にのみ支給できます。

表３
〔キャリア・コンサルティング推進給付金〕

1) キャリア・コンサルティングの実施予定日数	2) キャリア・コンサルティング実施予定被保険者数	3) キャリア・コンサルティング年間委託費の見込額	4) 経費の助成見込額 (3)×１/２)	備考
3 日	25 人	500,000 円	⑯ 250,000 円	

(注)　算定した金額の円未満の端数は切り捨ててください。
⑯の欄の額が25万円を超える場合は25万円が限度となります。なお、キャリア・コンサルティング推進給付金は１事業所１回のみの支給となります。

様式第３号－１〔キャリア形成促進助成金・受給資格認定申請(見込)額の積算内訳書〕(裏面)

記入上の注意

1　右上覧に掲げている区分（訓練給付金（認定訓練を行う施設に委託して行う訓練を含む。）・職業能力開発休暇給付金・長期教育訓練休暇制度導入奨励金・職業能力評価推進給付金・キャリア・コンサルティング推進給付金）のうち、申請する給付金の番号を○で囲んでください。

2　右上覧の表のうち、中小事業主の場合は「１」を、大企業の場合は「２」を○で囲んでください。

3　表は３表になっており、第１表は、訓練給付金（事業内訓練・事業外訓練・認定訓練施設委託)、職業能力開発休暇給付金及び職業能力評価推進給付金を申請する場合に、第２表は長期教育訓練休暇制度導入奨励金を申請する場合に、第３表はキャリア・コンサルティング推進給付金を申請する場合にそれぞれ積算を行ってください。

〔訓練給付金、職業能力開発休暇給付金及び職業能力評価推進給付金〕

4　①欄は、訓練給付金の場合には、事業内訓練、事業外訓練及び認定訓練施設委託を区別した上で年間職業能力開発計画における、実施予定コース数（様式第３号⑫の欄の数）を記入し、職業能力開発休暇給付金の場合には、年間職業能力開発計画において何人の雇用する労働者に対して休暇を与えるかの件数を記入し、職業能力評価推進給付金の場合には、年間職業能力開発計画における受検予定件数を記入してください。

5　②欄は、年間職業能力開発計画における受講又は受検予定の被保険者の総数（様式第３号⑬の欄の数）をそれぞれ記入してください。

6　③欄は、②欄の者が、通常の賃金の支払いを受けながら受講のために全１日業務に就かない日の延べ予定日数又は延べ休暇予定日数をそれぞれ記入してください。なお、２コース以上を計画する場合はＡコース（受講予定被保険者数×訓練予定日数）＋Ｂコース（受講予定被保険者数×訓練予定日数）のように、各コース毎の延べ日数を合計してください。

7　④欄は、年間職業能力開発計画におけるコースを運営するために要する経費見込み額の総額を記入してください。なお、見込額が出ない場合は、概算額の総額を記入してください。

8　⑤欄は、年間職業能力開発計画における受講料・受検料等の見込み総額を記入してください。

9　⑥欄は、対象賃金日額を様式第７号－４により算定して記入してください。なお、対象賃金日額の算定における平均賃金日額とは、受給資格申請認定を受けた年度（４月１日から翌年３月31日までをいう。以下「年度」という。）の前の年度に使用したすべての被保険者（年度の中途に雇用保険に係る保険関係が成立し、又は消滅したものについては、その年度において、当該保険関係が成立していた期間に使用したすべての被保険者。）に係る賃金総額（事業主がその事業に使用するすべての被保険者に支払った賃金の総額をいう。）を当該事業主に雇用される被保険者の数で除して得た額を当該事業主の事業所における一年間の所定労働日数で除して得た額をいいます。また算定が難しい場合には概算額を記入してください。(創業間もない等のため算定ができない場合には、空欄で結構です。)

10　⑦欄は、経費の助成見込総額を以下の計算式により算定して下さい。

　１）訓練給付金（事業内）の場合＝④欄の額×１/４又は１/３（中小事業主）

　２）訓練給付金（事業外）・職業能力開発休暇給付金＝⑤欄の額×１/４又は１/３（中小事業主）

　３）職業能力評価推進給付金＝⑤欄の額×３/４

　なお、訓練給付金及び職業能力開発休暇給付金（教育訓練）の限度額は１コース１人当たり５万円です。事業内訓練の場合は１コースあたりの受講被保険者数×５万円が限度額となります。

11　⑧欄は、賃金の助成見込額を以下の計算式により算定してください。

　１）訓練給付金・職業能力開発休暇給付金＝③欄の日数×⑥欄の額×１/４又は１/３（中小事業主）

　２）職業能力評価推進給付金＝③欄の日数×⑥欄の額×３/４

　なお、１人１日あたりの助成額の限度額は、雇用保険の基本手当日額最高額となっています。⑥の欄の額が空欄の場合には、③×雇用保険の基本手当日額最高額を計上してください。

12　⑨欄は、⑦欄の額と⑧欄の額を合計してください。

　なお、職業能力開発休暇給付金（職業能力評価）及び職業能力評価推進給付金の合計が１人につき１年間10万円を超える場合には、10万円までが支給限度額となっています。

〔長期教育訓練休暇制度導入奨励金〕〔キャリア・コンサルティング推進給付金〕

13　表２の１）欄は、年間職業能力開発計画の年間計画番号と対応した年間計画番号を記入してください。

14　この様式により算定した額は、全て１円未満の端数を切り捨ててください。なお、様式第１号〔キャリア形成促進助成金受給資格認定申請書〕の⑩欄の認定申請額に計上する場合には、千円未満の端数を切り捨てて記入してください。

15　助成金の支給額が、１事業所につき１年間500万円を超える場合（中小事業主が認定訓練を行う施設に委託する場合の訓練給付金を除く。）は、500万円までが支給限度額となっています。

様式第７号

キャリア形成促進助成金支給申請書（第１回）

平成14年４月４日

雇用・能力開発機構 **東京** センター所長　殿

住　所　**東京都千代田区○○１－１－１**
事業主　**○○電気株式会社**
代表者氏名　**雇用　太郎**　　印

キャリア形成促進助成金の支給を受けたいので別紙を添付のうえ、申請します。

① 受給資格認定番号	第 01－0001－0 号	② 受給資格認定日（今回の支給申請に係るもの）	平成 13 年 10 月 26 日
③ 雇用保険適用事業所番号	○○○○－○○○○○○－○		
④ 事業所の名称	○○電気株式会社		
⑤ 事業所の所在地	〒100－1234 東京都千代田区○○１－１－１　電話（代）03－3○○○－1234		
⑥ 支給申請額	訓練給付金〔事業内実施〕 211,123 円（様式第７号－１⑥の欄の額） 訓練給付金〔事業外実施〕 32,597 円（様式第７号－１⑦の欄の額） 訓練給付金〔認定訓練施設委託〕 円（様式第７号－１⑧の欄の額） 職業能力開発休暇給付金〔教育訓練〕 円（様式第７号－１⑨の欄の額） 職業能力開発休暇給付金〔職業能力評価〕 円（様式第７号－１⑩の欄の額） 職業能力開発休暇給付金〔キャリア・コンサルティング〕 円（様式第７号－１⑪の欄の額） 長期教育訓練休暇制度導入奨励金 円（様式第７号－１⑫の欄の額） 職業能力評価推進給付金 円（様式第７号－１⑬の欄の額） キャリア・コンサルティング推進給付金 円（様式第７号－１⑭の欄の額） 合　計 243,720 円（様式第７号－１⑯の欄の額） ②の受給資格認定を受けた期間内に受給した助成金の額 平成　年　月　日　円（うち認定訓練分　円） 平成　年　月　日　円（うち認定訓練分　円）		
⑦ 助成金の振込先	金融機関名　○○ 銀行 **丸ノ内** 支店 口座名義　○○電気株式会社　代表　雇用　太郎 口座の種類　（普通）・当座・その他（　　） 口座番号　○○○○○○		
⑧ 担当者氏名	担当部課係名	電話番号 03－3○○○－1234 内線 1005 FAX 03－3○○○－4321	
労働　二郎	総務部　人材開発課		

＊処理欄				
受理年月日	平成　年　月　日	審査結果	支給・不支給	
支給決定年月日	平成　年　月　日	支給決定番号	第　号	
１年間において支給限度額500万円の確認欄（支給限度額内であることを　確認・未確認　） 支給決定額（第　回） 円				
備考	決裁欄	所長 / 次長 / 課長 / 課長 / 係長 / 担当		

（注）受給資格認定通知書（写）、年間職業能力開発計画（写）及び支給申請額の内訳書その他必要な書類を添付してください。

様式第７号〔キャリア形成促進助成金支給申請書〕（裏面）

提出上の注意

1　この申請書はこのキャリア形成促進助成金（以下「助成金」という。）に係る対象職業訓練の実施、職業能力開発休暇の付与、長期教育訓練休暇制度の導入及び休暇取得者の発生並びにキャリア・コンサルティングに係る委託契約について、４月１日から９月末日までに修了又は終了したものを10月１日から同月末日までに、10月１日から翌年３月末日までに修了又は終了したものを４月１日から同月末日までに、受給資格認定を受けた年間職業能力開発計画の写しのほか、申請する給付金に応じて別紙様式第７号－１から様式第７号－８までの書類、様式第８号及び雇用・能力開発機構（以下「機構」という。）都道府県センター所長が認める必要書類を添付のうえ、センター所長に提出してください。

2　この申請書の提出に際しては、次の(1)から(5)までに掲げる場合に応じて、次の書類等を用意し、機構都道府県センターの求めに応じて提出してください。

(1)　訓練給付金

イ　対象職業訓練を受講したその雇用する労働者の受講状況、職業訓練の実施状況を日ごとに明らかにした書類

ロ　事業内で自ら対象職業訓練を行うに要する費用及び事業外の施設に委託して対象職業訓練を行うに要する費用の額を明らかにした書類

ハ　対象職業訓練を受講したその雇用する労働者に対して当該対象職業訓練を受講した日（当該対象職業訓練を受講するために全１日にわたり業務に就かなかった日に限る。）について支払われた賃金の額を明らかにした書類

(2)　職業能力開発休暇給付金

イ　職業能力開発休暇を付与したその雇用する労働者に対して当該休暇の期間について支払われた賃金の額を明らかにした書類

ロ　当該休暇を付与したその雇用する労働者に対して教育訓練の受講に要する経費又は職業能力評価の受検に要する経費を援助した場合には、その援助に要した費用の額を明らかにした書類

(3)　長期教育訓練休暇制度導入奨励金

イ　休暇制度を導入したことを明らかにした労働協約又は就業規則

ロ　当該休暇取得者に係る長期教育訓練休暇の付与の状況を明らかにした書類

(4)　職業能力評価推進給付金

イ　その雇用する労働者について職業能力評価の受検の状況を明らかにした書類

ロ　職業能力評価を受検したその雇用する労働者に対して当該評価を受検している間について支払われた賃金の額を明らかにした書類

ハ　職業能力評価を受検したその雇用する労働者に対して当該受検に要する経費を援助した場合には、その援助に要した費用の額を明らかにした書類

(5)　キャリア・コンサルティング推進給付金

イ　専門機関等との間で締結したキャリア・コンサルティングの委託の実施状況を明らかにした書類

ロ　当該キャリア・コンサルティングの委託に要する経費の負担の状況を明らかにした書類

記入上の注意

1　「＊処理欄」には記入しないでください。

2　①欄は、今回の支給申請について受給資格認定通知を受けた認定番号を記入してください。

3　②欄は、①欄の受給資格認定年月日を記入してください。

4　⑥欄は、様式第７号－１により算定した額を記入してください。この場合において、算定した額に１円未満の端数がある場合には、その端数を切り捨ててください。また、今回の受給資格認定期間において既に受給したことがある場合には、その受給年月日、受給した額（認定訓練を行う施設へ委託した訓練に係る受給がある場合には当該金額）を記入してください。

5　⑦欄は、申請事業主名義の口座を振込先として記入してください。

6　⑧欄の担当者氏名等は、申請内容の確認等を行う場合がありますので、申請事業所に勤務する者を記入してください。

その他

1　機構は、助成金の支給に関して必要があると認めるときは、調査又は報告を求める場合がありますので協力してください。なお、調査又は報告の際に求められた書類等を提示又は提出できない場合には、助成金の支給を行いません。

2　助成金の支給申請に当たって機構に提出した書類等（教育訓練等の実施に要した費用の支出に関する証拠書類）については当該助成金の最後の支給日が属する年度から起算して５年間保管してください。

3　偽りその他不正の手段により助成金の支給を受けた場合は、支給した助成金の全部又は一部を返還していただきます。なお、偽りその他不正の行為により助成金の支給を受け、又は受けようとした事業主については、当該助成金を受け、又は受けようとした日以後、当該助成金は支給しません。

様式第7号－1

キャリア形成促進助成金支給申請額内訳書

区　　分	① 訓練実施経費の助成額（運営費、派遣費の額）	② 受講（休暇）等期間中の被保険者の賃金の助成額	③ 受講（休暇）等被保険者に対する援助費の助成額	④ 対象人員	⑤ 合　計　額
訓練給付金〔事業内実施〕	(様式第7号－2の1⑭欄の額) 41,941円	(様式第7号－2の2⑬欄の額) 169,182円		15人	⑥ 211,123円
訓練給付金〔事業外実施〕	(様式第7号－3⑩欄の額) 10,666円	(様式第7号－3⑮欄の額) 21,931円		3人	⑦ 32,597円
訓練給付金〔認定訓練施設委託〕	(様式第7号－3⑩欄の額) 円	(様式第7号－3⑮欄の額) 円		人	⑧ 円
職業能力開発休暇給付金〔教育訓練〕		(様式第7号－5の1⑱欄の額) 円	(様式第7号－5の1⑫欄の額) 円	人	⑨ 円
職業能力開発休暇給付金〔職業能力評価〕		(様式第7号－5の2⑲欄の額) (　　) 円	(様式第7号－5の2⑱欄の額) (　　) 円		⑩ 円
職業能力開発休暇給付金〔キャリア・コンサルティング〕		(様式第7号－5の3⑫欄の額) 円			⑪ 円
長期教育訓練休暇制度導入奨励金			(様式第7号－6⑰欄の額) 円		⑫ 円
職業能力評価推進給付金		(様式第7号－7⑱欄の額) (　　) 円	(様式第7号－7⑰欄の額) (　　) 円		⑬ 円
キャリア・コンサルティング推進給付金			(様式第7号－8⑮欄の額) 円		⑭ 円
計	52,607円	191,113円	円	⑮ 18人	⑯ 243,720円

(注) 職業能力開発休暇給付金（職業能力評価を受けさせる場合）及び職業能力評価推進給付金の合計額が、1人につき年間10万円を超えている場合には、上表のカッコ書きには様式第7号－5の2又は様式第7号－7のそれぞれの額を記入し、カッコ書きの下に10万円を超えた額を控除したあとの額を記入してください。

様式第7号ー1〔キャリア形成促進助成金支給申請額内訳書〕（裏面）

提出上の注意

1　この様式は、キャリア形成促進助成金（以下「助成金」という。）支給申請書（様式第7号）の申請額の内訳として作成するものですので、区分欄に掲げる区分毎に必要とする様式（様式第7号—2の1から様式第8号まで）を添付してください。

2　この助成金においては、以下の支給についての制限がありますので、申請額算定の際にご留意ください。

(1)　訓練給付金及び職業能力開発休暇給付金（教育訓練に係るものに限る。）の支給については、1事業所につき、1年間、延べ300人が限度となっています。

(2)　職業能力開発休暇給付金（職業能力評価に係るものに限る。）及び職業能力評価推進給付金の支給額の合計額が、1人につき1年間10万円を超える場合は、10万円が限度となっています。

(3)　助成金の支給額が、1事業所につき1年間500万円を超える場合（中小事業主が認定訓練を行う施設に委託する場合の訓練給付金を除く。）は、500万円までが支給限度額となっています。なお、1年未満の計画の場合には、計画した期間と1年間の割合に応じた支給限度額となります。

記入上の注意

1　①欄（訓練実施経費の助成額（運営費、派遣費の額））、②欄（受講（休暇）等期間中の被保険者の賃金の助成額）及び③欄（受講（休暇）等被保険者に対する援助費の助成額）は、区分欄に応じ、それぞれの欄に示した様式の該当欄の額を記入してください。ただし、職業能力開発休暇給付金（職業能力評価）及び職業能力評価推進給付金の合計額が、1人につき10万円を超えている場合には、該当欄のカッコ書には様式第7号ー5の2の⑱欄及び⑲欄の額又は様式第7号ー7の⑰欄及び⑱欄の額を記入し、カッコ書きの下に10万円を超えた額を控除したあとの額を記入してください（控除する場合は、職業能力開発休暇給付金（職業能力評価）又は職業能力評価推進給付金の額のうち多い方から控除してください）。

2　④欄（対象人員）は、訓練給付金（事業内実施）については様式第7号ー2の1の⑬欄の人数を記入し、その他の場合については、助成対象となった人数（経費助成及び賃金助成を同一人が受けた場合には1人と数える。）を記入してください。

なお、提出上の注意2(1)の「1事業所につき、1年間延べ300人が限度」とは、教育訓練コース等毎の人数が、a）訓練実施経費及び援助費の助成対象となった人数及びb）受講（休暇）等期間中の賃金の助成対象となった人数について、a）またはb）の人数がそれぞれ300人までということです。

様式第7号－2の1

訓練給付金支給申請額内訳（事業内実施に係る運営費）

（　枚中の　枚目）

最初の訓練開始日　平成　年　月　日

①年間計画番号	②訓練の名称及び訓練の期間	③訓練の実施日及び実施時間	④訓練の実施場所及び実施時間帯	⑤講師名及び所属先	⑥受講者総数	⑦⑥のうち助成対象被保険者数	運営のために要した費用 ⑧集合して行う学科又は実技の訓練を担当する外部の職業訓練指導員・講師の謝金に要する経費	⑨集合して学科又は実技の訓練を行う場合に必要な施設および設備の借上げに要する経費	⑩集合して学科又は実技の訓練を行う場合に必要な教科書その他の教材に要する経費	⑪合計額（⑧＋⑨＋⑩）×⑦÷⑥	⑫運営費の助成額（⑪×助成率）助成率：中小1/3、大1/4 ⑦×5万円限度
1	難素材・新素材の切削加工技術について 平成13年11月5日～平成13年11月8日	11/5, 11/6, 11/7, 11/8（合計 4 日間）24 時間	（実施場所）自社第1研修室及び工場（実施時間帯）時 分～ 時 分	（講師名）佐藤 一郎（所属）○○株式会社	11人	9人	72,000円	円	8,085円	65,524円	21,841円
2	マシニングセンタの高速加工技術研修 平成13年12月10日～平成13年12月12日	12/10, 12/11, 12/12（合計 3 日間）18 時間	（実施場所）○○（株）研修センター（実施時間帯）時 分～ 時 分	（講師名）鈴木 二郎（所属）○○株式会社	6人	6人	54,000円	6,300円	円	60,300円	21,000円
	平成 年 月 日～平成 年 月 日	（合計 日間）時間	（実施場所）（実施時間帯）時 分～ 時 分	（講師名）（所属）	人	人	円	円	円	円	円
	平成 年 月 日～平成 年 月 日	（合計 日間）時間	（実施場所）（実施時間帯）時 分～ 時 分	（講師名）（所属）	人	人	円	円	円	円	円
	平成 年 月 日～平成 年 月 日	（合計 日間）時間	（実施場所）（実施時間帯）時 分～ 時 分	（講師名）（所属）	人	人	円	円	円	円	円
合計額						⑬ 15人					⑭ 41,941円

様式第7号－2の1〔支給申請額内訳（事業内実施に係る運営費）〕（裏面）

記入上の注意

1　最初の訓練開始日は、この申請額内訳に記載した最初の訓練日を記入してください。

2　事業内での集合訓練については、運営費の支給申請をしない場合であっても受講期間中の労働者の賃金を助成対象として支給申請する場合には、①～⑥欄は必ず記入してください。

3　①欄は、年間職業能力開発計画の年間計画番号と一致する教育訓練に要する経費等についての積算を行いますので、年間職業能力開発計画と対応した年間計画番号を記入してください。

4　②欄のうち「訓練の名称」は、受給資格認定を受けた年間職業能力開発計画に記載した訓練の名称を記入してください。なお、年間職業能力開発計画における名称と異なる場合には、その実施した内容が年間職業能力開発計画で申請した内容と同様であることの確認等を行います。

5　③欄は、②欄の訓練の期間のうち実際に訓練を行った日を記入するとともに（例：4／12, 4／13, 4／19, 4／20・・・）、訓練日の合計日数及び移動時間・休憩時間を除く、実際に訓練を行った総訓練時間を記入してください。

6　④欄のうち、実施場所が複数にまたがる場合は、複数の場所を記入してください。実施時間帯は、分単位まで記入してください。（例：9時00分～16時30分）

7　⑤欄は、部外講師名及び所属を記入してください。社内講師の場合にも講師名及び所属部署を記入してください。なお、社内講師に対する謝金・手当は助成対象の経費とはなりませんのでご注意ください。

8　⑥欄は、社外からの受講者等を含めた当該訓練等を受講した総数を記入し、⑦欄は⑥欄の数のうち、当該事業所に雇用されている雇用保険の被保険者であって、訓練の受講時間数が総訓練時間数の8割以上となっている者の数を記入してください。なお、当該事業所に他の事業所から出向している者については、当該事業所において雇用保険の原籍があること及び当該事業所が直接本人に賃金を支払っていることが対象被保険者としての要件となります。

9　⑧欄～⑪欄の運営のために要した経費は次の経費をいいます。

・集合して行う学科又は実技の訓練を担当する職業訓練指導員及び講師（いずれも部外の者に限る）の謝金・手当に要する経費
・集合して行う学科又は実技の訓練を行う場合に必要な施設及び設備の借上げに要する経費
・集合して行う学科又は実技の訓練を行う場合に必要な教科書その他の教材に関する経費

10　⑪欄の合計額算出の際には、運営のために要した経費に「助成対象被保険者数／受講者総数」を乗じて算定してください。なお、その額が5万円に助成対象被保険者数を乗じて得た額を超える場合には、5万円に当該被保険者数（⑦の欄の数）を乗じて得た額を限度とします。

11　⑪欄及び⑫欄は、1円未満の端数を切り捨ててください。

様式第7号－2の2

訓練給付金支給申請額内訳（事業内実施・受講期間中の被保険者の賃金）

（2枚中の2枚目）

① 年間計画番号	2	② 訓練の名称	マシニングセンタの高速加工技術研修			
③ 訓練の期間	平成13年12月10日～平成13年12月12日					
④ 講師名（所属）	労働　次郎（○○技術研修センター）					
⑤ 訓練の実施日	12／10,　12／11,　12／12					実際に職業訓練を行った日数 3日間
⑥ 助成対象受講者の氏名・生年月日、雇用保険被保険番号	受講期間中の被保険者の賃金					⑫
	⑦ 通常の賃金の支払いを受けながら受講のために全1日業務に就かなかった日数	⑧ 対象賃金日額（様式第7号－4により算定した額）	⑨ 助成の対象となる賃金額（⑦×⑧）	⑩ 賃金の助成額（⑨×助成率）〔助成率：中小1／3、大1／4〕	⑪ 当該職業訓練期間中も通常賃金の額以上の額の賃金を受領した確認欄	他の給付金受給の有無
高橋　一郎 昭和45年10月1日生（31歳） －　－	3日	9,399円	28,197円	9,399円	高橋	有・無 有の場合 給付金の名称
田中　二郎 昭和41年12月12日生（35歳） －　－	3日	9,399円	28,197円	9,399円	田中	有・無 有の場合 給付金の名称
渡辺　三郎 昭和47年5月1日生（29歳） －　－	3日	9,399円	28,197円	9,399円	渡辺	有・無 有の場合 給付金の名称
伊藤　四郎 昭和38年8月1日生（38歳） －　－	3日	9,399円	28,197円	9,399円	伊藤	有・無 有の場合 給付金の名称
山本　五郎 昭和40年9月15日生（36歳） －　－	3日	9,399円	28,197円	9,399円	山本	有・無 有の場合 給付金の名称
中村　六郎 昭和41年7月10日生（35歳） －　－	3日	9,399円	28,197円	9,399円	中村	有・無 有の場合 給付金の名称
年　月　日生（　歳） －　－	日	円	円	円		有・無 有の場合 給付金の名称
年　月　日生（　歳） －　－	日	円	円	円		有・無 有の場合 給付金の名称
年　月　日生（　歳） －　－	日	円	円	円		有・無 有の場合 給付金の名称
年　月　日生（　歳） －　－	日	円	円	円		有・無 有の場合 給付金の名称
合　計				⑬ 56,394円		

様式第７号－２の２〔訓練給付金支給申請額内訳（事業内実施・受講期間中の被保険者の賃金）〕（裏面）

記入上の注意

1　この様式は、訓練給付金（事業内訓練）の賃金助成申請のための書類です。

2　①欄は、年間職業能力開発計画と対応した年間計画番号を記入してください。

3　②欄は、様式第７号－２の１の②欄のうち「訓練の名称」の区分により、訓練のコース毎に記入してください。

4　④欄は、事業内訓練を実施した講師の氏名及び所属先（社内講師の場合は所属部署）を記入してください。

5　⑤欄は、実際に職業訓練を行った日を記入するとともに（例：４/12, ４/13, ４/19, ４/20・・・）、訓練日数の合計を記入してください。

6　⑥欄には助成対象となる被保険者名を記入しますが、訓練の受講時間数が総訓練時間数の８割以上を受講していない者は、助成対象被保険者とはなりませんのでご注意ください。

7　⑧欄の対象賃金日額については、様式第７号－４により算定した額を記入してください。

8　⑩欄の賃金の助成額を算出した際に、１日あたりの額が雇用保険の基本手当日額最高額を超える場合は、雇用保険の基本手当日額最高額を１日あたりの助成額として⑦×雇用保険の基本手当日額最高額として算定してください。なお、１円未満の端数は切り捨ててください。

9　⑪欄は、⑦の欄に記入された日数について、当該被保険者が通常賃金の額以上の額の賃金を受領したことを確認するため、当該被保険者本人の確認の印を押印してもらってください。

「通常賃金の日額」とは、当該労働者の時間外、休日及び深夜の割増賃金の算定の基礎となる時間当たり賃金の額に当該労働者の１日平均所定労働時間数を乗じて得た額をいい、通常賃金の日額の算定は、職業訓練、職業能力開発休暇又は職業能力評価の期間の初日において行います。

なお、当該事業所において時間外、休日及び深夜の割増賃金の算定の基礎となる時間当たりの賃金の額が明確に定められていない場合は、労働基準法第37条の規定に基づき、家族手当、通勤手当、別居手当、住宅手当、子女教育手当、臨時に支払われた賃金及び１箇月を超える期間ごとに支払われる賃金を除いて次により算定した額に１日平均所定労働時間数を乗じて得た額を、通常賃金の日額とします。

イ　時間によって定められた賃金
　その額

ロ　日によって定められた賃金
　その金額を１日の所定労働時間数（日によって所定労働時間数が異なる場合には、１週間における１日平均所定労働時間数）で除した金額

ハ　週によって定められた賃金
　その金額を週の所定労働時間数（週によって所定労働時間数が異なる場合には、４週間における１週平均所定労働時間数）で除した金額

ニ　月によって定められた賃金（休日手当その他イからハまで及びホからトまでに掲げる賃金以外の賃金を含む。）
　その金額を月の所定労働時間数（月によって所定労働時間数が異なる場合には、１年間における１月平均所定労働時間数）で除した金額

ホ　月、週以外の期間によって定められた賃金
　イからニまでに準じて算定した賃金

ヘ　出来高払制その他の請負制によって定められた賃金
　賃金算定期間（賃金締切日がある場合には、賃金締切期間）において出来高払制その他の請負制によって計算された賃金の総額を当該賃金算定期間における総労働時間数で除して得た額

ト　イからヘまでの賃金の２以上からなる賃金
　その部分についてイからヘまでによってそれぞれ算定した金額の合計額

10　⑫欄について、他の給付金受給の有無のいずれかを○で囲み、有の場合は受給する給付金の具体的な名称を記入してください。

様式第７号－３

訓練給付金支給申請額内訳（事業外の教育訓練施設への委託）

（２枚中の１枚目）

最初の訓練開始日　平成14年１月15日

受託した教育訓練施設の名称及び所在地	○○職業能力開発促進センター　横浜市○○区○○１－２－３　郵便番号　241－1234　電話番号　045－○○○－○○○○			合計額
① 受講者の氏名、生年月日、年齢及び雇用保険被保険者番号	小林　七郎　昭和44年６月６日生（32歳）　○○○○－○○○○○○－○	加藤　八郎　昭和44年11月11日生（32歳）　○○○○－○○○○○○－○	年　月　日生（　歳）　－　－	
② 年間計画番号	3	3		
③ 訓練の名称　講師名	NCワイヤカット加工法（講師名　吉田一郎（NCシステム科））	同　左（講師名　同左　）	（講師名　）	
④ 訓練の期間	平成14年１月15日～平成14年１月16日	平成14年１月15日～平成14年１月16日	平成　年　月　日～平成　年　月　日	
⑤ 実際に訓練した日及び総訓練時間	1/15，1/16（合計 2 日間）12 時間	同　左（合計 2 日間）12 時間	（合計　日間）時間	
⑥ 訓練実施時間帯	9 時 30 分～ 17 時 00 分	9 時 30 分～ 17 時 00 分	時　分～　時　分	
⑦ 出席日数	2 日	2 日	日	
⑧ 受講に要した入学金及び受講料	入学料　円　受講料 6,000 円　計 6,000 円	入学料　円　受講料 6,000 円　計 6,000 円	入学料　円　受講料　円　計　円	
派遣費 ⑨ 入学料及び受講料の助成額（⑧×助成率）この額が１人１コース当たり５万円を超える場合には、５万円を記入してください。〔助成率：中小1/3、大1/4〕	2,000円（⑧×1/3、1/4）	2,000円（⑧×1/3、1/4）	円（⑧×1/3、1/4）	⑩ 4,000円
受講期間中の被保険者の賃金 ⑪ 通常の賃金の支給を受けながら受講のために全１日勤務に就かなかった日数	2日	2日	日	
⑫ 受講期間中の対象賃金日額（様式第７号－４により算定した額）	9,399円	9,399円	円	
⑬ 助成の対象となる賃金（⑪×⑫）	18,798円	18,798円	円	
⑭ 賃金の助成額（⑬×助成率）〔助成率：中小1/3、大1/4〕	6,266円	6,266円	円	⑮ 12,532円
⑯ 当該職業訓練期間中も通常賃金の額以上の額の賃金を受領した確認欄	（小林）	（加藤）		
⑰ 他の給付金受給の有無	有・無　有の場合　給付金の名称	有・無　有の場合　給付金の名称	有・無　有の場合　給付金の名称	

※　①欄の者については、③～⑦欄のとおり訓練を実施し、それぞれ、受講した職業訓練を修了したことを証明します。

教育訓練施設の長　○○職業能力開発促進センター　㊞
横浜市○○区○○１－２－３

様式第７号－３〔訓練給付金支給申請額内訳（事業外の教育訓練施設への委託）〕（裏面）

記入上の注意

1　最初の訓練開始日は、この申請額内訳に記載した最初の訓練日を記入してください。

2　②欄は、年間職業能力開発計画の年間計画番号と一致する教育訓練に要する経費等についての積算を行いますので、年間職業能力開発計画と対応した年間計画番号を記入してください。

3　③欄の「訓練の名称」は、受給資格認定を受けた年間職業能力開発計画に記載した訓練の名称を記入してください。なお、年間職業能力開発計画における名称と異なる場合には、その実施した内容が年間職業能力開発計画で申請した内容と同様であることの確認等を行います。また、「講師名」が不明の場合にあっては省略して結構です。

4　⑤欄は、④欄の訓練の期間のうち実際に訓練を行った日を記入するとともに（例：４/12，４/13，４/19，４/20・・・）、訓練日の合計日数及び移動時間・休憩時間を除く、実際に訓練を行った総訓練時間を記入してください。

5　⑥欄の実施時間帯は、分単位まで記入してください。（例：９時00分～16時30分）

6　⑦欄は、出席した日数を記入してください。なお、賃金助成の対象となるのは、訓練を受講するために全１日にわたり業務に就かなかった日数に限るため、賃金助成の対象となる日（⑪欄）と⑦欄が一致しなくても結構です（賃金助成の対象となる日が出席日数を超えないことを確認してください）。

7　⑧欄の受講に要した入学金及び受講料は、事業主が負担した額を記入してください。

8　⑨欄は、入学料及び受講料の助成額＝⑧の欄の額×助成率（中小１/３、大１/４）により算定してください。この場合において乗じた助成率を○で囲んでください。なお、１人１コースあたり５万円を超える場合は５万円が限度額となります。

9　⑪欄は、通常の賃金の支給を受けながら受講のために全１日勤務に就かなかった日数を記入してください。なお、受講後残業した場合には、勤務に就いたとみなされますので、残業した日をこの日数に含めることはできません。

10　⑫欄の対象賃金日額については、様式第７号－４により算定した額を記入してください。

11　⑭欄の賃金の助成額を算出した際に、１日あたりの額が雇用保険の基本手当日額最高額を超える場合は、雇用保険の基本手当日額最高額を１日あたりの助成額として、⑪×雇用保険の基本手当日額最高額として算定しください。

12　⑯欄は、⑪欄に記入された日数について、当該被保険者が通常賃金の額以上の額の賃金を受領したことを確認するため、当該被保険者本人の確認の印を押印してもらってください。

「通常賃金の日額」とは、当該労働者の時間外、休日及び深夜の割増賃金の算定の基礎となる時間当たり賃金の額に当該労働者の１日平均所定労働時間数を乗じて得た額をいい、通常賃金の日額の算定は、職業訓練、職業能力開発休暇又は職業能力評価の期間の初日において行います。

なお、当該事業所において時間外、休日及び深夜の割増賃金の算定の基礎となる時間当たりの賃金の額が明確に定められていない場合は、労働基準法第37条の規定に基づき、家族手当、通勤手当、別居手当、住宅手当、子女教育手当、臨時に支払われた賃金及び１箇月を越える期間ごとに支払われる賃金を除いて次により算定した額に１日平均所定労働時間数を乗じて得た額を、通常賃金の日額とします。

イ　時間によって定められた賃金
　その額

ロ　日によって定められた賃金
　その金額を１日の所定労働時間数（日によって所定労働時間数が異なる場合には、１週間における１日平均所定労働時間数）で除した金額

ハ　週によって定められた賃金
　その金額を週の所定労働時間数（週によって所定労働時間数が異なる場合には、４週間における１週平均所定労働時間数）で除した金額

ニ　月によって定められた賃金（休日手当その他イからハまで及びホからトまでに掲げる賃金以外の賃金を含む。）その金額を月の所定労働時間数（月によって所定労働時間数が異なる場合には、１年間における１月平均所定労働時間数）で除した金額

ホ　月、週以外の期間によって定められた賃金

イ　からニまでに準じて算定した賃金

ヘ　出来高払制その他の請負制によって定められた賃金
　賃金算定期間（賃金締切日がある場合には、賃金締切期間）において出来高払制その他の請負制によって計算された賃金の総額を当該賃金算定期間における総労働時間数で除して得た額

ト　イからヘまでの賃金の２以上からなる賃金
　その部分についてイからヘまでによってそれぞれ算定した金額の合計額

13　⑰欄について、他の給付金受給の有無のいずれかを○で囲み、有の場合は受給する給付金の具体的な名称を記入してください。

14　⑨欄及び⑭欄は、１円未満の端数を切り捨ててください。

15　※欄については、この様式による教育訓練施設の長の証明に代えて、※欄の事項に係る教育訓練施設の長の発行する別の証明書を添付することができます。

16　※欄について委託した教育訓練施設の長により証明した場合には、修了証の添付を省略することができます。

様式第７号－４

対象賃金日額算定書

受給資格認定番号	01 － 0001 － 0	企業規模（○で囲む。）	①中小　2. 大
(1)　前年度１年間の雇用保険の保険料の算定基礎となる賃金総額	81,098,000 円	(2)　前年度１年間の雇用保険被保険者数	29 人

(3) 年間所定労働日数

部署名	① 労働者数	② 所定労働日数＊	(①×②)	④/③＝
				＿＿＿＿＿＿日
合計	③		④	

※所定労働日数について就業規則等に定めのない場合は、以下の方法で算出して下さい。

(a) 週休日	（	52 ）日
(b) 土曜日	（	52 ）日
(c) 指定休日	（	0 ）日
(d) 祝日	（	13 ）日
(e) 年末年始（12月30日～１月３日）	（	5 ）日
(f) 夏期休業（８/13～８/16）	（	4 ）日
(g) 創立記念日等その他休日（創立記念日）	（	1 ）日
年間休日日数合計	（	127 ）日
年間実労働日数　：　365日－年間休日日数合計＝	（	238 ）日

(4) 平均賃金日額〔(1)/((2)×(3))〕

$$\frac{81,098,000}{29\times238} = 11,749.927\cdot\cdot\text{円}$$

(5) 対象賃金日額〔(4)×0.8〕

(4) × 0.8 ＝ 9,399 円

〔１円未満の端数は切り捨てること。〕

(注) 労働保険　概算・増加概算・確定保険料申告書の事業主控の写、労働保険料の納付書・領収証書（雇用保険にかかる部分に限る）の写を添付してください。

以上の内容について相違ありません。

平成14年４月４日　　　住　所　東京都千代田区○○１－１－１

事業主名

代表者氏名　○○電気株式会社　㊞

雇用太郎

様式第７号－４〔対象賃金日額算定書〕（裏面）

記入上の注意

1　平均賃金日額とは、受給資格申請認定を受けた年度（４月１日から翌年３月31日までをいう。以下「年度」という。）の前の年度（以下「前年度」という。）に使用したすべての被保険者（年度の中途に雇用保険に係る保険関係が成立し、又は消滅したものについては、その年度において、当刻保険関係が成立していた期間に使用したすべての被保険者。）に係る賃金総額（事業主がその事業に使用するすべての被保険者に支払った賃金の総額をいう。）を当該事業主に雇用される被保険者の数で除して得た額を当該事業主の事業所における一年間の所定労働日数で除して得た額をいいます。

2　「⑴前年度１年間の雇用保険の保険料の算定基礎となる賃金総額」欄は、労働保険概算・増加概算・確定保険料申告書の事業主控の写に記載している「労働保険料算定基礎額」（雇用保険法適用者分）を記入してください。

3　「⑵前年度１年間の雇用保険被保険者数」欄は、労働保険概算・増加概算・確定保険料申告書の事業主控の写に記載している「雇用保険被保険者数」を記入してください。

4　「⑶年間所定労働日数」欄は、部署や勤務形態毎に当該所定労働日数が異なる場合は、その部署等に従事する労働者数により加重平均をした全労働者の平均所定労働日数を記入してください。なお、ここでは端数処理は行わず、⑸対象賃金日額を算出する際に、１円未満の端数がある場合に切り捨ててください。

様式第７号－５の１

職業能力開発休暇給付金支給申請額内訳（教育訓練）

（　枚中の　枚目）

最初の訓練開始日　年　月　日

受託した教育訓練施設の名称及び所在地	郵便番号 電話番号			合計額
① 受講者の氏名、生年月日、年齢及び雇用保険被保険者番号	年　月　日　生（　歳） －　－	年　月　日　生（　歳） －　－	年　月　日　生（　歳） －　－	
② 年間計画番号				
③ 訓練の名称 講師名	（講師名　）	（講師名　）	（講師名　）	
④ 訓練の期間	平成　年　月　日～ 平成　年　月　日	平成　年　月　日～ 平成　年　月　日	平成　年　月　日～ 平成　年　月　日	
⑤ 実際に訓練した日及び総訓練時間	（合計　日間） 時間	（合計　日間） 時間	（合計　日間） 時間	
⑥ 訓練実施時間帯	時　分～　時　分	時　分～　時　分	時　分～　時　分	
⑦ 出席日数	日	日	日	
⑧ 受講に要した入学金及び受講料（事業主が直接負担したものに限る）	入学料　円 受講料　円 計　円	入学料　円 受講料　円 計　円	入学料　円 受講料　円 計　円	
⑨ ⑧以外の援助費（教材費等）	円	円	円	
⑩ 援助額計（⑧＋⑨）	円	円	円	
援助費 ⑪ 入学料及び受講料等の助成額（⑩×助成率）この額が１人１コース当たり５万円を超える場合には、５万円を記入してください。〔助成率：中小1/3、大1/4〕	円 （⑩×１/３、１/４）	円 （⑩×１/３、１/４）	円 （⑩×１/３、１/４）	円
受講期間中の被保険者の賃金 ⑬ 職業能力開発休暇付与日（又は期間）の賃金の支給内容	通常の賃金を支給 ・ その他	通常の賃金を支給 ・ その他	通常の賃金を支給 ・ その他	
⑭ 職業能力開発休暇付与期間及び日数	平成　年　月　日～平成　年　月　日 日間	平成　年　月　日～平成　年　月　日 日間	平成　年　月　日～平成　年　月　日 日間	
⑮ 受講期間中の対象賃金日額又は特別に定められた賃金日額	円	円	円	
⑯ 助成の対象となる賃金（⑭×⑮）	円	円	円	
⑰ 賃金の助成額（⑯×助成率）〔助成率：中小1/3、大1/4〕	円 （⑯×１/３、１/４）	円 （⑯×１/３、１/４）	円 （⑯×１/３、１/４）	⑱ 円
⑲ 当該休暇期間中に通常賃金又は特別に定められた賃金を受領した確認欄				
⑳ 受講者の職務とその関連性				
他の給付金受給の有無	有・無 有の場合　給付金の名称	有・無 有の場合　給付金の名称	有・無 有の場合　給付金の名称	

※　①欄の者については、③～⑦欄のとおり訓練を実施し、それぞれ、受講した職業訓練を修了したことを証明します。

教育訓練施設の長　㊞

様式第７号－５の１〔職業能力開発休暇給付金支給申請額内訳（教育訓練）〕（裏面）

記入上の注意

1　最初の訓練開始日は、この申請額内訳に記載した最初の訓練日を記入してください。

2　②欄は、年間職業能力開発計画の年間計画番号と一致する教育訓練に要する経費等についての積算を行いますので、年間職業能力開発計画と対応した年間計画番号を記入してください。

3　③欄の「訓練の名称」は、受給資格認定を受けた年間職業能力開発計画に記載した訓練の名称を記入してください。なお、年間職業能力開発計画における名称と異なる場合には、その実施した内容が年間職業能力開発計画で申請した内容と同様であることの確認等を行います。また、「講師名」が不明の場合にあっては省略して結構です。

4　⑤欄は、④欄の訓練の期間のうち実際に訓練を行った日を記入するとともに（例：４/12，４/13，４/19，４/20・・・）、訓練日の合計日数及び移動時間・休憩時間を除く、実際に訓練を行った総訓練時間を記入してください。

5　⑥欄の実施時間帯は、分単位まで記入してください。（例：９時00分～16時30分）

6　⑦欄は、出席した日数を記入してください。

7　⑧欄の受講に要した入学金及び受講料は、事業主が直接負担した額を記入してください。添付書類の領収書等では申請事業主が名宛人になっているものに限ります。

8　⑨欄の教材費等の援助費は、受講者が立て替え払いした場合も対象とすることができますが、証拠書類として当該労働者に対し、その額を認定事業主が負担したことを証する書類を併せて提出することが必要です。

9　⑪欄の援助費は、入学料及び受講料等の助成額＝⑩の欄の額×助成率（中小事業主１/３、大企業１/４）により算定してください。
　この場合において乗じた助成率を○で囲んでください。なお、１人１コースあたり５万円を超える場合は５万円が限度額となります。

10　⑬欄には、労働協約又は就業規則等に基づく職業能力開発休暇制度を有し、当該休暇期間中に通常賃金日額以上の賃金を支給している場合にあっては「通常の賃金を支給」を○で囲んでください。また、当該休暇期間中の賃金の額について特別の定めを有している事業主であって、通常の賃金日額未満の賃金を支給している場合には「その他」を○で囲んでください。

11　⑭欄には、１労働日以上の与えられた職業能力開発休暇付与期間及び日数を記入してください。

12　⑮欄には、当該休暇期間中の日について支払う賃金の日額が就業規則等により特別に定められている場合にはその日額とし、通常賃金の日額以上が支払われている場合には、様式第７号－４により算定した額を記入してください。

13　⑰欄の賃金の助成額を算出した際に、１日あたりの額が雇用保険の基本手当日額最高額を超える場合は、雇用保険の基本手当日額最高額を１日あたりの助成額として、⑭欄の日数×雇用保険の基本手当日額最高額として算定してください。

14　⑲欄は、⑭欄に記入された日数について、当該被保険者が通常賃金又は特別に定められた賃金を受領したことを確認するため、当該被保険者本人の確認の印を押印してもらってください。
　「通常賃金の日額」とは、当該労働者の時間外、休日及び深夜の割増賃金の算定の基礎となる時間当たり賃金の額に当該労働者の１日平均所定労働時間数を乗じて得た額をいい、通常賃金の日額の算定は、職業訓練、職業能力開発休暇又は職業能力評価の期間の初日において行います。

　なお、当該事業所において時間外、休日及び深夜の割増賃金の算定の基礎となる時間当たりの賃金の額が明確に定められていない場合は、労働基準法第37条の規定に基づき、家族手当、通勤手当、別居手当、住宅手当、子女教育手当、臨時に支払われた賃金及び１箇月を越える期間ごとに支払われる賃金を除いて次により算定した額に１日平均所定労働時間数を乗じて得た額を、通常賃金の日額とします。

イ　時間によって定められた賃金
　その額

ロ　日によって定められた賃金
　その金額を１日の所定労働時間数（日によって所定労働時間数が異なる場合には、１週間における１日平均所定労働時間数）で除した金額

ハ　週によって定められた賃金
　その金額を週の所定労働時間数（週によって所定労働時間数が異なる場合には、４週間における１週平均所定労働時間数）で除した金額

ニ　月によって定められた賃金（休日手当その他イからハまで及びホからトまでに掲げる賃金以外の賃金を含む。）
　その金額を月の所定労働時間数（月によって所定労働時間数が異なる場合には、１年間における１月平均所定労働時間数）で除した金額

ホ　月、週以外の期間によって定められた賃金
　イからニまでに準じて算定した賃金

ヘ　出来高払制その他の請負制によって定められた賃金
　賃金算定期間（賃金締切日がある場合には、賃金締切期間）において出来高払制その他の請負制によって計算された賃金の総額を当該賃金算定期間における総労働時間数で除して得た額

ト　イからヘまでの賃金の２以上からなる賃金
　その部分についてイからヘまでによってそれぞれ算定した金額の合計額

15　⑳欄は、休暇取得者が現在就いている職務との関連性について、具体的に記述してください。

16　⑪欄及び⑰欄は、１円未満の端数を切り捨ててください。

17　他の給付金受給の有無については、有無のいずれかを○で囲み、有の場合は受給する給付金の具体的な名称を記入してください。

18　※欄については、この様式による教育訓練施設の長の証明に代えて、※欄の事項に係る教育訓練施設の長の発行する別の証明書を添付することができます。

19　※欄について委託した教育訓練施設の長により証明した場合には、修了証の添付を省略することができます。

様式第７号－５の２

職業能力開発休暇給付金支給申請額内訳（職業能力評価）

（　枚中の　枚目）

① 受検者の氏名、生年月日、年齢及び雇用保険被保険者番号	氏名（ふりがな）	生年月日（年齢） 年　月　日生（　歳）	雇用保険被保険者番号 －　－	合計額
② 年間計画番号				
③ 職業能力評価の名称				
④ 職業能力評価の実施機関等の名称及び所在地	電話番号	電話番号	電話番号	
⑤ 職業能力評価日（又は期間）	平成　年　月　日 （～平成　年　月　日）	平成　年　月　日 （～平成　年　月　日）	平成　年　月　日 （～平成　年　月　日）	
⑥ 評価実施時間帯	時　分～　時　分	時　分～　時　分	時　分～　時　分	
⑦ 評価に要した日数	日	日	日	
⑧ 支払った受検料等の額（事業主が全額負担し、事前に直接支払ったものに限る）	円	円	円	
⑨ 受検料等の助成額（⑧×助成率） 〔助成率：中小1/3、大1/4〕	円 （⑧×1/3、1/4）	円 （⑧×1/3、1/4）	円 （⑧×1/3、1/4）	⑱ 円
評価期間中の被保険者の賃金　⑩ 職業能力開発休暇付与日（又は期間）の賃金の支給内容	通常の賃金を支給 ・ その他	通常の賃金を支給 ・ その他	通常の賃金を支給 ・ その他	
⑪ 職業能力開発休暇付与日（又は期間）、付与した日数	平成　年　月　日 （～平成　年　月　日） 日間	平成　年　月　日 （～平成　年　月　日） 日間	平成　年　月　日 （～平成　年　月　日） 日間	
⑫ 評価期間中の対象賃金日額又は特別に定められた賃金	円	円	円	
⑬ 助成の対象となる賃金（⑪×⑫）	円	円	円	
⑭ 賃金の助成額（⑬×助成率） 〔助成率：中小1/3、1/4〕	円 （⑬×1/3、1/4）	円 （⑬×1/3、1/4）	円 （⑬×1/3、1/4）	⑲ 円
⑮ 当該評価に実際に出席したこと・当該評価日（又は期間中）に通常賃金又は特別に定められた賃金を受領した確認欄	出席 ・ 賃金	出席 ・ 賃金	出席 ・ 賃金	
⑯ 年間計画に基づき実施した当該職業能力評価に関する教育訓練内容				
⑰ 他の給付金等受給の有無	有・無 有の場合　給付金等の名称	有・無 有の場合　給付金等の名称	有・無 有の場合　給付金等の名称	

様式第７号－５の２〔職業能力開発休暇給付金支給申請額内訳(職業能力評価)〕(裏面)

記入上の注意

1　②欄は、年間職業能力開発計画の年間計画番号と一致する教育訓練に要する経費等についての積算を行いますので、年間職業能力開発計画と対応した年間計画番号を記入してください。

2　③欄の「職業能力評価の名称」には、受給資格認定を受けた年間職業能力開発計画に記載した職業能力評価の名称を記入してください。

3　④欄には職業能力評価を実施している機関主体の名称及びその所在地並びに電話番号を記入してください（試験等の実施場所を記入するのではありません）。

4　⑤欄には実施した日又は期間を記入してください。

5　⑥欄の実施時間帯は、分単位まで記入してください（例：９時00分～16時30分）。

6　⑦欄は、評価に要した日数を記入してください。なお、賃金助成の対象となるのは、職業能力評価のために１労働日以上の休暇を与えた日数に限るため、賃金助成の対象となる日と⑦欄が一致しなくても結構です（賃金助成の対象となる日が評価に要した日数を超えないことを確認してください）。

7　⑧欄の支払った受検料等の額は、事業主が全額負担し、実施機関に事前に直接支払った額を記入してください。また、添付書類の領収書等では申請事業主が名宛人になっているもの及び支払い年月日が評価日以前の日付（評価日と同一日でも可）のものに限ります。

8　⑨欄は、受検料等の助成額＝⑧の欄の額×助成率（中小事業主１/３、大企業１/４）により算定してください。この場合において乗じた助成率を○で囲んでください。なお、この額と⑭欄の賃金の助成額及び職業能力評価推進給付金の経費及び賃金の助成額と合わせて１人１年間10万円を超える場合は１人１年間10万円が限度額となります。

10　⑩欄には、労働協約又は就業規則等に基づく職業能力開発休暇制度を有し、当該休暇期間中に通常賃金日額以上の賃金を支給している場合にあっては「通常の賃金を支給」を○で囲んでください。また、当該休暇期間中の賃金の額について特別の定めを有している事業主であって、通常の賃金日額未満の賃金を支給している場合には「その他」を○で囲んでください。

11　⑪欄には、１労働日以上の与えられた職業能力開発休暇付与期間及び日数を記入してください。

12　⑫欄には、当該休暇期間中の日について支払う賃金の日額が就業規則等により特別に定められている場合にはその日額とし、通常賃金の日額以上支払われている場合には、様式第７号－４により算定した額を記入してください。

「通常賃金の日額」とは、当該労働者の時間外、休日及び深夜の割増賃金の算定の基礎となる時間当たり賃金の額に当該労働者の１日平均所定労働時間数を乗じて得た額をいい、通常賃金の日額の算定は、職業訓練、職業能力開発休暇又は職業能力評価の期間の初日において行います。

なお、当該事業所において時間外、休日及び深夜の割増賃金の算定の基礎となる時間当たりの賃金の額が明確に定められていない場合は、労働基準法第37条の規定に基づき、家族手当、通勤手当、別居手当、住宅手当、子女教育手当、臨時に支払われた賃金及び１箇月を越える期間ごとに支払われる賃金を除いて次により算定した額に１日平均所定労働時間数を乗じて得た額を、通常賃金の日額とします。

イ　時間によって定められた賃金
　その額

ロ　日によって定められた賃金
　その金額を１日の所定労働時間数（日によって所定労働時間数が異なる場合には、１週間における１日平均所定労働時間数）で除した金額

ハ　週によって定められた賃金
　その金額を週の所定労働時間数（週によって所定労働時間数が異なる場合には、４週間における１週平均所定労働時間数）で除した金額

ニ　月によって定められた賃金（休日手当その他イからハまで及びホからトまでに掲げる賃金以外の賃金を含む。）
　その金額を月の所定労働時間数（月によって所定労働時間数が異なる場合には、１年間における１月平均所定労働時間数）で除した金額

ホ　月、週以外の期間によって定められた賃金
　イからニまでに準じて算定した賃金

ヘ　出来高払制その他の請負制によって定められた賃金
　賃金算定期間（賃金締切日がある場合には、賃金締切期間）において出来高払制その他の請負制によって計算された賃金の総額を当該賃金算定期間における総労働時間数で除して得た額

ト　イからへまでの賃金の２以上からなる賃金
　その部分についてイからへまでによってそれぞれ算定した金額の合計額

13　⑭欄の賃金の助成額を算出した際に、１日あたりの額が雇用保険の基本手当日額最高額を超える場合は、雇用保険の基本手当日額最高額を１日あたりの助成額として⑪欄の日数×雇用保険の基本手当日額最高額として算定しください。

14　⑨欄及び⑭欄は、１円未満の端数を切り捨ててください。

15　⑮欄には、受検した対象被保険者に「当該評価に実際に出席したこと」と「当該評価日（又は期間）も通常賃金の額以上又は特別に定められた賃金を受領した」ことを確認するための本人の確認の印を押印してもらってください。なお、賃金の助成を受けない場合は、「賃金」の文字を線で消してください。

16　当給付金を受給するには年間職業能力開発計画に基づき職業能力評価を受ける対象被保険者に対して教育訓練（当該職業能力評価の対象となる技能又はこれに関する知識を習得するためのものに限る。）を受けさせていることが必要です。⑯欄には、年間職業能力開発計画に基づき実施した当該職業能力評価に関する教育訓練内容について、いつ、どのような方法で、どのような内容の教育訓練を実施したかをできるだけ具体的に記入してください。

17　⑰欄について、他の給付金受給の有無のいずれかを○で囲み、有の場合は受給する給付金の具体的な名称を記入してください。

様式第7号－5の3

職業能力開発休暇給付金支給申請額内訳（キャリア・コンサルティング）

（　枚中の　枚目）

① 対象労働者の氏名、生年月日、年齢及び雇用保険被保険者番号	② 年間計画番号	③ キャリア・コンサルティングを受けた日（又は期間）、日数及び時間数	④ キャリアコンサルティングの形態	⑤ 職業能力開発休暇付与日（又は期間）の賃金の支給内容	⑥ 職業能力開発休暇付与日（又は期間）、付与した日数	⑦ キャリア・コンサルティングを受けた日（又は期間中）の対象賃金日額又は特別に定められた賃金	⑧ 助成の対象となる賃金額（⑥×⑦）	⑨ 賃金の助成額（⑧×助成率） [助成率：中小1/3、大1/4]	⑩ 当該休暇日（又は期間）に通常賃金又は特別に定められた賃金を受領した確認欄	⑪ 他の給付金等の受給の有無
年　月　日生（　歳） —　—		平成　年　月　日 （～平成　年　月　日） 日　時間　分	集団 個別 混合	通常の賃金を支給 ・ その他	平成　年　月　日 （～平成　年　月　日） 日	円	円	円		有・無 有の場合　給付金等の名称
年　月　日生（　歳） —　—		平成　年　月　日 （～平成　年　月　日） 日　時間　分	集団 個別 混合	通常の賃金を支給 ・ その他	平成　年　月　日 （～平成　年　月　日） 日	円	円	円		有・無 有の場合　給付金等の名称
年　月　日生（　歳） —　—		平成　年　月　日 （～平成　年　月　日） 日　時間　分	集団 個別 混合	通常の賃金を支給 ・ その他	平成　年　月　日 （～平成　年　月　日） 日	円	円	円		有・無 有の場合　給付金等の名称
年　月　日生（　歳） —　—		平成　年　月　日 （～平成　年　月　日） 日　時間　分	集団 個別 混合	通常の賃金を支給 ・ その他	平成　年　月　日 （～平成　年　月　日） 日	円	円	円		有・無 有の場合　給付金等の名称
年　月　日生（　歳） —　—		平成　年　月　日 （～平成　年　月　日） 日　時間　分	集団 個別 混合	通常の賃金を支給 ・ その他	平成　年　月　日 （～平成　年　月　日） 日	円	円	円		有・無 有の場合　給付金等の名称
年　月　日生（　歳） —　—		平成　年　月　日 （～平成　年　月　日） 日　時間　分	集団 個別 混合	通常の賃金を支給 ・ その他	平成　年　月　日 （～平成　年　月　日） 日	円	円	円		有・無 有の場合　給付金等の名称
年　月　日生（　歳） —　—		平成　年　月　日 （～平成　年　月　日） 日　時間　分	集団 個別 混合	通常の賃金を支給 ・ その他	平成　年　月　日 （～平成　年　月　日） 日	円	円	円		有・無 有の場合　給付金等の名称
年　月　日生（　歳） —　—		平成　年　月　日 （～平成　年　月　日） 日　時間　分	集団 個別 混合	通常の賃金を支給 ・ その他	平成　年　月　日 （～平成　年　月　日） 日	円	円	円		有・無 有の場合　給付金等の名称
								⑫ 円		

①の者については、③及び④のとおりキャリア・コンサルティングを実施したことを証明いたします。

キャリア・コンサルティング実施機関等の長　　　　　　㊞

様式第7号－5の3〔職業能力開発休暇給付金支給申請額内訳（キャリア・コンサルティング）〕（裏面）

記入上の注意

1　②欄は、年間職業能力開発計画の年間計画番号と一致するキャリア・コンサルティングであるかについての照合等を行いますので、年間職業能力開発計画と対応した年間計画番号を記入してください。

2　③欄にはキャリア・コンサルティングを受けた日（又は期間）、日数及び時間数を記入してください。なお、賃金助成の対象となるのは、キャリア・コンサルティングを受けるために１労働日以上の休暇を与えた日数に限るため、賃金助成の対象となる日と③欄が一致しなくても差し支えありません（賃金助成の対象となる日がキャリア・コンサルティングを受けた日数を超えないことを確認してください。）。

3　③欄の時間数は、分単位まで記入してください。

4　④欄では、どのような形態でキャリア・コンサルティングを受けたか、該当するものを○で囲んでください。

なお、「集団」とは、専門機関等のキャリア・コンサルティングの担当者が二名以上の者を対象に、講義、キャリアシート等作成の実習、検査、診断、指導、個別相談等のキャリア・コンサルティングを行ったことをいい、「個別によるもの」とは、一個人に対し、マン・ツー・マンでキャリアシート等作成の実習、検査、診断、指導、相談等のキャリア・コンサルティングを行ったことをいいます。

5　⑤欄には、労働協約又は就業規則等に基づく職業能力開発休暇制度を有し、当該休暇期間中に通常賃金日額以上の賃金を支給している場合にあっては「通常の賃金を支給」を○で囲んでください。また、当該休暇期間中の賃金の額について特別の定めを有している事業主であって、通常の賃金日額未満の賃金を支給している場合には「その他」を○で囲んでください。

6　⑥欄には、１労働日以上の与えられた職業能力開発休暇付与日（又は期間）及び日数を記入してください。

7　⑦欄には、当該休暇期間中の日について支払う賃金の日額が就業規則等により特別に定められている場合にはその日額とし、通常賃金の日額以上支払われている場合には、様式第７号－４により算定した額を記入してください。

「通常賃金の日額」とは、当該労働者の時間外、休日及び深夜の割増賃金の算定の基礎となる時間当たり賃金の額に当該労働者の１日平均所定労働時間数を乗じて得た額をいい、通常賃金の日額の算定は、職業訓練、職業能力開発休暇又は職業能力評価の期間の初日において行います。

なお、当該事業所において時間外、休日及び深夜の割増賃金の算定の基礎となる時間当たりの賃金の額が明確に定められていない場合は、労働基準法第37条の規定に基づき、家族手当、通勤手当、別居手当、住宅手当、子女教育手当、臨時に支払われた賃金及び１箇月を越える期間ごとに支払われる賃金を除いて次により算定した額に１日平均所定労働時間数を乗じて得た額を、通常賃金の日額とします。

イ　時間によって定められた賃金
　その額

ロ　日によって定められた賃金
　その金額を１日の所定労働時間数（日によって所定労働時間数が異なる場合には、１週間における1日平均所定労働時間数）で除した金額

ハ　週によって定められた賃金
　その金額を週の所定労働時間数（週によって所定労働時間数が異なる場合には、４週間における1週平均所定労働時間数）で除した金額

ニ　月によって定められた賃金（休日手当その他イからハまで及びホからトまでに掲げる賃金以外の賃金を含む。）
　その金額を月の所定労働時間数（月によって所定労働時間数が異なる場合には、１年間における1月平均所定労働時間数）で除した金額

ホ　月、週以外の期間によって定められた賃金
　イからニまでに準じて算定した賃金

ヘ　出来高払制その他の請負制によって定められた賃金
　賃金算定期間（賃金締切日がある場合には、賃金締切期間）において出来高払制その他の請負制によって計算された賃金の総額を当該賃金算定期間における総労働時間数で除して得た額

ト　イからヘまでの賃金の2以上からなる賃金
　その部分についてイからヘまでによってそれぞれ算定した金額の合計額

8　⑨欄の賃金の助成額を算出した際に、1日当たりの額が雇用保険の基本手当日額最高額を超えている場合は、雇用保険の基本手当日額最高額を1日当たりの助成額として、⑥欄の日数×雇用保険の基本手当日額最高額として算定してください。

9　⑨欄は、1円未満の端数を切り捨ててください。

10　⑩欄は、⑥欄に記入された日数について、当該被保険者が通常賃金の額以上の額の賃金又は特別に定められた賃金を受領したことを確認するため、当該被保険者本人の確認の印を押印してもらってください。

11　⑪欄について、他の給付金受給の有無のいずれかを○で囲み、有の場合は受給する給付金の具体的な名称を記入してください。

様式第7号－6

（　枚中の　枚目）

長期教育訓練休暇制度導入奨励金・支給申請額内訳（第　回）

①　最初の受給資格認定日	平成　年　月　日
②長期教育訓練休暇制度の導入年月日	平成　年　月　日
③最初の受給資格認定日から3年を経過した年月日	平成　年　月　日

④申請事業主における長期教育訓練休暇制度導入奨励金申請休暇取得者番号（20名限度）	⑤休暇取得者の氏名・生年月日	⑥雇用保険被保険者番号	⑦長期教育訓練休暇期間（日数の積算には就業規則上の休日を除く。）	⑧受講した教育訓練の名称、実施機関名	⑨長期教育訓練休暇期間中、実際に職業訓練を受講した期間及び日数	⑩⑨の日数/⑦の日数＝1/2であることの確認。	⑪職業能力開発休暇期間に係る通常賃金の有無	⑫当該休暇を取得したことの確認欄	⑬他の給付金受給の有無
	年　月　日生	－　－	平成　年　月　日 ～平成　年　月　日 休暇日数　日	(訓練の名称) (実施機関名)	平成　年　月　日 ～平成　年　月　日 訓練日数　日	1/2以上・1/2未満	有(　%)・無		有・無 有の場合　給付金の名称
	年　月　日生	－　－	平成　年　月　日 ～平成　年　月　日 休暇日数　日	(訓練の名称) (実施機関名)	平成　年　月　日 ～平成　年　月　日 訓練日数　日	1/2以上・1/2未満	有(　%)・無		有・無 有の場合　給付金の名称
	年　月　日生	－　－	平成　年　月　日 ～平成　年　月　日 休暇日数　日	(訓練の名称) (実施機関名)	平成　年　月　日 ～平成　年　月　日 訓練日数　日	1/2以上・1/2未満	有(　%)・無		有・無 有の場合　給付金の名称
	年　月　日生		平成　年　月　日 ～平成　年　月　日 休暇日数　日	(訓練の名称) (実施機関名)	平成　年　月　日 ～平成　年　月　日 訓練日数　日	1/2以上・1/2未満	有(　%)・無		有・無 有の場合　給付金の名称

⑭合計	人	〔奨励金申請の内訳〕 休暇制度導入〔30万円〕	⑮　円
		休暇取得者分 〔⑭×5万円〕	⑯　円
		合計〔⑮＋⑯〕	⑰　円

※　⑤欄の者については、⑧欄及び⑨欄のとおり訓練を実施し、受講した職業訓練を修了したことを証明します。

教育訓練施設の長　　　　　　㊞

様式7号－6〔長期教育訓練休暇制度導入奨励金・支給申請額内訳（第　回）〕（裏面）

記入上の注意

1　①欄には、長期教育訓練休暇制度導入奨励金の最初の認定申請を含むキャリア形成促進助成金の受給資格認定日を記入してください。

2　②欄には、申請事業主において長期教育訓練休暇制度を導入した年月日（制度導入の就業規則を定めた日又は労働協約を交わした日）を記入してください。

3　③欄には、①欄の日の翌日から３年を経過した日を記入してください。（例：①欄　平成13年11月1日→③欄　平成16年10月31日）

4　④欄には、申請事業主における長期教育訓練休暇制度導入奨励金申請休暇取得者を最初の受給資格認定から通算して通し番号を付してください（第１回目の支給申請で、2名が受給している場合、第２回目の支給申請の１人目は「③」（3人目の意味）となります。）。なお、この給付金の対象となるのは３年間の期間内に限り１事業主20名が限度となっています。

5　⑦欄には、長期教育訓練休暇を与えた期間（連続１ヵ月以上のものに限る。）を記入してください。なお、休暇日数の積算には、就業規則等で定めている休日を除いて算定してください。（例：休暇期間　平成13年11月１日～平成13年12月７日、休暇日数　25日）

6　⑧欄には受講した教育訓練の名称、実施機関名を記入してください。なお、複数の教育訓練を受講した場合には、別の段に記入してください。

7　⑨欄には長期教育訓練休暇期間中、実際に職業訓練を受講した期間及び日数を記入してください。なお、複数の教育訓練を受講した場合には、⑧欄に合わせて別の段に記入してください。

8　⑩欄は、職業訓練を受講日数が長期教育訓練休暇日数のうち1/2以上を占めているかを確認するものです。複数の教育訓練を受講した場合には、⑨欄の訓練日数を通算して計算してください。この確認で1/2以上であれば「1/2以上」を○で囲み、そうでなければ「1/2未満」を○で囲んでください。1/2未満の場合には、休暇取得者として奨励金の助成対象とはなりません。

9　⑪欄には、労働協約又は就業規則等に基づく長期教育訓練休暇制度を有し、かつ、当該休暇期間中の賃金の額について特別の定めを有している事業主であって、「有」を記入した場合は、（　%）内に労働協約又は就業規則等に定められた通常賃金に対する割合を記入してください。なお、労働協約又は就業規則等に定められている割合が、例えば「85%以上」と定められている場合には、「85%」と記入してください。

10　⑫欄には、「当該休暇を取得した」ことを確認するための押印を、休暇取得者からいただいてください。

11　⑭欄は、⑩欄において「1/2以上」とした対象となる被保険者数を記入してください。

12　⑮欄は、新たに長期教育訓練休暇制度を導入し、最初の休暇取得者が生じた場合に係る支給申請の場合に限り30万円を記入してください。

13　⑯欄は、⑭欄の人数×５万円で算定してください。

14　この様式以外に、以下の書類（写）を添付してください。

(1)　教育訓練の案内…教育機関発行のもので、講習目的、受講料、日時、場所、訓練内容などが確認できるもの
(2)　長期教育訓練休暇制度を導入したことを明らかにする労働協約又は就業規則
(3)　長期教育訓練休暇規程（(2)と同じであれば省略可）
(4)　受講した労働者についての教育訓練の修了証（教育訓練機関発行のもの。※印欄により証明している場合にも添付してください。）
(5)　長期教育訓練休暇制度を取得させたことを明らかにする書類（休暇取得許可証等。(6)と同一であれば省略可）
(6)　出勤簿又はタイムカード（長期教育訓練休暇期間を含むもの）

様式第７号－７

職業能力評価推進給付金支給申請額内訳

（　枚中の　枚目）

① 受検者の氏名、生年月日、年齢及び雇用保険被保険者番号	氏名（ふりがな）	生年月日（年齢） 年　月　日生（　歳）	雇用保険被保険者番号 －　－	合計額
② 年間計画番号				
③ 職業能力評価の名称				
④ 職業能力評価の実施機関等の名称及び所在地	電話番号	電話番号	電話番号	
⑤ 職業能力評価日（又は期間）	平成　年　月　日 （～平成　年　月　日）	平成　年　月　日 （～平成　年　月　日）	平成　年　月　日 （～平成　年　月　日）	
⑥ 評価実施時間帯	時　分～　時　分	時　分～　時　分	時　分～　時　分	
⑦ 評価に要した日数	日	日	日	
⑧ 支払った受検料等の額（事業主が全額負担し、事前に直接支払ったものに限る）	円	円	円	
⑨ 受検料等の助成額（⑧×助成率）〔助成率：３/４〕	円	円	円	⑰　円
評価期間中の被保険者の賃金　⑩ 通常の賃金の支払いながら受検のために全１日業務に就かなかった日数	日	日	日	
⑪ 対象賃金日額（様式第７号－４により算定した額）	円	円	円	
⑫ 助成の対象となる賃金（⑩×⑪）	円	円	円	
⑬ 賃金の助成額（⑫×助成率）〔助成率：３/４〕	円	円	円	⑱　円
⑭ 当該評価に実際に出席したこと・当該評価日（又は期間）も通常賃金の額以上の賃金を受領した確認欄	出席 ・ 賃金	出席 ・ 賃金	出席 ・ 賃金	
⑮ 年間計画に基づき実施した当該職業能力評価に関する教育訓練内容				
⑯ 他の給付金等受給の有無	有・無 有の場合　給付金等の名称	有・無 有の場合　給付金等の名称	有・無 有の場合　給付金等の名称	

様式第７号－７〔職業能力評価推進給付金支給申請額内訳〕（裏面）

記入上の注意

1　②欄は、年間職業能力開発計画の年間計画番号と一致する職業能力評価であるかについての照合等を行いますので、年間職業能力開発計画と対応した年間計画番号を記入してください。

2　③欄の「職業能力評価の名称」には、受給資格認定を受けた年間職業能力開発計画に記載した職業能力評価の名称を記入してください。

3　④欄には職業能力評価を実施している機関主体の名称及びその所在地並びに電話番号を記入してください（試験等の実施場所を記入するのではありません）。

4　⑤欄には職業能力評価を実施した日（又は期間）を記入してください。

5　⑥欄の評価実施時間帯は、分単位まで記入してください（例：９時00分～16時30分）。

6　⑦欄には、評価に要した日数を記入してください。なお、賃金助成の対象となるのは、職業能力評価のために全１日にわたり業務に就かなかった日数に限るため、賃金助成の対象となる日（⑩の欄）と⑦欄が一致しなくても差し支えありません（賃金助成の対象となる日が評価に要した日数を超えないことを確認してください）。

7　⑧欄の支払った受検料等の額は、事業主が全額負担し、実施機関に事前に直接支払った額を記入してください。また、添付書類の領収書等では申請事業主が名宛人になっているもの及び支払い年月日が評価日以前の日付（評価日と同一日でも可）のものに限ります。

8　⑨欄の受検料等の助成額は、受検料等の助成額＝（⑧の欄の額）×助成率（３/４）により算定してください。

9　⑩欄は、通常の賃金の支給を受けながら受講のために全１日勤務に就かなかった日数を記入してください。なお、評価後残業した場合には、勤務に就いたとみなされますので、残業した日をこの日数に含めることはできません。

10　⑪欄の対象賃金日額については、様式第７号－４により算定した額を記入してください。

11　⑬欄の賃金の助成額を算出した際に、１日当たりの額が雇用保険の基本手当日額最高額を超えている場合は、雇用保険の基本手当日額最高額を１日当たりの助成額として、⑩欄の日数×雇用保険の基本手当日額最高額として算定してください。

12　⑭欄には、受検した対象被保険者に「当該評価に実際に出席したこと」と「当該評価日（又は期間）も通常賃金の額以上の賃金を受領した」ことを確認するための押印してもらってください。なお、賃金の助成を受けない場合は、「賃金」の文字を線で消してください。

「通常賃金の日額」とは、当該労働者の時間外、休日及び深夜の割増賃金の算定の基礎となる時間当たり賃金の額に当該労働者の１日平均所定労働時間数を乗じて得た額をいい、通常賃金の日額の算定は、職業訓練、職業能力開発休暇又は職業能力評価の期間の初日において行います。

なお、当該事業所において時間外、休日及び深夜の割増賃金の算定の基礎となる時間当たりの賃金の額が明確に定められていない場合は、労働基準法第37条の規定に基づき、家族手当、通勤手当、別居手当、住宅手当、子女教育手当、臨時に支払われた賃金及び１箇月を越える期間ごとに支払われる賃金を除いて次により算定した額に１日平均所定労働時間数を乗じて得た額を、通常賃金の日額とします。

イ　時間によって定められた賃金
　その額

ロ　日によって定められた賃金
　その金額を１日の所定労働時間数（日によって所定労働時間数が異なる場合には、１週間における１日平均所定労働時間数）で除した金額

ハ　週によって定められた賃金
　その金額を週の所定労働時間数（週によって所定労働時間数が異なる場合には、４週間における１週平均所定労働時間数）で除した金額

ニ　月によって定められた賃金（休日手当その他イからハまで及びホからトまでに掲げる賃金以外の賃金を含む。）
　その金額を月の所定労働時間数（月によって所定労働時間数が異なる場合には、１年間における１月平均所定労働時間数）で除した金額

ホ　月、週以外の期間によって定められた賃金
　イからニまでに準じて算定した賃金

ヘ　出来高払制その他の請負制によって定められた賃金
　賃金算定期間（賃金締切日がある場合には、賃金締切期間）において出来高払制その他の請負制によって計算された賃金の総額を当該賃金算定期間における総労働時間数で除して得た額

ト　イからヘまでの賃金の２以上からなる賃金
　その部分についてイからヘまでによってそれぞれ算定した金額の合計額

13　⑨欄及び⑬欄は、１円未満の端数を切り捨ててください。

14　当給付金を受給するには年間職業能力開発計画に基づき職業能力評価を受ける対象被保険者に対して教育訓練（当該職業能力評価の対象となる技能又はこれに関する知識を習得するためのものに限る。）を受けさせていることが必要です。⑮欄には、年間職業能力開発計画に基づき実施した当該職業能力評価に関する教育訓練内容について、いつ、どのような方法で、どのような内容の教育訓練を実施したかをできるだけ具体的に記入してください。

15　職業能力開発休暇給付金の職業能力評価にかかる部分と職業能力評価推進給付金と合わせて１人年間10万円を超える場合は10万円が限度額となります。

16　⑯欄について、他の給付金受給の有無のいずれかを○で囲み、有の場合は受給する給付金の具体的な名称を記入してください。

様式第７号－８

キャリア・コンサルティング推進給付金支給申請額内訳

①年間計画番号	

（　枚中の　枚目）

② キャリア・コンサルティングを委託した専門機関等名及び所在地	郵便番号 電話番号

③ キャリア・コンサルティング受講者名簿

④キャリア・コンサルティングを受けた者全員の氏名	⑤裏面の表の１に該当しない場合○を付ける	⑥裏面の表の２に該当しない場合○を付ける	⑦裏面の表の３に該当しない場合○を付ける	⑧裏面の表の４に該当しない場合○を付ける	④キャリア・コンサルティングを受けた者全員の氏名	⑤裏面の表の１に該当しない場合○を付ける	⑥裏面の表の２に該当しない場合○を付ける	⑦裏面の表の３に該当しない場合○を付ける	⑧裏面の表の４に該当しない場合○を付ける

⑨ ③に記載された人数（様式が複数枚にわたる場合は最終枚に記入）	人	⑩③のうち⑤～⑧に一箇所も○が付いていない者の数	人

⑪ 受給資格認定期間	平成　年　月　日～平成　年　月　日
⑫ 委託契約期間	平成　年　月　日～平成　年　月　日
⑬ 委託契約期間が受給資格認定期間を越えている場合、⑪の期間中に占める委託契約日数	日

⑭ ②欄の専門機関等に支払った費用の額	円	⑮委託費用の助成額 （⑭×（⑩／⑨）×（⑬/365）×助成率） ［助成率：１／２］ 助成額の合計が250,000円を超える場合は、250,000円が限度です。	円

⑯ 他の給付金等受給の有無	有・無 有の場合　給付金等の名称

様式第７号－８〔キャリア・コンサルティング推進給付金支給申請額内訳〕（裏面）

記入上の注意

1　①欄は、年間職業能力開発計画の年間計画番号と一致する職業能力評価であるかについての照合等を行いますので、年間職業能力開発計画と対応した年間計画番号を記入してください。
2　④欄には、②欄のキャリア・コンサルティング委託機関等でキャリア・コンサルティングを受けた全員の氏名を記載してください。
3　⑤～⑧欄は、下表に該当しない事項がある場合、それぞれ○を付けてください。

1　雇用する雇用保険被保険者である者 2　次のすべての内容が盛り込まれているカリキュラムを受けていること。 イ　過去における職務（経験）の棚卸に関する事項 ロ　現在における職業の興味・価値観・能力の明確化に関する事項 ハ　労働者個人、企業、経済社会等を取り巻く環境の明確化に関する事項 ニ　今後のキャリアプランの作成に関する事項 3　キャリア・コンサルティングを受けた時間数が次のいずれかを満たしていること。 イ　集団によるキャリア・コンサルティングの場合は、実施期間２日以上、かつ、実施時間12時間以上であること。 ロ　個別によるキャリア・コンサルティングの場合は、実施時間計６時間以上であること。 ハ　集団及び個別を混合したカリキュラムの場合は、実施期間２日以上、かつ、実施時間12時間以上であること。 4　カリキュラム実施時間に占める上記２の一連の過程に係る時間数の割合が３分の２以上であること。

4　⑨欄には、③欄に記載した人数を記入してください。
5　⑩欄には、⑤～⑧欄に一箇所も○が付いていない者の数を記入してください。
6　⑪欄の「受給資格認定期間」には、受給資格認定時に通知した「キャリア形成促進助成金受給資格認定通知書（様式第４号）」の「３受給資格認定期間」を転記してください。
7　⑫欄には、②欄のキャリア・コンサルティング専門機関等と締結した委託契約期間を記入してください。
8　⑬欄は、事業外の専門機関等とのキャリア・コンサルティングを、委託契約期間が⑪欄の受給資格認定期間を越えているときのみ記入してください（委託契約期間が受給資格認定期間に収まっている場合には記入する必要がありません。）。
9　⑮欄の委託費用の助成額は、委託費用の助成額は＝（⑭×（⑩/⑨）×（⑬/365））×助成率（１/２）により算定してください。なお、⑬欄に記入のない場合は、委託費用の助成額＝（⑭×（⑩/⑨））×助成率（１/２）となります。
10　⑮欄は、１円未満の端数を切り捨ててください。
11　⑯欄について、他の給付金受給の有無のいずれかを○で囲み、有の場合は受給する給付金の具体的な名称を記入してください。

様式第８号

キャリア形成促進助成金実施状況報告書（支給申請対象期間：平成13年11月１日～平成14年３月31日）

区　分	訓練コース数又は評価等の件数	実施人員（各コース等毎の人数）	訓練等委託先件数	備　考
訓練給付金〔事業内実施〕	① 2　コース	⑩ 15　人	2　件	
訓練給付金〔事業外実施〕	② 2　コース	⑪ 3　人	2　件	
訓練給付金〔認定訓練施設委託〕	③ コース	⑫ 人	件	
職業能力開発休暇給付金〔教育訓練〕	④ コース	⑬ 人	件	
職業能力開発休暇給付金〔職業能力評価〕	⑤ 件（受検資格数）	⑭ 人		
職業能力開発休暇給付金〔キャリア・コンサルティング〕	⑥ 件	⑮ 人	件	
長期教育訓練休暇制度導入奨励金	⑦ 件	⑯ 人	件	
職業能力評価推進給付金	⑧ 件（受検資格数）	⑰ 人		
キャリア・コンサルティング推進給付金	⑨ 件	⑱ 人	件	
合　計		⑲ 18　人（⑳ うち⑩＋⑪＋⑫＋⑬ 18　人）		

㈡　中小企業人材育成プロジェクト

技術革新、情報化の急速な進展、消費者ニーズの高度化・多様化による国内市場の変化、円高を契機とする輸出環境の変化、新興工業国の技術力向上を背景としての追い上げ等、企業をめぐる環境は今日大きく変化しつつある。

このような中で、中小企業が今後とも活力を維持し、発展していくためには、中長期的な視点に立ち、事業内容の高度化、高付加価値化を図ることが不可欠であるが、経営基盤において大企業に比べ相対的に不利な状態にある中小企業にとっては、このような対応には数多くの隘路がみられる。中でも最大の問題は、高度化、高付加価値化に対応した人材の不足であり、その不足は今後益々増大するものと見込まれている。

このため、中小企業における高度化、高付加価値化に向けての人材育成の強化を図ることが、我が国経済全体が活力を維持しつつ、発展していくための最重要課題の一つであると考えられる。

また、中小企業における人材の育成は、中小企業事業主が集団で取り組むことが効果的であるが、高度な人材の育成事業を実施するためには、周到な準備や高額機器等の導入等に多大な経費が必要となり、中小企業団体には大きな負担となる。

このため、中小企業が高度化、高付加価値化に向けての人材育成のための事業を行う場合に、特別な助成を図ることを内容とした中小企業人材育成プロジェクトを創設したところである。

1　用語の定義

(1)　中小企業事業主

その資本の額若しくは出資の総額が三億円（小売業・飲食店又はサービス業を主たる事業とする事業主

については五、〇〇〇万円、卸売業を主たる事業とする事業主については一億円）を超えない事業主又はその常時雇用する労働者の数が三〇〇人（小売業・飲食店を主たる事業とする事業主については五〇人、卸売業又はサービス業を主たる事業とする事業主については一〇〇人）を超えない事業主をいう。

(2)　中小企業団体

次のいずれかに該当する団体をいう。

① 中小企業等協同組合法（昭和二十四年法律第百八十一号）第三条第一号の事業協同組合

② 中小企業団体の組織に関する法律（昭和三十二年法律第百八十五号）第三条第一項第八号の商工組合

③ 商工会議所法（昭和二十八年法律第百四十三号）に基づく商工会議所であって、その会員に占める中小企業事業主の割合が三分の二以上であるもの

④ 商工会の組織等に関する法律（昭和三十五年法律第八十九号）に基づく商工会であって、その会員に占める中小企業事業主の割合が三分の二以上であるもの

⑤ 社団である職業訓練法人であって、当該団体を直接構成する事業主又は当該団体を構成する各種団体を直接構成する事業主（以下「構成事業主」という。）に占める中小企業事業主の割合が三分の二以上であるもの

⑥ 民法第三十四条に基づく社団法人であって、構成事業主に占める中小企業事業主の割合が三分の二以上であるもの又はその支部

⑦ 事業協同組合、商工会議所、商工会等（以下「事業協同組合等」という。）の連合団体等であって、当該団体を構成する各事業協同組合等の構成事業主の総数に占める中小企業事業主の割合が三分の二以上であるもの

⑧　別に定めるところにより①より⑦までに掲げる団体に準ずると認められる団体

(3)　中小企業人材育成事業

次の事業であって、中小企業団体がその構成事業主（雇用保険の適用事業の事業主に限る。）の雇用する労働者（雇用保険の被保険者に限る。以下同じ。）に係る事業の高度化に対応した認定職業訓練の実施の準備のために行うものをいう。

イ　構成事業主の雇用する労働者に係る職業能力開発の課題、認定職業訓練のプログラム及びイからハまでに掲げる事業の内容を定めた方針（以下「人材育成実施方針」という。）を策定し、及びその方針に基づく中小企業人材育成事業についてのフォローアップを行うこと。

ロ　構成事業主が人材育成実施方針に従って単独又は共同で実施する認定職業訓練に係る計画（以下「人材育成実施計画」という。）の作成を行うこと。

ハ　構成事業主等が人材育成実施計画に従って単独又は共同で実施する認定職業訓練について、職業訓練担当者の研修の実施、認定職業訓練に係る計画の作成指導等の準備事業を行うこと。

(4)　建設技能労働者

建設事業（土木、建築、その他工作物の建設、改造、保存、修理、変更、破壊、若しくは解体又はその準備事業）に従事する労働者であって、技能的職業に従事するものをいう。

(5)　建設技能者育成事業

次の事業であって、中小企業団体がその構成事業主（雇用保険の適用事業の事業主に限る。）の雇用する建設技能労働者（雇用保険の被保険者に限る。以下同じ。）に係る認定職業訓練の実施の準備のために行うものをいう。

イ　構成事業主の雇用する建設技能労働者に係る認定職業訓練のプログラム及びイからハまでに掲げる事業の内容を定めた方針（以下「建設技能者育成実施方針」という。）を策定し、及びその方針に基づく建設技能者育成事業についてのフォローアップを行うこと。

ロ　構成事業主が建設技能者育成実施方針に従って実施する認定職業訓練に係る計画（以下「建設技能者育成実施計画」という。）の作成を行うこと。

ハ　構成事業主等が建設技能者育成実施計画に従って実施する認定職業訓練について、職業訓練担当者の研修の実施等の準備事業を行うこと。

2　中小企業人材育成事業助成金の対象となる中小企業団体の指定

中小企業人材育成事業助成金の対象となる団体は、次のいずれかに該当する中小企業団体と認められるものとする。

(1)　雇用保険法施行規則（以下「雇保則」という。）第百二十二条第一項第一号に該当する中小企業団体

①　経営環境の変化に対応して事業の高度化を図るため、認定職業訓練を実施することが必要と認められる団体であること。

②　原則として二年間、中小企業人材育成事業を行い、当該事業終了後人材育成実施計画に基づき認定職業訓練を実施する見込みがあること。

③　当該都道府県の区域内に当該事業主団体の主たる事務所を有していること。

④　事務処理体制等からみて、当該事業主団体又はその連合団体による中小企業人材育成事業の適正な実施が可能であると認められること。

⑤　構成事業主及び従業員の数、当該団体の財政基盤等からみて事業の高度化を図るために必要な認定職

業訓練を担当期間継続して実施できる見込みがあること。

(2)　雇保則第百二十二条第一項第二号に該当する中小企業団体

①　建設技能労働者に係る認定職業訓練を実施することを予定している団体であること。

②　原則として一年間、建設技能者育成事業を行い、当該事業終了後、認定職業訓練を実施する見込みがあること。

③　当該都道府県の区域内に当該事業主団体の主たる事務所を有していること。

④　事務処理体制等からみて、当該事業主団体又はその連合団体による建設技能者育成事業の適正な実施が可能であると認められること。

⑤　構成事業主及び従業員の数、当該団体の財政基盤等からみて建設技能労働者の育成のために必要な認定職業訓練を相当期間継続して実施できる見込みがあること。

3　中小企業人材育成事業助成金

(1)　支給要件

①　雇保則第百二十二条第一項第一号に該当する中小企業団体に対する助成金（以下、「一号助成金」という。）の支給要件

中小企業人材育成事業助成金（以下「助成金」という。）は、第2の(1)の中小企業団体として認められるものであって、次のすべての要件を満たす中小企業団体に対して支給する。

イ　人材育成実施方針の策定及び中小企業人材育成事業の実施状況、成果等の検討・評価を行わせるため、構成事業主の選任した職業能力開発推進者等によって構成される委員会及び中小企業人材育成事業の実施に係る事務を専ら担当した者を、構成事業主が共同で選任する専任人材育成事業担当者の設

置が適切に行われていること。

ロ　中小企業人材育成実施方針及び各年度における中小企業人材育成事業の実施に係る計画が適切に作成されていること。

ハ　ロの計画に従って中小企業人材育成事業を適正に実施したこと。

ニ　中小企業人材育成事業の実施に要した経費の額を明らかにした書類を整備していること。

② 雇保則第百二十二条第一項第二号に該当するものに対する助成金（以下、「二号助成金」という。）の支給要件

助成金は、第2の⑵の中小企業団体として認められるものであって、次のすべての要件を満たす中小企業団体に対して支給する。

イ　建設技能者育成実施方針の策定及び建設技能者育成事業の実施状況、成果等の検討・評価を行わせるため、構成事業主の選任した職業能力開発推進者等によって構成される委員会及び建設技能者育成事業の実施に係る事務を担当する者を、構成事業主が共同で選任した建設技能者育成事業担当者の設置が適切に行われていること。

ロ　建設技能者育成実施方針及び当該年度における建設技能者育成事業の実施に係る計画が適切に作成されていること。

ハ　ロの計画に従って建設技能者育成事業を適正に実施したこと。

ニ　建設技能者育成事業の実施に要した経費の額を明らかにした書類を整備していること。

⑵　支給額

① 一号助成金の支給額

助成金の額は、4の(1)の③の指定を受けた日（前年度に引き続き当該年度に4の(1)の③の指定を受けた場合は四月一日）以降に実施された各年度の中小企業人材育成事業に係る経費のうち、次の③に掲げる助成対象経費に該当する経費の額の合計額（その額が一、〇〇〇万円を超える場合は、一、〇〇〇万円。）とする。ただし、この場合において、人件費は当該経費の額の合計額の二分の一に相当する額（その額が四〇〇万円を超える場合は、四〇〇万円。）を超えてはならないものとする。

② 二号助成金の支給額

助成金の額は、5の(1)の③の指定を受けた日以降に実施された当該年度の建設技能者育成事業に係る経費のうち、次の③に掲げる助成対象経費に該当する経費の額の合計額の三分の二に相当する額（その額が一、〇〇〇万円を超える場合は、一、〇〇〇万円。）とする。ただし、この場合において、人件費は当該経費の額の合計額の二分の一に相当する額（人件費に係る助成金の額が四〇〇万円を超える場合は、四〇〇万円。）を超えてはならないものとする。

③ 助成対象経費

イ　講師謝金
ロ　旅費（交通費及び宿泊費）
ハ　印刷製本費
ニ　会議費
ホ　図書購入費
ヘ　通信運搬費
ト　受講料

チ　教材購入費
リ　委託費
ヌ　会場借上料
ル　機械器具等借上料
ヲ　人件費
ワ　その他特に助成することが必要な経費

④　一の中小企業団体に対する一号助成金の支給の対象となる中小企業人材育成事業は、継続する二事業年度に係るものとし、一の中小企業団体に対する二号助成金の支給の対象となる若年建設技能労働者育成援助事業は、一事業年度に係るものとする。

(3)　他の助成金等との調整

(2)にかかわらず、助成金の支給を受けることのできる中小企業団体が同一の事由により次の助成金等の支給を受ける場合には、助成金は支給しない。

①　建設労働者の雇用の改善等に関する法律（昭和五十一年法律第三十三号）第九条第一項各号の規定による助成
②　雇用保険法施行規則第百二十二条の二に規定する広域団体認定訓練助成金
③　雇用保険法施行規則第百二十二条の三に規定する地域職業訓練推進事業助成金
④　雇用保険法施行規則第百二十三条に規定する認定訓練助成事業費補助金の支給を受けて都道府県が行う認定職業訓練に対する助成
⑤　雇用保険法施行規則第百二十五条の三に規定する人材高度化事業助成金

⑥　雇用保険法施行規則第百四十条第四号の補助を受けて都道府県が行う同号ロ又はハの助成

4　一号助成金の支給に係る手続

(1)　中小企業団体の選定

①　助成金の支給の対象となる団体となることを希望する中小企業団体は、中小企業人材育成事業助成金の対象団体調査票（様式第一号。以下「調査票」という。）を都道府県知事に提出するものとする。

②　都道府県知事は、提出された調査票の内容を審査し、2に掲げる要件を満たしている団体を選定した上、当該団体を助成金の対象となる団体として認めるものとする。

③　都道府県知事は、希望のあった中小企業団体のうち、②において認めることとした団体（以下「対象団体」という。）に対して様式第二号により、対象団体以外の団体に対しては様式第三号により、それぞれ通知するものとする。

④　都道府県知事は、③の通知を行ったときは、様式第四号のとおり台帳を作成するものとする。

(2)　人材育成実施計画の提出等

①　人材育成実施計画の提出

イ　指定団体は、中小企業人材育成事業の第二事業年度の一月末日までに都道府県知事に雇保則第百二十二条第一項第一号に規定する計画（様式第十三号。以下「人材育成実施計画」という。）を提出するものとする。

ロ　人材育成実施計画には、次の書類を添付するものとする。

なお、このうち職業訓練認定申請書は、中小企業人材育成事業に基づき対象団体又はその構成事業主等による新たな認定職業訓練の実施を予定している場合に添付するものとする。

① 職業能力開発実施計画書（様式第十三号別紙）
② 職業訓練認定申請書（職業能力開発促進法施行規則第三十条関係様式第四号。以下同じ。）
③ その他必要とする書類

② 人材育成実施計画の審査

イ 都道府県知事は、申請のあった人材育成実施計画が人材育成実施方針に基づいた事業内容の高度化に対応した適切なものであるか審査するものとする。

ロ 都道府県知事は、人材育成実施計画が人材育成実施方針に基づいた事業内容の高度化に対応した適切なものであると認めた場合は、当該計画を提出した団体に対して、様式第十四号により速やかにその旨を通知するものとする。

ハ 都道府県知事は、ロの通知を行ったときは、様式第四号の台帳に所要事項を記載するものとする。

(3) 助成金の受給資格認定

① 受給資格認定の申請

イ 対象団体は、八月末日（受給資格認定申請が第二年度目の場合は四月末日）までに都道府県知事に「中小企業人材育成助成金受給資格認定申請書」（様式第五号。以下「認定申請書」という。）を提出するものとする。

ロ 認定申請書には次の書類を添付するものとする。

① 人材育成実施方針（様式第五号別紙1）（申請が二年度目の場合は不要）
② 申請にかかる年度の「中小企業人材育成事業実施計画書」（様式第五号別紙2）
③ その他受給資格認定に当たり必要とする書類

②　受給資格認定の審査

イ　都道府県知事は、申請のあった対象団体について人材育成推進委員会及び専任人材育成事業担当者（以下「人材育成推進委員会等」という。）の設置並びに人材育成実施方針及び中小企業人材育成事業実施計画（以下「人材育成実施方針等」という。）が適切なものであるか審査するものとする。

③　受給資格の認定

イ　都道府県知事は、申請のあった対象団体について人材育成推進委員会等の設置及び人材育成実施方針等が適正なものであると認めた場合は、当該事業主団体等に対して「中小企業人材育成事業助成金受給資格認定通知書」（様式第六号）により通知するものとする。

ロ　都道府県知事は、申請のあった対象団体の人材育成推進委員会等の設置及び人材育成実施方針等が適正でないと認めた場合は、「中小企業人材育成事業助成金受給資格不認定通知書」（様式第七号）により当該対象団体に通知するものとする。

ハ　受給資格の認定を受けた対象団体は、中小企業人材育成事業の実施に要した費用の支出の状況を明らかにするため、当該対象団体の一般の事業経費の会計とは区別して特別の会計整理を行うとともに、中小企業人材育成事業に要した費用の支出に関する証拠書類を助成金の支給を受けた日の属する年度から起算して五年間整理保管するものとする。

④　変更の申請及び認定

イ　受給資格の認定を受けた対象団体が、やむを得ぬ事由により、当該認定の内容を著しく変更しようとする場合は「人材育成実施方針等変更認定申請書」（様式第八号）を都道府県知事に提出するものとする。

ロ　対象団体からイの変更申請があった場合の取扱いについては、(3)の②及び③の規定を準用する。

(4)　助成金の支給

①　助成金の支給申請書の提出及び支給決定

イ　助成金の支給を受けようとする対象団体は、(1)の②の対象団体となった日（二年度目の場合は四月一日）から九月末日までの間に実施した中小企業人材育成事業については十月一日から同月末日までに、十月一日から翌年三月末日までの間に実施した中小企業人材育成事業については四月一日から同月末日までに、「中小企業人材育成事業助成金支給申請書」（様式第九号。以下「支給申請書」という。）を都道府県知事に提出するものとする。

ロ　支給申請書の提出を受けた都道府県知事は、遅滞なく、その内容を審査し、支給申請書の内容が助成金の支給要件に適合するものと認められるときは、助成金の支給を決定するものとする。

ハ　都道府県知事は、必要があると認めるときは、3の(1)の①のニに掲げる書類その他申請書の記載事項を確認するために必要な書類の提出を求め、又は中小企業人材育成事業の実施状況を実地に調査するものとする。

②　助成金の支給決定の通知及び送金

イ　都道府県知事は、助成金の支給を決定したときは、遅滞なく、「中小企業人材育成事業助成金支給決定通知書」（様式第十号）により支給申請のあった対象団体に通知するとともに、支給申請書の「助成金の支給方法」欄に記載された方法のうち対象団体の希望する方法で送金するものとする。

ロ　都道府県知事は、助成金の不支給を決定したときは、遅滞なく、中小企業人材育成事業助成金不支給決定通知書（様式第十一号）により支給申請のあった対象団体に通知するものとする。

③　助成金の返還
　都道府県知事は、助成金の支給を受けた対象団体が、偽りその他不正の行為によって助成金の支給を受けたことが明らかになった場合には、「中小企業人材育成事業助成金支給決定取消通知書」（様式第十二号）により、当該対象団体に対して支給した助成金の全部又は一部の支給決定を取り消す旨の通知を行うとともに、既に支給した助成金の全部又は一部を返還させるものとする。

④　書類の保管
　都道府県知事は、助成金の支給の決定又はその取り消しを行ったときは、様式第四号の台帳に所要事項を記入するとともに、処理済の指定申請書、支給申請書その他関係書類を一括して指定順にとじ、保管するものとする。

5　二号助成金の支給に係る手続

(1)　中小企業団体の選定

①　助成金の支給の対象となる団体となることを希望する中小企業団体は、中小企業人材育成事業助成金（建設）の対象団体調査票（様式第十五号。以下「調査票」という。）を都道府県知事に提出するものとする。

②　都道府県知事は、提出された調査票の内容を審査し、2に掲げる要件を満たしている団体を選定した上、当該団体を助成金の対象となる団体として認めるものとする。

③　都道府県知事は、希望のあった中小企業団体のうち、②において認めることとした団体（以下「対象団体」という。）に対しては様式第十六号により、対象団体以外の団体に対しては様式第十七号により、それぞれ通知するものとする。

④　都道府県知事は、③の通知を行ったときは、様式第十八号のとおり台帳を作成するものとする。

(2)　助成金の受給資格認定

①　受給資格認定の申請

イ　対象団体は、八月末日までに都道府県知事に「中小企業人材育成事業助成金（建設）受給資格認定申請書」（様式第十九号。以下「認定申請書」という。）を提出するものとする。

ロ　認定申請書には次の書類を添付するものとする。

①　建設技能者育成実施方針（様式第十九号別紙1）

②　建設技能者育成事業実施計画書（様式第十九号別紙2）

③　その他受給資格認定に当たり必要とする書類

②　受給資格認定の審査

イ　都道府県知事は、申請のあった対象団体について建設技能者育成推進委員会及び建設技能者育成事業担当者（以下「建設技能者育成推進委員会等」という。）の設置並びに建設技能者育成実施方針及び建設技能者育成事業実施計画（以下「建設技能者育成実施方針等」という。）が適切なものであるか審査するものとする。

③　受給資格の認定

イ　都道府県知事は、申請のあった対象団体について建設技能者育成推進委員会等の設置及び建設技能者育成実施方針等が適正なものであると認めた場合は、当該事業主団体等に対して「中小企業人材育成事業助成金（建設）受給資格認定通知書」（様式第二十号）により通知するものとする。

ロ　都道府県知事は、申請のあった対象団体の建設技能者育成推進委員会等の設置及び建設技能者育成実施方針等が適正でないと認めた場合は、「中小企業人材育成事業助成金（建設）受給資格不認定通知書」（様式第二十一号）により当該対象団体に通知するものとする。

ハ　受給資格の認定を受けた対象団体は、建設技能者育成事業の実施に要した費用の支出の状況を明らかにするため、当該対象団体の一般の事業経費の会計とは区別して特別の会計整理を行うとともに、建設技能者育成事業に要した費用の支出に関する証拠書類を助成金の支給を受けた日の属する年度から起算して五年間整理保管するものとする。

④　変更の申請及び認定

イ　受給資格の認定を受けた対象団体が、やむを得ぬ事由により、当該認定の内容を著しく変更しようとする場合は「建設技能者育成実施方針等変更認定申請書」（様式第二十二号）を都道府県知事に提出するものとする。

ロ　対象団体からイの変更申請があった場合の取扱いについては、(3)の②及び③の規定を準用する。

(3)　助成金の支給

①　助成金の支給申請書の提出及び支給決定

イ　助成金の支給を受けようとする対象団体は、(1)の②の対象団体となった日から九月末日までの間に実施した建設技能者育成事業については十月一日から同月末日までに、十月一日から翌年三月末日までの間に実施した建設技能者育成事業については四月一日から同月末日までに、「中小企業人材育成事業助成金（建設）支給申請書」（様式第二十三号。以下「支給申請書」という。）を都道府県知事に提出するものとする。

ロ　支給申請書の提出を受けた都道府県知事は、遅滞なく、その内容を審査し、支給申請書の内容が助成金の支給要件に適合するものと認められるときは、助成金の支給を決定するものとする。

ハ　都道府県知事は、必要があると認めるときは、3の⑴の①のニに掲げる書類その他申請書の記載事項を確認するために必要な書類の提出を求め、又は事業の実施状況を実地に調査するものとする。

② 助成金の支給決定の通知及び送金

イ　都道府県知事は、助成金の支給を決定したときは、遅滞なく、「中小企業人材育成事業助成金（建設）支給決定通知書（様式第二十四号）により支給申請のあった対象団体に通知するとともに、支給申請書の「助成金の支給方法」欄に記載された方法のうち対象団体の希望する方法で送金するものとする。

ロ　都道府県知事は、助成金の不支給を決定したときは、遅滞なく、「中小企業人材育成事業助成金（建設）不支給決定通知書」（様式第二十五号）により支給申請のあった対象団体に通知するものとする。

様式第１号

中小企業人材育成事業助成金の対象団体調査票

中小企業人材育成事業助成金の対象となる団体として指定を受けたいので、申請します。

平成５年４月５日

団体の名称　千代田地域事業協同組合　印

所在地　東京都千代田区霞が関

（電話番号　03（211）0123　）

代表者の役職名及び氏名　理事長　千代田二郎　印

知事殿

① 団体の種類		事業協同組合
② 設立年月日		昭和40年１月10日
③ 構成事業所の数		120 （うち中小企業事業主の数　120　） （うち当該都道府県内に事業所を有するものの数　120　）
④ 構成事業主に雇用される労働者数		2,680人
⑤ 構成事業主の主な業種		一般機械器具、電気機械器具製造業
⑥ 団体の事務局職員の数		5　（うち常勤の者　3　人）
⑦ 申請事務の担当者		職名　事務局長　氏名　松戸花子
⑧ 中小企業人材育成プロジェクト実施の必要性	(1) 経営環境の見通し	円高を契機とした急激な産業構造の転換、技術革新の進展やニーズの多様化・高度化が進むなか、企業間における技術力の格差が顕在化していく。
	(2) 今後の事業展開の方向（高度化、高付加価値化）	高度な生産技術の導入、精度・品質を高めた多品種少量生産システムの確立
	(3) 職業能力開発の課題	技術革新（新技術、新素材等）に対応した知識・技術の習得、及び複合技術に対応する労働者の育成
⑨ 職業能力開発実施のために必要な準備事業		①人材育成方針の策定（人材育成推進委員会の設置） ②訓練実施計画の作成（認定職業訓練実施計画の作成） ③訓練実施のための準備（訓練用教材の開発・指導員の研修）
⑩ 職業能力開発プログラム		・認定職業訓練の実施（高度職業訓練・専門課程メカトロニクス科） ・各種普通職業訓練の実施
⑪ その他		

※処理欄	受理年月日	平成　年　月　日	受理番号	第　号
	審査結果	指定　不指定		
	指定年月日	平成　年　月　日	指定番号	第　号

※印欄には、記入しないで下さい。

（裏面）

1　記入上の注意

⑴　①欄は、事業協同組合若しくは連合団体、商工組合、商工会議所若しくはその連合団体、商工会若しくはその連合団体、職業訓練法人、社団法人又はその他の連合団体等の別を記入して下さい。

⑵　②欄の「中小企業事業主」とは、その資本の額若しくは出資の総額が３億円（小売業・飲食店又はサービス業を主たる事業とする事業主については5,000万円、卸売業を主たる事業とする事業主については１億円）を超えない事業主又はその常時雇用する労働者の数が300人（小売業・飲食店を主たる事業とする事業主については50人、卸売業又はサービス業を主たる事業とする事業主については100人）を超えない事業主をいいます。

⑶　⑤欄には、主要な業種を記入して下さい。

⑷　⑧欄の記入に当たっては、例えば「ＮＩＥＳとの競合、消費者ニーズの高度化等に対応するためデザイン画を中心として製品の高付加価値化を図る必要があり、このため、デザイン開発力の強化を図ることが能力開発上の課題となっている。」など今後における事業展開の方向としての高度化、高付加価値化の内容及びそれを具体化するための能力開発上の課題ができるだけ具体的かつ明確となるよう記入して下さい。

なお、この場合、「高度化、高付加価値化」とは、コストダウン、新製品の開発、製品の高級品化のための体制確立、多品種少量生産体制の確立、情報化の推進、サービスの高度化等をいいます。

⑸　⑩欄には、職業能力開発の方法（①団体自らが行う、②他の教育訓練期間に派遣、③企業内の訓練として行う）、訓練内容等について記入して下さい。

⑹　⑪欄には、当該団体が既に認定職業訓練を実施している、又は地域職業訓練センターの運営を行っていればその内容について記入して下さい。

2　提出上の注意

この申請書は、次の書類を各１部添付して、４月10日までに都道府県職業能力開発主管課に２部提出して下さい。

⑴　団体の許認可書の写し及び定款（又は寄付行為、その他これに準じるもの）

⑵　指定を受けようとする年度の事業計画書

⑶　団体の構成員名簿（各構成事業主の事業主名、資本金、常時雇用する労働者数及び所在地が明らかとなるものであること）

様式第５号

中小企業人材育成事業助成金受給資格認定申請書

中小企業人材育成事業助成金の受給資格の認定を受けたいので、申請します。

平成　　年　　月　　日

団体の名称　千代田地域事業協同組合　㊞

所在地　東京都千代田区霞が関

（電話番号　03（3211）0123）

代表者の役職名及び氏名　理事長　千代田　二郎　㊞

知事殿

① 申請区分	新規（○）・継続			
② 中小企業人材育成プロジェクト実施団体に係る指定	指定年月日	平成５年４月15日		
	指定番号	H2－1		
③ 人材育成推進委員会の設置　委員会の名称	人材育成推進委員会			
委員の氏名等	氏名	職名	氏名	職名
	長谷川　功	A板金工業　人事部長	迫田　隆	F機械　人事部長
	桐田　徹	B電機工業　労務部長		
	池尻野哲夫	C電工　総務課長		
	香村　充	D市商工部　部長		
	村路正彦	E製作所　所長		
④ 専任人材育成事業担当者	氏名	細井　正（60歳）		
	前職	E製作所　人事部長		

⑤ 所要経費見込額	区分	見込額（円）
事業費	イ　人材育成実施方針策定事業	1,235,700円
	ロ　人材育成実施計画書作成事業	2,432,000円
	ハ　人材育成準備事業	2,754,000円
	計（イ＋ロ＋ハ）	6,421,700円
	人件費	4,200,000円
	その他	358,000円
	合計	10,979,700円

※処理欄				
受理年月日	平成　年　月　日	受理番号	第　　号
審査年月日	平成　年　月　日	審査結果	認定・不認定
助成金支給認定額	千円		
〔備考〕			

※印欄には、記入しないで下さい。

（裏面）

1　記入上の注意

⑴　①欄には、初めて受給資格の認定を受ける場合は「新規」を、２回目の場合は「継続」を○で囲んで下さい。

⑵　②欄には、「中小企業人材育成事業助成金の対象団体認定通知書」に記載されたものから記入して下さい。

⑶　⑤の所要経費の見込額の欄には、「中小企業人材育成事業実施計画書（様式第５号別紙２）」に記載した額から記入して下さい。

2　提出上の注意

⑴　この申請書は、８月末日（受給資格認定申請が第２年度目の場合は４月末日）までに、都道府県職業能力開発主管課に２部提出して下さい。

⑵　この申請書には、次の書類を添付して下さい。

①　中小企業人材育成事業助成金に係る人材育成実施方針（様式第５号別紙１）

②　中小企業人材育成事業実施計画書（株式第５号別紙２）

⑶　専任人材育成事業担当者については、履歴書を添付して下さい。

3　受給資格の認定を受けた内容の変更

受給資格の認定を受けた内容について、次のような変更を行うときは、「人材育成実施方針等変更認定申請書（様式第８号）」により直ちに変更の申請を行って下さい。

⑴　人材育成実施方針

①　中小企業人材育成事業として新たな事業を追加すること又は、認可を受けた事業の実施を取りやめる場合

②　能力開発のプログラムとして新たな訓練を追加すること又は、認可を受けた訓練の実施を取りやめる場合

⑵　中小企業人材育成事業実施計画書

①　認定を受けた中小企業人材育成事業実施計画書（様式第５号別紙２）の①「事業の名称」欄の内容を変更するとき

②　認定を受けていない事業を新しく行うとき

③　実施計画書に記載された各事業（人材育成実施方針策定事業、人材育成実施計画作成事業、人材育成実施準備事業）並びに人件費及びその他の経費ごとの所要費用見込額が当初の計画より20%以上増加又は減少するとき

⑶　その他

①　専任人材育成事業担当者に異動があるとき

②　人材育成推進委員会の委員が認定を受けた時点と比べて３分の１以上変更した場合

（様式第５号別紙１－１）

中小企業人材育成プロジェクトに係る人材育成実施方針

1　中小企業人材育成プロジェクト実施の必要性

(1)　経営環境の見通し

技術革新の進展や消費者ニーズの高度化、多様化等に伴い自動車の構造・装置等の高度化、複雑化、多様化が急速に進展してきている。また、メーカー等においては、開発から販売・整備等にいたる総合的な企業体制を展開しており、中小整備業者を取り巻く経営環境は今後一層厳しいものとなることが見込まれ、整備体制の充実強化が急務となっている。

(2)　今後の事業展開の方向

技術革新の進展に対応した高度な自動車整備体制の確立、また、ＯＡ機器等の導入による顧客管理の充実、整備時間短縮等、高度なサービスの追求。

(3)　職業能力開発の課題

新技術に対応するとともに、自動車整備から管理まで、総合的に対応できる職業能力を備えた技能者の養成・確保

2　職業能力開発実施のために必要な準備事業（中小企業人材育成事業）の内容

(1)　人材育成実施方針策定事業

○能力開発の専門家等の指導・援助をうけて、人材育成推進委員会による実施方針の策定
○構成企業からの要望等のヒヤリング又、能力開発のニーズ調査
○モデル企業、公共教育訓練施設等の見学会
○全構成企業参加による能力開発の啓蒙等、能力開発セミナーの開催等

(2)　人材育成実施計画作成事業

○具体的な訓練計画の作成のため、認定職業訓練等実施計画作成委員会の設置・開催
○認定職業能力開発施設等見学会
○構成企業に対しての認定職業訓練実施計画の説明会の開催
○事業内・外職業訓練実施計画の作成等

(3)　人材育成実施準備事業

○各企業における職業訓練の専門家（アドバイザー）養成セミナーの開催
○認定職業訓練指導員を養成するため外部研修（訓練）への派遣
○認定職業訓練用教材、訓練マニュアルの開発・作成
○職業訓練受講案内（認定職業訓練・外部委託訓練等）の作成等

（様式第５号別紙１－２）

３　職業能力開発のプログラム

区　分	内　　容　（訓練内容、水準、訓練実施者、訓練対象者、訓練期間等）
①団体自らが行う能力開発	認定職業訓練の実施　　＜定員＞　＜訓練期間＞ 普通職業訓練　普通課程　自動車整備課 第１種自動車系　20人　1年 普通職業訓練　短期課程　二級ガソリンコース　100人（年間）　100時間 二級ジーゼルコース　100人（〃）　〃
②他の教育訓練機関等への派遣による職業能力開発	専修学校への派遣 マネジメント（経営・管理）コースのある専修学校へ派遣（１年間） 振興会・商工組合の行う、整備技術講習会へ派遣（短期） ○　タイヤ講習 ○　車体講習
③企業単独での職業能力開発	

（様式第５号別紙２－１）

中小企業人材育成事業実施計画書

1　中小企業人材育成事業助成金の支給対象となる事業〔(1) 人材育成実施方針策定事業 (2) 人材育成実施計画作成事業 (3) 人材育成実施準備事業〕

① 事業の名称	② 事業の内容	③ 実施時期	④ 費目	⑤ 所要費用見込額	⑤ 算出基礎	※助成額	⑥ 備考
人材育成推進委員会の開催	実施方針の策定・その後のフォローアップ	H2.6～H3.3（6回開催）	会場借料	120,000	会場借上　4 h 20,000×6回		推進委員　10名　選任　1名 外部講師　1名
企業アンケートの実施	構成企業のニーズ調査	H2.8	講師謝金	120,000	1 h 10,000　1回2 h		
モデル企業及び公共職業能力開発校見学会	A県B企業及びC高等職業技術専門校の見学	H2.9	会議費	72,000	(茶菓代　@1,000×12名)×6回		
			印刷製本代	15,000	調査書印刷 100×150 企業		
			通信運搬費	20,100	72×150　62×150		
			旅費	400,000	バス 200,000　2台		※委員及び参加希望構成企業主
計				1,060,200			

2　その他の事業

事業の名称	事業の内容	実施時期	所要費用見込額	備考

※印欄には、記入しないで下さい。

（裏面）

記入上の注意

1　中小企業人材育成事業助成金の支給対象となる事業については、人材育成実施方針策定事業、人材育成実施計画作成事業及び人材育成実施準備事業の各事業の種類ごとに別葉をもって作成し、該当する事業の種類の番号に○印をつけて下さい。

2　①「事業の名称」欄は、人材育成実施方針策定事業、人材育成実施計画作成事業及び人材育成実施準備事業として行う個々の事業の名称を記入して下さい。

3　②「事業の内容」欄は、個々の事業の内容を具体的に記入して下さい。

4　④「費目」欄は、講師謝金、旅費等の費用区分を記入して下さい。

なお、事業の実施に要する経費のうち、中小企業人材育成事業助成金の支給の対象となる経費は、①講師謝金、②旅費、③印刷製本費、④会議費、⑤通信運搬費、⑥受講料、⑦教材購入費、⑧委託費、⑨会場借上料、⑩機械器具等借上料です。

5　⑤「所要費用見込額」欄は、④「費目」に対応する所要費用見込額及びその事業の内容ごとに所要費用見込額の小計を記入して下さい。

6　⑦「備考」欄は、各事業の内容について参考となる事項を記入して下さい。

（様式第５号別紙２－２）

1　人件費として要する経費

① 区分	② 人数（人）	③ 人件費見込額（円）	④ 算出基礎	※助成額	⑤ 備考
(1) 専任人材育成事業担当者	1	3,000,000	・基本給＝216万 （18万×12月） ・賞与＝40万 ・その他（通勤手当、社会保険等）＝44万		（月　15日出勤）
(2) 補助職員	1	1,400,000	・基本給＝1,152,000円 （600円/時間×８時間/日×20日/月×12月） ・その他（通勤手当、社会保険）＝248,000円		
合計〔(1)＋(2)〕	2	4,400,000			

2　その他の経費

① 区分	② 費目	③ 所要費用見込額	④ 算出基礎	※助成額	⑤ 備考
事務所用	事務所借上料	600,000	１カ月　50,000　×12カ月		
	光熱水料	240,000	１カ月　20,000　×12カ月		
	事務機器借料	150,000	コピー　年間（４～３月）　150,000		
合計		1,000,000			

※印欄には、記入しないで下さい。

（裏面）

記入上の注意

1　人件費として要する経費

③「人件費見込額」欄は、基本給、諸手当（通勤手当、期末手当、扶養手当等)、超過勤務手当、健康保険、厚生年金保険及び労働保険の保険料のうち事業主負担分を記入して下さい。

2　その他の経費

中小企業人材育成事業の実施に要する経費であって、事業費（人材育成実施方針策定事業、人材育成実施計画作成事業、人材育成実施準備事業）又は人件費のいずれにも分類することが困難な経費を記入して下さい。

様式第９号

中小企業人材育成事業助成金支給申請書

中小企業人材育成事業助成金の支給を受けたいので、申請します。

平成　年　月　日

団体の名称　千代田地域事業協同組合　印

所在地　東京都千代田区霞が関

（電話番号　03(3211)0123　）

代表者の役職名及び氏名　理事長　千代田二郎　印

知事殿

① 中小企業人材育成事業実施団体	認定年月日	平成５年９月15日	
	認定番号	第H2-1-1号	
② 申請事務の担当者	職名 事務局長 氏名 松戸花子		
③ 中小企業人材育成事業の実施時期	平成5年4月15日～平成5年9月30日まで		
④ 支給を受けようとする助成金の額	5,600,800	円	
⑤ 積算基礎 事業費	イ 人材育成実施方針策定事業	985,200	円
	ロ 人材育成実施計画作成事業	1,753,480	円
	ハ 人材育成実施準備事業	674,000	円
	計　（イ＋ロ＋ハ）	3,412,680	円
	人件費	2,012,700	円
	その他	175,420	円

⑥ 助成金の支給方法	イ 送金　金融機関　店舗名	(ロ) 銀行振込	銀行名 日比谷 銀行 千代田 支店 口座名義 千代田地域事業協同組合 理事長 千代田二郎 口座の種類 当座 口座番号 798253

※処理欄	受理年月日 平成　年　月　日	受理番号 第　号	助成対象経費の額 ① 事業費　円 ② 人件費　円 ③ その他　円 ④ 合計（①＋②＋③）　円
	支給決定年月日 平成　年　月　日	支給決定番号 第　号	支給決定額　円
	備考		

※印欄には、記入しないでください。

（裏面）

1　記入上の注意

⑴　①欄には、「中小企業人材育成事業受給資格認定通知書」に記載されたものから記入して下さい。

⑵　③欄には、中小企業人材育成事業助成金の対象団体の指定を受けた日（前年度に引き続き当該年度に当該指定を受けた場合は４月１日）から９月末日まで、又は10月１日から翌年３月末日までの期間を記入して下さい。

⑶　⑤欄には、「中小企業人材育成事業実施報告書（様式第９号別紙）」に記載した額から記入して下さい。

⑷　⑥欄については、希望する支給方法を○で囲み、所要の事項を記入してください。

⑸　④欄、⑤欄は、１円未満の端数は切り捨てて下さい。

2　提出上の注意

⑴　この申請書は、中小企業人材育成事業助成金の対象団体の指定を受けた日（前年度に引き続き当該年度に当該指定を受けた場合は４月１日）から９月末日までの間に実施した中小企業人材育成事業については10月１日から同月末日までに、10月１日から翌年３月末日までの間に実施した中小企業人材育成事業については４月１日から同月末日までに、都道府県職業能力開発主管課に２部提出してください。

⑵　提出の際には、中小企業人材育成事業実施報告書（様式第９号別紙）を添付した上で提出して下さい。

（様式第９号別紙１）

中小企業人材育成事業実施報告書

１　中小企業人材育成事業助成金の支給対象となる事業　〔(1)　人材育成実施方針策定事業　(2)　人材育成実施計画作成事業　(3)　人材育成実施準備事業〕

①　事業の名称	②　事業の内容	③　実施時期	④　費目	⑤　所要費用額	⑤　算出基礎	※助成額	⑥　備考
人材育成推進委員会の開催	実施方針の策定・その後のフォローアップ	H5.6～H6.3（６回開催）	会場借料	120,000	会場借上　４h 20,000×６回		｛推進委員　10名　選任　１名 ｛外部講師　１名
企業アンケートの実施	構成企業のニーズ調査	H5.8	講師謝金	120,000	１h 10,000　１回２h		
モデル企業及び公共職業能力開発校見学会	A県B企業及びC高等職業技術専門校の見学	H5.9	会議費	72,000	（茶菓代　@1,000×12名）×６回		
			印刷製本代	13,500	調査書印刷　90×150企業		
			通信運搬費	20,100	72×150　62×150		
			旅費	400,000	バス 200,000　２台		※委員及び参加希望構成企業主
計				1,058,700			

２　その他の事業

事業の名称	事業の内容	実施時期	所要費用額	備考

※印欄には、記入しないで下さい。

（裏面）

記入上の注意

1　中小企業人材育成事業助成金の支給対象となる事業については、人材育成実施方針策定事業、人材育成実施計画作成事業及び人材育成実施準備事業の各事業の種類ごとに別葉をもって作成し、該当する事業の種類の番号に○印をつけて下さい。

2　①「事業の名称」欄は、人材育成実施方針策定事業、人材育成実施計画作成事業及び人材育成実施準備事業として行う個々の事業の名称を記入して下さい。

3　②「事業の内容」欄は、個々の事業の内容を具体的に記入して下さい。

4　④「費目」欄は、講師謝金、旅費等の費用区分を記入して下さい。

なお、事業の実施に要する経費のうち、中小企業人材育成事業助成金の支給の対象となる経費は、①講師謝金、②旅費、③印刷製本費、④会議費、⑤通信運搬費、⑥受講料、⑦教材購入費、⑧委託費、⑨会場借上料、⑩機械器具等借上料です。

5　⑤「所要費用額」欄は、④「費目」に対応する所要費用額及びその事業の内容ごとに所要費用額の小計を記入して下さい。

6　⑦「備考」欄は、各事業の内容について参考となる事項を記入して下さい。

（様式第９号別紙２）

1　人件費として要する経費

① 区分	② 人数（人）	③ 人件費（円）	④ 算出基礎	※助成額	⑤ 備考
(1) 専任人材育成事業担当者	1	3,062,200	・基本給＝221万4,000円 （18万4,500円×12月） ・賞与＝41万5,000円 ・その他（通勤手当、社会保険等）＝43万3,200円		（月　15日　出勤）
(2) 補助職員	1	1,400,120	・基本給＝115万2,000円 （600円/時間/8時間/日×20日/月×12月） ・その他（通勤手当、社会保険）＝248,120円		
合計〔(1)+(2)〕	2	4,462,320			

2　その他の経費

① 区分	② 費目	③ 所要費用	④ 算出基礎	※助成額	⑤ 備考
事務所用	事務所借上料	600,000	1カ月　50,000×12カ月		
	光熱水料	223,150			
	事務機器借料	150,000	コピー　年間（4～3月）　150,000		
合計		1,263,150			

※印欄には、記入しないで下さい。

（裏面）

記入上の注意

1　人件費として要する経費

③「人件費」欄は、基本給、諸手当（通勤手当、期末手当、扶養手当等)、超過勤務手当、健康保険、厚生年金保険及び労働保険の保険料のうち事業主負担分を記入して下さい。

2　その他の経費

中小企業人材育成事業の実施に要する経費であって、事業費（人材育成実施方針策定事業、人材育成実施計画作成事業、人材育成実施準備事業）又は人件費のいずれにも分類することが困難な経費を記入して下さい。

様式第15号

中小企業人材育成事業助成金（建設）の対象団体調査票

中小企業人材育成事業助成金（建設）の対象となる団体として認定を受けたいので、申請します。

平成　年　月　日

団体の名称　　印
所在地
（電話番号　　）
代表者の役職名及び氏名　　印

知事殿

① 団体の種類						
② 設立年月日	平成　年　月　日					
③ 構成事業所の数	（うち中小企業事業主の数　） （うち当該都道府県内に事業所を有するものの数　）					
④ 構成事業主に雇用される労働者数						
⑤ 構成事業主の主な業種						
⑥ 団体の事務局職員の数	（うち常勤の者　人）					
⑦ 申請事務の担当者	職名　氏名					
⑧ 認定職業訓練実施のために必要な準備事業						
⑨ 認定職業訓練プログラム						
⑩ 若年建設労働者の入職状況	年度／職種	年度	年度	年度	年度	年度
		人	人	人	人	人
⑪ その他						

※印欄には、記入しないで下さい。

※処理欄	受理年月日	平成　年　月　日	受理番号	第　号
	審査結果	認定　不認定		
	認定年月日	平成　年　月　日	認定番号	第　号

（様式第15号裏面）

1　記入上の注意

(1)　①欄は、事業協同組合若しくは連合団体、商工組合、商工会議所若しくはその連合団体、商工会若しくはその連合団体、職業訓練法人、社団法人又はその他の連合団体等の別を記入して下さい。

(2)　③欄の「中小企業事業主」とは、その資本の額若しくは出資の総額が３億円（小売業・飲食店又はサービス業を主たる事業とする事業主については5,000万円、卸売業を主たる事業とする事業主については１億円）を超えない事業主又はその常時雇用する労働者の数が300人（小売業・飲食店を主たる事業とする事業主については50人、卸売業又はサービス業を主たる事業とする事業主については100人）を超えない事業主をいいます。

なお、常時雇用する労働者とは、２ヶ月を超えて使用される者であり、かつ、週当たりの所定労働時間が当該企業の通常の従業員と概ね同等である労働者をいいます。

(3)　⑤欄には、主要な業種を中分類で記入して下さい。（例えば、左官業等）

(4)　⑨欄には、実施することを予定している認定職業訓練（普通課程及び短期課程（職業に必要な基礎的な知識及び技能を習得させるためのものに限る。）の普通職業訓練並びに専門課程の高度職業訓練）について、その内容（訓練科、規模、訓練期間等）について記入して下さい。

(5)　⑩欄には、実施を予定している認定職業訓練に係る職種についての過去５年間の若年者の入職者数を記入して下さい。

(6)　⑪欄には、当該団体が既に認定職業訓練を実施している、又は地域職業訓練センターの運営を行っていればその内容について記入して下さい。

2　提出上の注意

この申請書は、次の書類を各１部添付して、都道府県職業能力開発主管課に２部提出して下さい。

(1)　団体の許認可書の写し及び定款（又は寄付行為、その他これに準じるもの）

(2)　指定を受けようとする年度の事業計画書

(3)　団体の構成員名簿（各構成事業主の事業主名、資本金、常時雇用する労働者数及び所在地が明らかとなるものであること）

様式第19号

中小企業人材育成事業助成金（建設）受給資格認定申請書

中小企業人材育成事業助成金（建設）の受給資格の認定を受けたいので、申請します。

平成　年　月　日

団体の名称　　　　　　　　　　　　　印
所在地
（電話番号　　　　　　　）
代表者の役職名及び氏名　　　　　　　印

知事殿

①	中小企業人材育成事業助成金（建設）の対象団体に係る認定	認定年月日			
		認定番号			
② 建設技能者育成推進委員会の設置	委員会の名称				
	委員の氏名等	氏名	職名	氏名	職名
③	建設技能者育成事業担当者	氏名	（　歳）		
		前職			

④ 所要経費見込額	区分		見込額（円）
	事業費	イ　建設技能者育成実施方針策定事業	
		ロ　建設技能者育成実施計画作成事業	
		ハ　建設技能者育成準備事業	
		計　（イ＋ロ＋ハ）	
	人件費		
	その他		
	合計		

※印欄には、記入しないで下さい。

※処理欄				
	受理年月日	平成　年　月　日	受理番号	第　号
	審査年月日	平成　年　月　日	審査結果	認定・不認定
	助成金支給認定額	千円		
	〔備考〕			

(様式第19号裏面)

1　記入上の注意

(1)　①欄には、「中小企業人材育成事業助成金（建設）の対象団体認定通知書」に記載されたものから記入して下さい。

(2)　④の所要経費の見込額の欄には、「建設技能者育成事業実施計画書（様式第19号別紙２）」に記載した額から記入してください。

2　提出上の注意

(1)　この申請書は、８月末日までに、都道府県職業能力開発主管課に２部提出して下さい。

(2)　この申請書には、次の書類を添付して下さい。

①　中小企業人材育成事業助成金に係る建設技能者育成実施方針（様式第19号別紙１）

②　建設技能者育成事業実施計画書（様式第19号別紙２）

(3)　建設技能者育成事業担当者については、履歴書を添付して下さい。

3　受給資格の認定を受けた内容の変更

受給資格の認定を受けた内容について、次のような変更を行うときは、「建設技能者育成実施方針等変更認定申請書（様式第22号）」により直ちに変更の申請を行って下さい。

(1)　人材育成実施方針

①　建設技能者育成事業として新たな事業を追加すること又は、認可を受けた事業の実施を取りやめる場合

②　能力開発のプログラムとして新たな訓練を追加すること又は、認可を受けた訓練の実施を取りやめる場合

(2)　建設技能者育成事業実施計画書

①　認定を受けた建設技能者育成事業実施計画書（様式第19号別紙２）の①「事業の名称」欄の内容を変更するとき

②　認定を受けていない事業を新しく行うとき

③　実施計画書に記載された各事業（建設技能者育成実施方針策定事業、建設技能者育成実施計画作成事業、建設技能者育成実施準備事業）並びに人件費及びその他の経費ごとの所要費用見込額が当初の計画より20%以上増加又は減少するとき

(3)　その他

①　建設技能者育成事業担当者に異動があるとき

②　建設技能者育成推進委員会の委員が認定を受けた時点と比べて３分の１以上変更した場合

様式第19号別紙１

中小企業人材育成事業助成金（建設）に係る建設技能者育成実施方針

１　職業能力開発実施のために必要な準備事業（建設技能者育成事業）の内容

⑴　建設技能者育成実施方針策定事業

（　　　　　　）

⑵　建設技能者育成実施計画作成事業

（　　　　　　）

⑶　建設技能者育成実施準備事業

（　　　　　　）

２　認定職業訓練のプログラム

訓練科目	訓練課程	対象者	訓練内容	訓練期間	訓練時間	定員	その他

様式第19号別紙２―１

建設技能者育成事業実施計画書

1　中小企業人材育成事業助成金（建設）の支給対象となる事業〔⑴建設技能者育成実施方針策定事業　⑵建設技能者育成実施計画作成事業　⑶建設技能者育成実施準備事業〕

①　事業の名称	②　事業の内容	③　実施時期	④　費　目	⑤　所要費用見込額	⑥　算　出　基　礎	※助成額	⑦　備　考
計	／	／	／		／		／

2　その他の事業

事業の名称	事業の内容	実施時期	所要費用見込額	備　考

※印欄には、記入しないで下さい。

（様式第19号別紙２―１の裏面）

記入上の注意

1　中小企業人材育成事業助成金（建設）の支給対象となる事業については、建設技能者育成実施方針策定事業、建設技能者育成実施計画作成事業及び建設技能者育成実施準備事業の各事業の種類ごとに別葉をもって作成し、該当する事業の種類の番号に○印をつけて下さい。

2　①「事業の名称」欄は、建設技能者育成実施方針策定事業、建設技能者育成実施計画作成事業及び建設技能者育成実施準備事業として行う個々の事業の名称を記入して下さい。

3　②「事業の内容」欄は、個々の事業の内容を具体的に記入して下さい。

4　④「費目」欄は、講師謝金、旅費等の費用区分を記入して下さい。

なお、事業の実施に要する経費のうち、中小企業人材育成事業助成金（建設）の支給の対象となる経費は、①講師謝金、②旅費（交通費及び宿泊費）、③印刷製本費、④会議費、⑤図書購入費、⑥通信運搬費、⑦受講料、⑧教材購入費、⑨委託費、⑩会場借上料、⑪機械器具等借上料です。

5　⑤「所要費用見込額」欄は、④「費目」に対応する所要費用見込額及びその事業の内容ごとに所要費用見込額の小計を記入して下さい。

6　⑦「備考」欄は、各事業の内容について参考となる事項を記入して下さい。

様式第19号別紙２―２

１　人件費として要する経費

①　区　　分	②　人　数	③　人件費見込額	④　算　出　基　礎	※　助成額	⑤　備　　考
(1)　建設技能者育成事業担当者					
(2)　補　助　職　員					
合　　計〔(1)＋(2)〕					

２　その他の経費

①　区　　分	②　費　目	③　所要費用見込額	④　算　出　基　礎	※　助成額	⑤　備　　考
合　　計					

※印欄には、記入しないで下さい。

(様式第19号別紙２－２の裏面)

記入上の注意

1　人件費として要する経費

③「人件費見込額」欄は、基本給、諸手当（通勤手当、期末手当、扶養手当等）、超過勤務手当、並びに健康保険、厚生年金保険及び労働保険の保険料のうち事業主負担分を記入して下さい。

2　その他の経費

建設技能者育成事業の実施に要する経費であって、事業費（建設技能者育成実施方針策定事業、建設技能者育成実施計画作成事業、建設技能者育成実施準備事業）又は人件費のいずれにも分類することが困難な経費を記入して下さい。

様式第23号

中小企業人材育成事業助成金（建設）支給申請書

中小企業人材育成事業助成金（建設）の支給を受けたいので、申請します。

平成　　年　　月　　日

団体の名称　　　　　　　　　　　　　　　　　　印
所在地
（電話番号　　　　　　　）
代表者の役職名及び氏名　　　　　　　　　　　　印

知事殿

① 中小企業人材育成事業助成金（建設）の対象団体		認定年月日	平成　　年　　月　　日	
		認定番号	第　　　　号	
② 申請事務の担当者	職名			
	氏名			
③ 建設技能者育成事業の実施時期	年　　月　　日　～　　年　　月　　日まで			
④ 支給を受けようとする助成金の額	円			
⑤ 事業の実施に要した経費	事業費	イ 建設技能者育成実施方針策定事業	円	
		ロ 建設技能者育成実施計画作成事業	円	
		ハ 建設技能者育成実施準備事業	円	
		計　（イ＋ロ＋ハ）	円	
	人件費		円	
	その他		円	
⑥ 助成金の支給方法	イ 送金　金融機関　店舗名	ロ 銀行振込	銀行名　　銀行　　支店 口座名義 口座の種類 口座番号	

※印欄には、記入しないでください。

※処理欄	受理年月日 平成　年　月　日	受理番号 第　　号	助成対象経費の額 ① 事業費　円 ② 人件費　円 ③ その他　円 ④ 合計（①＋②＋③） 円
	支給決定年月日 平成　年　月　日	支給決定番号 第　　号	
	備考		支給決定額　円

(様式第23号裏面)

1　記入上の注意

⑴　①欄には、「中小企業人材育成事業助成金（建設）受給資格認定通知書」に記載されたものから記入して下さい。

⑵　③欄には、中小企業若年建設技能労働者育成援助事業実施団体の指定を受けた日から９月末日まで、又は10月１日から翌年３月末日までの期間を記入して下さい。

⑶　⑤欄には、「建設技能者育成事業実施報告書（様式第23号別紙）」に記載した額から記入して下さい。

⑷　⑥欄については、希望する支給方法を○で囲み、所要の事項を記入してください。

⑸　④欄、⑤欄は、１円未満の端数は切り捨てて下さい。

2　提出上の注意

⑴　この申請書は、中小企業人材育成事業助成金（建設）の対象団体の認定を受けた日から９月末日までの間に実施した建設技能者育成事業については10月１日から同月末日までに、10月１日から翌年３月末日までの間に実施した建設技能者育成事業については４月１日から同月末日までに、都道府県職業能力開発主管課に２部提出して下さい。

⑵　提出の際には、建設技能者育成事業実施報告書（様式第23号別紙）を添付した上で提出して下さい。

様式第23号別紙１

建設技能者育成事業実施報告書

１　中小企業人材育成事業助成金（建設）の支給対象となる事業〔⑴建設技能者育成実施方針策定事業　⑵建設技能者育成実施計画作成事業　⑶建設技能者育成実施準備事業〕

①　事業の名称	②　事業の内容	③　実施時期	④　費　目	⑤　所要費用額	⑥　算　出　基　礎	※助成額	⑦　備　考
計							

２　その他の事業

事業の名称	事業の内容	実施時期	所要費用額	備　考

※印欄には、記入しないで下さい。

（様式第23号別紙1の裏面）

記入上の注意

1　中小企業人材育成事業助成金（建設）の支給対象となる事業については、建設技能者育成実施方針策定事業、建設技能者育成実施計画作成事業及び建設技能者育成実施準備事業の各事業の種類ごとに別葉をもって作成し、該当する事業の種類の番号に○印をつけて下さい。

2　①「事業の名称」欄は、建設技能者育成実施方針策定事業、建設技能者育成実施計画作成事業及び建設技能者育成実施準備事業として行う個々の事業の名称を記入して下さい。

3　②「事業の内容」欄は、個々の事業の内容を具体的に記入して下さい。

4　④「費目」欄は、講師謝金、旅費等の費用区分を記入して下さい。

なお、事業の実施に要する経費のうち、中小企業人材育成事業助成金（建設）の支給の対象となる経費は、①講師謝金、②旅費（交通費及び宿泊費）、③印刷製本費、④会議費、⑤図書購入費、⑥通信運搬費、⑦受講料、⑧教材購入費、⑨委託費、⑩会場借上料、⑪機械器具等借上料です。

5　⑤「所要費用額」欄は、④「費目」に対応する所要費用額及びその事業の内容ごとに所要費用額の小計を記入して下さい。

6　⑦「備考」欄は、各事業の内容について参考となる事項を記入して下さい。

様式第23号別紙2

1　人件費として要する経費

① 区分	② 人数	③ 人件費	④ 算出基礎	※ 助成額	⑤ 備考
(1) 建設技能者育成事業担当者					
(2) 補助職員					
合計〔(1)+(2)〕					

2　その他の経費

① 区分	② 費目	③ 所要費用	④ 算出基礎	※ 助成額	⑤ 備考
合計					

※印欄には、記入しないで下さい。

（様式第23号別紙２の裏面）

記入上の注意

1　人件費として要する経費

③「人件費」欄は、基本給、諸手当（通勤手当、期末手当、扶養手当等）、超過勤務手当、並びに健康保険、厚生年金保険及び労働保険の保険料のうち事業主負担分を記入して下さい。

2　その他の経費

建設技能者育成事業の実施に要する経費であって、事業費（建設技能者育成実施方針策定事業、建設技能者育成実施計画作成事業、建設技能者育成実施準備事業）又は人件費のいずれにも分類することが困難な経費を記入して下さい。

㈢ 認定訓練助成事業費補助金

1 認定職業訓練の運営費に対する助成

中小企業の事業主又は中小企業事業主の団体若しくはその連合団体が第二表の職業訓練又は指導員訓練を行う場合、所定の条件を具備するときは、都道府県から助成金の交付を受けることができる。

この場合の補助の対象となる中小企業事業主等の概要について平成五年度を例にとって説明すれば次のとおりである。

(1) 補助対象となる中小企業事業主等

職業能力開発促進法第二十四条第一項の認定を受けた中小企業事業主（資本の額又は出資の総額が三億円（小売業・飲食店又はサービス業を主たる事業とする事業主については五千万円、卸売業を主たる事業とする事業主については一億円）を超えない事業主又は常時雇用する労働者の数が三〇〇人（小売業・飲食店を主たる事業とする事業主については五〇人、卸売業又はサービス業を主

第二表　認定職業訓練課程一覧表

（旧基準）

職業訓練の種類	訓練課程
養成訓練	短期課程 普通課程 専門課程 専修訓練課程
向上訓練	一級技能士課程 二級技能士課程 単一等級技能士課程 管理監督者課程 技能向上課程
能力再開発訓練	短期課程 職業転換課程
指導員訓練	研修課程

（新基準）

普通職業訓練	短期課程 普通課程 専修訓練課程
高度職業訓練	専門課程 専門短期課程
指導員訓練	研修課程

たる事業とする事業主については一〇〇人）を超えない事業主をいう。）又は中小企業事業主の団体（団体の構成会員に占める中小企業の割合が三分の二以上である団体であって、かつ、中小企業事業主に雇用される訓練生の数が訓練生総数の三分の二以上であるものに限る。）若しくはその連合団体である。

(2)　補助率及び補助額

都道府県が、中小企業事業主等の行う認定職業訓練に必要な後述の補助対象経費（厚生労働大臣の定める基準に従って算定した額とする。以下同じ。）の三分の二について補助したときは、国は、都道府県の補助に要した経費の二分の一（この金額が補助対象経費の三分の一を超えるときは三分の一以内となる。）を都道府県に補助することとなっている。

中小企業事業主等が受けることのできる補助額（平成十四年度）は、次の表に示す額を上限として都道府県が具体的に定める額である。

第三表　長期間の訓練課程の補助基準

訓練課程		基準額 ①＋②	
		①固定費	②変動費
普通・専修課程（五人未満）	ME以外	一、五七八、〇〇〇円	
	ME対応	一、九四八、〇〇〇円	
普通・専修課程（五人以上）	ME以外	一、二三八、〇〇〇円	六八、〇〇〇円×当該訓練生数
	ME対応	一、六〇八、〇〇〇円	六八、〇〇〇円×当該訓練生数
専門課程		七、六六二、〇〇〇円	一四〇、〇〇〇円×当該訓練生数

第四表　短期間の訓練課程の補助基準

次の訓練課程に応じて定める額に、当該訓練生数を乗じて得た額

訓練課程		基準	額
短期課程	①　職業能力開発促進法施行規則別表第四に係るもの	ME以外	五二、〇〇〇円
		ME対応	六四、八〇〇円
	②　職業能力開発促進法施行規則別表第五に係るもの	ME以外	三〇、〇〇〇円
		ME対応	四二、四〇〇円
	③　①及び②以外	ME以外	五、七六〇円
		ME対応	八、八六〇円
高度職業訓練	専門短期課程	ME以外	六、二二〇円
		ME対応	九、五六〇円
研修課程		ME以外	五、七六〇円
		ME対応	八、八六〇円

（注）　短期課程のうち③及び研修課程の各訓練課程にあっては、訓練単位数の一単位当たりの補助基準額である。

また、一コースのなかで、「ME対応」と「ME以外」の訓練を実施する場合は、それぞれ時間数に応じた訓練単位を併用すること。

(3)　補助対象経費

認定職業訓練の実施に係る経費であって国の補助金の交付対象となるものは、次のとおりである。

イ　集合して行う学科又は実技の訓練を担当する職業訓練指導員、講師及び教務職員の謝金・手当てに要する経費

この経費は、中小企業事業主等の職業能力開発施設等に集合して学科又は実技の訓練を行う場合、その訓練を担当する指導員、講師及び教務職員の謝金・手当て（賞与を含む。）に要するものであるが、事務職員の人権費等は除かれる。

なお、指導員及び講師に対する旅費（日当、宿泊費は除く。）も、この経費に含まれる。

ロ　集合して学科又は実技の訓練を行う場合に必要な建物の借上げ及び維持に要する経費並びに機械器具等の購入に要する経費

この経費に該当するものは、次のようなものである。

(イ)　建物の借上げ、修繕等に要する経費

(ロ)　測定器具、実験器具、体育訓練用機器等、訓練に直接必要な機械器具の購入、借上げ又は修繕等に要する経費

(ハ)　訓練のために直接必要な光熱水料等

なお、この経費は、後に述べる設備に関連するものであるため、その単価が高額なものについては設備費補助金で取り扱うことになっている。

ハ　職業訓練指導員の研修及び訓練生の合同学習に要する旅費等の経費

この経費は、認定職業訓練実施団体等で行う研修会等への参加、職業能力開発協会が主催する研修等

への参加に要する経費も対象とされるが、海外で行われるものは除外される。

ニ　集合して学科又は実技の訓練を行う場合に必要な教科書その他の教材に要する経費

この経費に該当するものは、次のようなものである。

(イ)　教科書の購入、作成等に要する経費

(ロ)　プリントその他の印刷費

(ハ)　掛け図、模型その他教材に要する経費

(ニ)　試験の材料に要する経費

(ホ)　訓練に必要な消耗品費

(ヘ)　訓練に必要な参考図書購入費

ホ　集合して行う先端技術に関する技能の習得に必要な学科又は実技の訓練に要する経費

この経費に該当するものは、次のような経費である。

(イ)　ＭＥ機器に関する訓練を担当する職業訓練指導員及び講師の謝金・手当てに要する経費

(ロ)　ＭＥ機器に関する訓練のための施設及びＭＥ機器の借上げ、維持経費、ＭＥ機器関連の軽易な器具類の購入等に要する経費

(ハ)　ＭＥ機器に関する教科書、参考図書、掛け図、プリント、プリンター用紙等の購入に要する経費

(ニ)　関連企業、各種学校等に委託して、ＭＥ機器に関する訓練を行う場合の委託料、授業料、受講料等のうち、直接訓練に係る経費及び委託する施設に通学するための交通費実費

(ホ)　その他、ＭＥ機器の訓練に関して、厚生労働大臣が必要と認める経費

なお、ここにいう「ＭＥ機器」の訓練とは、ＮＣ工作機械、シーケンス制御装置、オフィスオート

メーション（ＯＡ）機器（マイクロコンピュータ、オフィスコンピュータ、ワードプロセッサー等で、軽易なものは除く。）、トレーナー等の機器の運用、プログラム開発及び整備等の技能を習得するものであること。

へ　集合して学科又は実技の訓練を行う場合に必要な管理運営に要する経費、その他厚生労働大臣が必要かつ適当と認める経費

この経費に該当するものは、次のようなものである。

(イ)　実習場等における消火器、救急医薬品等の購入に要する経費

(ロ)　訓練修了証書、技能照査合格証書等の作成に要する経費

(ハ)　認定職業訓練団体における構成事業主との連絡通信及び会議資料作成等に要する経費（電話使用料金、文書による通信費、資料作成のための複写用紙、印刷等に要する経費及び共同認定職業訓練実施団体と構成事業主との間の訓練生募集経費などがこれに該当する。）

(ニ)　その他管理運営に必要かつ適当と認める経費（これは個別に協議して決められるものとされるが、前記(イ)及び(ハ)に係る経費以外の人件費、税金、会費類、献金、保険料、個人の所有となるものは、補助対象とされない。）

○　補助金の交付申請

右の補助金の交付申請に当たっては、各都道府県が定める補助金交付手続により、当該都道府県知事に交付申請することとなる。したがって、その申請手続は必ずしも同一ではないが、標準的な様式を示すと一八二ページのようなものである。

補助金交付決定を受けた後、訓練生の人員、訓練内容、訓練経費の額等補助事業の内容を著しく変更しよう

とするときは、そのつど都道府県知事の承認を受ける必要がある。

○　補助事業実施状況報告

補助金の交付を受けると、都道府県知事の定める期日までに、訓練事業の実施状況報告書を提出しなければならないが、この様式はおおむね一八七ページのようなものである。

○　補助事業実績報告書

補助事業が完了したときは、その実績について報告書を提出することになっているが、この様式はおおむね一八九ページのようなものである。

都道府県知事は実績報告書を審査し、これによって補助額を確定するものである。したがって補助対象経費が補助額の一・五倍の額未満の場合及び訓練内容が訓練の基準を下回る場合等は補助金の額が減額され、その減額となった金額を都道府県に返還しなければならない。

補助事業は、国からみると間接補助事業になるので、国の監督を受ける。補助を受けた団体は、補助事業に関する帳簿（予算差引簿、現金出納簿、収入整理簿、備品台帳等）および証拠書類（領収書、収入控等）その他補助事業の実施の経過を明らかにするための必要な書類（訓練計画、訓練日誌、訓練生出席簿等）を整理保管しておく必要がある。

（様式第１号）

申請受理番号	1

認定訓練助成事業費（運営費）補助金交付申請書

平成○年度認定訓練助成事業費補助金を受けたいので下記のとおり申請します。

申請年月日　　　　平成○年○月○日

神戸市生田区下山手通１丁目６－３
職業訓練法人神戸職業訓練協会
神戸市兵庫区下祇園町22－44
彬　山　賢　児　㊞

兵庫県知事殿

記

1. 交付を受けようとする補助金の額　　　　金　4,305,000円也
　イ　普通職業訓練　　4,305,000円也
　ロ　高度職業訓練
2. 認定職業訓練開始年月日　　　昭和38年４月１日
3. 職業訓練用施設

(1) 建　物

名　　称	規　　模	所有借用の別及び所有者名
職業訓練法人神戸職業訓練校	鉄骨２階建延445㎡（教室３，実習場２）	所有　神戸職業訓練協会

(2) 機械器具等の設備

種　　類	数量	所有借用の別	種　　類	数量	所有借用の別
手押しかんな盤	1	所　有	旋　盤	3	１所有２借用
自動かんな盤	1	〃	直立ボール盤	1	借用
両頭グラインダ	2	〃	万能フライス盤	1	〃

4　普通職業

(1)　事業計画

イ　補助事業の実施期間　平成○年○月○日から
平成○年○月○日まで

ロ　職業訓練生数

職業訓練の種類、訓練科及び訓練課程	訓練生数				備考
	総数	第1年度（期）	第2年度（期）	第3年度（期）	
普通課程建築施工系木造建築科	35人	11人	12人	12人	
〃　機械系機械加工科	20	10	10		
〃　工芸系木材工芸科	39	21	18		
合計	94	42	40	12	

ハ　職業訓練指導員数（講師を含む）

訓練科名	指導員総数	左欄のうち講師
建築施工系木造建築科	3人	1人
〜〜〜	〜〜〜	〜〜〜
合計	9	1

（注）　実技については中小企業事業主等の職業能力開発施設において指導にたずさわる者のみの数を記入すること。

ニ　訓練の教科及び訓練時間

訓練課程、訓練科及び訓練期間（類別）	教科の科目及び訓練時間				備考
	教科の科目	訓練時間			
		第1年度（期）	第2年度（期）	第3年度（期）	
普通課程 建築施工系木造建築科 1年	一学科 1普通学科 社会 体育	410 180 50 50	280 120 50 50	140 100 50 50	

（注）　実技については中小企業事業主等の職業能力開発施設において実施する場合のみの時間数を記入すること。

(2)　前年度実績

イ　訓練生修了者数

修了年月日	職業訓練の種類、訓練科及び訓練課程	修了者数	備考
○年○月○日	普通課程　建築施工系木造建築科	10人	
合計		10	

ロ　訓練生出席状況

延訓練時間数(A)　14,700時間　延出席時間数(B)　12,110時間

出席率（$\frac{B}{A}\times 100$）82.4％

5　高度職業訓練

(1)　事業計画

イ　補助事業の実施期間　○年○月○日から○年○月○日まで

ロ　訓練生数

①訓練課程名	②訓練科名又はコース名	③科目数	④訓練期間	⑤訓練時間	⑥1回定員	⑦年間実施回数	⑧延定員	⑨補助対象人員	備考
合計									

(注)

1　「①訓練課程」欄には、上記(1)に示す成人訓練に係る訓練課程を記入すること。

2　「②訓練科名またはコース名」欄には、「建築施工系木造建築科」「金属加工系塑性加工科」のごとく関連ある訓練科の名称を記入すること。

3　「③科目数」欄には、短期課程については、その科目数（教科の科目数）を1科目（12時間～15時間）を基準とした数を記入すること。その他の訓練科については、記入を要しないこと。

4　「④訓練期間」欄には、1級技能士コース、2級技能士コース、単一技能士コース、職業転換コース、研修課程については、1コースあたりの訓練時間を記入すること。

5　「⑤訓練時間」欄には、1コースあたりの訓練時間を記入すること。

6　「⑦年間実施回数」欄には、年間において実施するコースの回数を記入すること。

7　「⑧延定員」欄には、⑥1回定員×⑦年間実施回数を記入すること。

8　「⑨補助対象人員」欄には、短期課程に係るコースについては、③科目数×⑧延定員を記入すること。その他の訓練課程については、延定員をそのまま記入すること。

⑵　前年度実績

イ　訓練生修了者数

訓練課程名	訓練科名又はコース名	1回修了者数	年間実施回数	延修了者数
短期課程	管理監督者コース			
合計				

6　事業に要する経費

⑴　収入

区分	科目	金額	内訳（賦課方法、員数等を記入）	収納予定期日
普通職業訓練	事業主負担金	円 3,384,000	訓練生1人当たり（訓練生のいる事業主）3,000円×12月×94人	
	会費	72,000	会員1人当300円×12月×20	
	補助金	4,305,000	県補助金	
	雑収入	246,000	諸手数料利子その他	
	繰越金	234,000	○年度繰越金	
	小計	8,241,000		
合計		8,241,000		

(2) 支　出

イ　普通職業訓練

科　　目	金　　額	内訳(品名，数量，単価等を記入すること。)
通常経費	円 7,186,000	指導員手当1,000円×700時間×3訓練科 ＝2,100,000円 講師謝金1,000円×100時間×1訓練科 ＝100,000円 教務職員手当50,000円×12月＝600,000円
		機械器具(電気かんな50,000円×2台，だぼ穴せん孔機130,000円，電気ドリル30,000円×6台)＝410,000円，旋盤等借用料60,000円，実習場改修費70,000円，会館借料等80,000円，光熱水料費140,000円，体育器具費（卓球台70,000円） 教科書185,000円，印刷費80,000円，掛け図模型経費（スライド一式）177,000円，試験経費70,000円，材料費222,000円，参考図書費22,000円
その他の経費	―	
補助対象経費計	7,186,000	
その他の経費	1,055,000	会議費，事務費，出張旅費等
合　　計	8,241,000	

7. 補助率

(1) 普通職業訓練

$$\frac{\text{補助申請額}\quad 4,305,000}{\text{補助対象経費}\quad 7,186,000}\times 100 = \text{補助率}59.9\%$$

(2) 高度職業訓練

（備考）本申請書の大きさは日本工業規格B列4番二つ折りとすること。

（様式第２号）

決定通知番号	1

認定訓練助成事業費（運営費）補助事業実施状況報告書

平成○年○月○日から平成○年○月○日までの補助事業実施状況を下記のとおり報告します。

報告年月日　　平成○年○月○日

神戸市生田区下山手通１丁目６－３
職業訓練法人神戸職業訓練協会
神戸市兵庫区下祇園町22－44
彬　山　賢　児　㊞

兵 庫 県 知 事 殿

記

1　職業訓練生数の増減

(1)　普通職業訓練

訓練課程，訓練科及び訓練期間	総　数	第１年度（期）	第２年度（期）	第３年度（期）	修了者
普通課程建築施工系木造建築科　３年	33（２減）	10（１減）	11（１減）	12（なし）	0
合　計	89（５減）	40（２減）	37（３減）	12（なし）	

（注）補助金申請書に記載した訓練生数に変動があった場合にはその増減数を，変動のない場合には，「増減なし」と記入すること。修了者数欄には，当該期間内に訓練を修了した者がある場合にその数を記入すること。

(2)　高度職業訓練

訓　練　課　程	訓練修了人員	訓練実施中	訓練予定人員	補助対象人員の増減
合　計				

2　補助対象経費の支出状況

区　分	予算額	支出額	残　額	内　訳
普通職業訓練	円 7,186,000	円 6,083,000	円 1,103,000	指導員手当１時間単価 1,000 円×400 時間×３訓練科＝1,200,000円 講師謝金1,000円×70時間×１訓練科＝70,000円 教務職員手当50,000円×７月＝350,000円
				電気かんな50,000円×２台＝100,000円 だぼ穴せん孔機130,000円，電気ドリル30,000円×６台＝180,000円，旋盤借用30,000円
高度職業訓練				
合　計	7,186,000	6,083,000	1,103,000	

（注）　内訳欄には品名，数量，単価等支出内容が判明できるよう詳細に記入すること。

（備考）　本報告書の大きさは日本工業規格Ｂ列４番二つ折りとすること。

（様式第３号）

決定通知番号	1

認定訓練助成事業費（運営費）補助事業実績報告書

平成〇年度認定訓練助成事業費補助金　補助事業の実績を下記のとおり報告します。

報告年月日　平成〇年〇月〇日

神戸市生田区下山手通１丁目６－３
職業訓練法人神戸職業訓練協会
神戸市兵庫区下祇園町22－44
彬　山　賢　児　㊞

兵 庫 県 知 事 殿

記

1　補助金の額　　金 4,305,000円也
　イ　普通職業訓練　　4,305,000円也
　ロ　高度職業訓練
2　補助の対象となった事業の実施期間
　平成〇年〇月〇日から〇年〇月〇日まで
3　補助事業
　(1)　普通職業訓練
　　(イ)　訓練生数

訓練課程，訓練科及び訓練期間	総数	第１年度(期)	第２年度(期)	第３年度(期)	備考
普通課程　建築施工系木造建築科	32人	10人	10人	12人	
合　計	85	39	34	12	

(ロ)　教科及び訓練時間

訓練課程，訓練科及び訓練期間（類別）	教科の科目及び訓練時間				備考
	教科の科目	訓練時間			
		第１年度(期)	第２年度(期)	第３年度(期)	
普通課程 建築施工系木造 建築科３年	一学科 １普通学科	410 180	280 120	140 100	

（注）　実技については中小企業事業主等の訓練施設において実施した場合のみの時間数を記入すること。

(ハ)　訓練生出席状況

延訓練時間(A)14,700時間　延出席時間(B)12,220時間

出席率 $(\frac{B}{A}\times 100)$ 83.1%

(2)　高度職業訓練

(イ)　訓練生数

訓練課程名	訓練科名又は科目（コース名）	訓練時間	年間実施回数	１回定員	延定員	補助対象人員	備考
合計							

4　補助事業経費の決算

(1)　収入

区分	予算額	決算額	増減額	内訳	備考
普通職業訓練	8,253,000円	8,234,000円	19,000円	事業主負担分 3,380,000円 会費 72,000円 補助金 4,305,000円 雑収入 243,000円 繰越金 234,000円	
合計	8,253,000	8,234,000	19,000		

⑵ 支　出

（イ）普通職業訓練

科目	予算額	決算額	増減額	内訳
通常経費	7,186,000	7,178,000	8,000	指導員手当1,000円×700時間×３訓練科＝2,100,000円 講師謝金1,000円×100時間×１訓練科＝100,000円
その他の経費	—	—	—	
補助対象経費計	7,186,000	7,178,000	8,000	
県単独補助対象経費	—	—	—	
補助対象外経費	1,067,000	1,054,000	13,000	会議費　総会費90,000円 理事会費年４回×25,000円 事務費 感光紙費 複写文具 23,000円 けい紙7,000円
補助対象外経費総計	1,067,000	1,054,000	13,000	
合計	8,253,000	8,232,000	21,000	

（ロ）高度職業訓練

訓練課程	通常経費			県単独補助金			補助対象外経費			計			内訳
	予算額	決算額	増減額	予算額	決算額	増減額	予算額	決算額	増減額	予算額	決算額	増減額	
合計													

〔備考〕　1.　本報告書の大きさは日本工業規格Ｂ列４番二つ折りとすること。

2.　本報告書には中小企業事業主等の収支決算書（写し）を添付すること。

2　共同職業訓練のための施設設置費及び設備整備費の補助

(1)　補助対象となる都道府県等

次の各要件のいずれかを充足する場合に、国は都道府県に対して補助をする。

イ　職業能力開発促進法第二十四条第一項（第二十七条の二第二項において準用する場合を含む。）の認定を受けた中小企業事業主の団体（以下「職業訓練実施団体」という。）又は職業訓練実施団体等が行う職業訓練のための施設（以下「職業訓練共同施設」という。）又は職業訓練のための設備（以下「職業訓練共同設備」という。）を設置又は整備する都道府県であること。

ロ　職業訓練共同施設又は職業訓練共同設備を設置又は整備する市町村（「特別区及び一部事務組合」を含む。以下同じ。）に対して都道府県が補助するものであること。

ハ　職業訓練共同施設（職業訓練法人の場合に限る。）を設置し、又は職業訓練共同設備を整備する職業訓練実施団体（中小企業事業主に雇用される訓練生が、訓練生総数の三分の二以上であるものに限る。）に対して、都道府県が補助するものであること。

(2)　補助対象経費等

この補助金は、集合して行う学科又は実技の訓練に使用する教室、実習場のほか、管理室（事務室、宿直室、用務員室及び湯沸室を含む。）、便所、洗面所、廊下（玄関、階段を含む。）、物置の施設又は機械等の設備の設置又は整備に要する経費の一部について交付されるものである。

なお、次の諸点に留意する必要がある。

イ　職業訓練共同施設について

(イ)　当該施設を利用することとなる職業訓練実施団体等の訓練生数を考慮した施設規模であること。例えば、教室の数及び面積については、当該施設において訓練を行う職業訓練実施団体等の訓練生数、その他の利用者数からみて適当な規模のものであり、実習場は、集合して実技の訓練を行うのに必要な面積を有するものであることが必要である。

(ロ) 施設を設置するための土地が確保されていること。また、土地の選定にあたっては、建築基準法(昭和二十五年法律第二百一号)に定める建築面積に対する割合、建物の構造、規模、採光、換気、通風、防災等の点から検討するとともに、都市計画法(昭和四十三年法律第百号)等関係法令の規制についても十分配慮する必要がある。

(ハ) 鉄骨コンクリート造り、鉄筋コンクリート造り、鉄骨鉄筋コンクリート造り、コンクリートブロック造り、軽量鉄骨造りスレートぶき等十分な耐久性のある構造のものであること。

ロ　職業訓練共同設備について

(イ) 設備は、集合して行う職業訓練の学科又は実技の訓練に必要な機械器具等であって、必要な規格と安全装置を具備したものであること。

(ロ) 都道府県又は市町村が整備する設備は、当該都道府県又は市町村が設置し、又は設置しようとする職業訓練共同施設内に設置されるものであること。

(ハ) 職業訓練実施団体等が整備する設備は、学科及び実技の集合訓練を的確に実施できる施設内に設置されるものであること。

(ニ) 設備についての管理責任者が定められるとともに、その維持管理が適正に行われるものであること。

(3)　補助額

施設・設備については、その設置するものによって価格が著しく異なるため、具体的に申請された段階で、当該補助対象物の価格、都道府県の補助額等を勘案して個別に決定される。

(四)　広域団体認定訓練助成金

1　目的

広域団体認定訓練助成金（以下「助成金」という。）は、その構成員又は連合団体を構成する団体の構成員である中小企業事業主の雇用する労働者を対象（三都道府県以上の労働者を対象にする場合に限る。）として認定訓練を実施する中小企業事業主の団体（その構成員が二以上の都道府県にわたるものに限る。）又はその連合団体（以下「広域団体」という。）に対し、当該認定訓練の運営に要する経費の一部を助成することにより、広域団体の行う認定訓練を振興し、計画的かつ効果的な人材育成を推進することを目的とする。

2　用語の定義

(1)　中小企業事業主

その資本の額若しくは出資の総額が三億円（小売業・飲食店及びサービス業を主たる事業とする事業主については五、〇〇〇万円、卸売業を主たる事業とする事業主については一億円）を超えない事業主又はその常時雇用する労働者の数が三〇〇人（小売業・飲食店を主たる事業とする事業主については五〇人、卸売業又はサービス業を主たる事業とする事業主については一〇〇人）を超えない事業主をいう。

(2)　中小企業事業主の団体

当該団体の構成員に占める中小企業事業主の割合が三分の二以上である団体であって、かつ、団体の構成員である中小企業事業主に雇用される訓練生の数が訓練生総数の3分の2以上のものをいう。

(3)　全国団体

広域団体のうち、全国的な規模の中小企業事業主の団体の連合団体をいう。

(4)　認定訓練

職業能力開発促進法第二十四条第一項の認定を受けた職業訓練及び第二十七条の二第二項において読み替えて準用する同法第二十四条第一項の認定を受けた指導員訓練をいう。

3　助成対象団体

助成金は、次のすべてに該当する認定訓練を振興するために助成を行うことが必要であると認められる広域団体に対して支給する。

(1)　当該広域団体の構成員又は広域団体を構成する団体の構成員である中小企業事業主の雇用する労働者を対象として行う認定訓練であること。

(2)　訓練生の数が年間おおむね二〇、〇〇〇人日以上であり（全国団体に限る。）、長期間の訓練課程においては一訓練科につきおおむね五人以上、短期間の訓練課程（指導員訓練の研修課程を含む。以下同じ。）においては一コース当たりおおむね五人以上であること。

(3)　訓練生総数の三分の二以上が当該広域団体の構成員又は広域団体を構成する団体の構成員である中小企業事業主に雇用されている者であること。

(4)　訓練生のうち、同一の都道府県にある事業所に雇用される者の訓練生総数に占める割合がおおむね二分の一未満であること。

(5)　当該広域団体の訓練組織、訓練設備、訓練計画、訓練開始時期等から判断して認定訓練を的確に遂行するに足りる能力を有すると認められるものであること。

(6)　認定訓練の実施に係る予算の執行について責任者が定められているとともに経理組織が整備されており、当該経理を明確、かつ、適正に執行できると認められるものであること。

(7)　認定訓練の実施に要した経費の額を明らかにした書類を整備していること。

(8)　当該認定訓練施設への訓練生の出席率が八〇パーセントを下回ることがないと認められるものであること。

4　助成対象経費

助成金は、認定訓練に要する経費のうち、次の各号に掲げるものを助成対象として支給する。

(1)　集合して行う学科又は実技の訓練を担当する職業訓練指導員、講師及び教務職員の謝金・手当に要する経費（一号経費）

この経費は、認定訓練施設等に集合して行われる学科又は実技の訓練を担当する職業訓練指導員、講師及び教務職員（長期間の訓練課程の訓練を実施する全国団体については教務職員の補助職員を含む。）の謝金・手当（賞与を含む。）に要する経費であること。

なお、職業訓練指導員、講師及び教務職員の謝金・手当に係る助成対象額は、当該広域団体の規約に基づく額であること。

(2)　集合して行う学科又は実技の訓練を行う場合に必要な建物の借り上げ及び維持に要する経費並びに機械器具等の購入等に要する経費（二号経費）

①　建物の借り上げ、修繕等に要する経費

② 測定器具、実験器具、体育訓練用機械器具等、訓練に直接必要な機械器具の購入、借り上げ又は修繕に要する経費

③ 訓練のために直接必要な光熱水料等

(3) 職業訓練指導員の研修及び訓練生の合同学習に要する経費（三号経費）

① 職業訓練指導員を対象として行われる研修会に職業訓練指導員が参加するために要する旅費等の経費

② 訓練生を対象として行われる合同学習会に訓練生が参加するために要する旅費等の経費

上記に掲げる経費については、長期間の訓練課程の訓練を実施する広域団体が訓練生としての自覚を高めその定着を促進するために行う研修会、講演会、表彰式、技能コンクール、作品展示会等への参加経費を含むものであること。また、職業能力開発協会で実施する職業能力開発促進大会、研修会等への参加経費についても含まれることとすること。

ただし、海外で行われるものは、除外するものであること。

(4) 集合して学科又は実技の訓練を行う場合に必要な教科書その他の教材に要する経費（四号経費）

① 教科書の購入、作成等に要する経費

② プリントその他の印刷費

③ 掛図、模型その他教材に要する経費

④ 試験の材料に要する経費

⑤ 訓練に必要な消耗品費

⑥ 訓練に必要な参考図書購入費

(5) 集合して学科又は実技の訓練を行う場合に必要な管理運営に要する経費、その他厚生労働大臣が必要、

かつ、適当と認める経費（五号経費）

①　実習場等における消火器、救急医薬品等の購入に要する経費

②　訓練修了証書、技能照査合格証書等の作成に要する経費

③　長期間の訓練課程の訓練を実施する広域団体における構成団体又は構成事業主、学校教育機関及び職業安定機関との連絡通信及び会議資料作成等（訓練生の募集に係るパンフレットの作成費等を含む。）に要する経費

ここでいう経費とは、電話使用料金、文書による通信費、資料作成のための複写用紙、印刷等に要する経費を含むものであること。また、訓練生の募集に係るパンフレットの作成費等の経費には、当該広域団体と構成団体又は構成事業主、学校教育機関及び職業安定機関との間の訓練生募集経費（高等学校等中途退校者に対する訓練生募集経費）も含むものであること。

5　支給額

(1)　支給額

助成金の額は、前記4の助成対象経費の合計額の二分の一（全国団体は三分の二）に相当する額（その額が、別表一（全国団体は別表二）の左欄及び中欄に掲げる職業訓練の種類及び訓練課程ごとに同表の右欄に掲げる額により算定して得た額の合計額を超えるときは、当該合計額）とする。

(2)　他の助成金等との調整

助成金の支給を受けることができる広域団体が、同一の事由により、次に掲げる助成金等を受けた場合には、当該支給事由によっては、助成金は支給しないものとする。

①　雇用保険法施行規則第百二十二条の三に規定する地域職業訓練推進事業助成金

② 雇用保険法施行規則第百二十三条に規定する認定訓練助成事業費補助金の支給を受けて都道府県が行う助成又は援助

③ 雇用保険法施行規則第百二十五条の三に規定する人材高度化事業助成金又は人材高度化訓練運営助成金

6 支給事務手続

(1) 支給申請書の提出

助成金の支給を受けようとする広域団体（以下「申請者」という。）は、毎年度四月一日から九月末日までに終了した認定訓練については十月一日から同月末日までに、十月一日から翌年三月末日までに終了した認定訓練については四月一日から同月末日までに、広域団体認定訓練助成金支給申請書（様式第一号。以下「申請書」という。）に訓練の実施に要した経費の内訳を添付して、申請者に係る職業訓練の認定を行った都道府県知事（以下「管轄都道府県知事」という。）に提出するものとする。

なお、普通課程の普通職業訓練については、九月末日及び三月末日に認定訓練を終了していない場合であっても、それぞれ当該認定訓練を終了したものとみなして支給申請を行うものとする。

(2) 支給の決定

申請書の提出を受けた管轄都道府県知事は、遅滞なくその内容を審査し、申請書の内容が助成金の支給要件に適合するものであると認めるときは、助成金の支給を決定するものとする。

なお、管轄都道府県知事は、必要があると認める場合には申請者に対し、3の6に掲げる書類その他申請書の記載事項を確認するために必要な書類の提出を求め、又は当該認定訓練の実施状況等を実地に調査するものとする。

(3)　助成金の支給の決定通知及び送金

①　管轄都道府県知事は、助成金の支給を決定したときは、遅滞なく広域団体認定訓練助成金支給決定通知書（様式第二号）により申請者に通知するとともに、申請書の「助成金の支給方法」欄に記載された方法のうち申請者の希望する方法で送金するものとする。

②　管轄都道府県知事は、助成金の不支給を決定したときは、遅滞なく広域団体認定訓練助成金不支給決定通知書（様式第三号）により申請者に通知するものとする。

別表1

職業訓練の種類	訓練課程		助成金の額
普通職業訓練	普通課程		1訓練生当たり　32,250円
	短期課程	①　職業能力開発促進法施行規則別表第4に係るもの	1人1コース当たり　39,000円
		②　職業能力開発促進法施行規則別表第5に係るもの	1人1コース当たり　22,500円
		③　①及び②以外	1人1単位当たり　4,320円

(注)　1　上記表中、普通課程における助成金の額は、4月1日から9月末日まで及び10月1日から3月末日までの認定訓練にそれぞれ対応する額である。

2　上記表中、短期課程のうち③における助成金の額は、次の訓練時間に対応する訓練単位数の1単位当たりの額である。

①　集合訓練時間数　12時間（規則別表第3に係るものについては10時間）以上15時間以内　…………　1単位
②　〃　16時間以上 25時間以内　…………　2単位
③　〃　26時間以上 40時間以内　…………　3単位
④　〃　41時間以上 60時間以内　…………　4単位
⑤　〃　61時間以上 80時間以内　…………　5単位
⑥　〃　81時間以上100時間以内　…………　6単位
⑦　〃　101時間以上150時間以内　…………　7単位
⑧　〃　151時間以上200時間以内　…………　8単位
⑨　〃　201時間以上　…………　9単位

別表２

職業訓練の種類	訓練課程		助成金の額
普通職業訓練	普通課程		１訓練科当たり　1,608,000円 １訓練生当たり　34,000円 １訓練施設当たり 　訓練生募集経費　80,000円 　臨時教務職員配置経費　80,000円 　訓練生定着促進経費　80,000円
	短期課程	①　職業能力開発促進法施行規則別表第４に係るもの	１人１コース当たり　64,800円
		②　職業能力開発促進法施行規則別表第５に係るもの	１人１コース当たり　42,400円
		③　①及び②以外	１人１単位当たり　9,560円

（注）　1　上記表中、普通課程における助成金の額は、４月１日から９月末日まで及び10月１日から３月末日までの認定訓練にそれぞれ対応する額である。

2　上記表中、短期課程のうち③における助成金の額は、次の訓練時間に対応する訓練単位数の１単位当たりの額である。

①　集合訓練時間数　12時間（規則別表第３に係るものについては10時間）以上15時間以内　…………　１単位
②　〃　16時間以上 25時間以内　…………　２単位
③　〃　26時間以上 40時間以内　…………　３単位
④　〃　41時間以上 60時間以内　…………　４単位
⑤　〃　61時間以上 80時間以内　…………　５単位
⑥　〃　81時間以上100時間以内　…………　６単位
⑦　〃　101時間以上150時間以内　…………　７単位
⑧　〃　151時間以上200時間以内　…………　８単位
⑨　〃　201時間以上　…………　９単位

様式第１号

広域団体認定訓練助成金支給申請書

広域団体認定訓練助成金の支給を受けたいので申請します。

平成　　年　　月　　日

団体の名称
所在地
(電話番号　　　　　　　)
代表者の役職及び氏名　　　　　　　　印

知事殿

① 助成の対象となる訓練の実施期間		平成　年　月　日から　平成　年　月　日まで					
② 訓練実績 ※（　）内は、中小企業事業主に雇用されている人数を内数計上すること。		訓練科名	訓練期間		訓練日数	訓練修了者数　※	備考
	普通課程		月　日〜月　日		日	人（人）	
			月　日〜月　日		日	人（人）	
			月　日〜月　日		日	人（人）	
		合計			日	人（人）	
		訓練コース名	訓練時間	単位数	訓練日数	訓練修了者数　※	備考
	短期課程		時間	単位	日	人（人）	
			時間	単位	日	人（人）	
			時間	単位	日	人（人）	
			時間	単位	日	人（人）	
			時間	単位	日	人（人）	
			時間	単位	日	人（人）	
		合計		単位	日	人（人）	
③ 訓練生出席状況	A　延訓練時間　　時間	B　延出席時間　　時間	出席率（B/A×100）　　%				
④ 訓練実績等により算定した助成額	イ　普通課程　1訓練生当たり（　　）円×（　　）人　＝（　　）円 ロ　短期課程 ・別表第４　（　　）円×（　　）コース×（　　）人＝（　　）円 ・別表第５　（　　）円×（　　）コース×（　　）人＝（　　）円 ・その他　（　　）円×（　　）単位×（　　）人×（　　）コース＝（　　）円						
	ハ　合計	※　　円					
⑤ 訓練の実施に要した経費 （それぞれの経費の内訳を別紙で添付すること）	1号経費	円					
	2号経費	円					
	3号経費	円					
	4号経費	円					
	5号経費	円					
	合計	円×1／2＝　※　　円					
⑥ 支給を受けようとする助成金の額 （④欄の※の額又は⑤欄の※の額のいずれか低い額を記入する）	円						
⑦ 助成金の支給方法	イ　送金　金融機関 店舗名	ロ　銀行振込　銀行名　　銀行　　支店 口座名義 口座の種類 口座番号					
⑧ 申請事務担当者	職名		氏名				

様式第１号

広域団体認定訓練助成金支給申請書（全国団体用）

広域団体認定訓練助成金の支給を受けたいので申請します。

平成　　年　　月　　日

団体の名称
所在地
（電話番号　　　　　　）
代表者の役職及び氏名　　　　　印

知事　殿

①　助成の対象となる訓練の実施期間	平成　　年　　月　　日から　平成　　年　　月　　日まで					
②　訓練実績 ※（　）内は、中小企業事業主に雇用されている人数を内数計上すること。		訓練科名	訓練期間	訓練日数	訓練修了者数　※	備　　考
	普通課程		月　日～月　日	日	人（人）	
			月　日～月　日	日	人（人）	
			月　日～月　日	日	人（人）	
		合　　計		日	人（人）	

		訓練コース名	訓練時間	単位数	訓練日数	訓練修了者数　※	備　　考
	短期課程		時間	単位	日	人（人）	
			時間	単位	日	人（人）	
			時間	単位	日	人（人）	
			時間	単位	日	人（人）	
			時間	単位	日	人（人）	
			時間	単位	日	人（人）	
		合　　計		単位	日	人（人）	

③　訓練生出席状況	A　延訓練時間　　　時間	B　延出席時間　　　時間	出席率（B/A×100）　　％

④　訓練実績等により算定した助成額	イ　普通課程　１訓練科当たり（　　）円×（　　）科　＝（　　）円 １訓練生当たり（　　）円×（　　）人　＝（　　）円 １施設当たり　（　　）円 ロ　短期課程 ・　別表第４　（　　）円×（　）コース×（　）人＝（　　）円 ・　別表第５　（　　）円×（　）コース×（　）人＝（　　）円 ・　その他　（　）円×（　）単位×（　）人×（　）コース＝（　　）円	
	ハ　合　計	※　　　　円

⑤　訓練の実施に要した経費 （それぞれの経費の内訳を別紙で添付すること）	１　号　経　費	円	
	２　号　経　費	円	
	３　号　経　費	円	
	４　号　経　費	円	
	５　号　経　費	円	
	合　　計	円×２／３＝　※　　円	

⑥　支給を受けようとする助成金の額 （④欄の※の額又は⑤欄の※の額のいずれか低い額を記入する）	円

⑦　助成金の支給方法	イ　送金　金融機関 店舗名	ロ　銀行振込　銀行名　　　銀行　　　支店 口座名義 口座の種類 口座番号

⑧　申請事務担当者	職名	氏名	

五　公共職業能力開発施設等

公共職業能力開発施設は、国、都道府県、市町村及び雇用・能力開発機構が職業訓練を行うために設置する施設で、その種類には、職業能力開発校、職業能力開発短期大学校、職業能力開発大学校、職業能力開発促進センター及び障害者職業能力開発校の五種類がある。

公共職業能力開発施設においては、普通職業訓練又は高度職業訓練が行われるが、単にこれにとどまらず事業主等に対して職業訓練に必要な援助を行うほか、開発途上にある海外の地域において事業を行う者に当該地域において雇用される労働者の訓練を担当する者に対して訓練を行う等によって、地域における職業能力開発システムの中心的機能を発揮するよう運営されるべきこととされている。

また、前記公共職業能力開発施設のほか、指導員訓練、職業能力の開発及び向上に関する調査研究を行うために職業能力開発総合大学校が設置されている。

(一)　公共職業能力開発施設

公共職業能力開発施設の区分別設置主体及び主な業務は次のとおりである。

なお、都道府県が職業能力開発短期大学校、職業能力開発大学校、職業能力開発促進センター又は障害者職業能力開発校を、市町村が職業能力開発校を設置する場合等には、あらかじめ、厚生労働大臣に協議し、その同意を得ることが必要とされている。

また、公共職業能力開発施設及び都道府県知事による職業訓練の認定を受けた職業訓練施設でないものは、その名称中に職業能力開発校、職業能力開発短期大学校、職業能力開発大学校、職業能力開発促進センター又は障害者職業能力開発校という文字を用いてはならないという名称使用の制限がある（法第十七条）。

1　職業能力開発校

職業能力開発校は、主として都道府県が設置し、地域における職業訓練の基盤となる職業能力開発施設として普通課程の普通職業訓練を行うほか、労働者及び事業主の必要に対応して短期課程の普通職業訓練を併せて行うものである。

2　職業能力開発短期大学校

職業能力開発短期大学校は、主として雇用・能力開発機構及び都道府県が設置し、短期課程の普通職業訓練、専門課程及び専門短期課程の高度職業訓練その他職業訓練に関し必要な業務を行うものである。

3　職業能力開発大学校

職業能力開発大学校は、主として雇用・能力開発機構が設置し、短期課程の普通職業訓練、専門課程及び専門短期課程の高度職業訓練に加え、応用課程及び応用短期課程の高度職業訓練その他職業訓練に関し必要な業務を行うものである。

4　職業能力開発促進センター

職業能力開発促進センターは、主として雇用・能力開発機構が設置し、短期課程の普通職業訓練、専門短期課程の高度職業訓練その他職業訓練に関し必要な業務を行うものである。

5　障害者職業能力開発校

障害者職業能力開発校は、主として国及び都道府県が設置し、前述の公共職業能力開発施設において職業訓練を受けることが困難な身体又は精神に障害がある者等に対して、その能力に適応した普通職業訓練又は高度職業訓練を行うものである。国が設置した障害者職業能力開発校の運営は都道府県又は日本障害者雇用促進協会に委託されている。

(二) 職業能力開発総合大学校

職業能力開発総合大学校は、雇用能力開発機構が設置し、①指導員訓練、②準則訓練の実施の円滑化に資する職業訓練、③職業能力の開発及び向上に関する調査及び研究、④技能検定についての援助、⑤その他職業能力開発及び向上に関し必要な業務を行うものである（法第二十七条、規則第三十六条の二）。

(三) 公共職業能力開発施設の設置の同意

(一)で述べたように、厚生労働大臣の同意を受けて、都道府県は職業能力開発短期大学校、職業能力開発大学校、職業能力開発促進センター又は障害者職業能力開発校を、市町村は職業能力開発校を設置することができる（法第十六条第三項）。申請手続等は次のとおりである。

1　設置の協議の申出

公共職業能力開発施設の設置の同意を受ける者は、規則第五条の規定により、次の事項を記載した申請書を、厚生労働大臣に提出しなければならない。

①　名称及び所在地
②　設置理由
③　職業訓練の種類及び訓練課程
④　訓練科の名称、訓練科ごとの訓練期間、訓練時間及び訓練生の定数

⑤　訓練科ごとの教科の科目及び訓練の実施の方法
⑥　訓練科ごとの職業訓練指導員の数並びにその他の職員の職名及び数
⑦　土地及び建物の面積、平面図及び権利関係並びに建物の構造の概要及び用途
⑧　訓練科ごとの工作物、機械及び器具の名称、数量及び権利関係並びに工作物及び機械の配置図
⑨　職業訓練に関する予算の概要
⑩　訓練開始予定年月日

2　変更及び廃止届

1の申請により同意を受けた公共職業能力開発施設に関し、1の①又は⑤から⑧までに掲げる事項について変更した場合（軽微なものは除く。）には、速やかに変更した事項等を、1の③又は④に掲げる事項について変更しようとする場合には変更の内容等を記載した申請書を提出しなければならない（規則第六条）。

また、同意を受けて設置した公共職業能力開発施設を廃止しようとする場合には、規則第七条に定めるところにより、あらかじめ、廃止の内容等を届出なければならない。

六　職業訓練及び指導員訓練に関する基準

(一)　職業訓練

(i)　普通課程の普通職業訓練

普通課程の普通職業訓練の訓練基準は、規則第十条に定められており、その運用については次のとおりとする。

1　普通課程の普通職業訓練の概括的な基準は、次のとおりである。

(1)　訓練の対象者

中学校卒業者若しくはこれと同等以上の学力を有すると認められる者（以下「中学校卒業者等」という。）又は高等学校卒業者若しくはこれと同等以上の学力を有すると認められる者（以下「高等学校卒業者等」という。）であることが必要であるが、これは、新規学卒者に限る趣旨ではなく、既卒者を含むものである。

中学校卒業者と同等以上の学力を有すると認められる者には、外国において中学校の課程に相当する課程を修了した者等が含まれ、高等学校卒業者と同等以上の学力を有すると認められる者には、中学校卒業者等を対象とする普通課程を修了した者、外国において高等学校の課程に相当する課程を修了した者、昭和二十三年文部省告示第四十七号第二十一号の規定による専修学校の高等課程の修業年限三年以上の課程を修了した者、大学入学資格検定規程（昭和二十六年文部省令第十三号）により文部科学大臣の行う大学入学資格検定に合格した者、高等学校卒業者と同等以上の技能習得能力を有すると認められる者等が含まれるものである。

なお、年少者労働基準規則（昭和二十九年労働省令第十三号）等の法令により、一定の者に対し、特定の業務に就業することを制限している場合（職業訓練に関し当該就業制限の特例が規定されている場合を除く。）は、当該業務に関する訓練を含む訓練科の対象者の資格を当該法令に基づいて定めるものとし、また、自動車整備士等の公的資格制度のある職種に係る訓練科については、対象者の資格を当該制度の資格要件に基づいて定めるものとする。

(2)　教科

イ　その科目が将来多様な技能及びこれに関する知識を有する労働者となるために必要な基礎的な技能及びこれに関する知識を習得させるために適切と認められるものであること。

ロ　訓練の対象となる技能及びこれに関する知識の範囲を設定し、当該技能及びこれに関する知識の範囲に係る多様な技能及びこれに関する知識を有する労働者の素地としての技能及びこれに関する知識の水準に到達させるものであること。

ハ　学科の科目及び実技の科目を含まなければならないこと。

ニ　学科の科目について、社会、体育、数学、物理、化学、実用外国語、国語等の普通学科を行う場合にあっては、原則として、専門学科（規則別表第二（以下単に「別表第二」という。）に定めるところによる訓練を行う場合にあっては、系基礎学科及び専攻学科。以下同じ。）と区分して行うこと。

ホ　普通学科を行う場合は、主として専門学科の理解の基礎となる科目を選定することとするが、訓練生の自主性を助長しつつ、ボランティア活動等職業人としての素養を身に付けるのにふさわしい科目も設定するよう努めること。

また、生活指導、ホームルーム活動、体育祭等は、普通学科として取り扱って差し支えない。

普通学科の訓練時間は専門学科の訓練時間より少ない時間数とすること。

なお、中学校卒業者等を対象とする場合の普通学科の訓練時間は、二百時間以上とし、かつ、専門学科の訓練時間より少ない時間数とすること。

へ　専門学科は、実技の習得に必要な知識を付与するものであって、原則として安全衛生の科目を含むものであること。

専門学科の科目の内容については、訓練を行う実技の科目の内容及びその程度に応じて決定すべきものであり、訓練の実施に当たっては実技の科目の内容と遊離して行われることのないよう留意すること。

また、専門学科の訓練時間は、中学校卒業者等を対象とする場合にあっては、おおむね三百時間以上、高等学校卒業者等を対象とする場合にあっては、おおむね二百四十時間以上であること。

ト　実技の科目には、原則として安全衛生の科目を含むものとし、また、実技の訓練時間は教科の科目ごとの訓練時間を合計した時間（以下「総訓練時間」という。）の三十パーセントに相当する時間以上であること。

なお、実技の科目の実施に当たっては、インターンシップ（訓練生が訓練期間中に自らの専攻、将来のキャリアに関連した就業体験を行うこと。以下同じ。）の活用を含め、実際の現場での実習を設定するよう努めること。

(3)　訓練の実施方法

学科の科目については、通信の方法によっても行うことができる。この場合には、3に定めるところにより、添削指導及び面接指導を行うこと。

(4)　訓練期間

中学校卒業者等を対象とする場合にあっては二年、高等学校卒業者等を対象とする場合にあっては一年であること。ただし、訓練の対象となる技能及びこれに関する知識の内容、訓練の実施体制等によりこれにより難い場合には、中学校卒業者等を対象とするときにあっては二年以上四年以下、高等学校卒業者等を対象とするときにあっては一年以上三年以下の期間内で当該訓練を適切に行うことができると認められる期間とすることができる。

なお、高等学校卒業者等を対象とする場合であって、訓練期間四年となるのは、別表第二に定める保険医療系臨床検査科の訓練期間が一年間延長された場合に限る。

ここで、「訓練の対象となる技能及びこれに関する知識の内容、訓練の実施体制等によりこれにより難い場合」とは、訓練の対象となる技能及びこれに関する知識の内容について、広い範囲若しくは高い習熟の程度を必要とする場合その他これらに準ずる場合又は訓練の実施体制について、夜間の特別な時間若しくは期間において訓練を行う場合（以下「夜間訓練等の場合」という。）をいうものであること。

(5)　訓練時間

一年につきおおむね千四百時間であり、かつ、総訓練時間が中学校卒業者等を対象とする場合にあっては二千八百時間以上、高等学校卒業者等を対象とする場合にあっては千四百時間以上であること。ただし、訓練の実施体制等によりこれにより難い場合には、一年につきおおむね七百時間まで短縮することができること。

ここで、「訓練の実施体制等によりこれにより難い場合」とは、夜間訓練等の場合をいうものであり、これにより一年当たりの訓練時間を短縮したときは、当該訓練時間の短縮に応じて訓練期間を延長することにより、これらの最低限の総訓練時間数を満たす必要があること。

なお、これらの場合の訓練時間の算定方法は、五十分間（休憩時間を除く。）を一時間として算定して差し支えないこと。

(6) 設備

教科の科目に応じ当該科目の訓練を適切に行うことができると認められるものであること。

(7) 訓練生の数

訓練を行う一単位につき五十人以下であること。

(8) 職業訓練指導員

職業訓練指導員の数は、訓練科ごとに訓練を行う一単位の訓練生につき三人（三十人を超える訓練生を一単位とする場合には、四人）を標準とし、訓練生の数、訓練の実施に伴う危険の程度又は指導の難易に応じて増減した数とすること。

(9) 試験

学科試験及び実技試験に区分し、訓練期間一年以内ごとに一回行うこと。ただし、最終の回の試験は、技能照査をもって代えることができるものとする。

なお、学科試験において、普通学科の科目については省略することができるものとする。

(10) その他

訓練科名は、別表第二に定めるところによる訓練以外の訓練にあっては、訓練の内容を適切に表した訓練科の名称を定めること。

したがって、当該訓練科の名称は、別表第二の訓練科の欄に定める訓練科の名称とは異なるものとすること。

2　別表第二に定める訓練科に係る訓練については、1に定めるもののほか、同表に定めるところにより行われるものを標準とすること。

具体的には、1に定めるもののほか、次によること。

なお、別表第二は、訓練の対象者が、高等学校卒業者等を原則として定めているので留意すること。

(1)　高等学校卒業者等を対象とする場合の訓練基準は、次のとおりである。

イ　教科

(イ)　訓練科は、訓練系及び専攻科からなるものとし、訓練科ごとの教科について最低限必要とする科目は、別表第二の教科の欄に定める科目とすること。

(ロ)　(イ)に定める科目のほか、必要に応じ各訓練施設におけるニーズ等を考慮しつつ、それぞれの訓練科ごとに適切な科目を追加することができること。

なお、普通学科は、この科目として追加して行って差し支えないが、普通学科の訓練時間は系基礎学科及び専攻学科の訓練時間を合計した時間よりも少ない時間とすること。

(ハ)　労働安全衛生法及び作業環境測定法による資格取得に係る訓練科については、当該資格を付与するにふさわしいものとなるよう教科の科目を定めること。

ロ　訓練期間

訓練科ごとの最低限の訓練期間は、別表第二の訓練期間及び訓練時間の欄に定めるとおりとすること。

ハ　訓練時間

(イ)　通信制訓練以外の訓練の訓練科ごとの最低限の総時間並びに系基礎学科、系基礎実技、専攻学科及び専攻実技の科目ごとに行うべき最低限の訓練時間は、別表第二の訓練期間及び訓練時間の欄に定めるとおりとすること。

(ロ)　通信制訓練の面接指導のための最低限の訓練時間は、別表第二の訓練期間及び訓練時間の欄に定める系基礎学科及び専攻学科の訓練時間のそれぞれ二十パーセントに相当する時間とすること。

ニ　設備

訓練科ごとに最低限必要とする設備は、別表第二の設備の欄に定めるとおりとすること。公共職業能力開発施設の設備は、訓練科ごとの設備の細目を標準として、地域業界のニーズ等に応じたものを整備すること。

(2)　中学校卒業者等を対象とする場合の訓練基準は、次のとおりである。

イ　教科

(イ)　訓練科は、訓練系及び専攻科からなるものとし、訓練科ごとの教科について最低限必要とする科目は、別表第二の教科の欄に定める科目とすること。

(ロ)　(イ)に定める科目のほか、社会、体育、数学、物理、化学、実用外国語、国語等の普通学科の科目のうち必要なものを追加して行うこと。

普通学科の訓練時間は二百時間以上とし、系基礎学科及び専攻学科の訓練時間を合計した時間よりも少ない時間とすること。

(ハ)　(イ)及び(ロ)に定める科目のほか、必要に応じ、各訓練施設におけるニーズ等を考慮しつつ、それぞれの訓練科ごとに適切な科目を追加することができること。

(ニ)　労働安全衛生法及び作業環境測定法による資格取得に係る訓練科については、当該資格を付与するにふさわしいものとなるよう教科の科目を定めること。

ロ　訓練期間

訓練科ごとの最低限の訓練期間については、それぞれ別表第二の訓練期間及び訓練時間の欄に定める訓練期間に一年を加えて得た期間とすること。

ハ　訓練時間

(イ)　通信制訓練以外の訓練の訓練科ごとの最低限の総時間は、別表第二の訓練期間及び訓練時間の欄に定める総時間に千四百時間を加えて得た時間とし、系基礎学科、系基礎実技、専攻学科及び専攻実技の科目ごとに行うべき最低限の訓練時間は、別表第二の訓練期間及び訓練時間の欄に定めるとおりとすること。

(ロ)　通信制訓練の面接指導のための最低限の訓練時間は、別表第二の訓練期間及び訓練時間の欄に定める系基礎学科及び専攻学科の訓練時間並びにイ(ロ)に定める普通学科の訓練時間のそれぞれ二十パーセントに相当する時間とすること。

ニ　設備

訓練科ごとに最低限必要とする設備は、別表第二の設備の欄に定めるとおりとすること。

公共職業能力開発施設の設備は、訓練科ごとの設備の細目を標準として、地域業界のニーズ等に応じたものを整備すること。

(3) (1)及び(2)について、訓練期間、訓練時間及び訓練の実施体制等によって当該訓練期間を延長する場合の最長の訓練期間をまとめると次のとおりであること。

別表第二に定める訓練期間及び訓練時間	高等学校卒業者等を対象とする場合の延長後の最長の訓練期間及び訓練時間（夜間訓練等の場合）	中学校卒業者等を対象とする場合の訓練期間及び訓練時間	中学校卒業者等を対象とする場合の延長後の最長の訓練期間及び訓練時間（夜間訓練等の場合）
一年 一、四〇〇時間	二年 一、四〇〇時間	二年 二、八〇〇時間	四年 二、八〇〇時間
二年 二、八〇〇時間	三年 二、八〇〇時間	三年 四、二〇〇時間	四年 四、二〇〇時間

3　通信制訓練における添削指導及び面接指導は、次により行うこと。

(1)　添削指導

添削指導は、質疑応答の回数を除き、三回以上行うこと。

イ　設問解答

添削指導における設問は、あらかじめ配付した教科書等の内容に応じ、教科の科目ごとに、二問以上とすること。

当該設問に対する解答は、訓練実施者の定めた計画に基づき提出させるものとし、当該解答の提出が遅延している訓練生に対しては、速やかに提出するよう督促すること。

ロ　添削指導

提出された解答は、一定期間内に添削指導を行い、速やかに返付すること。

ハ　質疑応答

教科書及び設問解答に関する質疑が適宜行えるようにその手続きを定めるとともに、提出のあった質疑に対しては、速やかに回答を作成して返付すること。

(2)　面接指導

面接指導は、訓練期間一年につき一回以上行うこと。また、所定の添削指導を終了したときは、面接指導を行うこと。

面接指導の内容は、当該教科の科目の重要事項、添削指導で把握された問題点等について指導すること。

所定の添削指導の終了前及び終了後に行うべき面接指導の標準の訓練時間は、次の表のとおりとすること。なお、同表中の通常訓練時間とは、通信の方法以外の方法により行った科目の訓練時間を合計した時間をいうこと。

		訓練の対象者	面接指導の訓練時間
別表第二に定めるところにより行う訓練以外の訓練	普通学科を行う場合であって、当該教科のすべての科目を通信の方法により行う場合	中学校卒業者等	四〇時間以上
	普通学科を行う場合であって、当該教科の一部の科目を通信の方法によ	中学校卒業者等	二〇〇時間から普通学科に係る通常訓練時間を差し引いた残りの時間の二〇パーセントに相当する時間（当該時間が三時間より少ない場合は、三時間）以上

り行う場合	専門学科のすべての科目を通信の方法により行う場合	中学校卒業者等	六〇時間以上
		高等学校卒業者等	五〇時間以上
	専門学科の一部の科目を通信の方法により行う場合	中学校卒業者等	三〇〇時間から専門学科に係る通常訓練時間を差し引いた残りの時間の二〇パーセントに相当する時間（当該時間が三時間より少ない場合は、三時間）以上
		高等学校卒業者等	二四〇時間から専門学科に係る通常訓練時間を差し引いた残りの時間の二〇パーセントに相当する時間（当該時間が三時間より少ない場合は、三時間）以上
別表二に定めるところにより行う訓練	普通学科のすべての科目を通信の方法により行う場合	中学校卒業者等	四〇時間以上
	普通学科の一部の科目を通信の方法により行う場合	中学校卒業者等	二〇〇時間から普通学科にかかる通常訓練時間を差し引いた残りの時間の二〇パーセントに相当する時間（当該時間が三時間より少ない場合は、三時間）以上
	系基礎学科及び専攻学科のすべての科目を通信の方法により行う場合	中学校卒業者等及び高等学校卒業者等	別表第二の訓練期間及び訓練時間の欄に定める系基礎学科及び専攻学科の訓練時間のそれぞれの二〇パーセントに相当する時間以上
	系基礎学科及び専攻学科の一部の科目を通信の方	中学校卒業者等及び高等学	別表第二の訓練期間及び訓練時間の欄に定める系基礎学科の訓練時間から系基礎学科に係る通常訓練時間を差し

	法により行う場合	校卒業者等	引いた残りの時間及び専攻学科の訓練時間から専攻学科に係る通常訓練時間を差し引いた残りの時間のそれぞれの二〇パーセントに相当する時間（当該時間が三時間より少ない場合は、三時間）以上

4　修了

(1)　修了の要件

イ　試験の結果その他の評価により訓練生の保有する技能及びこれに関する知識の程度が修了に値すると認められる場合に修了させること。

なお、所定の訓練以外に補講等を実施し、その結果、修了に値すると認められた場合にも、訓練を修了させて差し支えないこと。

ロ　訓練生が疾病その他やむを得ない事由により所定の訓練の一部を受けていない場合については、当該訓練生の受けた訓練時間（教科の科目を省略し、訓練時間を短縮した場合においては、その短縮した訓練時間を含む。）が、教科編成においてあらかじめ定めた学科及び実技の訓練時間のそれぞれ八十パーセントに相当する時間（通信制訓練の場合にあっては、所定の添削指導を終了し、かつ、面接指導時間を含む訓練時間の八十パーセントに相当する時間。）以上で、かつ、試験の結果、当該訓練生の保有する技能及びこれに関する知識の程度が修了に値すると認められる場合、訓練を修了させて差し支えないこと。

ハ　養成施設等の指定を受けている職業訓練施設にあっては、イ及びロにかかわらず、修了の要件を当該指定の要件に適合するものとすること。

(2)　修了証書等

イ　訓練を修了した者に対して修了証書（別紙1様式（三一九ページ））を参考として作成したもの）を交付すること。

ロ　修了証書の交付に当たつては、当該訓練生の受けた訓練の教科の科目及び科目ごとの訓練時間を記載した教科履修証明書（別紙2様式（三二一ページ））を参考として作成したもの）を交付するよう努めること。

第五表　普通課程の普通職業訓練（規則別表第二）

一　教科

1　訓練科（次の表の訓練科の欄に定める訓練系及び専攻科からなる訓練科をいう。）ごとの教科について最低限必要とする科目は、次の表の教科の欄に定める系基礎学科、系基礎実技、専攻学科及び専攻実技の科目とする。

2　中学校卒業者又はこれと同等以上の学力を有すると認められる者（以下この表において「中学校卒業者等」という。）を対象とする訓練の訓練科については、1に定めるもののほか、社会、体育、数学、物理、化学、実用外国語、国語等普通学科の科目のうちそれぞれの訓練科ごとに必要なものを追加するものとする。

3　1及び2に定めるもののほか、必要に応じ、それぞれの訓練科ごとに適切な科目を追加することができる。

二　訓練期間

1　訓練科ごとに最低限必要とする訓練期間は、次の表の訓練期間及び訓練時間の欄に定めるとおりとする。ただし、中学校卒業者等を対象とする訓練の訓練科ごとに最低限必要とする訓練期間については、それぞれ次の表の訓練期間及び訓練時間の欄に定める訓練期間に一年を加えて得た期間とする。

2　1に定める訓練期間は、一年（中学校卒業者等を対象とする訓練であつて、1に定めるところによる訓練期間が二年となるものにあつては、二年）を超えて延長することはできない。

3　中学校卒業者等を対象とする訓練であつて、1に定めるところによる訓練期間が四年となるものについては、2

にかかわらず、当該訓練期間を延長することはできない。

三　訓練時間

1　通信制訓練以外の訓練の訓練科ごとに最低限必要とする総時間及び教科ごとに最低限必要とする訓練時間は、次の表の訓練期間及び訓練時間の欄に定めるとおりとする。ただし、二─1のただし書に定める訓練科ごとに最低限必要とする総時間は、同表の訓練期間及び訓練時間の欄に定める総時間に千四百時間を加えて得た時間とする。

2　一─2の普通学科について最低限必要とする訓練時間は、二百時間とする。

3　通信制訓練の面接指導のために最低限必要とする訓練時間は、次の表の訓練期間及び訓練時間の欄に定める系基礎学科及び専攻学科の訓練時間並びに2に定める普通学科の訓練時間のそれぞれ二十パーセントに相当する時間とする。

四　設備

1　訓練科ごとに最低限必要とする設備は、次の表の設備の欄に定めるとおりとする。

2　1に定めるもののほか、公共職業能力開発施設の設備の細目は、厚生労働大臣が別に定めるとおりとする。

(別表第二の訓練科（例）)

訓練科		訓練の対象となる技能及びこれに関する知識の範囲	教科	訓練期間及び訓練時間（単位は時間とする。）	設備	
訓練系	専攻科				種別	名称
五　機械系	機械加工科	機械加工における基礎的な技能及びこれに関する知識	一　系基礎	訓練期間　一年 訓練時間 総時間　一、四〇〇	建物その他の工作物	教室 実習場
			1　学科	三〇〇	機械	工作用機械類 情報処理用機器類
			①　機械工学概論 ②　電気工学概論 ③　ＮＣ工作概論 ④　生産工学概論 ⑤　材料力学 ⑥　材料 ⑦　製図 ⑧　機械工作法 ⑨　測定法 ⑩　安全衛生		その他	器工具類 計測器類 製図器及び製図用具類 教材類
			2　実技			
			①　コンピュータ操作基本実	一五〇		

	汎用工作機械、NC工作機械等による各種切削加工及び研削加工並びに機械の組立てにおける技能並びにこれに関する知識	習 ② 製図基本実習 ③ 安全衛生作業法 二 専攻 1 学科 ① 切削加工法及び研削加工法 ② 金型工作法 2 実技 ① 測定及びけがき実習 ② NCプログラミング実習 ③ 機械工作実習 ④ 切削加工及び研削加工実習	 一〇〇 三〇〇		
精密加工科	機械加工における基礎的な技能及びこれに関する知識	一 系基礎 1 学科 機械系機械加工科の系基礎学科の①から⑩までに掲げる科目	訓練期間 一年 訓練時間 総時間 一、四〇〇 三〇〇	建物その他の工作物 機械 その他	教室 実習場 精密加工用工作機械類 情報処理用機器類 器工具類 計測器類 製図器及び製

		汎用工作機械、NC工作機械等による各種切削加工及び研削加工並びに特殊工作機械による精密加工及び非切削加工における技能並びにこれに関する知識	2　実技 機械系機械加工科の系基礎実技の①から③までに掲げる科目 二　専攻 1　学科 ①　切削加工法及び研削加工法 ②　金型工作法 ③　精密加工法 2　実技 ①　測定及びけがき実習 ②　NCプログラミング実習 ③　切削加工及び研削加工実習 ④　機械工作実習 ⑤　精密加工実習	一五〇 一五〇 三三〇		図用具類 教材類
	機械製図科	機械加工における基礎的な技能及びこれ	一　系基礎 1　学科 機械系機械加工科の系基礎	訓練期間　一年 訓練時間 総時間 一、四〇〇 三〇〇	建物その他の工作物 機械 その他	教室 実習場 図面複写機 情報処理用機器類 器工具類 計測器類

		に関する知識	学科の①から⑩までに掲げる科目			製図器及び製図用具類 教材類
			2　実技 機械系機械加工科の系基礎実技の①から③までに掲げる科目	一五〇		
		機械の部品図、組立て図等の製図及び写図、テクニカルイラストレーション並びに設計における技能並びにこれに関する知識	二　専攻 1　学科 ①　応用材料力学 ②　機械製図 ③　機械設計 ④　テクニカルイラストレーション表現技法	二〇〇		
			2　実技 ①　スケッチ実習 ②　機械製図実習 ③　機械設計実習 ④　ＣＡＤ実習 ⑤　テクニカルイラストレーション実習	三〇〇		

第六表　規則別表第二で設定されている普通課程の普通職業訓練の訓練科一覧表

訓練科		訓練の対象となる技能及びこれに関する知識の範囲	訓練期間〔注〕
訓練系	専攻科		
一　園芸サービス系	園芸科	（系基礎）植物の取扱いにおける基礎的な技能及びこれに関する知識 （専　攻）草花、野菜、果樹等の栽培における技能及びこれに関する知識	一年
	造園科	（系基礎）植物の取扱いにおける基礎的な技能及びこれに関する知識 （専　攻）庭園等の築造における技能及びこれに関する知識	
一の二　森林系	森林環境保全科	（系基礎）森林の取扱いにおける基礎的な技能及びこれに関する知識 （専　攻）森林施業・森林の多面的利用その他の森林の管理及び経営における技能及びこれに関する知識	一年
二　金属材料系	鉄鋼科	（系基礎）金属材料の熱処理における基礎的な技能及びこれに関する知識 （専　攻）製銑作業、製鋼作業、造塊作業、焼結作業、圧延作業、伸張作業並びに各装置の簡単な保守及び点検における技能並びにこれに関する知識	一年
	鋳造科	（系基礎）金属材料の熱処理における基礎的な技能及びこれに関する知識 （専　攻）砂型鋳造作業・ダイカスト作業・粉末冶金作業並びに各種鋳造用機械及び溶解炉の操作における技能並びにこれに関する知識	一年

	鍛造科	(系基礎)　金属材料の熱処理における基礎的な技能及びこれに関する知識 (専　攻)　自由鍛造作業、型鍛造作業並びに鍛造用機械の操作及び保守における技能並びにこれに関する知識	一年
	熱処理科	(系基礎)　金属材料の熱処理における基礎的な技能及びこれに関する知識 (専　攻)　一般熱処理、表面硬化処理、材料の試験検査並びに熱処理用機械の操作及び保守における技能並びにこれに関する知識	一年
三　金属加工系	塑性加工科	(系基礎)　金属の接合及び加工等の金属加工における基礎的な技能及びこれに関する知識 (専　攻)　プレス加工機、せん断用機械、曲げ機械及び自動化装置の操作及び調整並びに板金工作及び溶接加工における技能並びにこれに関する知識	一年
	溶接科	(系基礎)　金属の接合及び加工等の金属加工における基礎的な技能及びこれに関する知識 (専　攻)　各種溶接機、加工機器、溶接ロボット等による溶接施工及び簡単な溶接検査における技能及びこれに関する知識	一年
	構造物鉄工科	(系基礎)　金属の接合及び加工等の金属加工における基礎的な技能及びこれに関する知識 (専　攻)　工作図に基づく部材加工及び簡単な鉄鋼構造部材の組立て、曲げ加工等における技能及びこれに関する知識	一年

四　金属表面処理系	めつき科	（系基礎）金属の表面処理における基礎的な技能及びこれに関する知識 （専　攻）金属のめつきにおける技能及びこれに関する知識	一年
	陽極酸化処理科	（系基礎）金属の表面処理における基礎的な技能及びこれに関する知識 （専　攻）アルミニウム、アルミニウム合金等の陽極酸化処理における技能及びこれに関する知識	一年
五　機械系	機械加工科	（系基礎）機械加工における基礎的な技能及びこれに関する知識 （専　攻）汎用工作機械、ＮＣ工作機械等による各種切削加工及び研削加工並びに機械の組立てにおける技能並びにこれに関する知識	一年
	精密加工科	（系基礎）機械加工における基礎的な技能及びこれに関する知識 （専　攻）汎用工作機械、ＮＣ工作機械等による各種切削加工及び研削加工並びに特殊工作機械による精密加工及び非切削加工における技能並びにこれに関する知識	一年
	機械製図科	（系基礎）機械加工における基礎的な技能及びこれに関する知識 （専　攻）機械の部品図、組立て図等の製図及び写図、テクニカルイラストレーション並びに設計における技能並びにこれに関する知識	一年
六　電気・電子系	製造設備科	（系基礎）電気・電子機器の取扱いにおける基礎的な技能及びこれに関する知識 （専　攻）電気・電子制御による製造設備、計装等の分解、組立て、修理及び調整における技能及びこれに関する知識	一年

電気通信設備科	(系基礎)電気・電子機器の取扱いにおける基礎的な技能及びこれに関する知識 (専　攻)電気通信伝送路に必要な設備の接続、施工及び管理における技能及びこれに関する知識	一年
電子機器科	(系基礎)電気・電子機器の取扱いにおける基礎的な技能及びこれに関する知識 (専　攻)電子機器の分解、組立て、修理及び調整における技能及びこれに関する知識	一年
電気機器科	(系基礎)電気・電子機器の取扱いにおける基礎的な技能及びこれに関する知識 (専　攻)電気機器の分解、組立て、修理及び調整における技能及びこれに関する知識	一年
コンピュータ制御科	(系基礎)電気・電子機器の取扱いにおける基礎的な技能及びこれに関する知識 (専　攻)コンピュータを利用した制御機器のソフトウェアの設計及び工作機械等の電気制御回路、自動制御装置等の調整における技能及びこれに関する知識	一年
電気製図科	(系基礎)電気・電子機器の取扱いにおける基礎的な技能及びこれに関する知識 (専　攻)電気・電子機器の製図、写図及び設計における技能及びこれに関する知識	一年

七　電力系	発変電科	（系基礎）発電設備、変電設備及び送配電設備の取扱いにおける基礎的な技能及びこれに関する知識	一年
		（専　攻）発変電設備の運転、点検及び保守操作における技能及びこれに関する知識	
	送配電科	（系基礎）発電設備、変電設備及び送配電設備の取扱いにおける基礎的な技能及びこれに関する知識	一年
		（専　攻）電路の架設、敷設及び保守並びに送配電設備の取扱いにおける技能並びにこれに関する知識	
	電気工事科	（系基礎）発電設備、変電設備及び送配電設備の取扱いにおける基礎的な技能及びこれに関する知識	一年
		（専　攻）電灯、受変電設備、配電盤、制御盤等の配線工事及び検査における技能及びこれに関する知識	
八　第一種自動車系	自動車製造科	（系基礎）自動車の製造及び整備における基礎的な技能及びこれに関する知識	一年
		（専　攻）自動車の組立て及び調整における技能及びこれに関する知識	
	自動車整備科	（系基礎）自動車の製造及び整備における基礎的な技能及びこれに関する知識	一年
		（専　攻）自動車の整備における技能及びこれに関する知識	
九　第二種自動車系	自動車整備科	（系基礎）自動車の製造、整備及び検査における基礎的な技能及びこれに関する知識	二年
		（専　攻）自動車の整備及び検査における技能及びこれに関する知識	

	自動車車体整備科	（系基礎）自動車の製造、整備及び検査における基礎的な技能及びこれに関する知識 （専　攻）自動車の車枠及び車体の整備及び検査における技能及びこれに関する知識	二年
十　航空機系	航空機製造科	（系基礎）航空機の製造及び整備における基礎的な技能及びこれに関する知識 （専　攻）航空機の製造における機体組立て、発動機組立て、機体ぎ装及び検査等における技能及びこれに関する知識	二年
	航空機整備科	（系基礎）航空機の製造及び整備における基礎的な技能及びこれに関する知識 （専　攻）航空機の機体、発動機、機器装置及び装備品等の点検及び整備における技能及びこれに関する知識	二年
十一　鉄道車両系	鉄道車両製造科	（系基礎）鉄道車両の製造及び整備における基礎的な技能及びこれに関する知識 （専　攻）鉄道車両の製造における現図製作、鉄鋼材加工、組立て及びぎ装における技能及びこれに関する知識	一年
十二　船舶系	造船科	（系基礎）船舶の製造及び整備における基礎的な技能及びこれに関する知識 （専　攻）船舶の製造における設計、組立て、ぎ装及び検査等における技能及びこれに関する知識	一年

十三　精密機器系	時計修理科	（系基礎）精密機器の取扱いにおける基礎的な技能及びこれに関する知識 （専　攻）時計の修理及び調整における技能及びこれに関する知識	一年
	光学ガラス加工科	（系基礎）精密機器の取扱いにおける基礎的な技能及びこれに関する知識 （専　攻）レンズ、プリズム、平面板等の研磨及び表面処理における技能及びこれに関する知識	一年
	光学機器製造科	（系基礎）精密機器の取扱いにおける基礎的な技能及びこれに関する知識 （専　攻）光学機器の組立て、修理及び調整における技能及びこれに関する知識	一年
	計測機器製造科	（系基礎）精密機器の取扱いにおける基礎的な技能及びこれに関する知識 （専　攻）計測用機器の組立て、修理及び調整における技能及びこれに関する知識	一年
	理化学器械製造科	（系基礎）精密機器の取扱いにおける基礎的な技能及びこれに関する知識 （専　攻）理化学用及び医療用の器械の組立て、修理及び調整における技能及びこれに関する知識	一年

十四　製材機械系	製材機械整備科	（系基礎）製材機械の製造及び整備における基礎的な技能及びこれに関する知識 （専　攻）製材機械の整備における技能及びこれに関する知識	一年
十五　機械整備系	内燃機関整備科	（系基礎）機械（内燃機関を有するものに限る。）の整備における基礎的な技能及びこれに関する知識 （専　攻）内燃機関の組立て、調整及び性能検査における技能及びこれに関する知識	一年
	建設機械整備科	（系基礎）機械（内燃機関を有するものに限る。）の整備における基礎的な技能及びこれに関する知識 （専　攻）建設機械の整備及び建設機械による施工における技能及びこれに関する知識	一年
	農業機械整備科	（系基礎）機械（内燃機関を有するものに限る。）の整備における基礎的な技能及びこれに関する知識 （専　攻）農業機械の整備に関する技能及びこれに関する知識	一年
十六　縫製機械系	縫製機械整備科	（系基礎）縫製機械の製造及び整備における基礎的な技能及びこれに関する知識 （専　攻）縫製機械の整備における技能及びこれに関する知識	一年
十七　製織系	織布科	（系基礎）織物の製造における基礎的な技能及びこれに関する知識 （専　攻）織物のデザイン及び製造における技能及びこれに関する知識	一年

	織機調整科	（系基礎）織物の製造における基礎的な技能及びこれに関する知識 （専　攻）織機の運転及び調整における技能及びこれに関する知識	一年
十八　染色系	染色科	（系基礎）繊維製品の染色における基礎的な技能及びこれに関する知識 （専　攻）繊維、織物、糸等の染色加工における技能及びこれに関する知識	一年
十九　アパレル系	ニット科	（系基礎）アパレル製品の企画及びデザインにおける基礎的な技能及びこれに関する知識 （専　攻）ニット製品のデザイン、製図、製造及び縫製に関する技能及びこれに関する知識	一年
	洋裁科	（系基礎）アパレル製品の企画及びデザインにおける基礎的な技能及びこれに関する知識 （専　攻）婦人子供服のデザイン、製図及び縫製における技能及びこれに関する知識	一年
	洋服科	（系基礎）アパレル製品の企画及びデザインにおける基礎的な技能及びこれに関する知識 （専　攻）男子服のデザイン、製図及び縫製における技能及びこれに関する知識	一年
	縫製科	（系基礎）アパレル製品の企画及びデザインにおける基礎的な技能及びこれに関する知識 （専　攻）作業衣、ワイシャツ等の布製品のデザイン、製図及び縫製における技能及びこれに関する知識	一年

二十　裁縫系	和裁科	(系基礎) 裁縫における基礎的な技能及びこれに関する知識 (専　攻) 和服の縫製、仕立て及び着付け等における技能及びこれに関する知識	一年
	寝具科	(系基礎) 裁縫における基礎的な技能及びこれに関する知識 (専　攻) 布団等の縫製、綿入れ、仕上げ及び再生加工における技能及びこれに関する知識	一年
二十一　帆布製品系	帆布製品製造科	(系基礎) 帆布製品の取扱いにおける基礎的な技能及びこれに関する知識 (専　攻) 帆布製品の製造及び取付けにおける技能及びこれに関する知識	一年
二十二　木材加工系	木型科	(系基礎) 木材の加工における基礎的な技能及びこれに関する知識 (専　攻) 鋳造用木型の製作における技能及びこれに関する知識	一年
	木工科	(系基礎) 木材の加工における基礎的な技能及びこれに関する知識 (専　攻) 木材の加工、組立て、装飾及び塗装等木材加工品の製作及び修理における技能及びこれに関する知識	一年
	工業包装科	(系基礎) 木材の加工における基礎的な技能及びこれに関する知識 (専　攻) 貨物用の木箱等の設計、製作、包装及び荷扱いにおける技能及びこれに関する知識	一年
二十三　紙加工系	紙器製造科	(系基礎) 紙の加工における基礎的な技能及びこれに関する知識 (専　攻) 紙製の箱及び容器等の紙製品の製造における技能及びこれに関する知識	一年

二十四　印刷・製本系	製版科	（系基礎）製版、印刷及び製本における基礎的な技能及びこれに関する知識 （専　攻）製版に関する画像処理における技能及びこれに関する知識	一年
	印刷科	（系基礎）製版、印刷及び製本における基礎的な技能及びこれに関する知識 （専　攻）印刷における技能及びこれに関する知識	一年
	製本科	（系基礎）製版、印刷及び製本における基礎的な技能及びこれに関する知識 （専　攻）製本における技能及びこれに関する知識	一年
二十五　プラスチック系	プラスチック製品成形科	（系基礎）プラスチックの成形及び加工における基礎的な技能及びこれに関する知識 （専　攻）プラスチック製品の成形及び加工における技能及びこれに関する知識	一年
二十六　レザー加工系	靴製造科	（系基礎）各種革の加工及び縫製等における基礎的な技能及びこれに関する知識 （専　攻）紳士靴及び婦人靴の製作に必要な企画及びデザイン並びに靴の製作における技能並びにこれに関する知識	一年
	鞄製造科	（系基礎）各種革の加工及び縫製等における基礎的な技能及びこれに関する知識 （専　攻）鞄、袋物等の製作に必要な企画及びデザイン並びにこれらの製作における技能並びにこれに関する知識	一年

二十七　ガラス加工系	ガラス製品製造科	(系基礎)　ガラスの加工における基礎的な技能及びこれに関する知識 (専　攻)　ガラス製品製造機械の取扱い及び各種ガラス製品の製造における技能及びこれに関する知識	一年
二十八　窯業製品系	ほうろう製品製造科	(系基礎)　窯業原料の種類及び性質並びにデザイン、施ゆう、焼成等の窯業製品加工における基礎的な技能並びにこれに関する知識 (専　攻)　ほうろう製品の素地加工、前処理、施ゆう、焼成及び装飾等における技能及びこれに関する知識	一年
	陶磁器製造科	(系基礎)　窯業原料の種類及び性質並びにデザイン、施ゆう、焼成等の窯業製品加工における基礎的な技能並びにこれに関する知識 (専　攻)　陶磁器に関するデザイン、原料の調合、成形、絵付け、施ゆう及び焼成等における技能及びこれに関する知識	一年
二十九　石材系	石材加工科	(系基礎)　石材の加工における基礎的な技能及びこれに関する知識 (専　攻)　石碑、石像等の石材製品の加工における技能及びこれに関する知識	一年
三十　食品加工系	製麺《めん》科	(系基礎)　食料品の製造、加工及び保存における基礎的な技能及びこれに関する知識 (専　攻)　麺《めん》製品の製造における技能及びこれに関する知識	一年
	パン・菓子製造科	(系基礎)　食料品の製造、加工及び保存における基礎的な技能及びこれに関する知識 (専　攻)　パン並びに和菓子及び洋菓子の製造における技能並びにこれに関する知識	一年

	食肉加工科	（系基礎）食料品の製造、加工及び保存における基礎的な技能及びこれに関する知識 （専　攻）食肉加工製品の製造における技能及びこれに関する知識	一年
	水産加工科	（系基礎）食料品の製造、加工及び保存における基礎的な技能及びこれに関する知識 （専　攻）水産食品等の製造における技能及びこれに関する知識	一年
	発酵製品製造科	（系基礎）食料品の製造、加工及び保存における基礎的な技能及びこれに関する知識 （専　攻）酒類、しょう油等の発酵製品の製造における技能及びこれに関する知識	一年
三十一　建築施工系	木造建築科	（系基礎）中小規模建築物における建築一般、設計製図、施工管理及び建築施工における基礎的な技能及びこれに関する知識 （専　攻）木造建築物の建築施工及び施工管理における技能及びこれに関する知識	一年
	枠組壁建築科	（系基礎）中小規模建築物における建築一般、設計製図、施工管理及び建築施工における基礎的な技能及びこれに関する知識 （専　攻）枠組壁建築物の施工及び施工管理における技能及びこれに関する知識	一年
	とび科	（系基礎）中小規模建築物における建築一般、設計製図、施工管理及び建築施工における基礎的な技能及びこれに関する知識	一年

		（専　攻）建築物のく体施工、仮設物の組立て及び解体における技能及びこれに関する知識	
	鉄筋コンクリート施工科	（系基礎）中小規模建築物における建築一般、設計製図、施工管理及び建築施工における基礎的な技能及びこれに関する知識 （専　攻）鉄筋コンクリート造建築物の施工及び施工管理における技能及びこれに関する知識	一年
	プレハブ建築科	（系基礎）中小規模建築物における建築一般、設計製図、施工管理及び建築施工における基礎的な技能及びこれに関する知識 （専　攻）プレハブ建築物の施工及び施工管理における技能及びこれに関する知識	一年
	建築設計科	（系基礎）中小規模建築物における建築一般、設計製図、施工管理及び建築施工における基礎的な技能及びこれに関する知識 （専　攻）建築物の製図、写図及び簡単な設計における技能及びこれに関する知識	一年
三十二　建築外装系	屋根施工科	（系基礎）建築外装施工における基礎的な技能及びこれに関する知識 （専　攻）瓦ふき屋根等の屋根ふきにおける技能及びこれに関する知識	一年
	スレート施工科	（系基礎）建築外装施工における基礎的な技能及びこれに関する知識 （専　攻）スレート施工における技能及びこれに関する知識	一年
	建築板金科	（系基礎）建築外装施工における基礎的な技能及びこれに関する知識 （専　攻）建築板金の加工及び施工における技能及びこれに関する知識	一年

	防水施工科	（系基礎）建築外装施工における基礎的な技能及びこれに関する知識 （専　攻）防水施工における技能及びこれに関する知識	一年
	サッシ・ガラス施工科	（系基礎）建築外装施工における基礎的な技能及びこれに関する知識 （専　攻）サッシ施工及びガラス施工における技能及びこれに関する知識	一年
三十三　建築内装系	畳科	（系基礎）建築物の内装施工における基礎的な技能及びこれに関する知識 （専　攻）畳の製作、敷込み及び修理における技能及びこれに関する知識	一年
	インテリア・サービス科	（系基礎）建築物の内装施工における基礎的な技能及びこれに関する知識 （専　攻）室内装飾品の選定、内装施工等における技能及びこれに関する知識	一年
	床仕上施工科	（系基礎）建築物の内装施工における基礎的な技能及びこれに関する知識 （専　攻）床工事の下地調整、施工及び仕上げにおける技能及びこれに関する知識	一年
	表具科	（系基礎）建築物の内装施工における基礎的な技能及びこれに関する知識 （専　攻）ふすまの仕上げ、掛け軸等表具の製作及び壁装における技能及びこれに関する知識	一年

三十四　建築仕上系	左官・タイル施工科	（系基礎）建築物の仕上げにおける基礎的な技能及びこれに関する知識 （専　攻）下地、土壁、モルタル、プラスタ、しつくい、人造石及びタイル施工における技能及びこれに関する知識	一年
	築炉科	（系基礎）建築物の仕上げにおける基礎的な技能及びこれに関する知識 （専　攻）金属、ガラス等の溶解炉及び加熱炉の窯業用窯その他の工業用窯の築造及び修理における技能及びこれに関する知識	一年
	ブロック施工科	（系基礎）建築物の仕上げにおける基礎的な技能及びこれに関する知識 （専　攻）ブロック建築物の施工における技能及びこれに関する知識	一年
	熱絶縁施工科	（系基礎）建築物の仕上げにおける基礎的な技能及びこれに関する知識 （専　攻）建築設備、燃料供給装置、化学反応装置その他の装置、車両、船舶等の熱絶縁における技能及びこれに関する知識	一年
三十五　設備施工系	冷凍空調設備科	（系基礎）中小規模建築物の建築設備の施工における基礎的な技能及びこれに関する知識 （専　攻）冷凍、冷却及び空気調和設備の施工及び調整における技能及びこれに関する知識	一年
	配管科	（系基礎）中小規模建築物の建築設備の施工における基礎的な技能及びこれに関する知識 （専　攻）空調、給排水設備等の管工事及び設備の取付けにおける技能及びこれに関する知識	一年

	住宅設備機器科	(系基礎)　中小規模建築物の建築設備の施工における基礎的な技能及びこれに関する知識 (専　攻)　一般住宅の浴槽設備、給湯設備及び厨房設備等の施工における技能及びこれに関する知識	一年
三十六　土木系	さく井科	(系基礎)　一般的な土木工事及び土木施工のための測量における基礎的な技能及びこれに関する知識 (専　攻)　さく井及び水文地質調査における掘さく、検層、仕上げ及び揚水等における技能及びこれに関する知識	一年
	土木施工科	(系基礎)　一般的な土木工事及び土木施工のための測量における基礎的な技能及びこれに関する知識 (専　攻)　土木工事の施工計画の立案及び施工管理における技能及びこれに関する知識	一年
	測量・設計科	(系基礎)　一般的な土木工事及び土木施工のための測量における基礎的な技能及びこれに関する知識 (専　攻)　各種の測量方法及び土木設計における技能及びこれに関する知識	一年
三十七　設備管理・運転系	ビル管理科	(系基礎)　ビル、工場等の附帯設備、ボイラー等の操作又は運転及び保守管理における基礎的な技能及びこれに関する知識 (専　攻)　ビル、工場等の空気調和設備、給排水・衛生設備及び電気設備の保守管理における技能及びこれに関する知識	一年

	ボイラー運転科	(系基礎)ビル、工場等の附帯設備、ボイラー等の操作又は運転及び保守管理における基礎的な技能及びこれに関する知識 (専　攻)ボイラー及びボイラー附属装置の運転及び保守における技能及びこれに関する知識	一年
三十八　揚重運搬機械運転系	クレーン運転科	(系基礎)建設機械、クレーン等の運転及び点検並びにこれらの運転に必要な玉掛け及び合図における技能並びにこれに関する知識 (専　攻)揚貨装置、クレーン、移動式クレーン又はデリックの運転及び保守における技能及びこれに関する知識	一年
	建設機械運転科	(系基礎)建設機械、クレーン等の運転及び点検並びにこれらの運転に必要な玉掛け及び合図における技能並びにこれに関する知識 (専　攻)建設機械の運転及び保守における技能及びこれに関する知識	一年
	港湾荷役科	(系基礎)建設機械、クレーン等の運転及び点検並びにこれらの運転に必要な玉掛け及び合図における技能並びにこれに関する知識 (専　攻)揚貨装置、クレーン、移動式クレーン、フォークリフト、ショベルローダー又はフォークローダーの運転等の港湾荷役における技能及びこれに関する知識	一年
三十九　化学系	化学分析科	(系基礎)化学的検査等における基礎的な技能及びこれに関する知識 (専　攻)化学的分析及び物理的分析における技能及びこれに関する知識	一年

	公害検査科	（系基礎）化学的検査等における基礎的な技能及びこれに関する知識 （専　攻）大気汚染、水質汚濁等の測定及び処理並びに騒音及び振動の測定並びにこれらの防止における技能並びにこれに関する知識	一年
四十　工芸系	木材工芸科	（系基礎）美術工芸品の製作における基礎的な技能及びこれに関する知識 （専　攻）木材工芸品の製作における技能及びこれに関する知識	一年
	竹工芸科	（系基礎）美術工芸品の製作における基礎的な技能及びこれに関する知識 （専　攻）竹、とう等の製品の製作における技能及びこれに関する知識	一年
	漆器科	（系基礎）美術工芸品の製作における基礎的な技能及びこれに関する知識 （専　攻）漆塗り及び漆器の加飾における技能及びこれに関する知識	一年
	貴金属・宝石科	（系基礎）美術工芸品の製作における基礎的な技能及びこれに関する知識 （専　攻）金属の彫刻品及び装身具等の製作並びに宝石の加工における技能並びにこれに関する知識	一年
	印章彫刻科	（系基礎）美術工芸品の製作における基礎的な技能及びこれに関する知識 （専　攻）印章の彫刻における技能及びこれに関する知識	一年

四十一　塗装系	金属塗装科	（系基礎）塗料の調色及び塗装における基礎的な技能及びこれに関する知識 （専　攻）金属製品の塗装における下地処理から仕上げまでの作業における技能及びこれに関する知識	一年
	木工塗装科	（系基礎）塗料の調色及び塗装における基礎的な技能及びこれに関する知識 （専　攻）木工製品の塗装における下地処理から仕上げまでの作業における技能及びこれに関する知識	一年
	建築塗装科	（系基礎）塗料の調色及び塗装における基礎的な技能及びこれに関する知識 （専　攻）建築物の塗装における塗装用足場の組立て及び解体等並びに下地処理から仕上げまでの作業における技能並びにこれに関する知識	一年
四十二　デザイン系	広告美術科	（系基礎）ハンドワーク及びＣＡＤによるデザインにおける基礎的な技能及びこれに関する知識 （専　攻）広告物の製作及び施工における技能及びこれに関する知識	一年
	工業デザイン科	（系基礎）ハンドワーク及びＣＡＤによるデザインにおける基礎的な技能及びこれに関する知識 （専　攻）工業製品の開発及び改善に必要な工業デザイン及びモデリングにおける技能及びこれに関する知識	一年

	商業デザイン科	（系基礎）ハンドワーク及びＣＡＤによるデザインにおける基礎的な技能及びこれに関する知識 （専　攻）広告用原画、印刷物の版下作成等の商業デザインにおける技能及びこれに関する知識	一年
四十三　義肢・装具系	義肢・装具科	（系基礎）義肢及び装具の製作及び修理における基礎的な技能及びこれに関する知識 （専　攻）義肢及び装具の製作及び修理における技能及びこれに関する知識	一年
四十四　通信系	電気通信科	（系基礎）各種通信機器の操作及び保守における基礎的な技能及びこれに関する知識 （専　攻）有線及び無線による通信における技能及びこれに関する知識	二年
四十五　オフィスビジネス系	電話交換科	（系基礎）一般的な事務及びＯＡ機器の操作における基礎的な技能及びこれに関する知識 （専　攻）構内交換電話の交換設備の操作及び交換業務における技能及びこれに関する知識	一年
	経理事務科	（系基礎）一般的な事務及びＯＡ機器の操作における基礎的な技能及びこれに関する知識 （専　攻）会計処理並びに税務関係及び商業関係の事務における技能並びにこれに関する知識	一年

	一般事務科	（系基礎）一般的な事務及びＯＡ機器の操作における基礎的な技能及びこれに関する知識 （専　攻）一般事務及び国内取引事務に関する技能及びこれに関する知識	一年
	ＯＡ事務科	（系基礎）一般的な事務及びＯＡ機器の操作における基礎的な技能及びこれに関する知識 （専　攻）ＯＡ機器の操作及びＯＡ事務における技能及びこれに関する知識	一年
	貿易事務科	（系基礎）一般的な事務及びＯＡ機器の操作における基礎的な技能及びこれに関する知識 （専　攻）貿易事務における技能及びこれに関する知識	一年
四十六　流通ビジネス系	ショップマネジメント科	（系基礎）商品の販売に関する接客及び商品の販売事務における技能及びこれに関する知識 （専　攻）小売業務に必要な事務、営業、簡単な仕入れ企画及び販売企画における技能及びこれに関する知識	一年
	流通マネジメント科	（系基礎）商品の販売に関する接客及び商品の販売事務における技能及びこれに関する知識 （専　攻）卸売業務に必要な事務、営業、簡単な仕入れ企画及び販売企画における技能及びこれに関する知識	一年

四十七　写真系	写真科	（系基礎）写真の撮影及び制作における基礎的な技能及びこれに関する知識 （専　攻）肖像写真等の撮影及び制作における技能及びこれに関する知識	一年
四十八　社会福祉系	介護サービス科	（系基礎）日常生活を営む上で支障のある者の福祉における技能及びこれに関する知識 （専　攻）身体上又は精神上の障害があることにより日常生活を営む上で支障のある者に対する介護及びその介護者に対する介護の指導における技能及びこれに関する知識	二年
四十九　理容・美容系	理容科	（系基礎）消毒法、理容・美容用器具の使用法等、理容・美容における基礎的な技能及びこれに関する知識 （専　攻）頭髪の刈込み、顔剃り等の方法により容姿を整えるための技能及びこれに関する知識	一年
	美容科	（系基礎）消毒法、理容・美容用器具の使用法等、理容・美容における基礎的な技能及びこれに関する知識 （専　攻）パーマネントウェーブ、結髪、化粧等の方法により容姿を美しくするための技能及びこれに関する知識	一年
五十　接客サービス系	ホテル・旅館・レストラン科	（系基礎）接客サービス業務及びこれに必要なＯＡ機器等の取扱いにおける技能及びこれに関する知識 （専　攻）ホテル、旅館及びレストランにおける接客対応及びフロント、客室、レストラン等の業務における技能及びこれに関する知識	一年

	観光ビジネス科	(系基礎) 接客サービス業務及びこれに必要なＯＡ機器等の取扱いにおける技能及びこれに関する知識 (専　攻) 観光及び旅行業務における技能及びこれに関する知識	一年
五十一　調理系	日本料理科	(系基礎) 食品の調理における基礎的な技能及びこれに関する知識 (専　攻) 日本料理の献立の立て方、調理方法及び食事作法における技能及びこれに関する知識	一年
	中国料理科	(系基礎) 食品の調理における基礎的な技能及びこれに関する知識 (専　攻) 中国料理の献立の立て方、調理方法及び食事作法における技能及びこれに関する知識	一年
	西洋料理科	(系基礎) 食品の調理における基礎的な技能及びこれに関する知識 (専　攻) 西洋料理の献立の立て方、調理方法及び食事作法における技能及びこれに関する知識	一年
五十二　保健医療系	臨床検査科	(系基礎) 各種医学的検査方法における基礎的な技能及びこれに関する知識 (専　攻) 病理学的検査、血液学的検査、微生物学的検査、免疫学的検査等の検査における技能及びこれに関する知識	三年
五十三　装飾系	フラワー装飾科	(系基礎) 装飾における基礎的な技能及びこれに関する知識 (専　攻) 生花、ドライフラワー等による装飾における技能及びこれに関する知識	一年

五十四　メカトロニクス系	メカトロニクス科	（系基礎）メカトロニクス機器の組立て、操作及び保守における基礎的な技能及びこれに関する知識 （専　攻）メカトロニクス機器の組立て、操作及び保守並びに制御プログラムの開発における技能並びにこれに関する知識	二年
五十五　第一種情報処理系	ＯＡシステム科	（系基礎）コンピュータの運用による業務処理における基礎的な技能及びこれに関する知識 （専　攻）コンピュータ、ワードプロセッサー等のＯＡ機器の操作及び管理並びに必要な情報分析における技能及びこれに関する知識	一年
	ソフトウェア管理科	（系基礎）コンピュータの運用による業務処理における基礎的な技能及びこれに関する知識 （専　攻）コンピュータ等の操作、プログラム、データの収集、編集及び保管等における技能及びこれに関する知識	一年
	データベース管理科	（系基礎）コンピュータの運用による業務処理における基礎的な技能及びこれに関する知識 （専　攻）データベース等に蓄積されているデータから必要な情報を検索するための技能及びこれに関する知識	一年
五十六　第二種情報処理系	プログラム設計科	（系基礎）コンピュータによる業務処理システムの設計における基礎的な技能及びこれに関する知識 （専　攻）プログラム設計における技能及びこれに関する知識	二年

	システム設計科	（系基礎）コンピュータによる業務処理システムの設計における基礎的な技能及びこれに関する知識 （専　攻）業務処理システム設計における技能及びこれに関する知識	二年
	データベース設計科	（系基礎）コンピュータによる業務処理システムの設計における基礎的な技能及びこれに関する知識 （専　攻）データベースの設計における技能及びこれに関する知識	二年

〔注〕　高等学校卒業者又はこれと同等以上の学力を有すると認められる者を対象とした訓練期間である。
　中学校卒業者又はこれと同等以上の学力を有すると認められる者を対象とする訓練期間については、この欄の訓練期間に一年を加えて得た期間とする。

(ii)　短期課程の普通職業訓練

短期課程の普通職業訓練の訓練基準は、規則第十一条に定められており、その運用については次のとおりとする。

1　短期課程の普通職業訓練は、管理監督者コースの訓練（規則別表第三（以下単に「別表第三」という。）に定めるところにより行う訓練をいう。以下同じ。）、技能士コースの訓練（規則別表第五（以下単に「別表第五」という。）に定めるところにより行う訓練をいう。以下同じ。）等を含むものであるが、これらを含む概括的な訓練基準は、次のとおりである。

(1)　訓練の対象者
職業に必要な技能（高度の技能を除く。）及びこれに関する知識を習得しようとする者であること。

この訓練課程においては、柔軟で多様な訓練を行うことができるものとし、在職労働者、高齢者、パートタイム労働を希望する者、離転職者、技能検定の受検を目的とする者、一年の訓練期間で訓練を希望する中学校卒業者等の様々な者が対象となるうるものであり、訓練の対象となる者にも十分配慮した多様な訓練科の設定が図られるよう留意すること。

なお、法令により、一定の者に対し、特定の業務に就業することを制限している場合（職業訓練に関し当該就業制限の特例が規定されている場合を除く。）にあっては、当該業務に関する訓練を含む訓練科の対象者の資格を当該法令に基づいて定め、また、公的資格制度に係る訓練科については、対象者の資格を当該制度の資格要件に基づいて定めるものとすること。

(2)　教科

その科目が職業に必要な技能（高度の技能を除く。）及びこれに関する知識を習得させるために適切と認められるものであること。

(3)　訓練の実施方法

学科の科目については、通信の方法によっても行うことができる（管理監督者コースの訓練を除く。）。この場合には、適切と認められる方法により添削指導を行うほか、必要に応じて面接指導を行うこと。また、規則別表第四（以下単に「別表第四」という。）に定めるところにより行う訓練及び技能士コースの訓練以外の訓練については、添削指導を二回以上（面接指導を三時間以上行う場合にあっては、一回以上）行うこと。

(4)　訓練期間

六月（訓練の対象となる技能及びこれに関する知識の内容、訓練の実施体制等によりこれにより難い場合にあっては、一年）以下の適切な期間であること。

(5)　訓練時間

総訓練時間が十二時間以上であること（管理監督者コースの訓練を除く。）。

この場合の訓練時間の算定方法は、五十分を一時間として算定して差し支えないこと。

(6)　設備

教科の科目に応じ当該科目の訓練を適切に行うことができると認められるものであること。

(7)　その他

訓練科名は、別表第三から別表第五までに定めるところによる訓練以外の訓練にあっては、訓練の内容を適切に表した訓練科の名称を定めること。

したがって、当該訓練科の名称は、原則として、別表第三から別表第五までの訓練科の欄に定める訓練科の名称とは異なるものとすること。

2　管理監督者コースの訓練については、1に定めるもののほか、別表第三に定めるところにより行うものを標準とすること。

具体的には、1に定めるもののほか、次によること。

(1)　訓練の対象者

訓練の対象者は、企業における部長、課長、係長、職長、組長等の管理又は監督の職務に従事しようとする者又は従事している者であること。

(2)　教科

別表第三の教科の欄に定めるとおりであること。

なお、教科の科目の細目については、第一科、第二科、第三科及び第四科については「監督者訓練（T

ＷＩ）方式」により、第五科については「訓練計画の進め方訓練（ＰＤＩ）方式」により、第六科については「問題解決の仕方訓練（ＰＳＴ）方式」によりそれぞれ定められているとおりとすること。

(3)　訓練時間
別表第三の訓練時間の欄に定めるとおりとすること。
この場合の訓練時間の算定方法は、六十分を一時間として算定すること。

(4)　設備
訓練に必要な机、いす、黒板等を備えた教室とすること。

(5)　訓練生の数
訓練を行う一単位の訓練生の数は、訓練科ごとに七人以上十人以下とすること。

(6)　職業訓練指導員
管理監督者コースの訓練を担当する職業訓練指導員は、監督者訓練員等特別な訓練を受けたものとすること。

第七表　管理監督者コースの短期課程の普通職業訓練（別表第三）

一　訓練の対象者
管理者又は監督者としての職務に従事しようとする者又は従事している者であることとする。

二　教科
訓練科ごとの教科は、次の表の教科の欄に定めるとおりとし、その細目については、厚生労働大臣が別に定めるとおりとする。

三　訓練時間
訓練科ごとの訓練時間は、次の表の訓練時間の欄に定めるとおりとする。

四　設備

訓練に必要な机、いす、黒板等を備えた教室とする。

訓練科	教科	訓練時間（単位は時間とする。）
監督者訓練一科	仕事の教え方	一〇
監督者訓練二科	改善の仕方	一〇
監督者訓練三科	人の扱い方	一〇
監督者訓練四科	安全作業のやり方	一二
監督者訓練五科	訓練計画の進め方	四〇
監督者訓練六科	問題解決の仕方	四〇

3　別表第四に定める訓練科に係る訓練については、1に定めるもののほか、同表に定めるところにより行われるものを標準とする。

具体的には、1に定めるもののほか、次によること。

(1)　教科

訓練科ごとの教科の科目は、別表第四の教科の欄に定める科目とすること。

なお、別表第四に示す訓練科については、安全衛生等の資格取得に関連するものに限って定めたものであり、当該資格を付与するにふさわしい教科の内容となるようにすること。

(2)　訓練の実施方法

通信の方法によって行う場合は、適切と認められる方法により添削指導及び面接指導を行うこと。

(3)　訓練期間

イ　訓練科ごとの訓練期間は、別表第四の訓練期間及び訓練時間の欄に定めるとおりとすること。

ロ　イの訓練期間は延長して訓練を実施することができるが、これを延長した場合であっても一年を超えることはできないこと。

(4)　訓練時間

イ　通信制訓練以外の訓練の訓練科ごとの総時間及び教科ごとの訓練時間は、別表第四の訓練期間及び訓練時間の欄に定めるとおりとすること。

ロ　通信制訓練の面接指導のための訓練時間は、別表第四の訓練期間及び訓練時間の欄に定める学科の訓練時間の二十パーセントに相当する時間とすること。

(5)　設備

訓練科ごとに必要な設備は、別表第四の設備の欄に定めるとおりとすること。

(6)　訓練生の数

訓練を行う一単位につき五十人以下とすること。

(7)　職業訓練指導員

職業訓練指導員の数は、訓練科ごとに訓練を行う一単位の訓練生につき三人（三十人を超える訓練生を一単位とする場合には、四人）を標準とし、訓練生の数、訓練の実施に伴う危険の程度又は指導の難易に応じて増減した数とすること。

別表第四に定める訓練科に係る訓練のほか、従来の職業転換課程に相当する訓練における職業訓練指導員の数についても同様とすること。

(8)　試験

訓練の修了時に行うこと。

(9)　添削指導及び面接指導

別表第四に定める訓練科に係る訓練の通信制訓練における添削指導及び面接指導は次の基準により行うこと。

イ　添削指導

添削指導は、質疑応答の回数を除き、二回以上行うこと。

(イ)　設問解答

添削指導における設問は、あらかじめ配付した教科書等の内容に応じ、教科の科目ごとに、2問以上とすること。

当該設問に対する解答は、訓練実施者の定めた計画に基づき提出させるものとし、当該解答の提出が遅延している訓練生に対しては、速やかに提出するよう督促すること。

(ロ)　添削指導

提出された解答は、一定期間内に添削指導を行い、速やかに返付すること。

(ハ)　質疑応答

教科書及び設問解答に関する質疑が適宜行えるようにその手続きを定めるとともに、提出のあった質疑に対しては、速やかに回答を作成して返付すること。

ロ　面接指導

面接指導は、訓練期間中に一回以上行うこと。また、所定の添削指導を終了したときには面接指導を行うこと。

面接指導の内容は、当該教科の科目の重要事項、添削指導で把握された問題点等について指導すること。

所定の添削指導の終了前及び終了後に行う面接指導の標準の訓練時間は、次の表のとおりとする。なお、同表中の通常訓練時間とは、通信の方法以外の方法により行った科目の訓練時間を合計した時間をいうこと。

学科のすべての科目を通信の方法により行う場合	別表第四の訓練期間及び訓練時間の欄に定める学科の訓練時間の二〇パーセントに相当する時間以上
学科の一部の科目を通信の方法により行う場合	別表第四の訓練期間及び訓練時間の欄に定める学科の訓練時間から学科に係る通常訓練時間を差し引いた残りの時間の二〇パーセントに相当する時間（当該時間が三時間より少ない場合は、三時間）以上

第八表　短期課程の普通職業訓練（別表第四）

一　教科

訓練科ごとの教科の科目は、次の表の教科の欄に定める学科及び実技の科目とする。

二　訓練の実施方法

通信の方法によって行う場合は、適切と認められる方法により添削指導及び面接指導を行うこととする。

三　訓練期間

1　訓練科ごとの訓練期間は、次の表の訓練期間及び訓練時間の欄に定めるとおりとする。

2　1に定める訓練期間は、これを延長した場合であつても一年を超えることはできない。

四　訓練時間

1　通信制訓練以外の訓練の訓練科ごとの総時間及び教科ごとの訓練時間は、次の表の訓練期間及び訓練時間の欄に定めるとおりとする。

2　通信制訓練の面接指導のための訓練時間は、次の表の訓練期間及び訓練時間の欄に定める学科の訓練時間の二十パーセントに相当する時間とする。

五　設備

1　訓練科ごとに必要な設備は、次の表の設備の欄に定めるとおりとする。

2　1に定めるもののほか、公共職業能力開発施設の設備の細目は、厚生労働大臣が別に定めるとおりとする。

六　訓練生の数

訓練を行う一単位につき五十人以下とする。

七　職業訓練指導員

訓練生の数、訓練の実施に伴う危険の程度及び指導の難易に応じた適切な数とする。

八　試験

訓練の修了時に行うこととする。

(別表第四の訓練科（例）)

訓練科	訓練の対象となる技能及びこれに関する知識の範囲	教科	訓練期間及び訓練時間（単位は時間とする。）	設備 種別	設備 名称
建設機械整備科	建設機械の整備及び建設機械による簡単な施工における技能及びこれに関する知識	1　学科	訓練期間　六月 訓練時間 総時間　七〇〇 一五〇	建物その他の工作物	黒板、いす等を備えた実習場
				機械	洗浄装置 建設機械整備用機械類
				その他	器工具類

		① 建設機械概論 ② 建設機械の構造 ③ 原動機 ④ 電気装置 ⑤ 材料 ⑥ 施工法 ⑦ 整備法 ⑧ 安全衛生 ⑨ 関係法規 2　実技 ① 測定及びけがき実習 ② 機械操作実習 ③ 工作実習（手仕上げ、板金、火造り、溶接等のうち必要とするもの） ④ 運転及び施工実習 ⑤ 整備実習 ⑥ 検査実習 ⑦ 安全衛生作業法	五五〇		計測器類 教材類

第九表　規則別表第四で設定されている短期課程の普通職業訓練の訓練科一覧表

訓練科	訓練の対象となる技能及びこれに関する知識の範囲	訓練期間
林業機械運転科	林業機械等による森林造成、木材伐出及び作業道の施工等における技能及びこれに関する知識	四月

金属プレス科	プレス、シャー等の機械による金属板及び非金属板の加工における技能及びこれに関する知識	六月
製罐《かん》科	金属厚板の加工及び組立てにおける技能及びこれに関する知識	六月
板金科	工場板金及び自動車板金又は建築板金における技能及びこれに関する知識	六月
製材機械整備科	製材機械の整備における技能及びこれに関する知識	六月
建設機械整備科	建設機械の整備及び建設機械による簡単な施工における技能及びこれに関する知識	六月
製材科	原木のひき割り及び木取りにおける技能及びこれに関する知識	六月
木型科	鋳物用木型の製作における技能及びこれに関する知識	六月
木工科	木工品の製作及び修理における技能及びこれに関する知識	六月
石材科	採石、石材加工、石張り又は石積みにおける技能及びこれに関する知識	六月
建築科	木造家屋の建築における技能及びこれに関する知識	六月
とび科	建方、引き家、つりもの、解体等のとび作業における技能及びこれに関する知識	六月
ブロック建築科	コンクリートブロック等による簡単な建築物の建築における技能及びこれに関する知識	六月
配管科	金属管又は非金属管の加工及び装着、これらに必要な薄板小物製作並びに製図における技能並びにこれに関する知識	六月
さく井科	さく井及び水文地質調査における掘削、検層、仕上げ及び揚水等における技能及び	六月

	これに関する知識	
建設科	鉄筋コンクリートく体工事の型枠工作、鉄筋工作、配筋及びコンクリート打設における技能及びこれに関する知識	六月
プレハブ建築科	プレハブ建築における技能及びこれに関する知識	六月
土木科	道路、河川、護岸等の土木施工における技能及びこれに関する知識	六月
ボイラー運転科	ボイラー及びボイラー附属装置の運転及び保守における技能及びこれに関する知識	六月
クレーン運転科	揚貨装置、クレーン等の運転及び保守における技能及びこれに関する知識	六月
建設機械運転科	建設機械による施工における技能及びこれに関する知識	三月
フォークリフト運転科	フォークリフトによる荷扱いにおける技能及びこれに関する知識	三月
港湾荷役科	港湾荷役における技能及びこれに関する知識	六月
玉掛け科	玉掛け及び合図における技能及びこれに関する知識	二月
建築物衛生管理科	建築物の室内環境の管理等における技能及びこれに関する知識	六月

4　技能士コースの訓練は、それぞれ別表第五第一号から第三号までに定める一級技能士コースの訓練の基準、二級技能士コースの訓練の基準及び単一等級技能士コースの訓練の基準によること。

(1)　訓練の対象者

イ　各コースに応じて、次のとおりとすること。

(イ)　一級技能士コース

訓練科に関し、普通課程の普通職業訓練、専門課程若しくは応用課程の高度職業訓練を修了した者若しくは二級の技能検定に合格した者であつて、その後相当程度の実務の経験を有するもの又はこれと同等以上の技能及びこれに関する知識を有すると認められる者であること。

(ロ)　二級技能士コース

訓練科に関し、普通課程の普通職業訓練、専門課程若しくは応用課程の高度職業訓練を修了した者であつて、その後相当程度の実務の経験を有するもの又はこれと同等以上の技能及びこれに関する知識を有すると認められる者であること。

(ハ)　単一等級技能士コース

訓練科に関し、普通課程の普通職業訓練、専門課程若しくは応用課程の高度職業訓練を修了した者であつて、その後相当程度の実務の経験を有するもの又はこれと同等以上の技能及びこれに関する知識を有すると認められる者であること。

ロ　イの(イ)、(ロ)及び(ハ)の場合における「相当程度の実務の経験を有するもの」とは、当該訓練コース及び訓練科に関し、当該訓練の修了時において、規則第六十四条の二、第六十四条の三又は第六十四条の六に定める資格を有する者であること。

(2)　教科

訓練科ごとの教科について最低限必要とする科目は、各コースに応じて別表第五第一号から第三号までの各表の各訓練科の教科の欄に定めるとおりとすること。

なお、必要に応じ、同表に定められた教科以外の科目又は実習を追加することができるが、この場合においては、その科目又は実習に必要な訓練時間を(5)の総訓練時間に追加しなければならないこと。

(3)　訓練の実施方法

通信の方法によっても行うことができること。この場合には、(11)に定めるところにより、添削指導及び面接指導を行うこと。

(4)　訓練期間

通信制訓練以外の訓練について最低限必要とする訓練期間は、一月以上六月以下の期間内において定めることとし、通信制訓練の訓練時間は、おおむね一年とする。

(5)　訓練時間

通信制訓練以外の訓練について最低限必要とする訓練時間及び通信制訓練について最低限必要とする面接指導のための訓練時間は、各コースに応じて別表第五第一号から第三号までの各表のそれぞれ訓練時間及び面接指導時間の欄に定めるとおりとすること。

(6)　設備

最低限必要とする設備は、訓練に必要な机、いす、黒板等を備えた教室又は視聴覚訓練のための機材を整備した視聴覚教室とする。

(7)　訓練生の数

訓練科ごとに十人以上五十人以下を、通信制訓練における面接指導は、訓練科ごとに三十人以下を標準とすること。

(8)　訓練用教科書

全国的に訓練内容の水準を同一のものに維持するため、厚生労働大臣が認定した一級技能士コース、二級技能士コース又は単一等級技能士コース用の教科書（指導書を含む。）が出版されている場合は、原則として当該教科書を使用すること。

また、厚生労働大臣の認定に係る教科書を使用しない場合においても、これらの教科書と同程度の水準の教科書を使用すること。

(9)　職業訓練指導員
当該訓練科の教科の科目について詳細で、かつ、実務に即した知識を有するとともに、その内容について的確に指導できる者でなければならないこと。

(10)　試験
イ　試験は、訓練の終了時に行うこと。
ロ　試験の水準は、熟練技能労働者として通常要求される作業方法、能率の維持等に関する必要な知識を有するか否かを判定できる水準において行うとともに、本訓練コースの修了者は、規則第六十五条第二項、第六十五条第三項及び第六十五条第六項に定めるところにより、各訓練コース及び訓練科に相当する技能検定において学科試験が免除されるところから、各訓練コース及び訓練科に相当する技能検定の学科試験と同程度の水準とすること。
ハ　全国的に同一の試験水準を維持するため、厚生労働省において各訓練コース及び訓練科について基準問題を作成すること。
ニ　訓練の実施主体は、厚生労働省が作成した基準問題に準じた試験問題を一〇〇問程度作成し、採点、配点及び合否判定の基準等を定めておくこと。
試験問題は、採点者の主観により採点が左右されないよう十分配慮されたものでなければならないこと。

ホ　認定職業訓練の実施主体は、試験を行おうとする日の二十日前までに試験問題、合否判定の基準、実施年月日及び実施場所について、当該訓練に係る認定を受けた都道府県知事あて届け出ること。都道府県知事は届け出された試験問題等についての適否を検討し、その結果を試験実施予定日の七日前までに当該届出をした者に通知すること。

ヘ　訓練の実施主体は、厳正な試験を行い、適正、かつ、公平に採点すること。

(11)　添削指導及び面接指導

各技能士コースの通信制による訓練における添削指導及び面接指導は、次により行うこと。

イ　添削指導

(イ)　設問解答

添削指導における設問は、あらかじめ配付した教科書等の内容に応じ、教科の科目ごとに、二問以上とすること。

当該設問に対する解答は、訓練実施者の定めた計画に基づき提出させるものとし、当該解答の提出が遅延している訓練生に対しては、速やかに提出するよう督促すること。

(ロ)　添削指導

提出された解答は、一定期間内に添削指導を行い、速やかに返付すること。

(ハ)　質疑応答

教科書及び設問解答に関する質疑が適宜行えるようにその手続を定めるとともに、提出のあった質疑に対しては、速やかに回答を作成して返付すること。

ロ　面接指導

(イ)　対象者

面接指導は、すべての教科の科目について添削指導を終了した者に対して行うこと。

(ロ)　内容

面接指導の内容は、当該教科の科目の重要事項、添削指導で把握された問題点、受講者から提出された疑問点等について指導、質疑応答等を行うこと。

ハ　試験

修了時の試験は、面接指導の最終日に行うこと。

第十表　一級技能士コースの短期課程の普通職業訓練の基準（別表第五第一号）

1　訓練の対象者

次の表の訓練科の欄に掲げる訓練科に関し、普通課程の普通職業訓練若しくは専門課程の高度職業訓練を修了した者若しくは二級の技能検定に合格した者であつて、その後相当程度の実務の経験を有するもの又はこれと同等以上の技能及びこれに関する知識を有すると認められる者であることとする。

2　教科

訓練科ごとに最低限必要とする教科は、次の表の教科の欄に定めるとおりとする。

3　訓練の実施方法

通信の方法によつても行うことができることとする。この場合には、適切と認められる方法により添削指導及び面接指導を行うこととする。

4　訓練期間

通信制訓練以外の訓練について最低限必要とする訓練期間は、一月以上六月以下の期間内において定めるものとし、通信制訓練の訓練期間は、おおむね一年とする。

5　訓練時間

通信制訓練以外の訓練について最低限必要とする訓練時間は、次の表の訓練時間の欄に定めるとおりとし、通信制訓練について最低限必要とする面接指導のための訓練時間は、次の表の面接指導時間の欄に定めるとおりとする。

6　設備

最低限必要とする設備は、訓練に必要な机、いす、黒板等を備えた教室又は視聴覚訓練のための機材を整備した視聴覚教室とする。

7　試験

訓練の修了時に行うこととする。

(別表第五第一号の訓練科（例))

訓練科	教科	訓練時間(単位は時間とする。)	面接指導時間(単位は時間とする。)
ビル設備管理科	ビル設備一般 ビル設備管理法 関係法規 安全衛生	一五〇	二一

第十一表　規則別表第五第一号で設定されている一級技能士コースの普通職業訓練の訓練科一覧表

訓練科	訓練時間(単位は時間とする。)	面接指導時間(単位は時間とする。)	訓練科	訓練時間(単位は時間とする。)	面接指導時間(単位は時間とする。)
ビル設備管理科	一五〇	二一	金属溶解科	一五〇	二一
園芸装飾科	一〇〇	一四	鋳造科	一五〇	二一
造園科	一〇〇	一四	鍛造科	一五〇	二一
さく井科	一〇〇	一四	金属熱処理科	一五〇	二一

粉末冶《や》金科	一五〇〇	二二
機械加工科	一五〇〇	二二
放電加工科	一五〇〇	二二
金型製作科	一五〇〇	二二
金属プレス加工科	一二〇〇	一七
鉄工科	一二〇〇	一七
	注1(一五〇〇)	注1の2(二二)
建築板金科	一二〇〇	一七
工場板金科	一二〇〇	一七
工業彫刻科	一五〇〇	二二
めっき科	一二〇〇	一七
アルミニウム陽極酸化処理科	一二〇〇	一七
金属ばね製造科	一二〇〇	一七
ロープ加工科	一〇〇〇	一四
仕上げ科	一五〇〇	二二
切削工具研削科	一五〇〇	二二
	注2(一〇〇〇)	注2の2(一四)
製材のこ目立て科	一五〇〇	二二
機械検査科	一五〇〇	二二
ダイカスト科	一二〇〇	一七
機械保全科	一五〇〇	二二
電子機器組立て科	一五〇〇	二二
電気機器組立て科	一五〇〇	二二
半導体製品製造科	一五	二二
プリント配線板製造科	一五〇〇	二二
家庭用電気治療器調整科	一二〇〇	一七
自動販売機調整科	一五〇〇	二二
鉄道車両製造・整備科	一五〇〇	二二
時計修理科	一〇〇〇	一四
眼鏡レンズ加工科	一二〇〇	一七
光学機器製造科	一〇〇〇	一四
	注3(一五〇〇)	注3の2(二二)
複写機組立て科	一五〇〇	二二
内燃機関組立て科	一五〇〇	二二
空気圧装置組立て科	一五〇〇	二二
油圧装置調整科	一五〇〇	二二
縫製機械整備科	一〇〇〇	一四
建設機械整備科	一五〇〇	二二
農業機械整備科	一五〇〇	二二
冷凍空気調和機器施工科	一五〇〇	二二
織機調整科	一〇〇〇	一四
染色科	一〇〇〇	一四
ニット製品製造科	一〇〇〇	一四
婦人子供服製造科	一〇〇〇	一四
紳士服製造科	一〇〇〇	一四
和裁科	一〇〇〇	一四

寝具製作科	一〇〇	一四
帆布製品製造科	一〇〇	一四
布はく縫製科	一〇〇	一四
木工機械調整科	一二〇	一七
機械木工科	一二〇	一七
木型製作科	一二〇	一七
家具製作科	一二〇	一七
建具製作科	一二〇	一七
竹工芸科	一〇〇	一四
紙器・段ボール箱製造科	一二〇	一七
製版科	一二〇	一七
印刷科	一二〇	一七
製本科	一〇〇	一四
プラスチック成形科	一五〇	二一
強化プラスチック成形科	一五〇	二一
ガラス製品製造科	一五〇	二一
ほうろう加工科	一二〇	一七
陶磁器製造科	一二〇	一七
ファインセラミックス製品製造科	一五〇	二一
石材施工科	一〇〇	一四
パン製造科	一二〇	一七
菓子製造科	一二〇	一七
ハム・ソーセージ・ベーコン製造科	一〇〇	一四
水産練り製品製造科	一〇〇	一四
みそ製造科	一二〇	一七
酒造科	一二〇	一七
建築大工科	一二〇	一七
かわらぶき科	一〇〇	一四
とび科	一〇〇	一四
左官科	一〇〇	一四
築炉科	一〇〇	一四
ブロック建築科	一〇〇	一四
タイル張り科	一〇〇	一四
畳製作科	一〇〇	一四
配管科	一二〇	一七
厨《ちゅう》房設備施工科	一〇〇	一四
型枠施工科	一〇〇	一四
鉄筋施工科	一〇〇	一四
コンクリート圧送施工科	一〇〇	一四
防水施工科	一〇〇	一四
内装仕上げ施工科	一〇〇	一四
スレート施工科	一〇〇	一四
熱絶縁施工科	一〇〇	一四
ガラス施工科	一〇〇	一四
ウェルポイント施工科	一〇〇	一四
カーテンウォール施工科	一二〇	一七

サッシ施工科	一二〇〇	一七
自動ドア施工科	一二〇〇	一七
テクニカルイラストレーション科	一五〇〇	二二
建築図面製作科	一五〇〇	二二
機械・プラント製図科	一五〇〇	二二
電気製図科	一五〇〇	二二
化学分析科	一五〇〇	二二
金属材料試験科	一五〇〇	二二
漆器製造科	一二〇〇	一七
貴金属装身具製作科	一〇〇〇	一四
印章彫刻科	一〇〇〇	一四
表装科	一〇〇〇	一四
塗装科	一〇〇〇	一四
広告美術仕上げ科	一〇〇〇	一四
義肢・装具製作科	一五〇〇	二一
舞台機構調整科	一〇〇〇	一四
工業包装科	一〇〇〇	一四
写真科	一二〇〇	一七
商品装飾展示科	一〇〇〇	一四
フラワー装飾科	一〇〇〇	一四

注1及び注1の2の時間は、構造物現図製作法を選択する場合である。
注2及び注2の2の時間は、超硬刃物研磨法を選択する場合である。
注3及び注3の2の時間は、光学機器組立て法を選択する場合である。

第十二表　二級技能士コースの短期課程の普通職業訓練の基準（別表第五第二号）

1　訓練の対象者
次の表の訓練科の欄に掲げる訓練科に関し、普通課程の普通職業訓練若しくは専門課程の高度職業訓練を修了した者であつて、その後相当程度の実務の経験を有するもの又はこれと同等以上の技能及びこれに関する知識を有すると認められる者であることとする。

2　教科
訓練科ごとに最低限必要とする教科は、次の表の教科の欄に定めるとおりとする。

3　訓練の実施方法

通信の方法によつても行うことができることとする。この場合には、適切と認められる方法により添削指導及び面接指導を行うこととする。

4　訓練期間

通信制訓練以外の訓練について最低限必要とする訓練期間は、一月以上六月以下の期間内において定めるものとし、通信制訓練の訓練期間は、おおむね一年とする。

5　訓練時間

通信制訓練以外の訓練について最低限必要とする訓練時間は、次の表の訓練時間の欄に定めるとおりとし、通信制訓練について最低限必要とする面接指導のための訓練時間は、次の表の面接指導時間の欄に定めるとおりとする。

6　設備

最低限必要とする設備は、訓練に必要な机、いす、黒板等を備えた教室又は視聴覚訓練のための機材を整備した視聴覚教室とする。

7　試験

訓練の修了時に行うこととする。

（別表第五第二号の訓練科（例））

訓練科	教科	訓練時間（単位は時間とする。）	面接指導時間（単位は時間とする。）
ビル設備管理科	ビル設備一般 ビル設備管理法 関係法規 安全衛生	一五〇	二一

第十三表　規則別表第五第二号で設定されている二級技能士コースの普通職業訓練の訓練科一覧表

訓練科	訓練時間（単位は時間とする。）	面接指導時間（単位は時間とする。）	訓練科	訓練時間（単位は時間とする。）	面接指導時間（単位は時間とする。）
ビル設備管理科	一〇〇〇	二一	めっき科	一二〇〇	一七
園芸装飾科	一〇〇〇	一四	アルミニウム陽極酸化処理科	一二〇〇	一七
造園科	一〇〇〇	一四	金属ばね製造科	一二〇〇	一七
さく井科	一〇〇〇	一四	ロープ加工科	一〇〇〇	一四
金属溶解科	一五〇〇	二一	仕上げ科	一五〇〇	二一
鋳造科	一五〇〇	二一	切削工具研削科	一五〇〇	二一
鍛造科	一五〇〇	二一		注2（一〇〇〇）	注2の2（一四）
金属熱処理科	一五〇〇	二一	製材のこ目立て科	一五〇〇	二一
粉末冶《や》金科	一五〇〇	二一	機械検査科	一五〇〇	二一
機械加工科	一五〇〇	二一	ダイカスト科	一二〇〇	一七
放電加工科	一五〇〇	二一	機械保全科	一五〇〇	二一
金型製作科	一五〇〇	二一	電子機器組立て科	一五〇〇	二一
金属プレス加工科	一二〇〇	一七	電気機器組立て科	一五〇〇	二一
鉄工科	一二〇〇	一七	半導体製品製造科	一五〇〇	二一
	注1（一五〇〇）	注1の2（二一）	プリント配線板製造科	一五〇〇	二一
建築板金科	一二〇〇	一七	家庭用電気治療器調整科	一二〇〇	一七
工場板金科	一二〇〇	一七	自動販売機調整科	一五〇〇	二一
工業彫刻科	一五〇〇	二一	鉄道車両製造・整備科	一五〇〇	二一

時計修理科	一〇〇〇	一四
眼鏡レンズ加工科	一二〇〇	一七
光学機器製造科	一〇〇〇	一四
	注3（一五〇〇）	注3の2（二一）
複写機組立て科	一五〇〇	二一
内燃機関組立て科	一五〇〇	二一
空気圧装置組立て科	一五〇〇	二一
油圧装置調整科	一五〇〇	二一
縫製機械整備科	一〇〇〇	一四
建設機械整備科	一五〇〇	二一
農業機械整備科	一五〇〇	二一
冷凍空気調和機器施工科	一五〇〇	二一
織機調整科	一〇〇〇	一四
染色科	一〇〇〇	一四
ニット製品製造科	一〇〇〇	一四
婦人子供服製造科	一〇〇〇	一四
紳士服製造科	一〇〇〇	一四
和裁科	一〇〇〇	一四
寝具製作科	一〇〇〇	一四
帆布製品製造科	一〇〇〇	一四
布はく縫製科	一〇〇〇	一四
木工機械整備科	一二〇〇	一七
機械木工科	一二〇〇	一七
木型製作科	一二〇〇	一七
家具製作科	一二〇〇	一七
建具製作科	一二〇〇	一七
竹工芸科	一〇〇〇	一四
紙器・段ボール箱製造科	一二〇〇	一七
製版科	一二〇〇	一七
印刷科	一二〇〇	一七
製本科	一〇〇〇	一四
プラスチック成形科	一五〇〇	二一
強化プラスチック成形科	一五〇〇	二一
ガラス製品製造科	一五〇〇	二一
ほうろう加工科	一二〇〇	一七
陶磁器製造科	一二〇〇	一七
ファインセラミックス製品製造科	一五〇〇	二一
石材施工科	一〇〇〇	一四
パン製造科	一二〇〇	一七
菓子製造科	一二〇〇	一七
ハム・ソーセージ・ベーコン製造科	一〇〇〇	一四
水産練り製品製造科	一〇〇〇	一四
みそ製造科	一二〇〇	一七
酒造科	一二〇〇	一七
建築大工科	一二〇〇	一七
かわらぶき科	一〇〇〇	一四

とび科	一〇〇	一四
左官科	一〇〇	一四
築炉科	一〇〇	一四
ブロック建築科	一〇〇	一四
タイル張り科	一〇〇	一四
畳製作科	一〇〇	一四
配管科	一二〇	一七
厨《ちゅう》房設備施工科	一〇〇	一四
型枠施工科	一〇〇	一四
鉄筋施工科	一〇〇	一四
コンクリート圧送施工科	一〇〇	一四
防水施工科	一〇〇	一四
内装仕上げ施工科	一〇〇	一四
スレート施工科	一〇〇	一四
熱絶縁施工科	一〇〇	一四
カーテンウォール施工科	一二〇	一七
サッシ施工科	一二〇	一七
自動ドア施工科	一二〇	一七
ガラス施工科	一〇〇	一四
ウェルポイント施工科	一〇〇	一四
テクニカルイラストレーション科	一五〇	二一
建築図面製作科	一五〇	二一
機械・プラント製図科	一五〇	二一
電気製図科	一五〇	二一
化学分析科	一五〇	二一
金属材料試験科	一五〇	二一
漆器製造科	一二〇	一七
貴金属装身具製作科	一〇〇	一四
印章彫刻科	一〇〇	一四
表装科	一〇〇	一四
塗装科	一〇〇	一四
広告美術仕上げ科	一〇〇	一四
義肢・装具製作科	一五〇	二一
舞台機構調整科	一〇〇	一四
工業包装科	一〇〇	一四
写真科	一二〇	一七
商品装飾展示科	一〇〇	一四
フラワー装飾科	一〇〇	一四

注1及び注1の2の時間は、構造物現図製作法を選択する場合である。
注2及び注2の2の時間は、超硬刃物研磨法を選択する場合である。
注3及び注3の2の時間は、光学機器組立て法を選択する場合である。

第十四表　単一等級技能士コースの短期課程の普通職業訓練の基準（別表第五第三号）

1　訓練の対象者
次の表の訓練科の欄に掲げる訓練科に関し、普通課程の普通職業訓練若しくは専門課程の高度職業訓練を修了した者であつて、その後相当程度の実務の経験を有するもの又はこれと同等以上の技能及びこれに関する知識を有すると認められる者であることとする。

2　教科
訓練科ごとに最低限必要とする教科は、次の表の教科の欄に定めるとおりとする。

3　訓練の実施方法
通信の方法によつても行うことができることとする。この場合には、適切と認められる方法により添削指導及び面接指導を行うこととする。

4　訓練期間
通信制訓練以外の訓練について最低限必要とする訓練期間は、一月以上六月以下の期間内において定めるものとし、通信制訓練の訓練期間は、おおむね一年とする。

5　訓練時間
通信制訓練以外の訓練について最低限必要とする訓練時間は、次の表の訓練時間の欄に定めるとおりとし、通信制訓練について最低限必要とする面接指導のための訓練時間は、次の表の面接指導時間の欄に定めるとおりとする。

6　設備
最低限必要とする設備は、訓練に必要な机、いす、黒板等を備えた教室又は視聴覚訓練のための機材を整備した視聴覚教室とする。

7　試験
訓練の修了時に行うこととする。

（別表第五第三号の訓練科（例））

訓練科	教科	訓練時間（単位は時間とする。）	面接指導時間（単位は時間とする。）
溶射科	溶射一般 電気 安全衛生 次の科目のうち必要とするもの 　防食溶射法 　肉盛溶射法	一五〇	二一

第十五表　規則別表第五第三号で設定されている単一等級技能士コースの普通職業訓練の訓練科一覧表

訓練科	訓練時間（単位は時間とする。）	面接指導時間（単位は時間とする。）
溶射科	一五〇	二一
金属研磨仕上げ科	一五〇	二一
電子回路接続科	一二〇	一七
製麺《めん》科	一五〇	二一
枠組壁建築科	一五〇	二一
れんが積み科	一五〇	二一
エーエルシーパネル施工科	一五〇	二一
コンクリート積みブロック施工科	一五〇	二一
浴槽設備施工科	一五〇	二一
樹脂接着剤注入施工科	一五〇	二一
バルコニー施工科	一五〇	二一
路面標示施工科	一五〇	二一
塗料調色科	一五〇	二一
ビルクリーニング科	一五〇	二一
産業洗浄科	一二〇	一七

5　修了

(1)　修了の要件

イ　訓練生の保有する技能及びこれに関する知識の程度が修了に値すると認められる場合に修了させること。

なお、所定の訓練以外に補講等を実施し、その結果、修了に値すると認められた場合にも、訓練を修了させて差し支えないこと。

ロ　管理監督者コースの訓練以外の訓練において、訓練生が疾病その他やむを得ない事由により所定の訓練の一部を受けていない場合については、当該訓練生の受けた訓練時間（教科の科目を省略し、訓練時間を短縮した場合においては、その短縮した訓練時間を含む。）が、教科編成においてあらかじめ定めた学科及び実技の訓練時間のそれぞれ八十パーセントに相当する時間（当該時間が十二時間より少ない場合は、十二時間。また、通信制訓練の場合にあっては、所定の添削指導を終了し、かつ、面接指導時間を含む訓練時間の八十パーセントに相当する時間。）以上で、かつ、当該訓練生の保有する技能及びこれに関する知識の程度が修了に値すると認められる場合、訓練を修了させて差し支えないこと。

ハ　養成施設等の指定を受けている職業訓練施設にあっては、イ及びロにかかわらず、修了の要件を当該指定の要件に適合するものとすること。

また、技能士コースの訓練においては、試験で合格基準に達した者を修了させること。なお、次により再指導等を実施し合格基準に達した者を修了させて差し支えないこと。

(イ)　通信制以外の訓練の修了時の試験において合格基準に達しない者に対して、修了時の試験の得点等を考慮して必要な教科について補講を最低十二時間以上行い、再指導後、4の⑽に準じて、速やかに修了時の試験の追試験を行うこと。

(ロ)　通信制訓練の訓練において、面接指導通知を受けた者のうち面接指導を終了していない者及び修了時の試験において合格基準に達しない者に対して、修了時の試験の得点等を考慮して必要な教科について、面接指導終了後六月以内に再指導を行い、再指導後、4の(11)のハ及び(10)に準じて、速やかに面接指導及び修了時の試験の追試験を行うこと。

(2)　修了証書等

イ　訓練を修了した者に対して修了証書（別紙1様式（三一九ページ））を参考として作成したもの）を交付すること。

ロ　修了証書の交付に当たっては、当該訓練生の受けた訓練の教科の科目及び科目ごとの訓練時間を記載した教科履修証明書（別紙2様式（三二一ページ）を参考として作成したもの）を交付するよう努めること。

ハ　技能士コースの修了に際して、都道府県知事は、認定職業訓練を行うもの又は当該訓練の修了者の申請に基づき、当該訓練を適格に修了した旨の証明を修了証書に行うことができる。

(iii)　**専門課程の高度職業訓練**

専門課程の高度職業訓練の訓練基準は、規則第十二条に定められており、その運用については次のとおりとする。

1　専門課程の高度職業訓練の概括的な訓練基準は、次のとおりとする。

(1)　訓練の対象者

高等学校卒業者又はこれと同等以上の学力を有すると認められる者であること。

「高等学校卒業者」は、新規に高等学校を卒業した者に限るものではなく、既卒者を含むものである。また、「これと同等以上の学力を有すると認められる者」には、中学校卒業者等を対象とする普通課程を修了した者、外国において高等学校の課程に相当する課程を修了した者、昭和二十三年文部省告示第四十七号第二十一号の規定による専修学校の高等課程の修業年限三年以上の課程を修了した者、大学入学資格検定規程（昭和二十六年文部省令第十三号）により文部大臣の行う大学入学資格検定に合格した者、高等学校卒業者と同等以上の技能習得能力を有すると認められる者等が含まれる。

なお、法令により、一定の者に対し、特定の業務に就業することを制限している場合（職業訓練に関し当該就業制限の特例が規定されている場合を除く。）は、当該業務に関する訓練を含む訓練科の対象者の資格を当該法令に基づいて定めるものとし、また、公的資格制度のある職種に係る訓練科については、対象者の資格を当該制度の資格要件に基づいて定めるものとすること。

(2)　教科

イ　その科目が将来職業に必要な高度の技能（専門的かつ応用的な技能を除く。）及びこれに関する知識を有する労働者となるために必要な基礎的な技能及びこれに関する知識を習得させるために適切と認められるものであること。

ロ　訓練の対象となる技能及びこれに関する知識の範囲を設定し、当該技能及びこれに関する知識の範囲に係る多様な技能及びこれに関する知識を有する労働者の素地としての技能及びこれに関する知識の水準に到達させるものであること。

ハ　学科の科目及び実技の科目を含まなければならないこと。

ニ　学科の科目について、人文科学、社会科学又は自然科学に係る科目、外国語、体育等の普通学科を行う場合にあっては、原則として、専門学科（規則別表第六（以下単に「別表第六」という。）に定めるところによる訓練を行う場合にあっては、系基礎学科及び専攻学科。以下(2)において同じ。）と区分して行うこと。

ホ　普通学科を行う場合は、主として専攻学科の理解の基礎となる科目を選定することとするが、訓練生の自主性を助長してボランティア活動等職業人としての素養を身に付けるのにふさわしい科目も設定するよう努めること。

ヘ　専門学科は、実技の習得に必要な知識及び創造的な能力、管理的な能力等の基礎となる知識を付与するものであって、原則として安全衛生の科目を含むものであること。

専門学科の科目の内容については、訓練を行う実技の科目の内容及びその程度に応じて決定すべきものであり、訓練の実施に当たっては実技の科目の内容と遊離して行われることのないよう留意すること。

また、専門学科の訓練時間は、おおむね九百時間以上とすること。

ト　実技の科目には、原則として安全衛生の科目を含むものとし、また、実技の訓練時間は、総訓練時間の三十パーセントに相当する時間以上とすること。

なお、実技の科目の実施にあたっては、インターンシップの活用を含め、実際の現場での実習を設定するよう努めること。

(3)　訓練期間

二年であること。ただし、訓練の対象となる技能及びこれに関する知識の内容、訓練の実施体制等によりこれにより難い場合には、一年を超えない範囲内で当該期間を延長することができること。

ここで、「訓練の対象となる技能及びこれに関する知識の内容、訓練の実施体制等によりこれにより難い場合」とは、訓練の対象となる技能及びこれに関する知識の内容について、広い範囲若しくは特に高度な内容若しくは高い習熟の程度を必要とする場合その他これらに準ずる場合とする。

(4) 訓練時間

一年につきおおむね千四百時間であり、かつ、総訓練時間が二千八百時間以上であること。この場合の訓練時間の算定方法は、五十分間（休憩時間を除く。）を一時間として算定して差し支えないこと。

(5) 設備

教科の科目に応じ当該科目の訓練を適切に行うことができると認められるものであること。

(6) 訓練生の数

訓練を行う一単位につき四十人以下であること。

(7) 職業訓練指導員

職業訓練指導員の数は、訓練生の数、訓練の実施に伴う危険の程度及び指導の難易に応じた適切な数であること。

また、教科の科目の編成、教科の指導方法の決定その他訓練の実施のために必要な指導調整に関する業務を担当するため、原則として訓練科ごとに、当該職業訓練指導員のうち一名以上は以下のいずれかに該当する者を配置すること。

イ　博士若しくは修士の学位（外国において授与されたこれに該当する学位を含む。）を有する者若しくは応用研究課程若しくは研究課程の職業訓練指導員訓練を修了した者又は研究上の業績がこれらの者に準ずる者であって、教育訓練に関し適切に指導することができる能力を有すると認められるもの

ロ　学校教育法による大学又は職業能力開発総合大学校、職業能力開発大学校若しくは職業能力開発短期大学校において、教授又はこれに相当する職員としての経歴を有する者

ハ　学校教育法による大学又は職業能力開発総合大学校、職業能力開発大学校若しくは職業能力開発短期大学校において、助教授若しくは専任講師又はこれに相当する職員としての経歴を有する者で、研究上の能力又は教育訓練に関し適切に指導することができる能力を有すると認められるもの

ニ　研究所、試験所等に十年以上在職し、研究上の業績があり、かつ、教育訓練に関し適切に指導することができる能力を有すると認められる者

ホ　別に定める職業訓練施設において指導の経験を有する者であって、特に優れた技能又は専門的な知識を有すると認められるもの

(8)　試験

教科の科目ごとに、訓練期間一年以内ごとに一回行うこと。

なお、普通学科の科目については省略することができるものとする。

(9)　その他

訓練科名は、別表第六に定めるところによる行われる訓練以外の訓練にあっては、訓練の内容を適切に表した訓練科の名称を定めること。

したがって、当該訓練科の名称は、別表第六の訓練科の欄に定める訓練科の名称とは異なるものとすること。

2　別表第六に定める訓練科に係る訓練については、1に定めるもののほか、同表に定めるところにより行われるものを標準とすること。

具体的には、1に定めるもののほか、次によること。

(1)　教科

イ　訓練科は、訓練系及び専攻科からなるものとし、訓練科ごとの教科について最低限必要とする科目は、別表第六の教科の欄に定める科目とすること。

ロ　イに定める科目のほか、必要に応じ、それぞれの訓練科ごとに適切な科目を追加することができること。

ハ　労働安全衛生法及び作業環境測定法による資格取得に係る訓練科については、別に定めるところにより、当該資格を付与するにふさわしいものとなるよう教科の科目を定めること。

(2)　訓練期間

イ　訓練科ごとの最低限の訓練期間は、別表第六の訓練期間及び訓練時間の欄に定めるとおりとすること。

ロ　イに定める訓練期間は、一年を超えて延長することはできないこと。

(3)　訓練時間

訓練科ごとの最低限の訓練の総時間及び教科ごとの訓練時間は、別表第六の訓練期間及び訓練時間の欄に定めるとおりとすること。

(4)　設備

訓練科ごとに最低限必要とする設備は、別表第六の設備の欄に定めるとおりとすること。

公共職業能力開発施設の設備は、別に定める訓練科ごとの設備の細目を標準として、地域業界のニーズ等に応じたものを整備すること。

3　修了

(1)　修了の要件

イ　試験の結果その他の評価により訓練生の保有する技能及びこれに関する知識の程度が修了に値すると認められる場合に修了させること。

なお、所定の訓練以外に補講等を実施し、その結果、修了に値すると認められた場合にも、訓練を修了させて差し支えないこと。

ロ　訓練生が疾病その他やむを得ない事由により所定の訓練の一部を受けていない場合については、当該訓練生の受けた訓練時間（教科の科目を省略し、訓練時間を短縮した場合においては、その短縮した訓練時間を含む。）が、教科編成においてあらかじめ定めた学科及び実技の訓練時間のそれぞれ八十パーセントに相当する時間以上で、かつ、試験の結果、当該訓練生の保有する技能及びこれに関する知識の程度が修了に値すると認められる場合、訓練を修了させて差し支えないこと。

ハ　養成施設等の指定を受けている職業訓練施設にあっては、イ及びロにかかわらず修了の要件を当該指定の要件に適合するものとすること。

(2)　修了証書等

イ　訓練を修了した者に対して修了証書（別紙1様式（三一九ページ）を参考として作成したもの）を交付すること。

ロ　修了証書の交付に当たっては、当該訓練生の受けた訓練の教科の科目及び科目ごとの訓練時間を記載した教科履修証明書（別紙2様式（三二一ページ）を参考として作成したもの）を交付するよう努めること。

第十六表　専門課程の高度職業訓練（規則別表第六）

一　教科

1　訓練科（次の表の訓練科の欄に定める訓練系及び専攻科からなる訓練科をいう。）ごとの教科について最低限必要とする科目は、次の表の教科の欄に定める系基礎学科、系基礎実技、専攻学科及び専攻実技の科目とする。

2　1に定めるもののほか、必要に応じ、それぞれの訓練科ごとに適切な科目を追加することができる。

二　訓練期間

1　訓練科ごとに最低限必要とする訓練期間は、次の表の訓練期間及び訓練時間の欄に定めるとおりとする。

2　1に定める訓練期間は、一年を超えて延長することはできない。

三　訓練時間

訓練科ごとに最低限必要とする訓練の総時間及び教科ごとの訓練時間は、次の表の訓練期間及び訓練時間の欄に定めるとおりとする。

四　設備

1　訓練科ごとに最低限必要とする設備は、次の表の設備の欄に定めるとおりとする。

2　1に定めるもののほか、公共職業能力開発施設の設備の細目は、厚生労働大臣が別に定めるとおりとする。

（別表第六の訓練科（例））

訓練科		訓練の対象となる技能及びこれに関する知識の範囲	教科	訓練期間及び訓練時間（単位は時間とする。）	設備	
訓練系	専攻科				種別	名称
一　機械システム系	生産技術科			訓練期間　二年	建物その他の工作	教室 実習場

			訓練時間	物	
			総時間		測定室
			二、八〇〇		製図室
					実験室
					情報処理実習室
		一　系基礎		機械	工作用機械類
		1　学科	三五〇		実験用機械類
		①　制御工学概論			情報処理用機器類
		②　電気工学概論		その他	器工具類
		③　情報工学概論			計測器類
		④　材料工学			製図器及び製図用具類
	機械加工並びに機械及び計測の制御における基礎的な技能並びにこれに関する知識	⑤　力学			教材類
		⑥　基礎製図			ソフトウェア類
		⑦　生産工学			
		⑧　安全衛生工学			
		2　実技	二一五		
		①　基礎工学実験			
		②　電気工学基礎実験			
		③　情報処理実習			
		④　安全衛生作業法			
	数値制御加工機械による工作、CAD・CAMによる設計及び製造	二　専攻			
		1　学科	三五〇		
		①　機構学			
		②　機械加工学			
		③　数値制御			

	等機械加工における技能及びこれに関する知識	④　油圧・空圧制御 ⑤　シーケンス制御 ⑥　測定法 ⑦　機械設計及び製図 2　実技 ①　機械加工実習 ②　制御工学実習 ③　測定実習 ④　設計及び製図実習	六一〇		
制御技術科	機械加工並びに機械及び計測の制御における基礎的な技能並びにこれに関する知識	一　系基礎 1　学科 機械システム系生産技術科の系基礎学科の①から⑧までに掲げる科目 2　実技 機械システム系生産技術科	訓練期間 二年 訓練時間 総時間 二、八〇〇 三五〇 二一五	建物その他の工作物 機械 その他	教室 実習場 測定室 製図室 実験室 情報処理実習室 工作用機械類 実験用機械類 情報処理用機器類 器工具類 計測器類 製図器及び製

精密電子機械科	
	機械及び計測の制御並びにメカトロニクス機器の設計及び製作における技能並びにこれに関する知識
	の系基礎実技の①から④までに掲げる科目 二　専攻 1　学科 ①　機械工学 ②　メカトロニクス工学 ③　制御工学 ④　計測工学 ⑤　電子工学 ⑥　コンピュータ制御 ⑦　システム設計 2　実技 ①　機械工学実験・実習 ②　メカトロニクス実習 ③　制御工学実験 ④　電子工学実験 ⑤　コンピュータ制御実習 ⑥　設計及び製図実習
訓練期間　二年 訓練時間　総時間	三一五 六一〇
建物その他の工作物	
教室 実習場 測定室 製図室	図用具類 教材類 ソフトウェア類

		機械加工並びに機械及び計測の制御における基礎的な技能並びにこれに関する知識	一　系基礎	二、八〇〇		実験室 情報処理実習室 工作用機械類 実験用機械類 情報処理用機器類 器工具類 計測器類 製図器及び製図用具類 教材類 ソフトウェア類
			1　学科 機械システム系生産技術科の系基礎学科の①から⑧までに掲げる科目	三五〇	機械	
			2　実技 機械システム系生産技術科の系基礎実技の①から④までに掲げる科目	二一五	その他	
		精密加工、真空技術、制御技術等による高度生産システムにおける技能及びこれに関する知識	二　専攻			
			1　学科 ①　機械工学 ②　精密加工 ③　真空技術 ④　制御工学 ⑤　計測工学 ⑥　電子工学 ⑦　コンピュータ制御 ⑧　設計及び製図	三五〇		
			2　実技 ①　機械工学実験・実習 ②　精密加工実習習	六三〇		

		③　真空技術実験 ④　制御工学実験 ⑤　計測工学実験 ⑥　電子工学実験 ⑦　電子回路設計実習 ⑧　コンピュータ制御実習 ⑨　設計及び製図実習			
産業機械科	機械加工並びに機械及び計測の制御における基礎的な技能並びにこれに関する知識 産業用の機械	一　系基礎 1　学科 機械システム系生産技術科の系基礎学科の①から⑧までに掲げる科目 2　実技 機械システム系生産技術科の系基礎実技の①から④までに掲げる科目 二　専攻	訓練期間 二年 訓練時間 総時間 二、八〇〇 三五〇 二一五	建物その他の工作物 機械 その他	教室 実習場 測定室 製図室 実験室 情報処理実習室 工作用機械類 実験用機械類 情報処理用機器類 器工具類 計測器類 製図器及び製図用具類 教材類

	メカトロニクス技術科
システムの設計、制御及び管理における技能及びこれに関する知識	機械加工並び
1　学科 ①　産業機械工学 ②　制御工学 ③　電子工学 ④　計測工学 ⑤　電動機工学 ⑥　システム設計 ⑦　生産システム工学 2　実技 ①　産業機械工学実習 ②　制御工学実験 ③　計測工学実験 ④　電動機工学実験 ⑤　ＣＡＤ・ＣＡＭ実習 ⑥　システム設計演習 ⑦　生産システム実習	一　系基礎
三五〇 五七〇	訓練期間　二年 訓練時間 総時間　二、八〇〇
	建物その他の工作物
ソフトウェア類	教室 実習場 測定室 製図室 実験室 情報処理実習室

		に機械及び計測の制御における基礎的な技能並びにこれに関する知識	1　学科 機械システム系生産技術科の系基礎学科の①から⑧までに掲げる科目	三五〇	機械	工作用機械類 実験用機械類 情報処理用機器類 器工具類 計測器類 製図器及び製図用具類 教材類 ソフトウェア類
			2　実技 機械システム系生産技術科の系基礎実技の①から④までに掲げる科目	二二五	その他	
		メカトロニクス機器の組立て及び制御並びに生産システムの開発における技能並びにこれに関する知識	二　専攻 1　学科 ①　機械工学 ②　メカトロニクス工学 ③　制御工学 ④　測定法 ⑤　電子工学 ⑥　情報工学 ⑦　システム設計 ⑧　生産システム工学	三五〇		
			2　実技 ①　機械加工実習 ②　メカトロニクス実習 ③　制御工学実験 ④　電子工学実験	六一〇		

⑤ コンピュータ制御実習
⑥ システム設計演習
⑦ 生産システム実習

第十七表 規則別表第六で設定されている専門課程の高度職業訓練の訓練科一覧表

訓練科		訓練の対象となる技能及びこれに関する知識の範囲	訓練期間
訓練系	専攻科		
一 機械システム系	生産技術科	（系基礎） 機械加工並びに機械及び計測の制御における基礎的な技能並びにこれに関する知識	二年
		（専　攻） 数値制御加工機械による工作、ＣＡＤ・ＣＡＭによる設計及び製造等機械加工における技能及びこれに関する知識	
	制御技術科	（系基礎） 機械加工並びに機械及び計測の制御における基礎的な技能並びにこれに関する知識	二年
		（専　攻） 機械及び計測の制御並びにメカトロニクス機器の設計及び製作における技能並びにこれに関する知識	
	精密電子機械科	（系基礎） 機械加工並びに機械及び計測の制御における基礎的な技能並びにこれに関する知識	二年
		（専　攻） 精密加工、真空技術、制御技術等による高度生産システムにおける技能及びこれに関する知識	
	産業機械科	（系基礎） 機械加工並びに機械及び計測の制御における基礎的な技能並	二年

		びにこれに関する知識	
		（専　攻）　産業用の機械システムの設計、制御及び管理における技能及びこれに関する知識	
	メカトロニクス技術科	（系基礎）　機械加工並びに機械及び計測の制御における基礎的な技能並びにこれに関する知識	二年
		（専　攻）　メカトロニクス機器の組立て及び制御並びに生産システムの開発における技能並びにこれに関する知識	
二　電気・電子システム系	電気技術科	（系基礎）　電気エネルギー及び情報信号の伝送等に関する設計及び調整等における基礎的な技能及びこれに関する知識	二年
		（専　攻）　電気エネルギーの生成及び伝送等に関する設計及び調整等における技能及びこれに関する知識	
	電子技術科	（系基礎）　電気エネルギー及び情報信号の伝送等に関する設計及び調整等における基礎的な技能及びこれに関する知識	二年
		（専　攻）　情報信号の伝送及び加工等に関する設計及び調整等における技能及びこれに関する知識	
三　輸送機械整備技術系	航空機整備科	（系基礎）　輸送機械の整備における基礎的な技能及びこれに関する知識	二年
		（専　攻）　飛行機、回転翼航空機、滑空機又は飛行船の整備における技能及びこれに関する知識	
四　テキスタイル技術系	染織技術科	（系基礎）　繊維製品製造における基礎的な技能及びこれに関する知識	二年
		（専　攻）　染織及び染織のデザインにおける技能及びこれに関する知識	

五　服飾技術系	アパレル技術科	（系基礎）被服の企画、設計及び製作における基礎的な技能及びこれに関する知識 （専　攻）アパレル製品の企画、設計、製作及び販売における技能及びこれに関する知識	二年
	和裁技術科	（系基礎）被服の企画、設計及び製作における基礎的な技能及びこれに関する知識 （専　攻）和服の企画、設計及び製作における技能及びこれに関する知識	二年
六　食品製造技術系	製パン・製菓技術科	（系基礎）食品の製造及び管理における基礎的な技能及びこれに関する知識 （専　攻）パン、和菓子及び洋菓子の製造、販売、管理及び企画における技能及びこれに関する知識	二年
七　居住システム系	住居環境科	（系基礎）建築空間及び生活空間に関する企画、設計及び施工に必要な基礎的な技能及びこれに関する知識 （専　攻）住環境に関する企画、設計及び施工における技能及びこれに関する知識	二年
	建築科	（系基礎）建築空間及び生活空間に関する企画、設計及び施工に必要な基礎的な技能及びこれに関する知識 （専　攻）建築に関する企画、設計及び施工における技能及びこれに関する知識	二年

	建築物仕上科	(系基礎)　建築空間及び生活空間に関する企画、設計及び施工における基礎的な技能及びこれに関する知識 (専　攻)　建築物の仕上げに関する企画、設計及び施工における技能及びこれに関する知識	二年
	建築設備科	(系基礎)　建築空間及び生活空間に関する企画、設計及び施工における基礎的な技能及びこれに関する知識 (専　攻)　建築設備に関する企画、設計及び施工における技能及びこれに関する知識	二年
	インテリア科	(系基礎)　建築空間及び生活空間に関する企画、設計及び施工における基礎的な技能及びこれに関する知識 (専　攻)　インテリアスペース及びインテリアエレメントに関する企画、設計及び施工における技能及びこれに関する知識	二年
八　化学システム系	環境化学科	(系基礎)　環境の測定及び保全、有害物処理並びに素材の製造等における基礎的な技能並びにこれに関する知識 (専　攻)　環境の測定及び保全並びに有害物処理における技能並びにこれに関する知識	二年
	産業化学科	(系基礎)　環境の測定及び保全、有害物処理並びに素材の製造等における基礎的な技能並びにこれに関する知識 (専　攻)　素材の製造、改質、分析及び機能評価における技能及びこれに関する知識	二年

九　エネルギー技術系	原子力科	（系基礎）	エネルギー資源の確保及び利用等における基礎的な技能及びこれに関する知識	二年
		（専　攻）	原子力施設等における放射線防護に関する技能及びこれに関する知識	
十　デザインシステム系	産業デザイン科	（系基礎）	製品等の計画、設計、表現及び制作における基礎的な技能及びこれに関する知識	二年
		（専　攻）	工業製品、工芸品等の計画、設計、表現及び制作における技能及びこれに関する知識	
十一　ビジネス技術系	ビジネスマネジメント科	（系基礎）	市場メカニズム、市場経済の情報等の分析及び把握等における技能及びこれに関する知識	二年
		（専　攻）	企業経営の実施部門の管理における技能及びこれに関する知識	
十二　物流システム系	港湾流通科	（系基礎）	物流システムの管理及び業務処理における基礎的な技能及びこれに関する知識	二年
		（専　攻）	港湾流通の管理及び業務処理における技能及びこれに関する知識	
	物流情報科	（系基礎）	物流システムの管理及び業務処理における基礎的な技能及びこれに関する知識	二年
		（専　攻）	物流及び物流情報の管理及び業務処理における技能及びこれに関する知識	

十三　接客サービス技術系	ホテルビジネス科	(系基礎)サービス業務における接客、企画及び管理等における基礎的な技能及びこれに関する知識 (専　攻)ホテル等における接客、企画及び管理等における技能及びこれに関する知識	二年
十四　調理技術系	調理技術科	(系基礎)調理業務における接客、企画及び管理等における基礎的な技能及びこれに関する知識 (専　攻)レストラン等における調理、接客、企画及び管理等における技能及びこれに関する知識	二年
十五　情報システム系	情報技術科	(系基礎)コンピュータによるシステム設計及びプログラム設計等における基礎的な技能及びこれに関する知識 (専　攻)コンピュータによるシステムの設計における技能及びこれに関する知識	二年
	情報処理科	(系基礎)コンピュータによるシステム設計及びプログラム設計等における基礎的な技能及びこれに関する知識 (専　攻)コンピュータのソフトウェアの設計における技能及びこれに関する知識	二年

(iv)　専門短期課程

専門短期課程の高度職業訓練の訓練基準は、規則第十三条に定められており、その運用については次のとおりとする。

1　専門短期課程の高度職業訓練の概括的な訓練基準は、次のとおりとする。

（1）　訓練の対象者

職業に必要な高度の技能（専門的かつ応用的な技能を除く。）及びこれに関する知識を習得しようとする者であること。

これには、高度の技能（専門的かつ応用的な技能を除く。）及びこれに関する知識の習得を目的としている在職者等が対象となりうるものである。

（2）　教科

その科目が職業に必要な高度の技能（専門的かつ応用的な技能を除く。）及びこれに関する知識を習得させるために適切と認められるものであること。

（3）　訓練の実施方法

学科の科目については、通信の方法によっても行うことができること。

この場合には、適切と認められる方法により添削指導を行うほか、必要に応じて面接指導を行うこと。なお、添削指導については、二回以上（面接指導を三時間以上行う場合にあっては、一回以上）行うこと。

（4）　訓練期間

六月（訓練の対象となる技能及びこれに関する知識の内容、訓練の実施体制等によりこれにより難い場合にあっては、一年）以下の適切な期間とする。

（5）　訓練時間

総訓練時間が十二時間以上であること。

この場合の訓練時間の算定方法は、五十分を一時間として算定して差し支えない。

（6）　設備

教科の科目に応じ当該科目の訓練を適切に行うことができると認められるものであること。

(7) 職業訓練指導員

訓練に係る教科につき、高度の技能又は知識を有し、教育訓練に関し、適切に指導することができる能力を有すると認められる者であること。

2 修了

(1) 修了の要件

イ 訓練生の保有する技能及びこれに関する知識の程度が修了に値すると認められる場合に修了させること。

なお、所定の訓練以外に補講等を実施し、その結果、修了に値すると認めた場合にも、訓練を修了させて差し支えないこと。

ロ 訓練生が疾病その他やむを得ない事由により所定の訓練の一部を受けていない場合については、当該訓練生の受けた訓練時間（教科の科目を省略し、訓練時間を短縮した場合においては、その短縮した訓練時間を含む。）が、教科編成においてあらかじめ定めた学科及び実技の訓練時間のそれぞれ八十パーセントに相当する時間（通信制訓練の場合にあっては、所定の添削指導を終了し、かつ、面接指導時間を含む訓練時間の八十パーセントに相当する時間。）以上で、かつ、試験の結果、当該訓練生の保有する技能及びこれに関する知識の程度が修了に値すると認められる場合、訓練を修了させて差し支えないこと。

ハ 養成施設等の指定を受けている職業訓練施設にあっては、イ及びロにかかわらず、修了の要件を当該指定の要件に適合するものとすること。

(2) 修了証書等

イ 訓練を修了した者に対して修了証書（別紙1様式（三一九ページ））を参考として作成したもの）を交付すること。

ロ 修了証書の交付に当たっては、当該訓練生の受けた訓練の教科の科目及び科目ごとの訓練時間を記載した教科履修証明書（別紙2様式（三二一ページ））を参考として作成したもの）を交付するよう努めること。

(v) **応用課程の高度職業訓練**

応用課程の高度職業訓練の訓練基準は、規則第十四条に定められており、その運用については次のとおりとする。

1 応用課程の高度職業訓練の概括的な訓練基準は、次のとおりとする。

(1) 訓練の対象者

専門課程の高度職業訓練を修了した者又はこれと同等以上の技能及びこれに関する知識を有すると認められる者であること。

「専門課程の高度職業訓練を修了した者」は、新規に同課程を修了した者に限るものではなく、既に修了している者も含むものである。

また、「これと同等以上の技能及びこれに関する知識を有すると認められる者」は、学歴等により制限するものではなく、試験の実施等により専門課程の高度職業訓練修了者と同等以上の技能、知識を有すると認められれば足りるものである。具体的には、工科系の大学、短期大学若しくは高等専門学校の卒業者、専修学校の専門課程を修了した者等のほか、これらの学歴を有さない者であっても、実務の経験等により専門課程の高度職業訓練修了者と同等以上の技能・知識を有すると認められるものを含むものであるので留意すること。

なお、法令により、一定の者に対し、特定の業務に就業することを制限している場合（職業訓練に関し当該就業制限の特例が規定されている場合を除く。）は、当該業務に関する訓練を含む訓練科の対象者の資格を当該法令に基づいて定めるものとし、また、公的資格制度のある職種に係る訓練科については、対象者の資格を当該制度の資格要件に基づいて定めるものとすること。

(2)　教科

イ　その科目が将来職業に必要な高度な技能で専門的かつ応用的なもの及びこれに関する知識を有する労働者となるために必要な基礎的な技能及びこれに関する知識を習得させるために適切と認められるものであること。

なお、「将来職業に必要な高度の技能で専門的かつ応用的なもの及びこれに関する知識」とは、専門的かつ応用的な職業能力を有する高度技能労働者となるために必要な技能及びこれに関する知識であり、「基礎的な技能及びこれに関する知識」とは、当該技能及びこれに関する知識のうち必要最低限習得させることが必要なものをいう。

ロ　訓練の対象となる技能及びこれに関する知識の範囲を設定し、当該技能及びこれに関する知識の範囲に係る多様な技能及びこれに関する知識を有する労働者の素地としての技能及びこれに関する知識の水準に到達させるものであること。

ハ　学科の科目及び実技の科目を含まなければならないこと。

ニ　学科の科目について、人文科学、社会科学又は自然科学に係る科目、外国語、体育等の普通学科を行う場合にあっては、原則として、専門学科（規則別表第七（以下単に「別表第七」という。）に定めるところによる訓練を行う場合にあっては、専攻学科。以下⑵において同じ。）と区分して行うこと。

ホ　普通学科を行う場合は、主として専門学科の理解の基礎となる科目を選定することとするが、訓練生の自主性を助長しつつ、ボランティア活動等職業人としての素養を身に付けるのにふさわしい科目も設定するよう努めること。

ヘ　専門学科は、応用的な高度の技能の習得に必要な応用的能力、問題解決能力、創造的能力、管理能力等の基礎となる科目とし、原則として安全衛生の科目を含むものであること。

専門学科の科目については、特定の専門分野に特化するだけではなく、実際のものづくりに則して、関連する専門分野についても幅広く複合した科目構成とすることとし、その内容については、訓練を行う実技の科目の内容及びその程度に応じて決定すべきものであり、訓練の実施に当たっては実技の科目の内容と遊離して行われることのないよう留意すること。

ト　実技の科目には、原則として安全衛生の科目を含むものとし、実技の訓練時間は、総訓練時間の六十パーセントに相当する時間以上とすること。

実技の科目の内容については、実際の現場に準じて、複数の専門分野が複合した課題を設定し、訓練生の自主性を助長しつつ、グループによる仕事の進め方等を体験できるような方法をとること。この場合、インターンシップの活用も含め実際の現場での実習を設定するよう努め、施設内で行う場合にあっては、専門の異なる訓練生で構成されるグループで行うよう配慮すること。特に、同一系の訓練科が複数存在しない場合には実際の現場での実習の実施について十分配慮すること。

⑶　訓練期間

二年であること。ただし、訓練の対象となる技能及びこれに関する知識の内容、訓練の実施体制等によりこれにより難い場合には、二年以上四年以下の期間内で当該訓練を適切に行うことができると認められる期間とすることができる。

ここで、「訓練の対象となる技能及びこれに関する知識の内容、訓練の実施体制等によりこれにより難い場合」とは、訓練の対象となる技能及びこれに関する知識の内容について、広い範囲若しくは特に高度で専門的かつ応用的な内容若しくは高い習熟の程度を必要とする場合その他これらに準ずる場合又は夜間訓練等の場合をいうものであること。

(4)　訓練時間

一年につきおおむね千四百時間であり、かつ、総訓練時間が二千八百時間以上であること。ただし、訓練の実施体制等によりこれにより難い場合には、一年につきおおむね七百時間とすることができる。

ここで、「訓練の実施体制等によりこれにより難い場合」とは、夜間訓練等の場合をいうものであり、これにより、一年当たりの訓練時間を短縮したときは、当該訓練時間の短縮に応じて訓練期間を延長することにより、これらの最低限の総訓練時間数を満たす必要があること。

なお、この場合の訓練時間の算定方法は、五十分間（休憩時間を除く。）を一時間として算定して差し支えないこと。

(5)　設備

教科の科目に応じ当該科目の訓練を適切に行うことができると認められるものとすること。

(6)　訓練生の数

訓練を行う一単位につき四十人以下とすること。

(7)　職業訓練指導員

職業訓練指導員の数は、訓練生の数、訓練の実施に伴う危険の程度及び指導の難易に応じた適切な数であること。

訓練内容が、実際のものづくりに則して、関連する専門分野を幅広く複合した構成とすることから、それに適切に対応できるよう職業訓練指導員の構成を図ること。

また、教科の科目の編成、教科の指導方法の決定その他訓練の実施のために必要な指導調整に関する業務を担当するため、原則として訓練科ごとに、当該職業訓練指導員のうち一名以上は以下のいずれかに該当する者を配置すること。

イ　応用研究課程の指導員訓練を修了した者であって、教育訓練に関し適切に指導することができる能力を有すると認められるもの

ロ　職業能力開発総合大学校又は職業能力開発大学校において、教授又はこれに相当する職員としての経歴を有する者

ハ　学校教育法による大学又は職業能力開発短期大学校において、教授又はこれに相当する職員としての経歴を有する者であって、教育訓練に関し適切に指導することができる能力を有すると認められるもの

ニ　博士の学位（外国において授与されたこれに該当する学位を含む。）を有する者若しくは研究課程の指導員訓練を修了した者又は研究上の業績がこれらの者に準ずる者であって、教育訓練に関し適切に指導することができる能力を有すると認められるもの

ホ　研究所、試験所等に十年以上在職し、研究上の業績があり、かつ、教育訓練に関し適切に指導することができる能力を有すると認められる者

へ　別に定める職業訓練施設において指導の経験を有するものであって、特に優れた技能又は専門的な知識を有すると認められるもの

(8)　試験

教科の科目ごとに、訓練期間一年以内ごとに一回行うこと。

なお、普通学科の科目については省略することができるものとする。

(9)　その他

訓練科名は、別表第七に定めるところによる訓練以外の訓練にあっては、訓練の内容を適切に表した訓練科の名称を定めること。

したがって、当該訓練科の名称は、別表第七の訓練科の欄に定める訓練科の名称とは異なるものとすること。

2　別表第七に定める訓練科に係る訓練の訓練基準

別表第七に定める訓練科に係る訓練については、1に定めるもののほか、同表に定めるところにより行われるものを標準とすること。

具体的には、1に定めるもののほか、次によること。

(1)　教科

イ　訓練科は、訓練系及び専攻科からなるものとし、訓練科ごとの教科について最低限必要とする科目は、別表第七の教科の欄に定める科目とすること。

ロ　イに定める科目のほか、必要に応じ、それぞれの訓練科ごとに適切な科目を追加することができること。

ハ　労働安全衛生法及び作業環境測定法による資格取得に係る訓練科については、別に定めるところにより、当該資格を付与するにふさわしいものとなるよう教科の科目を定めること。

(2)　訓練期間

イ　訓練科ごとの最低限の訓練期間は、別表第七の訓練期間及び訓練時間の欄に定めるとおりとすること。

ロ　イに定める訓練期間は、二年を超えて延長することはできないこと。

(3)　訓練時間

訓練科ごとの最低限の訓練の総時間及び教科ごとの訓練時間は、別表第七の訓練期間及び訓練時間の欄に定めるとおりとすること。

(4)　設備

訓練科ごとに最低限必要とする設備は、別表第七の設備の欄に定めるとおりとすること。

公共職業能力開発施設の設備は、別に定める訓練科ごとの設備の細目を標準として、地域業界のニーズ等に応じたものを整備すること。

3　修了

(1)　修了の要件

イ　試験の結果その他の評価により訓練生の保有する技能及びこれに関する知識の程度が修了に値すると認められる場合に修了させること。

なお、所定の訓練以外に補講等を実施し、その結果、修了に値すると認められる場合、訓練を修了させて差し支えないこと。

ロ　訓練生が疾病その他やむを得ない事由により所定の訓練の一部を受けていない場合については、当該訓練生の受けた訓練時間（教科の科目を省略し、訓練時間を短縮した場合においては、その短縮した訓練時間を含む。）が、教科編成においてあらかじめ定めた学科及び実技の訓練時間のそれぞれ八十パーセントに相当する時間以上で、かつ、試験の結果、当該訓練生の保有する技能及びこれに関する知識の程度が修了に値すると認められる場合、訓練を修了させて差し支えないこと。

ハ　養成施設等の指定を受けている職業訓練施設にあっては、イ及びロにかかわらず、修了の要件を当該指定の要件に適合するものとすること。

(2)　修了証書等

イ　訓練を修了した者に対して修了証書（別紙1様式（三一九ページ））を参考として作成したもの）を交付すること。

ロ　修了証書の交付に当たっては、当該訓練生の受けた訓練の教科の科目及び科目ごとの訓練時間を記載した教科履修証明書（別紙2様式（三二一ページ）を参考として作成したもの）を交付するよう努めること。

別表第七（第十四条関係）

応用課程の高度職業訓練

一　教科

1　訓練科（次の表の訓練科の欄に定める訓練系及び専攻科からなる訓練科をいう。）ごとの教科について最低限必要とする科目は、次の表の教科の欄に定める専攻学科、専攻実技及び応用の科目とする。

2　1に定めるもののほか、必要に応じ、それぞれの訓練科ごとに適切な科目を追加することができる。

二　訓練期間

1　訓練科ごとに最低限必要とする訓練期間は、次の表の訓練期間及び訓練時間の欄に定めるとおりとする。
2　1に定める訓練期間は、二年を超えて延長することはできない。

三　訓練時間

訓練科ごとに最低限必要とする訓練の総時間及び教科ごとの訓練時間は、次の表の訓練期間及び訓練時間の欄に定めるとおりとする。

四　設備

1　訓練科ごとに最低限必要とする設備は、次の表の設備の欄に定めるとおりとする。
2　1に定めるもののほか、公共職業能力開発施設の設備の細目は、厚生労働大臣が別に定めるとおりとする。

（別表第七の訓練科（例））

訓練科		訓練の対象となる技能及びこれに関する知識の範囲	教科	訓練期間及び訓練時間（単位は時間とする。）	設備	
訓練系	専攻科				種別	名称
二　居住・建築システム技術系	建築施工システム技術科	建築物の部分的な工事の施工計画の作成及び施工管理における	一　専攻 1　学科 ①　技術英語 ②　建築生産管理	訓練期間　二年 訓練時間 総時間　二、八〇〇 四五五	建物その他の工作物	教室 実習室 製図室 実験室 情報処理実習室
					機械	施工用機械類 施工管理用機械類 計測・測定用

		技能及びこれに関する知識	③ 経営管理 ④ 企画開発 ⑤ 建築生産 ⑥ 施工力学 ⑦ 施工管理 ⑧ 建設環境 ⑨ 施工関係法規 ⑩ 維持管理 ⑪ 安全衛生管理		その他	機器類 情報処理用機器類 運搬車両類 器工具類 計測器類 製図器及び製図用具類 教材類 ソフトウェア類
			2 実技 ① 施工法実習 ② 施工図書実習 ③ 施工管理実習 ④ 施工管理応用実習 ⑤ 施工・施工管理実習 ⑥ 安全衛生管理実習	八四〇		
		建築物の一連の施工計画の作成及び施工管理における技能及びこれに関する知識	二 応用 施工・施工管理総合実習	七〇〇		

第十八表　規則別表第七で設定されている応用課程の高度職業訓練の訓練科一覧表

訓練科		訓練の対象となる技能及びこれに関する知識の範囲	訓練期間
訓練系	専攻科		
一　生産システム技術系	生産機械システム技術科	（専攻）機械装置の設計、試作、組立及び検査並びに生産設備の自動化における技能及びこれに関する知識 （応用）自動化機器等の企画及び開発並びに生産システムの設計、製作等における技能及びこれに関する知識	二年
	生産電子システム技術科	（専攻）電子装置の設計、試作及び試験並びに生産設備の自動化における技能及びこれに関する知識 （応用）自動化機器等の企画及び開発並びに生産システムの設計、製作等における技能及びこれに関する知識	二年
	生産情報システム技術科	（専攻）製造その他の生産に関する情報システムの構築における技能及びこれに関する知識 （応用）自動化機器等の企画及び開発並びに生産システムの設計、製作等における技能及びこれに関する知識	二年
二　居住・建築システム技術系	建築施工システム技術科	（専攻）建築物の部分的な工事の施工計画の作成及び施工管理における技能及びこれに関する知識 （応用）建築物の一連の施工計画の作成及び施工管理における技能及びこれに関する知識	二年

(vi) 応用短期課程の高度職業訓練

応用短期課程の高度職業訓練の訓練基準は、規則第十五条に定められており、その運用については次のとおりとする。

1　応用短期課程の高度職業訓練の概括的な訓練基準は、次のとおりとする。

(1)　訓練の対象者

職業に必要な高度の技能で専門的かつ応用的なもの及びこれに関する知識を習得しようとする者であること。

これには、高度の技能で専門的かつ応用的な技能及びこれに関する知識の習得を目的としている在職者等が対象となりうるものであること。このため、訓練の実施曜日、時間帯等について、訓練の対象者に十分配慮した実施方法をとるよう留意すること。

なお、法令により、一定の者に対し、特定の業務に就業することを制限している場合（職業訓練に関し当該就業制限の特例が規定されている場合を除く。）は、当該業務に関する訓練を含む訓練科の対象者の資格を当該法令に基づいて定めるものとし、また、公的資格制度のある職種に係る訓練科については、対象者の資格を当該制度の資格要件に基づいて定めるものとすること。

(2)　教科

その科目が、職業に必要な高度の技能で専門的かつ応用的なもの及びこれに関する知識を習得させるために適切と認められるものであること。

なお、事業主等のニーズに応じた課題訓練により、応用的能力、問題解決能力、創造的能力、管理能力等を習得させるのにふさわしい内容とすること。

(3)　訓練期間

1年以下の適切な期間であること。

(4)　訓練時間

総訓練時間が六十時間以上であること。

この場合の訓練時間の算定方法は、五十分間を一時間として算定して差し支えないこと。

(5)　設備

教科の科目に応じ当該科目の訓練を適切に行うことができると認められるものであること。

(6)　職業訓練指導員

訓練に係る教科につき、高度で専門的かつ応用的な技能又は知識を有し、教育訓練に関し、適切に指導することができる能力を有すると認められる者であること。

2　修了

(1)　修了の要件

イ　訓練生の保有する技能及びこれに関する知識の程度が修了に値すると認められる場合に修了させること。

なお、所定の訓練以外に補講等を実施し、その結果、修了に値すると認められた場合にも、訓練を修了させて差し支えないこと。

ロ　訓練生が疾病その他やむを得ない事由により所定の訓練の一部を受けていない場合については、当該訓練生の受けた訓練時間（教科の科目を省略し、訓練時間を短縮した場合においては、その短縮した訓練時間を含む。）が、教科編成においてあらかじめ定めた学科及び実技の訓練時間のそれぞれ八十パーセントに相当する時間以上で、かつ、訓練の結果、当該訓練生の保有する技能及びこれに関する知識の程度が修了に値すると認められる場合、訓練を修了させて差し支えないこと。

ハ　養成施設等の指定を受けている職業訓練施設にあっては、イ及びロにかかわらず、修了の要件を当該指定の要件に適合するものとすること。

(2) 修了証書等

イ　訓練を修了した者に対して修了証書（別紙1様式（三一九ページ）を参考として作成したもの）を交付すること。

ロ　修了証書の交付に当たっては、当該訓練生の受けた訓練の教科の科目及び科目ごとの訓練時間を記載した教科履修証明書（別紙2様式（三二一ページ）を参考として作成したもの）を交付するよう努めること。

別紙1

第　　号

修　了　証　書

氏　名

生年月日

上の者は本校において職業能力開発促進法（昭和44年法律第64号）の規定による次の職業訓練を修了したことを証する

職業訓練の種類

訓　練　課　程

訓練科の名称

（職業能力開発促進法施行規則別表第＿＿によるもの）

総　訓　練　時　間

平成　　年　　月　　日

職業訓練施設の名称

当該施設の長の氏名　　　　　　印

（注）　用紙は、日本工業規格Ａ列４番とすること。

記載上の注意事項

1　通信の方法により訓練を行った場合にあっては、総訓練時間の欄に、当該通信の方法により行った科目の面接指導時間の合計を「面接指導時間____時間」と記載し、通信の方法以外の方法により行った科目がある場合は、当該科目の訓練時間の合計を「訓練時間____時間」と併せて記載すること。

なお、すべての科目を添削指導のみにより行った場合にあっては、総訓練時間の欄に、その旨記載すること。

2　普通課程、短期課程（管理監督者コースの訓練及び技能士コースの訓練を除く。）、専門課程及び応用課程に関し、それぞれ職業能力開発促進法施行規則別表第２、第４、第６又は第７に基づいて訓練を行った場合にあっては、訓練科の名称の欄の（　）内に、その旨記載すること。

3　管理監督者コースの訓練又は技能士コースの訓練を行った場合にあっては、訓練課程の欄にその旨記載するとともに、訓練科の名称の欄の（　）内に、職業能力開発促進法施行規則別表第３又は第５第１号から第３号までによる旨記載すること。

別紙２

教　科　履　修　証　明　書

氏　名

上の者は本校の　　　課程　　　　科において次の表の教科の科目及び訓練時間の訓練を受けたことを証明する

教科の科目	訓練時間	教科の科目	訓練時間

平成　　年　　月　　日

職業訓練施設の名称

当該施設の長の氏名　　　　　　　　印

（注）　用紙は、日本工業規格Ａ列４番とすること。

(二) 指導員訓練

(i) 長期課程

長期課程の指導員訓練に関する基準は、規則第三十六条の六に規定されており、そのうち教科、訓練期間、訓練時間及び設備については規則別表第八に定められているが、当該基準の概要は次のとおりである。

なお、規則別表第八で設定されている訓練科は、第十九表に示す八訓練科である。

(1) 訓練の対象者は、高等学校卒業者又はこれと同等以上の学力を有すると認められる者とすることとされている。

(2) 教科は、基礎学科及び基礎実技、指導学科及び実務実習並びに専門学科及び専門実技に区分されており、教科ごとの最低限必要とする教科の科目は、次のとおりである。

① 基礎学科の教科の科目は、各訓練科共通に定められており、人文科学、社会科学、自然科学、外国語及び体育とされている。

② 指導学科及び実務実習の教科の科目は、各訓練科共通に定められており、職業訓練原理、教科指導法、教育心理学、生活指導法、職業指導及び実務実習とされている。

③ 専門学科及び専門実技については、訓練科ごとに教科の科目が定められている。

(3) 訓練期間の標準は四年とされている。

(4) 総訓練時間の最少限は五千六百時間で、基準外の科目について訓練を行う場合は、この時間数の外で行うこととなる。

(5) 設備については、訓練の教科ごとに必要な設備が定められているが、設備の基準の細目は、職業能力開発総合大学校について厚生労働大臣が別に定めることになっている。

(6) 一単位の訓練生の数は、訓練科ごとに三十人以下とされている。

(7) 試験は、教科の科目ごとに訓練期間一年につき一回以上行うこととされている。

第十九表　規則別表第八で設定されている長期課程の指導員訓練の訓練科一覧表

産業機械工学科	生産機械工学科	電気工学科	電子工学科	情報工学科	建築工学科	造形工学科	福祉工学科

(ii) **専門課程**

専門課程の指導員訓練に関する基準は、規則第三十六条の七に規定されており、そのうち教科、訓練期間、訓練時間及び設備については規則別表第九に定められているが、当該基準の概要は次のとおりである。

なお、規則別表第九で設定されている訓練科は、第二十表に示す十七訓練科である。

(1) 訓練の対象者は、次のいずれかに該当するものである。

① 職業訓練指導員免許を受けた者

② 職業訓練指導員の業務に関し一年以上の実務経験を有する者

③ 当該訓練課程の訓練科に関し、二級の技能検定に合格した者でその後三年以上の実務経験を有するもの又はこれと同等以上の技能及びこれに関する知識を有すると認められる者

(2) 訓練の教科は、指導学科及び実務実習並びに専門学科及び実技に区分されており、教科ごとの最低限必要とする教科の科目は、次のとおりである。

① 指導学科及び実務実習の教科の科目は、各訓練科共通に定められており、職業訓練原理、教科指導法、教育心理学、生活指導法、職業指導及び実務実習とされている。

② 専門学科及び実技については、訓練科ごとに教科の科目が定められている。

(3) 訓練期間の標準は、職業訓練指導員免許を受けた者又は職業訓練指導員の業務に関し一年以上の実務経験を有する者（以下「職業訓練指導員等」という。）については一年、当該訓練課程の訓練科に関し、二級の技能検定に合格した者でその後三年以上の実務経験を有するもの又はこれと同等以上の技能及びこれに関する知識を有すると認められる者（以下「二級技能検定合格者等」という。）については六月とされている。

(4) 総訓練時間は、職業訓練指導員等について千八百時間とし、二級技能検定合格者等について九百時間を標準とする。

なお、職業能力開発総合大学校の長は、職業訓練指導員免許を受けたものに対して教科の全部又は一部を省略し、及び訓練期間を短縮することができるとされている。

(5) 設備については、訓練の教科ごとに必要な設備が定められているが、設備の基準の細目は、職業能力開発総合大学校について厚生労働大臣が別に定めることとなっている。

(6) 一単位の訓練生の数は、訓練科ごとに十五人以下とされている。

(7) 試験は、教科の科目ごとに一回以上行うこととされている。

第二十表　規則別表第九で設定されている専門課程の指導員訓練の訓練科一覧表

鋳造科　機械科　塑性加工科　構造物鉄工科　溶接科　電気科　電子科　自動車整備科　内燃機関科　建築科　配管科　木工科　メカトロニクス科　情報処理科　塗装科　デザイン科　コンピュータ制御科

(iii) **研究課程**

研究課程の指導員訓練に関する基準は、規則第三十六条の八に規定されており、そのうち教科、訓練期間、訓練時間及び設備についての当該基準の概要は次のとおりである。

(1) 訓練の対象者は、長期課程の指導員訓練を修了した者又はこれと同等以上の学力及び技能を有すると認められる者とすることとされている。

(2) 教科の科目は、専攻分野ごとに高度な専門的知識及び技能並びに研究能力を有する職業訓練指導員を養成するために適切と認められるものであることとされている。

(3) 訓練期間は二年であることとされている。

(4) 訓練時間は千六百時間以上であることとされている。

(5) 設備は、教科の科目に応じ当該科目の訓練を適切に行うことができると認められるものであることとされている。

(6) 一単位の訓練生の数は、訓練科ごとに二十人以下とすることとされている。

(7) 試験は、教科の科目ごとに訓練期間一年につき一回以上行い、かつ、研究論文の審査は、訓練修了時に行うこととされている。

(iv) 応用研究課程

応用研究課程の指導員訓練に関する基準は、規則三十六条の九に規定されており、そのうち教科、訓練期間、訓練時間及び設備についての当該基準の概要は次のとおりである。

(1) 訓練の対象者は、研究課程の指導員訓練を修了した者又はこれと同等以上の知識及び技能を有すると認められる者とすることとされている。

(2) 教科の科目は、専攻分野ごとに高度な知識及び技能で専門的かつ応用的なもの並びに研究能力を有する職業訓練指導員を養成するために適切と認められるものであることとされている。

(3)　訓練期間は、一年であることとされている。

(4)　訓練時間は、八百時間以上であることとされている。

(5)　設備は、教科の科目に応じ当該科目の訓練を適切に行うことができるものであることとされている。

(6)　一単位の訓練生の数は、二十人以下とすることとされている。

(7)　試験は、教科の科目ごとに一回以上行い、かつ、研究論文の審査は、訓練修了時に行うこととされている。

(v) 研修課程

研修課程の指導員訓練に関する基準は、規則第三十六条の十に規定されており、そのうち教科、訓練時間及び設備については規則別表第十に定められているが、当該基準の概要は次のとおりである。

(1)　訓練の対象者は、職業訓練において訓練を担当しようとする者若しくは担当している者又は職業訓練指導員免許を受けた者とすることとされている。

(2)　教科は、指導方法、専門学科又は実技とされている。指導方法の教科の細目は、職業訓練原理、教科指導法、訓練生の心理、生活指導、職業指導、生産工学、安全衛生、職業訓練関係法規又は事例研究とされ、訓練を受ける職業訓練指導員の経歴及び技能の程度に応じて選定して行うことになっている。専門学科及び実技の教科の細目は、それぞれ免許職種に係る専門知識及び技能の補充又は新たに開発された分野の追加とされ、これに沿って教科の科目を選定することになっている。

(3)　訓練時間の最少限は、十二時間とされている。

(4)　設備については、規則別表第十の表の設備の欄に定めるとおりとするとされている。

㈢　編入等の場合における訓練の実施方法

1　公共職業能力開発施設の長及び認定職業訓練を行うものは、短期課程の普通職業訓練を修了した者で相当程度の技能及びこれに関する知識を有すると認めるものに対して普通課程の普通職業訓練を行う場合には、その者が受けた短期課程の普通職業訓練の教科の科目、訓練期間及び訓練時間に応じて、当該普通課程の普通職業訓練の教科の科目を省略し、並びに訓練期間及び訓練時間を短縮することができる。

2　公共職業能力開発施設の長及び認定職業訓練を行うものは、普通課程の普通職業訓練又は専門短期課程の高度職業訓練を修了した者で相当程度の技能及びこれに関する知識を有すると認めるものに対して専門課程の高度職業訓練を行う場合には、その者が受けた普通課程の普通職業訓練又は専門短期課程の高度職業訓練の教科の科目、訓練期間及び訓練時間に応じて、当該専門課程の高度職業訓練の教科の科目を省略し、並びに訓練期間及び訓練時間を短縮することができる。

3　また、訓練生が受けている普通課程の普通職業訓練又は専門課程の高度職業訓練において、職業訓練施設の間の変更又は訓練科の変更がある場合は、変更前に受けた訓練科の科目、訓練時間及び訓練期間については、変更後の職業訓練施設又は訓練科において受けたものとして取り扱うことができる。ただし、変更前に受けた科目が、変更後の科目に相当する内容である場合に限る。

4　高等学校、高等専門学校若しくは大学又は専修学校の専門課程において受けようとする訓練科の専門学科の科目に相当する科目を履修した者に対して訓練を行う場合は、当該科目を省略し、及び訓練時間を短縮することができる。

七　教材の認定

職業訓練ニーズの多様化に対応し、効果的な職業訓練を実施するためには、優れた内容の教材が必要である。このため、昭和四十四年に職業訓練法の改正を行い、広く民間で作成された教材のうち職業訓練基準に即したものを職業訓練用教材として認定する制度を設け、各次の法改正（職業能力開発促進法）においてさらに整備を行い、職業訓練用教材の充実を図ってきた。一方、公共職業能力開発施設の行う職業訓練及び認定職業訓練については、その訓練を効果的に実施し、訓練内容の一層の充実向上を図るため、厚生労働大臣が認定した教材を使用するよう努力義務が課せられている（法第二十条、第二十六条の二）。

教材の認定は、厳正公平に行われるが、職業訓練用として適切であるか否かは専門的、かつ、豊富な学識経験に基づいて判定されるべきもので、そのため厚生労働省職業能力開発局に「職業訓練教材審査委員会」を設置し、教材の認定が円滑に行われるようにしている。

(一)　教材の種類

認定の対象となる教材の種類は、次のとおりである（規則第二十二条）。

1　教科書
2　映画、ビデオ、スライド、録音テープその他映像又は音声を用いた教材
3　シミュレーター、模型、プログラムその他職業訓練の実施に効果的な教材

(二) 教材認定の申請

教材認定の申請は、当該教材の著作者、製作者又は発売者が行うことができ、申請が著作者又は製作者の場合は、発売者の同意を、発売者の場合は、著作者又は製作者の同意を得て「教材認定申請書（様式第一号）」に当該教材又はその原稿若しくは見本を添えて厚生労働大臣に提出しなければならない（規則第二十三条）。

ここでいう見本とは、民間で作成、製作された教材そのものをいい、見本の図書等を新たに作る必要はない。また、認定手数料は認定制度の趣旨からいって不要としている。認定申請書の記入例は、次ページのとおりであり、申請書の大きさはA四判とされている。

様式第一号（第二十三条関係及び第二十七条関係）

教材 認定（○）／改定承認 申請書

教材の種類	職業訓練の種類及び訓練課程名
①　教科書 2　視聴覚教材 3　その他（　　）	普通課程の普通職業訓練
教材名	使用目的（改定に伴う申請の場合は改定の概要及びその理由）
生産工学概論	生産工学に関する基礎知識を付与する。
定価（教科書その他の著作物に限る。）	
1,500円	
著作者又は製作者の氏名	教材等の体裁
田中隆一	A5判　230ページ 写真・図表付き 針金とじ　並製本
発売者名	
能開出版社株式会社 代表取締役 松田信二	
著作者、製作者又は発売者の同意	本件申請について同意します。 住所　東京都千代田区霞が関1丁目2番2号 氏名　田中隆一　㊞
備考	

上記のとおり申請します。
平成5年4月1日

申請者
住　所　東京都千代田区霞ケ関1丁目2番2号
氏　名　能開出版社株式会社　㊞
代表取締役　松田信二
電　話　03－3593－1211
連絡担当者氏名　山崎裕三

厚生労働大臣　殿

注意
1　表題の「認定」及び「改定承認」のうち、該当するものを○で囲むこと。
2　「教材の種類」については、該当するものの番号を○で囲むこと。
3　「使用目的」欄には、教材の内容、使用範囲及び使用目的を記載すること。
4　改定に伴う申請の場合には、「備考」欄に認定年月日及び認定番号を記入すること。

(三) 教材認定の方法

教材認定の申請があった場合には、厚生労働大臣は、その教材が法の趣旨に適合する等職業訓練の効果的な実施のため適切な内容を有すると認めるものについて、当該教材を使用することが適当であると認められる職業訓練の種類、訓練課程等を示して教材の認定を行う（規則第二十四条）。

教材の認定に当たっては、必要の都度、職業訓練教材審査委員会を開催し、認定申請のあった教材の内容が、職業訓練の効果的な実施のために適切なものであるか否かを審査し、厚生労働大臣がその認定を決定することとしている。また、教材の認定に関し事前に専門的事項を調査させる必要があるときは、専門調査員を委嘱し意見を聞くこととしている。

なお、原則的な認定の手続を図に示すと、下図のとおりである。

認定の手続き

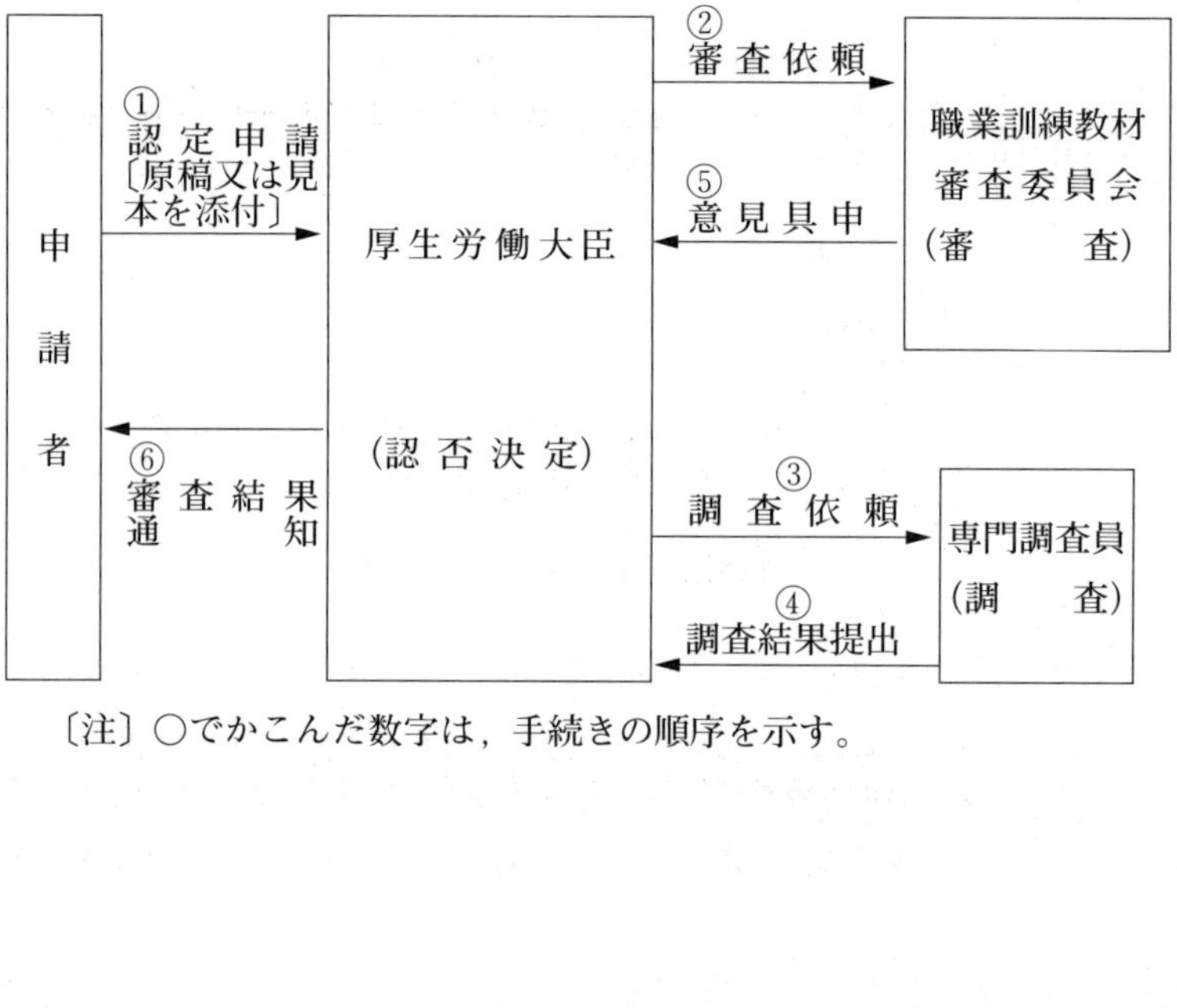

〔注〕○でかこんだ数字は，手続きの順序を示す。

(四) 認定教材に表示できる事項

認定を受けた教材（以下「認定教材」という。）には、「厚生労働省認定教材」という文字を表示することができる。この場合においては認定年月日、当該認定に係る職業訓練の種類、訓練課程等について併せて明示しなければならない（規則第二十五条）。

たとえば

認定年月日　平成五年四月一日
訓練の種類　普通職業訓練
訓練課程名　普通課程

と明示することとなる。

認定教材の表示例

認定年月日	平成5年4月1日
訓練の種類	普通職業訓練
訓練課程名	普通課程

(五) 認定教材の改定

教材の改定とは、教科書その他の著作物については、その記載内容の一部を変更する場合や記述の方法若しくはさし絵、判型等を変更し、又は注解、附録、序文等を加除変更する場合等を、スライド等についてはコマ数を加除変更する場合等を、その他の教材については内容の一部変更等をいう。

認定教材を改定する場合、厚生労働大臣の認定の効力は、改定を加えた教材には及ばなくなるので、改定について厚生労働大臣の承認を受けることが必要である。

厚生労働大臣の承認を受ける場合は、承認を受けようとする教材の著作者若しくは製作者又は発売者は、「教材改定承認申請書（様式第一号）」に当該改定を加えた教材又はその原稿若しくは見本を添えて厚生労働大臣に提出しなければならない（規則第二十七条）。

なお、改定承認を受けた教材については、改定承認年月日を前記㈣に掲げる事項の次に表示することが望ましい。

改定承認申請書の記入例は次ページのとおりであり、申請書の大きさはA四判とされている。

様式第一号（第二十三条関係及び第二十七条関係）

教材 認定 / (改定承認) 申請書

教材の種類	職業訓練の種類及び訓練課程名
1　教科書 ②　視聴覚教材 3　その他(　　　)	専門課程の高度職業訓練
教材名	使用目的（改定に伴う申請の場合は改定の概要及びその理由）
目でみる放射線計測	関係法令及び関係ＪＩＳの改正に伴い、単位、計測方法等を変更するとともに改正部分の解説を追加し、計測器の映像及び説明を最新のものに差し替える。
定価（教科書その他の著作物に限る。）	
20,000円	
著作者又は製作者の氏名	教材等の体裁
能開ビデオ株式会社 代表取締役 浦島昌幸	ビデオ　ＶＨＳ　20分 シナリオ　Ａ５判　30ページ及びワークシート　Ａ４判　３枚付き
発売者名	
能開教材株式会社 代表取締役 小笠原荘一	
著作者、製作者又は発売者の同意	本件申請について同意します。 住所　東京都千代田区霞が関１丁目２番２号 氏名　能開教材株式会社 代表取締役　小笠原荘一　㊞
備考	認定年月日　昭和60年４月１日 認定番号　第12345号

上記のとおり申請します。
平成５年４月１日

申請者
住　所　東京都千代田区大手町１丁目３番１号
氏　名　能開ビデオ株式会社　㊞
代表取締役　浦　島　昌　幸
電　話　03－3502－6957
連絡担当者氏名　川　島　孝　徳

厚生労働大臣　殿

注意　1　表題の「認定」及び「改定承認」のうち、該当するものを○で囲むこと。
2　「教材の種類」については、該当するものの番号を○で囲むこと。
3　「使用目的」欄には、教材の内容、使用範囲及び使用目的を記載すること。
4　改定に伴う申請の場合には、「備考」欄に認定年月日及び認定番号を記入すること。

㈥　教材認定の取消し

厚生労働大臣は、認定教材が適切な内容を有しなくなったと認めるときは、当該認定教材に係る認定を取り消す（規則第二十八条）。これは、技術革新等により内容が適切でなくなった教材が職業訓練用教材として使用されることを避けるためである。

八　技能照査

公共職業能力開発施設の長、認定職業訓練を行う事業主等は、普通課程の普通職業訓練又は専門課程若しくは応用課程の高度職業訓練を受ける者に対して、それぞれの訓練において習得すべき技能及びこれに関する知識を有するかどうかを判定するために、技能照査を行うこととなっている。この技能照査に合格した者には合格証書が交付され、合格者は技能士補と称することができる（法第二十一条、第二十六条の二及び第二十七条、規則第二十九条及び第二十九条の二）。

(一)　技能照査の対象者

対象者は、普通課程の普通職業訓練（以下単に「普通課程」という。）又は専門課程の高度職業訓練（以下単に「専門課程」という。）若しくは応用課程の高度職業訓練（以下単に「応用課程」という。）を受けている者であって、訓練修了時までに、訓練を行うものが定める当該訓練の教科ごとの訓練時間の八十パーセント以上を受講できる見込みがあり、かつ、当該訓練の総時間の八十パーセント以上を受講できる見込みがある者であること。

ただし、普通課程の普通職業訓練において通信の方法により訓練を行う場合は、面接指導を終了しており、かつ、通信の方法以外の方法により行った科目の訓練時間を合計した時間の八十パーセント以上を受講できる見込みがある者であること。

なお、公共職業能力開発施設の長等が教科の科目を省略し訓練時間を短縮した場合は、その短縮した訓練時間は受講したものとみなすこととされている。

(二)　技能照査の基準等

技能照査は、学科及び実技に区分して試験を行うことによって実施される。

実施日は、原則として訓練修了前二ケ月の間の日とする。ただし、認定職業訓練を行うもので、やむを得ない理由がある場合は、訓練修了前二ケ月の間にかかわらず、技能照査実施年度の訓練時間の総時間の三分の二以上の訓練をした後であれば実施して差し支えない。

試験は、規則別表第二、第六及び第七の訓練科の欄に掲げる訓練科については、「技能照査の基準の細目」に掲げられた全項目にわたり、各項目に示された技能又は知識の水準に達しているか否かを判定しうる内容のものとすることとされている。ただし、実技試験については訓練科により細目に掲げられた全項目にわたることが困難な場合には、その一部について実施しなくてもやむを得ないが、この場合にもできるだけ多くの項目を包含するよう配慮するものとすることとされている。

また、規則別表第二、第六及び第七の訓練科の欄に掲げる訓練科以外の訓練科については、それぞれ教科の各科目について、習得すべき技能又は知識の水準に達しているか否かを判定しうる内容のものとすることとされている。

普通課程の普通職業訓練を受ける者に対する技能照査の基準の細目（例）

訓練科		機械系機械加工科
学科	系基礎	1 機械要素、機構及び運動についてよく知っていること。 2 材料力学について知っていること。 3 金属材料の種類、性質及び用途についてよく知っていること。 4 工作機械及びＮＣ工作機械について知っていること。 5 測定法について知っていること。 6 電気理論及び電気機器について知っていること。 7 機械製図について知っていること。 8 日本工業規格の図示法、材料表示記号、公差及びはめあい方式についてよく知っていること。 9 工作機械検査規格及び精度検査の方法について知っていること。 10 安全衛生についてよく知っていること。
実技	系基礎	1 治工具類の設計製図ができること。 2 安全作業及び衛生作業がよくできること。 3 パーソナルコンピュータの操作ができること。

専攻	1　鋳造、鍛造、溶接及び板金について知っていること。 2　金属材料の熱処理及び材料試験について知っていること。 3　刃物及びと石の種類、性質及び用途について知っていること。 4　切削剤及び潤滑油の種類、性質及び用途について知っていること。 5　切削加工法及び研削加工法についてよく知っていること。 6　手仕上法について知っていること。 7　治具及び工具の構造及び使用法についてよく知っていること。 8　ＮＣプログラミングについてよく知っていること。
専攻	1　旋盤による切削加工ができること。 2　フライス盤による切削加工ができること。 3　研削盤による研削加工ができること。 4　その他の汎用工作機械による加工ができること。 5　ＮＣ旋盤、マシニングセンタ等ＮＣ工作機械の操作及びプログラミングがよくできること。 6　機械部品の分解及び組立てができること。

専門課程の高度職業訓練を受ける者に対する技能照査の基準の細目（例）

専攻科名	機械システム系生産技術科	
学科	系基礎	1　機械力学、材料力学、流体力学及び熱力学について知っていること。
実技	系基礎	1　機械力学、材料力学、流体力学、熱力学、工業材料等に関する基礎工学実験及び機械工学実

2　金属材料、高分子材料、電気電子材料等の性質について知っていること。
3　機械の基礎製図について知っていること。
4　電気理論及び電気機器について知っていること。
5　制御工学の基礎理論及び制御系の諸特性について知っていること。
6　コンピュータの基本構成、周辺機器、プログラムと言語及びハードウエアとソフトウエアについて知っていること。
7　生産工学について知っていること。
8　安全衛生についてよく知っていること。

専攻

1　機械要素についてよく知っていること。
2　機械の種類及び機構の運動についてよく知っていること。
3　工作機械の種類、切削理論及び機械加工についてよく知っていること。
4　塑性加工及び特殊加工について知っていること。
5　数値制御の概要、数値制御装置及びＮＣプログラミングについてよく知っていること。
6　油圧制御及び空圧制御について知っているこ

験ができること。
2　各種電気計測器、測定器、試験機等による電気工学基礎実験ができること。
3　基礎的な情報処理演習ができること。

専攻

1　工作機械の取扱い操作及び調整がよくできること。
2　機械加工がよくできること。
3　切削加工実験及び研削加工実験ができること。
4　数値制御加工のプログラミングがよくできること。
5　油圧機器及び空圧機器の分解組立て方ができること。
6　油圧機器及び空圧機器の回路作成ができるこ

と。

7　シーケンス制御について知っていること。

8　測定法及び検査法についてよく知っていること。

9　機械製図及び設計についてよく知っていること。

と。

7　シーケンス制御ができること。

8　測定器及び試験機の取扱い並びに調整がよくできること。

9　測定、試験及び検査がよくできること。

10　機械、機械部品等の設計及び製図ができること。

11　ＣＡＤ／ＣＡＭによる図形処理及び立体モデリングの基本操作がよくできること。

応用課程の高度職業訓練を受ける者に対する技能照査の基準の細目（例）

訓練科名	生産システム技術系　生産機械システム技術科

学科

専攻

1 機械分野の技術英語について知っていること。
2 生産管理、経営管理について知っていること。
3 製品の企画・開発方法について知っていること。
4 合金材料、セラミック材料、工業用プラスチック材料などの性質についてよく知っていること。
5 製品の材料選定方法や製品の設計方法についてよく知っていること。
6 ラッピング、放電加工、電解加工、レーザ加工及び電子ビーム加工についてよく知っていること。
7 物理量の検出方法と特性、画像計測などについて知っていること。
8 各種工業用センサとアクチュエータについてよく知っていること。
9 データ処理、LAN、WAN及びイントラネットについて知っていること。
10 安全衛生管理についてよく知っていること。

実技

専攻

1 電気・電子機器の取り扱いができること。
2 LANを使ったデータ処理や構造化プログラミングができること。
3 三次元のモデリングやCAMによる加工及び加工工程の解析などがよくできること。
4 精密加工工作機械を使った精密加工がよくできること。
5 コンピュータを使った自動計測やサーボシステムの構築ができること。
6 工業用センサやアクチュエータを使った制御システムが構築ができること。
7 生産工程の分析ができること。
8 精密機器、精密冶工具についての設計・製作がよくできること。
9 自動化機器の設計、製作、調整、運用ができること。
10 安全衛生作業の管理と推進ができること。

応用

実技

1 製品等の企画開発ができること。
2 生産システムの設計・製作ができること。
3 製品等及び生産システムの評価及び検査結果について報告ができること。

試験問題の形式は自由であるが、採点者の主観的な判断により評価のなされるようなものは極力さけ、客観的な基準による採点が行いうるものとすることとされている。

学科試験については、その所要時間を、普通課程においては二時間程度、専門課程及び応用課程にあっては四時間程度で実施する。なお、普通学科は専門学科の理解を助けるために訓練するものであるから、学科試験のうち普通学科の試験については省略しても差し支えないこととされている。また、実技試験は主として製品を製作させて審査する方式等の実技作業によることとするが、このような方式によることが困難な訓練科については、単に口述、記述にとどまらず観察、実験等によって技能習得の程度を的確に評価しうる方法を導入するなど、適正な評価を行うよう努めることとされている。所要時間は、長期観察、実験等による場合を除き、普通課程は一日で終了する程度、専門課程あっては二日で終了する程度、応用課程にあっては三日で終了する程度のもので実施する。

不合格者に対する追試験は原則として行わないことにしているが、試験当日に不測の事故により受験できなかった者等については、追試験を行っても差し支えないものとしている。追試験は、訓練修了前に行わねばならないものであるが、災害、疾病等やむを得ない事情がある場合には訓練修了後に行っても差し支えないこととなっている。

㈢　技能照査の届出

認定職業訓練を行うものは、技能照査を行おうとするときは、その行おうとする日の十四日前までに当該技能照査に係る訓練課程、訓練科の名称、試験問題、合格判定の基準、実施年月日及び実施場所を管轄都道府県知事に届け出なければならないこととしている（規則第三十五条の三第一項）。

都道府県知事は、届出のなされた試験問題等を検討し、技能照査の試験問題として適しないと認められるものについては、その是正について指導を行うこととなっている。

試験問題は原則として実施者が作成するものとするが、職業訓練を推進する団体等にあらかじめ試験問題の作成を委託し、又はこれらの団体があらかじめ作成した試験問題を利用することができるものであり、複数の都道府県にわたって利用されることとなる試験問題については、厚生労働省職業能力開発局においてその内容を検討することとし、検討の結果を該当する都道府県に通知するので、都道府県はそれに基づいて実施者に対する指導を行うこととしている。

(四) 合格証書

実施者は、技能照査の合格者に対して、規則様式第三号による技能照査合格証書（用紙は、日本工業規格A列4番とする。）を交付しなければならないこととしている。

なお、規則別表第二、第六又は第七により行われた訓練科については、訓練科名の次に㊕と記入することとされている。

技能照査合格証書の記載例を次に示す。

（技能照査合格証書の記載例及び同証書に対する都道府県知事による証明例）

第100号

技　能　照　査　合　格　証　書

普通課程の普通職業訓練

機械系機械加工科　㊕

能　開　太　郎

昭和49年1月1日　生

職業能力開発促進法第21条の規定による技能照査に合格したのでここに合格証書を授与し技能士補であることを証する。

平成5年3月20日

職業訓練法人　○○職業訓練協会

会長　乙　野　丙　郎　㊞

第200号

上の技能照査は職業能力開発促進法第21条の規定に従い的確に行われたものであることを証明する。

平成5年3月20日

○○県知事　○　○　○　○　㊞

（注）　1　施行規則別表第2、第6又は第7により行われた訓練科については、訓練科名の次に㊕と表示すること。

2　用紙は、日本工業規格A列4番とすること。

九　職業訓練修了者に与えられる資格等

職業訓練修了者には修了証書が与えられ（法第二十二条、第二十六条の二及び第二十七条、規則第二十九条の三）、法又はその他の法令に基づいて各種免許等の取得や受験資格等の取得に当たって優遇措置が講じられている。

㈠　修了証書

公共職業能力開発施設の長、認定職業訓練を行う事業主等は、職業訓練を修了した者に対して、次の事項を記載した修了証書を交付しなければならない。

1　職業訓練を修了した者の氏名及び生年月日
2　修了した職業訓練の種類、訓練課程、訓練科の名称及び総訓練時間並びに規則別表第二から別表第四まで、別表第五各号、別表第六、別表第七による場合にはその旨
3　修了証書を交付するものの氏名又は名称
4　修了証書を交付する年月日

修了証書の記載例及び記載上の注意事項を次に示す。

（修了証書記載例）

第　　号

修　　了　　証　　書

氏　　名　　　能開次郎

生年月日　　　昭和49年１月１日

上の者は本校において職業能力開発促進法（昭和44年法律第64号）の規定による次の職業訓練を修了したことを証する

職業訓練の種類	普通職業訓練
訓練課程	普通課程
訓練科の名称	機械系機械加工科 （職業能力開発促進法施行規則別表第２によるもの）
総訓練時間	1,404時間

平成５年３月20日

職業訓練施設の名称　　○○県立○○職業訓練校

当該施設の長の氏名　　校長　○　○　○　○　㊞

（注）　用紙は、日本工業規格Ａ列４番とすること。

記載上の注意事項

1　通信の方法により訓練を行った場合にあっては、総訓練時間の欄に、当該通信の方法により行った科目の面接指導時間の合計を「面接指導時間＿＿時間」と記載し、通信の方法以外の方法により行った科目がある場合は、当該科目の訓練時間の合計を「訓練時間＿＿時間」と併せて記載すること。

　なお、すべての科目を添削指導のみにより行った場合にあっては、総訓練時間の欄に、その旨記載すること。

2　普通課程、短期課程（管理監督者コースの訓練及び技能士コースの訓練を除く。）、専門課程及び応用課程に関し、それぞれ職業能力開発促進法施行規則別表第2、第４、第６又は第７に基づいて訓練を行った場合にあっては、訓練科の名称の欄の（　）内に、その旨記載すること。

3　管理監督者コースの訓練又は技能士コースの訓練を行った場合にあっては、訓練課程の欄にその旨記載するとともに、訓練科の名称の欄の（　）内に、職業能力開発促進法施行規則別表第３又は第５第１号から第３号までによる旨記載すること。

(二) 修了者に与えられる資格

職業訓練修了者は、各種法令に基づいて次のような資格を取得できる。

1　職業能力開発促進法に基づく資格

職業訓練修了者については、技能検定受検資格等の面で特典が与えられている。

第二十一表　職業能力開発促進法に基づく資格（例示）

訓練課程	資格	条件
普通課程	二級、三級、基礎一級、基礎二級及び単一等級の技能検定の学科試験の免除	当該検定職種に相当する訓練科に関し、的確に行われたと認められる技能照査に合格すること。なお、原則として、単一等級の技能検定の学科試験の免除にあっては、技能照査合格後四年以上の実務経験を要する（規則第六十五条第三項から第七項）。
専門課程	一級、二級、三級、基礎一級、基礎二級及び単一等級の技能検定の学科試験の免除	当該検定職種に相当する訓練科に関し、的確に行われたと認められる技能照査に合格すること。なお、原則として、一級の技能検定の学科試験の免除にあっては、技能照査合格後五年以上の実務経験を要し、単一等級の技能検定の学科試験の免除にあっては、三年以上の実務経験を要する（規則第六十五条第二項から第七項）。
応用課程	一級、二級、三級、基礎一級、基礎二級及び単一等級の技能検定の学科試験の免	当該検定職種に相当する訓練科に関し、的確に行われたと認められる技能照査に合格すること。なお、原則として、一級の技能検定の学科試験の免除にあっては、技能照査合格後三年以上の実務経験を要し、単一等級の技能検定の学科試験の免除にあっては、一年以上の実務経験を要する（規則

応用課程	除	第六十五条第二項から第七項）。
一級技能士コースの短期課程	一級及び二級の技能検定の学科試験の免除	当該検定職種に相当する訓練科に関し、的確に行われたと認められる修了時の試験に合格し、当該訓練を修了すること（規則第六十五条第二項及び第三項）。
二級技能士コースの短期課程	二級の技能検定の学科試験の免除	当該検定職種に相当する訓練科に関し、的確に行われたと認められる修了時の試験に合格し、当該訓練を修了すること（規則第六十五条第三項）。
単一等級技能士コースの短期課程	単一等級の技能検定の学科試験の免除	当該検定職種に相当する訓練科に関し、的確に行われたと認められる修了時の試験に合格し、当該訓練を修了すること（規則第六十五条第七項）。

2　他の法令に基づく資格

職業訓練の修了者のうち、第二十二表の一～二の訓練科欄のそれぞれの訓練科を修了した者は、条件欄の条件を満たせば資格欄のそれぞれの資格が取得できる。

第二十二表の一　職業訓練修了により取得できる資格（例示）

訓練課程	資格	条件
機械整備系建設機械整備科（普通）、建設機械整備科（短期）	車両系建設機械（整地・運搬・積込み用及び掘削用）運転技能講習修了 車両系建設機械（基	訓練を修了すること。

	礎工事用）に係る特定自主検査を行う資格	
設備管理・運転系ボイラー運転科（普通）、ボイラー運転科（短期）	二級ボイラー技士免許	訓練を修了すること。
揚重運搬機械運転系クレーン運転科（普通）、クレーン運転科（短期）	クレーン運転士免許	クレーンについての訓練を受けて修了すること。
	移動式クレーン運転士免許	移動式クレーンについての訓練を受けて修了すること。
	デリック運転士免許	デリックについての訓練を受けて修了すること。
	揚貨装置運転士免許	揚貨装置についての訓練を受けて修了すること。
	玉掛技能講習修了	クレーン等についての訓練を受けて修了すること。
揚重運搬機械運転系港湾荷役科（普通）、港湾荷役科（短期）	クレーン運転士免許	クレーンについての訓練を受けて修了すること。
	移動式クレーン運転士免許	移動式クレーンについての訓練を受けて修了すること。
	揚貨装置運転士免許	揚貨装置についての訓練を受けて修了すること。
	玉掛技能講習修了	クレーン等についての訓練を受けて修了すること。

	ショベルローダー等運転技能講習修了	ショベルローダー等についての訓練を受けて修了すること。
	フォークリフト運転技能講習修了	フォークリフトについての訓練を受けて修了すること。

（注）訓練科の欄の普通、短期は、それぞれ普通課程、短期課程を表わすものであり、それぞれの課程ごとに定められた規則別表に則って行われた訓練（通信の方法によって行うものを除く。）であること。

第二十二表の二　所管官庁の養成機関の指定を受けた職業訓練施設の修了により取得できる資格〔例示〕

訓練科	資格	条件
電気工事に係る訓練科	第二種電気工事士免許	経済産業大臣の指定した施設で電気工事士に関する課程（九七五時間）を修了すること。
設備施工系冷凍空調設備科（普通）、配管科（短期）等	液化石油ガス設備士免状	経済産業大臣の指定した施設で液化石油ガス設備士に関する講習を修了すること。
無線通信に係る訓練科	船舶局無線従事者証明	総務大臣の認定した訓練の課程を修了し、かつ、第一級、第二級又は第三級の総合無線通信士等の資格を有すること。
社会福祉系介護サービス科（普通）	介護福祉士資格	厚生労働大臣の指定した養成施設において二年以上介護福祉士として必要な知識及び技能を修得したもの。

（注）訓練科の欄の普通、短期は、それぞれ普通課程、短期課程を表わすものであり、それぞれの課程ごとに定められた規則別表に則って行われた訓練であること。

職業訓練又は指導員訓練修了者には、その他、他の法令に基づき、各種資格の面で特典が与えられる。

十　職業訓練指導員

職業訓練により必要な技能労働者を養成確保しようとする場合、最も重要な条件の一つとなるものは、それらを訓練する職業訓練指導員の指導力、すなわち指導員としての資質いかんにかかっているといっても過言ではない。すぐれた技能労働者は、よき指導力をもった練達した職業訓練指導員によってはじめて育成されるものであるから、法においても職業訓練指導員について一定の資格を定め適切な職業訓練指導員の養成確保を図っているわけである。特に最近のように技術革新の急速な進展によって、労働者の職務内容の変化、技能労働の陳腐化など変化の著しい産業界においては、長年の経験の上に職人的な技能をみがきあげてきた、いわゆる「勘とコツ」の熟練工よりも、体系的な養成訓練などを経て本来の技能に知的要素を加えた「腕と頭」を備えた新しいタイプの技能労働者を必要としており、これらの者を育成指導できる優秀な職業訓練指導員の確保は、職業訓練に必須な条件といえよう。

法でいう職業訓練指導員とは、広く訓練を担当する者をいうのであるが、準則訓練のうち普通課程及び短期課程（労働者の有する職業に必要な相当程度の技能及びこれに関する知識の程度に応じてその職業に必要な技能及びこれに関する知識を追加して習得させるためのものを除く。）の普通職業訓練における職業訓練指導員は、原則として各都道府県知事の免許を受けたものでなければならないとされている（法第二十八条第一項）。

㈠　免許職種の種類

職業訓練指導員の免許は厚生労働省令で定める職種ごとに行うことになっており（法第二十八条第二項）、この免許職種は規則別表第十一に定められており、現在一二三の免許職種を設定している。

この免許を受けた者は規則別表第十一の免許職種に対応する訓練科の欄に掲げる訓練科の普通課程及び短期課程（労働者の有する職業に必要な相当程度の技能及びこれに関する知識の程度に応じてその職業に必要な技能及びこれに関する知識を追加して習得させるためのものを除く。）の普通職業訓練を担当することができることとなっている。また、従来は職業訓練指導員免許と担当できる訓練科とが限定されていたが、六十年改正法により、他の訓練科であっても、関連する科目であれば担当できることになり、さらに平成四年改正法により職業訓練指導員免許に係る免許職種に応じ、別表第十一の訓練科の欄に定める訓練科の訓練系と同一の訓練系に係る訓練（当該訓練の教科の系基礎に係る科目についての訓練に限る。）及びこれに相当する訓練についても担当できることとしたことにより、弾力的な指導員の配置ができるようになっている（規則第三十七条第二項）。

(二)　免許の資格

免許は、次のいずれかに該当する者に対して申請に基づき交付することとしている（法第二十八条第三項）。

イ　指導員訓練のうち長期課程又は専門課程を修了した者

ロ　都道府県知事が行う職業訓練指導員試験に合格した者

ハ　イ又はロに掲げた者と同等以上の能力を有すると認められる者（免許職種に関し一級又は単一等級の技能検定合格者で、厚生労働大臣の指定する講習を修了した者、教育職員免許法に定める工業又は工業実習等の高等学校の教員の普通免許状を有する者など）（規則第三十九条）

これらの資格を有する者が職業訓練指導員の主たる給源として期待されているが、これらの者とならんで大学などを卒業後相当期間の実務経験を積んだ者等を職業訓練指導員として資格認定することにより当面の職業訓練を円滑に運営する必要から、暫定措置として、当分の間、次の者に対しても免許申請資格を認めることとしている。ただし、職業訓練指導員の資質の向上を図る意味で、六十年改正法により、厚生労働大臣の指定する講習が義務づけられている（昭和六十年法規則附則第九条第一項）。

ここでいう「厚生労働大臣の指定する講習」とは、主として訓練生を指導するための訓練技法であって、一級又は単一等級の技能検定に合格した者及び法規則附則第九条または、昭和四十四年労働省告示第三十八号に該当する者が訓練生の指導を行う場合、生活指導や集団指導等における訓練指導に困難を伴うことも考えられるので、これらの者に対して短期間に指導技法に関する最低必要な知識を得させたうえで免許資格を与えようとするものである。この講習は、都道府県、雇用・能力開発機構、中央職業能力開発協会又は都道府県職業能力開発協会が行う職業訓練指導員の講習で、次ページの表に掲げる科目及び講習時間によって行われる（昭和四十五年労働省告示第三十九号）。

ニ　学校教育法による大学（短期大学を除く。）において免許職種に関する学科を修めて卒業した者で、その後免許職種に関し二年以上の実務の経験を有するもの

ホ　学校教育法による短期大学又は高等専門学校において免許職種に関する学科を修めて卒業した者で、その後免許職種に関し四年以上の実務の経験を有するもの

ヘ　免許職種に相当する応用課程の高度職業訓練に係る訓練科に関し、技能照査に合格した者で、その後当該免許職種に関し一年以上の実務の経験を有するもの

ト　免許職種に相当する専門課程の高度職業訓練に係る訓練科に関し、技能照査に合格した者で、その後当該免許職種に関し三年以上の実務の経験を有するもの

チ　厚生労働大臣が別に定めるところによりニからトに掲げる者と同等以上の技能及びこれに関する知識

厚生労働大臣の指定する講習

科目	講習時間
職業訓練原理 教科指導法 労働安全衛生 訓練生の心理 生活指導 職業訓練関係法規 事例研究	四八時間

を有すると認められる者

なお、チの「厚生労働大臣が同等以上の技能及びこれに関する知識を有すると認められる者」は、労働省告示第三十八号（昭和四十四年十月一日）に次のように定められている。

(イ) 免許職種に関し、専門課程の高度職業訓練のうち規則別表第六に基づいて行われるものを修了した者で、その後四年以上の実務の経験を有するもの

(ロ) 免許職種に相当する普通課程の普通職業訓練に係る訓練科に関し、技能照査に合格した者で、その後当該免許職種に関し六年以上の実務の経験を有するもの

(ハ) 免許職種に関し、普通課程の普通職業訓練のうち規則別表第二に基づいて行われるものを修了した者で、その後七年以上の実務の経験を有するもの

(ニ) 免許職種に関し、短期課程の普通職業訓練（七〇〇時間以上）のうち規則別表第四に基づいて行わ

れるものを修了した者で、その後十年以上の実務の経験を有するもの

(ホ)　免許職種に関し、職業訓練法施行規則の一部を改正する省令（昭和五十三年労働省令第三十七号。以下「昭和五十三年改正規則」という。）附則第二条第一項に規定する専修訓練課程の普通職業訓練を修了した者で、その後十年以上の実務の経験を有するもの

(ヘ)　外国の学校であって学校教育法による大学（短期大学を除く。）と同等以上と認められるものにおいて免許職種に関する学科を修めて卒業した者で、その後免許職種に関し二年以上の実務の経験を有するもの

(ト)　免許職種に関し、旧法による認定職業訓練（訓練期間の基準が三年であるもの）又は改正前の労働基準法（昭和二十二年法律第四十九号）による技能者養成を修了した者で、その後七年以上の実務の経験を有するもの

(チ)　学校教育法による高等学校において免許職種に関する学科を修めて卒業した者で、その後免許職種に関し七年以上の実務の経験を有するもの

(リ)　免許職種に関し、旧法の専門的な技能に関する職業訓練であって、訓練期間及び訓練時間の基準がそれぞれ二年及び三千六百時間であるもの、又は旧法の認定職業訓練であって訓練期間の基準が二年であるものを修了した者で、その後八年以上の実務の経験を有するもの

(ヌ)　免許職種に関し、旧法の基礎的な技能に関する職業訓練であって、訓練期間及び訓練時間の基準がそれぞれ一年及び千八百時間であるもの、又は改正前の職業安定法（昭和二十二年法律第百四十一号）の職業補導であって補導期間及び補導時間の基準がそれぞれ一年及び千八百二十四時間であるものを修了した者で、その後十年以上の実務の経験を有するもの

(ル)　旧法の施行前の失業保険法による施設において行われた職業訓練であって、その訓練期間及び訓練時間の基準がそれぞれ一年及び千八百二十四時間であるものを修了した者で、その後免許職種に関し十年以上の実務の経験を有するもの

(ヲ)　職業訓練法施行規則の一部を改正する省令（昭和四十八年労働省令第二号。以下「改正省令」という。）の施行の際現に改正省令による改正前の規則第二十九条第一号に規定する都道府県が家事サービス職業訓練を行うために設置する施設において免許職種に関する当該職業訓練を担当している者

(ワ)　免許職種に相当する昭和五十三年改正規則による改正前の規則（以下「旧訓練法規則」という。）第一条の特別高等訓練課程の養成訓練に係る訓練科に関し、技能照査に合格した者で、その後当該免許職種に関し三年以上の実務の経験を有するもの

(カ)　免許職種に関し、旧訓練法規則第一条の特別高等訓練課程の養成訓練を修了した者で、その後四年以上の実務の経験を有するもの

(ヨ)　免許職種に相当する旧訓練法規則第一条の高等訓練課程の養成訓練に係る訓練科に関し、技能照査に合格した者で、その後当該免許職種に関し六年以上の実務の経験を有するもの

(タ)　免許職種に関し、旧訓練法規則第一条の高等訓練課程の養成訓練を修了した者で、その後七年以上の実務の経験を有するもの

(レ)　免許職種に関し、旧訓練法規則第一条の専修訓練課程の養成訓練を修了した者で、その後十年以上の実務の経験を有するもの

(ソ)　厚生労働省職業能力開発局長が前各号に掲げる者と同等以上の技能を有すると認める者

なお、右の規則第三十九条及び規則附則第九条及び昭和四十四年労働省告示第三十八号に規定されてい

るもののうち「免許職種に関する学科」とは学科名、課程名のいかんにかかわらず、履修した専攻科目及び実習の内容が、規則別表第十一の学科試験の科目の欄の関連学科を示す範囲のもの及び実技試験の科目の欄に掲げる科目とされている。また、「免許職種に関する実務の経験」とは、規則別表第十一の実技試験の科目の欄に示す実務の経験をいい、実務は現場における作業のみならず管理監督、訓練及び研究の業務を含めるものとし、その経験年数は、該当する期間をすべて通算してさしつかえないこととされている（昭和四十四年十月一日、訓発第二四八号）。

㈢　免許の申請

職業訓練指導員の免許は申請主義を取っている。したがって免許を受けようとする者は、次ページに掲げる職業訓練指導員免許申請書に申請資格のあることを証明する書面及び免許交付手数料をそえて原則として居住地を管轄する都道府県職業能力開発主管課を窓口として都道府県知事あて提出しなければならない。

この場合、免許申請資格を証明する書面とは試験合格者はその合格証書、厚生労働大臣の指定する講習を修了した者はその修了証明書等であり具体的には次のような書面を指している。

1　免許職種に関する学科（課程）を証明する書面

(1)　学校教育法による学校を修了した者は、卒業（修了）証書及び専門学科の細目についての履修証明書

(2)　教育職員免許法による免許を有する者は、その免許状

(3)　職業能力開発促進法等による訓練の修了者は、修了証明書（修了証等）

（規則様式第八号）

職業訓練指導員免許申請書

職業訓練指導員の免許を受けたいので、関係書類を添えて申請します。

1　申請免許職種名

2　職業能力開発促進法第28条第３項各号の該当状況（該当するものを○で囲むこと。）

一　長期課程又は専門課程の指導員訓練を修了した者

二　職業訓練指導員試験に合格した者

三　その他（　　　　　　　　　　　　　　　　　　　　　）

3　成年被後見人又は被保佐人の宣告を受けたことの有無　　有・(無)

4　禁錮《こ》以上の刑に処せられたことの有無　　有・(無)

5　職業訓練指導員免許の取消しを受けたことの有無　　有・(無)

取消し都道府県知事名

取消し年月日　　　　　　年　　月　　日

取消し理由

年　　月　　日

住　　所　東京都新宿区戸山２－１－９

（ふりがな）

氏　　名　永《なが》　田《た》　健《けん》　三《ぞう》　㊞

昭和25年10月23日生

都道府県知事　殿

（注）　用紙は、日本工業規格Ａ列４番とする。

2　実務の経験を証明する書面

雇用主の発行する雇用証明書、申請者が被雇用者でない場合は事業協同組合等同業組合の長の証明とし、これらの証明が得られない場合は、同僚その他第三者の証言をもって作成した確認書

なお、⑴の免許職種に関する学科（課程）を証明する書面のうち卒業証書（修了証書）及び教育職員免許状は、その正本又は写しを申請時に提出し、確認を受けることになっている（昭和四十四年十月一日訓発第二四八号）。

この申請にあたって注意しなければならない点を述べると①免許交付手数料は都道府県があらかじめ手数料条例等によって定めた額（ただし、その額は地方公共団体手数料令により最高一件二、三〇〇円以内と定められている。）があり、これの納入方法も現金で納入するか証紙で納入するかもきめられているところが多いので、あらかじめ確認すること。②申請免許職種名は、申請者が担当しようとしている訓練科名を記入するのではなく、職業能力開発促進法施行規則別表第十一に掲げる当該免許職種であるので間違えないこと。③成年被後見人又は被保佐人の宣告を受けたことの有無については、現に宣告を受けている者であるかどうかをみるものであり、同様に禁錮刑以上の刑に処せられたことの有無についても、刑の執行が終わるまでの期間や執行猶予期間中はもちろん刑の消滅に至るまでの間にあるかをみるものである。

都道府県知事は申請書に必要な書面を添付して申請がなされた場合には、免許資格の有無について審査し、申請が正当である場合にはすみやかに免許証を申請者に交付することになっている。この際交付される職業訓練指導員免許証の様式は次のとおりである（規則第四十一条）。

（規則様式第９号）

第　　　号

職 業 訓 練 指 導 員 免 許 証

氏　　名

生年月日

職業能力開発促進法第28条第３項の規定により　　　　　　　　について

職業訓練　指導員の免許を与える。

年　　月　　日

都道府県知事氏名　　　　　　　　　　印

（注）　用紙は、日本工業規格Ａ列４番とする。

(四) 免許証の再交付

　免許証を火災や盗難のため損傷または滅失した場合や、氏名を変更した場合は免許証の再交付を申請することができる（規則第四十二条）。

　この手続は次に掲げる再交付申請書に、免許証を損傷した場合にはその免許証をそえ、氏名を変更した場合には免許証に氏名を変更したことを証する書面をそえて、また、免許証を滅失した場合にはその理由をうらづける事故証明書をそえて手数料とともに免許証の交付を受けた都道府県知事に申請することになっている。この場合の手数料の納付等は前述(三)による（再交付手数料は最高一件二、〇〇〇円以内と定められている。）。

　なお、前記において、氏名を変更したことにより再交付を申請する場合には、住民基本台帳法ネットワークシステムの利用により当該事実が確認できれば当該書面の添付を省略させることができる。

（規則様式第十号）

職業訓練指導員免許証再交付申請書

職業訓練指導員免許証の再交付を受けたいので，関係書類を添えて申請します。

1. 申請理由

昭和○年○月○日自宅火災による免許証の焼失のため

2. 免許を受けた年月日　　昭和○年○月○日

3. 免許証番号　　第○号

昭和○年○月○日

住所　東京都新宿区戸山２－１－９

（ふりがな）
氏名　永《なが》田《た》健《けん》三《ぞう》　㊞

昭和25年10月23日生

東京都知事殿

（注）用紙は，日本工業規格Ａ列４番とする。

(五) 免許の取消し

職業訓練指導員は職業訓練実施の際のかなめであり、職業訓練の学科・実技に必要な知識・技能及び指導能力を備えていなければならないことは勿論であるが、訓練生を指導する立場にある以上当然教育者としての一般的な責務が要請されているものであり、かりそめにも一般から指弾されるような行為をおかすものであってはならない。職業訓練指導員免許制度のねらいの一つもこのような指導員の排除という点にある。すなわち、たとえ指導員免許をもっている者であっても、その後職業訓練を担当することが不適当であると認められる行為のある場合はこれを排除するため免許の取消しがなされるのである。しかしながら、免許の取消しは個人の名誉に関する事項であり、訓練に及ぼす影響も大きいので慎重に行う必要があり、従って取消し方法を厳格に定め、また取消し事由を限定してその公正を図らなければならない。まず職業訓練指導員の免許は次の場合取消される。

(1) 裁判所から成年被後見人又は被保佐人の宣告を受けたとき
(2) 禁錮以上の刑に処せられたとき
(3) 指導員としてふさわしくない非行（いわゆる破廉恥罪に該当する行為、労働基準法の重大な違反行為、児童福祉法に違反する虐待行為等）があったとき

(1)及び(2)の場合は例外なく必ず取り消され、(3)の場合には都道府県知事の判断により取り消されることになる。

これらの免許の取消しは、免許証を交付した都道府県知事が行うものである。

(六) 職業訓練指導員試験

職業訓練指導員試験は、職業訓練指導員となろうとする者の適否を判定するため、都道府県知事が実施するものであり、技能検定などの検定とは趣旨を異にし、職業訓練指導員を確保する手段として必要の都度実施するものである。すなわち、職業訓練を実施するに必要な指導員の充足状況等を勘案して都道府県が具体的な試験実施計画をたて、所定の手続により公示を行い広く一般から適格者を応募させて職業訓練指導員を確保するものであり、法においては受験資格が定められており、技能検定合格者などには試験の一部を免除することができるとされている。（法第三十条、規則第四十六条、第四十八条の三）

(i)　試験の科目等

職業訓練指導員試験は、免許職種ごとに実技試験及び学科試験の科目の内容が定められており（規則第四十五条）、この範囲は、規則別表第十一に掲げるとおりになっている。この規則別表第十一に掲げてある科目の範囲は受験者が、熟練技能労働者に通常要求されている技能と作業方法、能率の維持に必要な知識を有し、体系的職業訓練を担当しうるかどうかを判定するためのもので、実技試験については免許職種ごとに定められた作業の全部又は一部を行わせることで技能の程度を、また学科試験はこれらの作業を遂行するために必要な知識と職業訓練の指導技法をみるためのものといえる。

試験を実施しようとする都道府県知事は、例えば、実技試験については製作図又は仕様表（寸法、精度等の指示を含む。）を示す問題を作成し、当該免許職種につき現場作業のうち、いくつかの主要な要素的作業を包括する総合工程作業により所定の規格をもつ製品を製作させ、製品の寸法精度、仕上り具合、作業順序、機械材料の取扱い、作業速度等により総合的に判定し、また学科試験については時間制限法による筆記試験により指導方法並びに関連学科の系基礎学科及び関連学科の専攻学科ごとに実施し、総合判定する。この場合、実技試験は職種によってはその技能判定を実地作業に求め難い点を考慮し、現場作業について口述試問方式のものもあり得る

（平成五年四月二十日能発第百七号）。

(ii)　**試験の実施方法**

都道府県知事が試験を実施しようとする場合には、試験実施予定日の少なくとも二カ月前までに試験の区分（免許職種別）、試験の科目、試験の実施期日、実施場所、受験申請手続等試験実施に必要な事項を公示することになっており、通常は公報による公示のほか、試験の周知徹底を図るため公共職業能力開発施設、公共職業安定所内に掲示したり、民間団体や関係事業所等に通知したりしている。

試験は通常実技試験六時間以内、学科試験六時間以内（指導方法二時間以内、関連学科の系基礎学科二時間以内、関連学科の専攻学科二時間以内）を原則としている。この試験は全国的に同一の試験水準を維持できるよう工夫されており、採点者の主観により採点が左右されないよう十分考慮されながら採点され、実技試験並びに学科試験のうち指導方法並びに関連学科の系基礎学科及び専攻学科（統合職種にあっては、実技試験並びに関連学科のうち指導方法及び関連学科）の全てについて、それぞれ六割以上の得点があり、かつ、学科試験の系基礎学科及び専攻学科（統合職種にあっては、関連学科）の科目の全てについて、それぞれ五割以上の得点がある場合を合格とする。

なお、実技試験、学科試験のうち指導方法、学科試験のうち関連学科の系基礎学科又は専攻学科について、一定水準以上の得点がある場合は、試験の一部合格とし、その後の職業訓練指導員試験において、当該科目に係る試験の一部免除を受けることができる。

(iii)　**試験の受験資格**

職業訓練指導員試験の受験資格は従来特に定められていなかったが、法においては技能検定合格者等一定の資格又は実務経験をもつ者と定められた。（法第三十条第三項）。

この受験資格を有する者は、

(1)　技能検定合格者

(2)　職業訓練の修了者又は学校卒業者等で相当年数の実務経験を積んだ者で厚生労働省令で定める者

(3)　電気主任技術者、自動車整備士など、他の法律によって免許、検定又は資格が認められている者で厚生労働省令で(1)又は(2)と同等以上の能力を有すると認められる者

となっており、この詳細については後に掲げる施行規則第四十五条の二及び昭和四十五年四月一日労働省告示第十七号を参照されたい。

(iv)　**受験申請手続**

職業訓練指導員試験を受けようとする者は、次ページに掲げる職業訓練指導員試験受験申請書に受験手数料をそえて当該試験を行う都道府県職業能力開発主管課を窓口として都道府県知事あてに提出することになっている。

この申請にあたって注意すべきことは、受験申請書の記載にあたって前述の職業訓練指導員免許申請書の記入方法にならって行うことは勿論であるが、その他

(1)　受験資格を証明する書面は必ず添付すること。

(2)　写真は、上半身正面むきのもので脱帽の状態で写したものであること。

(3)　実技試験又は学科試験の一部の免除を受ける場合には試験の免除を受ける意志の有無とその理由欄に、職業能力開発促進法施行規則第四十六条又は昭和四十四年法規則附則第十条のいずれに該当するのか明確に判断できるよう記入し、それを証明する書面を添付すること。

(4)　手数料は、あらかじめ都道府県に問合せる等して都道府県知事の指定する方法により納入すること。

（規則様式第十一号）

職業訓練指導員試験受験申請書

職業訓練指導員試験を受けたいので、関係書類を添えて申請します。

1　受験免許職種名　　機械科

2　成年被後見人又は被保佐人の宣告を受けたことの有無　有・(無)

3　禁錮以上の刑に処せられたことの有無　有・(無)

4　職業訓練指導員免許の取消しを受けたことの有無　有・(無)

取消し都道府県知事名

取消し年月日　　年　月　日

取消し理由

5　試験の免除を受ける意思の有無　有・(無)

あるときはその理由

平成○年 ○ 月 ○ 日

写　真
申請前6カ月以内に撮影した上半身、正面脱帽の写真で、縦36㎜、横24㎜とし、裏面に氏名及び撮影年月日を記載したもの

住　所　東京都新宿区戸山2の1の9

（ふりがな）
氏　名　永《なが》田《た》健三《けんぞう》　㊞

昭和25年10月23日生

都 道 府 県 知 事 殿

（注）　用紙は、日本工業規格Ａ列４番とする。

などについて特に注意しなければならない。

なお、この試験に合格した場合は職業訓練指導員試験合格証書が都道府県知事から交付される。合格証書の交付については、試験合格者からあらためて交付申請の手続きをとる必要はなく、都道府県公報又は試験場に合格者として発表された者には、合格の通知とともに交付されるものである。

合格証書の記載例を掲げれば次のとおりである。

（規則様式第十二号）

第　○　号

職業訓練指導員試験合格証書

氏 名　　永　田　健　三

昭和25年10月23日生

職業能力開発促進法第30条の規定による職業訓練指導員試験（機械科）に合格したことを証する。

○ 年 ○ 月 ○ 日

都道府県知事氏名 ○ ○ ○ ○ ㊞

十一　職業訓練法人

旧職業訓練法（昭和三十三年法律第百三十三号）においては、中小企業の事業主が共同して職業訓練を行う団体を共同職業訓練団体として認定職業訓練の実施主体の一つとするとともに援助助成が行われていたが、その多くは法人格を有せず、財産の所有、管理、責任の帰属等の面で支障をきたし、結果的に訓練の永続性が担保されない傾向があった。このため、現行（昭和四十四年法律第六十四号、以下「法」という。）では、共同職業訓練団体に法人格を付与して、その行う職業訓練の拡充発展と永続性のある健全な運営を図るため「職業訓練法人」の制度を創設した（法第四章）。

もとより、職業訓練法人は、職業能力開発促進法による認定職業訓練その他職業訓練に関する必要な事務を行うことにより、職業人としての有為な労働者の養成と労働者の経済的社会的地位の向上を図ることを目的としており、中小企業の事業主があい共同して認定職業訓練等を行う場合は、職業訓練法人を設立し、公的な法人として職業訓練の積極的かつ円滑な運営を図ることの期待は大きいものがある。

(一)　設立の認可の申請

1　職業訓練法人は、認定職業訓練その他職業訓練に関し必要な業務を行うことにより、職業人として有為な労働者の養成と労働者の経済的社会的地位の向上を図ることを目的としており、公益法人として位置づけられるものである。

職業訓練法人を設立するときは、社団にあっては定款を、財団にあっては寄附行為を定め、都道府県知事の認可を受けなければならない（法第三十五条第一項）。

定款を定めるには、任意団体として既に認定職業訓練を行っている場合は、その規約等の定めるところにより、総会を開催し、作成することになるが、新規に職業訓練法人を設立する場合は、通常、設立発起人会を開催し、定款草案等を起案し、会員となる者の参加を求めて設立総会を開催し、定款を可決することになる。

寄附行為については、社団の場合のような手続きによる必要はなく、寄附行為者がこれを定める。

定款及び寄附行為には、法第三十五条第二項に規定するところにより、次の事項を必ず定めなければならないことになっている。

(1)　目的
(2)　名称
(3)　認定職業訓練のための施設を設置する場合には、その位置及び名称
(4)　主たる事務所の所在地
(5)　社団である職業訓練法人にあっては、社員の資格に関する事項
(6)　社団である職業訓練法人にあっては、会議に関する事項
(7)　役員に関する事項
(8)　会計に関する事項
(9)　解散に関する事項
(10)　定款又は寄附行為の変更に関する事項
(11)　公告の方法

このほか職業訓練法人の設立当時の役員も、定款又は寄附行為に定める必要がある（法第三十五条第三項）。

定款及び寄附行為の例を例示すれば、次のとおりである。

職業訓練法人○○会定款

第1章　総　　　　則

（目的）

第1条　本会は、職業能力開発促進法による認定職業訓練その他職業訓練に関し必要な業務を行うことにより、職業人として有為な労働者の養成と労働者の経済的社会的地位の向上を図ることを目的とする。

（名称）

第2条　本会は、職業訓練法人○○会という。

（事務所）

第3条　本会は、主たる事務所を○○県○○市(郡)○○町(村)○○番地に置く。

（業務）

第4条　本会は、第1条の目的を達成するため、次の業務を行う。

一　会員の雇用する労働者に対する認定職業訓練を行うこと。

二　求職者に対する認定職業訓練を行うこと。

三　次条の施設を他の事業主等の行う職業訓練のために使用させ、又は委託を受けて他の事業主等に係る労働者に対して職業訓練を行うこと。

四　職業訓練に関する情報及び資料の提供を行うこと。

五　職業訓練に関する調査及び研究を行うこと。

六　前各号に掲げるもののほか、職業訓練に関し必要な業務を行うこと。

（認定職業訓練のための施設）

第5条　本会の設置する認定職業訓練のための施設の名称及び位置は、次のとおりとする。

名　　称	位　　置
職業訓練法人○○会 ○○職業能力開発校	○○県○○市（郡）○○町（村） ○○番地

第2章　会　　　　員

（会員）

第6条　本会の会員の資格を有する者は、○○県において○○業を営む者で、本会の目的に賛同するものとする。

（入会）

第７条　前条の者が本会の会員となるには、入会の申込みをし、会長の承諾を受けなければならない。

２　会長は、前項の入会の申込みがあつたときは、これを承諾するかどうかについて理事会の意見を聞かなければならない。

（退会）

第８条　会員は、３日前に書面により申し出て本会を退会することができる。

（除名）

第９条　本会は、会員が次の各号のいずれかに該当する場合には、総会の議決により、これを除名することができる。

一　本会の目的の達成又は業務の運営を妨げたとき。

二　会費の納入その他会員の業務を怠つたとき。

三　本会の信用を失わせる行為をしたとき。

（会費）

第10条　会員は、総会が別に定めるところにより会費を納入しなければならない。

２　徴収した会費は、会員が脱退した場合においても返還しない。

第３章　役　　　員

（種別）

第11条　本会に次の役員を置く。

会　長	１人
副会長	○人
理　事	○人
監　事	○人

（職務）

第12条　会長は、本会を代表し、その業務を総理する。

２　副会長は、会長を補佐し、会長に事故あるときは、その職務を代行する。

３　理事は、本会の業務を掌理する。

４　監事は、民法第59条の職務を行う。

（任免）

第13条　役員は、総会において選任し、又は解任する。

（任期）

第14条　役員の任期は、2年とし、再任を妨げない。

2　役員は、任期満了後又は辞任後も新たに役員が就任するまで引き続きその職務を行うものとする。

3　補欠の役員の任期は、その前任者の残任期間とする。

第4章　会　議

（会議の種類）

第15条　会議は、総会及び理事会とし、総会は通常総会及び臨時総会とする。

（総会の招集）

第16条　会長は、毎事業年度1回通常総会を招集しなければならない。

2　会長は、必要があると認めるときは、理事会の意見をきいて臨時総会を招集することができる。

3　会員総数の3分の1以上にあたる会員が会議の目的たる事項を記載した書面を会長に提出して請求したときは、会長は、遅滞なく、臨時総会を招集しなければならない。

4　総会の招集は、会日の5日前までに会議の目的たる事項、日時及び場所を記載した書面を各会員に発して行うものとする。

（総会の議長）

第17条　総会の議長は、総会において出席会員の中から選任する。

（総会の議決事項）

第18条　次の事項は、総会の議決を経なければならない。

一　定款の変更

二　業務計画又は収支予算の決定又は変更

三　解散

四　会員の除名

五　役員の選任及び解任

六　会費に関する事項

七　剰余金の処分

八　その他本会の運営に関する重要事項

（総会の議事）

第19条　総会は、会員総数の２分の１以上が出席しなければ、議事を開き、議決することができない。

2　総会の議事は、出席した会員の過半数で決する。ただし、前条第１号、第３号及び第４号に係る議事は、出席した会員の３分の２以上の多数で決する。

3　前２項の場合において、書面をもつて表決権を他の会員に委任した会員は、出席者とみなす。

4　総会の議事については、議事録を作成し、議長及び議長が指名する理事がこれに署名するものとする。

（理事会）

第20条　理事会は、会長、副会長及び理事（以下「会長等」という。）をもつて組織する。

2　理事会は会長が招集する。

3　理事会の議長は会長とする。

4　理事会は、会長等の２分の１以上が出席しなければ会議を開き、議決することができない。

5　理事会の議事は、出席した会長等の過半数で決する。

6　前条第３項及び第４項の規定は、理事会の議事について準用する。

（理事会の議決事項）

第21条　次の事項は、理事会の議決を経なければならない。

一　総会に提出する議案

二　会務の運営に関する重要事項

三　この定款に基づき理事会が処理すべき事項

四　その他会長が必要と認める事項

第５章　資産及び会計

（資産）

第22条　本会の資産は、会費、寄付金、補助金その他の収入からなるものとし、理事会が別に定めるところにより会長が管理する。

（経費の支弁）

第23条　本会の経費は、資産をもつて支弁する。

（会計年度及び事業年度）

第24条　本会の会計年度及び事業年度は、毎年４月１日から翌年の３月31日までとする。

（会計書類の作成）

第25条　会長は、毎会計年度、業務計画及び収支予算を作成し、総会の議決を経なければならない。

2　会長は、毎会計年度の業務報告書、収支決算書及び財産目録を作成し、監事の監査を経て総会の承認を受けなければならない。

（剰余金）

第26条　決算の結果剰余金を生じたときは、総会の議決を経て、その全部又は一部を翌年度に繰越し、又は積立金として積み立てるものとする。

第６章　定款の変更及び解散

（定款の変更）

第27条　この定款は、総会の議決を経、かつ○○県知事の認可を受けなければ変更することができない。

（解散）

第28条　本会は、次の理由によつて解散する。

一　目的とする事業の成功の不能

二　総会の議決

三　社員の欠亡

四　破産

五　設立の認可の取消し

2　前項第１号に掲げる理由による解散については、○○県知事の認可を受けなければならない。

3　第１項第２号又は同項第３号に掲げる理由による解散については、清算人は○○県知事にその旨を届け出なければならない。

（清算人）

第29条　清算人は、会長とする。ただし、総会で別人を定めた場合は、この限りでない。

（残余財産の帰属）

第30条　本会が解散した場合の残余財産は、○○○○に帰属する。

第7章　雑　則

（公告）

第31条　本会の公示は、本会の掲示場に掲示し、かつ、必要があるときは、○○新聞によつて行うものとする。

（実施規程）

第32条　この定款に定めるもののほか、本会の運営に関し必要な事項は、会長が理事会の議を経て別に定める。

附　則

1　この定款は、本会の成立の日から施行する。

2　本会の設立当初の役員は、この定款の規定にかかわらず別紙役員名簿のとおりとし、その任期は、平成○年○月○日までとする。

職業訓練法人○○会寄附行為

第1章　総　則

（目的）

第1条　本会は、職業能力開発促進法による認定職業訓練その他職業訓練に関し必要な業務を行うことにより、職業人として有為な労働者の養成と労働者の経済的社会的地位の向上を図ることを目的とする。

（名称）

第2条　本会は、職業訓練法人○○会という。

（事務所）

第3条　本会は、主たる事務所を○○県○○市（郡）○○町（村）○○番地に置く。

（業務）

第４条　本会は、第１条の目的を達成するため、次の業務を行う。

一　事業主の委託を受けて当該事業主の雇用する労働者に対する認定職業訓練を行うこと。

二　求職者に対する認定職業訓練を行うこと。

三　次条の施設を他の事業主等の行う職業訓練のために使用させること。

四　職業訓練に関する情報及び資料の提供を行うこと。

五　職業訓練に関する調査及び研究を行うこと。

六　前５号に掲げるもののほか、職業訓練に関し必要な業務を行うこと。

（認定職業訓練のための施設）

第５条　本会の設置する認定職業訓練のための施設の名称及び位置は、次のとおりとする。

名　　称	位　　置
職業訓練法人○○会 ○○職業能力開発校	○○県○○市（郡）○○町（村） ○○番地

第２章　役　　員

（種別）

第６条　本会に次の役員を置く。

理事長	１人
副理事長	○人
理　事	○人
監　事	○人

（職務）

第７条　理事長は、本会を代表し、その業務を総理する。

２　副理事長は、理事長を補佐し、理事長に事故があるときは、その職務を代行する。

３　理事は、本会の業務を掌理する。

４　監事は、民法第59条の職務を行う。

（任免）

第８条　役員は、理事会において選任し、又は解任する。
（任期）
第９条　役員の任期は、２年とし、再任を妨げない。
２　役員は、任期満了後又は辞任後も新たに役員が就任するまで引き続きその職務を行うものとする。
３　補欠の役員の任期は、その前任者の残任期間とする。

第３章　理　　事　　会

（組織）
第10条　理事会は、理事長、副理事長及び理事をもつて組織する。
（招集）
第11条　理事会は、理事長が招集する。
２　理事（副理事長を含む。）○人以上又は監事から会議の目的たる事項を示して請求があつたときは、理事長は、遅滞なく、理事会を招集しなければならない。
３　理事会の招集は、会日の10日前までに、会議の目的たる事項、日時及び場所を記載した書面を各役員に発して行うものとする。
（議長）
第12条　理事会の議長は、理事長とする。
（議決事項）
第13条　次の事項は、理事会の議決を経なければならない。
一　寄附行為の変更
二　業務計画及び収支予算の決定
三　解散
四　基本財産の処分
五　予算を伴わない権利の放棄又は義務の負担
六　その他本会の運営に関する重要事項
（議事）
第14条　理事会は、理事の３分の２以上が出席しなければ会議を開き、議決することができない。
２　理事会の議事は、出席した理事の過半数で決する。

3　前２項の場合において、書面をもつて表決権を他の理事に委任した理事は、出席者とみなす。

4　理事会の議事については、議事録を作成し、議長及び議長が指名する理事がこれに署名するものとする。

第４章　資産及び会計

（資産）

第15条　本会の資産は、別紙財産目録に記載された財産、寄附金品、補助金その他の収入からなるものとする。

（資産の種類）

第16条　本会の資産を分けて、基本財産及び運用財産とする。

2　基本財産は、次に掲げる財産をもつて構成し、これを処分することができない。ただし、やむをえない理由があるときは、理事会の議決を経、その一部に限り処分することができる。

一　本会の設立に際し基本財産とされた財産

二　本会の設立後に基本財産として指定して寄附された財産

三　本会の設立後に理事会で、基本財産に繰り入れることを議決した財産

3　運用財産は、基本財産以外の財産とする。

（経費の支弁）

第17条　本会の経費は、運用財産をもつて支弁する。

（資産の管理）

第18条　本会の資産は、理事会が別に定めるところにより理事長が管理する。

2　基本財産のうち現金は、郵便官署又は確実な銀行に預け入れ、若しくは、信託会社に信託し、又は国公債等確実な有価証券にかえて、保管しなければならない。

（会計年度）

第19条　本会の会計年度は、毎年４月１日から翌年の３月31日までとする。

（会計書類等の作成）

第20条　理事長は、毎会計年度業務計画及び収支予算を作成し、理事会の議決を経なければならない。

2　理事長は、毎会計年度の業務報告、収支決算及び財産目録を作成し、監事の監査を経て理事会の認定を受けなければならない。

第5章　寄附行為の変更及び解散

（寄附行為の変更）

第21条　この寄附行為は、理事会の議決を経、かつ、○○県知事の認可を受けなければ変更することができない。

（解散）

第22条　本会は、次の理由によつて解散する。

一　目的とする事業の不成功

二　破産

三　設立の認可の取消し

2　前項第1号に掲げる理由による解散については、○○県知事の認可を受けなければならない。

（残余財産の帰属）

第23条　本会が解散した場合の残余財産は、○○○○に帰属する。

第6章　雑　則

（公告）

第24条　本会の公告は、本会の掲示場に掲示し、かつ必要があるときは、○○新聞によつて行うものとする。

（実施規程）

第25条　この寄附行為に定めるもののほか、本会の運営に関し必要な事項は、理事長が別に定める。

附　則

1　この寄附行為は、本会の成立の日から施行する。

2　本会の設立当初の役員は、この寄附行為の規定にかかわらず別紙役員名簿のとおりとし、その任期は平成○年○月○日までとする。

2　右の定款及び寄附行為の記載事項に関し留意すべき点は、次のとおりである。

(1)　名称については、種々の例があると思われるが、職業訓練法人の文字を冠し、職業訓練協会、職業訓練運営会等の文字を用いることが望ましい。

(例)　職業訓練法人佐賀職業訓練協会
　　職業訓練法人山形建築職業訓練運営会

なお、職業訓練法人でないものは、職業訓練法人という文字を用いることができない（法第三十二条第二項）。

(2)　業務については、主として認定職業訓練を行うことであるが、このほか次の業務の全部又は一部を行うことができることとなっている（法第三十三条）。

イ　職業訓練に関する情報及び資料の提供を行うこと。
ロ　職業訓練に関する調査及び研究を行うこと。
ハ　前二号に掲げるもののほか、職業訓練に関し必要な業務を行うこと。

なお、職業訓練法人が、右以外の業務を行った場合には、罰則の適用がある（法第百七条第一号）。

(3)　認定職業能力開発施設の設置に当たっては、前記三「職業訓練の認定」の(七)に述べた事項に留意する必要がある。

(4)　会員については、必要があれば特別会員、名誉会員、賛助会員等の特別の会員を設けても差し支えない。なお、社員権を有する社員については社員名簿を備えなければならない（法第四十三条により準用される民法第五十一条第二項）。

(5)　会議については、財団の場合、理事会の諮問機関として評議員会を設けてもよい。また、理事会の定足数を三分の二以上、重要事項の議決数を理事総数の三分の二以上とする等会議の定足数、議決数等を引き上げてもよい。

(6)　役員については、財団の場合評議員を置くことが望ましいが、その他専務理事等を設けることは差し支えない。また、役員の数を定めるに当たっては、理事六人、監事二人程度が望ましい。また、監事は、当該職業訓練法人の理事又は職員を兼ねることができないこととなっている（法第三十八条）。なお、財産の贈与者及びその親族等と特別の関係にある者が役員に就任することは望ましくないので留意すべきである（相続税法第六十六条第四項）。

(7)　解散については、残余財産の帰属先を他の類似の目的をもつ団体又は都道府県若しくは国とすることが望ましい。

3　次に職業訓練法人の設立者（発起人又は寄附行為者）は、以上の要領で定款又は寄附行為を定めたうえ、その主たる事務所を管轄する都道府県知事に認可の申請を行うことになる。

認可の申請は、定款又は寄附行為及び役員となるべき者の就任の承諾を証する書面並びに次の事項を記載した書面を添えた申請書二通を提出して行わなければならない（規則第四十九条及び第五十五条）。

(1)　設立者の氏名、住所及び履歴（法人その他の団体にあっては、その名称、代表者の氏名及び主たる事務所の所在地）

(2)　設立代表者を定めたときは、その氏名及びその権限の証明

(3)　法第二十四条第一項の認定を受けようとする職業訓練及び訓練課程の種類、訓練科の名称並びにその訓練生の数

(4)　認定職業訓練のための施設を設置する場合には、施設及び設備の概要並びにその施設の長となるべき者

の氏名及び履歴

(5) 設立当時において帰属すべき財産の目録及び当該財産の帰属を明らかにする証明

(6) 設立後二年間の業務計画及びこれに伴う予算

(7) 役員となるべき者の履歴

まず設立認可申請書であるが、具体例を示せば次のとおりである。

(様　式　例)

年　　月　　日

○○都（道府県）知事

○　○　○　○　殿

設立代表者　○　○　○　○　㊞

職業訓練法人○○会設立認可申請書

職業訓練法人○○会を設立したいので関係書類を添えて申請します。

4　つぎに「役員となるべき者の就任を証する書面」であるが、これは、役員に選任された者のこれを承諾する旨の意志表示の書面であり、この様式を例示すれば次のとおりである。

（様　式　例）

就　任　承　諾　書

年　月　日

職業訓練法人○○会

　設立代表者○○○○殿

　職業訓練法人○○会設立認可のあつたときは、当会理事（又は監事）に就任することを承諾します。

氏　名　○　○　○　○　㊞

（以下連署）

(1)の設立者の書面は、社団の場合は発起人、財団の場合は寄附行為者の氏名、住所及び履歴を明らかにする書面である。

(2)の設立代表者の書面は、社団の場合は発起人は二人以上必要であり、また、財団の場合寄附行為者が二人以上いる場合もあるので、これらの者のうちから通常設立業務を代表して行うため設立代表者が定められるが、その者の氏名及び設立総会等で選任されたことを証明する書面である。

(3)の職業訓練の認定に係る書面は、認定を受けようとする職業訓練及び訓練課程の種類、訓練科の名称並びにその訓練生の数を明らかにする書面である。

(4)の認定職業訓練の施設に係る書面は、法第二十五条に基づく職業能力開発施設を設置しようとするときは、規則第三十五条の要件に該当することを要するし、また、その長となるべきものは公共職業能力開発施設の長と同様職業訓練に関し高い識見を有する人であることが望ましいので、これらを明らかにする書面である。

(5)の設立当時に帰属すべき財産の目録とは、法人の設立に当たって社団又は財団の所有する財産及び設立認可があったとき法人に寄附されて法人の所有となる財産の目録である。

また、当該財産の帰属を明らかにする証明の書面とは、通常、寄附書、財産権利書といわれる書面等である。寄附書は、財産目録記載の財産のうち寄附に係る財産の寄附者が法人に対して寄附する旨の意志表示をした書面である。また財産権利書とは、財産目録記載の財産が確かに社団若しくは財団又は寄附者の所有するものであることを証明する書面であって、現金の場合は銀行等の残高証明書、不動産の場合はその所有権に関する登記簿謄本等、その他の物件の場合もこれに準ずるような所有権を証明する書面である。

なお、財産目録は、社団の場合は資産及び負債に、財団の場合は基本財産及び運用財産（資産及び負債に区分）に分類し、資産については流動資産及び固定資産、負債については流動負債及び固定負債にさらに区分して、それぞれについて具体的に記入すべきである。社団の場合の例を示すと次のとおりである。

（様式例）

財　　産　　目　　録

Ⅰ　資　産　の　部　　金

Ⅱ　負　債　の　部　　金

差引正味財産　　金

内　訳

摘　　　　要	種別所在数量等	金額又は評価額	備　　　考
Ⅰ　資　産　の　部 1　流　動　資　産 (1)　現　　　金 ………………… 2　固　定　資　産 (1)　有形固定資産 ………………… Ⅱ　負　債　の　部 1　流　動　負　債 (1)　短期借入金 ………………… 2　固　定　負　債 (1)　長期借入金 …………………			（寄附者の氏名負債借入先等を記入）

(6)の業務計画書については、設立後二年間の業務計画を明らかにするものである。また、これに伴う収支予算書は収入支出別に予算科目を定め具体的に記入すべきである。なお、収益事業を行う場合は、これを他の事業と分離して経理することが必要である。

(7)の役員の履歴は、役員となるものの履歴の概略がわかるものであればよいが、公権はく奪者、公権停止者、財産寄附者等との関係が明らかになるものでなければならない。

以上のほか、申請書には、設立の趣旨を明らかにする設立趣意書、財産目録記載財産の価格の評価を明らかにする価格評価書、設立総会議事録等を添付することは差し支えない。なお、会員名簿はいずれ、職業訓練法人が職業訓練の認定を受ける際構成員名簿を提出することになるので添付書類にあげられていないが、必要があれば提出して差し支えない。

5　次にこのようにして必要な書面を添えた申請書が提出されれば、都道府県知事は審査のうえ認可を行うこととなる。

都道府県知事の認可については準則が定められており、次のいずれかに該当する場合を除き設立の認可が行われることとなっている（法第三十六条）。

(1)　当該申請に係る社団又は財団の定款又は寄附行為の内容が法令に違反するとき。

(2)　当該申請に係る社団又は財団がその業務を行うために必要な経営的基盤を欠く等当該業務を的確に遂行することができる能力を有しないと認められるとき。

(1)については、定款又は寄附行為に法第三十五条第二項の事項が記載されているかどうかその他、その内容が法その他の関係法令に違反していないかどうか判定することになっている。

(2)については、資産状況、組織、運営の方法等から全般的に判断して永続性をもってその業務を的確に遂行する能力を有するかどうかを判定することになっている。

これらの判定に当たっては、職業訓練法人が公益法人であることの観点も入れて次のような事項に特に留意することとしている。

イ　設立の際資産として負債、抵当権、質権等が設定されている財産、設立と同様に業務目的に従い運用しえない財産等の資産がある場合には経営的基盤があるかどうか特に慎重に検討すること。

ロ　主たる事業が営利事業である団体又はその収益を構成員に分配する団体は認可しないこと。

ハ　設立の認可を受けた後認定職業訓練を行うこととしている団体については、当該認可を受けたのち直ちに認定の申請をし、確実に認定を受けるものを認可すること。

ニ　残余財産は、特に事情のないかぎり他の職業訓練事業を行うもの又は国若しくは地方公共団体に帰属させることとしていること。

ホ　求職者に対する職業訓練又は法第二十六条の規定に基づく他の事業主等に対する協力等を業務として定款又は寄附行為に記載していること。

(二)　設立の登記及び成立の届出

職業訓練法人は、組合等登記令（昭和三十九年政令第二十九号）で定めるところにより、次の事項を登記しなければならない（法第三十四条第一項及び組合等登記令第二条）。これらの事項については、登記の後はじめて第三者に対抗できることとなる（法第三十四条第二項）。

(1)　目的及び業務

(2)　名称

(3)　事務所

(4)　代表権を有する者の氏名、住所及び資格

(5)　存立時期又は解散の事由を定めたときは、その時期又は事由

(6)　資産の総額

(7)　設置する職業訓練施設の名称

職業訓練法人設立の際には設立の登記を行わねばならないが、設立の登記は右の事項について設立の認可、出資の払込みその他設立に必要な手続きが終了した日から、二週間以内に主たる事務所の所在地において行わねば

(様　式　例)

職業訓練法人設立登記申請書

1　名　称　　職業訓練法人○○会

2　主たる事務所　　○○都(道府県)○○区(市)
○○町○○番地

3　登記の事由　　設立の登記

4　登記すべき事項　別紙記載のとおり

5　添付書類

(1)　定款(又は寄附行為)　1通

(2)　理事の資格を証する書面　1通

(3)　認　可　書　1通

(4)　委　任　状　1通

上記のとおり設立の登記を申請します。

○　年　○　月　○　日

申請人の所在地

名　称　　職業訓練法人○○会

代表理事の住所

氏　名　　○　○　○　○　㊞

上記代理人の住所

氏　名　　○　○　○　○　㊞

○○法務局○○出張所御中

ならない。また、設立の登記をした後二週間以内に従たる事務所の所在地において同じ事項を登記しなければならない（組合等登記令第三条）。

設立の登記申請書の様式を示せば前ページのとおりである。

職業訓練法人は、主たる事務所の所在地における設立の登記によって成立する。そして成立の日から二週間以内に都道府県知事に対し登記簿謄本を添えて成立の届出書一通を提出しなければならない（法第三十七条並びに

（様式例）

年　月　日

○○都（道府県）知事殿

職業訓練法人○○会

会長　○　○　○　○　㊞

職業訓練法人○○会成立届出書

職業訓練法人○○会は、昭和○年○月○日成立しましたので、登記簿謄本を添えて届け出ます。

規則第五十条及び第五十五条)。

成立の届出書の例を示せば前頁のとおりである。

なお、職業訓練法人は、組合等登記令に定めるところにより、①従たる事務所の新設の登記、②事務所の移転の登記、変更の登記、③代表者の職務執行停止の登記、④解散の登記等の登記を行わなければならないので留意すべきである。

(三) 定款又は寄附行為の変更の認可の申請

定款又は寄附行為の変更は、都道府県知事の認可を受けなければ効力が生じない(法第三十九条第一項)。

定款又は寄附行為の変更の認可の申請は、次の事項を記載した書面を添えた申請書二通をその主たる事務所を管轄する都道府県知事に提出して行わなければならない(規則第五十一条及び第五十五条)。

(1) 変更の内容及び理由

(2) 定款又は寄附行為に定められた変更に関する手続きを経たことの証明

この場合、新たに認定職業訓練のための施設を設置するための変更であればさらに次の事項の書面を申請書に添えなければならない。

(3) 法第二十四条第一項の認定を受けようとする職業訓練及び訓練課程の種類、訓練科の名称並びにその訓練生の数

(4) 設置しようとする認定職業訓練のための施設及び設備の概要並びにその施設の長となるべき者の氏名及び履歴

(5) 定款又は寄附行為の変更後二年間の業務計画及びこれに伴う予算

また、新たな業務を行うための変更であれば(1)、(2)及び(5)の事項の書面を添えなければならない。

これらの添付書面のうち(1)の事項の書面については、変更の理由、必要性を明らかにする変更理由書及び現行条文と変更条文案の対照表があればよい。

また(2)の事項の書面は、定款又は寄附行為の変更を議決した総会又は理事会の議事録である。

（様　式　例）

年　　月　　日

○○都（道府県）知事殿

職業訓練法人　○　　○　　会

会　長　　○　○　○　○㊞

定款（寄附行為）の一部変更承認申請書

平成○年○月○日に開催した総会（理事会）において、当会の定款（寄附行為）の変更を議決したので下記の書面を添えて認可を申請します。

記

1　変更理由書

2　現行条文及び変更条文案の対照表

3　議　事　録

(3)、(4)及び(5)の事項の書面については、設立の認可の申請の際ふれたので省略する。
なお、主たる事務所の所在地、公告の方法の変更については、変更の認可は要しない（規則第五十条の二）。

変更の認可申請書の様式を例示すれば前頁のとおりである。

なお、都道府県知事の認可は、職業訓練法人の設立の認可の準則と同一の準則によって行われることとなっているが（法第三十九条第二項）、特に業務の拡張又は付帯業務の運営の場合は、これによって認定職業訓練の内容が低下しないように留意すべきである。

(四) 解散の認可の申請及び届出

職業訓練法人は、次の理由によって解散する（法第四十条第一項）。

(1)　定款又は寄附行為で定めた解散理由の発生
(2)　目的とする事業の成功の不能
(3)　社団である職業訓練法人にあっては、総会の議決
(4)　社団である職業訓練法人にあっては、社員の欠亡
(5)　破産
(6)　設立の認可の取消し

(1)については、自主的な意思に基づく解散事由の一つである。財団である職業訓練法人が「理事会員の同意を得て解散することができる。」と定めた場合等が該当する。
(2)については、訓練生の確保が著しく困難となって認定職業訓練の実施が不可能となる等目的とする事業の遂行が不能となる場合である。社員の欠亡や債務超過などはこれには含まれない。

(3)については、社団たる職業訓練法人の最高意思決定機関に解散権を与えたものである。総会の解散決議は総社員の四分の三以上の同意を要するのが原則であるが、定款でこの定数として適切なものを定めることができる(法第四十三条において準用される民法第六十九条)。

(4)については、社団たる職業訓練法人の社員が全く存在しなくなった場合である。

(5)については、法第四十三条において準用される民法第七十条の規定により破産の宣告を受けた場合である。債務超過が破産の要件となっているが、理事はこの場合直ちに破産宣告の請求をしなければならないことに留意すべきである(同民法第七十条)。

(6)は、都道府県知事の設立の認可の取消しである。

都道府県知事は、職業訓練法人が次の各号のいずれかに該当する場合はその設立の認可を取り消すことができる(法第四十二条)。

イ　正当な理由がないのに一年以上認定職業訓練を行わないとき。

ロ　その運営が法令又は定款若しくは寄附行為に違反し、又は不当であると認められる場合においてその改善を期待することができないとき。

職業訓練法人は以上の理由によって解散するのであるが、このうち(2)の事業遂行不能による解散は都道府県知事の認可を受けなければその効力を有しない(法第四十条第二項)。

また、(1)、(3)又は(4)の理由により解散したときは、清算人は都道府県知事にその旨を届け出なければならない(第四十条第三項)。

また事業遂行不能の解散の認可による申請は、次の事項を記載した書面を添えた申請書二通を管轄都道府県知事に提出して行わなければならない(規則第五十二条)。

(1) 解散の理由の詳細
(2) 財産目録
(3) 残余財産の帰属に関する事項

(1)の事項の書面は、目的とする事業の遂行が不能となった理由を具体的に明らかにする解散理由書である。
(2)の事項の書面は、残余財産の目録である。

(様　式　例)

年　　月　　日

○○都（道府県）知事殿

○○都(道府県)○○区(市)○○町(村)
○○番地
職業訓練法人　○　○　会
会　長　○　○　○　○　㊞

解散認可申請書

職業訓練法人○○会は、平成○年○月○日に開催された総会（理事会）において解散の議決をしたので、下記書面を添えて認可を申請します。

記

1　解散理由書（別紙1）
2　財産目録（別紙2）
3　残余財産処分方法書（別紙3）
4　清算人名簿及び就任承諾書（別紙4）
5　議事録（別紙5）

(3)の事項の書面は、残余財産の処分方法を記載した書面である。

この外、清算人名簿及び就任承諾書、議事録等を添付することは差し支えない。

解散認可申請書等の具体例を例示すれば前頁のとおりである。

次に解散の届出についてであるが、清算人は解散の認可のところで述べた書面及び議事録等定款又は寄附行為の定めるところにより解散に関する手続を経たことを証明する書面を添えた届出書を都道府県知事に提出しなけ

(様　式　例)

残余財産処分方法書

1	資産総額	○，○○○，○○○円
2	解散並びに清算諸費	
(1)	解散事務費	○○，○○○円
(2)	借入金の返済	○○，○○○円
(3)	未払金の清算	○○，○○○円
(4)	その他の債務弁済	○○，○○○円
	合　　計	○○○，○○○円
3	差引残余財産額	○○○，○○○円
4	上記残余財産の処分方法	

残余財産は、全額これを本会と同種の目的を有する職業訓練法人○○会に寄附する。

ればならない（規則第五十三条）。

職業訓練法人の解散については、以上のようであるが、解散に伴い訓練生が訓練の機会を奪われる場合には適切な対策がとられるよう留意すべきことはいうまでもない。

(五) 残余財産の帰属の認可の申請

解散した職業訓練法人は清算の目的の範囲内においてはその清算の結了に至るまでなお存続するものとみなされ、いわゆる清算法人に移行する（法第四十三条により準用される民法第七十三条）。

清算法人の執行機関として清算人が置かれるが、清算人は破産の場合を除いて次の者がなる（同民法第七十四条及び第七十五条）。

(1) 理事

(2) 定款又は寄附行為に別段の定めをした者

(3) 社団においては総会において選任した者

(4) 裁判所により選任される者

清算人の行う主要な業務は後述するものを除き、次のとおりである。

(1) 解散の日から主たる事務所の所在地においては二週間以内に、従たる事務所の所在地においては三週間以内に解散の登記を行う（組合等登記令第八条）とともに就職の日から同様の期間内に氏名及び住所の登録をし都道府県知事に届け出ること（同民法第七十七条第二項）。

(2) 解散後なお継続している事業の事務を引継ぎ、整理する現務の結了を行うこと（同民法第七十八条第一項）。

(3)　債権の取立て及び債務の弁済を行うこと（同条第二項）。

(4)　(3)が完了すると残余財産が確定するが、この残余財産をあらかじめ定められた帰属すべき者に引渡すこと（同条第三項）。これによって清算法人は消滅する。

(5)　清算結了の届出を都道府県知事に行うこと（同民法第八十三条）。

以上のように残余財産の処分は、清算法人における非常に重要な問題であるが、職業訓練法人について法第四十一条では次のように残余財産の帰属を定めている。

(1)　定款又は寄附行為で定めるところにより帰属すべき者に帰属する。

(2)　社団である職業訓練法人の残余財産のうち、(1)により処分されないものは、清算人が総社員の同意を得、かつ都道府県知事の認可を受けて定めた者に帰属させる。

(3)　財団である職業訓練法人の残余財産のうち、(1)により処分されないものは、清算人が都道府県知事の認可を受けて、他の職業訓練事業を行う者に帰属させる。

(4)　(2)及び(3)により処分されない残余財産は都道府県に帰属する。

右のうち(1)については、社団である職業訓練法人における社員は通常法人財産に対する持分を有しないが、出資者がある場合は出資額を限度として残余財産の帰属が認められている（法第四十一条第一項）。

このような場合を除き、全体を通じ公益法人たる職業訓練法人の残余財産の帰属先としては、他の職業訓練事業を行う者又は都道府県又は国とする必要がある。

次に(2)及び(3)の場合は清算人は都道府県知事の認可を受けなければならないが、この残余財産の帰属の認可の申請は、次の事項を記載した書面を添えた申請書二通を提出して行わなければならない（規則第五十四条及び第五十五条）。

(1)　残余財産及びその帰属すべき者

(2)　社団である職業訓練法人にあっては残余財産の帰属について総社員の同意を得たことの証明

(1)は残余財産の目録及び残余財産の処分方法書、(2)は議事録である。

残余財産帰属認可申請書の様式を例示すると次のとおりである。

（様　式　例）

年　　月　　日

○○都（道府県）知事殿

○○都（道府県）○○区（市）○○町（村）

○○番地

職業訓練法人　○　○　会

清算人　○　○　○　○　㊞

残余財産帰属認可申請書

残余財産の帰属の認可を受けたいので、下記書面を添付して申請します。

記

1　財 産 目 録

2　残余財産の処分方法書

3　議　事　録

㈥　職業訓練法人の特典

職業訓練法人の中心的な業務は、認定職業訓練の実施であるが、これについて、前述「三　職業訓練の認定」及び「二　事業主等の行う職業能力開発の促進」で述べたような各種の援助等が与えられる。

平成十三年度において中小企業の団体である職業訓練法人に対しては、次のような補助が与えられている。

1　職業訓練校設備整備等事業費施設費補助

職業訓練法人が一定の職業能力開発施設を設置する場合、その設置に要する経費（厚生労働大臣の定める基準により算定した額）の三分の二を都道府県が援助したときは、国は都道府県の補助に要した経費の二分の一を都道府県に補助することになっている。

2　職業訓練校設備整備等事業費設備費補助

職業訓練法人がその設置する職業能力開発施設（新設、既設を問わない。また1の補助を受けて設置する施設に限る。）に集合して行う職業訓練の学科又は実技の訓練に供する機械器具等を整備する場合、その整備に要する経費（厚生労働大臣の定める規準により算定した額）の三分の二を都道府県が補助したときは、国は都道府県の補助に要した経費の二分の一を都道府県に補助することになっている。補助の対象には機械器具の操作に必要な付属工具も含まれる。

また、職業能力開発促進法については税法上公益を目的とする法人として各種の減免税措置が図られているが、平成十三年度におけるその概要は次のとおりである。

1　収益事業による所得以外及び解散した場合の精算所得に対する法人税の非課税

2　収益事業に属する資産のうち公益事業に支出した金額の一部損金算入扱い

3　法人税に係る軽減税率（二十二％）の適用
4　収益事業による所得以外の所得に係る事業税の非課税
5　利子等、配当等、利益の分配並びに報酬及び料金の非課税
6　職業訓練施設において直接職業訓練の用に供する不動産に係る不動産取得税及び特別土地保有税の非課税
7　職業訓練のための施設の用に直接供する建物の所有権の取得登記及び当該施設の用に直接供する土地の権利の取得登記に係る登録免許税の非課税
8　直接職業訓練の用に供する家屋及び償却資産に係る固定資産税及び都市計画税の課税標準の軽減

十二　職業能力開発協会

職業訓練法は、昭和三十三年に制定（同年法律第百三十三号）され、昭和四十四年に全面改正（同年法律第六十四号）された。この改正法は、職業訓練及び技能検定を通じて、産業の発展に必要な技能労働力の確保と、労働者の職業の安定及び地位の向上に寄与し、我が国経済の振興に大きな役割を果たしてきた。

しかし、その後職業訓練をとりまく社会経済情勢は、低経済成長時代を迎え、技術革新がもたらす技能の高度化、多様化に加え、高年齢・高学歴社会への急速な移行による雇用事情の変ぼう等の問題が生じてきた。

このような情勢は職業訓練行政の新たな展開を必要とし、昭和五十三年には、労働者の職業生涯を見通した段階的・体系的な職業訓練及び技能評価体制の確立とそれによる労働者の職業能力の開発・向上を期することを基本理念とした職業訓練法の一部改正（同年法律第四十号）が行われた。この改正法の基本理念を具現するためには、民間における職業訓練の飛躍的な拡大及び技能検定の普及浸透を図ることが肝要で、事業主等が幅広く連携し、国及び都道府県の施策に呼応し自主的かつ積極的に活動する中核的な団体を中央・地方に設立することが是非とも必要であった。

このため、改正法の規定に基づき、地方においては従来職業訓練と技能検定の各分野で別個に活動してきた職業訓練法人連合会等の団体と技能検定協会を統合し、新たに「都道府県職業能力開発協会」（以下「地方協会」という。）が設立された。また、中央においても、職業訓練の指導面で活動を行っていた社団法人全国共同職業訓練中央会と技能検定の推進団体であった中央技能検定協会を統合して「中央職業能力開発協会」（以下「中央協会」という。）が設立された（昭和五十四年七月）。これにより中央協会及び地方協会は、事業主等の行う職業能力開発促進に対する指導援助、技能検定に関する業務等を担うこととなった。

(一)　業務及び会員

(i)　中央協会

1　業務

中央協会の義務は、

(1)　会員の行う職業訓練、職業能力検定その他職業能力の開発に関する業務についての指導及び連絡を行うこと。

(2)　事業主等の行う職業訓練に従事する者及び都道府県技能検定委員の研修を行うこと。

(3)　職業訓練、職業能力検定その他職業能力の開発に関する情報及び資料の提供並びに広報を行うこと。

(4)　職業訓練、職業能力検定その他職業能力の開発に関する調査及び研究を行うこと。

(5)　職業訓練、職業能力検定その他職業能力の開発に関する国際協力を行うこと。

(6)　前各号に掲げるもののほか、職業能力の開発の促進に関し必要な業務を行うこと。

とされている（法第五十五条第一項）。また、中央協会は、厚生労働大臣の委任を受けて技能検定試験に関する業務を行うこととされている（同第二項）。

2　会員

中央協会の会員の資格を有するものは、

(1)　地方協会

(2)　職業訓練及び職業能力検定の推進のための活動を行う全国的な団体

(3)　その他定款で定めるもの

とされている。特に地方協会については、すべて中央協会の会員となるものとされている（法第五十七条）。

(ii)　地方協会

1　業務

(1)　会員の行う職業訓練、職業能力検定その他職業能力の開発に関する業務についての指導及び連絡を行うこと。

(2)　職業訓練及び職業能力検定に関する技術的事項について事業主、労働者等に対して、相談に応じ、並びに必要な指導及び援助を行うこと。

(3)　事業主、労働者等に対して、技能労働者に関する情報の提供等を行うこと。

(4)　事業主等の行う職業訓練でその地区内において行われるものに従事する者の研修を行うこと。

(5)　その地区内における職業訓練、職業能力検定その他職業能力の開発に関する情報及び資料の提供並びに広報を行うこと。

(6)　その地区内における職業訓練、職業能力検定その他職業能力の開発に関する調査及び研究を行うこと。

(7)　職業訓練、職業能力検定その他職業能力開発に関する国際協力でその地区内において行われるものについての相談その他の援助を行うこと。

(8)　前各号に掲げるもののほか、その地区内における職業能力の開発の促進に関し必要な業務を行うこと。

とされている（法第八十二条第一項）。また、地方協会は、都道府県知事の委任を受けて、技能検定試験に関する業務を行うこととされている（同第二項）。

2　会員

地方協会の会員の資格を有するものは、

(1)　地方協会の地区内に事務所を有する事業主等で、職業訓練又は職業能力検定を行うもの

(2)　地方協会の地区内において職業訓練又は職業能力検定の推進のための活動を行うもので、定款で定めるもの

(3)　その他定款で定めるもの

とされている（法第八十三条）。

(二)　設立の認可の申請

中央協会及び地方協会は、会員の行う職業訓練、職業能力検定その他職業能力の開発に関する業務についての指導、連絡等の業務を行うことにより、職業能力の開発及び向上を促進し、もって労働者の職業の安定と地位の向上を図るとともに、経済及び社会の発展に寄与することを目的として設立される認可法人である。

中央協会は、全国を通じて一個とし、地方協会は、都道府県ごとに一個とされている（法第五十四条及び第八十一条）。

中央協会又は地方協会を設立するには、中央協会にあっては五以上の地方協会が、地方協会にあってはその会員になろうとする五以上のものが発起人とならなければならない（法第五十九条及び第八十四条）。

続いて発起人は、定款を作成し、これを会議の日時及び場所とともに会議の開催日の少なくとも二週間前までに公告して創立総会を開かなければならない。

そこで定款の承認、設立当時の役員の選任その他設立に必要な事項の決定を議決することになるが、その議事

は会員の資格を有するもので、開催日までに発起人に対して会員となる旨を申し出たものの二分の一以上が出席して、その出席者の議決権の三分の二以上の多数で決する（法第六十条）。

中央協会の定款には、次の事項が記載されなければならない（法第六十二条）。

(1)　目的
(2)　名称
(3)　主たる事務所の所在地
(4)　業務に関する事項
(5)　会員の資格に関する事項
(6)　会議に関する事項
(7)　役員に関する事項
(8)　参与に関する事項
(9)　中央技能検定委員に関する事項
(10)　会計に関する事項
(11)　会費に関する事項
(12)　事業年度
(13)　解散に関する事項
(14)　定款の変更に関する事項
(15)　公告の方法

次に発起人は、創立総会終了後遅滞なく、定款及び次の事項を記載した書面を中央協会にあっては厚生労働大臣に、地方協会にあっては都道府県知事に提出して、設立の認可を受ける（法第六十一条及び第九十条）。

（1）発起人の氏名及び住所（法人その他の団体にあってはその名称、代表者の氏名及び主たる事務所の所在地）

（2）定款並びに創立総会の会議の日時及び場所についての公告に関する事項

（3）創立総会の議事の経過

（4）会員となる旨の申出をしたものの氏名及び住所（法人その他の団体にあってはその名称、代表者の氏名及び主たる事務所の所在地）

㈢　定款の変更の認可の申請

定款の変更は、中央協会にあっては厚生労働大臣、地方協会にあっては都道府県知事の認可を受けなければ効力を有しない（法第六十二条第二項及び第九十条）。

定款の変更の認可の申請は、次の事項を記載した書面を添えた申請書を中央協会にあっては厚生労働大臣に、地方協会にあっては都道府県知事に提出して行わなければならない（規則第七十三条）。

（1）変更の内容及び理由

（2）変更の議決をした総会の議事の経過

㈣　解散の認可の申請等

中央協会又は地方協会は次の理由によって解散する（法第七十条及び第九十条）。

（1）総会の議決

(2)　破産

(3)　設立の認可の取消し

(1)の理由による解散は、中央協会にあっては厚生労働大臣、地方協会にあっては都道府県知事の認可を受けなければならない（法第七十条第二項及び第九十条）。

また、清算人は、(1)の理由による解散の場合は総会で選任し、(3)の理由による解散は、中央協会にあっては厚生労働大臣、地方協会にあっては都道府県知事が選任することとされている（法第七十一条及び第九十条）。

(五)　設立の登記等

次に、職業能力開発協会の登記、成立の時期及び残余財産に関する規定は、職業訓練法人の登記、成立の時期及び残余財産に関する規定が準用されることとされている（法第七十八条及び法第九十条）。

その他、都道府県知事は、地方協会の設立、定款の変更、役員の選任、解散及び財産処分の方法について認可したとき、地方協会の成立の届出を受理したときは、遅滞なく厚生労働大臣に報告しなければならない（規則第七十七条）。

また、中央協会又は地方協会は、毎年通常総会の終了の日から一月以内に事業報告書、貸借対照表、収支決算書及び財産目録を厚生労働大臣又は都道府県知事にそれぞれ提出しなければならない（法第七十三条及び第九十条）。

(六)　国等の助成

職業能力開発協会が、その設立の目的の実現のため十分な活動を行い、国及び都道府県と密接な連携の下に職業能力の開発及び向上を図るためには、その活動に要する経費について財源的な措置がなされなければならない。このため、中央協会に対しては国が助成を行い、地方協会に対しては都道府県が助成を行うこととし、国はそれに要する経費について都道府県に対して補助することとされている（法第七十六条及び第八十七条）。

十三　技能検定

技能検定は、労働者の有する技能を一定の基準によって検定し、これを公証する技能の国家検定制度であり、労働者の技能と地位の向上を図り、ひいては我が国の産業の発展に寄与しようとするものであって、職業能力開発促進法（昭和四十四年法律第六十四号）に基づいて実施されている。

技能検定は、労働者の技能習得意欲を増進させるとともに、労働者の雇用の安定、円滑な再就職、労働者の社会的な評価の向上に重要な役割を有するものである。

技能検定は、旧職業訓練法（昭和三十三年法律第百三十三号）により、昭和三十四年度に初めて五職種について実施された。その後、昭和三十九年度から技能五輪全国大会の選手選抜を兼ねた技能五輪地方大会との連携措置が講じられ、昭和四十四年からは新職業訓練法のもとに技能検定試験の実施機関として中央技能検定協会及び都道府県技能検定協会が設置され技能検定の実施体制が整備された。昭和四十八年度においては技能検定制度全般について検討し、従前の検定職種を整理統合したほか、受検資格等について改正を行い、さらに昭和五十三年度においては職業訓練法の一部を改正し、必要な職種については等級を区分せずに検定を行えることとしたほか、実施体制の強化を図るため、中央においては全国職業訓練法人中央会と中央技能検定協会が統合され、都道府県においては職業訓練法人連合会と技能検定協会が統合され、それぞれ、中央職業能力開発協会（以下「中央協会」という。）及び都道府県職業能力開発協会（以下「地方協会」という。）が設立されることとなった。昭和五十七年度においては、調理及びビルクリーニングの二職種が技能検定職種として追加され職業訓練法第六十四条第五項の規定に基づき、あらかじめ指定する事業主の団体に技能検定試験に関する業務の一部を委託することになった。昭和六十年度には職業生活の全期間にわたる労働者の職業能力の開発、向上を総合的に促進するため従来の職業訓練法の一部を改正し、職業能力開発促進法（以下「法」という。）に改称するとともに、検定職種の整理統合及び受検資格の簡素化を行った。昭和六十三年度には、一級の上位に特級が、平成五年度には、二級の下位に三級、基礎一級及び基礎二級が創設された。平成十三年十月一日には、経済社会の変化に対応する円滑な再就職を促進するための雇用対策等の一部を改正する等の法律が施行され、この中で法も改正され、指定事業主団体制度を廃止し、技能検定試験に関する業務を行わせることができる基準等を明確にした指定試験機関制度を創設したところであり、調理及びビルクリーニング職種は引き続き同制度のもとで行われることとなった。また、平成十四年四月、職業能力開発促進法施行令の改正により四種職が追加され、同年六月、新たに四つの指定試験機関が指定された。平成十四年八月現在で、検定職種は一三七職種である。

㈠　技能検定職種

技能検定は、政令で定める職種ごとに行われるが（法第四十四条第一項）、現在施行令の別表によって定められている検定職種、作業区分及び技能の範囲は第二十三表のとおりである。

第二十三表　技能検定職種及び技能の範囲一覧表

技能検定職種	作業（実技試験の選択科目）	特級	一級	二級	三級	基礎一、二級	単一等級	技能検定の対象とする技能の範囲	指定試験機関
ファイナンシャル・プランニング	資産相談業務		○					顧客の資産に応じた貯蓄・投資等のプランの立案・相談に必	○
	資産設計提案業務		○	○					

	個人資産相談業務		○	○			要な技能	
	中小事業主資産相談業務		○					
	生保顧客資産相談業務		○					
	損保顧客資産相談業務		○					
	保険顧客資産相談業務			○				
金融窓口サービス	テラー業務		○	○			金融機関における窓口業務に必要な技能	○
レストランサービス	レストランサービス作業		○	○			レストランサービスに必要な技能	○
ビル設備管理	ビル設備管理作業		○				ビル設備の運転監視・点検等に必要な技能	
園芸装飾	室内園芸装飾作業		○	○			観賞用植物による装飾及びその維持管理に必要な技能	
造園	造園工事作業		○	○			造園の設計図に基づく造園工事の施工に必要な技能	

さく井	パーカッション式さく井工事作業		○	F	F		さく井工事の施工に必要な技能	
	ロータリー式さく井工事作業		○	F	F			
金属溶解	鋳鉄キュポラ溶解作業		○				金属の溶解に必要な技能	
	鋳鉄誘導炉溶解作業		○					
	鋳鋼アーク炉溶解作業		○					
	鋳鋼誘導炉溶解作業		○					
	銅合金るつぼ炉溶解作業		○					
	銅合金反射炉溶解作業		○					
	銅合金誘導炉溶解作業		○					
	軽合金るつぼ炉溶解作業		○					
	軽合金反射炉溶解作業		○					
鋳造	鋳鉄鋳物鋳造作業	○	○	F	F		鋳物製造工程における造型及び鋳込みに必要な技能	
	鋳鋼鋳物鋳造作業		○					
	銅合金鋳物鋳造作業		○	F	F			
	軽合金鋳物鋳造作業		○	F	F			
鍛造	自由鍛造作業		○				鍛工品の製作及び製	

	ハンマ型鍛造作業		○	F	F		造に必要な技能	
	プレス型鍛造作業		○	F	F			
金属熱処理	一般熱処理作業	○	○	○			金属の熱処理に必要な技能	
	浸炭・浸炭窒化・窒化処理作業		○	○				
	高周波・炎熱処理作業		○	○				
粉末冶《や》金	成形・再圧縮作業		○				焼結機械部品及び焼結含油軸受の製造に必要な技能	
	焼結作業		○					
機械加工	普通旋盤作業	○	○	○F	F		工作機械による金属等の切削加工、研削加工及びけがきに必要な技能	
	タレット旋盤作業		○					
	立旋盤作業		○					
	フライス盤作業		○	○F	F			
	形削り盤作業		○					
	立削り盤作業		○					
	平削り盤作業		○					
	ブローチ盤作業		○					
	ボール盤作業		○					

横中ぐり盤作業	○			
ジグ中ぐり盤作業	○			
平面研削盤作業	○	○		
円筒研削盤作業	○			
心無し研削盤作業	○			
ホブ盤作業	○			
歯車形削り盤作業	○			
かさ歯車歯切り盤作業	○			
ラップ盤作業	○			
ホーニング盤作業	○			
数値制御旋盤作業	○	○		
数値制御フライス盤作業	○			
数値制御ボール盤作業	○			
マシニングセンタ作業	○	○		
精密器具製作作業	○			
けがき作業	○			

放電加工	形彫り放電加工作業	○	○				放電加工機による金属の加工に必要な技能	
	数値制御形彫り放電加工作業		○					
	ワイヤ放電加工作業		○					
金型製作	プレス金型製作作業	○	○				金型の製作に必要な技能	
	プラスチック成形用金型製作作業		○					
金属プレス加工	金属プレス作業	○	○	F	F		プレス機械による金属薄板の加工に必要な技能	
鉄工	製缶作業		○				鉄鋼材の加工、取付け及び組立て並びに現図製作に必要な技能	
	構造物鉄工作業		○	F	F			
	曲げ成形・矯正作業		○					
	構造物現図作業		○					
建築板金	内外装板金作業		○				建築板金工事の施工に必要な技能	
	ダクト板金作業		○	F	F			
工場板金	曲げ板金作業	○	○				金属薄板の加工及び組立てに必要な技能	
	打出し板金作業		○					

	機械板金作業		○	F	F			
	数値制御タレットパンチプレス板金作業		○					
工業彫刻	工業彫刻作業		○				工業製品の彫刻に必要な技能	
めっき	電気めっき作業	○	○	○F	F		めっきに必要な技能	
	溶融亜鉛めっき作業		○	F	F			
アルミニウム陽極酸化処理	陽極酸化処理作業		○	F	F		アルミニウム及びアルミニウム合金の陽極酸化処理に必要な技能	
溶射	防食溶射作業					○	溶射に必要な技能	
	肉盛溶射作業					○		
金属ばね製造	線ばね製造作業		○				線ばね及び薄板ばねの製造に必要な技能	
	薄板ばね製造作業		○					
ロープ加工	ロープ加工作業		○				ロープの加工に必要な技能	
仕上げ	治工具仕上げ作業	○	○	F	F		手工具及び工作機械による機械部品の仕	
	金型仕上げ作業		○	F	F			

	機械組立仕上げ作業		○	F	F		上げ及び組立てに必要な技能	
金属研磨仕上げ	金属バフ研磨仕上げ作業					○	金属製材料及び金属製品の研磨仕上げに必要な技能	
切削工具研削	工作機械用切削工具研削作業		○				切削工具の研削、研磨に必要な技能	
	超硬刃物研磨作業		○					
製材のこ目立て	製材のこ目立て作業		○				製材のこ目立てに必要な技能	
機械検査	機械検査作業	○	○	○F	F		機械の部品及び作動機構の検査に必要な技能	
ダイカスト	ホットチャンバダイカスト作業	○	○	F	F		ダイカスト盤による製品の製造に必要な技能	
	コールドチャンバダイカスト作業		○	F	F			
機械保全	機械系保全作業	○	○				機械の保全に必要な技能	
	電気系保全作業		○					
	設備診断作業		○					
	機械保全作業			F	F			

電子回路接続	電子回路接続作業					○	電子回路における部品の接続に必要な技能	
電子機器組立て	電子機器組立て作業	○	○	○ F	F		電子機器の組立て及びこれに伴う修理に必要な技能	
電気機器組立て	回転電機組立て作業	○	○	F	F		電気機器の組立て及びこれに伴う修理に必要な技能	
	変圧器組立て作業		○	F	F			
	配電盤・制御盤組立て作業		○	F	F			
	開閉制御器具組立て作業		○	F	F			
	回転電機巻線製作作業		○	F	F			
	シーケンス制御作業		○					
半導体製品製造	集積回路チップ製造作業	○	○				半導体製品の製造に必要な技能	
	集積回路組立て作業		○					
プリント配線板製造	プリント配線板設計作業	○	○	○ F	F		半導体等の電子部品を配列・接続するためのプリント配線板の製造に必要な技能	
	プリント配線板製造作業		○	○ F	F			

家庭用電気治療器調整	家庭用電気治療器調整作業		○				電子及び電気の応用による家庭用治療器の調整に必要な技能	
自動販売機調整	自動販売機調整作業	○	○				自動販売機の調整に必要な技能	
産業車両整備	産業車両整備作業		○				産業車両の整備に必要な技能	
鉄道車両製造・整備	機器ぎ装作業		○				鉄道車両の製造及び整備に必要な技能	
	内部ぎ装作業		○					
	配管ぎ装作業		○					
	電気ぎ装作業		○					
	鉄道車両現図作業		○					
	走行装置整備作業		○					
	原動機整備作業		○					
	鉄道車両点検・調整		○					
時計修理	時計修理作業		○	○			時計の修理に必要な技能	

眼鏡レンズ加工	眼鏡レンズ加工作業		○				眼鏡レンズの加工に必要な技能	
光学機器製造	光学ガラス研磨作業	○	○				光学機器の製造に必要な技能	
	光学機器組立て作業		○					
複写機組立て	複写機組立て作業		○				複写機の組立て及び調整に必要な技能	
内燃機関組立て	量産形内燃機関組立て作業	○	○				内燃機関の製造工程における組立て及び調整に必要な技能	
	非量産形内燃機関組立て作業		○					
	内燃機関組立て作業			○				
空気圧装置組立て	空気圧装置組立て作業	○	○				空気圧装置の組立て、保全に必要な技能	
油圧装置調整	油圧装置調整作業	○	○				油圧装置の据付け、運転整備、保守管理及び調整に必要な技能	
縫製機械整備	縫製機械整備作業		○				縫製機械の整備に必要な技能	
建設機械整備	建設機械整備作業	○	○				建設機械の整備に必要な技能	

農業機械整備	農業機械整備作業		○				農業機械の整備に必要な技能	
冷凍空気調和機器施工	冷凍空気調和機器施工作業		○	F	F		冷凍、冷却及び空気調和機器の据付け及び整備に必要な技能	
染色	糸浸染作業		○	F	F		繊維品の染色及び染色補正に必要な技能	
	型紙なせん作業		○					
	スクリーンなせん作業		○					
	染色補正作業		○					
ニット製品製造	横編みニット製造作業		○				ニット製品の製造に必要な技能	
	丸編みニット製造作業		○	F	F			
	靴下製造作業		○	F	F			
	横編みニット縫製作業		○					
	丸編みニット・たて編みニット縫製作業		○					
婦人子供服製造	婦人子供注文服製作作業	○	○				婦人、子供服の製造に必要な技能	
	婦人子供既製服パターンメーキング作業		○					

	婦人子供既製服縫製作業		○					
	婦人子供既製服製造作業			F	F			
紳士服製造	紳士注文服製作作業	○	○				紳士服の製造に必要な技能	
	紳士既製服型紙製作作業		○					
	紳士既製服縫製作業		○		F			
	紳士既製服製造作業			F				
和裁	和服製作作業		○	○			和服の仕立てに必要な技能	
寝具製作	寝具製作作業		○	F	F		綿入れふとんの製作に必要な技能	
帆布製品製造	帆布製品製造作業		○	F	F		帆布製品の製造及び取付けに必要な技能	
布はく縫製	ワイシャツ製造作業		○	F	F		布はく縫製品の製造に必要な技能	
	ワーキングウェア製造作業		○					
	衛生白衣製造作業		○					
木工機械整備	木工機械調整作業		○				木工機械の整備に必要な技能	
	木工機械修理作業		○					

機械木工	数値制御ルータ作業		○					木工機械による木材の加工に必要な技能	
木型製作	模型製作作業		○					木型の製作に必要な技能	
家具製作	家具手加工作業		○		F	F		家具の製作に必要な技能	
	家具機械加工作業		○						
	いす張り作業		○						
建具製作	木製建具手加工作業		○		F	F		建具の製作に必要な技能	
	木製建具機械加工作業		○						
	アルミ製室内建具製作作業		○						
竹工芸	編組竹工芸品製作作業		○					竹工芸品の製作に必要な技能	
	割組竹工芸品製作作業		○						
	丸竹加工竹工芸品製作作業		○						
紙器・段ボール箱製造	印刷箱打抜き作業		○					紙器及び段ボール箱の製造に必要な技能	
	印刷箱製箱作業		○						
	貼《はり》箱製造作業		○						
	段ボール箱製造作業		○						

	簡易箱製造作業		○					
製版	DTP作業		○				製版に必要な技能	
	電子製版CEPS作業		○					
	プロセス製版カラースキャナ作業		○					
	プロセス製版校正作業		○					
印刷	凸《とつ》版印刷作業		○				印刷に必要な技能	
	オフセット印刷作業		○	F	F			
製本	書籍製本作業		○	F	F		製本に必要な技能	
	雑誌製本作業		○	F	F			
	事務用品類製本作業		○	F	F			
プラスチック成形	圧縮成形作業	○	○	F	F		プラスチックの成形に必要な技能	
	射出成形作業		○	○ F	F			
	インフレーション成形作業		○	F	F			
	ブロー成形作業		○					
強化プラスチック成形	手積み積層成形作業		○	F	F		強化プラスチックの成形に必要な技能	
	吹付け積層成形作業		○					

	積層防食作業		○					
ガラス製品製造	ガラス製品成形作業		○				ガラス製品の製造及び加工に必要な技能	
	理化学ガラス機器製作作業		○					
ほうろう加工	ほうろう加工作業		○				金属のほうろう加工に必要な技能	
陶磁器製造	手ろくろ成形作業		○				陶磁器の製造に必要な技能	
	機械ろくろ成形作業		○					
	鋳込み成形作業		○					
	絵付け作業		○					
	原型製作作業		○					
ファインセラミックス製品製造	ファインセラミックス製品製造作業		○				ファインセラミックス製品の精密加工等の製造に必要な技能	
石材施工	石材加工作業		○	F	F		石材の施工に必要な技能	
	石張り作業		○	F	F			
	石積み作業		○					
パン製造	パン製造作業	○	○				パン製造に必要な技能	

菓子製造	洋菓子製造作業		○				菓子の製造に必要な技能	
	和菓子製造作業		○					
製麺《めん》	機械生麺《めん》製造作業					○	製麺《めん》に必要な技能	
	機械乾麺《めん》製造作業					○		
	手延べそうめん類製造作業					○		
ハム・ソーセージ・ベーコン製造	ハム・ソーセージ・ベーコン製造作業		○	F	F		ハム・ソーセージ・ベーコンの製造に必要な技能	
水産練り製品製造	かまぼこ製品製造作業		○	F	F		かまぼこ製品の製造に必要な技能	
みそ製造	みそ製造作業		○				みその製造に必要な技能	
酒造	清酒製造作業		○				清酒製造に必要な技能	
建築大工	大工工事作業		○	F	F		木造建築物の大工工事の施工に必要な技能	
枠組壁建築	枠組壁工事作業					○	枠組壁工事に必要な技能	

かわらぶき	かわらぶき作業		○	F	F		かわらぶきに必要な技能	
とび	とび作業		○	○F	F		とび工事の施工に必要な技能	
左官	左官作業		○	F	F		左官工事の施工に必要な技能	
れんが積み	れんが積み作業					○	れんが積み工事の施工に必要な技能	
築炉	築炉作業		○				工業用炉の築造及び修理に必要な技能	
ブロック建築	コンクリートブロック工事作業		○				コンクリートブロック工事の施工に必要な技能	
エーエルシーパネル施工	エーエルシーパネル工事作業					○	エーエルシーパネル工事の施工に必要な技能	
コンクリート積みブロック施工	コンクリート積みブロック工事作業					○	コンクリート積みブロック工事の施工に必要な技能	

タイル張り	タイル張り作業		○	F	F		タイル工事の施工に必要な技能	
畳製作	畳製作作業		○				畳の製作、敷込み及び修理に必要な技能	
配管	建築配管作業		○	○ F	F		配管工事の施工に必要な技能	
	プラント配管作業		○	○ F	F			
浴槽設備施工	浴槽設備施工作業					○	浴槽設備工事の施工に必要な技能	
厨《ちゅう》房設備施工	厨《ちゅう》房設備施工作業		○				業務用厨《ちゅう》房設備工事の施工に必要な技能	
型枠施工	型枠工事作業		○	F	F		型枠工事の施工に必要な技能	
鉄筋施工	鉄筋施工図作成作業		○				鉄筋工事の施工に必要な技能	
	鉄筋組立て作業		○	F	F			
コンクリート圧送施工	コンクリート圧送工事作業		○	F	F		コンクリート圧送工事の施工に必要な技能	
防水施工	アスファルト防水工事作業		○				防水工事の施工に必	

	ウレタンゴム系塗膜防水工事作業		○				要な技能	
	アクリルゴム系塗膜防水工事作業		○					
	合成ゴム系シート防水工事作業		○					
	塩化ビニル系シート防水工事作業		○					
	セメント系防水工事作業		○					
	シーリング防水工事作業		○	F	F			
	コンクリートプレハブ建築防水工事作業		○					
	改質アスファルトシートトーチ工法防水工事作業		○					
	FRP防水工事作業		○					
樹脂接着剤注入施工	エポキシ樹脂注入工事作業					○	樹脂接着剤注入工事の施工に必要な技能	
内装仕上げ施工	プラスチック系床仕上げ工事作業		○	○ F	F		内装仕上げ工事の施工に必要な技能	
	カーペット系床仕上げ工事作業		○	○ F	F			
	鋼製下地工事作業		○	○ F	F			
	ボード仕上げ工事作業		○	○ F	F			

	カーテン工事作業		○	○F	F			
スレート施工	スレート工事作業		○				石綿スレート工事の施工に必要な技能	
熱絶縁施工	保温保冷工事作業		○	F	F		熱絶縁工事の施工に必要な技能	
	吹付け硬質ウレタンフォーム断熱工事作業		○					
カーテンウォール施工	金属製カーテンウォール工事作業		○				金属製カーテンウォール工事の施工に必要な技能	
サッシ施工	ビル用サッシ施工作業		○	F	F		サッシ工事の施工に必要な技能	
自動ドア施工	自動ドア施工作業		○				自動ドア工事の施工に必要な技能	
バルコニー施工	金属製バルコニー工事作業					○	バルコニー工事の施工に必要な技能	
ガラス施工	ガラス工事作業		○				ガラス工事の施工に必要な技能	
ウェルポイント施工	ウェルポイント工事作業		○	F	F		ウェルポイント工事の施工に必要な技能	

テクニカルイラストレーション	立体図作成作業		○				テクニカルイラストレーションの作成に必要な技能	
	立体図仕上げ作業		○					
	テクニカルイラストレーション作業			○				
建築図面製作	建築製図手書き作業		○				建築物の製図及び写図並びに建築透視図の作成に必要な技能	
	建築製図ＣＡＤ作業		○					
	建築透視図製作作業		○					
機械・プラント製図	機械製図手書き作業		○				機械及びプラント配管の製図に必要な技能	
	機械製図ＣＡＤ作業		○					
	プラント配管製図作業		○					
電気製図	配電盤・制御盤製図作業		○	○			電気機器の製図及び写図に必要な技能	
化学分析	化学分析作業		○				化学的成分の分析に必要な技能	
金属材料試験	機械試験作業		○				金属材料の試験に必要な技能	
	組織試験作業		○					
漆器製造	板物漆器素地製造作業		○				漆器の製造に必要な	

	挽《ひき》物漆器素地製造作業		○				技能	
	曲物漆器素地製造作業		○					
	漆下塗り作業		○					
	漆塗り立て作業		○					
	ろいろ塗り作業		○					
	沈金作業		○					
	蒔《まき》絵作業		○					
	螺鈿《らでん》作業		○					
貴金属装身具製作	貴金属装身具製作作業		○				貴金属装身具の製作に必要な技能	
印章彫刻	木口彫刻作業		○				印章の彫刻に必要な技能	
	ゴム印彫刻作業		○					
ガラス用フィルム施工	自動車フィルム作業		○				自動車用又は建築用窓ガラスのガラス用フィルム施工に必要な技能	○
	建築フィルム作業		○					
表装	表具作業		○				表具品の製作及び壁装に必要な技能	
	壁装作業		○	F	F			

塗装	木工塗装作業		○				塗装に必要な技能	
	建築塗装作業		○	F	F			
	金属塗装作業		○	F	F			
	鋼橋塗装作業		○	F	F			
	噴霧塗装作業		○	F	F			
路面標示施工	溶融ペイントハンドマーカー工事作業					○	路面標示工事の施工に必要な技能	
	加熱ペイントマシンマーカー工事作業					○		
塗料調色	調色作業					○	塗料調色に必要な技能	
広告美術仕上げ	広告面ペイント仕上げ作業		○				広告物の広告部分の製作に必要な技能	
	広告面プラスチック仕上げ作業		○					
	広告面粘着シート仕上げ作業		○	○				
義肢・装具製作	義肢製作作業		○				義肢・装具の製作及び修理に必要な技能	
	装具製作作業		○					
舞台機構調整	音響機構調整作業		○	○			ホール・劇場等の舞	

							台における音響機構の調整操作に必要な技能	
工業包装	工業包装作業		○	F	F		工業製品の輸送用包装に必要な技能	
写真	肖像写真作業		○	○			肖像写真の撮影及び製作に必要な技能	
調理	日本料理調理作業					○	調理作業に必要な技能	○
	すし料理調理作業					○		
	西洋料理調理作業					○		
	中国料理調理作業					○		
	麺《めん》料理調理作業					○		
	給食用特殊料理調理作業					○		
ビルクリーニング	ビルクリーニング作業					○	ビル内の清掃に必要な技能	○
産業洗浄	高圧洗浄作業					○	産業用設備、上下水道管等の洗浄に必要な技能	
	化学洗浄作業					○		

商品装飾展示	商品装飾展示作業		○	○			商品の装飾展示に必要な技能	
フラワー装飾	フラワー装飾作業		○				生花等による花環、花束等の製作及び会場祭壇等の装飾に必要な技能	

注：○印は日本人向け、F印は外国人技能実習生向けの等級。基礎一、二級の選択作業は、通達（技能検定試験の試験科目及びその細目）に基づくものを表記した。指定試験機関方式の技能検定の作業名で厚生労働省令で定められていないものについては、指定試験機関の定める試験科目により表記した。

(二) 技能検定の職種の選定

技能検定は、技能検定を必要とするすべての職種について実施することを基本方針とし、検定職種の選定にあたっては、生涯職業訓練及び生涯技能評価という基本理念に則り、職業訓練と密接な連携を保ちながら国民福祉、国民経済面からの必要性、関係当事者の要請、対象労働者数等を総合的に勘案して必要度のより高い職種から選定することとしている。

(三) 技能検定の等級区分

技能検定は、検定職種ごとに等級（特級、一級、二級、三級、基礎一級及び基礎二級）に区分するものと等級に区分しない（単一等級）で実施するものとがある。

(四) 技能検定試験の基準

1　試験科目及びその範囲

技能検定の対象とする技能の内容を明らかにするため、検定職種別及び等級別に実技試験及び学科試験の試験科目とその範囲を具体的に定めている（職業能力開発促進法施行規則（以下「規則」という。）第六十二条の二。ただし、指定試験機関が試験科目及びその範囲を自ら作成した場合は公示で示す。）。検定職種によっては選択科目制をとっているものもある。

2　試験の合格に必要な技能及びこれに関する知識の程度

特級の技能検定試験の合格に必要な技能及びこれに関する知識の程度は、管理者又は監督者が通常有すべき技能及びこれに関する知識の程度であり、一級の技能検定試験の合格に必要な技能及びこれに関する知識の程度は、上級の技能労働者が通常有すべき技能及びこれに関する知識の程度であり、二級の技能検定試験の合格に必要な技能及びこれに関する知識の程度は、中級の技能労働者が通常有すべき技能及びこれに関する知識の程度であり、三級の技能検定試験の合格に必要な技能及びこれに関する知識の程度は、初級の技能労働者が通常有すべき技能及びこれに関する知識の程度であり、基礎一級の技能検定試験の合格に必要な技能及びこれに関する知識の程度は、検定職種に係る基本的な業務を遂行するために必要な技能及びこれに関する知識の程度であり、基礎二級の技能検定試験の合格に必要な技能及びこれに関する知識の程度は、検定職種に係る基本的な業務に遂行するために必要な基礎的な技能及びこれに関する知識の程度である。単一等級の技能検定試験の合格に必要な技能及びこれに関する知識の程度は、上級の技能労働者が通常有すべき技能及びこれに関する知識の程度である。

技能検定試験の基準の内容をさらに具体的に示すものとして、技能検定試験の試験科目及びその範囲並びにその細目（以下「細目」という。）が定められ、技能検定の試験問題は、この試験の細目に基づいて作成される。

なお、技能検定試験の細目は、訓令に基づく専門調査員会により審議される（ただし、指定試験機関が、試験科目を自ら設定した場合、指定試験機関技能検定委員が作成する。）とともに、その試験の細目の要求している技能の範囲と程度が真に適切なものであるかどうかを確認するために試行技能検定を行うこととしている。この試験の細目は生産技術の進歩、生産方式の変革に伴い、逐次検討し、改定される。

㈤　技能検定の実施機関

1　厚生労働大臣、都道府県知事、中央協会及び地方協会並びに指定試験機関

技能検定は、厚生労働大臣が行うことになっているが、厚生労働大臣は、技能検定試験の実施を都道府県知事に、試験問題等の作成を中央協会に行わせている。

また、都道府県知事は、厚生労働大臣から委任された業務のうち、技能検定受検申請書の受付け、試験の実施等の業務を地方協会に行わせている。

なお、職業能力開発促進法施行令別表第2に掲げる職種（ファイナンシャル・プランニング、金融窓口サービス、レストランサービス、ガラス用フィルム施工、調理及びビルクリーニング）に係る技能検定の実施に関する業務は都道府県知事が行う業務から除かれ、厚生労働大臣はこの業務を指定試験機関に行わせている。

第二十四表　技能検定の試験業務を行う指定試験機関一覧

職種	指定試験機関の名称
ファイナンシャル・プランニング	社団法人　金融財政事情研究会
	特定非営利活動法人　日本ファイナンシャル・プランナーズ協会
金融窓口サービス	社団法人　金融財政事情研究会
レストランサービス	社団法人　日本ホテル・レストランサービス技能協会
ガラス用フィルム施工	日本ウィンドウ・フィルム工業会
調理	社団法人　調理技術技能センター
ビルクリーニング	社団法人　全国ビルメンテナンス協会

2　技能検定委員

中央協会及び地方協会は、技能検定に関し高い識見を有する者であって当該検定職種について専門的な技能、技術又は学識経験を有する者のうちからそれぞれの協会の非常勤の職員として技能検定委員を委嘱している。

中央協会の技能検定委員（中央技能検定委員）の職務は、実技試験問題、学科試験問題、採点基準等の作成であり、検定職種（実技試験の試験科目）ごとに十人位でこの仕事にあたっている。

地方協会の技能検定委員（都道府県技能検定委員）の職務は、実技試験の実施及び実技試験場における指導監督、採点等であり、検定職種（実技試験の試験科目）ごと及び試験場ごとに原則として三人以上でこの仕事にあたっている。

なお、指定試験機関が実施する検定職種については、指定試験機関が指定試験機関技能検定委員を選任し、これらの者等に所要の職務を行わせている。

㈥　技能検定試験の概要

1　概　説

技能検定は、検定職種ごとに実技試験及び学科試験によって実施されるが、実技試験は、実際に作業等を行わせてその技能の程度を検定する試験で、学科試験は、技能の裏付けとなっている知識について行う試験である。

2　実技試験

実技試験問題及び実施要領は、中央協会等（指定試験機関にあっては、各指定試験機関。ただし、ビルクリーニングは除く。以下同じ。）が作成し、厚生労働大臣が認定（指定試験機関が技能検定に係る試験科目及びその範囲を設定した場合は、その試験科目及びその範囲を試験問題に代わって認定の対象とする。）したものを使用している。実技試験問題は、実際に作業を行わせるいわゆる作業試験が主体であり、検定職種の大部分のものについてその課題が試験日に先立って、地方協会等（指定試験機関が技能検定に関する試験業務を行う場合は、指定試験機関。以下同じ。）において公表される。

試験時間は通常四～五時間で、検定職種によっては標準時間と打切り時間が定められている。また、検定職種のいくつかについては、作業試験のほか、実際的な判断等を試験するために要素試験、ペーパーテストが併用されている（この場合これらの試験問題は公表されない。）。

実技試験の試験日、場所等は、地方協会等から受検者に通知される。

3　学科試験

学科試験は、中央協会等が作成し、厚生労働大臣が認定した試験問題（指定試験機関が技能検定に係る試験科目及びその範囲を設定した場合は、その試験科目及びその範囲を試験問題に代わって認定の対象とする。）及び実施要領によって行われる。これは単に学問的な知識を試験するものではなく、作業の遂行に必要な正しい判断力及び知識の有無を判定することに主眼をおくものである。

特級、一級、二級、三級及び単一等級の学科試験は、全国統一して同一の日、（厚生労働大臣の定める技能検定実施計画告示の中で定められている。）随時三級、基礎一級及び基礎二級の学科試験は随時行われ（ただし、指定試験機関が技能検定に関する試験業務を行う場合は、この限りでない。）、この試験日、場所等は、地方協会等から受検者に通知される。

4　技能検定試験の免除

技能検定試験においては、技能検定の実技試験又は学科試験の合格者と同等以上の能力をもつと認められる一定の資格をもつ者に対して試験を免除することとしている。

5　受検申請の手続

技能検定の受検申請は、定められた受検申請書の受付け期間内に、地方協会を経由して都道府県知事に提出することとなっているが、指定試験機関が行う検定職種については、それぞれの指定試験機関に提出することになっている。受検申請者は、定められた額の受検手数料を、受検申請と同時に地方協会等に納付しなければならない。

なお、実技試験及び学科試験の両方の免除資格を有する者又はいずれかの免除資格を有する者は、その資格を証する書面を添えて受検申請と同時に免除の申請をすることとなっている。

6　実施日程

技能検定試験の実施日程は、おおむね次ページのとおりである。

7　受検手数料

都道府県知事が行う技能検定の受検手数料の標準額は平成十四年度八月現在、実技試験一万五千七百円、学科試験三千百円となっている（地方公共団体の手数料の標準に関する政令（平成十二年政令第十六号））。指定試験機関実施職種にあっては、実技試験二万九千九百円、学科試験八千九百円以内と定められている（職業能力開発促進法施行令第六条第二項）。

(1)　**特級、一級、二級、三級及び単一等級**

項目＼期		前期	後期
厚生労働省実施計画告示		二月上旬	
各都道府県実施公示		三月上旬	九月上旬
受検申請受付		四月上旬～中旬	十月上旬～中旬
実技試験	問題公表	六月上旬	十一月下旬
	実施	六月中旬～九月中旬	十一月下旬～二月下旬
学科試験		八月下旬～九月中旬	二月上旬～下旬
合格発表		十月上旬	三月下旬

注1　実施公示は、都道府県知事（指定試験機関にあっては指定試験機関）が行う。
2　職種ごとの実技試験の実施日は、地方協会等が定める。
3　実技試験の問題の公表は、一部の職種については行わない。

⑵　基礎一級及び基礎二級

項目＼期	全期
実施公示	三月上旬

注1　実施公示は、都道府県知事が行う。
2　試験の実施に係る事項については、地方協会が指定する。

㈦　技能検定の受検資格

技能検定を受けることができる者は、法第四十五条により①厚生労働省令で定める準則訓練を修了した者、②厚生労働省令で定める実務の経験を有する者及び③①及び②に準ずる者で厚生労働省令で定めるものとなっており、特級の技能検定の受検資格については規則第六十四条において、一級の技能検定の受検資格については同規則第六十四条の二において、二級の技能検定の受検資格については同規則第六十四条の三において、三級の技能検定の受検資格については、同規則第六十四条の四において、基礎一級及び基礎二級の技能検定の受検資格については同規則第六十四条の五において、単一等級の技能検定の受検資格については同規則第六十四条の六（調理にあっては、調理に係る技能検定の受検資格等の特例に関する省令（昭和五十七年労働省令第三十六号）第一条）において定められている。また、同規則第六十四条の七において、指定試験機関は当該職種の技能検定に係る受験資格について定めることができることとなっている。

具体的には第二十五表（調理にあっては、第二十六表）のとおりである。

ここでいう実務の経験とは、当該検定職種に関する実務の経験でなければならず、この範囲には、現場での作業のみならず、管理、監督、訓練、教育及び研究の業務や訓練の受講期間も含まれることとなっている。

第二十五表　技能検定の受検資格一覧表（指定試験機関が実施する検定職種を除く。）

一、特級

特級の受検資格	一級の技能検定に合格後、五年以上の実務経験

二、一級、二級及び三級

区分	一級 一級の技能検定の受検に必要な実務の経験年数			二級 二級の技能検定の受検に必要な実務の経験年数		三級 三級の技能検定の受検に必要な実務の経験年数
		三級の技能検定に合格した後の実務経験	二級の技能検定に合格した後の実務経験		三級の技能検定に合格した後の実務経験	
応用課程の高度職業訓練修了＊[1]	2	1	0	0	0	0
専門課程の高度職業訓練修了＊[1]	4	3	2	0	0	0

普通課程の普通職業訓練修了*[1]	短期課程の普通職業訓練修了*[1]	専修訓練課程の普通職業訓練修了*[1] 専修学校卒業（厚生労働大臣指定のものに限る）*[1] 各種学校卒業（厚生労働大臣指定のものに限る）*[1]		職業訓練指導員免許*[1]	長期課程の指導員訓練修了*[1]	大学卒業（四年）*[1]	短大卒業（二年）・高等専門学校卒業*[1]	高校卒業（職業課程）*[1] 盲・ろう及び養護学校の高等部修了（職業課程）*[1]	実務経験のみ
2,800時間以上	700時間以上	3,200時間以上	800時間以上						
6	7	6	7	2	2	8	9*[3]	10	12
4	5	4	5	—	—	6	7	8	9
3	3	3	3	—	—	5	5	5	5
0	1	0	1	—	0	0	1*[3]	2	3
0	0.5	0	0.5	—	—	0	0.5	0.5	0.5
0	0	0	0	—	0	0	0	0	1

三、基礎一級、基礎二級及び単一等級

区分		基礎一級 基礎一級の技能検定の受検に必要な実務の経験年数	基礎二級 基礎二級の技能検定の受検に必要な実務の経験年数	単一等級 単一等級の技能検定の受検に必要な実務の経験年数
応用課程の高度職業訓練修了	＊[1]	0	0	0 (0)
専門課程の高度職業訓練修了	＊[1]	0	0	2 (0)
普通課程の普通職業訓練修了＊[1]	2,800時間以上	0	0	2 (0)
短期課程の普通職業訓練修了＊[1]	700時間以上	＊[2] 0	＊[2] 0	3 (1)
専修訓練課程の普通職業訓練修了＊[1] 専修学校卒業（厚生労働大臣指定のものに限る）＊[1]	3,200時間以上	0	0	2 (0)
各種学校卒業（厚生労働大臣指定のものに限る）＊[1]	800時間以上	0	0	3 (1)
職業訓練指導員免許	＊[1]	—	—	0 (0)
長期課程の指導員訓練修了	＊[1]	0	0	0 (0)
大学卒業（四年）	＊[1]	0	0	2 (0)

短大卒業（二年）・高等専門学校卒業＊[1]	0	0	3 (1)
高校卒業（職業課程）＊[1] 盲・ろう及び養護学校の高等部修了（職業課程）＊[1]	0	0	4 (2)
実務経験のみ	$\frac{2}{3}$	$\frac{1}{3}$	5 (3)

（注）1　＊[1]は検定職種に関する学科、訓練又は免許に関するものに限る。

2　＊[2]は総訓練時間が三百五十時間以上の短期課程の普通職業訓練修了者を含む。

3　＊[3]は高等学校の専攻科において検定職種に関する学科を修めて修了した者を含む。

4　外国の学校において大学相当、短期大学相当又は高等学校相当の学校を卒業した者は日本の場合に準ずる。

5　職業訓練法の一部を改正する法律（昭和五十三年法律第四十号）の施行前に、改正前の職業訓練法に基づく高等訓練課程又は特別高等訓練課程の養成訓練を修了した者は、それぞれ改正後の職業能力開発促進法に基づく普通課程の普通職業訓練又は専門課程の高度職業訓練を修了したものとみなす。

6　職業能力開発促進法の一部を改正する法律（平成四年法律第六十七号）の施行前に、改正前の職業能力開発促進法に基づく専門課程の養成訓練を修了した者は、専門課程の高度職業訓練を修了したものとみなし、改正前の職業能力開発促進法に基づく普通課程の養成訓練又は職業転換課程の能力再開発訓練（いずれも八百時間以上のものに限る。）を修了した者はそれぞれ改正後の職業能力開発促進法に基づく普通課程又は短期課程の普通職業訓練を修了したものとみなす。

7　単一等級の欄の括弧内は、「電子回路接続」職種及び「産業洗浄」職種に限る。

8　三級技能検定の受検資格として、その他、右表に掲げる訓練、学校等の修了、最終学年の卒業予定者も含めることとする。

第二十六表　調理に係る技能検定試験の受検資格一覧表

区分	実務経験年数	実務経験年数のうち調理師の免許を有していた期間
職業能力開発促進法に基づき、調理に関し専門課程の高度職業訓練又は普通課程の普通職業訓練を修了した者	七年※	三年
厚生労働大臣の指定する調理師養成施設において一年以上調理に関する学科を修めて卒業した者	七年※※	三年
実務経験による者	八年	三年

※　の実務経験年数には、専門課程の高度職業訓練又は普通課程の普通職業訓練を受けた期間を含む。

※※　の実務経験年数には、調理に関する学科を修めた期間（この期間が一年を超える時は、一年）を含めることができる。

(八)　技能検定の実施

技能検定は、厚生労働大臣が行うことになっているが、都道府県知事が技能検定試験の実施を行うものとされている。

すなわち、厚生労働大臣は、毎年、実施職種及び実施期日等について実施計画を定め、これを都道府県、地方協会、受検希望者等の関係者に周知することとし（法第四十六条第一項）、都道府県知事は①技能検定試験の実施に関すること、②二級、三級、基礎一級及び基礎二級の合格証書の作成並びに一級、二級、三級、基礎一級及び基礎二級の合格証書の交付及び再交付に関すること、③前記①及び②に掲げる業務に附帯する業務を行うこととなっている（法第四十六条第二項及び施行令第三条）。しかし、さらに、技能検定の国家検定としての性格を維持しつつ、技能検定に関する民間の積極的な協力を確保し技能検定の拡大実施を図るため、後述する職業能力開発協会に技能検定の業務を行わせることとしている。

すなわち、第一に、厚生労働大臣は、①技能検定に係る試験問題、試験実施要領の作成、②技能検定試験の実施に関する技術的指導、③その他技能検定に関する業務の一部を中央協会に行わせ（法第四十六条第三項）、第二に、都道府県知事は技能検定試験の実施その他技能検定試験に関する業務の一部をそれぞれの地方協会に行わせることとなっている（法第四十六条第四項）。

各地方協会に行わせている業務は、具体的には次のとおりである。

(1)　技能検定受検申請書の受付け、受検資格の審査、実技試験及び学科試験の免除資格の審査並びに受検票の交付及び試験免除の通知

(2)　試験の実施、試験の合否判定及び試験合格通知（技能検定の実施公示、合格発表、合格証書の交付及び再交付を除く。）

(3)　受検者名簿の作成その他前二項に附帯する業務（ただし、法第四十七条第一項の規定により指定試験機関が試験業務を行う場合は、中央協会が行っている①～③及び地方協会が行っている(1)から(3)に係る業務を行うこととなる。）

受検申請書の記載例を示すと別紙（折込み）のとおりである。

なお、指定試験機関が実施する検定職種については、指定試験機関が、毎年、実施職種及び実施期日等について実施公示を行い、これを受検希望者等に周知することとし、技能検定に関する業務のうち、法第四十六条第二

様式第十三号（第六十六条関係）（表面）

技能検定受検申請書

技能検定を受けたいので申請します。

厚生労働大臣
厚生労働大臣指定試験機関
都道府県知事
殿

年　月　日　氏名　田中昭平　㊞

受付印

（左票）

検定職種	機械加工	等級区分	2級	受検番号	※
選択科目	実技試験	普通旋盤作業		試験場	※
	学科試験	旋盤加工法			
（ふりがな）氏名	田《た》中《なか》昭《しょう》平《へい》				
生年月日、年齢及び性別	41年2月28日（満　年　月）	㊚・女	（ふりがな）住所	大田区平和島《おおたくへいわじま》5-6-7	同居先　方

受検資格

学歴	学校名	学科又は課程	所在地	在学期間	卒業、中退等の別
	羽田工業高等学校	機械科	大田区羽田南9-8	56年4月～59年3月（3年　月）	卒業
				年　月～　年　月（　年　月）	

訓練歴	訓練施設名	訓練科	所在地	訓練を受けた期間	修了、中退等の別
				年　月～　年　月（　年　月）	
				年　月～　年　月（　年　月）	

職歴	事業所名	地位職名	所在地	在職期間	職務内容
	武村製作所（有）	旋盤工	大田区羽田北1-1	60年4月～　年　月（　年　月）	旋盤作業
				年　月～　年　月（　年　月）	
				年　月～　年　月（　年　月）	
				年　月～　年　月（　年　月）	
				年　月～　年　月（　年　月）	

技能検定合格状況（既に合格している者のみ記入）	等級区分	検定職種	合格した年月日	受検資格判定	※

試験の免除		試験の免除を受ける資格に関係ある試験、検定、免許等	試験、検定、免許等の名称	合格し、又は免許を受けた年月日	免除資格判定	
実技試験	全部・一部				実技試験	※
学科試験	全部・一部				学科試験	※

（右票）

検定職種	機械加工	
選択科目	実技	普通旋盤作業
	学科	旋盤加工法
等級区分	2級	
受検番号	※	
試験場	※	
（ふりがな）氏名	田《た》中《なか》昭《しょう》平《へい》	
住所	同居先　方（電話　局　番）	
勤務先の名称及び所在地	武村製作所（有）大田区羽田北1-1（電話　局　番）	
受検資格判定 ※	免除資格判定	※実技　学科

写真

（申請前6月以内に撮影した正面脱帽半身像のものとすること。）

年　月　日撮影

手数料収納	
※ 実技試験収納済印	※ 学科試験収納済印

23センチメートル

20センチメートル

8センチメートル

（裏面）

技能士番号		※
合格年月日		※
合格証書交付番号		※
合格証書再交付	年月日	※
	番号	※
	理由	※
合格取消し	年月日	※
	理由	※
備考		※

記入上の注意

1　※印の欄には、記入しないこと。

2　記入には、すべてインキを用い、文字はかい書で、数字は算用数字を用いて、ていねいに書くこと。特に氏名は、略字や俗字を用いないで、正確に記入すること。

3　検定職種の欄には、受検を希望する検定職種名を記入すること。

4　選択科目の欄には、実技試験又は学科試験の試験科目に選択制がとられている検定職種を受検しようとするときにのみ、受検しようとする選択科目を記入すること（特級の技能検定の受検者は記入の必要なし）。

5　生年月日、年齢及び性別の欄の性別は、該当するものを○で囲むこと。

6　学歴、訓練歴及び職歴の欄には、受検資格の基礎となるこれらの経歴を最近のものから順に記入し、書ききれないときは、適当な補助紙をつけること。

7　職歴の欄の職務内容の項には、従事していた作業をできるだけ具体的に記入すること。

8　技能検定合格状況の欄には、特級、1級又は2級の技能検定の受検者のうち、既に技能検定に合格している者が記入するものとし、合格した技能検定のうち、最上級の等級検定職種名及び合格した年月日を記入すること。なお、特級の技能検定の受検者は、1級の技能検定合格証書の写しを必ず添付すること。

9　試験の免除の欄には、実技試験又は学科試験の全部又は一部の免除を受けようとするとき、該当するものを○で囲み、試験の免除を受ける資格に関係ある試験、検定、免許等の名称及び合格し、又は免許等を受けた年月日を記入すること。この場合、免除を受ける資格があることを証する書面を添付すること。

10　記入した事項に不正があったときは、合格を取り消す場合があること。

23センチメートル

8センチメートル

20センチメートル

項の規定により都道府県知事が行うもの以外のものの全部又は一部を行うこととなっている。

(九) 試験の免除

技能検定は、一定の基準によって技能労働者の有する技能と知識の程度を判定し、公証するものであるので、技能検定の実技試験または学科試験の合格者と同等以上の能力を有すると認められる一定の資格を有する者に対しては、試験の全部又は一部を免除することになっている（規則第六十五条及び第六十五条の二（調理にあっては、調理に係る技能検定の受検資格等の特例に関する省令第二条））。

(十) 技能検定の合格者

(i) 合格証書及び技能士章

技能検定に合格した者には、特級、一級及び単一等級技能検定にあっては厚生労働大臣名の、二級、三級、基礎一級及び基礎二級技能検定にあっては都道府県知事（指定試験機関が技能検定に関する試験業務を行う場合は、指定試験機関。）名の技能検定合格証書が交付される（法第四十九条）とともに、技能検定の合格者が技能士としての誇りをもち、同時に技能士を正しく評価し尊重する社会風潮を築くため、厚生労働大臣から特級、一級、二級、三級及び単一等級の技能検定の合格者に対して技能士章が交付される（ただし、指定試験機関が技能検定を行う職種を除く。）（昭和四十一年労働省告示第五十三号））。

(ii) 合格者の処遇

技能検定合格者は技能士と称することができ、技能士でない者は技能士という名称を使用してはならない（法第六十六条第二項）。

一級技能士現場常駐制度

国土交通省が行う官庁営繕工事（延べ面積三、〇〇〇平方メートル程度以上）に使用する「建築工事共通仕様書」及び「機械設備工事共通仕様書」において、特記仕様で指定する工事作業については当該作業現場に、その作業に係る一級技能士一名以上を常駐させ、自ら作業をするとともに、他の技能者の作業指導を行わせることとされている。

また、他の多くの建設工事発注官庁や地方公共団体においても同様の制度を設けている。

十四　社内検定認定制度

労働者の職業能力を評価するものとしては、技能検定があるが、労働者の経済的社会的地位の向上を図るためには、職業能力評価体制をさらに整備充実していく必要がある。このため厚生労働省では昭和五十九年に社内検定制度を設け普及促進している。

社内検定認定制度は、事業主又は事業主の団体若しくはその連合団体がその雇用する労働者（事業主の団体又はその連合団体にあっては、その構成員である事業主が雇用する労働者）の職業能力を検定する制度、すなわち、社内検定制度のうち技能振興上奨励すべきものを厚生労働大臣が認定することにより、労働者の職業能力の開発及び向上とその経済的社会的地位の向上を図ることを目的として実施されている。

イ　制度の概要

社内検定認定制度は、技術革新の進展や経済のサービス化等社会、経済構造の変化に対応して、国の行う技能検定では対応できない職種や分野について評価体制を整備するため、「社内検定認定規定」（昭和五十九年労働省告示第八十八号）に基づいて実施されているがその制度の概要は次のとおりである。

(イ)　厚生労働大臣は、事業主等の申請に基づいて、社内検定制度を実施するもののうち、認定の基準に適合し、技能振興上奨励すべきものについて対象職種ごとに認定する。

(ロ)　認定を受けた社内検定については、「厚生労働省認定」と表示することができる。

(ハ)　認定を受けた事業主等が社内検定に合格した者に称号を付与するときは、あらかじめ厚生労働大臣に届け出た称号を用いる。

(ニ)　厚生労働大臣が社内検定を認定したときは、事業主等の名称、事業主等の所在地、社内検定の名称及び対象職種の名称を官報で公示する。

ロ　認定申請手続

(1)　認定申請者が事業主の場合

社内検定認定規定第三条に規定する社内検定認定申請書（様式第一号）に、

(イ)　申請を行う日の属する事業年度の前年度に係る決算に関する書類

(ロ)　申請を行う日の属する事業年度及び次年度における認定を受けようとする社内検定の実施計画書

(ハ)　検定の基準を記載した書類及び社内検定の実施に関する規定（以下「社内検定実施規定」という。）

(ニ)　その他必要な書類

を添えて厚生労働大臣に提出しなければならない。

(2)　認定申請者が事業主団体又はその連合団体の場合

社内検定認定申請書（様式第二号）に事業主が申請する際提出する(イ)から(ハ)までの書類の他に当該団体の定款若しくは寄付行為又はこれらに準ずる規定（以下「定款等」という。）を添えて、厚生労働大臣に提出しなければならない。

様式第１号

社 内 検 定 認 定 申 請 書

社内検定認定規定（昭和59年労働省告示第88号）第１条第１項の認定を受けたいので，関係書類を添えて申請します。

平 成 14 年 ２ 月 １ 日

申請者	所 在 地	東京都千代田区大正町１－１
	事業主名	丸星株式会社 代表取締役　長谷川俊介　印

厚生労働大臣　　　　殿

1　事業の種類　　自動車部品製造業

2　事業の内容　　自動車用空調機器の製造，販売及び電子機器の製造，販売

3　常用労働者数　　15,000 名　（平成13年12月１日現在）

4　資本金の額　　170 億 6,500 万円（平成13年12月１日現在）

5　認定を受けようとする社内検定の名称及び職種

名称　丸星社内検定

職種　①冷暖房器組付
②電子製品組付

様式第２号

社 内 検 定 認 定 申 請 書

社内検定認定規定（昭和59年労働省告示第88号）第１条第１項の認定を受けたいので，関係書類を添えて申請します。

平 成 14 年 ２ 月 １ 日

申請者　所 在 地　東京都新宿区東新宿１－６－３
団体名及び代表者の氏名　印
山下ハウス協力会
会長　山下　武雄

厚生労働大臣　殿

1　団体の種類　法人でない団体

2　団体の設立年月日　昭和53年８月15日

3　団体の構成員数　520 名

4　団体の行う事業の内容　①福祉事業
②技能技術者育成事業
③公益事業

5　団体構成員が雇用する常用労働者数
12,000 名

6　認定を受けようとする社内検定の名称及び職種
名称　山下ハウス社内技能検定
職種　山下ハウス基礎工事
山下ハウス外装工事
山下ハウス内装工事

付　録

職業能力開発促進法

昭和四十四年　七月　十八日法律第　六十四号
改正　昭和四十七年　六月　八日法律第　五十七号
昭和四十九年十二月二十八日法律第百　十七号
昭和五十一年　五月二十八日法律第　三十六号
昭和五十三年　五月　八日法律第　四十　号
昭和五十四年十二月　二十日法律第　六十八号
昭和五十六年　四月二十五日法律第　二十七号
昭和　六十年　六月　八日法律第　五十六号
昭和六十一年十二月二十六日法律第百　九号
昭和六十二年　六月　一日法律第　四十一号
平成　四年　六月　三日法律第　六十七号
平成　五年十一月　十二日法律第　八十九号
平成　六年　六月二十二日法律第　三十八号
平成　九年　五月　九日法律第　四十五号
平成　九年十二月　十九日法律第百三十一号
平成　十年　六月　十二日法律第百　一号
平成　十一年　七月　十六日法律第　八十七号
平成　十一年　七月　十六日法律第百　二号
平成　十一年十二月　八日法律第百五十一号
平成　十一年十二月二十二日法律第百　六十号
平成　十三年　四月二十五日法律第　三十五号
平成　十四年　五月　七日法律第　三十五号

目次

第一章　総則

（目的）

第一条　この法律は、雇用対策法（昭和四十一年法律第百三十二号）と相まつて、職業訓練及び職業能力検定の内容の充実強化及びその実施の円滑化のための施策並びに労働者が自ら職業に関する教育訓練又は職業能力検定を受ける機会を確保するための施策等を総合的かつ計画的に講ずることにより、職業に必要な労働者の能力を開発し、及び向上させることを促進し、もつて、職業の安定と労働者の地位の向上を図るとともに、経済及び社会の発展に寄与することを目的とする。

（定義）

第二条　法律において「労働者」とは、事業主に雇用される者（船員職業安定法（昭和二十三年法律第百三十号）第六条第一項に規定する船員を除く。第九十五条第二項において「雇用労働者」という。）及び求職者（同法第六条第一項に規定する船員となろうとする者を除く。以下同じ。）をいう。

2　この法律において「職業能力」とは、職業に必要な労働者の能力をいう。

3　この法律において「職業能力検定」とは、職業に必要な労働者の技能及びこれに関する知識についての検定（厚生労働省の所掌に属しないものを除く。）をいう。

4　この法律において「職業生活設計」とは、労働者が、自らその長期にわたる職業生活における職業に関する目的を定めるとともに、その目的の実現を図るため、その適性、職業経験その他の実情に応じ、職業の選択、職業能力の開発及び向上のための取組その他の事項について自ら計画することをいう。

（職業能力開発促進の基本理念）

第三条　労働者がその職業生活の全期間を通じてその有する能力を有効に発揮できるようにすることが、職業の安定及び労働者の地位の向上のために不可欠であるとともに、経済及び社会の発展の基礎をなすものであることにかんがみ、この法律の規定による職業能力の開発及び向上の促進は、産業構造の変化、技術の進歩その他の経済的環境の変化による業務の内容の変化に対する労働者の適応性を増大させ、及び転職に当たつての円滑な再就職に資するよう、労働者の職業生活設計に配慮しつつ、その職業生活の全期間を通じて段階的かつ体系的に行われることを基本理念とする。

第三条の二　労働者の自発的な職業能力の開発及び向上の促進は、前条の基本理念に従い、職業生活設計に即して、必要な職業訓練及び職業に関する教育訓練を受ける機会が確保され、並びに必要な実務の経験がなされ、並びにこれらにより習得された職業に必要な技能及びこれに関する知識の適正な評価を行うことによつて図られなければならない。

2　職業訓練は、学校教育法（昭和二十二年法律第二十六号）による学校教育との重複を避け、かつ、これとの密接な関連の下に行われなければならない。

3　青少年に対する職業訓練は、特に、その個性に応じ、かつ、その適性を生かすように配慮して行われなければならない。

4　身体又は精神に障害がある者等に対する職業訓練は、特にこれらの者の身体的又は精神的な事情等に配慮して行われなければならない。

5　職業能力検定は、職業能力の評価に係る客観的かつ公正な基準の整備及び試験その他の評価方法の充実が図られ、並びに職業訓練、職業に関する教育訓練及び実務の経験を通じて習得された職業に必要な技能及びこれに関する知識についての評価が適正になされるように行われなければならない。

（関係者の責務）

第四条　事業主は、その雇用する労働者に対し、必要な職業訓練を行うとともに、その労働者が自ら職業に関する教育訓練又は職業能力検定を受ける機会を確保するために必要な援助その他その労働者が職業生活設計に即して自発的な職業能力の開発及び向上を図ることを容易にするために必要な援助を行うこと等によりその労働者に係る職業能力の開発及び向上の促進に努めなければならない。

2　国及び都道府県は、事業主その他の関係者の自主的な努力を尊重しつつ、その実情に応じて必要な援助等を行うことにより事業主その他の関係者の行う職業訓練及び職業能力検定の振興並びにこれらの内容の充実並びに労働者が自ら職業に関する教育訓練又は職業能力検定を受ける機会を確保するために事業主の行う援助その他労働者が職業生活設計に即して自発的な職業能力の開発及び向上を図ることを容易にするために事業主の講ずる措置等の奨励に努めるとともに、職業を転換しようとする労働者その他職業能力の開発及び向上について特に援助を必要とする者に対する職業訓練の実施、事業主、事業主の団体等により行われる職業訓練の状況等にかんがみ必要とされる職業訓練の実施、労働者が職業生活設計に即して自発的な職業能力の開発及び向上を図ることを容易にするための援助、技能検定の円滑な実施等に努めなければならない。

第二章　職業能力開発計画

（職業能力開発基本計画）

第五条　厚生労働大臣は、職業能力の開発（職業訓練、職業能力検定その他この法律の規定による職業能力の開発及び向上をいう。次項及び第七条第一項において同じ。）に関する基本となるべき計画（以下「職業能力開発基本計画」という。）を策定するものとする。

2　職業能力開発基本計画に定める事項は、次のとおりとする。

一　技能労働力等の労働力の需給の動向に関する事項

二　職業能力の開発の実施目標に関する事項

三　職業能力の開発について講じようとする施策の基本となるべき事項

3　職業能力開発基本計画は、経済の動向、労働市場の推移等についての長期見通しに基づき、かつ、技能労働力等の労働力の産業別、職種別、企業規模別、年齢別等の需給状況、労働者の労働条件及び労働能率の状態等を考慮して定められなければならない。

4　厚生労働大臣は、必要がある場合には、職業能力開発基本計画において、特定の職種等に係る職業訓練の振興を図るために必要な施策を定めることができる。

5　厚生労働大臣は、職業能力開発基本計画を定めるに当たつては、あらかじめ、労働政策審議会の意見を聴くほか、関係行政機関の長及び都道府県知事の意見を聴くものとする。

6　厚生労働大臣は、職業能力開発基本計画を定めたときは、遅滞なく、その概要を公表しなければならない。

7　前二項の規定は、職業能力開発基本計画の変更について準用する。

（勧告）

第六条　厚生労働大臣は、職業能力開発基本計画を的確に実施するために必要があると認めるときは、労働政策審議会の意見を聴いて、関係事業主の団体に対し、職業訓練の実施その他関係労働者に係る職業能力の開発及び向上を促進するための措置の実施に関して必要な勧告をすることができる。

（都道府県職業能力開発計画等）

第七条　都道府県は、職業能力開発基本計画に基づき、当該都道府県の区域内において行われる職業能力の開発に関する基本となるべき計画（以下「都道府県職業能力開発計画」という。）を策定するものとする。

2　都道府県知事は、都道府県職業能力開発計画の案を作成するに当たつては、あらかじめ、第九十一条第一項の規定により置かれる審議会その他の合議制の機関の意見を聴くものとする。

3　第五条第二項から第四項まで及び第六項の規定は都道府県職業能力開発計画の策定について、同条第六項及び前項の規定は都道府県職業能力開発計画の変更について、前条の規定は都道府県職業能力開発計画の実施について準用する。この場合において、第五条第四項及び第六項中「厚生労働大臣」とあるのは「都道府県」と、前条中「厚生労働大臣」とあるのは「都道府県知事」と、「労働政策審議会」とあるのは「第九十一条第一項の規定により置かれる審議会その他の合議制の機関」と読み替えるものとする。

第三章　職業能力開発の促進

第一節　事業主等の行う職業能力開発促進の措置

（多様な職業能力開発の機会の確保）

第八条　事業主は、その雇用する労働者が多様な職業訓練を受けること等により職業能力の開発及び向上を図ることができるように、その機会の確保について、次条から第十条の三までに定める措置を通じて、配慮するものとする。

第九条　事業主は、その雇用する労働者に対して職業訓練を行う場合には、その労働者の業務の遂行の過程内において又は当該業務の遂行の過程外において、自ら又は共同して行うほか、第十五条の六第三項に規定する公共職業能力開発施設その他職業能力の開発及び向上について適切と認められる他の者の設置する施設により行われる職業訓練を受けさせることによつて行うことができる。

第十条　事業主は、前条の措置によるほか、必要に応じ、次に掲げる措置を講ずること等により、その雇用する労働者に係る職業能力の開発及び向上を促進するものとする。

一　他の者の設置する施設により行われる職業に関する教育訓練を受けさせること。

二　自ら若しくは共同して行う職業能力検定又は職業能力の開発及び向上について適切と認められる他の者の行う職業能力検定を受けさせること。

第十条の二　事業主は、前二条の措置によるほか、必要に応じ、次に掲げる措置を講ずることにより、その雇用する労働者の職業生活設計に即した自発的な職業能力の開発及び向上を促進するものとする。

一　労働者が自ら職業能力の開発及び向上に関する目標を定めることを容易にするために、業務の遂行に必要な技能及びこれに関する知識の内容及び程度その他の事項に関し、情報の提供、相談その他の援助を行うこと。

二　労働者が実務の経験を通じて自ら職業能力の開発及び向上を図ることができるようにするために、労働者の配置その他の雇用管理について配慮すること。

第十条の三　事業主は、前三条の措置によるほか、必要に応じ、その雇用する労働者が自ら職業に関する教育訓練又は職業能力検定を受ける機会を確保するために必要な次に掲げる援助を行うこと等によりその労働者の職業生活設計に即した自発的な職業能力の開発及び向上を促進するものとする。

一　有給教育訓練休暇、長期教育訓練休暇その他の休暇を付与すること。

二　始業及び終業の時刻の変更その他職業に関する教育訓練又は職業能力検定を受ける時間を確保するために必要な措置を講ずること。

2　前項第一号の有給教育訓練休暇とは、職業人としての資質の向上その他職業に関する教育訓練を受ける労働者に対して与えられる有給休暇（労働基準法（昭和二十二年法律第四十九号）第三十九条の規定による年次有給休暇として与えられるものを除く。）をいう。

3　第一項第一号の長期教育訓練休暇とは、職業人としての資質の向上その他職業に関する教育訓練を受ける労働者に対して与えられる休暇であつて長期にわたるもの（労働基準法第三十九条の規定による年次有給休暇として与えられるもの及び前項に規定する有給教育訓練休暇として与えられるものを除く。）をいう。

第十条の四　厚生労働大臣は、前二条の規定により労働者の職業生活設計に即した自発的な職業能力の開発及び向上を促進するために事業主が講ずる措置に関して、その有効な実施を図るために必要な指針を公表するものとする。

（計画的な職業能力開発の促進）

第十一条　事業主は、その雇用する労働者に係る職業能力の開発及び向上が段階的かつ体系的に行われることを促進するため、第九条から第十条の三までに定める措置に関する計画を作成するように努めなければならない。

2　事業主は、前項の計画を作成したときは、その計画の内容をその雇用する労働者に周知させるために必要な措置を講ずることによりその労働者の職業生活設計に即した自発的な職業能力の開発及び向上を促進するように努めるとともに、次条の規定により選任した職業能力開発推進者を有効に活用することによりその計画の円滑な実施に努めなければならない。

（職業能力開発推進者）

第十二条　事業主は、厚生労働省令で定めるところにより、次に掲げる業務を担当する者（以下「職業能力開発推進者」という。）を選任するように努めなければならない。

一　前条第一項の計画の作成及びその実施に関する業務

二　第九条から第十条の三までに定める措置に関し、その雇用する労働者に対して行う相談、指導等の業務

三　事業主に対して、国、都道府県又は中央職業能力開発協会若しくは都道府県職業能力開発協会（以下この号において「国等」という。）により前条第一項の計画の作成及び実施に関する助言及び指導その他の援助等が行われる場合にあつては、国等との連絡に関する業務

（認定職業訓練の実施）

第十三条　事業主、事業主の団体若しくはその連合団体、職業訓練法人若しくは中央職業能力開発協会若しくは都道府県職業能力開発協会又は民法（明治二十九年法律第八十九号）第三十四条の規定により設立された法人、法人である労働組合その他の営利を目的としない法人で、職業訓練を行い、若しくは行おうとするもの（以下「事業主等」と総称する。）は、第四節及び第六節に定めるところにより、当該事業主等の行う職業訓練が職業訓練の水準の維持向上のための基準に適合するものであることの認定を受けて、当該職業訓練を実施することができる。

第十四条　削除

第二節　国及び都道府県による職業能力開発促進の措置

（多様な職業能力開発の機会の確保）

第十五条　国及び都道府県は、労働者が多様な職業訓練を受けること等により職業能力の開発及び向上を図ることができるように、その機会の確保について、第十三条に定めるもののほか、この節及び次節に定める措置を通じて、配慮するものとする。

（事業主その他の関係者に対する援助）

第十五条の二　国及び都道府県は、事業主等の行う職業訓練及び職業能力検定並びに労働者が自ら職業に関する教育訓練又は職業能力検定を受ける機会を確保するために必要な援助その他労働者が職業生活設計に即して自発的な職業能力の開発及び向上を図ることを容易にする等のために事業主の講ずる措置に関し、次の援助を行うように努めなければならない。

一　第十一条の計画の作成及び実施に関する助言及び指導を行うこと。

二　職業能力の開発及び向上の促進に関する技術的事項について相談その他の援助を行うこと。

三　情報及び資料を提供すること。

四　職業能力開発推進者の講習の実施及び職業能力開発推進者相互の啓発の機会の提供を行うこと。

五　第二十七条第一項に規定する職業訓練指導員を派遣すること。

六　委託を受けて職業訓練の一部を行うこと。

七　前各号に掲げるもののほか、第十五条の六第三項に規定する公共職業能力開発施設を使用させる等の便益を提供すること。

2　国及び都道府県は、職業能力の開発及び向上を促進するため、労働者に対し、前項第二号及び第三号に掲げる援助を行うように努めなければならない。

3　国は、事業主等及び労働者に対する第一項第一号から第三号までに掲げる援助を適切かつ効果的に行うため必要な施設の設置等特別の措置を講ずることができる。

4　第一項及び第二項の規定により国及び都道府県が事業主等及び労働者に対して援助を行う場合には、中央職業能力開発協会又は都道府県職業能力開発協会と密接な連携の下に行うものとする。

（事業主等に対する助成等）

第十五条の三　国は、事業主等の行う職業訓練及び職業能力検定の振興を図り、及び労働者に対する第十条の三第二項に規定する有給教育訓練休暇の付与その他の労働者が自ら職業に関する教育訓練又は職業能力検定を受ける機会を確保するための援助その他労働者が第十五条の六第三項に規定する公共職業能力開発施設等の行う職業訓練、職業能力検定等を受けることを容易にするための援助等の措置が事業主によつて講ぜられることを奨励するため、事業主等に対する助成その他必要な措置を講ずることができる。

（職業能力の開発に関する調査研究等）

第十五条の四　国は、中央職業能力開発協会の協力を得て、職業訓練、職業能力検定その他職業能力の開発及び向上に関し、調査研究及び情報の収集整理を行い、事業主、労働者その他の関係者が当該調査研究の成果及びその情報を利用することができるように努めなければならない。

（職業に必要な技能に関する広報啓発等）

第十五条の五　国は、職業能力の開発及び向上が円滑に促進されるような環境を整備するため、職業に必要な技能について事業主その他国民一般の理解を高めるために必要な広報その他の啓発活動等を行うものとする。

第三節　国及び都道府県等による職業訓練の実施等

（国及び都道府県の行う職業訓練等）

第十五条の六　国及び都道府県は、労働者が段階的かつ体系的に職業に必要な技能及びこれに関する知識を習得することができるように、次の各号に掲げる施設を次条に定めるところにより設置して、当該施設の区分に応じ当該各号に規定する職業訓練を行うものとする。ただし、当該職業訓練のうち主として知識を習得するために行われるもので厚生労働省令で定めるものについては、当該施設以外の施設においても適切と認められる方法により行うことができる。

一　職業能力開発校（普通職業訓練（次号に規定する高度職業訓練以外の職業訓練をいう。以下同じ。）で長期間及び短期間の訓練課程のものを行うための施設をいう。以下同じ。）

二　職業能力開発短期大学校（高度職業訓練（労働者に対し、職業に必要な高度の技能及びこれに関する知識を習得させるための職業訓練をいう。以下同じ。）で長期間及び短期間の訓練課程（次号の厚生労働省令で定める長期間の訓練課程を除く。）のものを行うための施設をいう。以下同じ。）

三　職業能力開発大学校（高度職業訓練で前号に規定する長期間及び短期間の訓練課程のもの並びに高度職業訓練で専門的かつ応用的な職業能力を開発し、及び向上させるためのものとして厚生労働省令で定める長期間の訓練課程のものを行うための施設をいう。以下同じ。）

四　職業能力開発促進センター（普通職業訓練又は高度職業訓練のうち短期間の訓練課程のものを行うための施設をいう。以下同じ。）

五　障害者職業能力開発校（前各号に掲げる施設において職業訓練を受けることが困難な身体又は精神に障害がある者等に対して行うその能力に適応した普通職業訓練又は高度職業訓練を行うための施設をいう。以下同じ。）

2　国及び都道府県が設置する前項各号に掲げる施設は、当該各号に規定する職業訓練を行うほか、事業主、労働者その他の関係者に対し、第十五条の二第一項第二号、第三号及び第五号から第七号までに掲げる援助を行うように努めなければならない。

3　国及び都道府県（次条第二項の規定により市町村が職業能力開発校を設置する場合には、当該市町村を含む。）が第一項各号に掲げる施設を設置して職業訓練を行う場合には、その設置する同項各号に掲げる施設（以下「公共職業能力開発施設」という。）内において行うほか、職業を転換しようとする労働者等に対して迅速かつ効果的な職業訓練を実施するため必要があるときは、職業能力の開発及び向上について適切と認められる他の施設により行われる教育訓練を当該公共職業能力開発施設の行う職業訓練とみなし、当該教育訓練を受けさせることによつて行うことができる。

4　公共職業能力開発施設は、第一項各号に規定する職業訓練及び第二項に規定する援助（市町村が設置する職業能力開発校に係るものを除く。）を行うほか、次に掲げる業務を行うことができる。

一　開発途上にある海外の地域において事業を行う者に当該地域において雇用されている者の訓練を担当する者になろうとする者又は現に当該訓練を担当している者に対して、必要な技能及びこれに関する知識を習得させるための訓練を行うこと。

二　前号に掲げるもののほか、職業訓練その他この法律の規定による職業能力の開発及び向上に関し必要な業務で厚生労働省令で定めるものを行うこと。

（公共職業能力開発施設）

第十六条　国は、職業能力開発短期大学校、職業能力開発大学校、職業能力開発促進センター及び障害者職業能力開発校を設置し、都道府県は、職業能力開発校を設置する。

2　前項に定めるもののほか、都道府県は職業能力開発短期大学校、職業能力開発大学校、職業能力開発促進センター又は障害者職業能力開発校（次項において「職業能力開発短期大学校等」という。）を、市町村は職業能力開発校を設置することができる。

3　前項の規定により都道府県が職業能力開発短期大学校等を、市町村が職業能力開発校を設置しようとするときは、あらかじめ、厚生労働大臣に協議し、その同意を得なければならない。

4　公共職業能力開発施設の位置、名称その他運営について必要な事項は、国が設置する公共職業能力開発施設については厚生労働省令で、都道府県又は市町村が設置する公共職業能力開発施設については条例で定める。

5　国は、第一項の規定により設置した障害者職業能力開発校のうち、厚生労働省令で定めるものの運営を、障害者の雇用の促進等に関する法律（昭和三十五年法律第百二十三号）第二章第六節に定めるところにより、日本障害者雇用促進協会に行わせるものとし、当該厚生労働省令で定めるもの以外の障害者職業能力開発校の運営を都道府県に委託することができる。

6　公共職業能力開発施設の長は、職業訓練に関し高い識見を有する者でなければならない。

（名称使用の制限）

第十七条　公共職業能力開発施設でないもの（第二十五条の規定により設置される施設を除く。）は、その名称中に職業能力開発校、職業能力開発短期大学校、職業能力開発大学校、職業能力開発促進センター又は障害者職業能力開発校という文字を用いてはならない。

（国、都道府県及び市町村による配慮）

第十八条　国、都道府県及び市町村は、その設置及び運営について、公共職業能力開発施設が相互に競合することなくその機能を十分に発揮することができるように配慮するものとする。

2　国、都道府県及び市町村は、職業訓練の実施に当たり、関係地域における労働者の職業の安定及び産業の振興に資するように、職業訓練の開始の時期、期間及び内容等について十分配慮するものとする。

（職業訓練の基準）

第十九条　公共職業能力開発施設は、職業訓練の水準の維持向上のための基準として当該職業訓練の訓練課程ごとに教科、訓練時間、設備その他の厚生労働省令で定める事項に関し厚生労働省令で定める基準に従い、普通職業訓練又は高度職業訓練を行うものとする。

2　前項の訓練課程の区分は、厚生労働省令で定める。

（教材）

第二十条　公共職業能力開発施設の行う普通職業訓練又は高度職業訓練（以下「公共職業訓練」という。）においては、厚生労働大臣の認定を受けた教科書その他の教材を使用するように努めなければならない。

（技能照査）

第二十一条　公共職業能力開発施設の長は、公共職業訓練（長期間の訓練課程のものに限る。）を受ける者に対して、技能及びこれに関する知識の照査（以下この条において「技能照査」という。）を行わなければならない。

2　技能照査に合格した者は、技能士補と称することができる。

3　技能照査の基準その他技能照査の実施に関し必要な事項は、厚生労働省令で定める。

（修了証書）

第二十二条　公共職業能力開発施設の長は、公共職業訓練を修了した者に対して、厚生労働省令で定めるところにより、修了証書を交付しなければならない。

（職業訓練を受ける求職者に対する措置）

第二十三条　公共職業訓練のうち、職業能力開発校及び職業能力開発促進センターにおいて職業の転換を必要とする求職者その他の厚生労働省令で定める求職者に対して行う普通職業訓練（短期間の訓練課程で厚生労働省令で定めるものに限る。）並びに障害者職業能力開発校において求職者に対して行う職業訓練は、無料とする。

2　国及び都道府県は、公共職業訓練のうち前項に規定するものを受ける求職者に対して、雇用対策法の規定に基づき、手当を支給することができる。

3　公共職業能力開発施設の長は、公共職業安定所長との密接な連携の下に、公共職業訓練を受ける求職者の就職の援助に関し必要な措置を講ずるように努めなければならない。

第四節　事業主等の行う職業訓練の認定等

（都道府県知事による職業訓練の認定）

第二十四条　都道府県知事は、事業主等の申請に基づき、当該事業主等の行う職業訓練について、第十九条第一項の厚生労働省令で定める基準に適合するものであることの認定をすることができる。ただし、当該事業主等が当該職業訓練を的確に実施することができる能力を有しないと認めるときは、この限りでない。

2　都道府県知事は、前項の認定をしようとする場合において、当該職業訓練を受ける労働者が労働基準法第七十条の規定に基づく厚生労働省令又は労働安全衛生法（昭和四十七年法律第五十七号）第六十一条第四項の規定に基づく厚生労働省令の適用を受けるべきものであるときは、厚生労働省令で定める場合を除き、都道府県労働局長の意見を聴くものとする。

3　都道府県知事は、第一項の認定に係る職業訓練（以下「認定職業訓練」という。）が第十九条第一項の厚生労働省令で定める基準に適合しなくなつたと認めるとき、又は事業主等が当該認定職業訓練を行わなくなつたとき、若しくは当該認定職業訓練を的確に実施することができる能力を有しなくなつたと認めるときは、当該認定を取り消すことができる。

4　都道府県知事は、第一項の認定（高度職業訓練に係る認定に限る。）をしようとするとき又は当該認定の取消しをしようとするときは、あらかじめ、厚生労働大臣に協議し、その同意を得なければならない。

（事業主等の設置する職業訓練施設）

第二十五条　認定職業訓練を行う事業主等は、厚生労働省令で定めるところにより、職業訓練施設として職業能力開発校、職業能力開発短期大学校、職業能力開発大学校又は職業能力開発促進センターを設置することができる。

（事業主等の協力）

第二十六条　認定職業訓練を行う事業主等は、その事業に支障のない範囲内で、認定職業訓練のための施設を他の事業主等の行う職業訓練のために使用させ、又は委託を受けて他の事業主等に係る労働者に対して職業訓練を行うように努めるものとする。

（準用）

第二十六条の二　第二十条から第二十二条までの規定は、認定職業訓練について準用する。この場合において、第二十一条第一項及び第二十二条中「公共職業能力開発施設の長」とあるのは、「認定職業訓練を行う事業主等」と読み替えるものとする。

第五節　職業能力開発総合大学校

第二十七条　職業能力開発総合大学校は、公共職業訓練その他の職業訓練の円滑な実施その他職業能力の開発及び向上の促進に資するため、公共職業訓練及び認定職業訓練（以下「準則訓練」という。）において訓練を担当する者（以下「職業訓練指導員」という。）になろうとする者又は職業訓練指導員に対し、必要な技能及びこれに関する知識を付与することによつて、職業訓練指導員を養成し、又はその能力の向上に資するための訓練（以下「指導員訓練」という。）、職業訓練のうち準則訓練の実施の円滑化に資するものとして厚生労働省令で定めるもの並びに職業能力の開発及び向上に関する調査及び研究を総合的に行うものとする。

2　職業能力開発総合大学校は、前項に規定する業務を行うほか、この法律の規定による職業能力の開発及び向上に関し必要な業務で厚生労働省令で定めるものを行うことができる。

3　国は、職業能力開発総合大学校を設置する。

4　職業能力開発総合大学校でないものは、その名称中に職業能力開発総合大学校という文字を用いてはならない。

5　第十五条の六第二項及び第四項（第二号を除く。）、第十六条第四項（国が設置する公共職業能力開発施設に係る部分に限る。）及び第六項並びに第二十三条第三項の規定は職業能力開発総合大学校について、第十九条から第二十二条までの規定は職業能力開発総合大学校において行う職業訓練について準用する。この場合において、第十五条の六第二項中「当該各号に規定する職業訓練」とあり、及び同条第四項中「第一項各号に規定する職業訓練」とあるのは「第二十七条第一項に規定する業務」と、第二十一条第一項及び第二十二条中「公共職業能力開発施設」とあるのは「職業能力開発総合大学校」と、第二十三条第三項中「公共職業訓練を受ける」とあるのは「指導員訓練（第二十七条第一項に規定する指導員訓練をいう。）又は職業訓練を受ける」と読み替えるものとする。

第六節　職業訓練指導員等

（指導員訓練の基準等）

第二十七条の二　指導員訓練の訓練課程の区分及び訓練課程ごとの教科、訓練時間、設備その他の事項に関する基準については、厚生労働省令で定める。

2　第二十二条及び第二十四条第一項から第三項までの規

定は、指導員訓練について準用する。この場合において、第二十二条中「公共職業能力開発施設の長」とあるのは「職業能力開発総合大学校の長及び第二十七条の二第二項において準用する第二十四条第一項の認定に係る第二十七条第一項に規定する指導員訓練を行う事業主等」と、第二十四条第一項及び第三項中「第十九条第一項」とあるのは「第二十七条の二第一項」と読み替えるものとする。

（職業訓練指導員免許）

第二十八条　準則訓練のうち普通職業訓練（短期間の訓練課程で厚生労働省令で定めるものを除く。）における職業訓練指導員は、都道府県知事の免許を受けた者でなければならない。

2　前項の免許（以下「職業訓練指導員免許」という。）は、厚生労働省令で定める職種ごとに行なう。

3　職業訓練指導員免許は、申請に基づき、次の各号のいずれかに該当する者に対して、免許証を交付して行なう。

一　指導員訓練のうち厚生労働省令で定める訓練課程を修了した者

二　第三十条第一項の職業訓練指導員試験に合格した者

三　職業訓練指導員の業務に関して前二号に掲げる者と同等以上の能力を有すると認められる者

4　前項第三号に掲げる者の範囲は、厚生労働省令で定める。

5　次の各号のいずれかに該当する者は、第三項の規定にかかわらず、職業訓練指導員免許を受けることができない。

一　成年被後見人又は被保佐人

二　禁錮《こ》以上の刑に処せられた者

三　職業訓練指導員免許の取消しを受け、当該取消しの日から二年を経過しない者

（職業訓練指導員免許の取消し）

第二十九条　都道府県知事は、職業訓練指導員免許を受けた者が前条第五項第一号又は第二号に該当するに至つたときは、当該職業訓練指導員免許を取り消さなければならない。

2　都道府県知事は、職業訓練指導員免許を受けた者に職業訓練指導員としてふさわしくない非行があつたときは、当該職業訓練指導員免許を取り消すことができる。

（職業訓練指導員試験）

第三十条　職業訓練指導員試験は、厚生労働大臣が毎年定

める職業訓練指導員試験に関する計画に従い、都道府県知事が行う。

2　前項の職業訓練指導員試験（以下「職業訓練指導員試験」という。）は、実技試験及び学科試験によつて行なう。

3　職業訓練指導員試験を受けることができる者は、次の者とする。

一　第四十四条第一項の技能検定に合格した者

二　厚生労働省令で定める実務の経験を有する者

三　前二号に掲げる者と同等以上の能力を有すると認められる者

4　前項第三号に掲げる者の範囲は、厚生労働省令で定める。

5　都道府県知事は、厚生労働省令で定めるところにより、一定の資格を有する者に対して、第二項の実技試験又は学科試験の全部又は一部を免除することができる。

6　第二十八条第五項各号のいずれかに該当する者は、職業訓練指導員試験を受けることができない。

（職業訓練指導員資格の特例）

第三十条の二　準則訓練のうち高度職業訓練（短期間の訓練課程で厚生労働省令で定めるものを除く。）における職業訓練指導員は、当該訓練に係る教科につき、第二十八条第三項各号に掲げる者と同等以上の能力を有する者のうち、相当程度の知識又は技能を有する者として厚生労働省令で定める者（同条第五項各号のいずれかに該当する者を除く。）でなければならない。

2　第二十八条第一項に規定する職業訓練における職業訓練指導員については、当該職業訓練指導員が当該職業訓練に係る教科につき同条第三項各号に掲げる者と同等以上の能力を有する者として厚生労働省令で定める者（同条第五項各号のいずれかに該当する者を除く。）に該当するときは、当該教科に関しては、同条第一項の規定にかかわらず、職業訓練指導員免許を受けた者であることを要しない。

第四章　職業訓練法人

（職業訓練法人）

第三十一条　認定職業訓練を行なう社団又は財団は、この法律の規定により職業訓練法人とすることができる。

（人格等）

第三十二条　職業訓練法人は、法人とする。

2　職業訓練法人でないものは、その名称中に職業訓練法人という文字を用いてはならない。

（業務）
第三十三条　職業訓練法人は、認定職業訓練を行うほか、次の業務の全部又は一部を行うことができる。
一　職業訓練に関する情報及び資料の提供を行うこと。
二　職業訓練に関する調査及び研究を行うこと。
三　前二号に掲げるもののほか、職業訓練その他この法律の規定による職業能力の開発及び向上に関し必要な業務を行うこと。

（登記）
第三十四条　職業訓練法人は、政令で定めるところにより、登記しなければならない。
2　前項の規定により登記しなければならない事項は、登記の後でなければ、これをもつて第三者に対抗することができない。

（設立等）
第三十五条　職業訓練法人は、都道府県知事の認可を受けなければ、設立することができない。
2　職業訓練法人は、社団であるものにあつては定款で、財団であるものにあつては寄附行為で、次の事項を定めなければならない。
一　目的
二　名称
三　認定職業訓練のための施設を設置する場合には、その位置及び名称
四　主たる事務所の所在地
五　社団である職業訓練法人にあつては、社員の資格に関する事項
六　社団である職業訓練法人にあつては、会議に関する事項
七　役員に関する事項
八　会計に関する事項
九　解散に関する事項
十　定款又は寄附行為の変更に関する事項
十一　公告の方法
3　職業訓練法人の設立当時の役員は、定款又は寄附行為で定めなければならない。
4　この章に定めるもののほか、職業訓練法人の設立の認可の申請に関し必要な事項は、厚生労働省令で定める。

（設立の認可）
第三十六条　都道府県知事は、前条第一項の認可の申請があつた場合には、次の各号のいずれかに該当する場合を除き、設立の認可をしなければならない。

一　当該申請に係る社団又は財団の定款又は寄附行為の内容が法令に違反するとき。
二　当該申請に係る社団又は財団がその業務を行なうために必要な経営的基盤を欠く等当該業務を的確に遂行することができる能力を有しないと認められるとき。

（成立の時期等）

第三十七条　職業訓練法人は、主たる事務所の所在地において設立の登記をすることによつて成立する。

2　職業訓練法人は、成立の日から二週間以内に、その旨を都道府県知事に届け出なければならない。

（監事の兼職の禁止）

第三十八条　職業訓練法人に監事を置いた場合には、監事は、職業訓練法人の理事又は職員を兼ねてはならない。

（定款又は寄附行為の変更）

第三十九条　定款又は寄附行為の変更（第三十五条第二項第四号に掲げる事項その他の厚生労働省令で定める事項に係るものを除く。）は、都道府県知事の認可を受けなければ、その効力を生じない。

2　第三十六条の規定は、前項の認可について準用する。

3　職業訓練法人は、第一項の厚生労働省令で定める事項に係る定款又は寄附行為の変更をしたときは、遅滞なくその旨を都道府県知事に届け出なければならない。

（解散）

第四十条　職業訓練法人は、次の理由によつて解散する。

一　定款又は寄附行為で定めた解散理由の発生
二　目的とする事業の成功の不能
三　社団である職業訓練法人にあつては、総会の議決
四　社団である職業訓練法人にあつては、社員の欠亡
五　破産
六　設立の認可の取消し

2　前項第二号に掲げる理由による解散は、都道府県知事の認可を受けなければ、その効力を生じない。

3　第一項第一号、第三号又は第四号に掲げる理由により職業訓練法人が解散したときは、清算人は、都道府県知事にその旨を届け出なければならない。

（残余財産の帰属）

第四十一条　解散した職業訓練法人の残余財産は、定款又は寄附行為で定めるところにより、その帰属すべき者に帰属する。この場合において、社団である職業訓練法人に係る出資者に帰属すべき残余財産の額は、当該出資者の出資額を限度とする。

2　社団である職業訓練法人の残余財産のうち、前項の規

定により処分されないものは、清算人が総社員の同意を得、かつ、都道府県知事の認可を受けて定めた者に帰属させる。

3　財団である職業訓練法人の残余財産のうち、第一項の規定により処分されないものは、清算人が都道府県知事の認可を受けて、他の職業訓練の事業を行なう者に帰属させる。

4　前二項の規定により処分されない残余財産は、都道府県に帰属する。

（設立の認可の取消し）

第四十二条　都道府県知事は、職業訓練法人が次の各号のいずれかに該当する場合には、その設立の認可を取り消すことができる。

一　正当な理由がないのに一年以上認定職業訓練を行なわないとき。

二　その運営が法令若しくは定款若しくは寄附行為に違反し、又は著しく不当であると認められる場合においてその改善を期待することができないとき。

（準用）

第四十三条　民法第四十条から第四十二条まで、第四十四条、第五十条から第六十六条まで、第六十七条第一項及び第三項並びに第八十三条ノ三第二項の規定は職業訓練法人の設立、管理及び運営について、同法第六十九条、第七十条、第七十三条から第七十六条まで、第七十七条第二項（届出に係る部分に限る。）、第七十八条から第八十一条まで、第八十二条（解散に係る部分を除く。）、第八十三条及び第八十三条ノ三第二項並びに非訟事件手続法（明治三十一年法律第十四号）第三十五条第二項（解散に係る部分を除く。）、第三十六条、第三十七条ノ二、第百三十五条ノ二十五第二項及び第三項、第百三十六条、第百三十七条並びに第百三十八条の規定は職業訓練法人の解散及び清算について準用する。この場合において、民法第四十条及び第五十六条中「裁判所ハ利害関係人又ハ検察官ノ請求ニ因リ」とあるのは「都道府県知事ハ利害関係人ノ請求ニ因リ又ハ職権ヲ以テ」と、同法第四十二条第一項中「法人設立ノ許可アリタル時」とあるのは「職業訓練法人成立ノ時」と、同法第五十九条第三号、第六十七条第一項及び第三項、第七十七条第二項並びに第八十三条中「主務官庁」とあるのは「都道府県知事」と、第八十三条ノ三第二項中「前項ノ場合ニ於テ主務官庁」とあるのは「厚生労働大臣」と、「設立許可」とあるのは「設立ノ認可」と、非訟事件手続法第百三十五条ノ二十五第二項及び第三項中「官庁」とあるのは「都道府県知事」と読み替えるものとする。

第五章　技能検定

（技能検定）

第四十四条　技能検定は、厚生労働大臣が、政令で定める職種（以下この条において「検定職種」という。）ごとに、厚生労働省令で定める等級に区分して行う。ただし、検定職種のうち、等級に区分することが適当でない職種として厚生労働省令で定めるものについては、等級に区分しないで行うことができる。

2　前項の技能検定（以下この章において「技能検定」という。）の合格に必要な技能及びこれに関する知識の程度は、検定職種ごとに、厚生労働省令で定める。

3　技能検定は、実技試験及び学科試験によつて行う。

（受験資格）

第四十五条　技能検定を受けることができる者は、次の者とする。

一　厚生労働省令で定める準則訓練を修了した者

二　厚生労働省令で定める実務の経験を有する者

三　前二号に掲げる者に準ずる者で、厚生労働省令で定めるもの

（技能検定の実施）

第四十六条　厚生労働大臣は、毎年、技能検定の実施計画を定め、これを関係者に周知させなければならない。

2　都道府県知事は、前項に規定する計画に従い、第四十四条第三項の実技試験及び学科試験（以下「技能検定試験」という。）の実施その他技能検定に関する業務で、政令で定めるものを行うものとする。

3　厚生労働大臣は、技能検定試験に係る試験問題及び試験実施要領の作成並びに技能検定試験の実施に関する技術的指導その他技能検定試験に関する業務の一部を中央職業能力開発協会に行わせることができる。

4　都道府県知事は、技能検定試験の実施その他技能検定試験に関する業務の一部を都道府県職業能力開発協会に行わせることができる。

第四十七条　厚生労働大臣は、厚生労働省令で定めるところにより、事業主の団体若しくはその連合団体又は民法第三十四条の規定により設立された法人、法人である労働組合その他の営利を目的としない法人であつて、次の各号のいずれにも適合していると認めるものとしてその指定する者（以下「指定試験機関」という。）に、技能検定試験に関する業務のうち、前条第二項の規定により

都道府県知事が行うもの以外のもの（合格の決定に関するものを除く。以下「試験業務」という。）の全部又は一部を行わせることができる。

一　職員、設備、試験業務の実施の方法その他の事項についての試験業務の実施に関する計画が、試験業務の適正かつ確実な実施のために適切なものであること。

二　前号の試験業務の実施に関する計画の適正かつ確実な実施に必要な経理的及び技術的な基礎を有するものであること。

2　指定試験機関の役員若しくは職員又はこれらの職にあつた者は、試験業務に関して知り得た秘密を漏らしてはならない。

3　試験業務に従事する指定試験機関の役員及び職員は、刑法（明治四十年法律第四十五号）その他の罰則の適用については、法令により公務に従事する職員とみなす。

4　厚生労働大臣は、指定試験機関が次の各号のいずれかに該当するときは、その指定を取り消し、又は期間を定めて試験業務の全部若しくは一部の停止を命ずることができる。

一　第一項各号の要件を満たさなくなつたと認められるとき。

二　不正な手段により第一項の規定による指定を受けたとき。

（報告等）

第四十八条　厚生労働大臣は、必要があると認めるときは、指定試験機関に対してその業務に関し必要な報告を求め、又はその職員に、指定試験機関の事務所に立ち入り、業務の状況若しくは帳簿、書類その他の物件を検査させることができる。

2　前項の規定により立入検査をする職員は、その身分を示す証票を携帯し、関係者に提示しなければならない。

3　第一項の規定による立入検査の権限は、犯罪捜査のために認められたものと解釈してはならない。

（合格証書）

第四十九条　技能検定に合格した者には、厚生労働省令で定めるところにより、合格証書を交付する。

（合格者の名称）

第五十条　技能検定に合格した者は、技能士と称することができる。

2　技能検定に合格した者は、前項の規定により技能士と称するときは、その合格した技能検定に係る職種及び等級（当該技能検定が等級に区分しないで行われたものでとき。

ある場合にあつては、職種）を表示してするものとし、合格していない技能検定に係る職種又は等級を表示してはならない。

3 厚生労働大臣は、技能士が前項の規定に違反して合格していない技能検定の職種又は等級を表示した場合には、二年以内の期間を定めて技能士の名称の使用の停止を命ずることができる。

4 技能士でない者は、技能士という名称を用いてはならない。

（厚生労働省令への委任）

第五十一条 この章に定めるもののほか、技能検定に関して必要な事項は、厚生労働省令で定める。

第六章 職業能力開発協会

第一節 中央職業能力開発協会

（中央協会の目的）

第五十二条 中央職業能力開発協会（以下「中央協会」という。）は、職業能力の開発及び向上の促進の基本理念の具現に資するため、都道府県職業能力開発協会の健全な発展を図るとともに、国及び都道府県と密接な連携の下に第五条第一項に規定する職業能力の開発（第五十五条第一項において単に「職業能力の開発」という。）の促進を図ることを目的とする。

（人格等）

第五十三条 中央協会は、法人とする。

2 中央協会でないものは、その名称中に中央職業能力開発協会という文字を用いてはならない。

（数）

第五十四条 中央協会は、全国を通じて一個とする。

（業務）

第五十五条 中央協会は、第五十二条の目的を達成するため、次の業務を行うものとする。

一 会員の行う職業訓練、職業能力検定その他職業能力の開発に関する業務についての指導及び連絡を行うこと。

二 事業主等の行う職業訓練に従事する者及び都道府県技能検定委員の研修を行うこと。

三 職業訓練、職業能力検定その他職業能力の開発に関する情報及び資料の提供並びに広報を行うこと。

四 職業訓練、職業能力検定その他職業能力の開発に関する調査及び研究を行うこと。

五 職業訓練、職業能力検定その他職業能力の開発に関する国際協力を行うこと。

六　前各号に掲げるもののほか、職業能力の開発の促進に関し必要な業務を行うこと。

2　中央協会は、前項各号に掲げる業務のほか、第四十六条第三項の規定による技能検定試験に関する業務を行うものとする。

（会員の資格）

第五十六条　中央協会の会員の資格を有するものは、次のものとする。

一　都道府県職業能力開発協会

二　職業訓練及び職業能力検定の推進のための活動を行う全国的な団体

三　前二号に掲げるもののほか、定款で定めるもの

（加入）

第五十七条　都道府県職業能力開発協会は、すべて中央協会の会員となる。

2　中央協会は、前条第二号又は第三号に掲げるものが中央協会に加入しようとするときは、正当な理由がないのに、その加入を拒み、又はその加入について不当な条件をつけてはならない。

（会費）

第五十八条　中央協会は、定款で定めるところにより、会員から会費を徴収することができる。

（発起人）

第五十九条　中央協会を設立するには、五以上の都道府県職業能力開発協会が発起人となることを要する。

（創立総会）

第六十条　発起人は、定款を作成し、これを会議の日時及び場所とともに会議の開催日の少なくとも二週間前までに公告して、創立総会を開かなければならない。

2　定款の承認その他設立に必要な事項の決定は、創立総会の議決によらなければならない。

3　創立総会の議事は、会員の資格を有するもので、その創立総会の開催日までに発起人に対して会員となる旨を申し出たものの二分の一以上が出席して、その出席者の議決権の三分の二以上の多数で決する。

（設立の認可）

第六十一条　発起人は、創立総会の終了後遅滞なく、定款及び厚生労働省令で定める事項を記載した書面を厚生労働大臣に提出して、設立の認可を受けなければならない。

（定款）

第六十二条　中央協会の定款には、次の事項を記載しなけ

ればならない。

一　目的
二　名称
三　主たる事務所の所在地
四　業務に関する事項
五　会員の資格に関する事項
六　会議に関する事項
七　役員に関する事項
八　参与に関する事項
九　中央技能検定委員に関する事項
十　会計に関する事項
十一　会費に関する事項
十二　事業年度
十三　解散に関する事項
十四　定款の変更に関する事項
十五　公告の方法

2　定款の変更は、厚生労働大臣の認可を受けなければ、その効力を生じない。

（役員）

第六十三条　中央協会に、役員として、会長一人、理事長一人、理事五人以内及び監事二人以内を置く。

2　中央協会に、役員として、前項の理事及び監事のほか、定款で定めるところにより、非常勤の理事及び監事を置くことができる。

3　会長は、中央協会を代表し、その業務を総理する。

4　理事長は、中央協会を代表し、定款で定めるところにより、会長を補佐して中央協会の業務を掌理し、会長に事故があるときはその職務を代理し、会長が欠員のときはその職務を行う。

5　理事は、定款で定めるところにより、会長及び理事長を補佐して中央協会の業務を掌理し、会長及び理事長に事故があるときはその職務を代理し、会長及び理事長が欠員のときはその職務を行う。

6　監事は、中央協会の業務及び経理の状況を監査する。

7　監事は、監査の結果に基づき、必要があると認めるときは、会長又は厚生労働大臣に意見を提出することができる。

8　監事は、会長、理事長、理事又は中央協会の職員を兼ねてはならない。

（役員の任免及び任期）

第六十四条　役員は、定款で定めるところにより、総会において選任し、又は解任する。ただし、設立当時の役員は、創立総会において選任する。

2　前項の規定による役員の選任は、厚生労働大臣の認可を受けなければ、その効力を生じない。

3　会長及び理事長の任期は、四年以内において定款で定める期間とし、理事及び監事の任期は、二年以内において定款で定める期間とする。ただし、設立当時の会長及び理事長の任期は、二年以内において創立総会で定める期間とし、設立当時の理事及び監事の任期は、一年以内において創立総会で定める期間とする。

4　役員は、再任されることができる。

（代表権の制限）

第六十五条　中央協会と会長又は理事長との利益が相反する事項については、会長及び理事長は、代表権を有しない。この場合には、定款で定めるところにより、監事が中央協会を代表する。

（参与）

第六十六条　中央協会に、参与を置く。

2　参与は、中央協会の業務の運営に関する重要な事項に参与する。

3　参与は、職業訓練又は職業能力検定に関し学識経験のある者のうちから、会長が委嘱する。

4　前三項に定めるもののほか、参与に関し必要な事項は、定款で定める。

（中央技能検定委員）

第六十七条　中央協会は、第五十五条第二項の規定により技能検定試験に係る試験問題及び試験実施要領の作成に関する業務その他技能検定試験の実施に係る技術的な事項に関する業務を行う場合には、中央技能検定委員に行わせなければならない。

2　中央協会は、中央技能検定委員を選任しようとするときは、厚生労働省令で定めるところにより、厚生労働省令で定める要件を備える者のうちから選任しなければならない。

（決算関係書類の提出及び備付け等）

第六十八条　会長は、通常総会の開催日の一週間前までに、事業報告書、貸借対照表、収支決算書及び財産目録（以下「決算関係書類」という。）を監事に提出し、かつ、これらを主たる事務所に備えて置かなければならない。

2　会長は、監事の意見書を添えて決算関係書類を通常総会に提出し、その承認を求めなければならない。

（総会）

第六十九条　会長は、定款で定めるところにより、毎事業年度一回、通常総会を招集しなければならない。

2　会長は、必要があると認めるときは、臨時総会を招集することができる。

3　次の事項は、総会の議決を経なければならない。

一　定款の変更

二　事業計画及び収支予算の決定又は変更

三　解散

四　会員の除名

五　前各号に掲げるもののほか、定款で定める事項

4　総会の議事は、総会員の二分の一以上が出席して、その出席者の議決権の過半数で決する。ただし、前項第一号、第三号及び第四号に掲げる事項に係る議事は、総会員の二分の一以上が出席して、その出席者の議決権の三分の二以上の多数で決する。

（解散）

第七十条　中央協会は、次の理由によつて解散する。

一　総会の議決

二　破産

三　設立の認可の取消し

2　前項第一号に掲げる理由による解散は、厚生労働大臣の認可を受けなければ、その効力を生じない。

（清算人）

第七十一条　清算人は、前条第一項第一号に掲げる理由による解散の場合には総会において選任し、同項第三号に掲げる理由による解散の場合には厚生労働大臣が選任する。

（財産の処分等）

第七十二条　清算人は、財産処分の方法を定め、総会の議決を経て厚生労働大臣の認可を受けなければならない。ただし、総会が議決をしないとき、又はすることができないときは、総会の議決を経ることを要しない。

2　前項の規定により清算人が財産処分の方法を定める場合には、残余財産は、職業訓練又は職業能力検定の推進について中央協会と類似の活動を行う団体に帰属させるものとしなければならない。

3　前項に規定する団体がない場合には、当該残余財産は、国に帰属する。

（決算関係書類の提出）

第七十三条　中央協会は、毎事業年度、通常総会の終了の日から一月以内に、決算関係書類を厚生労働大臣に提出しなければならない。

2 中央協会は、前項の規定により決算関係書類を厚生労働大臣に提出するときは、当該事業年度の決算関係書類に関する監事の意見書を添付しなければならない。

（報告等）

第七十四条 厚生労働大臣は、必要があると認めるときは、中央協会に対してその業務に関し必要な報告をさせ、又はその職員に、中央協会の事務所に立ち入り、業務の状況若しくは帳簿、書類その他の物件を検査させることができる。

2 前項の規定により立入検査をする職員は、その身分を示す証票を携帯し、関係者に提示しなければならない。

3 第一項の規定による立入検査の権限は、犯罪捜査のために認められたものと解釈してはならない。

（勧告等）

第七十五条 厚生労働大臣は、中央協会の運営が法令若しくは定款に違反し、又は不当であると認めるときは、中央協会に対して、これを是正すべきことを勧告し、及びその勧告によつてもなお改善されない場合には、次の各号のいずれかに掲げる処分をすることができる。

一 業務の全部又は一部の停止を命ずること。

二 設立の認可を取り消すこと。

（中央協会に対する助成）

第七十六条 国は、中央協会に対して、その業務に関し必要な助成を行うことができる。

（中央協会の役員等の秘密保持義務等）

第七十七条 中央協会の役員若しくは職員（中央技能検定委員を含む。）又はこれらの職にあつた者は、第五十五条第二項の規定により中央協会が行う技能検定試験に関する業務に係る職務に関して知り得た秘密を漏らし、又は盗用してはならない。

2 第五十五条第二項の規定により中央協会が行う技能検定試験に関する業務に従事する中央協会の役員及び職員は、刑法その他の罰則の適用については、法令により公務に従事する職員とみなす。

（準用）

第七十八条 第三十四条の規定は中央協会の登記について、第三十七条並びに民法第四十四条、第五十条、第五十六条、第六十一条第二項、第六十二条及び第六十四条から第六十六条までの規定は中央協会の設立、管理及び運営について、同法第七十条、第七十三条、第七十五条、第七十六条、第七十八条から第八十一条まで、第八十二条（解散に係る部分を除く。）及び第八十三条並びに非訟事件手続法第三十五条第二項（解散に係る部分を除く。）、第三十六条、第三十七条ノ二、第百三十五条ノ二十五第二項及び第三項、第百三十六条、第百三十七条並びに第百三十八条の規定は中央協会の解散及び清算について準用する。この場合において、第三十七条第二項中「都道府県知事」とあるのは「厚生労働大臣」と、民法第五十六条中「裁判所ハ利害関係人又ハ検察官ノ請求ニ因リ」とあるのは「厚生労働大臣ハ利害関係人ノ請求ニ因リ又ハ職権ヲ以テ」と、同法第七十五条中「前条」とあるのは「職業能力開発促進法（昭和四十四年法律第六十四号）第七十一条」と読み替えるものとする。

第二節　都道府県職業能力開発協会

（都道府県協会の目的）

第七十九条　都道府県職業能力開発協会（以下「都道府県協会」という。）は、職業能力の開発及び向上の促進の基本理念の具現に資するため、都道府県の区域内において、当該都道府県と密接な連携の下に第五条第一項に規定する職業能力の開発（以下単に「職業能力の開発」という。）の促進を図ることを目的とする。

（人格等）

第八十条　都道府県協会は、法人とする。

2　都道府県協会でないものは、その名称中に都道府県名を冠した職業能力開発協会という文字を用いてはならない。

（数等）

第八十一条　都道府県協会は、都道府県ごとに一個とし、その地区は、都道府県の区域による。

（業務）

第八十二条　都道府県協会は、第七十九条の目的を達成するため、次の業務を行うものとする。

一　会員の行う職業訓練、職業能力検定その他職業能力の開発に関する業務についての指導及び連絡を行うこと。

二　職業訓練及び職業能力検定に関する技術的事項について事業主、労働者等に対して、相談に応じ、並びに必要な指導及び援助を行うこと。

三　事業主、労働者等に対して、技能労働者に関する情報の提供等を行うこと。

四　事業主等の行う職業訓練でその地区内において行われるものに従事する者の研修を行うこと。

五　その地区内における職業訓練、職業能力検定その他職業能力の開発に関する情報及び資料の提供並びに広報を行うこと。
六　その地区内における職業訓練、職業能力検定その他職業能力の開発に関する調査及び研究を行うこと。
七　職業訓練、職業能力検定その他職業能力の開発に関する国際協力でその地区内において行われるものについての相談その他の援助を行うこと。
八　前各号に掲げるもののほか、その地区内における職業能力の開発の促進に関し必要な業務を行うこと。
2　都道府県協会は、前項各号に掲げる業務のほか、第四十六条第四項の規定による技能検定試験に関する業務を行うものとする。

（会員の資格等）

第八十三条　都道府県協会の会員の資格を有するものは、次のものとする。
一　都道府県協会の地区内に事務所を有する事業主等で、職業訓練又は職業能力検定を行うもの
二　都道府県協会の地区内において職業訓練又は職業能力検定の推進のための活動を行うもので、定款で定めるもの
三　前二号に掲げるもののほか、定款で定めるもの
2　都道府県協会は、前項各号に掲げるものが都道府県協会に加入しようとするときは、正当な理由がないのに、その加入を拒み、又はその加入について不当な条件を付けてはならない。

（発起人）

第八十四条　都道府県協会を設立するには、その会員になろうとする五以上のものが発起人となることを要する。

（役員等）

第八十五条　都道府県協会に、役員として、会長一人、理事三人以内及び監事一人を置く。
2　都道府県協会に、役員として、前項の理事及び監事のほか、定款で定めるところにより、非常勤の理事及び監事を置くことができる。
3　都道府県協会に、参与を置く。

（都道府県技能検定委員）

第八十六条　都道府県協会は、第八十二条第二項の規定により技能検定試験の実施に関する業務を行う場合には、当該業務のうち技能の程度の評価に係る事項その他の技術的な事項については、都道府県技能検定委員に行わせなければならない。
2　都道府県協会は、都道府県技能検定委員を選任しようとするときは、厚生労働省令で定めるところにより、厚

生労働省令で定める要件を備える者のうちから選任しなければならない。

（都道府県協会に対する助成）

第八十七条　都道府県は、都道府県協会に対して、その業務に関し必要な助成を行うことができる。

２　国は、前項に規定する助成を行う都道府県に対して、これに要する経費について補助することができる。

（国等の援助）

第八十八条　国及び都道府県は、公共職業能力開発施設その他の適当な施設を都道府県協会に使用させる等の便益を提供するように努めなければならない。

（都道府県協会の役員等の秘密保持義務等）

第八十九条　都道府県協会の役員若しくは職員（都道府県技能検定委員を含む。）又はこれらの職にあつた者は、第八十二条第二項の規定により都道府県協会が行う技能検定試験に関する業務に係る職務に関して知り得た秘密を漏らし、又は盗用してはならない。

２　第八十二条第二項の規定により都道府県協会が行う技能検定試験に関する業務に従事する都道府県協会の役員及び職員は、刑法その他の罰則の適用については、法令により公務に従事する職員とみなす。

（準用等）

第九十条　第三十四条の規定は都道府県協会の登記について、第三十七条、第五十八条、第六十条から第六十二条まで、第六十三条第三項、第五項（理事長に係る部分を除く。）、第六項及び第八項（理事長に係る部分を除く。）、第六十四条、第六十五条（理事長に係る部分を除く。）、第六十六条第二項から第四項まで、第六十八条、第六十九条並びに第七十三条から第七十五条まで並びに民法第四十四条、第五十条、第五十六条、第六十一条第二項、第六十二条及び第六十四条から第六十六条までの規定は都道府県協会の設立、管理及び運営について、第七十条から第七十二条まで及び第七十五条並びに同法第七十条、第七十三条、第七十五条、第七十六条、第七十八条から第八十一条まで、第八十二条（解散に係る部分を除く。）及び第八十三条並びに非訟事件手続法第三十五条第二項（解散に係る部分を除く。）、第三十六条、第三十七条ノ二、第百三十五条ノ二十五第二項及び第三項、第百三十六条、第百三十七条並びに第百三十八条の規定は都道府県協会の解散及び清算について準用する。この場合において、第六十一条、第六十二条第二項、第六十四条第二項、第七十条第二項、第七十一条、第七十二条第一項、第七十三条、第七十四条第一項並びに第七十五条中「厚生労働大臣」とあるのは「都道府県知事」と、第六十二条第一項第九号中「中央技能検定委員」とあるのは「都道府県技能検定委員」と、第七十二条第三項中「国」とあるのは「都道府県」と、民法第五十六条中「裁判所ハ利害関係人又ハ検察官ノ請求ニ因リ」とあるのは「都道府県知事ハ利害関係人ノ請求ニ因リ又ハ職権ヲ以テ」と、同法第七十五条中「前条」とあるのは「職業能力開発促進法（昭和四十四年法律第六十四号）第九十条第一項ニ於テ準用スル同法第七十一条」と、同法第八十三条中「主務官庁」とあるのは「都道府県知事」と、非訟事件手続法第百三十五条ノ二十五第二項及び第三項中「官庁」とあるのは「都道府県知事」と読み替えるものとする。

2　厚生労働大臣は、都道府県協会の運営が法令若しくは定款に違反し、又は不当であると認めるときは、都道府県知事に対し、都道府県協会に対してこれを是正すべきことを勧告するよう指示することができる。

3　厚生労働大臣は、第一項において準用する第七十五条に規定する場合において、都道府県知事に対し、同条各号のいずれかに掲げる処分をするよう指示することができる。

第七章　雑則

（都道府県に置く審議会等）

第九十一条　都道府県に、都道府県知事の諮問に応じて、都道府県職業能力開発計画その他職業能力の開発に関する重要事項を調査審議し、及びこれらに関し必要と認める事項を関係行政機関に建議することを任務とする審議会その他の合議制の機関を置く。

2　前項の審議会その他の合議制の機関に関し必要な事項は、条例で定める。

（職業訓練等に準ずる訓練の実施）

第九十二条　公共職業能力開発施設、職業能力開発総合大学校及び職業訓練法人は、その業務の遂行に支障のない範囲内で、その行う職業訓練又は指導員訓練に準ずる訓練を次に掲げる者に対し行うことができる。

一　労働者を雇用しないで事業を行うことを常態とする者

二　家内労働法（昭和四十五年法律第六十号）第二条第二項に規定する家内労働者

三　出入国管理及び難民認定法（昭和二十六年政令第三百十九号）別表第一の四の表の留学又は研修の在留資

格をもつて在留する者

四　前三号に掲げる者以外の者で厚生労働省令で定めるもの

（厚生労働大臣の助言及び勧告）

第九十三条　厚生労働大臣は、この法律の目的を達成するため必要があると認めるときは、都道府県に対して、公共職業能力開発施設の設置及び運営、第十五条の二第一項及び第二項の規定による援助その他職業能力の開発に関する事項について助言及び勧告をすることができる。

（職業訓練施設の経費の負担）

第九十四条　国は、政令で定めるところにより、都道府県が設置する職業能力開発校及び障害者職業能力開発校の施設及び設備に要する経費の一部を負担する。

（交付金）

第九十五条　国は、前条に定めるもののほか、同条に規定する職業能力開発校及び障害者職業能力開発校の運営に要する経費の財源に充てるため、都道府県に対し、交付金を交付する。

2　厚生労働大臣は、前項の規定による交付金の交付については、各都道府県の雇用労働者数及び求職者数（中学校、高等学校又は中等教育学校を卒業して就職する者の数を含む。）を基礎とし、職業訓練を緊急に行うことの必要性その他各都道府県における前条に規定する職業能力開発校及び障害者職業能力開発校の運営に関する特別の事情を考慮して、政令で定める基準に従つて決定しなければならない。

（雇用保険法との関係）

第九十六条　国による公共職業能力開発施設（障害者職業能力開発校を除く。）及び職業能力開発総合大学校の設置及び運営、第十五条の六第一項ただし書に規定する職業訓練の実施、技能検定の実施に要する経費の負担並びに第十五条の二第一項及び第二項（障害者職業能力開発校に係る部分を除く。）、第十五条の三、第七十六条及び第八十七条第二項の規定による助成等は、雇用保険法（昭和四十九年法律第百十六号）第六十三条に規定する能力開発事業として行う。

（手数料）

第九十七条　第四十四条第一項の技能検定を受けようとする者又は第四十九条の合格証書の再交付を受けようとする者は、政令で定めるところにより、手数料を納付しなければならない。

2　都道府県は、地方自治法（昭和二十二年法律第六十七

号）第二百二十七条の規定に基づき技能検定試験に係る手数料を徴収する場合においては、第四十六条第四項の規定により都道府県協会が行う技能検定試験を受けようとする者に、条例で定めるところにより、当該手数料を当該都道府県協会へ納めさせ、その収入とすることができる。

（報告）

第九十八条　厚生労働大臣又は都道府県知事は、この法律の目的を達成するために必要な限度において、認定職業訓練（第二十七条の二第二項において準用する第二十四条第一項の認定に係る指導員訓練を含む。以下同じ。）を実施する事業主等に対して、その行う認定職業訓練に関する事項について報告を求めることができる。

（厚生労働省令への委任）

第九十九条　この法律に定めるもののほか、この法律の実施のための手続その他この法律の施行に関し必要な事項は、厚生労働省令で定める。

第八章　罰則

第百条　第四十七条第二項、第七十七条第一項又は第八十九条第一項の規定に違反した者は、六月以下の懲役又は三十万円以下の罰金に処する。

第百一条　第四十八条第一項の規定による報告をせず、若しくは虚偽の報告をし、又は同項の規定による検査を拒み、妨げ、若しくは忌避した場合には、その違反行為をした指定試験機関の役員又は職員は、三十万円以下の罰金に処する。

第百二条　次のいずれかに該当する者は、三十万円以下の罰金に処する。

一　第五十条第二項の規定により技能士の名称の使用の停止を命ぜられた者で、当該停止を命ぜられた期間中に、技能士の名称を使用したもの

二　第五十条第四項の規定に違反した者

第百三条　第七十四条第一項（第九十条第一項において準用する場合を含む。以下この条において同じ。）の規定による報告をせず、若しくは虚偽の報告をし、又は第七十四条第一項の規定による検査を拒み、妨げ、若しくは忌避した場合には、その違反行為をした中央協会又は都道府県協会の役員又は職員は、三十万円以下の罰金に処する。

第百四条　法人の代表者又は法人若しくは人の代理人、使用人その他の従業者が、その法人又は人の業務に関して前条の違反行為をしたときは、行為者を罰するほか、そ

の法人又は人に対しても、同条の罰金刑を科する。

第百五条　第四十七条第四項の規定による厚生労働大臣の命令に違反した場合には、その違反行為をした指定試験機関の役員は、五十万円以下の過料に処する。

第百六条　次の各号のいずれかに該当する場合には、その違反行為をした中央協会又は都道府県協会の発起人、役員又は清算人は、二十万円以下の過料に処する。

一　第五十五条又は第八十二条に規定する業務以外の業務を行つたとき。

二　第五十七条第二項又は第八十三条第二項の規定に違反したとき。

三　第六十八条第一項（第九十条第一項において準用する場合を含む。以下この号において同じ。）の規定に違反して、第六十八条第一項に規定する書類を備えて置かないとき。

四　第七十二条第一項（第九十条第一項において準用する場合を含む。）の認可を受けないで財産を処分したとき。

五　第七十三条（第九十条第一項において準用する場合を含む。）の規定に違反したとき。

六　第七十五条第一号（第九十条第一項において準用する場合を含む。）の規定による厚生労働大臣の命令に違反したとき。

七　第七十八条又は第九十条第一項において準用する第三十四条第一項の規定に違反したとき。

八　第七十八条又は第九十条第一項において準用する民法第七十条第二項又は第八十一条第一項の規定に違反して、破産宣告の請求をしなかつたとき。

九　第七十八条又は第九十条第一項において準用する民法第七十九条第一項又は第八十一条第一項の規定による公告をせず、又は不正の公告をしたとき。

十　第七十八条又は第九十条第一項において準用する民法第八十二条第二項の規定による裁判所の検査を妨げたとき。

十一　事業報告書、貸借対照表、収支決算書又は財産目録に記載すべき事項を記載せず、又は不実の記載をしたとき。

第百七条　次の各号のいずれかに該当する場合には、その違反行為をした職業訓練法人の役員又は清算人は、二十万円以下の過料に処する。

一　第三十三条又は第九十二条に規定する業務以外の業務を行つたとき。

二　第三十四条第一項の規定に違反したとき。
二の二　第三十九条第三項の規定による届出をせず、又は虚偽の届出をしたとき。
三　第四十一条第二項又は第三項の認可を受けないで残余財産を処分したとき。
四　第四十三条において準用する民法第五十一条第一項の規定に違反して、財産目録を備えて置かないとき。
五　第四十三条において準用する民法第六十七条第三項又は第八十二条第二項の規定による都道府県知事又は裁判所の検査を妨げたとき。
六　第四十三条において準用する民法第七十条第二項又は第八十一条第一項の規定に違反して、破産宣告の請求をしなかつたとき。
七　第四十三条において準用する民法第七十九条第一項又は第八十一条第一項の規定による公告をせず、又は不正の公告をしたとき。
八　財産目録に記載すべき事項を記載せず、又は不実の記載をしたとき。

第百八条　第十七条、第二十七条第四項、第三十二条第二項、第五十三条第二項又は第八十条第二項の規定に違反したもの（法人その他の団体であるときは、その代表者）は、十万円以下の過料に処する。

附　則（抄）

（施行期日）

第一条　この法律（以下「新法」という。）は、昭和四十四年十月一日から施行する。ただし、第六章の規定、第百三条から第百六条までの規定及び第百八条の規定（第六十七条第二項及び第八十七条第二項に係る部分に限る。）並びに附則第八条第一項の規定は、公布の日から施行する。

（法律の廃止）

第二条　職業訓練法（昭和三十三年法律第百三十三号）は、廃止する。

（技能照査に関する経過措置）

第三条　新法第十二条第一項の規定は、昭和四十五年四月一日以後に高等訓練課程の養成訓練を修了する者について適用する。

（公共職業訓練施設に関する経過措置）

第四条　附則第二条の規定による廃止前の職業訓練法（以下「旧法」という。）第五条から第八条までの規定による一般職業訓練所、総合職業訓練所、職業訓練大学校又は身体障害者職業訓練所は、それぞれ新法第十五条から

第十八条までの規定による専修職業訓練校、高等職業訓練校、職業訓練大学校又は身体障害者職業訓練校となるものとする。

2　新法第十九条第一項の規定により都道府県又は市町村が設置した高等職業訓練校は、新法第十六条第一項各号に掲げる業務のほか、当分の間、新法第十五条第一項第一号に掲げる業務を行なうことができる。

3　新法の施行の際現になされている旧法第八条第二項の規定による委託は、新法第十八条第二項の規定による委託とみなす。

（認定職業訓練に関する経過措置）

第五条　新法の施行の際現になされている旧法第十二条第一項の認可（市町村に係る認可を除く。）又は旧法第十五条第一項若しくは第十六条第一項の認定は、高等訓練課程の養成訓練に係る新法第二十四条第一項の認定とみなす。

（職業訓練指導員免許に関する経過措置）

第六条　旧法第二十二条第一項の免許を受けた者は、新法第二十八条第一項の免許を受けた者とみなす。

2　旧法第二十三条第一項又は第二項の規定による免許の取消しは、新法第二十九条第一項又は第二項の規定による免許の取消しとみなす。

（技能検定に関する経過措置）

第七条　新法の施行の際現に旧法第二十五条第一項の技能検定を受けている者に係る当該技能検定については、なお従前の例による。

2　旧法第二十五条第一項の技能検定（前項の規定に基づく技能検定を含む。）に合格した者は、新法第六十二条第一項の技能検定に合格した者とみなす。

（名称の使用制限に関する経過措置）

第八条　新法の公布の際現にその名称中に中央技能検定協会又は都道府県名を冠した技能検定協会という文字を用いているものについては、新法第六十七条第二項又は第八十七条第二項の規定は、新法の公布後六月間は、適用しない。

2　新法の施行の際現にその名称中に専修職業訓練校、高等職業訓練校、職業訓練大学校、身体障害者職業訓練校、職業訓練法人、職業訓練法人連合会若しくは職業訓練法人中央会という文字を用いているもの又は技能士という名称を用いている者については、新法第二十二条、第三十二条第二項、第四十四条第二項又は第六十六条第二項の規定は、新法の施行後六月間は、適用しない。

（職業訓練審議会に関する経過措置）

第九条　旧法第三十条又は第三十二条の規定による中央職業訓練審議会又は都道府県職業訓練審議会は、それぞれ新法第九十五条又は第九十七条の規定による中央職業訓練審議会又は都道府県職業訓練審議会となるものとする。

附　則（昭和四十七年六月八日法律第五十七号）（抄）

（施行期日）

第一条　この法律は、公布の日から起算して六月をこえない範囲内において政令で定める日から施行する。（後略）

（昭和四十七年政令第二百五十四号で昭和四十七年十月一日から施行）

附　則（昭和四十九年十二月二十八日法律第百十七号）

この法律は、昭和五十年四月一日から施行する。

附　則（昭和五十一年五月二十八日法律第三十六号）（抄）

（施行期日）

第一条　この法律は、昭和五十一年十月一日から施行する。

附　則（昭和五十三年五月八日法律第四十号）（抄）

（施行期日）

第一条　この法律は、昭和五十三年十月一日から施行する。ただし、第二十四条、第三十二条、第四十四条から第六十一条まで、第六十四条、第六十七条、第六十九条、第七十条、第七十一条及び第七十三条の改正規定、同条の次に一条を加える改正規定、第七十五条及び第七十六条の改正規定、第七十七条の次に五条を加える改正規定、第八十条、第八十四条から第八十六条まで、第八十七条、第八十九条、第九十条及び第九十二条の改正規定、同条の次に二条を加える改正規定、第九十三条の次に一条を加える改正規定、第九十四条、第百三条、第百四条、第百六条及び第百七条の改正規定並びに第百八条の改正規定（「第二十二条」を「第十四条第二項、第二十七条第四項」に改める部分を除く。）並びに次条第二項、附則第十条第二項及び第二十条から第二十三条までの規定並びに附則第二十四条の規定（労働省設置法（昭和二十四年法律第百六十二号）第十条の二第三号の改正規定を除く。）は、昭和五十四年四月一日から施行する。

（名称の使用制限に関する経過措置）

第二条　この法律の施行の際現にその名称中に職業訓練校という文字を用いているものについては、改正後の職業訓練法（以下「新法」という。）第十四条第二項の規定は、この法律の施行後六月間は、適用しない。

2　職業訓練法第六十七条第二項の改正規定及び同法第八十七条第二項の改正規定の施行の際現にその名称中に中央職業能力開発協会又は都道府県名を冠した職業能力開発協会という文字を用いているものについては、新法第六十七条第二項又は第八十七条第二項の規定は、職業訓練法第六十七条第二項の改正規定及び同法第八十七条第二項の改正規定の施行後六月間は、適用しない。

（公共職業訓練施設に関する経過措置）

第三条　この法律の施行の際現に改正前の職業訓練法（以下「旧法」という。）第十五条第二項又は第十九条第一項の規定により都道府県又は市町村が設置している専修職業訓練校及び高等職業訓練校は、新法第十四条第一項第一号に掲げる職業訓練校となるものとする。

2　この法律の施行の際現に旧法第十八条第二項の規定によりされている委託は、新法第十五条第五項の規定により都道府県にされている委託とみなす。

（都道府県職業能力開発協会の設立準備行為）

第四条　都道府県職業能力開発協会の会員になろうとするものは、昭和五十四年四月一日前においても、定款の作成、創立総会の開催、設立の認可の申請その他都道府県職業能力開発協会の設立に必要な行為をすることができる。

（職業訓練法人連合会等に関する経過措置）

第五条　職業訓練法第四十四条から第六十一条までの改正規定、同法第六十七条第一項の改正規定及び同法第八十七条第一項の改正規定（以下「法人に関する改正規定」という。）の施行の際現に存する職業訓練法人連合会及び職業訓練法人中央会、中央技能検定協会並びに都道府県技能検定協会（これらの法人であつて、清算中のものを含む。）については、旧法は、法人に関する改正規定の施行後も、なおその効力を有する。

2　前項の規定によりなお効力を有することとされた旧法は、同項に規定する職業訓練法人連合会及び職業訓練法人中央会、中央技能検定協会並びに都道府県技能検定協会について、次条第四項に規定する解散等によるその消滅の時に、失効するものとする。

3　中央職業能力開発協会が成立した時に現に存する職業訓練法人連合会及び都道府県技能検定協会については、

当該都道府県の区域内において都道府県職業能力開発協会が成立するまでの間、都道府県職業能力開発協会とみなして、新法第七十条及び第七十一条第一項の規定を適用する。

第六条　職業訓練法人中央会又は中央技能検定協会は、法人に関する改正規定の施行の日から起算して一年を経過する日までの間において、総会の議決を経て、中央職業能力開発協会の発起人に対し、その一切の権利及び義務を中央職業能力開発協会が承継すべき旨を申し出ることができる。

2　前項の議決については、旧法第五十六条第四項ただし書（旧法第八十六条において準用する場合を含む。）の規定による議決の例による。

3　中央職業能力開発協会の発起人は、第一項の規定による申出があつたときは、遅滞なく、労働大臣に申請してその認可を受けなければならない。

4　前項の認可があつたときは、職業訓練法人中央会又は中央技能検定協会の一切の権利及び義務は、中央職業能力開発協会の成立の時において中央職業能力開発協会に承継されるものとし、職業訓練法人中央会又は中央技能検定協会は、その時において解散するものとする。この場合においては、旧法及び他の法令の規定中法人の解散及び清算に関する規定は、適用しない。

5　前項の規定により職業訓練法人中央会又は中央技能検定協会が解散した場合における解散の登記については、政令で定める。

第七条　法人に関する改正規定の施行の日から起算して一年を経過した時に現に存する職業訓練法人中央会又は中央技能検定協会は、旧法第五十七条第一項又は第七十八条第一項の規定にかかわらず、その時に解散する。この場合における解散及び清算については、旧法第五十七条第一項第三号又は第七十八条第一項第三号に掲げる理由によつて解散した職業訓練法人中央会又は中央技能検定協会の解散及び清算の例による。

第八条　職業訓練法人連合会又は都道府県技能検定協会は、法人に関する改正規定の施行の日から起算して二年を経過する日までの間において、総会の議決を経て、都道府県職業能力開発協会の発起人（附則第四条の規定により都道府県職業能力開発協会の設立に必要な行為をするものを含む。）に対し、その一切の権利及び義務を都道府県職業能力開発協会が承継すべき旨を申し出ることができる。

2 前項の議決については、旧法第五十六条第四項ただし書（旧法第九十四条において準用する場合を含む。）の規定による議決の例による。

3 附則第六条第三項から第五項まで及び前条の規定は、職業訓練法人連合会又は都道府県技能検定協会について準用する。この場合において、附則第六条第三項中「中央職業能力開発協会の発起人」とあるのは「都道府県職業能力開発協会の発起人（附則第四条の規定により都道府県職業能力開発協会の設立に必要な行為をするものを含む。）」と、「第一項」とあるのは「附則第八条第一項」と、「労働大臣」とあるのは「都道府県知事」と、同条第四項中「中央職業能力開発協会」とあるのは「都道府県職業能力開発協会」と、前条中「一年」とあるのは「二年」と、「第七十八条第一項」とあるのは「第九十四条において準用する旧法第七十八条第一項」と、「第七十八条第一項第三号」とあるのは「第九十四条において準用する旧法第七十八条第一項第三号」と読み替えるものとする。

（政令への委任）

第九条 この附則に定めるもののほか、この法律の施行に関して必要な経過措置は、政令で定める。

（罰則に関する経過措置）

第十条 この法律の各改正規定の施行前（附則第五条第一項に規定する職業訓練法人連合会及び職業訓練法人中央会、中央技能検定協会並びに都道府県技能検定協会については、同項の規定によりなお効力を有することとされる旧法の同条第二項に規定する失効前）にした行為に対する罰則の適用については、それぞれなお従前の例による。

2 職業訓練法第百三条の改正規定の施行前（附則第五条第一項に規定する中央技能検定協会及び都道府県技能検定協会については、同項の規定によりなお効力を有することとされる旧法の同条第二項に規定する失効前）に中央技能検定協会又は都道府県技能検定協会の役員又は職員の職にあつた者が職業訓練法第百三条の改正規定の施行後（附則第五条第一項に規定する中央技能検定協会及び都道府県技能検定協会については、同項の規定によりなお効力を有することとされる旧法の同条第二項に規定する失効後）にした旧法第八十五条（旧法第九十四条において準用する場合を含む。）の規定に違反する行為に対する罰則の適用についても、前項と同様とする。

附　則（昭和五十四年十二月二十日法律第六十八

号）（抄）

（施行期日）

第一条　この法律は、公布の日から起算して六月を経過した日から施行する。

附　則（昭和五十六年四月二十五日法律第二十七号）（抄）

（施行期日）

第一条　この法律は、公布の日から起算して二月を超えない範囲内において政令で定める日から施行する。

（昭和五十六年政令第百七十九号で昭和五十六年六月八日から施行）

附　則（昭和六十年六月八日法律第五十六号）（抄）

（施行期日）

第一条　この法律は、昭和六十年十月一日から施行する。ただし、第二条及び第九十九条の改正規定、同条を第九十八条の二とし、同条の次に一条を加える改正規定並びに附則第六条、附則第十条、附則第十五条及び附則第二十四条の規定は、公布の日から施行する。

（職業訓練計画に関する経過措置）

第二条　この法律の施行の際現に改正前の第五条又は第六条の規定により策定されている職業訓練基本計画又は都道府県職業訓練計画は、それぞれ改正後の第五条又は第六条の規定により策定された職業能力開発基本計画又は都道府県職業能力開発計画とみなす。

（認定職業訓練に関する経過措置）

第三条　この法律の施行前に改正前の第二十四条第一項の規定によりされた認定は、改正後の第二十四条第一項の規定によりされた認定とみなす。

（定款又は寄附行為の変更に関する経過措置）

第四条　この法律の施行前に改正後の第三十九条第一項の労働省令で定める事項に係る定款又は寄附行為の変更について行われた改正前の第三十九条第一項の認可の申請は、改正後の第三十九条第三項の届出とみなす。

2　この法律の施行前に行われた前項に規定する定款又は寄附行為の変更（同項に規定する申請が行われたものを除く。）は、改正後の第三十九条第三項の規定の適用については、この法律の施行の日に行われたものとみなす。

（職業訓練審議会に関する経過措置）

第五条　改正前の第九十五条又は第九十七条の規定による中央職業訓練審議会又は都道府県職業訓練審議会は、それぞれ改正後の第九十五条又は第九十七条の規定による中央職業能力開発審議会又は都道府県職業能力開発審議会となるものとする。

（職業訓練施設の経費の負担等に関する経過措置）

第六条　改正後の第九十九条の規定は、昭和六十年度の予算に係る交付金から適用し、昭和五十九年度以前の年度の予算に係る改正前の第九十九条の規定に基づく負担金については、なお従前の例による。

（その他の経過措置の政令への委任）

第七条　この附則に定めるもののほか、この法律の施行に関して必要な経過措置は、政令で定める。

（罰則に関する経過措置）

第八条　この法律の施行前にした行為に対する罰則の適用については、なお従前の例による。

附　則（昭和六十一年十二月二十六日法律第百九号）（抄）

（施行期日）

第一条　この法律は、公布の日から施行する。

附　則（昭和六十二年六月一日法律第四十一号）（抄）

（施行期日）

第一条　この法律は、昭和六十三年四月一日から施行する。

（職業能力開発促進法の一部改正に伴う経過措置）

第二十八条　この法律の施行の際前条の規定による改正前の職業能力開発促進法第十六条の規定により設置されている身体障害者職業訓練校は、前条の規定による改正後の職業能力開発促進法第十五条第二項第四号の障害者職業訓練校となるものとする。

2　この法律の施行の際現にその名称中に障害者職業訓練校という文字を用いているものについては、前条の規定による改正後の職業能力開発促進法第十七条の規定は、この法律の施行後六月間は、適用しない。

附　則（平成四年六月三日法律第六十七号）（抄）

（施行期日）

第一条　この法律は、平成五年四月一日から施行する。ただし、次の各号に掲げる規定は、当該各号に定める日から施行する。

一　目次の改正規定（「第九十八条」を「第九十七条の二」に改める部分に限る。）、第十五条の次に四条、節名及び一条を加える改正規定中第十五条の次に四条を加える部分（第十五条の五に係る部分に限る。）、第九十八条の前に一条を加える改正規定並びに第百七条第

一号の改正規定並びに附則第四条の規定　公布の日

二　第百三条及び第百四条の改正規定、第百六条の改正規定、第百七条の改正規定（「五万円」を「二十万円」に改める部分に限る。）並びに第百八条の改正規定　公布の日から起算して一月を経過した日

（公共職業訓練施設に関する経過措置）

第二条　この法律の施行の際現に改正前の職業能力開発促進法（次項において「旧法」という。）第十六条第一項又は第二項の規定により国、都道府県又は市町村が設置している職業訓練校、職業訓練短期大学校、技能開発センター又は障害者職業訓練校は、それぞれ改正後の職業能力開発促進法（以下「新法」という。）第十五条の六第一項に掲げる職業能力開発校、職業能力開発短期大学校、職業能力開発促進センター又は障害者職業能力開発校となるものとする。

2　この法律の施行の際現にされている旧法第十六条第六項の規定による委託は、新法第十六条第四項の規定によるる委託とみなす。

（名称の使用制限に関する経過措置）

第三条　この法律の施行の際現にその名称中に、職業能力開発校、職業能力開発短期大学校、職業能力開発促進センター、障害者職業能力開発校又は職業能力開発大学校という文字を用いているものについては、新法第十七条又は第二十七条第四項の規定は、この法律の施行後六月間は、適用しない。

（職業訓練等に準ずる訓練の実施に関する経過措置）

第四条　附則第一条第一号に定める日からこの法律の施行の日（次項において「施行日」という。）の前日までの間における新法第九十七条の二の規定の適用については、「公共職業能力開発施設、職業能力開発大学校」とあるのは、「公共職業訓練施設、職業訓練大学校」とする。

（その他の経過措置の政令への委任）

第五条　この附則に定めるもののほか、この法律の施行に関して必要な経過措置は、政令で定める。

（罰則に関する経過措置）

第六条　この法律（附則第一条各号に規定する規定については、当該規定）の施行前にした行為に対する罰則の適用については、なお従前の例による。

附　則（平成五年十一月十二日法律第八十九号）

（抄）

（施行期日）

第一条　この法律は、行政手続法（平成五年法律第八十八号）の施行の日から施行する。

（施行の日＝平成六年十月一日）

（諮問等がされた不利益処分に関する経過措置）

第二条　この法律の施行前に法令に基づき審議会その他の合議制の機関に対し行政手続法第十三条に規定する聴聞又は弁明の機会の付与の手続その他の意見陳述のための手続に相当する手続を執るべきことの諮問その他の求めがされた場合においては、当該諮問その他の求めに係る不利益処分の手続に関しては、この法律による改正後の関係法律の規定にかかわらず、なお従前の例による。

（罰則に関する経過措置）

第十三条　この法律の施行前にした行為に対する罰則の適用については、なお従前の例による。

（聴聞に関する規定の整理に伴う経過措置）

第十四条　この法律の施行前に法律の規定により行われた聴聞、聴問若しくは聴聞会（不利益処分に係るものを除く。）又はこれらのための手続は、この法律による改正後の関係法律の相当規定により行われたものとみなす。

（政令への委任）

第十五条　附則第二条から前条までに定めるもののほか、この法律の施行に関して必要な経過措置は、政令で定める。

附　則（平成六年六月二十二日法律第三十八号）（抄）

（施行期日）

第一条　この法律は、平成六年十月一日から施行する。

附　則（平成九年五月九日法律第四十五号）（抄）

（施行期日）

第一条　この法律は、公布の日から起算して三月を超えない範囲内において政令で定める日から施行する。ただし、第一条中職業能力開発促進法（以下「能開法」という。）の目次、第十五条の六第一項、第十六条第一項及び第二項、第十七条、第二十五条、第五節の節名並びに第二十七条の改正規定、能開法第二十七条の次に節名を付する改正規定並びに能開法第二十七条の二第二項、第九十七条の二及び第九十九条の二の改正規定、第二条の規定（雇用促進事業団法第十九条第一項第一号及び第二号の改正規定に限る。）並びに次条から附則第四条までで、附則第六条から第八条まで及び第十条から第十六条までの規定、附則第十七条の規定（雇用保険法（昭和四十九年法律第百十六号）第六十三条第一項第四号中「第十条第二項」を「第十条の二第二項」に改める部分を除く。）並びに附則第十八条から第二十三条までの規定は、平成十一年四月一日から施行する。

（平成九年政令第二百二十四号で平成九年七月一日から施行）

（職業能力開発短期大学校に関する経過措置）

第二条　第一条中能開法第十五条の六第一項の改正規定の施行の際現に第一条の規定による改正前の職業能力開発促進法（以下「旧能開法」という。）第十六条第一項又は第二項の規定により国又は都道府県が設置している職業能力開発短期大学校は、政令で定めるところにより、第一条の規定による改正後の職業能力開発促進法（以下「新能開法」という。）第十五条の六第一項第二号に掲げる職業能力開発短期大学校又は同項第三号に掲げる職業能力開発大学校となるものとする。

（職業能力開発大学校に関する経過措置）

第三条　第一条中能開法第二十七条の改正規定の施行の際現に旧能開法第二十七条第三項の規定により国が設置している職業能力開発大学校は、新能開法第二十七条第一項に規定する職業能力開発総合大学校となるものとする。

（名称の使用制限に関する経過措置）

第四条　第一条中能開法第二十七条の改正規定の施行の際現にその名称中に職業能力開発総合大学校という文字を用いているものについては、新能開法第二十七条第四項の規定は、第一条中能開法第二十七条の改正規定の施行後六月間は、適用しない。

（政令への委任）

第五条　この附則に定めるもののほか、この法律の施行に関して必要な経過措置は、政令で定める。

（罰則に関する経過措置）

第六条　附則第一条ただし書に規定する規定の施行前にした行為に対する罰則の適用については、なお従前の例による。

附　則（平成九年十二月十九日法律第百三十一号）（抄）

（施行期日）

第一条　この法律は、平成十年四月一日から施行する。

附　則（平成十年六月十二日法律第百一号）（抄）

（施行期日）

第一条　この法律は、平成十一年四月一日から施行する。

附　則（平成十一年七月十六日法律第八十七号）

（抄）

（施行期日）

第一条　この法律は、平成十二年四月一日から施行する。

（後略）

（職業能力開発促進法の一部改正に伴う経過措置）

第百二十条　施行日前に第三百八十五条の規定による改正前の職業能力開発促進法第十六条第二項の規定によりされた認可又はこの法律の施行の際現に同項の規定によりされている認可の申請は、それぞれ第三百八十五条の規定による改正後の職業能力開発促進法第十六条第三項の規定によりされた同意又は協議の申出とみなす。

附　則（平成十一年七月十六日法律第百二号）（抄）

（施行期日）

第一条　この法律は、内閣法の一部を改正する法律（平成十一年法律第八十八号）の施行の日から施行する。ただし、次の各号に掲げる規定は、当該各号に定める日から施行する。

（施行の日＝平成十三年一月六日）（後略）

附　則（平成十一年十二月八日法律第百五十一号）（抄）

（施行期日）

第一条　この法律は、平成十二年四月一日から施行する。

（後略）

附　則（平成十一年十二月二十二日法律第百六十号）（抄）

（施行期日）

第一条　この法律（第二条及び第三条を除く。）は、平成十三年一月六日から施行する。（後略）

附　則（平成十三年四月二十五日法律第三十五号）（抄）

（施行期日）

第一条　この法律は、平成十三年十月一日から施行する。

（政令への委任）

第五条　この附則に定めるもののほか、この法律の施行に関して必要な経過措置は、政令で定める。

（罰則に関する経過措置）

第六条　この法律（附則第一条ただし書に規定する規定については、当該規定。以下同じ。）の施行前にした行為並びに附則第二条第三項及び第四条第一項の規定によりなお従前の例によることとされる場合におけるこの法律の施行後にした行為に対する罰則の適用については、なお従前の例による。

附　則（平成十四年五月七日法律第三十五号）

（抄）

（施行期日）

第一条　この法律は、公布の日から施行する。（後略）

職業能力開発促進法施行令

昭和四十四年　九月三十　日政令第二百五十八号

改正　昭和四十五年　九月二十一日政令第二百六十五号
昭和四十六年　八月　十六日政令第二百六十八号
昭和四十七年　八月　十七日政令第三百　十三号
昭和四十八年　四月二十三日政令第　九十八号
昭和四十八年　九月　五日政令第二百五十六号
昭和四十九年　九月　五日政令第三百二十　号
昭和五十　年　八月二十六日政令第二百五十八号
昭和五十一年　一月二十三日政令第　九号
昭和五十一年　九月　一日政令第二百三十三号
昭和五十二年　八月二十三日政令第二百五十八号
昭和五十三年　九月　五日政令第三百二十一号
昭和五十四年　八月二十九日政令第二百三十五号
昭和五十五年　八月二十八日政令第二百　十六号
昭和五十六年　四月二十八日政令第　百四十七号
昭和五十六年　八月二十一日政令第二百六十九号
昭和五十七年　五月二十八日政令第　百五十一号
昭和五十七年　八月　十三日政令第二百二十一号
昭和五十七年十一月　六日政令第二百九十五号
昭和五十八年　八月　十六日政令第　百八十五号
昭和五十九年　八月二十五日政令第二百六十一号
昭和六十　年　六月　八日政令第　百七十　号
昭和六十　年　八月　十　日政令第二百四十八号
昭和六十　年　九月二十七日政令第二百六十九号
昭和六十一年　三月　七日政令第　十九号
昭和六十一年　八月　十二日政令第二百七十五号
昭和六十三年　三月三十一日政令第　六十八号
昭和六十三年　四月　一日政令第　八十二号
平成　一年　七月二十八日政令第二百三十四号
平成　四年　二月　四日政令第　二十一号
平成　四年　八月二十八日政令第二百八十四号
平成　五年　一月　五日政令第　一号
平成　五年　三月二十四日政令第　五十四号
平成　五年　四月　一日政令第　百　十九号
平成　七年　一月二十五日政令第　八号
平成　八年　一月二十四日政令第　八号
平成　九年　二月二十八日政令第　二十五号
平成　十　年十　月三十　日政令第三百五十一号
平成　十一年十二月　三日政令第三百九十　号
平成　十二年　六月　七日政令第三百　九号

平成十二年　七月二十七日政令第三百九十七号
平成十三年　九月二十七日政令第三百　十七号
平成十四年　四月　　十日政令第　百五十九号

（都道府県知事に対する厚生労働大臣の指示）

第一条　厚生労働大臣は、都道府県知事が職業能力開発促進法（以下「法」という。）第四十二条の規定による職業訓練法人の設立の認可を取り消す処分又は法第四十三条において準用する民法（明治二十九年法律第八十九号）第六十七条第一項の規定による職業訓練法人の業務の停止を命ずる処分をしないことが著しく公益を害するおそれがあると認めるときは、当該都道府県知事に対し、これらの規定による処分をすべきことを指示することができる。

（技能検定の職種）

第二条　法第六十二条第一項の政令で定める職種は、別表に掲げるとおりとする。

（技能検定の実施に関する業務）

第三条　法第六十四条第二項の規定により都道府県知事が行う業務は、次に掲げる業務（同条第五項の規定により、厚生労働大臣の指定した事業主の団体（第六条第一項において「指定事業主団体」という。）に技能検定試験に関する業務の一部が委託されている職種に係るものを除く。）とする。

一　技能検定試験の実施に関すること。

二　法第六十五条の合格証書の作成（厚生労働省令で定める等級に係る合格証書の作成に限る。）並びに交付及び再交付に関すること。

三　前二号に掲げる業務に附帯する業務

（経費の負担）

第四条　法第九十八条の二の規定による国の負担は、各年度において、職業能力開発校又は障害者職業能力開発校の施設又は設備に要する経費のうち次の各号に掲げるものに係る当該各号に定める額の合算額から厚生労働大臣が定める収入金の額に相当する額を控除した額（当該職業能力開発施設の施設又は設備に関し補助金があるときは、当該控除した額から厚生労働大臣が定める額を控除した額）の二分の一について行う。

一　法第十九条第一項の職業訓練の基準により必要な建物の新設、増設又は改設に要する経費　建物の構造、所在地による地域差等を考慮して厚生労働大臣が定める一平方メートル当たりの建設単価（その建設単価が当該建物の新設、増設又は改設に係る一平方メートル当たりの建設単価を超えるときは、当該建物の新設、増設又は改設に係る建設単価とする。）に、厚生労働大臣が定める範囲内の建物の新設、増設又は改設に係る延べ平方メートル数を乗じて得た額

二　法第十九条第一項の職業訓練の基準により必要な機械器具その他の設備の新設、増設又は改設に要する経費　職業能力開発校又は障害者職業能力開発校において行われる職業訓練の種類、規模等を考慮して厚生労働大臣が定める基準に従つて算定した額（その額が当該経費につき現に要した金額を超えるときは、当該金額とする。）

2　前項の国の負担は、厚生労働大臣が職業能力開発校又は障害者職業能力開発校の設置又は運営が法第五条第一項に規定する職業能力開発基本計画に適合すると認める場合に行う。

（交付金の交付基準）

第五条　法第九十九条第二項の政令で定める基準は、第一号及び第二号の規定により各都道府県に割り当てられた額から雇用保険法施行令（昭和五十年政令第二十五号）第十四条（第四項を除く。）の規定により当該都道府県に交付される同条第一項の交付金の額に相当する額を控除した額に、第三号の規定により当該都道府県に割り当てられた額を加算した額を交付することとする。

一　法第九十九条第一項の交付金の予算総額に雇用保険法施行令第十四条第一項の交付金の予算総額を加算した額（以下この条において「交付金総額」という。）の十分の二に相当する額に、各都道府県の法第二条に規定する雇用労働者の数（以下この条において「雇用労働者数」という。）が全国の雇用労働者数に占める割合を乗じて得た額を割り当てる。

二　交付金総額の十分の六に相当する額を、次に定めるところにより、各都道府県の法第九十九条第二項に規定する求職者数（以下この条において単に「求職者数」という。）に基づいて割り当てる。

イ　交付金総額の十分の三に相当する額に、各都道府県の求職者数から中学校、高等学校又は中等教育学校を卒業して就職する者の数（以下この条において「学卒就職者数」という。）を控除した数（以下この号において「一般求職者数」という。）が全国の一般求職者数に占める割合を乗じて得た額を割り当てる。

ロ　交付金総額の十分の三に相当する額に、各都道府県の学卒就職者数が全国の学卒就職者数に占める割

合を乗じて得た額を割り当てる。

三　交付金総額の十分の二に相当する額を、厚生労働大臣が定めるところにより、次に掲げる事情に対応した職業能力開発校又は障害者職業能力開発校の運営を行うための経費を要する都道府県に割り当てる。

イ　多数の離職者の発生、技能労働者の著しい不足等により緊急に職業訓練を実施する必要があると認められること。

ロ　イに掲げるもののほか、障害者その他の就職が特に困難な労働者に対する職業訓練を実施する必要性、他の職業に関する教育訓練施設の分布状況等の特別の事情

2　前項の場合において、第一号又は第二号に規定する都道府県に該当する都道府県があるときは、同項の規定の適用については、次に定めるところによる。

一　前項第一号及び第二号の規定により当該都道府県に割り当てられた額が、交付金総額の十分の八に相当する額に当該都道府県の訓練生の割合（当該都道府県の設置する職業能力開発校及び障害者職業能力開発校の行う職業訓練を受ける労働者の延べ人数がすべての都道府県の設置する職業能力開発校及び障害者職業能力開発校の行う職業訓練を受ける労働者の延べ人数に占める割合をいう。以下この号及び次号において同じ。）を乗じて得た額の十分の十三に相当する額を超える都道府県については、当該十分の十三に相当する額を、同項第一号及び第二号の規定により当該都道府県に割り当てられた額とする。

二　前項第一号及び第二号の規定により当該都道府県に割り当てられた額が、交付金総額の十分の八に相当する額に当該都道府県の訓練生の割合を乗じて得た額の十分の七に相当する額に満たない都道府県については、当該十分の七に相当する額を、同項第一号及び第二号の規定により当該都道府県に割り当てられた額とする。

三　前項第三号中「交付金総額の十分の二」とあるのは、「交付金総額から前二号の規定により各都道府県に割り当てられた額の総額を控除した額」とする。

3　第一項第一号の雇用労働者数、同項第二号の求職者数及び学卒就職者数並びに前項第一号の職業訓練を受ける労働者の延べ人数は、厚生労働大臣が定める算定方法により、算定するものとする。この場合において、同号の職業訓練を受ける労働者の延べ人数に係る算定方法は、

その受ける職業訓練の訓練期間その他の事情を考慮して定めるものとする。

（技能検定の手数料）

第六条　法第六十四条第五項の規定に基づき厚生労働大臣の委託を受けて指定事業主団体が行う技能検定試験を受けようとする者は、当該指定事業主団体に手数料を納付しなければならない。

2　前項の手数料の金額は、厚生労働大臣が定める金額とする。ただし、実技試験にあつては二万九千九百円を、学科試験にあつては八千九百円を超えてはならない。

3　第一項の手数料は、これを納付した後においては、返還しない。

附　則　略

別表第一（第二条関係）

ファイナンシャル・プランニング
金融窓口サービス
レストランサービス
ビル設備管理
園芸装飾
造園
さく井
金属溶解
鋳造
鍛造
金属熱処理
粉末冶金
機械加工
放電加工
金型製作
金属プレス加工
鉄工
建築板金
工場板金
工業彫刻
めつき
アルミニウム陽極酸化処理
溶射
金属ばね製造
ロープ加工
仕上げ
金属研磨仕上げ
切削工具研削

製材のこ目立て
機械検査
ダイカスト
機械保全
電子回路接続
電子機器組立て
電気機器組立て
半導体製品製造
プリント配線板製造
家庭用電気治療器調整
自動販売機調整
産業車両整備
鉄道車両製造・整備
時計修理
眼鏡レンズ加工
光学機器製造
複写機組立て
内燃機関組立て
空気圧装置組立て
油圧装置調整
縫製機械整備

建設機械整備
農業機械整備
冷凍空気調和機器施工
染色
ニット製品製造
婦人子供服製造
紳士服製造
和裁
寝具製作
帆布製品製造
布はく縫製
木工機械整備
機械木工
木型製作
家具製作
建具製作
竹工芸
紙器・段ボール箱製造
製版
印刷
製本

プラスチック成形
強化プラスチック成形
ガラス製品製造
ほうろう加工
陶磁器製造
ファインセラミックス製品製造
石材施工
パン製造
菓子製造
製麵
ハム・ソーセージ・ベーコン製造
水産練り製品製造
みそ製造
酒造
建築大工
枠組壁建築
かわらぶき
とび
左官
れんが積み
築炉
ブロック建築
エーエルシーパネル施工
コンクリート積みブロック施工
タイル張り
畳製作
配管
浴槽設備施工
厨房設備施工
型枠施工
鉄筋施工
コンクリート圧送施工
防水施工
樹脂接着剤注入施工
内装仕上げ施工
スレート施工
熱絶縁施工
カーテンウオール施工
サッシ施工
自動ドア施工
バルコニー施工
ガラス施工

ウエルポイント施工
テクニカルイラストレーション
建築図面製作
機械・プラント製図
電気製図
化学分析
金属材料試験
漆器製造
貴金属装身具製作
印章彫刻
ガラス用フィルム施行
表装
塗装
路面標示施工
塗料調色
広告美術仕上げ
義肢・装具製作
舞台機構調整
工業包装
写真
調理
ビルクリーニング
産業洗浄
商品装飾展示
フラワー装飾

別表第二（第三条関係）

ファイナンシャル・プランニング
金融窓口サービス
レストランサービス
ガラス用フィルム施行
調理
ビルクリーニング

職業能力開発促進法施行規則

昭和四十四年十　月　一日労働省令第二十四号

題名…改正（昭和六十年九月三十日労働省令第二十三号）

改正　昭和四十五年　四月　一日労働省令第　八号
昭和四十五年十　月　一日労働省令第二十四号
昭和四十五年十　月二十二日労働省令第二十五号
昭和四十六年　一月　十六日労働省令第　一号
昭和四十六年　五月　一日労働省令第　十二号
昭和四十六年　七月三十　日労働省令第二十二号
昭和四十六年　八月三十一日労働省令第二十三号
昭和四十七年　三月　七日労働省令第　四号
昭和四十七年　四月　十一日労働省令第　十三号
昭和四十七年　九月　十六日労働省令第三十一号
昭和四十七年　九月三十　日労働省令第四十八号
昭和四十八年　一月三十　日労働省令第　一号
昭和四十八年　三月　九日労働省令第　二号
昭和四十八年　五月　十五日労働省令第　十五号
昭和四十八年　九月　五日労働省令第二十七号
昭和四十九年　四月　十一日労働省令第　十四号
昭和四十九年　九月　五日労働省令第二十六号
昭和五十　年　四月　五日労働省令第　十五号
昭和五十　年　七月　一日労働省令第　十九号
昭和五十　年　八月二十六日労働省令第二十二号
昭和五十一年　三月三十　日労働省令第　七号
昭和五十一年　九月　一日労働省令第三十　号
昭和五十一年十一月　十一日労働省令第四十　号
昭和五十一年十一月　十三日労働省令第四十一号
昭和五十二年　四月二十　日労働省令第　十四号
昭和五十二年　八月三十一日労働省令第二十六号
昭和五十三年　九月　五日労働省令第三十四号
昭和五十三年　九月三十　日労働省令第三十七号
昭和五十四年　三月二十四日労働省令第　六号
昭和五十四年　四月　四日労働省令第　十五号
昭和五十四年　八月三十　日労働省令第二十七号
昭和五十五年　四月　一日労働省令第　七号
昭和五十五年　八月二十八日労働省令第二十四号
昭和五十五年　十月二十九日労働省令第二十七号
昭和五十六年　六月　六日労働省令第二十三号
昭和五十六年　六月二十七日労働省令第二十五号
昭和五十六年　八月二十一日労働省令第三十　号
昭和五十七年　三月　十　日労働省令第　三号

昭和五十七年　五月二十八日労働省令第二十　号
昭和五十七年　七月二十四日労働省令第二十七号
昭和五十七年　八月　十三日労働省令第二十九号
昭和五十七年十一月　六日労働省令第三十五号
昭和五十七年十一月　十　日労働省令第三十七号
昭和五十八年　二月　十七日労働省令第　四号
昭和五十八年　三月二十二日労働省令第　九号
昭和五十八年　八月　十六日労働省令第二十六号
昭和五十八年十一月二十五日労働省令第二十九号
昭和五十九年　二月　四日労働省令第　二号
昭和五十九年　三月二十九日労働省令第　七号
昭和五十九年　六月二十九日労働省令第十四号
昭和五十九年　八月二十五日労働省令第　十九号
昭和六十　年　二月二十五日労働省令第　三号
昭和六十　年　八月　十　日労働省令第二十一号
昭和六十　年　九月三十　日労働省令第二十三号
昭和六十一年　三月　七日労働省令第　六号
昭和六十一年　三月二十四日労働省令第　九号
昭和六十一年　八月　十二日労働省令第二十九号
昭和六十一年十二月　十　日労働省令第三十九号
昭和六十二年　三月　十　日労働省令第　三号

昭和六十二年　五月二十一日労働省令第　十九号
昭和六十二年　七月二十九日労働省令第二十八号
昭和六十三年　三月三十一日労働省令第　七号
昭和六十三年　四月　一日労働省令第　八号
昭和六十三年　四月　八日労働省令第　十三号
平成　元年　五月二十　日労働省令第　十二号
平成　元年　七月二十八日労働省令第二十八号
平成　二年　五月二十五日労働省令第　十一号
平成　二年十一月二十八日労働省令第二十七号
平成　三年　三月二十七日労働省令第　五号
平成　三年　九月三十　日労働省令第二十三号
平成　四年　二月　四日労働省令第　一号
平成　四年　八月二十八日労働省令第二十五号
平成　五年　二月　十二日労働省令第　一号
平成　五年　二月二十三日労働省令第　二号
平成　五年　四月　一日労働省令第　十六号
平成　五年　五月　十一日労働省令第　二十号
平成　五年　八月　二日労働省令第二十九号
平成　五年十二月二十　日労働省令第三十六号
平成　六年　二月　一日労働省令第　三号
平成　六年　三月二十九日労働省令第　十四号

平成六年九月二十九日労働省令第四十二号
平成七年二月二十二日労働省令第六号
平成七年三月十四日労働省令第十一号
平成八年二月二十八日労働省令第四号
平成九年二月二十四日労働省令第五号
平成九年十月二十七日労働省令第三十三号
平成十年二月十七日労働省令第二号
平成十年三月二十五日労働省令第十一号
平成十年四月六日労働省令第十九号
平成十年四月二十七日労働省令第二十四号
平成十年十一月十日労働省令第三十六号
平成十一年一月十一日労働省令第七号
平成十一年二月十日労働省令第九号
平成十一年三月三十日労働省令第二十一号
平成十二年一月三十一日労働省令第二号
平成十二年二月四日労働省令第三号
平成十二年三月三十一日労働省令第十三号
平成十二年八月七日労働省令第三十三号
平成十二年八月十四日中央省庁等改革推進本部令第四十六号
平成十二年十月三十一日労働省令第四十一号
平成十三年八月十日厚生労働省令第百八十四号
平成十三年九月二十七日厚生労働省令第百九十二号
平成十四年三月二十六日厚生労働省令第三十七号
平成十四年六月十一日厚生労働省令第七十六号
平成十四年八月二日厚生労働省令第百二号

目次

第一章　職業能力開発の促進

第一節　職業能力開発の促進の措置

（法第十一条第一項の計画）

第一条　職業能力開発促進法（以下「法」という。）第十一条第一項の計画は、常時雇用する労働者に関して、次に掲げる事項その他必要な事項を定めるものとする。

一　新たに職業生活に入る者に対する職業に必要な基礎的な能力の開発及び向上を促進するための措置に関する事項

二　前号の措置を受けた労働者その他職業に必要な相当程度の能力を有する労働者に対する職業能力の開発及び向上を促進するための措置に関する事項

2　前項の計画を作成するに当たつては、事業主は、中高年齢者に対する職業能力の開発及び向上の促進のための措置の充実強化に特に配慮するものとする。

（職業能力開発推進者の選任）

第二条　法第十二条の職業能力開発推進者の選任は、事業所ごとに行うものとする。

2　常時雇用する労働者が百人以下である事業所又は二以上の事業主が共同して職業訓練を行う場合その他その雇用する労働者の職業能力の開発及び向上を共同して図ることが適切な場合における常時雇用する労働者が百人を超える事業所については、法第十二条の職業能力開発推進者は当該事業所の選任の者であることを要しないものとする。

（法第十五条の六第一項ただし書の厚生労働省令で定める職業訓練）

第三条　法第十五条の六第一項ただし書の厚生労働省令で定める職業訓練は、短期過程の普通職業訓練に準ずる職業訓練で、その教科のすべての科目について簡易な設備を使用して行うことができるものとする。

（法第十五条の六第一項第三号の厚生労働省令で定める長期間の訓練過程）

第三条の二　法第十五条の六第一項第三号の厚生労働省令で定める長期間の訓練課程は、応用課程とする。

（公共職業能力開発施設の行う業務）

第四条　法第十五条の六第四項第二号の厚生労働省令で定める業務は、次のとおりとする。

一　職業訓練の実施に関する調査研究を行うこと。

二　前号に掲げるもののほか、職業能力の開発及び向上に関し必要な業務を行うこと。

2　前項に定める業務のほか、職業能力開発短期大学校及び職業能力開発大学校は、短期課程の普通職業訓練を行うことができる。

（公共職業能力開発施設の設置の協議の申出）

第五条　法第十六条第三項の協議の申出は、当該申出に係る公共職業能力開発施設について次の事項を記載した書類を、厚生労働大臣に提出して行わなければならない。

一　名称及び所在地
二　設置理由
三　職業訓練の種類及び訓練課程
四　訓練科の名称、訓練科ごとの訓練期間、訓練時間及び訓練生（訓練を受ける者をいう。以下同じ。）の定数
五　訓練科ごとの教科の科目及び訓練の実施の方法
六　訓練科ごとの職業訓練指導員の数並びにその他の職員の職名及び数
七　土地及び建物の面積、平面図及び権利関係並びに建物の構造の概要及び用途
八　訓練科ごとの工作物、機械及び器具の名称、数量及び権利関係並びに工作物及び機械の配置図
九　職業訓練に関する予算の概要
十　訓練開始予定年月日

（公共職業能力開発施設に関する事項の変更）

第六条　都道府県又は市町村は、法第十六条第三項の同意を得て設置した公共職業能力開発施設に関し、前条第一号又は第五号から第八号までに掲げる事項について変更した場合（軽微な変更をした場合を除く。）には、速やかに変更した事項及び年月日を厚生労働大臣に届け出なければならない。

2　都道府県又は市町村は、法第十六条第三項の同意を得て設置した公共職業能力開発施設に関し、前条第三号又は第四号に掲げる事項について変更しようとする場合には、あらかじめ、変更の内容、理由及び予定年月日を厚生労働大臣に届け出なければならない。

（公共職業能力開発施設の廃止届）

第七条　都道府県及び市町村は、法第十六条第三項の同意を得て設置した公共職業能力開発施設を廃止しようとする場合には、あらかじめ、次の事項を厚生労働大臣に届け出なければならない。

一　廃止する公共職業能力開発施設の名称及び所在地
二　廃止理由
三　廃止予定年月日

（国が設置する公共職業能力開発施設）

第八条　国が設置する公共職業能力開発施設の位置及び名称は、別表第一のとおりとする。

2　法第十六条第五項の厚生労働省令で定めるものは、中央障害者職業能力開発校及び吉備高原障害者職業能力開発校とする。

（訓練課程）

第九条　職業訓練の訓練課程は、次の表の上欄に掲げる職業訓練の種類に応じ、長期間の訓練課程にあつては同表の中欄に、短期間の訓練課程にあつては同表の下欄にそれぞれ定めるとおりとする。

職業訓練の種類	長期間の訓練課程	短期間の訓練課程
普通職業訓練	普通課程	短期課程
高度職業訓練	専門課程 応用課程	専門短期課程 応用短期課程

（普通課程の訓練基準）

第十条　普通課程の普通職業訓練に係る法第十九条第一項の厚生労働省令で定める事項は、次の各号に掲げるとおりとし、同項の厚生労働省令で定める基準は、それぞれ当該各号に定めるとおりとする。

一　訓練の対象者　学校教育法（昭和二十二年法律第二十六号）による中学校を卒業した者（以下「中学校卒業者」という。）若しくは同法による中等教育学校の前期課程を修了した者（以下「中等教育学校前期課程修了者」という。）若しくはこれらと同等以上の学力を有すると認められる者であること又は同法による高等学校を卒業した者（以下「高等学校卒業者」という。）若しくは同法による中等教育学校を卒業した者（以下「中等教育学校卒業者」という。）若しくはこれらと同等以上の学力を有すると認められる者であること。

二　教科　その科目が将来多様な技能及びこれに関する知識を有する労働者となるために必要な基礎的な技能及びこれに関する知識を習得させるために適切と認められるものであること。

三　訓練の実施方法　通信の方法によつても行うことができること。この場合には、適切と認められる方法により添削指導及び面接指導を行うこと。

四　訓練期間　中学校卒業者若しくは中等教育学校前期課程修了者又はこれと同等以上の学力を有すると認められる者（以下この項において「中学校卒業者等」という。）を対象とする場合にあつては二年、高等学校卒業者若しくは中等教育学校卒業者又はこれらと同等以上の学力を有すると認められる者（以下この項において「高等学校卒業者等」という。）を対象とする場合にあつては一年であること。ただし、訓練の対象となる技能及びこれに関する知識の内容、訓練の実施体制等によりこれにより難い場合には、中学校卒業者等を対象とするときにあつては二年以上四年以下、高等学校卒業者等を対象とするときにあつては一年以上四年以下の期間内で当該訓練を適切に行うことができると認められる期間とすることができる。

五　訓練時間　一年につきおおむね千四百時間であり、かつ、教科の科目ごとの訓練時間を合計した時間（以下「総訓練時間」という。）が中学校卒業者等を対象とする場合にあつては二千八百時間以上、高等学校卒業者等を対象とする場合にあつては千四百時間以上であること。ただし、訓練の実施体制等によりこれにより難い場合には、一年につきおおむね七百時間とすることができる。

六　設備　教科の科目に応じ当該科目の訓練を適切に行うことができると認められるものであること。

七　訓練生の数　訓練を行う一単位につき五十人以下であること。

八　職業訓練指導員　訓練生の数、訓練の実施に伴う危険の程度及び指導の難易に応じた適切な数であること。

九　試験　学科試験及び実技試験に区分し、訓練期間一年以内ごとに一回行うこと。ただし、最終の回の試験は、法第二十一条第一項（法第二十六条の二において準用する場合を含む。）の規定による技能照査（以下「技能照査」という。）をもつて代えることができる。

2　別表第二の訓練科の欄に定める訓練科に係る訓練については、前項各号に定めるところによるほか、同表に定めるところにより行われるものを標準とする。

（短期課程の訓練基準）

第十一条　短期課程の普通職業訓練に係る法第十九条第一項の厚生労働省令で定める事項は、次の各号に掲げるとおりとし、同項の厚生労働省令で定める基準は、それぞれ当該各号に定めるとおりとする。

一　訓練の対象者　職業に必要な技能（高度の技能を除く。）及びこれに関する知識を習得しようとする者であること。

二　教科　その科目が職業に必要な技能（高度の技能を

除く。）及びこれに関する知識を習得させるために適切と認められるものであること。

三　訓練の実施方法　通信の方法によつても行うことができること。この場合には、適切と認められる方法により添削指導を行うほか、必要に応じて面接指導を行うこと。

四　訓練期間　六月（訓練の対象となる技能及びこれに関する知識の内容、訓練の実施体制等によりこれにより難い場合にあつては、一年）以下の適切な期間であること。

五　訓練時間　総訓練時間が十二時間（別表第三の訓練科の欄に掲げる訓練科に係る訓練にあつては、十時間）以上であること。

六　設備　教科の科目に応じ当該科目の訓練を適切に行うことができると認められるものであること。

2　別表第三の訓練科の欄に掲げる訓練科又は別表第四の訓練科の欄に掲げる訓練科に係る訓練については、前項各号に定めるところによるほか、別表第三又は別表第四に定めるところにより行われるものを標準とする。

3　前二項の規定にかかわらず、短期課程の普通職業訓練のうち第六十五条の規定による技能検定の試験の免除に係るものに係る法第十九条第一項の厚生労働省令で定める事項は、第一項各号に掲げるもの及び試験とし、当該訓練に係る法第十九条第一項の労働省令で定める基準は、別表第五に定めるとおりとする。

（専門課程の訓練基準）

第十二条　専門課程の高度職業訓練に係る法第十九条第一項の厚生労働省令で定める事項は、次の各号に掲げるとおりとし、同項の厚生労働省令で定める基準は、それぞれ当該各号に定めるとおりとする。

一　訓練の対象者　高等学校卒業者若しくは中等教育学校卒業者又はこれと同等以上の学力を有すると認められる者であること。

二　教科　その科目が将来職業に必要な高度の技能（専門的かつ応用的な技能を除く。）及びこれに関する知識を有する労働者となるために必要な基礎的な技能及びこれに関する知識を習得させるために適切と認められるものであること。

三　訓練期間　二年であること。ただし、訓練の対象となる技能及びこれに関する知識の内容、訓練の実施体制等によりこれにより難い場合には、一年を超えない範囲内で当該期間を延長することができる。

四　訓練時間　一年につきおおむね千四百時間であり、かつ、総訓練時間が二千八百時間以上であること。
五　設備　教科の科目に応じ当該科目の訓練を適切に行うことができると認められるものであること。
六　訓練生の数　訓練を行う一単位につき四十人以下であること。
七　職業訓練指導員　訓練生の数、訓練の実施に伴う危険の程度及び指導の難易に応じた適切な数であること。この場合において、次のいずれかに該当する者を一名以上配置するものであること。
イ　第四十八条の二第二項第一号若しくは第二号に該当する者又は同項第三号に該当する者で研究上の能力又は教育訓練に関し適切に指導することができる能力を有すると認められるもの
ロ　研究所、試験所等に十年以上在職し、研究上の業績があり、かつ、教育訓練に関し適切に指導することができる能力を有すると認められる者
ハ　厚生労働大臣が定める職業訓練施設において指導の経験を有する者であつて、特に優れた技能又は専門的な知識を有すると認められるもの
八　試験　学科試験及び実技試験に区分し、訓練期間一年以内ごとに一回行うこと。
2　別表第六の訓練科の欄に定める訓練科に係る訓練については、前項各号に定めるところによるほか、同表に定めるところにより行われるものを標準とする。

（専門短期課程の訓練基準）

第十三条　専門短期課程の高度職業訓練に係る法第十九条第一項の厚生労働省令で定める事項は、次の各号に掲げるとおりとし、同項の厚生労働省令で定める基準は、それぞれ当該各号に定めるとおりとする。
一　訓練の対象者　職業に必要な高度の技能（専門的かつ応用的な技能を除く。）及びこれに関する知識を習得しようとする者であること。
二　教科　その科目が職業に必要な高度の技能（専門的かつ応用的な技能を除く。）及びこれに関する知識を習得させるために適切と認められるものであること。
三　訓練の実施方法　通信の方法によつても行うことができること。この場合には、適切と認められる方法により添削指導を行うほか、必要に応じて面接指導を行うこと。
四　訓練期間　六月（訓練の対象となる技能及びこれに関する知識の内容、訓練の実施体制等によりこれによ

り難い場合にあつては、一年）以下の適切な期間であること。

五　訓練時間　総訓練時間が十二時間以上であること。

六　設備　教科の科目に応じ当該科目の訓練を適切に行うことができると認められるものであること。

（応用課程の訓練基準）

第十四条　応用課程の高度職業訓練に係る法第十九条第一項の厚生労働省令で定める事項は、次の各号に掲げるとおりとし、同項の厚生労働省令で定める基準は、それぞれ当該各号に定めるとおりとする。

一　訓練の対象者　専門課程の高度職業訓練を修了した者又はこれと同等以上の技能及びこれに関する知識を有すると認められる者であること。

二　教科　その科目が将来職業に必要な高度の技能で専門的かつ応用的なもの及びこれに関する知識を有する労働者となるために必要な基礎的な技能及びこれに関する知識を習得させるために適切と認められるものであること。

三　訓練期間　二年であること。ただし、訓練の対象となる技能及びこれに関する知識の内容、訓練の実施体制等によりこれにより難い場合には、二年以上四年以下の期間内で当該訓練を適切に行うことができると認められる期間とすることができる。

四　訓練時間　一年につきおおむね千四百時間であり、かつ、総訓練時間が二千八百時間以上であること。ただし、訓練の実施体制等によりこれにより難い場合には、一年につきおおむね七百時間とすることができる。

五　設備　教科の科目に応じ当該科目の訓練を適切に行うことができると認められるものであること。

六　訓練生の数　訓練を行う一単位につき四十人以下であること。

七　職業訓練指導員　訓練生の数、訓練の実施に伴う危険の程度及び指導の難易に応じた適切な数であること。この場合において、次のいずれかに該当する者を一名以上配置するものであること。

イ　第四十八条の二第三項第一号、第三号若しくは第四号に該当する者又は同項第二号に該当する者で博士の学位（外国において授与されたこれに該当する学位を含む。）を有するもの

ロ　研究所、試験所等に十年以上在職し、研究上の業績があり、かつ、教育訓練に関し適切に指導するこ

とができる能力を有すると認められる者
ハ　厚生労働大臣が定める職業訓練施設において指導の経験を有する者であつて、特に優れた技能又は専門的な知識を有すると認められるもの
八　試験　学科試験及び実技試験に区分し、訓練期間一年以内ごとに一回行うこと。
2　別表第七の訓練科の欄に定める訓練科に係る訓練については、前項各号に定めるところによるほか、同表に定めるところにより行われるものを標準とする。

（応用短期課程の訓練基準）

第十五条　応用短期課程の高度職業訓練に係る法第十九条第一項の厚生労働省令で定める事項は、次の各号に掲げるとおりとし、同項の厚生労働省令で定める基準は、それぞれ当該各号に定めるとおりとする。
一　訓練の対象者　職業に必要な高度の技能で専門的かつ応用的なもの及びこれに関する知識を習得しようとする者であること。
二　教科　その科目が職業に必要な高度の技能で専門的かつ応用的なもの及びこれに関する知識を習得させるために適切と認められるものであること。
三　訓練期間　一年以下の適切な期間であること。
四　訓練時間　総訓練時間が六十時間以上であること。
五　設備　教科の科目に応じ当該科目の訓練を適切に行うことができると認められるものであること。

第十六条から第十九条まで　削除

（障害者職業能力開発校の訓練の実施方法）

第二十条　障害者職業能力開発校の長は、厚生労働大臣の定めるところにより、訓練生の身体的又は精神的な事情等に配慮して第十条から第十五条までに定める基準の一部を変更することができる。

（編入等の場合における訓練の実施方法）

第二十一条　公共職業能力開発施設の長は、短期課程の普通職業訓練を修了した者で相当程度の技能及びこれに関する知識を有すると認めるものに対して普通課程の普通職業訓練を行う場合には、その者が受けた短期課程の普通職業訓練の教科の科目、訓練期間及び訓練時間に応じて、当該普通課程の普通職業訓練の教科の科目を省略し、並びに訓練期間及び訓練時間を短縮することができる。
2　公共職業能力開発施設の長は、普通課程の普通職業訓練又は専門短期課程の高度職業訓練を修了した者で相当程度の技能及びこれに関する知識を有すると認めるもの

に対して専門課程の高度職業訓練を行う場合には、その者が受けた普通課程の普通職業訓練又は専門短期課程の高度職業訓練の教科の科目、訓練期間及び訓練時間に応じて、当該専門課程の高度職業訓練の教科の科目を省略し、並びに訓練期間及び訓練時間を短縮することができる。

3　公共職業能力開発施設の長は、普通課程の普通職業訓練又は専門課程、専門短期課程若しくは応用短期課程の高度職業訓練を修了した者で相当程度の技能及びこれに関する知識を有すると認めるものに対して応用課程の高度職業訓練を行う場合には、その者が受けた普通課程の普通職業訓練又は専門課程、専門短期課程若しくは応用短期課程の高度職業訓練の教科の科目、訓練期間及び訓練時間に応じて、当該応用課程の高度職業訓練の教科の科目を省略し、並びに訓練期間及び訓練時間を短縮することができる。

4　公共職業能力開発施設の長は、職業訓練を修了した者で相当程度の技能及びこれに関する知識を有すると認めるものに対してその者が修了した訓練科以外の訓練科（その者が修了した訓練課程のものに限る。）に係る職業訓練を行う場合には、その者が受けた職業訓練の教科の科目、訓練期間及び訓練時間に応じて、当該職業訓練の教科の科目を省略し、並びに訓練期間及び訓練時間を短縮することができる。

5　公共職業能力開発施設の長は、学校教育法による大学、高等専門学校、高等学校、中等教育学校の後期課程又は専修学校その他これらに準ずる教育施設において学科の科目（専修学校については、当該専修学校が行う専門課程又は高等課程の学科の科目に限る。以下この項において同じ。）を修めた者に対して職業訓練を行う場合には、その者が修めた学科の科目（当該職業訓練の教科の科目に相当するものに限る。）に応じて、当該職業訓練の教科の科目を省略し、並びに訓練期間及び訓練時間を短縮することができる。

6　公共職業能力開発施設の長は、実務の経験を有する者で相当程度の技能及びこれに関する知識を有すると認めるものに対して職業訓練を行う場合には、その者が有する実務の経験（当該職業訓練の教科の科目に関するものに限る。）に応じて、当該職業訓練の教科の科目を省略し、並びに訓練期間及び訓練時間を短縮することができる。

（教材の種類）

第二十二条　法第二十条の認定（以下「教材認定」という。）の対象となる教材の種類は、次のとおりとする。
一　教科書
二　映画、ビデオ、スライド、録音テープその他映像又は音声を用いた教材
三　シミュレーター、模型、プログラムその他職業訓練の実施に効果的な教材

（教材認定の申請）
第二十三条　教材認定を受けようとする教科書その他の教材の著作者若しくは製作者又は発売者は、当該教材又はその原稿若しくは見本を添えた教材認定申請書（様式第一号）を厚生労働大臣に提出しなければならない。

（教材認定の方法）
第二十四条　厚生労働大臣は、教材認定の申請があつた場合には、その教材が法の趣旨に適合する等職業訓練の効果的な実施のために適切な内容を有すると認めるものについて、当該教材を使用することが適当であると認められる職業訓練の種類、訓練課程等を示して教材認定を行うものとする。

（認定教材に表示できる事項）
第二十五条　教材認定を受けた教材（以下「認定教材」という。）には厚生労働省認定教材という文字を表示することができる。この場合においては、当該認定のあつた年月日、当該認定に係る職業訓練の種類、訓練課程等を併せて明示しなければならない。

第二十六条　削除

（認定教材の改定）
第二十七条　厚生労働大臣の認定の効力は、改定（軽微な改定を除く。）を加えた教材には及ばないものとする。ただし、改定について厚生労働大臣の承認を受けた場合は、この限りでない。
2　前項ただし書きの承認を受けようとする教材の著作者若しくは製作者又は発売者は、当該改定を加えた教材又はその原稿若しくは見本を添えた教材改定承認申請書（様式第一号）を厚生労働大臣に提出しなければならない。

（教材認定の取消し）
第二十八条　厚生労働大臣は、認定教材が適切な内容を有しなくなつたと認めるときは、当該認定教材に係る認定を取り消すものとする。

（技能照査の基準）
第二十九条　技能照査は、普通課程の普通職業訓練又は専

門課程若しくは応用課程の高度職業訓練を受ける者に対して、それぞれの訓練課程の職業訓練において習得すべき技能及びこれに関する知識を有するかどうかを判定するため、教科の各科目について行うものとする。

（合格証書）

第二十九条の二　公共職業能力開発施設の長は、技能照査に合格した者に技能照査合格証書（様式第三号）を交付しなければならない。

（修了証書）

第二十九条の三　法第二十二条の修了証書は、次の事項を記載したものでなければならない。

一　職業訓練を修了した者の氏名及び生年月日

二　修了した職業訓練の種類、訓練課程、訓練科の名称及び総訓練時間並びに別表第二から別表第四まで、別表第五各号、別表第六又は別表第七による場合にはその旨

三　修了証書を交付するものの氏名又は名称

四　修了証書を交付する年月日

（職業訓練を無料とする範囲）

第二十九条の四　法第二十三条第一項の厚生労働省令で定める求職者は、職業の転換を必要とする求職者その他厚生労働大臣が定める求職者とする。

2　法第二十三条第一項の厚生労働省令で定める訓練課程は、短期課程（職業に必要な相当程度の技能及びこれに関する知識を習得させるためのものに限る。）とする。

（認定の申請）

第三十条　法第二十四条第一項の認定（以下この節において「職業訓練の認定」という。）を受けようとする事業主は、職業訓練認定申請書（様式第四号）を管轄都道府県知事（事業主についてはその事業所の所在地を、その他のものについてはその主たる事務所の所在地をそれぞれ管轄する都道府県知事をいう。以下同じ。）に提出しなければならない。

第三十一条　職業訓練の認定を受けようとする事業主の団体若しくはその連合団体若しくは職業訓練法人、中央職業能力開発協会（以下「中央協会」という。）若しくは都道府県職業能力開発協会（以下「都道府県協会」という。）又は民法（明治二十九年法律第八十九号）第三十四条の規定により設立された法人、法人である労働組合その他営利を目的としない法人は、職業訓練認定申請書を管轄都道府県知事に提出しなければならない。この場合において、職業訓練法人、中央協会及び都道府県協会

以外のものにあつては定款、寄附行為、規約等その組織、運営の方法等を明らかにする書面（以下この節において「定款等」という。）を、構成員を有する団体にあつては構成員名簿（様式第六号）を提出しなければならない。

2　定款等は、次の事項を記載したものでなければならない。

一　目的
二　名称
三　認定職業訓練のための施設を設置する場合には、その名称及び所在地
四　主たる事務所の所在地
五　構成員を有する団体にあつては、構成員に関する事項
六　役員に関する事項
七　会計に関する事項
八　解散に関する事項
九　定款等の変更に関する事項

（協議の申出）

第三十一条の二　法第二十四条第四項に規定する高度職業訓練の認定に係る協議の申出は、第三十条及び第三十一条第一項の規定により都道府県知事に提出された職業訓練認定申請書、定款等及び構成員名簿の写しを厚生労働大臣に提出して行わなければならない。

2　法第二十四条第四項に規定する高度職業訓練の認定の取消しに係る協議の申出は、当該認定を取り消す事由及び当該事由に該当することを証する書面を厚生労働大臣に提出して行わなければならない。

（都道府県労働局長への通知）

第三十二条　都道府県知事は、法第二十四条第二項の規定により都道府県労働局長の意見を聴いて職業訓練の認定をしたときは、その旨を当該都道府県労働局長に通知しなければならない。法第二十四条第三項の規定に基づき当該認定を取り消した場合も同様とする。

（認定職業訓練に関する事項の変更の届出）

第三十三条　認定職業訓練を行なうものは、認定職業訓練に関し、第一号又は第三号から第六号までに掲げる事項について変更があつた場合（軽微な変更があつた場合を除く。）にはすみやかに変更のあつた事項及び年月日を、第二号に掲げる事項について変更しようとする場合にはあらかじめその旨を管轄都道府県知事に届け出なければならない。

一　認定職業訓練を行うものの氏名又は名称及びその事業所又は主たる事務所の所在地
二　認定職業訓練のための施設の名称及び所在地並びに定款等に記載した事項
三　訓練生の概数、教科、訓練期間、訓練時間、設備及び職業訓練指導員の数
四　構成員及び団体の行なう認定職業訓練の一部を行なう当該団体の構成員
五　構成員が当該団体の行なう認定職業訓練の一部を行なう場合には、その行なう訓練の状況
六　認定職業訓練を委託した施設、事業所又は団体の名称及び所在地

（認定職業訓練の廃止届）

第三十四条　認定職業訓練を行なうものは、認定職業訓練を行なわなくなつたときは、その旨を管轄都道府県知事に届け出なければならない。

（事業主等による職業訓練施設の設置）

第三十五条　認定職業訓練を行う事業主等は、職業訓練施設として職業能力開発校、職業能力開発短期大学校、職業能力開発大学校又は職業能力開発促進センターを設置しようとするときは、管轄都道府県知事に申請し、その設置について承認を受けなければならない。

2　管轄都道府県知事は、前項の申請があつた場合には、次の各号に掲げる職業訓練施設の種類に応じ、それぞれ当該各号に定めるところに適合するものと認めるときでなければ同項の承認をしてはならない。

一　職業能力開発校又は職業能力開発促進センター
イ　教室のほか、当該認定職業訓練の必要に応じた実習場等を備えていること。
ロ　教室の面積は、同時に訓練を行う訓練生一人当り一・六五平方メートル以上あること（訓練生の数の増加に応じて職業訓練上支障のない限度において減ずることができる。）。
ハ　建物の配置及び構造は、訓練を実施する上で適切なものであること。
ニ　教科、訓練生の数等に応じて必要な教材、図書その他の設備を備えていること。

二　職業能力開発短期大学校又は職業能力開発大学校
イ　教室、実習場及び図書室を職業訓練専用施設として備えるほか、当該認定職業訓練の必要に応じた施設を備えていること。
ロ　教室の面積は、同時に訓練を行う訓練生一人当た

り二平方メートル以上あること（訓練生の数の増加に応じて職業訓練上支障のない限度において減ずることができる。）。

ハ　実習場その他の施設の面積は、訓練を実施する上で適切な面積であること。

ニ　建物の配置及び構造は、訓練を実施する上で適切なものであること。

ホ　教科、訓練生の数等に応じて必要な教材、図書その他の設備を備えていること。

（準用）

第三十五条の二　第二十一条及び第二十九条から第二十九条の三までの規定は、認定職業訓練について準用する。この場合において、第二十一条及び第二十九条の二中「公共職業能力開発施設の長」とあるのは「認定職業訓練を行うもの」と、第二十九条の三中、「法第二十二条」とあるのは「法第二十六条の二において準用する法第二十二条」と読み替えるものとする。

（技能照査の届出等）

第三十五条の三　認定職業訓練を行うものは、技能照査を行おうとするときは、その行おうとする日の十四日前までに当該技能照査に係る訓練課程、訓練科の名称、試験問題、合格判定の基準、実施年月日及び実施場所を管轄都道府県知事に届け出なければならない。

2　都道府県知事は、認定職業訓練を行うもので技能照査合格証書を交付したもの又は技能照査合格証書の交付を受けた者の申請があつた場合において、当該技能照査合格証書に係る技能照査が的確に行われたものと認めるときは、当該技能照査合格証書にその旨の証明を行うことができる。

（認定職業訓練実施状況報告）

第三十六条　認定職業訓練を行なうものは、認定職業訓練実施状況報告書（様式第七号）を毎年五月三十一日までに管轄都道府県知事に提出しなければならない。

第二節　職業能力開発総合大学校

（法第二十七条第一項の厚生労働省令で定める職業訓練）

第三十六条の二　法第二十七条第一項の厚生労働省令で定める準則訓練の実施の円滑化に資する職業訓練は、専門課程、専門短期課程、応用課程又は応用短期課程の高度職業訓練であつて、職業能力開発総合大学校において行われる指導員訓練並びに職業能力の開発及び向上に関する調査及び研究と密接な関連の下に行われるものとする。

（職業能力開発総合大学校の行う業務）

第三十六条の三　法第二十七条第二項の厚生労働省令で定める業務は、次のとおりとする。

一　短期課程の普通職業訓練及び専門短期課程の高度職業訓練を行うこと。

二　技能検定に関する援助を行うこと。

三　前二号に掲げる業務のほか、職業能力の開発及び向上に関し必要な業務を行うこと。

（準用）

第三十六条の四　第十二条から第十五条まで、第二十一条第二項から第六項まで及び第二十九条から第二十九条の三までの規定は、職業能力開発総合大学校において行う職業訓練について準用する。この場合において、第十二条から第十五条までの規定中「法第十九条第一項」とあるのは「法第二十七条第五項において準用する法第十九条第一項」と、第二十一条第二項から第六項までの規定及び第二十九条の二中「公共職業能力開発施設」とあるのは「職業能力開発総合大学校」と、第二十九条の三中「法第二十二条」とあるのは「法第二十七条第五項において準用する法第二十二条」と読み替えるものとする。

第三節　職業訓練指導員等

（指導員訓練の訓練課程）

第三十六条の五　指導員訓練の訓練課程は、長期課程、専門課程、研究課程、応用研究課程及び研修課程とする。

（長期課程の訓練基準）

第三十六条の六　長期課程の指導員訓練に関する基準は、次のとおりとする。

一　訓練の対象者は、高等学校卒業者若しくは中等教育学校卒業者又はこれらと同等以上の学力を有すると認められる者とすること。

二　教科、訓練期間、訓練時間、単位数及び設備は、別表第八に定めるところによること。

三　訓練を行う一単位の訓練生の数は、三十人以下とすること。

四　試験は、教科の科目ごとに訓練期間一年につき一回以上行うこと。

2　職業能力開発総合大学校の長及び法第二十七条の二第二項において準用する法第二十四条第一項の認定に係る指導員訓練を行うものは、専門課程又は応用課程の高度職業訓練を修了した者で相当程度の技能及びこれに関する知識を有すると認めるものに対して長期課程の指導員訓練を行う場合には、その者が受けた専門課程又は応用課程の高度職業訓練の教科の科目及び訓練期間に応じて、当該長期課程の指導員訓練の教科の科目を省略し、及び訓練期間を短縮することができる。

（専門課程の訓練基準）

第三十六条の七　専門課程の指導員訓練に関する基準は、次のとおりとする。

一　訓練の対象者は、次のいずれかに該当する者とすること。

イ　法第二十八条第一項の免許を受けた者

ロ　職業訓練指導員の業務に関し一年以上の実務経験を有する者

ハ　当該訓練課程の訓練科に関し、二級の技能検定に合格した者でその後三年以上の実務経験を有するもの又はこれと同等以上の技能及びこれに関する知識を有すると認められる者

二　教科、訓練期間、訓練時間及び設備は、別表第九に定めるところによること。

三　訓練を行う一単位の訓練生の数は、十五人以下とすること。

四　試験は、教科の科目ごとに一回以上行うこと。

2　職業能力開発総合大学校の長及び法第二十七条の二第二項において準用する法第二十四条第一項の認定に係る指導員訓練を行うものは、法第二十八条第一項の免許を受けた者に対して専門課程の指導員訓練を行う場合は、教科の全部又は一部を省略し、及び訓練期間を短縮することができる。

（研究課程の訓練基準）

第三十六条の八　研究課程の指導員訓練に関する基準は、次のとおりとする。

一　訓練の対象者は、長期課程の指導員訓練を修了した者又はこれと同等以上の学力及び技能を有すると認められる者とすること。

二　訓練科は、工学研究科とし、工学研究科には専攻分野に応じて数個の専攻を置くことを標準とすること。

三　教科の科目（研究論文の作成を含む。第六号並びに次条第三号及び第六号において同じ。）は、専攻分野ごとに高度な専門的知識及び技能（応用的な知識及び技能を除く。）並びに研究能力を有する職業訓練指導員を養成するために適切と認められるものであること。

四　訓練期間は、二年であること。

五　訓練時間は、千六百時間以上であること。
六　施設は、教科の科目に応じ当該科目の訓練を適切に行うことができると認められるものであること。
七　訓練を行う一単位の訓練生の数は、二十人以下とすること。
八　試験は、教科の科目ごとに訓練期間一年につき一回以上行い、かつ、研究論文の審査は、訓練修了時に行うこと。

（応用研究課程の訓練基準）

第三十六条の九　応用研究課程の指導員訓練に関する基準は、次のとおりとする。
一　訓練の対象者は、研究課程の指導員訓練を修了した者又はこれと同等以上の知識及び技能を有すると認められる者とすること。
二　訓練科は、応用研究科とし、応用研究科には専攻分野に応じて数個の専攻を置くことを標準とすること。
三　教科の科目は、専攻分野ごとに高度な知識及び技能で専門的かつ応用的なもの並びに研究能力を有する職業訓練指導員を養成するために適切と認められるものであること。
四　訓練期間は、一年であること。

五　訓練時間は、八百時間以上であること。
六　設備は、教科の科目に応じ当該科目の訓練を適切に行うことができると認められるものであること。
七　訓練を行う一単位の訓練生の数は、二十人以下とすること。
八　試験は、教科の科目ごとに一回以上行い、かつ、研究論文の審査は、訓練修了時に行うこと。

（研修課程の訓練基準）

第三十六条の十　研修課程の指導員訓練に関する基準は、次のとおりとする。
一　訓練の対象者は、職業訓練において訓練を担当しようとする者若しくは担当している者又は法第二十八条第一項の職業訓練指導員免許を受けた者とすること。
二　教科、訓練時間及び設備は、別表第十に定めるところによること。

（準用）

第三十六条の十一　第二十一条第四項から第六項までの規定は、指導員訓練について準用する。この場合において、同条第四項から第六項までの規定中「公共職業能力開発施設の長」とあるのは「職業能力開発総合大学校の長及び法第二十七条の二第二項において準用する法第二十四条第一項の認定に係る指導員訓練を行うもの」と読み替えるものとする。

（指導員訓練の修了証書）

第三十六条の十二　法第二十七条の二第二項において準用する法第二十二条の修了証書は、次の事項を記載したものでなければならない。

一　指導員訓練を修了した者の氏名及び生年月日

二　修了した訓練課程の種類及び訓練科の名称

三　修了証書を交付するものの氏名又は名称並びに認定に係る訓練にあつては修了証書を交付するものの住所又は所在地及び代表者又は当該訓練施設の長の氏名

四　修了証書を交付する年月日

（指導員訓練の認定）

第三十六条の十三　第三十条から第三十四条までの規定は、指導員訓練について準用する。この場合において、第三十条第一項中「法第二十四条第一項」とあるのは「法第二十七条の二第二項において準用する法第二十四条第一項」と、「職業訓練認定申請書（様式第四号）」とあるのは「厚生労働大臣が別に定める指導員訓練の認定に係る申請書」と、第三十一条第一項中「職業訓練認定申請書」とあるのは「厚生労働大臣が別に定める指導員訓練の認定に係る申請書」と、「構成員名簿（様式第六号）」とあるのは「厚生労働大臣が別に定める指導員訓練に係る構成員名簿」と、第三十二条中「法第二十四条第三項」とあるのは「法第二十七条の二第二項において準用する法第二十四条第三項」と読み替えるものとする。

（法第二十八条第一項の厚生労働省令で定める訓練課程）

第三十六条の十四　法第二十八条第一項の厚生労働省令で定める訓練課程は、短期課程（労働者の有する職業に必要な相当程度の技能及びこれに関する知識の程度に応じてその職業に必要な技能及びこれに関する知識を追加して習得させるためのものに限る。）とする。

（免許職種等）

第三十七条　法第二十八条第二項の厚生労働省令で定める職種は、別表第十一の免許職種の欄に掲げる職種（以下「免許職種」という。）とする。

2　普通課程及び短期課程（前条に定めるものを除く。）の普通職業訓練に関し、法第二十八条第一項の免許（以下「職業訓練指導員免許」という。）を受けた者（福祉工学科に係る職業訓練指導員免許を受けた者を除く。）が担当できる訓練は、次に掲げる訓練とする。

一　当該職業訓練指導員免許に係る免許職種に応じ、別表第十一の訓練科の欄に定める訓練科及びこれに相当する訓練科に係る訓練

二　当該職業訓練指導員免許に係る免許職種に応じ、別表第十一の訓練科の欄に定める訓練科の訓練系と同一の訓練系に係る訓練（当該訓練の教科の系基礎に係る科目についての訓練に限る。）及びこれに相当する訓練

三　前二号に掲げる訓練のほか、当該職業訓練指導員免許に係る免許職種に応じ、別表第十一の実技試験の科目の欄及び学科試験の科目の欄に定める科目に相当する科目についての訓練

3　福祉工学科に係る職業訓練指導員免許を受けた者が担当することができる訓練は、障害者職業能力開発校の行う訓練のうち、次に掲げる訓練とする。

一　訓練生の身体的又は精神的な事情等に応じて定めた教科指導方法等に基づいて行う訓練

二　訓練生の身体的又は精神的な事情等に応じて改良した設備の使用に関する訓練

（免許資格）

第三十八条　法第二十八条第三項第一号の厚生労働省令で定める訓練課程は、長期課程及び専門課程とする。

2　長期課程の指導員訓練を修了した者の受けることができる免許職種は、その者が修了した次の表の上欄に掲げる訓練科に係る長期課程に応じ、同表の下欄に掲げる免許職種（括弧を付した免許職種については、別表第八の一の２により選択制とすることとされた専門学科及び専門実技の科目のうち当該免許職種に対応する科目を履習した場合に限る。）とする。

長期課程の訓練科	免許職種
産業機械工学科	溶接科 構造物鉄工科 自動車整備科 内燃機関科 冷凍空調機器科 熱処理科 メカトロニクス科 （建設機械科） （建設機械運転科）
生産機械工学科	機械科 塑性加工科

	メカトロニクス科 （熱処理科）
電気工学科	電気科 電気工事科 送配電科 メカトロニクス科 コンピュータ制御科 （電子科）
電子工学科	電子科 メカトロニクス科 コンピュータ制御科 （電気科） （電気工事科） （情報処理科）
情報工学科	情報処理科 コンピュータ制御科 （電子科）
建築工学科	建築科 枠組壁建築科 プレハブ建築科 建設科 （ブロック建築科） （左官・タイル科） （防水科） （床仕上げ科）
	（サッシ・ガラス施工科）
造形工学科	インテリア科 広告美術科 デザイン科 木工科 木材工芸科 塗装科 （漆器科）
福祉工学科	福祉工学科 （機械科） （電子科） （計測機器科） （理化学機器科） （義肢装具科） （メカトロニクス科） （情報処理科） （コンピュータ制御科）

3　専門課程の指導員訓練を修了した者の受けることができる免許職種は、その者が修了した次の表の上欄に掲げる訓練科に係る専門課程に応じ、同表の下欄に掲げる免許職種とする。

専門課程の訓練科	免許職種
鋳造科	鋳造科

機械科	機械科
構造物鉄工科	構造物鉄工科
塑性加工科	塑性加工科
溶接科	溶接科
電気科	電気科
電子科	電子科
コンピュータ制御科	コンピュータ制御科
自動車整備科	自動車整備科
内燃機関科	内燃機関科
建築科	建築科
木工科	木工科
配管科	配管科
メカトロニクス科	メカトロニクス科
情報処理科	情報処理科
塗装科	塗装科
デザイン科	デザイン科

第三十九条　法第二十八条第四項の規定に基づき厚生労働省令で定める者は、次の各号のいずれかに該当する者とする。

一　免許職種に関し、第六十一条に規定する一級の技能検定又は法第四十四条第一項ただし書に規定する等級に区分しないで行う技能検定（以下「単一等級の技能検定」という。）に合格した者で、厚生労働大臣が指定する講習を修了したもの

二　免許職種に関する学科を修めた者で、工業、工業実習、農業、農業実習、水産、水産実習、商業、商業実習、家庭又は家庭実習の教科についての高等学校の教員の普通免許状（教育職員免許法（昭和二十四年法律第百四十七号）第四条第一項に定める普通免許状をいう。）を有するもの

三　免許職種に関し、廃止前の職業訓練法（昭和三十三年法律第百三十三号。以下「旧法」という。）第七条第二項の職業訓練大学校における職業訓練指導員の訓練で、長期訓練又は短期訓練の課程を修了した者

四　旧法第二十四条第一項の職業訓練指導員試験に合格した者

（免許の申請）

第四十条　法第二十八条第三項の職業訓練指導員免許の申請は、職業訓練指導員免許申請書（様式第八号）に第三十八条若しくは第三十九条に規定する者に該当することを証する書面又は第四十八条の職業訓練指導員試験合格

証書を添えて、都道府県知事に提出して行わなければならない。

（免許証の様式）

第四十一条　法第二十八条第三項の免許証（以下「免許証」という。）は、様式第九号によるものとする。

（免許証の再交付）

第四十二条　免許証の交付を受けた者は、免許証を滅失し、若しくは損傷したとき、又は氏名を変更したときは、免許証の再交付を申請することができる。

2　前項の申請は、職業訓練指導員免許証再交付申請書（様式第十号）を職業訓練指導員免許を受けた都道府県知事に提出して行わなければならない。この場合において、当該申請が免許証を損傷したことによるものであるときは免許証を、氏名を変更したことによるものであるときは免許証及び氏名を変更したことを証する書面を添えなければならない。

3　都道府県知事は、第一項の規定による申請が氏名を変更したことによるものである場合において、氏名を変更したことを公簿によつて確認することができるときは、前項後段に規定する氏名を変更したことを証する書面の添付を省略させることができる。

（免許の取消し）

第四十三条　法第二十九条第一項又は第二項の規定による職業訓練指導員免許の取消しを受けた者は、すみやかに、取消しをした都道府県知事に免許証を返納しなければならない。

2　前項の職業訓練指導員免許の取消しをした都道府県知事は、すみやかにその旨を他の都道府県知事に通知しなければならない。

第四十四条　削除

（職業訓練指導員試験）

第四十五条　職業訓練指導員試験の実技試験及び学科試験は、別表第十一の実技試験の科目の欄及び学科試験の科目の欄に掲げる科目について、免許職種ごとに行なうものとする。

2　都道府県知事は、職業訓練指導員試験の実施期日、実施場所、職業訓練指導員試験受験申請書の提出期限その他試験に関し必要な事項を、当該期日の二月前までに、公示しなければならない。

（受験資格）

第四十五条の二　法第三十条第三項第一号に定める者が受けることができる職業訓練指導員試験は、その者が合格した技能検定に係る別表第十一の二の上欄に掲げる検定職種に応じ、同表の下欄に掲げる免許職種に係る職業訓練指導員試験とする。

2　法第三十条第三項第二号の厚生労働省令で定める実務の経験を有する者は、次の各号のいずれかに該当する者とする。

一　長期課程の指導員訓練（旧法第七条第二項の職業訓練大学校における職業訓練指導員の訓練で、訓練期間の基準が四年であるものを含む。以下第四十八条の二、第六十四条の二及び第六十四条の三において同じ。）を修了した者で、その後当該免許職種に関し一年以上の実務の経験を有するもの

一の二　免許職種に関し、専門課程の高度職業訓練を修了した者で、その後一年以上の実務の経験を有するもの

二　免許職種に関し、普通課程の普通職業訓練（旧法の規定により行われた専門的な技能に関する職業訓練及び認定職業訓練を含む。以下第六十四条の二から第六十四条の六までにおいて同じ。）を修了した者で、その後二年以上の実務の経験を有するもの

三　免許職種に関し、専修訓練課程の普通職業訓練（旧法の規定により行われた基礎的な技能に関する職業訓練で総訓練時間が九百時間以上のもの及び職業訓練法施行規則の一部を改正する省令（昭和五十三年労働省令第三十七号）附則第二条第一項に規定する専修訓練課程の普通職業訓練をいう。以下第六十四条の二から第六十四条の六までにおいて同じ。）を修了した者で、その後三年以上の実務の経験を有するもの

四　免許職種に関し、短期課程の普通職業訓練であつて総訓練時間が七百時間以上のものを修了した者で、その後三年以上の実務の経験を有するもの

五　学校教育法による大学（短期大学を除く。以下第四十八条の三及び第六十四条の二から第六十四条の六までにおいて同じ。）において免許職種に関する学科を修めて卒業した者で、その後当該免許職種に関し一年以上の実務の経験を有するもの

六　学校教育法による短期大学又は高等専門学校において免許職種に関する学科を修めて卒業した者で、その後当該免許職種に関し二年以上の実務の経験を有するもの

七　学校教育法による高等学校又は中等教育学校の後期課程において免許職種に関する学科を修めて卒業した

者で、その後当該免許職種に関し三年以上の実務の経験を有するもの

八　学校教育法による高等学校又は中等教育学校を卒業した者で、その後免許職種に関し五年以上の実務の経験を有するもの

九　学校教育法による専修学校又は各種学校（修業年限が二年以上で、中学校を卒業したこと若しくは中等教育学校の前期課程を修了したこと又はこれと同等以上の学力を有することを入学資格とするものに限る。）のうち厚生労働大臣が指定するものにおいて免許職種に関する学科を修めて卒業した者で、その後当該免許職種に関し厚生労働大臣が定める年数以上の実務の経験を有するもの

十　免許職種に関し、八年以上の実務の経験を有する者

十一　厚生労働大臣が別に定めるところにより前各号に掲げる者と同等以上の実務の経験を有すると認められる者

3　法第三十条第三項第三号に掲げる者は、次の各号のいずれかに該当する者とする。

一　免許職種に関し、応用課程の高度職業訓練を修了した者

二　別表第十一の三の免許職種の欄に掲げる免許職種に関し、同表の受験することができる者の欄に該当する者

三　厚生労働大臣が別に定めるところにより前号に掲げる者と同等以上の能力を有すると認められる者

（試験の免除）

第四十六条　都道府県知事は、次の表の上欄に該当する者について、それぞれ同表の下欄に掲げる試験を免除することができる。

免除を受けることができる者	免除の範囲
免許職種に関し、一級の技能検定又は単一等級の技能検定に合格した者	実技試験の全部及び学科試験のうち関連学科
免許職種に関し、二級の技能検定に合格した者	実技試験の全部
職業訓練指導員免許を受けた者	学科試験のうち指導方法及び関連学科の系基礎学科（当該免許職種に係る職業訓練指導員試験に係る系基礎学科と同一の系基礎学科に限る。）

免許職種に関し、職業訓練指導員試験において実技試験に合格した者	実技試験の全部
職業訓練指導員試験において学科試験のうち指導方法に合格した者	学科試験のうち指導方法
免許職種に関し、職業訓練指導員試験において学科試験のうち関連学科の系基礎学科又は専攻学科（フォークリフト科、建築物衛生管理科及び福祉工学科に係る職業訓練指導員試験にあつては、学科試験のうち関連学科）に合格した者	学科試験のうち関連学科の系基礎学科又は専攻学科（フォークリフト科、建築物衛生管理科及び福祉工学科に係る職業訓練指導員試験にあつては、学科試験のうち関連学科）
職業訓練指導員試験において学科試験のうち関連学科の系基礎学科に合格した者	学科試験のうち関連学科の系基礎学科（当該職業訓練指導員試験に係る系基礎学科と同一の系基礎学科に限る。）
免許職種に関し、応用課程の高度職業訓練を修了した者	学科試験のうち関連学科
免許職種に関し、専門課程の高度職業訓練を修了した者	学科試験のうち関連学科
学校教育法による大学又は高等専門学校において免許職種に関する学科を修めて卒業した者	学科試験のうち関連学科
別表第十一の三の免許職種の欄に掲げる免許職種について同表の試験の免除を受けることができる者の欄に掲げる者	別表第十一の三の免除の範囲の欄に掲げる試験

（受験の申請）

第四十七条　職業訓練指導員試験を受けようとする者は、職業訓練指導員試験受験申請書（様式第十一号）を当該試験を行う都道府県知事に提出しなければならない。この場合において、実技試験の全部又は学科試験の全部若しくは一部の免除を受けようとする者は、前条の表の上欄に該当することを証する書面を、当該申請書に添えなければならない。

（合格証書）

第四十八条　都道府県知事は、職業訓練指導員試験に合格した者には職業訓練指導員試験合格証書（様式第十二号）を交付する。

（専門課程及び応用課程の職業訓練指導員の資格等）
第四十八条の二　法第三十条の二第一項の厚生労働省令で定める訓練課程は、専門短期課程及び応用短期課程とする。

2　法第三十条の二第一項の厚生労働省令で定める者は、専門課程の高度職業訓練については、次の各号のいずれかに該当する者とする。

一　博士若しくは修士の学位（外国において授与されたこれに該当する学位を含む。次項第二号において同じ。）を有する者若しくは応用研究課程若しくは研究課程の指導員訓練を修了した者又は研究上の業績がこれらの者に準ずる者であつて、教育訓練に関し適切に指導することができる能力を有すると認められるもの

二　学校教育法による大学又は職業能力開発総合大学校、職業能力開発大学校若しくは職業能力開発短期大学校において、教授又はこれに相当する職員としての経歴を有する者

三　学校教育法による大学又は職業能力開発総合大学校、職業能力開発大学校若しくは職業能力開発短期大学校において、助教授若しくは専任講師又はこれに相当する職員としての経歴を有する者

四　学校教育法による大学又は職業能力開発総合大学校、職業能力開発大学校若しくは職業能力開発短期大学校において、三年以上、助手又はこれに相当する職員としての経歴を有する者であつて、研究上の能力又は教育訓練に関し適切に指導することができる能力を有すると認められるもの

五　研究所、試験所等に五年以上在職し、研究上の業績があり、かつ、教育訓練に関し適切に指導することができる能力を有すると認められる者

六　三年以上、教育訓練に関する指導の経験を有する者であつて、優れた技能又は専門的な知識を有すると認められるもの

七　十年以上（長期課程の指導員訓練を修了した者又は学士の学位（外国において授与されたこれに該当する学位を含む。次項第十号において同じ。）を有する者にあつては、五年以上）の実務の経験を有する者であつて、教育訓練に関し適切に指導することができる能力を有すると認められるもの

3　法第三十条の二第一項の厚生労働省令で定める者は、応用課程の高度職業訓練については、次の各号のいずれかに該当する者とする。

一　応用研究課程の指導員訓練を修了した者であつて、教育訓練に関し適切に指導することができる能力を有すると認められるもの
二　博士若しくは修士の学位を有する者若しくは研究課程の指導員訓練を修了した者又は研究上の業績がこれらの者に準ずる者であつて、教育訓練に関し適切に指導することができる能力を有すると認められるもの
三　職業能力開発総合大学校又は職業能力開発大学校において、教授又はこれに相当する職員としての経験を有する者
四　学校教育法による大学又は職業能力開発短期大学校において、教授又はこれに相当する職員としての経歴を有する者であつて、教育訓練に関し適切に指導することができる能力を有すると認められるもの
五　職業能力開発総合大学校又は職業能力開発大学校において、助教授、専任講師又はこれに相当する職員としての経歴を有する者
六　学校教育法による大学又は職業能力開発短期大学校において、助教授、専任講師又はこれに相当する職員としての経歴を有する者であつて、教育訓練に関し適切に指導することができる能力を有すると認められるもの
七　学校教育法による大学又は職業能力開発総合大学校、職業能力開発大学校若しくは職業能力開発短期大学校において、三年以上、助手又はこれに相当する職員としての経歴を有する者であつて、教育訓練に関し適切に指導することができる能力を有すると認められるもの
八　研究所、試験所等に五年以上在職し、研究上の業績があり、かつ、教育訓練に関し適切に指導することができる能力を有すると認められる者
九　三年以上、教育訓練に関する指導の経験を有する者であつて、優れた技能又は専門的な知識を有すると認められるもの
十　十年以上（長期課程の指導員訓練を修了した者又は学士の学位を有する者にあつては、五年以上）の実務の経験を有する者であつて、教育訓練に関し適切に指導することができる能力を有すると認められるもの

（職業訓練指導員免許を受けることができる者と同等以上の能力を有すると認められる者）

第四十八条の三　法第三十条の二第二項の厚生労働省令で定める者は、次の各号のいずれかに該当する者（職業訓

練指導員免許を受けた者及び職業訓練指導員試験において学科試験のうち指導方法に合格した者以外の者にあつては、第三十九条第一号の厚生労働大臣が指定する講習を修了した者に限る。）とする。

一　法第二十八条第一項に規定する職業訓練に係る教科（以下この条において単に「教科」という。）に関し、応用課程の高度職業訓練を修了した者で、その後一年以上の実務の経験を有するもの

二　教科に関し、専門課程の高度職業訓練を修了した者で、その後三年以上の実務の経験を有するもの

三　教科に関し、学校教育法による大学を卒業した者で、その後四年以上の実務の経験を有するもの

四　教科に関し、学校教育法による短期大学又は高等専門学校を卒業した者で、その後五年以上の実務の経験を有するもの

五　教科に関し、第四十六条の規定による職業訓練指導員試験の免除を受けることができる者

六　前各号に掲げる者と同等以上の能力を有すると認められる者として厚生労働大臣が定める者

第二章　職業訓練法人

（設立の認可の申請）

第四十九条　法第三十五条第一項の認可の申請は、定款又は寄附行為及び役員となるべき者の就任の承諾を証する書面並びに次の事項を記載した書面を添えた申請書を管轄都道府県知事に提出して行なわなければならない。

一　設立者の氏名、住所及び履歴（法人その他の団体にあつては、その名称、代表者の氏名及び主たる事務所の所在地）

二　設立代表者を定めたときは、その氏名及びその権限の証明

三　法第二十四条第一項の認定を受けようとする職業訓練及び訓練課程の種類、訓練科の名称並びにその訓練生の数

四　認定職業訓練のための施設を設置する場合には、施設及び設備の概要並びにその施設の長となるべき者の氏名及び履歴

五　設立当時において帰属すべき財産の目録及び当該財産の帰属を明らかにする証明

六　設立後二年間の業務計画及びこれに伴う予算

七　役員となるべき者の履歴

（成立の届出）

第五十条　法第三十七条第二項の届出は、登記簿の謄本を

添えた届出書を提出して行なわなければならない。

（定款又は寄附行為の変更）

第五十条の二　法第三十九条第一項の厚生労働省令で定める事項は、法第三十五条第二項第四号及び第十一号に掲げる事項とする。

第五十一条　法第三十九条第一項の認可の申請は、次の事項を記載した書面を添えた申請書を管轄都道府県知事に提出して行なわなければならない。

一　変更の内容及び理由

二　定款又は寄附行為に定められた変更に関する手続を経たことの証明

2　前項に規定するもののほか、定款又は寄附行為の変更を行なつて、あらたに認定職業訓練のための施設を設置しようとする場合には第一号及び第二号に掲げる事項を記載した書面を、法第三十三条各号のいずれかに掲げる業務を行なおうとする場合には第二号に掲げる事項を記載した書面を前項の申請書に添えて管轄都道府県知事に提出しなければならない。

一　第四十九条第三号及び第四号に掲げる事項

二　定款又は寄附行為の変更後二年間の業務計画及びこれに伴う予算

3　法第三十九条第三項の規定による届出は、第一項第一号に掲げる事項を記載した書面及び同項第二号に掲げる事項に関する書面を添えた届出書を管轄都道府県知事に提出して行なわなければならない。

（解散の認可の申請）

第五十二条　法第四十条第二項の認可の申請は、次の事項を記載した書面を添えた申請書を管轄都道府県知事に提出して行なわなければならない。

一　解散の理由の詳細

二　財産目録

三　残余財産の帰属に関する事項

（解散の届出）

第五十三条　法第四十条第三項の届出は、前条各号の事項を記載した書面及び定款又は寄附行為に定められた解散に関する手続を経たことを証明する書面を添えた届出書を提出して行なわなければならない。

（残余財産の帰属の認可の申請）

第五十四条　法第四十一条第二項又は第三項の認可の申請は、次の事項を記載した書面を添えた申請書を管轄都道府県知事に提出して行なわなければならない。

一　残余財産及びその帰属すべき者

二　社団である職業訓練法人にあつては、残余財産の帰属について総社員の同意を得たことの証明

(申請書等の提出部数)

第五十五条　この章に定める申請書の提出部数は二通とし、届出書の提出部数は一通とする。

第五十六条から第六十条まで　削除

第三章　技能検定

(等級の区分)

第六十一条　法第四十四条第一項の厚生労働省令で定める等級は、特級、一級、二級、三級、基礎一級又は基礎二級とする。

2　技能検定は、別表第十一の四の上欄に掲げる検定職種(技能検定に係る職種をいう。以下同じ。)に応じ同表の下欄に掲げる等級に区分して行う。

3　法第四十四条第一項ただし書の厚生労働省令で定める職種は、次に掲げる検定職種とする。

一　溶射
二　金属研磨仕上げ
三　電子回路接続
四　製麺《めん》
五　枠組壁建築
六　れんが積み
七　エーエルシーパネル施工
八　コンクリート積みブロック施工
九　浴槽設備施工
十　樹脂接着剤注入施工
十一　バルコニー施工
十二　路面標示施工
十三　塗料調色
十四　調理
十五　ビルクリーニング
十六　産業洗浄

(合格に必要な技能及びこれに関する知識の程度)

第六十二条　法第四十四条第二項の厚生労働省令で定める技能検定の合格に必要な技能及びこれに関する知識の程度は、検定職種ごとに次の各号に掲げる技能検定の区分に応じ、当該各号に定めるとおりとする。

一　特級の技能検定　検定職種ごとの管理者又は監督者が通常有すべき技能及びこれに関する知識の程度
二　一級の技能検定　検定職種ごとの上級の技能労働者が通常有すべき技能及びこれに関する知識の程度
三　二級の技能検定　検定職種ごとの中級の技能労働者

が通常有すべき技能及びこれに関する知識の程度

四　三級の技能検定　検定職種ごとの初級の技能労働者が通常有すべき技能及びこれに関する知識の程度

五　基礎一級の技能検定　検定職種ごとの基本的な業務を遂行するために必要な技能及びこれに関する知識の程度

六　基礎二級の技能検定　検定職種ごとの基本的な業務を遂行するために必要な基礎的な技能及びこれに関する知識の程度

七　単一等級の技能検定　検定職種ごとの上級の技能労働者が通常有すべき技能及びこれに関する知識の程度

（試験科目）

第六十二条の二　技能検定の実技試験及び学科試験（以下「技能検定試験」という。）（法第四十七条第一項の規定に基づいて厚生労働大臣が指定試験機関に試験科目及びその範囲の設定を行わせるものを除く。）は、次の各号に掲げる技能検定の区分に応じ、当該各号に定める試験科目について行うものとする。

一　特級の技能検定　別表第十一の五の上欄に掲げる検定職種に応じ同表の中欄及び下欄に掲げる試験科目

二　一級の技能検定　別表第十二の上欄に掲げる検定職種に応じ同表の中欄及び下欄に掲げる試験科目

三　二級の技能検定　別表第十三の上欄に掲げる検定職種に応じ同表の中欄及び下欄に掲げる試験科目

四　三級の技能検定　別表第十三の二の上欄に掲げる検定職種に応じ同表の中欄及び下欄に掲げる試験科目

五　基礎一級の技能検定　別表第十三の三の上欄に掲げる検定職種に応じ同表の中欄及び下欄に掲げる試験科目

六　基礎二級の技能検定　別表第十三の四の上欄に掲げる検定職種に応じ同表の中欄及び下欄に掲げる試験科目

七　単一等級の技能検定　別表第十三の五の上欄に掲げる検定職種に応じ同表の中欄及び下欄に掲げる試験科目

（技能検定の試験問題等の作成等）

第六十三条　法第四十六条第三項の規定に基づいて中央協会が、技能検定試験に係る試験問題及び試験実施要領を作成したときは、当該試験問題及び試験実施要領について厚生労働大臣の認定を受けなければならない。指定試験機関が、法第四十七条第一項の規定に基づいて技能検定試験に係る試験科目及びその範囲を設定若しくは変更し、又は試験実施要領を作成したときも、同様とする。

2　指定試験機関は、前項の規定により試験科目及びその範囲について厚生労働大臣の認定を受けたときは、公示しなければならない。

（技能検定試験の方法）

第六十三条の二　法第四十六条第四項の規定に基づいて都道府県協会が行う技能検定試験は、前条第一項前段の規定により厚生労働大臣の認定を受けた試験問題及び試験実施要領を用いて行うものとする。

2　法第四十七条第一項の規定に基づいて指定試験機関が行う技能検定試験は、前条第一項後段の規定により厚生労働大臣の認定を受けた試験科目及びその範囲又は試験実施要領を用いて行うものとする。

（指定試験機関の指定）

第六十三条の三　法第四十七条第一項の指定は、試験業務を行おうとする者の申請により行う。

2　厚生労働大臣は、法第四十七条第一項の規定により指定試験機関に試験業務を行わせるときは、試験業務（当該指定試験機関に行わせるものに限る。）を行わないものとする。

（欠格条項）

第六十三条の四　前条第一項の申請を行う者が次のいずれかに該当する場合は、法第四十七条第一項の指定を受けることができない。

一　法第四十七条第四項第二号の規定により指定を取り消され、その取消しの日から二年を経過しない者

二　第六十三条の十の規定により指定を取り消され、その取消しの日から二年を経過しない者

三　その役員のうちに、法第百条から第百二条までの規定により刑に処せられ、その執行を終わり、又は執行を受けることがなくなつた日から二年を経過しない者がある者

（指定の申請）

第六十三条の五　法第四十七条第一項の指定を受けようとする者は、次に掲げる事項を記載した申請書を厚生労働大臣に提出しなければならない。

一　名称及び住所並びに代表者の氏名

二　試験業務を行おうとする事務所の名称及び所在地

三　行おうとする試験業務の範囲

四　試験業務を開始しようとする日

2　前項の申請書には、次に掲げる書類を添付しなければならない。

一　申請者が法人である場合にあつては、次に掲げる書類
イ　定款又は寄附行為及び登記簿の謄本
ロ　申請の日の属する事業年度の直前の事業年度における財産目録及び貸借対照表（申請の日の属する事業年度に設立された法人にあつては、その設立時における財産目録）
ハ　申請の日の属する事業年度における事業計画書及び収支予算書
ニ　指定の申請に関する意思の決定を証する書類
ホ　役員の氏名及び略歴を記載した書類
へ　現に行つている業務の概要を記載した書類
ト　試験業務の実施の方法に関する計画を記載した書類
チ　指定試験機関技能検定委員の選任に関する事項を記載した書類
リ　その他参考となる事項を記載した書類
二　申請者が事業主の団体又はその連合団体の場合にあつては、次に掲げる書類
イ　定款、規約等団体又は連合団体の目的、組織、運営等を明らかにする書類及び代表者の住民票の写し
ロ　前号ロからリまでに掲げる書類

（試験業務規程）

第六十三条の六　指定試験機関は、試験業務の実施に関する規程（以下「試験業務規程」という。）を定め、厚生労働大臣の承認を受けなければならない。これを変更しようとするときも、同様とする。

2　試験業務規程で定めるべき事項は、次のとおりとする。
一　試験の実施の方法に関する事項
二　受検手数料の収納の方法に関する事項
三　試験業務に関して知り得た秘密の保持に関する事項
四　試験業務に関する帳簿及び書類の保存に関する事項
五　前各号に掲げるもののほか、試験業務の実施に関し必要な事項

（試験業務の休廃止）

第六十三条の七　指定試験機関は、厚生労働大臣の許可を受けなければ、試験業務の全部又は一部を休止し、又は廃止してはならない。

（事業計画等）

第六十三条の八　指定試験機関は、毎事業年度開始前に（法第四十七条第一項の指定を受けた日の属する事業年

度にあつては、その指定を受けた後遅滞なく）、その事業年度の事業計画及び収支予算を作成し、厚生労働大臣の承認を受けなければならない。これを変更しようとするときも、同様とする。

2　指定試験機関は、毎事業年度経過後三月以内に、その事業年度の事業報告書及び収支決算書を作成し、厚生労働大臣に提出しなければならない。

（指定試験機関技能検定委員）

第六十三条の九　指定試験機関は、技能検定試験に係る試験科目及びその範囲の設定、試験問題及び試験実施要領の作成、技能及びこれに関する知識の程度の評価に係る事項その他の技術的事項に関する業務を行う場合には、指定試験機関技能検定委員に行わせなければならない。

2　指定試験機関技能検定委員は、技能検定に関し高い識見を有する者であつて、当該検定職種について専門的な技能、技術又は学識経験を有するもののうちから選任しなければならない。

3　指定試験機関は、指定試験機関技能検定委員を選任したときは、その日から十五日以内に、指定試験機関技能検定委員の氏名、略歴、担当する試験業務及び選任の理由を記載した届出書を厚生労働大臣に提出しなければならない。

4　指定試験機関は、指定試験機関技能検定委員の氏名について変更が生じたとき、指定試験機関技能検定委員の担当する試験業務を変更したとき、又は指定試験機関技能検定委員を解任したときは、その日から十五日以内に、その旨を厚生労働大臣に届け出なければならない。

（指定の取消し等）

第六十三条の十　厚生労働大臣は、次の各号に掲げる事由のあるときは、指定試験機関に対してその是正（役員又は指定試験機関技能検定委員の解任を含む。）を勧告することができる。

一　指定試験機関がこの規則の規定に違反したとき、又は指定試験機関の運営が著しく不適当であると認められるとき。

二　指定試験機関の役員又は指定試験機関技能検定委員が、法第四十七条第二項の規定若しくは試験業務規程に違反したとき、又は試験業務に関し著しく不適当な行為をしたとき。

2　厚生労働大臣は、前項の勧告によつてもなお是正が行われない場合には、法第四十七条第一項の指定を取り消すことができる。

（試験結果の報告）

第六十三条の十一　指定試験機関は、試験を実施したときは、遅滞なく、受検者の受検番号、氏名、生年月日、住所及び試験の成績を記載した受検者一覧表を厚生労働大臣に提出しなければならない。

（厚生労働大臣による試験業務の実施等）

第六十三条の十二　厚生労働大臣は、指定試験機関が第六十三条の七の許可を受けて試験業務の全部若しくは一部を休止したとき、法第四十七条第四項の規定により指定試験機関に対し試験業務の全部若しくは一部の停止を命じたとき、又は指定試験機関が天災その他の事由により試験業務の全部若しくは一部を実施することが困難となつた場合において必要があると認めるときは、第六十三条の三第二項の規定にかかわらず、試験業務の全部又は一部を自ら行うものとする。

2　指定試験機関は、第六十三条の七の許可を受けて試験業務の全部若しくは一部を廃止する場合、第六十三条の十第二項の規定により指定を取り消された場合又は前項の規定により厚生労働大臣が試験業務の全部若しくは一部を自ら行う場合には、次に掲げる事項を行わなければならない。

一　試験業務を厚生労働大臣に引き継ぐこと。

二　試験業務に関する帳簿及び書類を厚生労働大臣に引き継ぐこと。

三　その他厚生労働大臣が必要と認めること。

（指定試験機関に係る公示）

第六十三条の十三　厚生労働大臣は、次の場合には、その旨を官報に公示しなければならない。

一　第六十三条の七の許可をしたとき。

二　第六十三条の十第二項の規定により指定を取り消したとき。

三　前条第一項の規定により厚生労働大臣が試験業務の全部若しくは一部を自ら行うこととするとき、又は自ら行つていた試験業務の全部若しくは一部を行わないこととするとき。

（特級の技能検定の受検資格）

第六十四条　法第四十五条第二号の厚生労働省令で定める実務の経験を有する者は、特級の技能検定については、検定職種に関し、一級の技能検定に合格した者で、その後五年以上の実務の経験を有するものとする。

（一級の技能検定の受検資格）

第六十四条の二　法第四十五条第一号の厚生労働省令で定

める準則訓練を修了した者は、一級の技能検定については、次の各号のいずれかに該当する者とする。

一　検定職種に関し、応用課程の高度職業訓練を修了した者（当該検定職種に関し、当該訓練を修了した後二年以上の実務の経験を有する者、二級の技能検定に合格した者又は三級の技能検定に合格した者で当該技能検定に合格した後一年以上の実務の経験を有するものに限る。）

二　検定職種に関し、専門課程の高度職業訓練を修了した者（当該検定職種に関し、当該訓練を修了した後四年以上の実務の経験を有する者、二級の技能検定に合格した者で当該技能検定に合格した後二年以上の実務の経験を有するもの又は三級の技能検定に合格した者で当該技能検定に合格した後三年以上の実務の経験を有するものに限る。）

三　検定職種に関し、普通課程の普通職業訓練を修了した者（当該検定職種に関し、当該訓練を修了した後七年（総訓練時間が二千八百時間以上の訓練を終了した者にあっては、六年）以上の実務の経験を有する者、二級の技能検定に合格した者で当該技能検定に合格した後三年以上の実務の経験を有するもの又は三級の技能検定に合格した者で当該技能検定に合格した後五年（総訓練時間が二千八百時間以上の訓練を終了した者にあつては、四年）以上の実務の経験を有するものに限る。）

四　検定職種に関し、短期課程の普通職業訓練であつて総訓練時間が七百時間以上のものを修了した者（当該検定職種に関し、当該訓練を修了した後七年以上の実務の経験を有する者、二級の技能検定に合格した者で当該技能検定に合格した後三年以上の実務の経験を有するもの又は三級の技能検定に合格した者で当該技能検定に合格した後五年以上の実務の経験を有するものに限る。）

五　検定職種に関し、専修訓練課程の普通職業訓練を修了した者（当該検定職種に関し、当該訓練を修了した後七年以上の実務の経験を有する者、二級の技能検定に合格した者で当該技能検定に合格した後三年以上の実務の経験を有するもの又は三級の技能検定に合格した者で当該技能検定に合格した後五年以上の実務の経験を有するものに限る。）

2　法第四十五条第二号の厚生労働省令で定める実務の経験を有する者は、一級の技能検定については、次の各号のいずれかに該当する者とする。

一　検定職種に関し、長期課程の指導員訓練を修了した者で、その後二年以上の実務の経験を有するもの

二　別表第十一の二の下欄に掲げる免許職種に係る職業訓練指導員免許を受けた者で、その後当該免許職種に応ずる同表の上欄に掲げる検定職種（その検定職種が二以上あるときは、いずれか一の検定職種）に関し二年以上の実務の経験を有するもの

三　学校教育法による専修学校又は各種学校（授業時数が八百時間以上のものに限る。以下この条、第六十四条の三及び第六十四条の六において同じ。）のうち厚生労働大臣が指定するものにおいて検定職種に関する学科を修めて卒業し、かつ、二級の技能検定に合格した者で、当該技能検定に合格した後当該検定職種に関し厚生労働大臣が定める年数以上の実務の経験を有するもの

四　検定職種に関し、二級の技能検定に合格した者で、その後五年以上の実務の経験を有するもの

五　学校教育法による大学において検定職種に関する学科を修めて卒業し、かつ、三級の技能検定に合格した者で、当該技能検定に合格した後当該検定職種に関し六年以上の実務の経験を有するもの

六　学校教育法による短期大学又は高等専門学校において検定職種に関する学科を修めて卒業し、かつ、三級の技能検定に合格した者で、当該技能検定に合格した後当該検定職種に関し七年以上の実務の経験を有するもの

七　学校教育法による高等学校又は中等教育学校の後期課程において検定職種に関する学科を修めて卒業し、かつ、三級の技能検定に合格した者で、当該技能検定に合格した後当該検定職種に関し八年以上の実務の経験を有するもの

八　学校教育法による専修学校又は各種学校のうち厚生労働大臣が指定するものにおいて検定職種に関する学科を修めて卒業し、かつ、三級の技能検定に合格した者で、当該技能検定に合格した後当該検定職種に関し厚生労働大臣が定める年数以上の実務の経験を有するもの

九　検定職種に関し、三級の技能検定に合格した者で、その後九年以上の実務の経験を有するもの

十　学校教育法による大学において検定職種に関する学科を修めて卒業した者で、その後当該検定職種に関し

八年以上の実務の経験を有するもの

十一　学校教育法による短期大学又は高等専門学校において検定職種に関する学科を修めて卒業した者で、その後当該検定職種に関し九年以上の実務の経験を有するもの

十二　学校教育法による高等学校又は中等教育学校の後期課程において検定職種に関する学科を修めて卒業した者で、その後当該検定職種に関し十年以上の実務の経験を有するもの

十三　学校教育法による専修学校又は各種学校のうち厚生労働大臣が指定するものにおいて検定職種に関する学科を修めて卒業した者で、その後当該検定職種に関し厚生労働大臣が定める年数以上の実務の経験を有するもの

十四　検定職種に関し十二年以上の実務の経験を有する者

3　法第四十五条第三号の厚生労働省令で定める者は、一級の技能検定については、第一項各号及び前項各号に掲げる者と同等以上の技能及びこれに関する知識を有すると認められる者として厚生労働大臣が定める者とする。

（二級の技能検定の受検資格）

第六十四条の三　法第四十五条第一号の厚生労働省令で定める準則訓練を修了した者は、二級の技能検定については、次の各号のいずれかに該当する者とする。

一　検定職種に関し、応用課程又は専門課程の高度職業訓練を修了した者

二　検定職種に関し、普通課程の普通職業訓練を修了した者（総訓練時間が二千八百時間未満の訓練を修了した者にあつては、当該検定職種に関し、当該訓練を修了した後一年以上の実務の経験を有する者に限る。）

三　検定職種に関し、短期課程の普通職業訓練であつて総訓練時間が七百時間以上のものを修了した者（当該検定職種に関し、当該訓練を修了した後一年以上の実務の経験を有する者に限る。）

四　検定職種に関し、専修訓練課程の普通職業訓練を修了した者（当該検定職種に関し、当該訓練を修了した後一年以上の実務の経験を有する者に限る。）

2　法第四十五条第二号の厚生労働省令で定める実務の経験を有する者は、二級の技能検定については、次の各号のいずれかに該当する者とする。

一　検定職種に関し、三級の技能検定に合格した者で、その後六月以上の実務の経験を有するもの

二　学校教育法による短期大学又は高等専門学校において検定職種に関する学科を修めて卒業した者で、その後当該検定職種に関し一年以上の実務の経験を有するもの

三　学校教育法による高等学校又は中等教育学校の後期課程において検定職種に関する学科を修めて卒業した者で、その後当該検定職種に関し二年以上の実務の経験を有するもの

四　学校教育法による専修学校又は各種学校のうち厚生労働大臣が指定するものにおいて検定職種に関する学科を修めて卒業した者で、その後当該検定職種に関し厚生労働大臣が定める年数以上の実務の経験を有するもの

五　検定職種に関し三年以上の実務の経験を有する者

3　法第四十五条第三号の厚生労働省令で定める者は、二級の技能検定については、次の各号のいずれかに該当する者とする。

一　検定職種に関し、長期課程の指導員訓練を修了した者

二　学校教育法による大学において検定職種に関する学科を修めて卒業した者

三　第一項各号、前項各号及び前二号に掲げる者と同等以上の技能及びこれに関する知識を有すると認められる者として厚生労働大臣が定める者

（三級の技能検定の受検資格）

第六十四条の四　法第四十五条第一号の厚生労働省令で定める準則訓練を修了した者は、三級の技能検定については、次の各号のいずれかに該当する者とする。

一　検定職種に関し、応用課程又は専門課程の高度職業訓練を修了した者

二　検定職種に関し、普通課程の普通職業訓練であつて総訓練時間が七百時間以上のものを修了した者

三　検定職種に関し、短期課程の普通職業訓練であつて総訓練時間が七百時間以上のものを修了した者

四　検定職種に関し、専修訓練課程の普通職業訓練であつて総訓練時間が八百時間以上のものを修了した者

2　法第四十五条第二号の厚生労働省令で定める実務の経験を有する者は、三級の技能検定については、検定職種に関し一年以上の実務の経験を有する者とする。

3　法第四十五条第三号の厚生労働省令で定める者は、三級の技能検定については、次の各号のいずれかに該当する者とする。

一　検定職種に関し、長期課程の指導員訓練を修了した者

二　学校教育法による大学において検定職種に関する学科を修めて卒業した者

三　学校教育法による短期大学又は高等専門学校において検定職種に関する学科を修めて卒業した者

四　学校教育法による高等学校又は中等教育学校の後期課程において検定職種に関する学科を修めて卒業した者

五　第一項各号、前項及び前各号に掲げる者と同等以上の技能及びこれに関する知識を有すると認められる者として厚生労働大臣が定める者

（基礎一級及び基礎二級の技能検定の受験資格）

第六十四条の五　法第四十五条第一号の厚生労働省令で定める準則訓練を修了した者は、基礎一級及び基礎二級の技能検定については、それぞれ次の各号のいずれかに該当する者とする。

一　検定職種に関し、応用課程又は専門課程の高度職業訓練を修了した者

二　検定職種に関し、普通課程の普通職業訓練であつて総訓練時間が七百時間以上のものを修了した者

三　検定職種に関し、短期課程の普通職業訓練であつて総訓練時間が三百五十時間以上のものを修了した者

四　検定職種に関し、専修訓練課程の普通職業訓練であつて総訓練時間が八百時間以上のものを修了した者

2　法第四十五条第二号の厚生労働省令で定める実務の経験を有する者は、基礎一級の技能検定については検定職種に関し八月以上の実務の経験を有する者とし、基礎二級の技能検定については検定職種に関し四月以上の実務の経験を有する者とする。

3　法第四十五条第三号の厚生労働省令で定める者は、基礎一級及び基礎二級の技能検定については、それぞれ次の各号のいずれかに該当する者とする。

一　検定職種に関し、長期課程の指導員訓練を修了した者

二　学校教育法による大学において検定職種に関する学科を修めて卒業した者

三　学校教育法による短期大学又は高等専門学校において検定職種に関する学科を修めて卒業した者

四　学校教育法による高等学校又は中等教育学校の後期課程において検定職種に関する学科を修めて卒業した者

五　第一項各号、前項及び前各号に掲げる者と同等以上の技能及びこれに関する知識を有すると認められる者として厚生労働大臣が定める者

（単一等級の技能検定の受検資格）

第六十四条の六　法第四十五条第一号の厚生労働省令で定める準則訓練を修了した者は、単一等級の技能検定については、次の各号のいずれかに該当する者とする。

一　検定職種に関し、応用課程の高度職業訓練を修了した者

二　検定職種に関し、専門課程の高度職業訓練を修了した者（第六十一条第三項第三号及び第十六号に掲げる検定職種（以下「特定職種」という。）以外の検定職種にあつては、当該検定職種に関し、当該訓練を修了した後二年以上の実務の経験を有する者に限る。）

三　検定職種に関し、普通課程の普通職業訓練であつて総訓練時間が二千八百時間以上のものを修了した者（特定職種以外の検定職種にあつては、当該検定職種に関し、当該訓練を修了した後二年以上の実務の経験を有する者に限る。）

四　検定職種に関し、普通課程の普通職業訓練を修了した者（当該検定職種に関し、当該訓練を修了した後三年以上（特定職種に係る者にあつては、一年以上）の実務の経験を有する者に限る。）

五　検定職種に関し、短期課程の普通職業訓練であつて総訓練時間が七百時間以上のものを修了した者（当該検定職種に関し、当該訓練を修了した後三年以上（特定職種に係る者にあつては、一年以上）の実務の経験を有する者に限る。）

六　検定職種に関し、専修訓練課程の普通職業訓練を修了した者（当該検定職種に関し、当該訓練を修了した後三年以上（特定職種に係る者にあつては、一年以上）の実務の経験を有する者に限る。）

2　法第四十五条第二号の厚生労働省令で定める実務の経験を有する者は、単一等級の技能検定については、次の各号のいずれかに該当する者とする。

一　学校教育法による大学において検定職種（特定職種を除く。）に関する学科を修めて卒業した者で、その後当該検定職種に関し二年以上の実務の経験を有するもの

二　学校教育法による短期大学又は高等専門学校において検定職種に関する学科を修めて卒業した者で、その後当該検定職種に関し三年（特定職種に係る者にあつ

ては、一年）以上の実務の経験を有するもの

三　学校教育法による高等学校又は中等教育学校の後期課程において検定職種に関する学科を修めて卒業した者で、その後当該検定職種に関し四年（特定職種に係る者にあつては、二年）以上の実務の経験を有するもの

四　学校教育法による専修学校又は各種学校のうち厚生労働大臣が指定するものにおいて検定職種に関する学科を修めて卒業した者で、その後当該検定職種に関し厚生労働大臣が定める年数以上の実務の経験を有するもの

五　検定職種に関し五年（特定職種にあつては、三年）以上の実務の経験を有する者

3　法第四十五条第三号の厚生労働省令で定める者は、単一等級の技能検定については、次の各号のいずれかに該当する者とする。

一　検定職種に関し、長期課程の指導員訓練を修了した者

二　別表第十一の二の上欄に掲げる検定職種に関し、同表の下欄に掲げる免許職種に係る職業訓練指導員免許を受けた者

三　学校教育法による大学において特定職種に関する学科を修めて修了した者

四　第一項各号、前項各号及び前三号に掲げる者と同等以上の技能及びこれに関する知識を有すると認められる者として厚生労働大臣が定める者

（受検資格の特例）

第六十四条の七　第六十四条から前条までの規定にかかわらず、令別表第二に掲げる職種の技能検定に係る受検資格については、指定試験機関が定めることができるものとする。

2　指定試験機関は、前項の受検資格を定めたときは、厚生労働大臣の承認を受けなければならない。

3　指定試験機関は、前項の承認を受けた受検資格を公示しなければならない。

（試験の免除）

第六十五条　次の表の上欄に掲げる者は、特級の技能検定に係る技能検定試験についてそれぞれ同表の下欄に掲げる試験の免除を受けることができる。

免除を受けることができる者	免除の範囲
特級の技能検定において実	同一の検定職種に係る特級

技試験に合格した者	の技能検定の実技試験（当該合格した実技試験が行われた日の翌日から起算して五年を経過した日の属する年の翌年（その日が一月一日から三月三十一日までの間のいずれかの日である場合にあつては、その日の属する年）の三月三十一日までの間に行われたものに限る。）の全部
特級の技能検定において学科試験に合格した者	同一の検定職種に係る特級の技能検定の学科試験（当該合格した学科試験が行われた日の翌日から起算して五年を経過した日の属する年の翌年（その日が一月一日から三月三十一日までの間のいずれかの日である場合にあつては、その日の属する年）の三月三十一日までの間に行われたものに限る。）の全部
当該検定職種に相当する応用課程の高度職業訓練に係る訓練科に関し、的確に行われたと認められる技能照査に合格した後、当該検定職種に関し五年以上の実務の経験を有する者	特級の技能検定の学科試験の全部

2　次の表の上欄に掲げる者は、一級の技能検定に係る技能検定試験についてそれぞれ同表の下欄に掲げる試験の免除を受けることができる。

免除を受けることができる者	免除の範囲
一級の技能検定に合格した者	同一の検定職種に係る一級の技能検定の学科試験の全部
一級の技能検定において実技試験に合格した者	同一の検定職種に係る一級の技能検定の実技試験の全部（一級の技能検定を受ける者（以下「一級受検者」という。）が実技試験の試験科目を選択することとしている検定職種に係る場合にあつては、一級受検者が当該合格した実技試験において選択した試験科目と同一の試験科目を選択して技

	能検定試験を受けようとするときに限る。）
一級の技能検定において学科試験に合格した者	同一の検定職種に係る一級の技能検定の学科試験の全部（一級受検者が学科試験の試験科目を選択することとしている検定職種に係る場合にあつては、一級受検者が当該合格した学科試験において選択した試験科目と同一の試験科目を選択して技能検定試験を受けようとするときに限る。）
当該検定職種に相当する免許職種に関し、職業訓練指導員試験に合格した者又は職業訓練指導員免許を受けた者	一級の技能検定の学科試験の全部
厚生労働大臣が別に定める他の法令の規定による検定若しくは試験に合格した者又は免許を受けた者	厚生労働大臣が別に定める一級の技能検定の実技試験又は学科試験の全部又は一部
当該検定職種に相当する応用課程の高度職業訓練に係る訓練科に関し、的確に行われたと認められる技能照査に合格した後、当該検定職種に関し三年以上の実務の経験を有する者	一級の技能検定の学科試験の全部
当該検定職種に相当する専門課程の高度職業訓練に係る訓練科に関し、的確に行われたと認められる技能照査に合格した後、当該検定職種に関し五年以上の実務の経験を有する者	一級の技能検定の学科試験の全部
当該検定職種に相当する訓練科に関し、短期課程の普通職業訓練（別表第五第一号に定めるところにより行われるものに限る。）の的確に行われたと認められる修了時の試験に合格した者で、当該訓練を修了したもの	一級の技能検定の学科試験の全部
厚生労働大臣が別に定めるところにより一級の技能検定において実技試験に合格した者と同等以上の技能及びこれに関する知識を有す	厚生労働大臣が別に定める一級の技能検定の実技試験の全部

ると認めた者	
厚生労働大臣が別に定めるところにより一級の技能検定において学科試験に合格した者と同等以上の技能及びこれに関する知識を有すると認めた者	厚生労働大臣が別に定める一級の技能検定の学科試験の全部

3　次の表の上欄に掲げる者は、二級の技能検定に係る技能検定試験についてそれぞれ同表の下欄に掲げる試験の免除を受けることができる。

免除を受けることができる者	免除の範囲
一級又は二級の技能検定に合格した者	同一の検定職種に係る二級の技能検定の学科試験の全部
一級又は二級の技能検定において実技試験に合格した者	同一の検定職種に係る二級の技能検定の実技試験の全部（二級の技能検定を受ける者（以下「二級受検者」という。）が実技試験の試験科目を選択することとしている検定職種に係る場合にあつては、二級受検者が当該合格した実技試験において選択した試験科目と同一の試験科目（一級の技能検定において実技試験に合格した者にあつては、当該合格した実技試験において選択した試験科目に相当する試験科目）を選択して技能検定試験を受けようとするときに限る。）
一級又は二級の技能検定において学科試験に合格した者	同一の検定職種に係る二級の技能検定の学科試験の全部（二級受検者が学科試験の試験科目を選択することとしている検定職種に係る場合にあつては、二級受検者が当該合格した学科試験において選択した試験科目と同一の試験科目（一級の技能検定において学科試験に合格した者にあつては、当該合格した学科試験において選択した試験科目に相当する試験科目）を選択して技能検定試験を受けようとするときに限る。）

当該検定職種に相当する免許職種に関し、職業訓練指導員試験に合格した者又は職業訓練指導員免許を受けた者	二級の技能検定の学科試験の全部
厚生労働大臣が別に定める他の法令の規定による検定若しくは試験に合格した者又は免許を受けた者	厚生労働大臣が別に定める二級の技能検定の実技試験又は学科試験の全部又は一部
当該検定職種に相当する訓練科に関し、的確に行われたと認められる技能照査に合格した者	二級の技能検定の学科試験の全部
当該検定職種に相当する訓練科に関し、短期課程の普通職業訓練（別表第五第一号又は第二号に定めるところにより行われるものに限る。）の的確に行われたと認められる修了時の試験に合格した者で、当該訓練を修了したもの	二級の技能検定の学科試験の全部
厚生労働大臣が別に定めるところにより二級の技能検定において実技試験に合格した者と同等以上の技能及びこれに関する知識を有すると認めた者	厚生労働大臣が別に定める二級の技能検定の実技試験の全部
厚生労働大臣が別に定めるところにより二級の技能検定において学科試験に合格した者と同等以上の技能及びこれに関する知識を有すると認めた者	二級の技能検定の学科試験の全部

4　次の表の上欄に掲げる者は、三級の技能検定に係る技能検定試験についてそれぞれ同表の下欄に掲げる試験の免除を受けることができる。

免除を受けることができる者	免除の範囲
一級、二級又は三級の技能検定に合格した者	同一の検定職種に係る三級の技能検定の学科試験の全部
一級、二級又は三級の技能検定において実技試験に合格した者	同一の検定職種に係る三級の技能検定の実技試験の全部（三級の技能検定を受ける者（以下「三級受検者」という。）が実技試験の試

	験科目を選択することとしている検定職種に係る場合にあつては、三級受検者が当該合格した実技試験において選択した試験科目と同一の試験科目（一級又は二級の技能検定において実技試験に合格した者にあつては、当該合格した実技試験において選択した試験科目に相当する試験科目）を選択して技能検定試験を受けようとするときに限る。）
一級、二級又は三級の技能検定において学科試験に合格した者	同一の検定職種に係る三級の技能検定の学科試験の全部（三級受検者が学科試験の試験科目を選択することとしている検定職種に係る場合にあつては、三級受検者が当該合格した学科試験において選択した試験科目と同一の試験科目（一級又は二級の技能検定において学科試験に合格した者にあつては、当該合格した学科試験において選択した試験
	科目に相当する試験科目）を選択して技能検定試験を受けようとするときに限る。）
当該検定職種に相当する免許職種に関し、職業訓練指導員試験に合格した者又は職業訓練指導員免許を受けた者	三級の技能検定の学科試験の全部
厚生労働大臣が別に定める他の法令の規定による検定若しくは試験に合格した者又は免許を受けた者	厚生労働大臣が別に定める三級の技能検定の実技試験又は学科試験の全部又は一部
当該検定職種に相当する訓練科に関し、的確に行われたと認められる技能照査に合格した者	三級の技能検定の学科試験の全部
厚生労働大臣が別に定めるところにより三級の技能検定において実技試験に合格した者と同等以上の技能及びこれに関する知識を有すると認めた者	厚生労働大臣が別に定める三級の技能検定の実技試験の全部

厚生労働大臣が別に定めるところにより三級の技能検定において学科試験に合格した者と同等以上の技能及びこれに関する知識を有すると認めた者	厚生労働大臣が別に定める三級の技能検定の学科試験の全部

5　次の表の上欄に掲げる者は、基礎一級の技能検定に係る技能検定試験についてそれぞれ同表の下欄に掲げる試験の免除を受けることができる。

免除を受けることができる者	免除の範囲
一級、二級、三級又は基礎一級の技能検定に合格した者	同一の検定職種に係る基礎一級の技能検定の学科試験の全部
一級、二級、三級又は基礎一級の技能検定において実技試験に合格した者	同一の検定職種に係る基礎一級の技能検定の実技試験の全部
一級、二級、三級又は基礎一級の技能検定において学科試験に合格した者	同一の検定職種に係る基礎一級の技能検定の学科試験の全部
当該検定職種に相当する免許職種に関し、職業訓練指導員試験に合格した者又は職業訓練指導員免許を受けた者	基礎一級の技能検定の学科試験の全部
厚生労働大臣が別に定める他の法令の規定による検定若しくは試験に合格した者又は免許を受けた者	厚生労働大臣が別に定める基礎一級の技能検定の実技試験又は学科試験の全部又は一部
当該検定職種に相当する訓練科に関し、的確に行われたと認められる技能照査に合格した者	基礎一級の技能検定の学科試験の全部
厚生労働大臣が別に定めるところにより基礎一級の技能検定において実技試験に合格した者と同等以上の技能及びこれに関する知識を有すると認めた者	厚生労働大臣が別に定める基礎一級の技能検定の実技試験の全部
厚生労働大臣が別に定めるところにより基礎一級の技能検定において学科試験に合格した者と同等以上の技能及びこれに関する知識を有すると認めた者	厚生労働大臣が別に定める基礎一級の技能検定の学科試験の全部

6　次の表の上欄に掲げる者は、基礎二級の技能検定に係

る技能検定試験についてそれぞれ同表の下欄に掲げる試験の免除を受けることができる。

免除を受けることができる者	免除の範囲
一級、二級、三級、基礎一級又は基礎二級の技能検定に合格した者	同一の検定職種に係る基礎二級の技能検定の学科試験の全部
一級、二級、三級、基礎一級又は基礎二級の技能検定において実技試験に合格した者	同一の検定職種に係る基礎二級の技能検定の実技試験の全部
一級、二級、三級、基礎一級又は基礎二級の技能検定において学科試験に合格した者	同一の検定職種に係る基礎二級の技能検定の学科試験の全部
当該検定職種に相当する免許職種に関し、職業訓練指導員試験に合格した者又は職業訓練指導員免許を受けた者	基礎二級の技能検定の学科試験の全部
厚生労働大臣が別に定める他の法令の規定による検定若しくは試験に合格した者又は免許を受けた者	厚生労働大臣が別に定める基礎二級の技能検定の実技試験又は学科試験の全部又は一部
当該検定職種に相当する訓練科に関し、的確に行われたと認められる技能照査に合格した者	基礎二級の技能検定の学科試験の全部
厚生労働大臣が別に定めるところにより基礎二級の技能検定において実技試験に合格した者と同等以上の技能及びこれに関する知識を有すると認めた者	厚生労働大臣が別に定める基礎二級の技能検定の実技試験の全部
厚生労働大臣が別に定めるところにより基礎二級の技能検定において学科試験に合格した者と同等以上の技能及びこれに関する知識を有すると認めた者	厚生労働大臣が別に定める基礎二級の技能検定の学科試験の全部

7　次の表の上欄に掲げる者は、単一等級の技能検定に係る技能検定試験についてそれぞれ同表の下欄に掲げる試験の免除を受けることができる。

免除を受けることができる者	免除の範囲
単一等級の技能検定に合格した者	同一の検定職種に係る単一等級の技能検定の学科試験

	の全部
単一等級の技能検定において実技試験に合格した者	同一の検定職種に係る単一等級の技能検定の実技試験の全部（単一等級の技能検定を受ける者（以下「単一等級受検者」という。）が実技試験の試験科目を選択することとしている検定職種に係る場合にあつては、単一等級受検者が当該合格した実技試験において選択した試験科目と同一の試験科目を選択して技能検定試験を受けようとするときに限る。）
単一等級の技能検定において学科試験に合格した者	同一の検定職種に係る単一等級の技能検定の学科試験の全部（単一等級受検者が学科試験の試験科目を選択することとしている検定職種に係る場合にあつては、単一等級受検者が当該合格した学科試験において選択した試験科目と同一の試験科目を選択して技能検定試験を受けようとするときに限る。）
当該検定職種に相当する免許職種に関し、職業訓練指導員試験に合格した者又は職業訓練指導員免許を受けた者	単一等級の技能検定の学科試験の全部
厚生労働大臣が別に定める他の法令の規定による検定若しくは試験に合格した者又は免許を受けた者	厚生労働大臣が別に定める単一等級の技能検定の実技試験又は学科試験の全部又は一部
当該検定職種に相当する応用課程の高度職業訓練に係る訓練科に関し、的確に行われたと認められる技能照査に合格した者（特定職種以外の検定職種にあつては、当該技能照査に合格した後、当該検定職種に関し一年以上の実務の経験を有する者に限る。）	単一等級の技能検定の学科試験の全部
当該検定職種に相当する専門課程の高度職業訓練に係る訓練科に関し、的確に行われたと認められる技能照	単一等級の技能検定の学科試験の全部

査に合格した後、当該検定職種に関し三年（特定職種にあつては、一年）以上の実務の経験を有する者	
当該検定職種に相当する普通課程の普通職業訓練に係る訓練科（総訓練時間が二千八百時間（学校教育法による高等学校又は中等教育学校を卒業した者を対象とする訓練を行う訓練科にあつては、千四百時間）以上のものに限る。）に関し、的確に行われたと認められる技能照査に合格した後、当該検定職種に関し四年（特定職種にあつては、二年）以上の実務の経験を有する者	単一等級の技能検定の学科試験の全部
当該検定職種に相当する訓練科に関し、短期課程の普通職業訓練（別表第五第三号に定めるところにより行われるものに限る。）の的確に行われたと認められる修了時の試験に合格した者で、当該訓練を修了したもの	単一等級の技能検定の学科試験の全部
厚生労働大臣が別に定めるところにより単一等級の技能検定において実技試験に合格した者と同等以上の技能及びこれに関する知識を有すると認めた者	厚生労働大臣が別に定める単一等級の技能検定の実技試験の全部
厚生労働大臣が別に定めるところにより単一等級の技能検定において学科試験に合格した者と同等以上の技能及びこれに関する知識を有すると認めた者	厚生労働大臣が別に定める単一等級の技能検定の学科試験の全部

（試験の免除の特例）

第六十五条の二　前条の規定にかかわらず、令別表第二に掲げる職種の技能検定に係る試験の免除の基準については、指定試験機関が定めることができるものとする。

2　指定試験機関は、前項の試験の免除の基準を定めたときは、厚生労働大臣の承認を受けなければならない。これを変更しようとするときも、同様とする。

3　指定試験機関は、前項の承認を受けた試験の免除の基準を公示しなければならない。

（受検の申請等）

第六十六条　技能検定を受けようとする者は、様式第十三号により作成した技能検定受検申請書（指定試験機関が試験業務を行う場合にあつては、当該指定試験機関が定める様式により作成したもの）を受検地の都道府県知事（指定試験機関が試験業務を行う場合にあつては、指定試験機関。ただし、第六十三条の十二第一項の規定により厚生労働大臣が試験業務を行う場合にあつては、厚生労働大臣。第三項において同じ。）に提出しなければならない。

2　法第四十六条第四項の規定に基づいて都道府県協会が技能検定試験を実施する場合は、前項の申請書は、当該都道府県協会を経由して提出しなければならない。

3　都道府県知事は、技能検定の実施職種、実施期日、実施場所、技能検定受検申請書の提出期限その他技能検定の実施に必要な事項を、あらかじめ公示しなければならない。

（合格証書）

第六十七条　職業能力開発促進法施行令第三条第二号の厚生労働省令で定める等級は、二級、三級、基礎一級及び基礎二級とする。

第六十八条　法第四十九条の合格証書（以下「合格証書」という。）のうち、特級、一級及び単一等級の技能検定に係るものは、様式第十四号によるものとする。

2　合格証書のうち、二級、三級、基礎一級及び基礎二級の技能検定に係るものは、次の各号に掲げる事項を記載し、都道府県知事名（令別表第一に掲げる職種（令別表第二に掲げる職種を除く。）の技能検定に係るものに限る。）又は指定試験機関の名称（令別表第二に掲げる職種の技能検定に係るものに限る。）を記して押印しなければならない。

一　合格証書の番号

二　合格した技能検定の等級、職種及び実技試験の試験科目

三　技能士の名称

四　合格した者の氏名及び生年月日

五　合格証書を交付する年月日

（合格証書の交付）

第六十八条の二　別表第十四の上欄に掲げる検定職種に係る一級、二級又は単一等級の技能検定に係る合格証書は、同表の中欄に掲げる学科試験の試験科目を選択して

当該検定職種に係る技能検定の学科試験に合格し、かつ、当該学科試験の試験科目に応ずる同表の下欄に掲げる実技試験の試験科目（その試験科目が二以上あるときは、いずれか一の試験科目）を選択して当該検定職種に係る技能検定の実技試験に合格した者に交付する。

2　別表第十四の二の上欄に掲げる検定職種に係る三級の技能検定に係る合格証書は、同表の中欄に掲げる学科試験の試験科目を選択して当該検定職種に係る技能検定の学科試験に合格し、かつ、当該学科試験の試験科目に応ずる同表の下欄に掲げる実技試験の試験科目（その試験科目が二以上あるときは、いずれか一の試験科目）を選択して当該検定職種に係る技能検定の実技試験に合格した者に交付する。

（合格証書の再交付）

第六十九条　合格証書の交付を受けた者は、合格証書を滅失し、若しくは損傷したとき、又は氏名を変更したときは、合格証書の再交付を申請することができる。

2　前項の申請は、技能検定合格証書再交付申請書（様式第十六号）を都道府県知事（指定試験機関が試験業務を行う場合にあつては、指定試験機関）に提出して行わなければならない。この場合において、当該申請が合格証書を損傷したことによるものであるときは合格証書を、氏名を変更したことによるものであるときは合格証書及び氏名を変更したことを証する書面を添えなければならない。

3　都道府県知事は、第一項の規定による申請が氏名を変更したことによるものである場合において、氏名を変更したことを公簿によつて確認することができるときは、前項後段に規定する氏名を変更したことを証する書面の添付を省略させることができる。

（試験の合格通知）

第七十条　都道府県知事（都道府県協会が技能検定試験を実施する場合には都道府県協会とし、指定試験機関が試験業務を行う場合には指定試験機関とする。以下次条第一項において同じ。）は、技能検定の実技試験又は学科試験に合格した者に、厚生労働大臣の定めるところにより、書面でその旨を通知しなければならない。

（試験の停止等）

第七十一条　都道府県知事は、技能検定の実技試験又は学科試験に関して不正の行為があつたときは、当該不正行為を行つた者に対して、その試験を停止し、又はその試験の合格の決定を取り消すものとする。

2 都道府県協会又は指定試験機関は、前項の試験の停止又は合格の取消しを行つた場合は、その旨を遅滞なく都道府県協会にあつては管轄都道府県知事に、指定試験機関にあつては厚生労働大臣に報告しなければならない。

第四章 職業能力開発協会

（設立の認可の申請等）

第七十二条 法第六十一条（法第九十条第一項において準用する場合を含む。以下第七十四条第二項において同じ。）の厚生労働省令で定める事項は、次のとおりとする。

一 発起人の氏名及び住所（法人その他の団体にあつては、その名称、代表者の氏名及び主たる事務所の所在地）

二 定款並びに創立総会の会議の日時及び場所についての公告に関する事項

三 創立総会の議事の経過

四 会員となる旨の申出をしたものの氏名及び住所（法人その他の団体にあつては、その名称、代表者の氏名及び主たる事務所の所在地）

2 第五十条の規定は、法第七十八条及び法第九十条第一項において準用する法第三十七条第二項の届出について準用する。

（定款の変更の認可の申請）

第七十三条 法第六十二条第二項（法第九十条第一項において準用する場合を含む。）の認可の申請は、次の事項を記載した書類を添えた申請書を、中央協会にあつては厚生労働大臣に、都道府県協会にあつては都道府県知事に提出して行わなければならない。

一 変更の内容及び理由

二 変更の議決をした総会の議事の経過

（役員選任の認可の申請）

第七十四条 法第六十四条第二項（法第九十条第一項において準用する場合を含む。）の認可の申請は、次の事項を記載した書面及び役員となるべき者の就任の承諾を証する書面を添えた申請書を、中央協会にあつては厚生労働大臣に、都道府県協会にあつては管轄都道府県知事に提出して行わなければならない。

一 役員となるべき者の氏名、住所及び履歴

二 役員となるべき者の選任の議決をした総会の議事の経過

2 設立当時の役員に係る前項の申請は、法第六十一条の認可の申請と同時に行なわなければならない。

（中央技能検定委員の選任）

第七十四条の二 中央協会は、中央技能検定委員を選任し

ようとするときは、あらかじめ、当該選任しようとする者の氏名、略歴及び担当する検定職種を厚生労働大臣に届け出なければならない。

2 法第六十七条第二項の厚生労働省令で定める要件は、技能検定に関し高い識見を有する者であつて、当該検定職種について専門的な技能、技術又は学識経験を有するものであることとする。

（都道府県技能検定委員の選任）

第七十四条の三 前条の規定は、法第八十六条第二項の規定による都道府県技能検定委員の選任について準用する。この場合において、前条第一項中「中央協会」とあるのは「都道府県協会」と、「厚生労働大臣」とあるのは「都道府県知事」と、同条第二項中「法第六十七条第二項」とあるのは「法第八十六条第二項」と読み替えるものとする。

（解散の認可の申請）

第七十五条 法第七十条第二項（法第九十条第一項において準用する場合を含む。）の認可の申請は、解散の議決をした総会の議事の経過を記載した書面を添えた申請書を、中央協会にあつては厚生労働大臣に、都道府県協会にあつては管轄都道府県知事に提出して行わなければならない。

（財産処分の方法の認可の申請）

第七十六条 法第七十二条第一項（法第九十条第一項において準用する場合を含む。）の認可の申請は、次の事項を記載した書面を添えた申請書を、中央協会にあつては厚生労働大臣に、都道府県協会にあつては管轄都道府県知事に提出して行わなければならない。

一 財産処分の方法及び理由

二 総会が財産処分の方法の議決をした場合には、その総会の議事の経過

三 総会が財産処分の方法を議決をせず、又はすることができない場合には、その理由

（申請書等の提出部数）

第七十六条の二 この章に定める申請書の提出部数は、中央協会にあつては二通とし、都道府県協会にあつては三通とする。

2 この章に定める届出書の提出部数は、中央協会にあつては一通とし、都道府県協会にあつては二通とする。

（厚生労働大臣への報告）

第七十七条 都道府県知事は、都道府県協会の設立、定款の変更、役員の選任、解散及び財産処分の方法について

認可をしたとき、並びに都道府県協会の成立の届出を受理したときは、遅滞なく、関係申請書又は関係届出書を添えた報告書を厚生労働大臣に提出しなければならない。

（証票）

第七十八条　法第四十八条第二項の証票は、様式第十七号によるものとする。

2　法第七十四条第二項の証票は、様式第十八号によるものとする。

3　法第九十条第一項において準用する法第七十四条第二項の証票は、様式第十九号によるものとする。

附　則（抄）

（施行期日）

第一条　この省令（以下「新省令」という。）は、昭和四十四年十月一日から施行する。

（職業訓練法施行規則等の廃止）

第二条　次に掲げる省令及び告示は、廃止する。

一　職業訓練法施行規則（昭和三十三年労働省令第十六号）

二　技能検定協会に関する省令（昭和四十四年労働省令第十九号）

三　昭和三十三年労働省告示第二十一号（職業訓練法の規定により国が設置する身体障害者職業訓練所を指定する告示）

四　昭和三十三年労働省告示第二十二号（職業訓練指導員免許を受けるために修了しなければならない職業訓練指導員の訓練等及び職業訓練指導員試験の免除を受けることができる者等の範囲を指定する告示）

五　昭和三十四年労働省告示第三十四号（職業訓練法施行規則等の規定に基き、技能検定の試験の免除を受けることができる者及び免除の範囲並びに技能検定の受検資格を定める告示）

六　昭和三十六年労働省告示第四十八号（職業訓練法第二十八条の労働大臣が指定する団体に関する告示）

七　昭和四十一年労働省告示第四号（労働大臣が指定する各種学校及び労働大臣が定める実務の経験の年数を定める告示）

（訓練課程に関する経過措置）

第三条　新省令の施行の際、現に旧法の規定により行なわれている次の表の上欄に掲げる職業訓練は、法（以下「新法」という。）の規定により行なわれる同表の下欄に掲げる訓練課程の法定職業訓練となるものとする。

旧法の職業訓練	新法の職業訓練
基礎的な技能に関する職業訓練で、学校教育法による中学校又は高等学校を卒業した者又はこれらと同等以上の学力を有すると認められる者に対して行なうもの	専修訓練課程の養成訓練
専門的な技能に関する職業訓練又は認定職業訓練	高等訓練課程の養成訓練
職業訓練大学校において行なわれる職種別再訓練通信講座	二級技能士訓練課程の向上訓練
職業訓練大学校において行なわれる生産技能講座	生産技能訓練課程の向上訓練
基礎的な技能に関する職業訓練で、再就職が困難な求職者に対して就職を容易にさせるために行なわれるもの	職業転換訓練課程の能力再開発訓練
職業訓練大学校において行なわれる長期訓練の課程	長期指導員訓練課程の指導員訓練
職業訓練大学校において行なわれる短期訓練の課程	短期指導員訓練課程の指導員訓練

（法定職業訓練の基準に関する経過措置）

第四条　新省令の施行の際、現に職業訓練を受けている者に対する法定職業訓練に関する基準は、なお従前の例による。

2　前項の規定にかかわらず、新省令の施行の際、現に前条の規定により高等訓練課程の養成訓練となるものとされた職業訓練を行なつているものは、労働大臣の定めるところにより、第四条に定める基準（以下この条及び次条において「新基準」という。）により当該職業訓練を行なうことができる。

3　前項の規定に基づき新基準による訓練を行なう場合においては、当該訓練生の受けた附則第二条の規定による廃止前の職業訓練法施行規則（以下「旧省令」という。）別表第二又は別表第三に定める基準による訓練の教科の科目及び訓練期間に応じて、新基準による訓練における教科の科目を省略し、及び訓練期間を短縮することができる。

第五条　削除

（技能照査に関する経過措置）

第六条　昭和四十五年四月一日から同年十二月三十一日までの間に高等訓練課程の養成訓練を修了する者に対する

技能照査は、新省令第二十二条の規定にかかわらず、昭和四十六年一月一日から同年十二月三十一日までの間に高等訓練課程の養成訓練を修了する者に対する技能照査にあわせて行なうものとする。

（編入等に関する経過措置）

第七条　旧法における公共職業訓練又は認定職業訓練を受けた者は、新省令第十四条の適用については、新法による法定職業訓練を受けた者とみなす。

（認定職業訓練の名称に関する経過措置）

第八条　新省令第三十五条の規定にかかわらず、同条の規定による管轄都道府県知事の承認を受けてその名称中に高等職業訓練校という文字を用いる認定職業訓練のための施設は、当分の間、専修訓練課程の養成訓練を高等訓練課程の養成訓練にあわせて行なうことができる。

（職業訓練指導員免許に関する経過措置）

第九条　法第二十八条第四項の規定に基づき厚生労働省令で定める者は、新省令第三十九条に定めるもののほか、当分の間、次の各号のいずれかに該当する者であつて、第三十九条第一号の厚生労働大臣が指定する講習を修了したものとする。

一　学校教育法による大学（短期大学を除く。）において免許職種に関する学科を修めて卒業した者で、その後当該免許職種に関し二年以上の実務の経験を有するもの

二　学校教育法による短期大学又は高等専門学校において免許職種に関する学科を修めて卒業した者で、その後当該免許職種に関し四年以上の実務の経験を有するもの

二の二　免許職種に相当する応用課程の高度職業訓練に係る訓練科に関し、技能照査に合格した者で、その後当該免許職種に関し一年以上の実務の経験を有するもの

二の三　免許職種に相当する専門課程の高度職業訓練（職業能力開発促進法施行規則等の一部を改正する省令（平成五年労働省令第一号）による改正前の職業能力開発促進法施行規則による専門課程及び職業訓練法施行規則及び雇用保険法施行規則の一部を改正する省令（昭和六十年労働省令第二十三号）による改正前の職業訓練法施行規則による専門訓練課程の養成訓練を含む。）に係る訓練科に関し、技能照査に合格した者で、その後当該免許職種に関し三年以上の実務の経験を有するもの

三　厚生労働大臣が別に定めるところにより前三号に掲げる者と同等以上の技能及びこれに関する知識を有すると認められる者

2　前項の規定により職業訓練指導員免許を受けようとする者に対する第四十条の適用については、同条第一号の書面は、前項各号のいずれかに該当することを証する書面とする。

（職業訓練指導員試験の免除に関する経過措置）

第十条　旧法第二十四条第一項の職業訓練指導員試験において実技試験又は学科試験に合格した者に対する新省令第四十六条の適用については、新法第三十条第一項の職業訓練指導員試験において実技試験又は学科試験に合格した者とみなす。

（技能検定試験の免除に関する経過措置）

第十一条　旧省令第二十九条の規定に基づいて労働大臣が別に定めるところにより旧省令別表第五の一級技能検定基準の実技試験の欄に掲げる技能を有すると認めた者は、昭和五十年三月三十一日までに行われる一級又は二級の技能検定の実技試験の全部の免除を受けることができる。

2　旧省令第四十一条の規定に基づいて労働大臣が別に定めるところにより旧省令別表第六の二級技能検定基準の実技試験の欄又は学科試験の欄に掲げる技能を有すると認めた者は、昭和五十年三月三十一日までに行われる二級の技能検定の実技試験又は学科試験の全部の免除を受けることができる。

3　旧法による一級又は二級の技能検定の学科試験に合格した者は、それぞれ昭和五十年三月三十一日までに行われる一級若しくは二級又は二級の技能検定の学科試験の全部の免除を受けることができる。

（技能検定協会に関する経過措置）

第十二条　新省令の施行前にした附則第二条の規定による廃止前の技能検定協会に関する省令による設立に関する手続は、新省令の適用については、新省令の相当規定によつてしたものとみなす。

附　則（昭和四十五年四月一日省令第八号）（抄）

1　この省令は、公布の日から施行する。

附　則（昭和四十五年十月一日省令第二十四号）（抄）

1　この省令は、公布の日から施行する。

附　則（昭和四十五年十月二十二日省令第二十五号）

この省令は、公布の日から施行し、昭和四十五年十月一日から適用する。

附　則（昭和四十六年一月十六日省令第一号）

この省令は、公布の日から施行する。

附　則（昭和四十六年五月一日省令第十二号）（抄）

1　この省令は、公布の日から施行する。

2　改正後の職業訓練法施行規則第二十四条第一項の規定による技能照査合格証書は、当分の間、なお従前の様式によることができる。

附　則（昭和四十六年七月三十日省令第二十二号）

この省令は、公布の日から施行する。

附　則（昭和四十六年八月三十一日省令第二十三号）

この省令は、公布の日から施行する。

附　則（昭和四十七年三月七日省令第四号）

1　この省令は、公布の日から施行する。

2　この省令の施行前に改正前の職業訓練法施行規則別表第十四の検定職種に係る技能士の名称を称することができた者は、当該検定職種に係る改正後の職業訓練法施行規則別表第十四の技能士の名称を称することができる。

附　則（昭和四十七年四月十一日省令第十三号）

この省令は、公布の日から施行する。

附　則（昭和四十七年九月十六日省令第三十一号）

この省令は、公布の日から施行する。

附　則（昭和四十七年九月三十日省令第四十八号）

この省令は、昭和四十七年十月一日から施行する。

附　則（昭和四十八年一月三十日省令第一号）

1　この省令は、昭和四十八年四月一日から施行する。

2　この省令の施行の際現にこの省令による改正前の別表第二又は第七の訓練科の欄に掲げる意匠図案科に係る職業訓練を受けている者は、それぞれこの省令による改正後の別表第二又は第七の訓練科の欄に掲げるデザイン科に係る職業訓練を受けている者とみなす。

3　この省令の施行の際現に職業訓練を受けている者に対する法定職業訓練に関する基準については、なお従前の例によることができる。

4　この省令の施行の日前に、職業訓練法第十五条第二項の規定に基づき設置する専修職業訓練校において、労働大臣がこの省令による改正後の別表第七の訓練科の欄に掲げる表具科の職業訓練に関する基準に適合すると認める職業訓練を修了した者は、この省令による改正後の別表第七の訓練科の欄に掲げる表具科の職業訓練を修了した者とみなす。

5　この省令の施行の際現にこの省令による改正前の別表第十一の免許職種である意匠図案科について職業訓練指導員免許を受けている者は、この省令による改正後の別表第十一の免許職種であるデザイン科について職業訓練指導員免許を受けたものとみなす。

附　則（昭和四十八年三月九日省令第二号）

この省令は、昭和四十八年四月一日から施行する。

附　則（昭和四十八年五月十五日省令第十五号）（抄）

（施行期日）

第一条　この省令は、公布の日から施行する。

附　則（昭和四十八年九月五日省令第二十七号）（抄）

（施行期日）

1　この省令は、公布の日から施行する。

附　則（昭和四十九年四月十一日省令第十四号）（抄）

（施行期日）

第一条　この省令は、公布の日から施行し、改正後の職業訓練法施行規則の規定、次条の規定及び附則第三条の規定による改正後の労働安全衛生規則別表第四の規定は、昭和四十九年四月一日から適用する。

（経過措置）

第二条　この省令の施行の際現に職業訓練を受けている者に対する法定職業訓練に関する基準については、なお従前の例による。

2　前項の規定にかかわらず、この省令の施行の際現に長期指導員訓練課程の指導員訓練を受けている者については、改正後の職業訓練法施行規則（以下「新規則」という。）第十条及び別表第八に定める基準（次項において「新基準」という。）により当該職業訓練を行うことができる。

3　前項の規定に基づき新基準による長期指導員訓練課程の指導員訓練を行う場合においては、当該訓練生の受けた改正前の職業訓練法施行規則（以下「旧規則」という。）別表第八に定める基準による訓練の教科の科目、訓練期間及び訓練時間に応じて、新基準による当該指導員訓練における教科の科目を省略し、並びに訓練期間及び訓練時間を短縮することができる。

4　二級技能士訓練課程の向上訓練については、新規則第五条及び別表第四の規定にかかわらず、当分の間、なお従前の基準によることができる。

5　旧規則別表第八に定める基準による長期指導員訓練課程の指導員訓練又は旧規則別表第九に定める基準による短期指導員訓練課程の指導員訓練を修了した者の受けることのできる免許職種については、なお従前の例による。

附　則（昭和四十九年九月五日省令第二十六号）

この省令は、公布の日から施行する。

附　則（昭和五十年四月五日省令第十五号）（抄）

（施行期日）

第一条　この省令は、公布の日から施行し、改正後の職業訓練法施行規則（以下「新規則」という。）の規定及び次条から第七条までの規定は、昭和五十年四月一日から適用する。

（法定職業訓練の基準に関する経過措置）

第二条　この省令の施行の際現に職業訓練を受けている者に対する法定職業訓練に関する基準については、なお従前の例による。

2　前項の規定にかかわらず、この省令の施行の際現に専修訓練課程の養成訓練、高等訓練課程の養成訓練、二級技能士訓練課程の向上訓練（職業訓練法施行規則の一部を改正する省令（昭和四十九年労働省令第十四号）附則第二条第四項の規定に基づく従前の基準によるものを除く。）又は職業転換訓練課程の能力再開発訓練を受けている者については、それぞれ、新規則第三条及び別表第二、新規則第四条及び別表第三、新規則第五条及び別表第四又は新規則第八条及び別表第七に定める基準（次項において「新基準」という。）により当該職業訓練を行うことができる。

3　前項の規定に基づき新基準による職業訓練を行う場合においては、当該訓練生の受けた改正前の職業訓練法施行規則（以下「旧規則」という。）別表第二、別表第三（旧規則附則第二条第一号の規定による廃止前の職業訓練法施行規則（昭和三十三年労働省令第十六号）別表第二を含む。）、別表第四又は別表第七に定める基準による訓練の教科の科目、訓練期間及び訓練時間に応じて、新基準による当該職業訓練における教科の科目を省略し、並びに訓練期間及び訓練時間を短縮することができる。

第三条　旧規則別表第二の訓練科の欄に掲げる無線技術科及び無線通信科に係る職業訓練については、当分の間、なお従前の例によることができる。

2　前項の規定による職業訓練に係る訓練課程は、職業訓練法施行規則の一部を改正する省令（昭和五十三年労働省令第三十七号。以下「昭和五十三年改正訓練規則」という。）附則第二条第一項に規定する専修訓練課程とする。

第四条　職業訓練法第二十四条第一項に規定する事業主等の行う普通訓練課程の養成訓練に関する基準のうち、建築科に係るものについては、昭和五十三年改正訓練規則による改正後の職業訓練法施行規則別表第三の規定にかかわらず、当分の間、なお従前の例による

（職業訓練指導員免許に関する経過措置）

第五条　この省令の施行の際現に附則別表の上欄に掲げる免許職種について職業訓練指導員免許を受けている者は、それぞれ同表の下欄に掲げる免許職種について職業訓練指導員免許を受けたものとみなす。

（職業訓練指導員試験に関する経過措置）

第六条　この省令の施行前に附則別表の上欄に掲げる免許職種に係る職業訓練指導員試験に合格した者は、それぞれ同表の下欄に掲げる免許職種に係る職業訓練指導員試験に合格した者とみなす。

2　この省令の施行前に附則別表の上欄に掲げる免許職種に係る職業訓練指導員試験において実技試験又は学科試験に合格した者に対する新規則第四十六条の規定の適用については、それぞれ同表の下欄に掲げる免許職種に係る職業訓練指導員試験において実技試験又は学科試験に合格した者とみなす。

附　則（昭和五十年七月一日省令第十九号）

1　この省令は、公布の日から施行する。

2　この省令の施行の際現に改正前の職業訓練法施行規則別表第五の訓練科の欄に掲げる監督者訓練四科に係る監督者訓練課程の向上訓練を受けている者に対する職業訓練に関する基準については、なお従前の例による。

附　則（昭和五十年八月二十六日省令第二十二号）

（抄）

（施行期日）

第一条　この省令は、公布の日から施行する。

（技能検定試験の免除に関する経過措置）

第二条　この省令の施行前に改正前の職業訓練法施行規則（次項において「旧規則」という。）別表第十二及び第十三の検定職種の欄に掲げる鋳鉄溶解に係る技能検定において実技試験に合格した者は、改正後の職業訓練法施行

規則（以下この条において「新規則」という。）第六十五条第一項又は第二項の規定の適用については、新規則別表第十二及び第十三の検定職種の欄に掲げる鋳鉄溶解に係る技能検定において実技試験の試験科目のうち鋳鉄キユポラ溶解作業を選択して実技試験に合格した者とみなす。

2　この省令の施行前に旧規則別表第十二及び第十三の検定職種の欄に掲げる鋳鉄溶解に係る技能検定において学科試験に合格した者は、新規則第六十五条第一項又は第二項の規定の適用については、新規則別表第十二及び第十三の検定職種の欄に掲げる鋳鉄溶解に係る技能検定において学科試験の試験科目のうちキユポラ溶解作業法を選択して学科試験に合格した者とみなす。

附　則（昭和五十一年三月三十日省令第七号）（抄）

（施行期日）

第一条　この省令は、公布の日から施行する。

（暫定省令の廃止）

第二条　特別高等訓練課程の養成訓練に関する基準等を定める省令（昭和五十年労働省令第十七号。以下「暫定省令」という。）は、廃止する。

（訓練基準に関する経過措置）

第三条　この省令の施行の際現に特別高等訓練課程の養成訓練を受けている者に対して改正後の職業訓練法施行規則別表第三の二に定める基準（以下この項において「新基準」という。）による職業訓練を行う場合においては、当該養成訓練を受けている者の受けた廃止前の暫定省令別表に定める基準による訓練の教科の科目、訓練期間及び訓練時間に応じて、新基準による当該職業訓練における教科の科目を省略し、並びに訓練期間及び訓練時間を短縮することができる。

2　この省令の施行の際現に特別高等訓練課程の養成訓練を受けている者に対する職業訓練に関する基準については、なお従前の例によることができる。

（技能照査に関する経過措置等）

第四条　この省令の施行の際現に特別高等訓練課程の養成訓練を受けている者であつて、前条第二項の規定により廃止前の暫定省令別表に定める基準により職業訓練を受けるものに対する技能照査については、改正後の職業訓練法施行規則第二十二条の規定にかかわらず、同表に定める教科の各科目について行うことができる。

2　この省令の施行前に、職業訓練短期大学校の長が、特別高等訓練課程の養成訓練を受ける者に対し、当該特別高等訓練課程の養成訓練において習得すべき技能を有するかどうかを判定するため廃止前の暫定省令別表に定める教科の各科目について訓練修了時前二月の間に行つた試験は、改正後の職業訓練法施行規則第二十二条の規定に基づいて行つた技能照査とみなす。

附　則（昭和五十一年九月一日省令第三十号）

（抄）

（施行期日）

第一条　この省令は、公布の日から施行する。ただし、職業訓練法施行規則別表第四の表畳製作科の項の改正規定、別表第十二造園の項、建築大工の項、とびの項、左官の項及び畳製作の項の改正規定並びに別表第十三造園の項、建築大工の項、とびの項、左官の項及び畳製作の項の改正規定は、昭和五十二年四月一日から施行する。

（二級技能士訓練課程の向上訓練の基準に関する経過措置）

第二条　この省令の施行の際現に染色科又は畳製作科に係る二級技能士訓練課程の向上訓練を受けている者に対する職業訓練に関する基準については、なお従前の例による。

（技能検定試験の免除に関する経過措置）

第三条　この省令の施行前に改正前の職業訓練法施行規則（次項において「旧規則」という。）別表第十二及び第十三の検定職種の欄に掲げる染色に係る技能検定において実技試験に合格した者は、改正後の職業訓練法施行規則（以下この条において「新規則」という。）第六十五条第一項又は第二項の規定の適用については、新規則別表第十二及び第十三の検定職種の欄に掲げる染色に係る技能検定において実技試験の試験科目のうち染色補正作業を選択して実技試験に合格した者とみなす。

2　この省令の施行前に旧規則別表第十二及び第十三の検定職種の欄に掲げる染色に係る技能検定において学科試験に合格した者は、新規則第六十五条第一項又は第二項の規定の適用については、新規則別表第十二及び第十三の検定職種の欄に掲げる染色に係る技能検定において学科試験の試験科目のうち染色補正法を選択して学科試験に合格した者とみなす。

附　則（昭和五十一年十一月十一日省令第四十号）

この省令は、公布の日から施行する。

附　則（昭和五十一年十一月十三日省令第四十一号）

（施行期日）

第一条　この省令は、昭和五十二年四月一日から施行する。

（二級技能士訓練課程の向上訓練の基準に関する経過措置）

第二条　この省令の施行の際現に塗装科に係る二級技能士訓練課程の向上訓練を受けている者に対する当該職業訓練に関する基準については、なお従前の例による。

2　前項の規定にかかわらず、この省令の施行の際現に塗装科に係る二級技能士訓練課程の向上訓練を受けている者については、改正後の職業訓練法施行規則（次条において「新規則」という。）別表第四に定める基準（次項において「新基準」という。）により当該職業訓練を行うことができる。

3　前項の規定に基づき新基準による職業訓練を行う場合においては、当該訓練生の受けた改正前の職業訓練法施行規則（次条において「旧規則」という。）別表第四に定める基準による訓練の教科の科目、訓練期間及び訓練時間に応じて、新基準による当該職業訓練における教科の科目を省略し、並びに訓練期間及び訓練時間を短縮することができる。

（技能検定試験の免除等に関する経過措置）

第三条　この省令の施行前に旧規則別表第十二及び第十三の検定職種の欄に掲げる塗装に係る技能検定において学科試験に合格した者は、新規則第六十五条、第六十八条の二及び別表第十四の規定の適用については、新規則別表第十二及び第十三の検定職種の欄に掲げる塗装に係る技能検定において学科試験の試験科目のうち、木工塗装法、建築塗装法、金属塗装法及び噴霧塗装法を選択して学科試験に合格した者とみなす。

2　職業訓練法施行規則の一部を改正する省令（昭和四十八年労働省令第十五号）の施行前に木工塗装、建築塗装、金属塗装又は噴霧塗装に係る技能検定において学科試験に合格した者は、同令附則第三条第二項の規定にかかわらず、新規則第六十五条、第六十八条の二及び別表第十四の規定の適用については、新規則別表第十二及び第十三の検定職種の欄に掲げる塗装に係る技能検定において学科試験の試験科目のうち、木工塗装法、建築塗装法、金属塗装法及び噴霧塗装法を選択して学科試験に合格した者とみなす。

附　則（昭和五十二年四月二十日省令第十四号）

この省令は、公布の日から施行する。

附　則（昭和五十二年八月三十一日省令第二十六号）（抄）

（施行期日）

第一条　この省令は、公布の日から施行する。ただし、職業訓練法施行規則別表第四の表電気めつき科の項、木型製作科の項及び化学分析科の項の改定規定、別表第十二電気めつきの項、木型製作の項及び化学分析の項の改定規定並びに別表第十三電気めつきの項、木型製作の項及び化学分析の項の改正規定は、昭和五十三年四月一日から施行する。

（法定職業訓練の基準に関する経過措置）

第二条　この省令の施行の際現に改正前の職業訓練法施行規則（以下「旧規則」という。）別表第二又は第七の訓練科の欄に掲げる義肢《し》・装具科に係る職業訓練を受けている者に対する法定職業訓練に関する基準については、なお従前の例による。

第三条　この省令の施行の際現に紳士服製造科、ガラス製品製造科、防水施工科及び広告美術仕上げ科に係る二級技能士訓練課程の向上訓練を受けている者に対する法定職業訓練に関する基準については、なお従前の例による。

2　昭和五十三年三月三十一日において現に電気めつき科、木型製作科及び化学分析科に係る二級技能士訓練課程の向上訓練を受けている者に対する法定職業訓練に関する基準については、なお従前の例による。

附　則（昭和五十三年九月五日省令第三十四号）（抄）

（施行期日）

第一条　この省令は、公布の日から施行する。ただし、次の各号に掲げる規定は、当該各号に定める日から施行する。

一　職業訓練法施行規則別表第四の表婦人子供服製造科の項、別表第十二婦人子供服製造の項及び別表第十三婦人子供服製造の項の改正規定　昭和五十三年十月一日

二　職業訓練法施行規則別表第四の表鋳造科の項、別表第十二鋳造の項及び別表第十三鋳造の項の改正規定　昭和五十四年四月一日

（法定職業訓練の基準に関する経過措置）

第二条　この省令の施行の際現に鍛造科、防水施工科及び表具科に係る二級技能士訓練課程の向上訓練を受けている者に対する法定職業訓練に関する基準については、な

お従前の例による。

2　昭和五十三年九月三十日において現に婦人子供服製造科に係る二級技能士訓練課程の向上訓練を受けている者に対する法定職業訓練に関する基準については、なお従前の例による。

3　昭和五十四年三月三十一日において現に鋳造科に係る二級技能士訓練課程の向上訓練を受けている者に対する法定職業訓練に関する基準については、なお従前の例による。

（技能検定に関する経過措置）

第三条　この省令の施行前の改正前の職業訓練法施行規則（以下「旧規則」という。）別表第十二又は第十三の検定職種の欄に掲げる表具に係る技能検定に合格した者は、それぞれ、改正後の職業訓練法施行規則（以下「新規則」という。）別表第十二又は第十三の検定職種の欄に掲げる表装に係る技能検定に合格した者とみなす。

第四条　この省令の施行前に旧規則別表第十二及び第十三の検定職種の欄に掲げる鋳造に係る技能検定において学科試験に合格した者は、新規則第六十五条、第六十八条の二及び別表第十四の規定の適用については、新規則別表第十二及び第十三の検定職種の欄に掲げる鋳造に係る技能検定において学科試験の試験科目のうち、鋳鉄鋳物鋳造作業法、鋳鋼鋳物鋳造作業法、銅合金鋳物鋳造作業法及び軽合金鋳物鋳造作業法を選択して学科試験に合格した者とみなす。

2　職業訓練法施行規則の一部を改正する省令（昭和四十八年労働省令第十五号）の施行前に鋳鉄鋳物鋳造、鋳鋼鋳物鋳造、銅合金鋳物鋳造又は軽合金鋳物鋳造に係る技能検定において学科試験に合格した者は、同令附則第三条第二項の規定にかかわらず、新規則第六十五条、第六十八条の二及び別表第十四の規定の適用については、新規則別表第十二及び第十三の検定職種の欄に掲げる鋳造に係る技能検定において学科試験の試験科目のうち、鋳鉄鋳物鋳造作業法、鋳鋼鋳物鋳造作業法、銅合金鋳物鋳造作業法及び軽合金鋳物鋳造作業法を選択して学科試験に合格した者とみなす。

第五条　この省令の施行前に附則別表の第一欄に掲げる旧規則別表第十二及び第十三の検定職種に係る技能検定において実技試験に合格した者は、新規則第六十五条第一項又は第二項の規定の適用については、同表の第二欄に掲げる新規則別表第十二及び第十三の検定職種に係る技能検定において実技試験の試験科目のうち同表の第三欄に掲げる試験科目を選択して実技試験に合格した者とみなす。

2　この省令の施行前に附則別表の第一欄に掲げる旧規則別表第十二及び第十三の検定職種に係る技能検定において学科試験に合格した者は、新規則第六十五条第一項又は第二項の規定の適用については、同表の第二欄に掲げる新規則別表第十二及び第十三の検定職種に係る技能検定において学科試験の試験科目のうち同表の第四欄に掲げる試験科目を選択して学科試験に合格した者とみなす。

附　則（昭和五十三年九月三十日省令第三十七号）（抄）

（施行期日）

第一条　この省令は、昭和五十三年十月一日から施行する。ただし、次の各号に掲げる規定は、当該各号に掲げる日から施行する。

一　第三十一条、第六十三条、第六十六条及び第七十三条の改正規定、同条の次に一条を加える改正規定、第七十四条の次に二条を加える改正規定、第七十六条の次に一条を加える改正規定、第七十九条の改正規定並びに附則第六条の規定及び附則第九条の規定（雇用保険法施行規則（昭和五十年労働省令第三号）第百三十五条から第百三十七条までの改正規定及び附則第十七条の次に一条を加える改正規定に限る。）　昭和五十四年四月一日

二　附則第十三条の規定（労働安全衛生規則（昭和四十七年労働省令第三十二号）第百五十一条の二十四の改正規定に限る。）　労働安全衛生法及びじん肺法の一部を改正する法律（昭和五十二年法律第七十六号）第一条の規定（労働安全衛生法（昭和四十七年法律第五十七号）第四十五条に三項を加える改正規定のうち同条第二項に係る部分に限る。）の施行の日

（専修訓練課程に係る暫定措置）

第二条　普通職業訓練の短期間の訓練課程は、職業能力開発促進法施行規則等の一部を改正する省令（平成五年労働省令第一号。以下この条において「五年改正省令」という。）による改正後の職業能力開発促進法施行規則第九条の規定にかかわらず、当分の間、同条に規定する訓練課程及び次の各号のいずれにも該当する訓練課程（この項を除き、以下「専修訓練課程」という。）とする。

一　当該訓練課程の職業訓練を行うものが、五年改正省令の施行の日の前日において五年改正省令による改正

前のこの号に規定する旧専修訓練課程実施者（以下「旧専修訓練課程実施者」という。）であるものであること。

二　当該訓練課程に係る訓練科が、五年改正省令の施行の日の前日において旧専修訓練課程実施者が設けている五年改正省令による改正前の前号に規定する旧専修訓練課程（以下「旧専修訓練課程」という。）の訓練科に相当する訓練科であること。

三　当該訓練課程の職業訓練を受けることができる者の資格及び当該訓練課程の職業訓練に関する基準が、旧専修訓練課程の養成訓練について定められた改正前の職業訓練法施行規則（以下「旧規則」という。）の規定の例によるものであること。

2　公共職業能力開発施設の長及び法第二十四条第一項の認定に係る職業訓練を行うものは、専修訓練課程の普通職業訓練を修了した者で、相当程度の技能を有すると認めるものに対して普通課程の普通職業訓練を行う場合には、その者が受けた当該専修訓練課程の普通職業訓練の教科の科目及び訓練時間に応じて、当該普通課程の普通職業訓練の教科の科目を省略し、及び訓練時間を短縮することができる。

3　職業能力開発促進法第二十三条第一項の労働省令で定める訓練課程は、五年改正省令による改正後の職業能力開発促進法施行規則第二十九条の四第二項に定めるもののほか、専修訓練課程とする。

（訓練課程に関する経過措置）

第三条　この省令の施行の際現に職業訓練法の一部を改正する法律（昭和五十三年法律第四十号。以下「改正訓練法」という。）による改正前の職業訓練法（以下「旧法」という。）の規定により行われている次の表の上欄に掲げる訓練課程の法定職業訓練は、改正訓練法による改正後の職業訓練法（以下「新法」という。）の規定により行われる同表の下欄に掲げる訓練課程の準則訓練又は指導員訓練となるものとする。

旧法の法定職業訓練	新法の準則訓練又は指導員訓練
高等訓練課程の養成訓練	普通訓練課程の養成訓練
特別高等訓練課程の養成訓練	専門訓練課程の養成訓練
旧専修訓練課程の養成訓練	専修訓練課程の養成訓練
一級技能士訓練課程の向上訓練	一級技能士訓練課程の向上訓練

二級技能士訓練課程の向上訓練	二級技能士訓練課程の向上訓練
監督者訓練課程の向上訓練	監督者訓練課程の向上訓練
技能開発訓練課程の向上訓練 生産技能訓練課程の向上訓練 技能追加訓練課程の再訓練 技能補習訓練課程の再訓練	技能向上訓練課程の向上訓練
職業転換訓練課程の能力再開発訓練	職業転換訓練課程の能力再開発訓練
長期指導員訓練課程の指導員訓練	長期指導員訓練課程の指導員訓練
短期指導員訓練課程の指導員訓練	短期指導員訓練課程の指導員訓練
指導員研修課程の指導員訓練	指導員研修課程の指導員訓練

（準則訓練及び指導員訓練の基準に関する経過措置）

第四条　この省令の施行の際現に旧法の規定による法定職業訓練を受けている者に対して改正後の職業訓練法施行規則（以下「新規則」という。）に定める準則訓練又は指導員訓練の基準（以下この項において「新基準」という。）による訓練を行う場合においては、当該法定職業訓練を受けている者の受けた旧規則に定める法定職業訓練の基準による訓練の教科の科目、訓練期間及び訓練時間に応じて、新基準による当該訓練における教科の科目を省略し、並びに訓練期間及び訓練時間を短縮することができる。

2　この省令の施行の際現に旧法の規定による法定職業訓練を受けている者に対する準則訓練又は指導員訓練に関する基準については、なお従前の例によることができる。

（旧法の養成訓練修了者に関する経過措置）

第五条　この省令の施行の前に旧法の規定による高等訓練課程、特別高等訓練課程又は旧専修訓練課程の養成訓練を修了した者は、新規則の適用については、それぞれ新法の規定による普通訓練課程、専門訓練課程又は専修訓練課程の養成訓練を修了した者とみなす。

（職業訓練法人連合会等に関する経過措置）

第六条　附則第一条第一号に掲げる規定（以下「法人に関する規定」という。）の施行の際現に存する職業訓練法人連合会及び職業訓練法人中央会、中央技能検定協会並びに都道府県技能検定協会（これらの法人であつて、清算中のものを含む。）については、旧規則は、法人に関する規定の施行後も、なお効力を有する。

2　前項の規定によりなお効力を有することとされた旧規則は、職業訓練法人連合会及び職業訓練法人中央会、中央技能検定協会並びに都道府県技能検定協会について、改正訓練法附則第六条第四項（改正訓練法附則第八条第三項で準用する場合を含む。）に規定する解散等によるその消滅の時に、失効するものとする。

附　則（昭和五十四年三月二十四日省令第六号）

この省令は、昭和五十四年四月一日から施行する。

附　則（昭和五十四年四月四日省令第十五号）

この省令は、公布の日から施行する。

附　則（昭和五十四年八月三十日省令第二十七号）

（施行期日）

第一条　この省令は、公布の日から施行する。

（二級技能士訓練課程の向上訓練の基準に関する経過措置）

第二条　この省令の施行の際現に鍛造科、金属熱処理科及び防水施工科に係る二級技能士訓練課程の向上訓練を受けている者に対して改正後の職業訓練法施行規則（次条において「新規則」という。）別表第四に定める基準（以下この項において「新基準」という。）による職業訓練を行う場合においては、当該向上訓練を受けている者の受けた改正前の職業訓練法施行規則（次条において「旧規則」という。）別表第四に定める基準による訓練の教科の科目、訓練期間及び訓練時間に応じて、新基準による当該職業訓練における教科の科目を省略し、並びに訓練期間及び訓練時間を短縮することができる。

2　この省令の施行の際現に鍛造科、金属熱処理科及び防水施工科に係る二級技能士訓練課程の向上訓練を受けている者に対する二級技能士訓練課程の向上訓練については、なお従前の例によることができる。

（技能検定試験に関する経過措置）

第三条　この省令の施行前に旧規則別表第十二及び第十三の検定職種の欄に掲げる金属熱処理に係る技能検定において実技試験に合格した者は、新規則第六十五条、第六十八条の二及び別表第十四の規定の適用については、新規則別表第十二及び第十三の検定職種の欄に掲げる金属熱処理に係る技能検定において実技試験の試験科目のうち、一般熱処理作業、浸炭・浸炭浸窒・窒化処理作業及び高周波・炎熱処理作業を選択して実技試験に合格した者とみなす。

2　この省令の施行前に旧規則別表第十二及び第十三の検定職種の欄に掲げる金属熱処理に係る技能検定において学科試験に合格した者は、新規則第六十五条、第六十八条の二及び別表第十四の規定の適用については、新規則別表第十二及び第十三の検定職種の欄に掲げる金属熱処理に係る技能検定において学科試験の試験科目のうち、一般熱処理作業法、浸炭・浸炭浸窒・窒化処理作業法及び高周波・炎熱処理作業法を選択して学科試験に合格した者とみなす。

3　職業訓練法施行規則の一部を改正する省令（昭和四十八年労働省令第十五号。以下「昭和四十八年改正訓練規則」という。）の施行前に鉄鋼熱処理に係る技能検定において実技試験に合格した者は、昭和四十八年改正訓練規則附則第三条第一項の規定にかかわらず、新規則第六十五条、第六十八条の二及び別表第十四の規定の適用については、新規則別表第十二及び第十三の検定職種の欄に掲げる金属熱処理に係る技能検定において実技試験の試験科目のうち、一般熱処理作業、浸炭・浸炭浸窒・窒化処理作業及び高周波・炎熱処理作業を選択して実技試験に合格した者とみなす。

4　昭和四十八年改正訓練規則の施行前に鉄鋼熱処理に係る技能検定において学科試験に合格した者は、昭和四十八年改正訓練規則附則第三条第二項の規定にかかわらず、新規則第六十五条、第六十八条の二及び別表第十四の規定の適用については、新規則別表第十二及び第十三の検定職種の欄に掲げる金属熱処理に係る技能検定において学科試験の試験科目のうち、一般熱処理作業法、浸炭・浸炭浸窒・窒化処理作業法及び高周波・炎熱処理作業法を選択して学科試験に合格した者とみなす。

附　則（昭和五十五年四月一日省令第七号）

この省令は、公布の日から施行する。

附　則（昭和五十五年八月二十八日省令第二十四号）

（施行期日）

第一条　この省令は、公布の日から施行する。

（二級技能士訓練課程の向上訓練の基準に関する経過措置）

第二条　この省令の施行の際現に印章彫刻科に係る二級技能士訓練課程の向上訓練を受けている者に対して改正後の職業訓練法施行規則（次条において「新規則」という。）別表第四に定める基準（以下この項において「新基準」という。）による職業訓練を行う場合においては、当該向上訓練を受けている者の受けた改正前の職業訓練法施行規則（次条において「旧規則」という。）別表第四に定める基準による訓練の教科の科目、訓練期間及び訓練時間に応じて、新基準による当該職業訓練における教科の科目を省略し、並びに訓練期間及び訓練時間を短縮することができる。

2　この省令の施行の際現に印章彫刻科に係る二級技能士訓練課程の向上訓練を受けている者に対する二級技能士訓練課程の向上訓練については、なお従前の例によることができる。

（技能検定試験に関する経過措置）

第三条　職業訓練法施行規則の一部を改正する省令（昭和四十八年労働省令第十五号。以下「昭和四十八年改正訓練規則」という。）の施行前に印章彫刻に係る技能検定において実技試験に合格した者並びにこの省令の施行前に旧規則別表第十二条及び第十三条の検定職種の欄に掲げる印章彫刻に係る技能検定において実技試験に合格した者は、新規則第六十五条、第六十八条の二及び別表第十四の規定の適用については、新規則別表第十二及び第十三の検定職種の欄に掲げる印章彫刻に係る技能検定において実技試験の試験科目のうち、木口彫刻作業及びゴム印彫刻作業を選択して実技試験に合格した者とみなす。

2　昭和四十八年改正訓練規則の施行前に印章彫刻に係る技能検定において学科試験に合格した者並びにこの省令の施行前に旧規則別表第十二及び第十三条の検定職種の欄に掲げる印章彫刻に係る技能検定において、学科試験に合格した者は、新規則第六十五条、第六十八条の二及び別表第十四条の規定の適用については、新規則別表第十二及び第十三の検定職種の欄に掲げる印章彫刻に係る技能検定において学科試験の試験科目のうち、木口彫刻法及びゴム印彫刻法を選択して学科試験に合格した者とみなす。

附　則（昭和五十五年十月二十九日省令第二十七号）

この省令は、公布の日から施行する。

附　則（昭和五十六年六月六日省令第二十三号）

この省令は、雇用に係る給付金等の整備充実を図るための関係法律の整備に関する法律（昭和五十六年法律第二十七号）の施行の日（昭和五十六年六月八日）から施行する。

附　則（昭和五十六年六月二十七日省令第二十五

号）

（施行期日）

第一条　この省令は、公布の日から施行する。

（訓練基準に関する経過措置）

第二条　この省令の施行の際現に機械製図科に係る普通訓練課程の養成訓練又は職業転換訓練課程の能力再開発訓練を受けている者に対して改正後の職業訓練法施行規則別表第三又は別表第七に定める基準（以下この項において「新基準」という。）による職業訓練を行う場合においては、当該養成訓練又は当該能力再開発訓練を受けている者の受けた改正前の職業訓練法施行規則別表第三又は別表第七に定める基準による訓練の教科の科目、訓練期間及び訓練時間に応じて、新基準による当該職業訓練における教科の科目を省略し、並びに訓練期間及び訓練時間を短縮することができる。

2　この省令の施行の際現に機械製図科に係る普通訓練課程の養成訓練又は職業転換訓練課程の能力再開発訓練を受けている者に対する普通訓練課程の養成訓練又は職業転換訓練課程の能力再開発訓練については、なお従前の例によることができる。

附　則（昭和五十六年八月二十一日省令第三十号）

（施行期日）

第一条　この省令は、公布の日から施行する。

（二級技能士訓練課程の向上訓練の基準に関する経過措置）

第二条　この省令の施行の際現に機械加工科、漆器素地製造科、製版科、プラスチック成形科及び漆器製造科に係る二級技能士訓練課程の向上訓練を受けている者に対して改正後の職業訓練法施行規則別表第四に定める基準（以下この項において「新基準」という。）による職業訓練を行う場合においては、当該向上訓練を受けている者の受けた改正前の職業訓練法施行規則別表第四に定める基準による訓練の教科の科目、訓練期間及び訓練時間に応じて、新基準による当該職業訓練における教科の科目を省略し、並びに訓練期間及び訓練時間を短縮することができる。

2　この省令の施行の際現に機械加工科、漆器素地製造科、製版科、プラスチック成形科及び漆器製造科に係る二級技能士訓練課程の向上訓練を受けている者に対する二級技能士訓練課程の向上訓練については、なお従前の例によることができる。

附　則（昭和五十七年三月十日省令第三号）

この省令は、公布の日から施行する。

附　則（昭和五十七年五月二十八日省令第二十号）

この省令は、公布の日から施行する。

附　則（昭和五十七年七月二十四日省令第二十七号）

（施行期日）

第一条　この省令は、公布の日から施行する。

（一級技能士訓練課程の訓練基準に関する経過措置）

第二条　この省令の施行の際現に機械加工科及びプラスチック成形科に係る一級技能士訓練課程の向上訓練を受けている者に対して改正後の職業訓練法施行規則別表第三の三に定める基準（以下この項において「新基準」という。）による訓練を行う場合においては、当該向上訓練を受けている者の受けた改正前の職業訓練法施行規則別表第三の三に定める基準による訓練の教科の科目、訓練期間及び訓練時間に応じて、新基準による当該訓練における教科の科目を省略し、並びに訓練期間及び訓練時間を短縮することができる。

2　この省令の施行の際現に機械加工科及びプラスチック成形科に係る一級技能士訓練課程の向上訓練を受けている者に対する一級技能士訓練課程の向上訓練に関する基準については、なお従前の例によることができる。

附　則（昭和五十七年八月十三日省令第二十九号）（抄）

（施行期日）

第一条　この省令は、公布の日から施行する。

附　則（昭和五十七年十一月六日省令第三十五号）

この省令は、公布の日から施行する。

附　則（昭和五十七年十一月十日省令第三十七号）

この省令は、公布の日から施行する。

附　則（昭和五十八年二月十七日省令第四号）

（施行期日）

第一条　この省令は、公布の日から施行する。

（訓練基準に関する経過措置）

第二条　この省令の施行の際現に塗装科に係る一級技能士訓練課程又は二級技能士訓練課程の向上訓練を受けている者に対して改正後の職業訓練法施行規則別表第三の三又は別表第四に定める基準（以下この項において「新基準」という。）による訓練を行う場合においては、当該向上訓練を受けている者の受けた改正前の職業訓練法施行規則別表第三の三又は別表第四に定める基準による訓練の教科の科目、訓練期間及び訓練時間に応じて、新基準による当該訓練における教科の科目を省略し、並びに訓練期間及び訓練時間を短縮することができる。

2　この省令の施行の際現に塗装科に係る一級技能士訓練課程又は二級技能士訓練課程の向上訓練を受けている者に対する一級技能士訓練課程又は二級技能士訓練課程の向上訓練に関する基準については、なお従前の例によることができる。

附　則（昭和五十八年三月二十二日省令第九号）

この省令は、公布の日から施行する。

附　則（昭和五十八年八月十六日省令第二十六号）（抄）

第一条　この省令は、公布の日から施行する。

附　則（昭和五十八年十一月二十五日省令第二十九号）

この省令は、公布の日から施行する。

附　則（昭和五十九年二月四日省令第二号）

この省令は、公布の日から施行する。

附　則（昭和五十九年三月二十九日省令第七号）

（施行期日）

第一条　この省令は、公布の日から施行する。

（訓練基準に関する経過措置）

第二条　この省令の施行の際現に配管科に係る普通訓練課程の養成訓練又は職業転換訓練課程の能力再開発訓練を受けている者に対して改正後の職業訓練法施行規則別表第三又は別表第七に定める基準（以下この項において「新基準」という。）による訓練を行う場合においては、当該養成訓練又は当該能力再開発訓練を受けている者の受けた改正前の職業訓練法施行規則別表第三又は別表第七に定める基準による訓練の教科の科目、訓練期間及び訓練時間に応じて、新基準による当該訓練における教科の科目を省略し、並びに訓練期間及び訓練時間を短縮することができる。

2　この省令の施行の際現に配管科に係る普通訓練課程の養成訓練又は職業転換訓練課程の能力開発訓練を受けている者に対する普通訓練課程の養成訓練又は職業転換訓練課程の能力再開発訓練については、なお従前の例によることができる。

附　則（昭和五十九年六月二十九日省令第十四号）（抄）

第一条　この省令は、昭和五十九年七月一日から施行する。

附　則（昭和五十九年八月二十五日省令第十九号）

（抄）

（施行期日）

第一条　この省令は、公布の日から施行する。

附　則（昭和六十年二月二十五日省令第三号）

（施行期日）

第一条　この省令は、公布の日から施行する。

（訓練基準に関する経過措置）

第二条　この省令の施行の際現に鋳造科に係る普通訓練課程の養成訓練又は職業転換訓練課程の能力再開発訓練を受けている者に対して改正後の職業訓練法施行規則別表第三又は別表第七に定める基準（以下この項において「新基準」という。）による訓練を行う場合においては、当該養成訓練又は当該能力再開発訓練を受けている者の受けた改正前の職業訓練法施行規則別表第三又は別表第七に定める基準による訓練の教科の科目、訓練期間及び訓練時間に応じて、新基準による当該訓練における教科の科目を省略し、並びに訓練期間及び訓練時間を短縮することができる。

2　この省令の施行の際現に鋳造科に係る普通訓練課程の養成訓練又は職業転換訓練課程の能力再開発訓練を受けている者に対する普通訓練課程の養成訓練又は職業転換訓練課程の能力再開発訓練については、なお従前の例によることができる。

附　則（昭和六十年八月十日省令第二十一号）

（施行期日）

第一条　この省令は、公布の日から施行する。

（訓練基準に関する経過措置）

第二条　この省令の施行の際現に放電加工科、金型製作科、工場板金科、アルミニウム陽極酸化処理科、ダイカスト科、製本科、鉄筋組立て科、防水施工科、機械製図科、漆器製造科又は広告美術仕上げ科（次項において「放電加工科等」という。）に係る一級技能士訓練課程又は二級技能士訓練課程の向上訓練を受けている者に対して改正後の職業訓練法施行規則（以下「新規則」という。）別表第三の三又は別表第四に定める基準（以下この項において「新基準」という。）による訓練を行う場合においては、当該向上訓練を受けている者の受けた改正前の職業訓練法施行規則（以下「旧規則」という。）別表第三の三又は別表第四に定める基準による訓練の教科の科目、訓練期間及び訓練時間に応じて、新基準による当該訓練における教科の科目を省略し、並びに訓練期間及び訓練時間を短縮することができる。

2　この省令の施行の際現に放電加工科等に係る一級技能士訓練課程又は二級技能士訓練課程の向上訓練を受けている者に対する一級技能士訓練課程又は二級技能士訓練課程の向上訓練（機械製図科に係る一級技能士訓練課程又は二級技能士訓練課程の向上訓練であつて、通信制によるものを除く。）に関する基準については、なお従前の例によることができる。

3　機械製図科に係る一級技能士課程又は二級技能士課程の向上訓練であつて、通信制によるものについては、職業訓練法施行規則及び雇用保険法施行規則の一部を改正する省令（昭和六十年労働省令第二十三号）による改正後の職業能力開発促進法施行規則別表第三の三又は別表第四の規定にかかわらず、当分の間、旧規則別表第三の三又は別表第四に定める基準によることができる。

（技能検定に関する経過措置）

第三条　この省令の施行前に旧規則別表第十二又は第十三の検定職種の欄に掲げる鉄筋組立てに係る技能検定に合格した者は、それぞれ、新規則別表第十二又は第十三の検定職種の欄に掲げる鉄筋施工に係る技能検定に合格した者とみなす。

2　この省令の施行前に旧規則別表第十二又は第十三の検定職種の欄に掲げる鉄筋組立てに係る技能検定において実技試験に合格した者は、新規則第六十五条第一項及び第二項の規定の適用については、それぞれ、新規則別表第十二又は第十三の検定職種の欄に掲げる鉄筋施工に係る技能検定において実技試験の試験科目のうち、鉄筋施工図作成作業又は鉄筋組立て作業を選択して実技試験に合格した者とみなす。

3　この省令の施行前に旧規則別表第十二又は第十三の検定職種の欄に掲げる鉄筋組立てに係る技能検定において学科試験に合格した者は、新規則第六十五条第一項及び第二項の規定の適用については、それぞれ、新規則別表第十二又は第十三の検定職種の欄に掲げる鉄筋施工に係る技能検定において学科試験に合格した者とみなす。

第四条　この省令の施行前に旧規則別表第十二又は第十三の検定職種の欄に掲げる機械製図に係る技能検定に合格した者は、それぞれ、新規則別表第十二又は第十三の検定職種の欄に掲げる機械・プラント製図に係る技能検定に合格した者とみなす。

2　この省令の施行前に旧規則別表第十二又は第十三の検定職種の欄に掲げる機械製図に係る技能検定において実技試験に合格した者は、新規則第六十五条第一項及び第二項、第六十八条の二並びに別表第十四の規定の適用については、それぞれ、新規則別表第十二又は第十三の検定職種の欄に掲げる機械・プラント製図に係る技能検定において実技試験の試験科目のうち、機械製図作業を選択して実技試験に合格した者とみなす。

3　この省令の施行前に旧規則別表第十二又は第十三の検定職種の欄に掲げる機械製図に係る技能検定において学科試験に合格した者は、新規則第六十五条第一項及び第二項、第六十八条の二並びに別表第十四の規定の適用については、それぞれ、新規則別表第十二又は第十三の検定職種の欄に掲げる機械・プラント製図に係る技能検定において学科試験の試験科目のうち、機械製図法を選択して学科試験に合格した者とみなす。

第五条　この省令の施行前に旧規則別表第十二又は第十三の検定職種の欄に掲げる放電加工又は防水施工に係る技能検定において実技試験の試験科目のうち、放電加工にあつてはワイヤカツト放電加工作業を、防水施工にあつては塗膜防水工事作業を選択して実技試験に合格した者は、新規則第六十五条第一項及び第二項、第六十八条の二並びに別表第十四の規定の適用については、それぞれ、新規則別表第十二又は第十三の検定職種の欄に掲げる放電加工又は防水施工に係る技能検定において実技試験の試験科目のうち、放電加工にあつてはワイヤ放電加工作業を、防水施工にあつてはウレタンゴム系塗膜防水工事作業を選択して実技試験に合格した者とみなす。

2　この省令の施行前に旧規則別表第十二又は第十三の検定職種の欄に掲げる放電加工又は防水施工に係る技能検定において学科試験の試験科目のうち、放電加工にあつてはワイヤカツト放電加工法を、防水施工にあつては塗膜防水施工法を選択して学科試験に合格した者は、新規則第六十五条第一項及び第二項、第六十八条の二並びに別表第十四の規定の適用については、それぞれ、新規則別表第十二又は第十三の検定職種の欄に掲げる放電加工又は防水施工に係る技能検定において学科試験の試験科目のうち、放電加工にあつてはワイヤ放電加工法を、防水施工にあつてはウレタンゴム系塗膜防水施工法又はアクリルゴム系塗膜防水施工法を選択して学科試験に合格した者とみなす。

第六条　この省令の施行前に旧規則別表第十二又は第十三の検定職種の欄に掲げる製本に係る技能検定において実技試験の試験科目のうち、伝票製本作業を選択して実技試験に合格した者は、新規則第六十五条第一項及び第二項、第六十八条の二並びに別表第十四の規定の適用については、それぞれ、新規則別表第十二又は第十三の検定職種の欄に掲げる製本に係る技能検定において実技試験の試験科目のうち、事務用品類製本作業を選択して実技試験に合格した者とみなす。

2　この省令の施行前に旧規則別表第十二又は第十三の検定職種の欄に掲げる製本に係る技能検定において学科試験に合格した者は、新規則第六十五条第一項又は第二項、第六十八条の二並びに別表第十四の規定の適用については、それぞれ、新規則別表第十二又は第十三の検定職種の欄に掲げる製本に係る技能検定において学科試験の試験科目のうち、書籍製本法又は事務用品類製本法を選択して学科試験に合格した者とみなす。

附　則（昭和六十年九月三十日省令第二十三号）（抄）

（施行期日）

第一条　この省令は、昭和六十年十月一日から施行する。

（技能開発センターの行う業務に関する暫定措置）

第二条　第七条第一項及び第三項に定める業務のほか、技能開発センターは、当該技能開発センターに近接する公共職業訓練施設における普通課程の養成訓練の実施状況等を勘案して必要があると認められるときは、当分の間、普通課程の養成訓練を行うことができる。

（訓練課程に関する経過措置）

第三条　この省令の施行の際現に職業訓練法の一部を改正する法律（昭和六十年法律第五十六号。以下「改正法」という。）による改正前の職業訓練法（以下「旧法」という。）の規定により行われている次の表の上欄に掲げる訓練課程の準則訓練又は指導員訓練は、改正法による改正後の職業能力開発促進法（以下「新法」という。）の規定により行われる同表の下欄に掲げる訓練課程の準則訓練又は指導員訓練となるものとする。

旧法の準則訓練又は指導員訓練	新法の準則訓練又は指導員訓練
普通訓練課程の養成訓練	普通課程の養成訓練
専門訓練課程の養成訓練	専門課程の養成訓練
一級技能士訓練課程の向上訓練	一級技能士課程の向上訓練
二級技能士訓練課程の向上訓練	二級技能士課程の向上訓練
単一等級技能士訓練課程の向上訓練	単一等級技能士課程の向上訓練

監督者訓練課程の向上訓練	管理監督者課程の向上訓練
技能向上訓練課程の向上訓練	技能向上課程の向上訓練
職業転換訓練課程の能力再開発訓練	職業転換課程の能力再開発訓練
長期指導員訓練課程の指導員訓練	長期課程の指導員訓練
短期指導員訓練課程の指導員訓練	短期課程の指導員訓練
指導員研修課程の指導員訓練	研修課程の指導員訓練

（準則訓練及び指導員訓練の基準に関する経過措置）

第四条　この省令の施行の際現に旧法の規定による準則訓練又は指導員訓練を受けている者に対する準則訓練又は指導員訓練の基準は、なお、従前の例による。

2　前項の規定にかかわらず、この省令の施行の際現に前条の規定により普通課程若しくは専門課程の養成訓練又は長期課程の指導員訓練となるものとされた準則訓練又は指導員訓練を行つているものは、第十一条、第十二条又は第三十六条の四に定める基準（以下この条において「新基準」という。）により、当該準則訓練又は指導員訓練を行うことができる。

3　前項の規定に基づき、新基準により訓練を行う場合においては、当該訓練生の受けた改正前の職業訓練法施行規則（以下「旧規則」という。）別表第三、別表第三の二又は別表第八に定める基準による訓練の教科の科目及び訓練期間に応じて、新基準による訓練における教科の科目を省略し、及び訓練期間を短縮することができる。

（専門課程の訓練基準に関する暫定措置）

第五条　第十二条第一項第七号の規定の適用については、昭和六十三年三月三十一日までの間は、同号中「次に掲げる者」とあるのは、「法第二十八条第三項各号のいずれかに該当する者で特に優れた技能又は専門的な知識を有すると認められるもの又は次に掲げる者」とする。

（旧法の準則訓練又は指導員訓練修了者に関する経過措置）

第六条　この省令の施行前に旧法の規定により行われた附則第三条の表の上欄に掲げる訓練課程の準則訓練又は指導員訓練を修了した者は、新規則の適用については、それぞれ新法の規定により行われた同条の表の下欄に掲げる訓練課程の準則訓練又は指導員訓練を修了した者とみなす。

（職業転換訓練課程の能力再開発訓練の訓練基準の特例に関する経過措置）

第七条　雇用促進事業団は、旧規則第十五条の承認に係る能力再開発訓練については、第十九条の規定にかかわらず、当分の間、なお従前の例により当該訓練を行うことができる。

（専門課程の職業訓練指導員の資格に関する特例）

第八条　法第三十条の二第一項の労働省令で定める者は、昭和六十三年三月三十一日までの間は、第四十八条の二に定める者のほか、法第二十八条第三項に定める者とする。

（職業訓練指導員免許に関する経過措置）

第九条　この省令の施行の際現に旧規則附則第九条各号のいずれかに該当していた者であつて、昭和六十一年三月三十一日までの間に新規則第四十条の規定により申請書を提出したものは、この省令による改正後の職業能力開発促進法施行規則附則第九条の規定の適用については同条第一項の労働大臣の指定する講習を修了した者とみなす。

附　則（昭和六十一年三月七日省令第六号）

（施行期日）

第一条　この省令は、昭和六十一年四月一日から施行する。

（訓練基準に関する経過措置）

第二条　この省令の施行の際現に附則別表第一の上欄に掲げる訓練科に係る一級技能士課程又は二級技能士課程の向上訓練を受けている者に対して改正後の職業能力開発促進法施行規則（以下「新規則」という。）別表第三の三又は別表第四に定める基準（以下この項において「新基準」という。）による附則別表第一の下欄に掲げる訓練科に係る訓練を行う場合においては、当該向上訓練を受けている者の受けた改正前の職業能力開発促進法施行規則（以下「旧規則」という。）別表第三の三又は別表第四に定める基準による訓練の教科の科目、訓練期間及び訓練時間に応じて、新基準による当該訓練における教科の科目を省略し、並びに訓練期間及び訓練時間を短縮することができる。

2　この省令の施行の際現に附則別表第一の上欄に掲げる訓練科に係る一級技能士課程又は二級技能士課程の向上訓練（機械加工科に係る一級技能士課程若しくは二級技能士課程の向上訓練又は鉄工科に係る二級技能士課程の向上訓練であつて、通信制によるものを除く。）に関する基準については、なお従前の例によることができる。

3　機械加工科に係る一級技能士課程若しくは二級技能士課程の向上訓練又は鉄工科に係る二級技能士課程の向上訓練であつて、通信制によるものについては、新規則別表第三の三又は別表第四の規定にかかわらず、当分の間、旧規則別表第三の三又は別表第四に定める基準によることができる。

（技能検定に関する経過措置）

第三条　この省令の施行前に旧規則別表第十二又は第十三の検定職種の欄のうち附則別表第二の上欄に掲げるものに係る技能検定に合格した者は、新規則の適用については、それぞれ、新規則別表第十二又は第十三の検定職種の欄のうち附則別表第二の下欄に掲げるものに係る技能検定に合格した者とみなす。

第四条　この省令の施行前に旧規則別表第十二又は第十三の検定職種の欄のうち附則別表第三の第一欄に掲げるものに係る技能検定において学科試験の試験科目のうち同表の第二欄に掲げる試験科目を選択して学科試験に合格した者は、新規則第六十五条第一項及び第二項、第六十八条の二並びに別表第十四の規定の適用については、それぞれ、新規則別表第十二又は第十三の検定職種の欄のうち附則別表第三の第三欄に掲げるものに係る技能検定において学科試験の試験科目のうち同表の第四欄に掲げる試験科目を選択して学科試験に合格した者とみなす。

2　この省令の施行前に旧規則別表第十二又は第十三の検定職種の欄のうち附則別表第四の上欄に掲げるものに係る技能検定において学科試験に合格した者は、新規則第六十五条第一項及び第二項、第六十八条の二並びに別表第十四の規定の適用については、それぞれ、新規則別表第十二又は第十三の検定職種の欄のうち附則別表第四の中欄に掲げるものに係る技能検定において学科試験の試験科目のうち同表の下欄に掲げる試験科目を選択して学科試験に合格した者とみなす。

3　この省令の施行前に旧規則別表第十二又は第十三の検定職種の欄のうち附則別表第五の第一欄に掲げるものに係る技能検定において実技試験の試験科目のうち同表の第二欄に掲げる試験科目を選択して実技試験に合格した者は、新規則第六十五条第一項及び第二項、第六十八条の二並びに別表第十四の規定の適用については、それぞれ、新規則別表第十二又は第十三の検定職種の欄のうち附則別表第五の第三欄に掲げるものに係る技能検定において実技試験の試験科目のうち同表の第四欄に掲げる試験科目を選択して実技試験に合格した者とみなす。

附則別表第一

旧規則の訓練科	新規則の訓練科
製鋼科 鋳鉄溶解科 非鉄金属溶解科	金属溶解科
機械加工科 けがき科	機械加工科
鉄工科 構造物現図製作科	鉄工科
工具研削科 超硬刃物研摩科	切削工具研削科
車両ぎ装科 車両現図製作科	鉄道車両製造科
車両整備科	鉄道車両整備科
光学ガラス研摩科 光学機器組立て科	光学機器製造科
メリヤス製造科 メリヤス縫製科	ニット製品製造科
漆器素地製造科 漆器製造科	漆器製造科
石工科 石積み科	石材施工科
洋菓子製造科 和菓子製造科	菓子製造科
床仕上げ施工科 カーテン施工科 天井仕上げ施工科	内装仕上げ施工科
建築透視図製作科 建築製図科	建築図面製作科

附則別表第二

旧規則の検定職種	新規則の検定職種
製鋼 鋳鉄溶解 非鉄金属溶解	金属溶解
けがき	機械加工
構造物現図製作	鉄工
工具研削 超硬刃物研摩	切削工具研削
車両ぎ装 車両現図製作	鉄道車両製造
車両整備	鉄道車両整備
光学ガラス研摩	光学機器製造

光学機器組立て	
メリヤス製造 メリヤス縫製	ニット製品製造
漆器素地製造	漆器製造
石工 石積み	石材施工
洋菓子製造 和菓子製造	菓子製造
床仕上げ施工 カーテン施工 天井仕上げ施工	内装仕上げ施工
建築透視図製作 建築製図	建築図面製作

附則別表第三

旧規則の検定職種	学科試験の試験科目	新規則の検定職種	学科試験の試験科目
製鋼	アーク炉溶解作業法	金属溶解	鋳鋼アーク炉溶解作業法
	誘導炉溶解作業法	金属溶解	鋳鋼誘導炉溶解作業法
鋳鉄溶解	キュポラ溶解作業法	金属溶解	鋳鉄キュポラ溶解作業法
	誘導炉溶解作業法	金属溶解	鋳鉄誘導炉溶解作業法
車両ぎ装	機器ぎ装法	鉄道車両製造	機器ぎ装法
	内部ぎ装法	鉄道車両製造	内部ぎ装法
	配管ぎ装法	鉄道車両製造	配管ぎ装法
	電気ぎ装法	鉄道車両製造	電気ぎ装法
車両整備	走り装置整備法	鉄道車両整備	走り装置整備法
	原動機整備法	鉄道車両整備	原動機整備法
メリヤス製造	横編みメリヤス製造法	ニット製品製造	横編みニット製造法
	丸編みメリヤス機調整法	ニット製品製造	丸編みニット製造法
	くつした編み機調整法	ニット製品製造	靴下製造法
漆器素地製造	板物漆器素地製造法	漆器製造	板物漆器素地製造法

	挽《ひき》物漆器素地製造法	漆器製造	挽《ひき》物漆器素地製造法
	曲物漆器素地製造法	漆器製造	曲物漆器素地製造法
石工	石材加工法	石材施工	石材加工法
	石張り施工法	石材施工	石張り施工法
床仕上げ施工	プラスチック系床仕上げ法	内装仕上げ施工	プラスチック系床仕上げ施工法
	カーペット床仕上げ法	内装仕上げ施工	カーペット系床仕上げ施工法
天井仕上げ施工	鋼製下地施工法	内装仕上げ施工	天井鋼製下地施工法
	ボード仕上げ施工法	内装仕上げ施工	天井ボード仕上げ施工法

附則別表第四

旧規則の検定職種	新規則の検定職種	学科試験の試験科目
非鉄金属溶解	金属溶解	銅合金るつぼ炉溶解作業法
		銅合金反射炉溶解作業法
		銅合金誘導炉溶解作業法
		軽合金るつぼ炉溶解作業法
		軽合金反射炉溶解作業法
けがき	機械加工	けがき作業法
構造物現図製作	鉄工	構造物現図製作法
工具研削	切削工具研削	工作機械用切削工具研削法
超硬刃物研摩	切削工具研削	超硬刃物研磨法
車両現図製作	鉄道車両製造	鉄道車両現図製作法
光学ガラス研摩	光学機器製造	光学ガラス研磨法
光学機器組立て	光学機器製造	光学機器組立て法
メリヤス縫製	ニット製品製造	ニット縫製品製造法
石積み	石材施工	石積み施工法
洋菓子製造	菓子製造	洋菓子製造法
和菓子製造	菓子製造	和菓子製造法
カーテン施工	内装仕上げ施工	カーテン施工法
建築透視図製作	建築図面製作	建築透視図法
建築製図	建築図面製作	建築製図法

附則別表第五

旧規則の検定職種	実技試験の試験科目	新規則の検定職種	実技試験の試験科目
製鋼	鋳鋼アーク炉溶解作業	金属溶解	鋳鋼アーク炉溶解作業
	鋳鋼誘導炉溶解作業	金属溶解	鋳鋼誘導炉溶解作業
鋳鉄溶解	鋳鉄キュポラ溶解作業	金属溶解	鋳鉄キュポラ溶解作業
	鋳鉄誘導炉溶解作業	金属溶解	鋳鉄誘導炉溶解作業
非鉄金属溶解	銅合金るつぼ炉溶解作業	金属溶解	銅合金るつぼ炉溶解作業
	銅合金反射炉溶解作業	金属溶解	銅合金反射炉溶解作業
	銅合金誘導炉溶解作業	金属溶解	銅合金誘導炉溶解作業
	軽合金るつぼ炉溶解作業	金属溶解	軽合金るつぼ炉溶解作業
	軽合金反射炉溶解作業	金属溶解	軽合金反射炉溶解作業
けがき	けがき作業	機械加工	けがき作業

構造物現図製作	構造物現図作業	鉄工	構造物現図作業
工具研削	切削工具研削作業	切削工具研削	工作機械用切削工具研削作業
超硬刃物研摩	木工機械用超硬刃物研摩作業	切削工具研削	超硬刃物研磨作業
車両ぎ装	機器ぎ装作業	鉄道車両製造	機器ぎ装作業
	内部ぎ装作業	鉄道車両製造	内部ぎ装作業
	配管ぎ装作業	鉄道車両製造	配管ぎ装作業
	電気ぎ装作業	鉄道車両製造	電気ぎ装作業
車両現図製作	車両現図作業	鉄道車両製造	鉄道車両現図作業
車両整備	走り装置整備作業	鉄道車両整備	走り装置整備作業
	原動機整備作業	鉄道車両整備	原動機整備作業
光学ガラス研摩	光学ガラス研摩作業	光学機器製造	光学ガラス研磨作業

光学機器組立て	光学機器組立て作業	光学機器製造	光学機器組立て作業
メリヤス製造	横編みメリヤス製造作業	ニット製品製造	横編みニット製造作業
	丸編みメリヤス機調整作業	ニット製品製造	丸編みニット製造作業
	くつした編み機調整作業	ニット製品製造	靴下製造作業
メリヤス縫製	横編みメリヤス縫製作業	ニット製品製造	横編みニット縫製作業
	丸編みメリヤス・たて編みメリヤス縫製作業	ニット製品製造	丸編みニット・たて編みニット縫製作業
漆器素地製造	板物漆器素地製造作業	漆器製造	板物漆器素地製造作業
	挽《ひき》物漆器素地製造作業	漆器製造	挽《ひき》物漆器素地製造作業
	曲物漆器素地製造作業	漆器製造	曲物漆器素地製造作業
石工	石材加工作業	石材施工	石材加工作業
	石張り作業	石材施工	石張り作業
石積み	石積み作業	石材施工	石積み作業

洋菓子製造	洋生菓子製造作業	菓子製造	洋菓子製造作業
和菓子製造	和生菓子製造作業	菓子製造	和菓子製造作業
床仕上げ施工	プラスチック系床仕上げ工事作業	内装仕上げ施工	プラスチック系床仕上げ工事作業
	カーペット床仕上げ工事作業	内装仕上げ施工	カーペット系床仕上げ工事作業
カーテン施工	カーテン施工作業	内装仕上げ施工	カーテン工事作業
天井仕上げ施工	鋼製下地工事作業	内装仕上げ施工	天井鋼製下地工事作業
	ボード仕上げ工事作業	内装仕上げ施工	天井ボード仕上げ工事作業
建築透視図製作	建築透視図製作作業	建築図面製作	建築透視図製作作業
建築製図	建築製図作業	建築図面製作	建築製図作業

附　則（昭和六十一年三月二十四日省令第九号）

この省令は、公布の日から施行する。

附　則（昭和六十一年八月十二日省令第二十九号）

（施行期日）

第一条　この省令は、公布の日から施行する。

（一級技能士課程の訓練基準に関する経過措置）

第二条　この省令の施行の際現に工場板金科、半導体製品製造科、帆布製品製造科、製本科、型枠施工科、熱絶縁施工科又はサッシ施工科（次項において「工場板金科等」という。）に係る一級技能士課程の向上訓練を受けている者に対して改正後の職業能力開発促進法施行規則（以下「新規則」という。）別表第三の三に定める基準（以下この項において「新基準」という。）による訓練を行う場合においては、当該向上訓練を受けている者の受けた改正前の職業能力開発促進法施行規則（以下「旧規則」という。）別表第三の三に定める基準による訓練の教科の科目、訓練期間及び訓練時間に応じて、新基準による当該訓練における教科の科目を省略し、並びに訓練期間及び訓練時間を短縮することができる。

2　この省令の施行の際現に工場板金科等に係る一級技能士課程の向上訓練を受けている者に対する一級技能士課程の向上訓練に関する基準については、なお従前の例によることができる。

（二級技能士課程の訓練基準に関する経過措置）

第三条　この省令の施行の際現に工場板金科、半導体製品製造科、帆布製品製造科、合板製造科、製本科、型枠施工科、熱絶縁施工科又はサッシ施工科（次項において「工場板金科等」という。）に係る二級技能士課程の向上訓練を受けている者に対して新規則別表第四に定める基準（以下この項において「新基準」という。）による訓練を行う場合においては、当該向上訓練を受けている者の受けた旧規則別表第四に定める基準による訓練の教科の科目、訓練期間及び訓練時間に応じて、新基準による当該訓練における教科の科目を省略し、並びに訓練期間及び訓練時間を短縮することができる。

2　この省令の施行の際現に工場板金科等に係る二級技能士課程の向上訓練を受けている者に対する二級技能士課程の向上訓練に関する基準については、なお従前の例によることができる。

附　則（昭和六十一年十二月十日省令第三十九号）

（施行期日）

第一条　この省令は、公布の日から施行する。

（訓練基準に関する経過措置）

第二条　この省令の施行の際現に菓子製造科に係る普通課程の養成訓練又は職業転換課程の能力再開発訓練を受け

ている者に対して改正後の職業能力開発促進法施行規則（以下「新規則」という。）別表第三又は別表第七に定めるところにより行われる訓練を行う場合においては、当該養成訓練又は当該能力再開発訓練を受けている者の受けた改正前の職業能力開発促進法施行規則（以下「旧規則」という。）別表第三又は別表第七に定めるところにより行われる訓練の教科の科目、訓練期間及び訓練時間に応じて、新規則別表第三又は別表第七に定めるところにより行われる当該訓練における教科の科目を省略し、並びに訓練期間及び訓練時間を短縮することができる。

2　この省令の施行の際現に菓子製造科に係る普通課程の養成訓練又は職業転換課程の能力再開発訓練を受けている者に対する普通課程の養成訓練又は職業転換課程の能力再開発訓練については、なお従前の例によることができる。

（職業訓練修了者に関する経過措置）

第三条　この省令の施行前に旧規則別表第三又は別表第七の訓練科の欄のうち菓子製造科に係る職業訓練を修了した者は、新規則の適用については、新規則別表第三又は別表第七の訓練科の欄のうちパン・菓子製造科に係る職業訓練を修了した者とみなす。

（職業訓練指導員免許に関する経過措置）

第四条　この省令の施行の際現にこの省令による改正前の別表第十一の免許職種（以下「旧免許職種」という。）である菓子科について職業訓練指導員免許を受けている者は、この省令による改正後の別表第十一の免許職種（以下「新免許職種」という。）であるパン・菓子科について職業訓練指導員免許を受けたものとみなす。

（職業訓練指導員試験に関する経過措置）

第五条　この省令の施行前に旧免許職種である菓子科に係る職業訓練指導員試験に合格した者は、新免許職種であるパン・菓子科に係る職業訓練指導員試験に合格した者とみなす。

2　この省令の施行前に旧免許職種である菓子科に係る職業訓練指導員試験において実技試験又は学科試験に合格した者に対する新規則第四十六条の規定の適用については、新免許職種であるパン・菓子科に係る職業訓練指導員試験において実技試験又は学科試験に合格した者とみなす。

附　則（昭和六十二年三月十日省令第三号）

この省令は、公布の日から施行する。

附　則（昭和六十二年五月二十一日省令第十九号）

この省令は、公布の日から施行し、昭和六十二年四月一日から適用する。

附　則（昭和六十二年七月二十九日省令第二十八号）

（施行期日）

第一条　この省令は、公布の日から施行する。

（訓練基準に関する経過措置）

第二条　この省令の施行の際現に造園科、眼鏡レンズ加工科、油圧装置調整科又は写真科（次項において「造園科等」という。）に係る一級技能士課程又は二級技能士課程の向上訓練を受けている者に対して改正後の職業能力開発促進法施行規則（以下「新規則」という。）別表第三の三又は別表第四に定める基準（以下この項において「新基準」という。）による訓練を行う場合においては、当該向上訓練を受けている者の受けた改正前の職業能力開発促進法施行規則（以下「旧規則」という。）別表第三の三又は別表第四に定める基準による訓練の教科の科目、訓練期間及び訓練時間に応じて、新基準による当該訓練における教科の科目を省略し、並びに訓練期間及び訓練時間を短縮することができる。

2　この省令の施行の際現に造園科等に係る一級技能士課程又は二級技能士課程の向上訓練を受けている者に対する一級技能士課程又は二級技能士課程の向上訓練に関する基準については、なお従前の例によることができる。

（技能検定に関する経過措置）

第三条　この省令の施行前に旧規則別表第十二又は別表第十三の検定職種の欄のうち次の表の第一欄に掲げるものに係る技能検定において実技試験の試験科目のうち同表の第二欄に掲げる試験科目を選択して実技試験に合格した者は、新規則第六十五条第一項及び第二項、第六十八条の二並びに別表第十四の規定の適用については、それぞれ、新規則別表第十二又は別表第十三の検定職種のうち次の表の第三欄に掲げるものに係る技能検定において実技試験の試験科目のうち同表の第四欄に掲げる試験科目を選択して実技試験に合格した者とみなす。

旧規則の検定職種	実技試験の試験科目	新規則の検定職種	実技試験の試験科目
紳士服製造	紳士既製服製造作業	紳士服製造	紳士既製服型紙製作作業 紳士既製服縫製作業
ガラス製	ガラス器成形作	ガラス製	ガラス製品成形

品製造	業	品製造	作業
	電気用ガラス製品成形作業		
	ガラスびん成形作業		
	理化学・医療用ガラス製品成形作業		
	照明用ガラス製品成形作業		

附　則（昭和六十三年三月三十一日省令第七号）

（抄）

（施行期日）

第一条　この省令は、昭和六十三年四月一日から施行する。

附　則（昭和六十三年四月一日省令第八号）

（施行期日）

第一条　この省令は、公布の日から施行する。

（訓練基準に関する経過措置）

第二条　この省令の施行の際現に附則別表第一の上欄に掲げる訓練科に係る一級技能士課程又は二級技能士課程の向上訓練を受けている者に対して改正後の職業能力開発促進法施行規則（以下「新規則」という。）別表第三の三又は第四に定める基準（以下この項において「新基準」という。）による附則別表第一の下欄に掲げる訓練科に係る訓練を行う場合においては、当該向上訓練を受けている者の受けた改正前の職業能力開発促進法施行規則（以下「旧規則」という。）別表第三の三又は第四に定める基準による訓練の教科の科目、訓練期間及び訓練時間に応じて、新基準による当該訓練における教科の科目を省略し、並びに訓練期間及び訓練時間を短縮することができる。

2　この省令の施行の際現に附則別表第一の上欄に掲げる訓練科に係る一級技能士課程又は二級技能士課程の向上訓練を受けている者に対する一級技能士課程又は二級技能士課程の向上訓練に関する基準については、なお従前の例によることができる。

（技能検定に関する経過措置）

第三条　この省令の施行前に旧規則別表第十二又は第十三の検定職種の欄のうち附則別表第二の上欄に掲げるものに係る技能検定に合格した者は、新規則の適用については、それぞれ、新規則別表第十二又は第十三の検定職種の欄のうち附則別表第二の下欄に掲げるものに係る技能検定に合格した者とみなす。

2　この省令の施行前に旧規則別表第十二又は第十三の検定職種の欄のうち附則別表第三の第一欄に掲げるものに係る技能検定において学科試験の試験科目のうち同表の第二欄に掲げる試験科目を選択して学科試験に合格した者は、新規則第六十五条第一項及び第二項、第六十八条の二並びに別表第十四の規定の適用については、それぞれ、新規則別表第十二又は第十三の検定職種の欄のうち附則別表第三の第三欄に掲げるものに係る技能検定において学科試験の試験科目のうち同表の第四欄に掲げる試験科目を選択して学科試験に合格した者とみなす。

3　この省令の施行前に旧規則別表第十二又は第十三の検定職種の欄のうち附則別表第四の第一欄に掲げるものに係る技能検定において実技試験の試験科目のうち同表の第二欄に掲げる試験科目を選択して実技試験に合格した者は、新規則第六十五条第一項及び第二項、第六十八条の二並びに別表第十四の規定の適用については、それぞれ、新規則別表第十二又は第十三の検定職種の欄のうち附則別表第四の第三欄に掲げるものに係る技能検定において実技試験の試験科目のうち同表の第四欄に掲げる試験科目を選択して実技試験に合格した者とみなす。

附則別表第一

旧規則の訓練科	新規則の訓練科
鉄道車両製造科	鉄道車両製造・整備科
鉄道車両整備科	
ガラス繊維強化プラスチック成形科	強化プラスチック成形科

附則別表第二

旧規則の検定職種	新規則の検定職種
鉄道車両製造	鉄道車両製造・整備
鉄道車両整備	
ガラス繊維強化プラスチック成形	強化プラスチック成形

附則別表第三

旧規則の検定職種	学科試験の試験科目	新規則の検定職種	学科試験の試験科目
鉄道車両製造	機器ぎ装法	鉄道車両製造・整備	機器ぎ装法
	内部ぎ装法	鉄道車両製造・整備	内部ぎ装法

	配管ぎ装法	鉄道車両製造・整備	配管ぎ装法
	電気ぎ装法	鉄道車両製造・整備	電気ぎ装法
	鉄道車両現図製作法	鉄道車両製造・整備	鉄道車両現図製作法
鉄道車両整備	走り装置整備法	鉄道車両製造・整備	走行装置整備法
	原動機整備法	鉄道車両製造・整備	原動機整備法

附則別表第四

旧規則の検定職種	実技試験の試験科目	新規則の検定職種	実技試験の試験科目
鉄道車両製造	機器ぎ装作業	鉄道車両製造・整備	機器ぎ装作業
	内部ぎ装作業	鉄道車両製造・整備	内部ぎ装作業
	配管ぎ装作業	鉄道車両製造・整備	配管ぎ装作業
	電気ぎ装作業	鉄道車両製造・整備	電気ぎ装作業
	鉄道車両現図作業	鉄道車両製造・整備	鉄道車両現図作業
鉄道車両整備	走り装置整備作業	鉄道車両製造・整備	走行装置整備作業
	原動機整備作業	鉄道車両製造・整備	原動機整備作業
ガラス繊維強化プラスチック成形	手積み積層成形作業	強化プラスチック成形	手積み積層成形作業
	吹付け積層成形作業	強化プラスチック成形	吹付け積層成形作業

附　則（昭和六十三年四月八日省令第十三号）

（施行期日）

第一条　この省令は、公布の日から施行し、改正後の規定は、昭和六十三年四月一日から適用する。ただし、第三十八条第二項の表（福祉工学科に係る部分を除く。）及び別表第八の改正規定は、昭和六十四年四月一日から適用する。

（経過措置）

第二条　この省令の施行の際現に長期課程の指導員訓練を受けている者に対する長期課程の指導員訓練に関する基準については、なお従前の例による。

2　前項の規定にかかわらず、この省令の施行の際現に長期課程の指導員訓練を受けている者については、改正後の職業能力開発促進法施行規則別表第八に定める基準（以下「新基準」という。）により当該長期課程の指導員訓練を行うことができる。

3　前項の規定に基づき新基準による長期課程の指導員訓練を行う場合においては、当該訓練生の受けた改正前の職業能力開発促進法施行規則別表第八に定める基準（以下「旧基準」という。）による訓練の教科の科目、訓練期間及び訓練時間に応じて、新基準による当該指導員訓練における教科の科目を省略し、並びに訓練期間及び訓練時間を短縮することができる。

4　旧基準による長期課程の指導員訓練を修了した者（福祉工学科に係る長期課程の指導員訓練を修了した者を除く。）の受けることのできる免許職種については、なお従前の例による。

附　則（平成元年五月二十日省令第十二号）

（施行期日）

第一条　この省令は、公布の日から施行する。

（訓練基準に関する経過措置）

第二条　この省令の施行の際現にプラスチック成形科及び貴金属装身具製作科に係る一級技能士課程又は二級技能士課程の向上訓練を受けている者に対して改正後の職業能力開発促進法施行規則（以下「新規則」という。）別表第三の三又は別表第四に定める基準（以下この項において「新基準」という。）による訓練を行う場合においては、当該向上訓練を受けている者の受けた改正前の職業能力開発促進法施行規則（以下「旧規則」という。）別表第三の三又は別表第四に定める基準による訓練の教科の科目、訓練期間及び訓練時間に応じて、新基準による当該訓練における教科の科目を省略し、並びに訓練期間及び訓練時間を短縮することができる。

2　この省令の施行の際現にプラスチック成形科及び貴金属装身具製作科に係る一級技能士課程又は二級技能士課程の向上訓練を受けている者に対する一級技能士課程又は二級技能士課程の向上訓練に関する基準については、なお従前の例によることができる。

（技能検定に関する経過措置）

第三条　この省令の施行前に旧規則別表第十二又は別表第十三の検定職種の欄に掲げる婦人子供服製造に係る技能検定において実技試験の試験科目のうち婦人子供既製服製造作業を選択して実技試験に合格した者は、新規則第六十五条第二項及び第三項、第六十八条の二並びに別表第十四の規定の適用については、それぞれ、新規則別表第十二又は別表第十三の検定職種の欄に掲げる婦人子供服製造に係る技能検定において実技試験の試験科目のうち婦人子供既製服型紙製作作業及び婦人子供既製服縫製作業を選択して実技試験に合格した者とみなす。

附　則（平成元年七月二十八日省令第二十八号）

（施行期日）

第一条　この省令は、公布の日から施行する。

（技能検定に関する経過措置）

第二条　この省令の施行前に改正前の職業能力開発促進法施行規則（次項において「旧規則」という。）別表第十二又は別表第十三の検定職種の欄のうち合板製造又は更生タイヤ製造に係る技能検定に合格した者が、受けることができる職業訓練指導員試験については、なお従前の例による。

2　この省令の施行前に旧規則別表第十二又は別表第十三の検定職種の欄のうち合板製造又は更生タイヤ製造に係る技能検定に合格した者が職業能力開発促進法第六十六条第一項の規定に基づき称することができる名称については、なお従前の例による。

附　則（平成二年五月二十五日省令第十一号）

（施行期日）

第一条　この省令は、公布の日から施行する。

（訓練基準に関する経過措置）

第二条　この省令の施行の際現に時計修理科又は染色科に係る一級技能士課程又は二級技能士課程の向上訓練を受けている者に対して改正後の職業能力開発促進法施行規則（以下「新規則」という。）別表第三の三又は別表第四に定める基準（以下この項において「新基準」という。）による訓練を行う場合においては、当該向上訓練を受けている者の受けた改正前の職業能力開発促進法施行規則（以下「旧規則」という。）別表第三の三又は別表第四に定める基準による訓練の教科の科目、訓練期間及び訓練時間に応じて、新基準による当該訓練における教科の科目を省略し、並びに訓練期間及び訓練時間を短縮することができる。

2　この省令の施行の際現に時計修理科又は染色科に係る一級技能士課程又は二級技能士課程の向上訓練を受けている者に対する一級技能士課程又は二級技能士課程の向上訓練に関する基準については、なお従前の例によることができる。

（技能検定に関する経過措置）

第三条　この省令の施行前に旧規則別表第十二又は別表第十三の検定職種の欄に掲げる染色に係る技能検定において学科試験の試験科目のうちかせ糸浸染加工法又はスクリーン手なせん加工法を選択して学科試験に合格した者は、新規則第六十五条第二項及び第三項、第六十八条の二並びに別表第十四の規定の適用については、それぞれ、新規則別表第十二又は別表第十三の検定職種の欄に掲げる染色に係る技能検定において学科試験の試験科目のうち糸浸染加工法又はスクリーンなせん加工法を選択して学科試験に合格した者とみなす。

2　この省令の施行前に旧規則別表第十二又は別表第十三の検定職種の欄に掲げる染色に係る技能検定において実技試験の試験科目のうちかせ糸浸染作業又はスクリーン手なせん作業を選択して実技試験に合格した者は、新規則第六十五条第二項及び第三項、第六十八条の二並びに別表第十四の規定の適用については、それぞれ、新規則別表第十二又は別表第十三の検定職種の欄に掲げる染色に係る技能検定において実技試験の試験科目のうち糸浸染作業又はスクリーンなせん作業を選択して実技試験に合格した者とみなす。

附　則（平成二年十一月二十八日省令第二十七号）

この省令は、公布の日から施行する。

附　則（平成三年三月二十七日省令第五号）

（施行期日）

第一条　この省令は、平成三年四月一日から施行する。

（訓練基準に関する経過措置）

第二条　この省令の施行の際現に粉末冶金科、築炉科又はウエルポイント施行科に係る一級技能士課程又は二級技能士課程の向上訓練を受けている者に対して改正後の職業能力開発促進法施行規則（以下「新規則」という。）別表第三の三又は別表第四に定める基準（以下この項において「新基準」という。）による訓練を行う場合においては、当該向上訓練を受けている者の受けた改正前の職業能力開発促進法施行規則（以下「旧規則」という。）別表第三の三又は別表第四に定める基準による訓練の教科の科目、訓練期間及び訓練時間に応じて、新基準による当該訓練における教科の科目を省略し、並びに訓練期間及び訓練時間を短縮することができる。

2　この省令の施行の際現に粉末冶《や》金科、築炉科又はウエルポイント施行科に係る一級技能士課程又は二級技能士課程の向上訓練を受けている者に対する一級技能士課程又は二級技能士課程の向上訓練に関する基準については、なお従前の例によることができる。

（技能検定に関する経過措置）

第三条　この省令の施行前に旧規則別表第十二又は別表第十三の検定職種の欄に掲げる婦人子供服製造に係る技能検定において実技試験の試験科目のうち婦人子供既製服型紙製作作業を選択して実技試験に合格した者は、新規則第六十五条第二項及び第三項、第六十八条の二並びに別表第十四の規定の適用については、新規則別表第十二又は別表第十三の検定職種の欄に掲げる婦人子供服製造に係る技能検定において実技試験の試験科目のうち婦人子供服パターンメーキング作業を選択して実技試験に合格した者とみなす。

附　則（平成三年九月三十日省令第二十三号）

（施行期日）

第一条　この省令は、平成三年十月一日から施行する。

（経過措置）

第二条　改正前の職業能力開発促進法施行規則第三十六条の三の短期課程の指導員訓練（次条において「短期課程の指導員訓練」という。）であって、この省令の施行の際現に行われているものについては、なお従前の例による。

第三条　この省令の施行前に短期課程の指導員訓練を修了した者及び前条の規定により従前の例によるものとされる短期課程の指導員訓練を修了した者は、改正後の職業能力開発促進法施行規則の適用については、改正後の同令第三十六条の三の専門課程の指導員訓練を修了した者とみなす。

附　則（平成四年二月四日省令第一号）（抄）

（施行期日）

第一条　この省令は、平成四年四月一日から施行する。

（訓練基準に関する経過措置）

第二条　この省令の施行の際現に園芸装飾科、半導体製品製造科、光学機器製造科、織機調整科、木型製作科、防水施工科、サッシ施工科又は工業包装科に係る一級技能士課程の向上訓練を受けている者に対して改正後の職業能力開発促進法施行規則（以下「新規則」という。）別表第三の三に定める基準による訓練を行う場合においては、当該向上訓練を受けている者の受けた改正前の職業能力開発促進法施行規則（以下「旧規則」という。）別表第三の三に定める基準による訓練の教科の科目、訓練期間及び訓練時間に応じて、新規則別表第三の三に定める基準による当該訓練における教科の科目を省略し、並びに訓練期間及び訓練時間を短縮することができる。

2　この省令の施行の際現に園芸装飾科、半導体製品製造科、光学機器製造科、織機調整科、木型製作科、防水施工科又はサッシ施工科に係る二級技能士課程の向上訓練を受けている者に対して新規則別表第四に定める基準による訓練を行う場合においては、当該向上訓練を受けている者の受けた旧規則別表第四に定める基準による訓練の教科の科目、訓練期間及び訓練時間に応じて、新規則別表第四に定める基準による当該訓練における教科の科目を省略し、並びに訓練期間及び訓練時間を短縮することができる。

3　この省令の施行の際現にエーエルシーパネル施工科又は塗料調色科に係る単一等級技能士課程の向上訓練を受けている者に対して新規則別表第四の二に定める基準による訓練を行う場合においては、当該向上訓練を受けている者の受けた旧規則別表第四の二に定める基準による訓練の教科の科目、訓練期間及び訓練時間に応じて、新規則別表第四の二に定める基準による当該訓練における教科の科目を省略し、並びに訓練期間及び訓練時間を短縮することができる。

4　この省令の施行の際現に第一項に規定する訓練科に係る二級技能士課程、第二項に規定する訓練科に係る単一等級技能士課程又は前項に規定する訓練科に係る単一等級技能士課程の向上訓練を受けている者に対する一級技能士課程、二級技能士課程又は単一等級技能士課程の向上訓練に関する基準については、なお従前の例によることができる。

（技能検定に関する経過措置）

第三条　この省令の施行前に旧規則別表第十二又は別表第十三の検定職種の欄のうち船舶ぎ装に係る技能検定に合格した者が、受けることができる職業訓練指導員試験については、なお従前の例による。

2　この省令の施行前に前項に規定する検定職種に係る技能検定に合格した者が職業能力開発促進法第六十六条第一項の規定に基づき称することができる名称については、なお従前の例による。

3　この省令の施行前に旧規則別表第十二又は別表第十三の検定職種の欄のうち次の表の第一欄に掲げるものに係る技能検定において学科試験の試験科目のうち同表の第二欄に掲げる試験科目を選択して学科試験に合格した者

は、新規則第六十五条第二項及び第三項、第六十八条の二並びに別表第十四の規定の適用については、それぞれ、新規則別表第十二又は別表第十三の検定職種のうち次の表の第三欄に掲げるものに係る技能検定において学科試験の試験科目のうち同表の第四欄に掲げる試験科目を選択して学科試験に合格した者とみなす。

旧規則の検定職種	学科試験の試験科目	新規則の検定職種	学科試験の試験科目
織機調整	絹人絹ドビー織機調整法	織機調整	ドビー織機調整法
	絹人絹ジヤカード織機調整法	織機調整	ジヤカード織機調整法
	タオルドビー織機調整法	織機調整	ドビー織機調整法
	タオルジヤカード織機調整法	織機調整	ジヤカード織機調整法
防水施工	モルタル防水施工法	防水施工	セメント系防水施工法

4　この省令の施行前に旧規則別表第十二又は別表第十三の検定職種の欄のうち次の表の第一欄に掲げるものに係る技能検定において実技試験の試験科目のうち同表の第二欄に掲げる試験科目を選択して実技試験に合格した者は、新規則第六十五条第二項及び第三項、第六十八条の二並びに別表第十四条の規定の適用については、それぞれ、新規則別表第十二又は別表第十三の検定職種のうち次の表の第三欄に掲げるものに係る技能検定において実技試験の試験科目のうち同表の第四欄に掲げる試験科目を選択して実技試験に合格した者とみなす。

旧規則の検定職種	実技試験の試験科目	新規則の検定職種	実技試験の試験科目
織機調整	絹人絹ドビー織機調整作業	織機調整	ドビー織機調整作業
	絹人絹ジヤカード織機調整作業	織機調整	ジヤカード織機調整作業
	タオルドビー織機調整作業	織機調整	ドビー織機調整作業
	タオルジヤカード織機調整作業	織機調整	ジヤカード織機調整作業
防水施工	モルタル防水工事作業	防水施工	セメント系防水工事作業

附　則（平成四年八月二十八日省令第二十五号）（抄）

（施行期日）

第一条　この省令は、公布の日から施行する。

（訓練基準に関する経過措置）

第二条　この省令の施行の際現にハム・ソーセージ製造科に係る一級技能士課程又は二級技能士課程の向上訓練を受けている者に対して改正後の職業能力開発促進法施行規則（以下「新規則」という。）別表第二の三又は別表第四に定める基準（以下この項において「新基準」という。）による訓練を行う場合においては、当該向上訓練を受けている者の受けた改正前の職業能力開発促進法施行規則（以下「旧規則」という。）別表第三の三又は別表第四に定める基準による訓練の教科の科目、訓練期間、訓練時間に応じて、新基準による当該訓練における教科の科目を省略し、並びに訓練期間及び訓練時間を短縮することができる。

2　この省令の施行の際現にハム・ソーセージ製造科に係る一級技能士課程又は二級技能士課程の向上訓練を受けている者に対する一級技能士課程又は二級技能士課程の向上訓練に関する基準については、なお従前の例によることができる。

（技能検定に関する経過措置）

第三条　この省令の施行前に旧規則別表第十二又は別表第十三の検定職種の欄に掲げるハム・ソーセージ製造に係る技能検定に合格した者は、新規則の適用については、新規則別表第十二又は別表第十三の検定職種の欄に掲げるハム・ソーセージ・ベーコン製造に係る技能検定に合格した者とみなす。

附　則（平成五年二月十二日省令第一号）（抄）

（施行期日）

第一条　この省令は、平成五年四月一日から施行する。

（職業能力開発促進センターの行う業務に関する暫定措置）

第二条　第一条の規定による改正後の職業能力開発促進法施行規則（以下「新能開則」という。）第四条第一項に定める業務のほか、職業能力開発促進センターは、当該職業能力開発促進センターに近接する公共職業能力開発施設における普通課程の普通職業訓練の実施状況等を勘案して必要があると認めるときは、当分の間、普通課程の普通職業訓練を行うことができる。

（短期課程の普通職業訓練の訓練基準に関する暫定措置等）

第三条　この省令の施行の日（以下「施行日」という。）

の前日において、職業訓練法施行規則の一部を改正する省令（昭和五十七年労働省令第二十九号。以下この条において「昭和五十七年改正省令」という。）附則第二条第三項の規定に基づき昭和五十七年改正省令による改正前の職業訓練法施行規則別表第三の三（板金科に係る部分に限る。）に定める基準による一級技能士課程の向上訓練であつて通信制によるものを設けているものは、短期課程の普通職業訓練であって新能開則第六十五条の規定による技能検定の試験の免除に係るものの実施に当たっては、新能開則第十一条第三項及び別表第五第一号（建築板金科及び工場板金科に係る部分に限る。）の規定にかかわらず、当分の間、昭和五十七年改正省令による改正前の職業訓練法施行規則別表第三の三（板金科に係る部分に限る。）に定める基準によることができる。

2　施行日の前日において、昭和五十七年改正省令附則第三条第三項の規定に基づき昭和五十七年改正省令による改正前の職業訓練法施行規則別表第四（板金科に係る部分に限る。）に定める基準による二級技能士課程の向上訓練であって通信制によるものを設けているものは、短期課程の普通職業訓練であって新能開則第六十五条の規定による技能検定の試験の免除に係るものの実施に当たっては、新能開則第十一条第三項及び別表第五第二号（建築板金科及び工場板金科に係る部分に限る。）の規定にかかわらず、当分の間、昭和五十七年改正省令による改正前の職業訓練法施行規則別表第四（板金科に係る部分に限る。）に定める基準によることができる。

3　前二項の規定による訓練を修了した者に関する新能開則第六十五条の規定の適用については、同条第二項中「別表第五第一号」とあるのは「別表第五第一号又は職業訓練法施行規則の一部を改正する省令（昭和五十七年労働省令第二十九号）による改正前の職業訓練法施行規則（以下この条において「昭和五十七年改正前の職業訓練法施行規則」という。）別表第三の三（板金科に係る部分に限る。）」と、同条第三項中「別表第五第一号又は第二号」とあるのは「別表第五第一号若しくは第二号又は昭和五十七年改正前の職業訓練法施行規則別表第三の三（板金科に係る部分に限る。）若しくは別表第四（板金科に係る部分に限る。）」とする。

（訓練課程に関する経過措置）

第四条　この省令の施行の際現に職業能力開発促進法の一部を改正する法律（平成四年法律第六十七号。以下「改正法」という。）による改正前の職業能力開発促進法

（以下「旧法」という。）の規定により行われている次の表の上欄に掲げる訓練課程の準則訓練は、改正法による改正後の職業能力開発促進法（以下「新法」という。）の規定により行われる同表の下欄に掲げる訓練課程の準則訓練となるものとする。

旧法の準則訓練	新法の準則訓練
短期課程の養成訓練	短期課程の普通職業訓練
普通課程の養成訓練	普通課程の普通職業訓練
専門課程の養成訓練	専門課程の高度職業訓練
一級技能士課程の向上訓練	新能開則別表第五第一号に定めるところにより行われる短期課程の普通職業訓練
二級技能士課程の向上訓練	新能開則別表第五第二号に定めるところにより行われる短期課程の普通職業訓練
単一等級技能士課程の向上訓練	新能開則別表第五第三号に定めるところにより行われる短期課程の普通職業訓練
管理監督者課程の向上訓練	新能開則別表第三に定めるところにより行われる短期課程の普通職業訓練
技能向上課程の向上訓練	短期課程の普通職業訓練又は専門短期課程の高度職業訓練
短期課程の能力再開発訓練	短期課程の普通職業訓練
職業転換課程の能力再開発訓練	短期課程の普通職業訓練
専修訓練課程の養成訓練	専修訓練課程の普通職業訓練

（準則訓練の基準に関する経過措置）

第五条　この省令の施行の際現に旧法の規定による準則訓練を受けている者に対する準則訓練の基準については、なお従前の例による。

2　前項の規定にかかわらず、この省令の施行の際現に前条の規定により普通課程の普通職業訓練又は専門課程の高度職業訓練となるものとされた準則訓練を行っているものは、新能開則第十条又は第十二条に定める基準（次項において「新基準」という。）により、当該準則訓練を行うことができる。

3　前項の規定に基づき、新基準により訓練を行う場合においては、当該訓練を受けている者の受けた第一条の規定による改正前の職業能力開発促進法施行規則（以下

「旧能開則」という。）第十一条又は第十二条に定める基準による訓練の教科の科目、訓練期間及び訓練時間に応じて新基準による訓練における教科の科目を省略し、並びに訓練期間及び訓練時間を短縮することができる。

（旧法の準則訓練修了者に関する経過措置）

第六条　この省令の施行前に旧法の規定により行われた附則第四条の表の上欄に掲げる訓練課程の準則訓練を修了した者は、新能開則の規定の適用については、それぞれ新法の規定により行われた同表の下欄に掲げる訓練課程の準則訓練を修了した者とみなす。

（指導員訓練の基準に関する経過措置）

第七条　この省令の施行の際現に長期課程又は旧能開則別表第九の訓練科の欄に掲げる板金科、製罐《かん》科、木材加工科若しくは電子計算機科に係る専門課程の指導員訓練を受けている者に対する当該指導員訓練の基準については、なお従前の例による。

（旧能開則の指導員訓練修了者に関する経過措置）

第八条　この省令の施行前に旧能開則別表第九の訓練科の欄に掲げる板金科若しくは製罐《かん》科、木材加工科又は電子計算機科に係る専門課程の指導員訓練及び前条の規定によりなお従前の例によることとされた基準による板金科若しくは製罐《かん》科、木材加工科又は電子計算機科に係る専門課程の指導員訓練を修了した者は、新能開則第三十八条第三項の規定の適用については、新能開則別表第九の訓練科の欄に掲げる塑性加工科、木工科又は情報処理科を修了した者とみなす。

（職業訓練指導員免許に関する経過措置）

第九条　この省令の施行の際現に旧能開則別表第十一の免許職種の欄に掲げる免許職種（以下「旧免許職種」という。）のうち附則別表第一の上欄に掲げるものについて職業訓練指導員免許を受けている者は、それぞれ新能開則の規定により同表の下欄に掲げる免許職種について職業訓練指導員免許を受けた者とみなす。

2　この省令の施行の際現に旧免許職種のうち附則別表第一の上欄に掲げるもの以外のもの（以下「特定旧免許職種」という。）について職業訓練指導員免許を受けている者は、旧能開則第三十七条第二項各号に掲げる訓練に相当する訓練を担当することができる。

（職業訓練指導員試験に関する経過措置等）

第十条　この省令の施行前に旧免許職種のうち附則別表第一の上欄に掲げるものに係る職業訓練指導員試験に合格した者は、それぞれ新能開則の規定により行われた同表の下欄に掲げる免許職種に係る職業訓練指導員試験に合格した者とみなす。

2　この省令の施行前に旧免許職種のうち附則別表第一の上欄に掲げるものに係る職業訓練指導員試験において実技試験又は学科試験に合格した者は、新能開則第四十六条の規定の適用については、それぞれ新能開則の規定により行われた同表の下欄に掲げる免許職種に係る職業訓練指導員試験において実技試験又は学科試験の指導方法及び関連学科に合格した者とみなす。

3　都道府県知事は、新能開則の規定により職業訓練指導員試験を行うに当たっては、新能開則第四十六条に定めるもののほか、この省令の施行の際現に特定旧免許職種について職業訓練指導員免許を受けている者並びにこの省令の施行前に旧能開則の規定により行われた特定旧免許職種に係る職業訓練指導員試験に合格した者及び当該職業訓練指導員試験において学科試験に合格した者について、附則別表第二の上欄に掲げる特定旧免許職種の区分に応じそれぞれ同表の下欄に掲げる試験を免除することができる。

4　新法第三十条の二第二項の労働省令で定める者は、新能開則第四十八条の三に定めるもののほか、教科に関し、前項の規定による職業訓練指導員試験の免除を受けることができる者とする。

（技能検定の受検資格及び技能検定試験の免除に関する経過措置）

第十一条　この省令の施行の際現に特定旧免許職種のうち非鉄金属科、七宝科又は内張り科について職業訓練指導員免許を受けている者及びこの省令の施行前に旧能開則の規定により行われた特定旧免許職種のうち非鉄金属科、七宝科又は内張り科に係る職業訓練指導員試験に合格した者に関する技能検定の受検資格及び技能検定試験の免除については、なお従前の例による。

（専門課程の職業訓練指導員の資格に関する経過措置）

第十二条　この省令の施行の際現に旧法による職業訓練大学校又は職業訓練短期大学校において、教授、助教授、専任講師、助手又はこれらに相当する職員としての経歴を有している者に関する新能開則第四十八条の二第二項の規定の適用については、同項第二号中「職業能力開発大学校」とあるのは「職業能力開発大学校（職業能力開発促進法の一部を改正する法律（平成四年法律第六十七号）による改正前の職業能力開発促進法（以下この号において「旧法」という。）による職業訓練大学校を含む。以下この項において同じ。）」と、「職業能力開発短期大学校」とあるのは「職業能力開発短期大学校（旧法による職業訓練短期大学校を含む。以下この項において同じ。）」とする。

附則別表一

改正前の免許職種	改正後の免許職種
園芸科	園芸科
造園科	造園科
鉄鋼科	鉄鋼科
鋳造科	鋳造科
鍛造科	鍛造科
熱処理科	熱処理科
粉末冶金科	鋳造科
機械科	機械科
溶接科	溶接科
製罐《かん》科	塑性加工科
構造物鉄工科	構造物鉄工科
板金科	塑性加工科
金属表面処理科	金属表面処理科
電子科	電子科
電気制御回路組立て科	メカトロニクス科
半導体製品科	電子科
発変電科	発変電科
送配電科	送配電科
電気科	電気科 電気工事科
自動車製造科	自動車製造科
自動車整備科	自動車整備科
航空機製造科	航空機製造科
航空機整備科	航空機整備科
鉄道車両科	鉄道車両科
鉄道車両整備科	鉄道車両科
造船科	造船科
舟艇科	造船科
時計科	時計科
光学ガラス科	光学ガラス科
光学機器科	光学機器科
計測機器科	計測機器科

理化学機器科	理化学機器科
機械組立て科	機械科
製材機械科	製材機械科
内燃機関科	内燃機関科
縫製機械科	縫製機械科
建設機械科	建設機械科 建設機械運転科
農業機械科	農業機械科
冷凍空気調和機器科	冷凍空調機器科
織機調整科	織機調整科
織布科	織布科
染色科	染色科
メリヤス科	ニット科
洋裁科	洋裁科
洋服科	洋服科
和裁科	和裁科
寝具科	寝具科
帆布製品科	帆布製品科
縫製科	縫製科

木型科	木型科
木工科	木工科
木材工芸科	木材工芸科
竹工芸科	竹工芸科
紙器科	紙器科
印刷科	製版・印刷科
製本科	製本科
軽印刷科	製版・印刷科
プラスチック製品科	プラスチック製品科
皮革加工科	レザー加工科
ガラス科	ガラス科
ほうろう製品科	ほうろう製品科
陶磁器科	陶磁器科
ブロック建築科	ブロック建築科
石材科	石材科
麺《めん》科	麺《めん》科
パン・菓子科	パン・菓子科
食肉科	食肉科
水産物加工科	水産物加工科

発酵科	発酵科
建築科	建築科
	枠組壁建築科
屋根科	屋根科
とび科	とび科
左官科	左官・タイル科
築炉科	築炉科
タイル科	左官・タイル科
畳科	畳科
配管科	配管科
住宅設備機器科	住宅設備機器科
さく井科	さく井科
建設科	建設科
プレハブ建築科	プレハブ建築科
スレート科	スレート科
防水科	防水科
インテリア科	インテリア科
床仕上げ科	床仕上げ科
熱絶縁科	熱絶縁科

サッシ科	サッシ・ガラス施工科
ガラス施工科	サッシ・ガラス施工科
土木科	土木科
測量科	測量科
ボイラー科	ボイラー科
クレーン科	クレーン科
	港湾荷役科
化学分析科	化学分析科
金属材料試験科	熱処理科
公害検査科	公害検査科
漆器科	漆器科
金属工芸科	貴金属・宝石科
宝石科	貴金属・宝石科
印章彫刻科	印章彫刻科
表具科	表具科
塗装科	塗装科
広告美術科	広告美術科
義肢装具科	義肢装具科
フォークリフト科	フォークリフト科

無線通信科	電気通信科
構内電話交換科	電話交換科
工業包装科	工業包装科
事務科	事務科
タイプ科	事務科
販売科	流通ビジネス科
介護サービス科	介護サービス科
写真科	写真科
理容科	理容科
美容科	美容科
旅館科	ホテル・旅館・レストラン科 観光ビジネス科
建築物衛生管理科	建築物衛生管理科
建築物設備管理科	建築物設備管理科
調理科	西洋料理科 日本料理科 中国料理科
臨床検査科	臨床検査科
デザイン科	デザイン科
フラワー装飾科	フラワー装飾科
メカトロニクス科	メカトロニクス科
情報処理科	情報処理科
マイクロコンピュータ制御システム科	コンピュータ制御科
福祉工学科	福祉工学科

附則別表二

特定旧免許職種	免除の範囲
採鉱科	学科試験のうち指導方法
鉱山測量科	学科試験のうち指導方法
鉱山機電科	学科試験のうち指導方法
非鉄金属科	学科試験のうち指導方法 鉄鋼科、鋳造科、鍛造科及び熱処理科に係る学科試験のうち関連学科の系基礎学科
電子管科	学科試験のうち指導方法 電気科、電子科及びコンピュータ制御科に係る学科試験のうち関連学科の系基礎学科
電線被装科	学科試験のうち指導方法
蓄電池科	学科試験のうち指導方法

乾電池科	学科試験のうち指導方法
自転車科	学科試験のうち指導方法
紡機調整科	学科試験のうち指導方法
手芸科	学科試験のうち指導方法 洋裁科、洋服科、縫製科及びニット科に係る学科試験のうち関連学科の系基礎学科
刺しゆう科	学科試験のうち指導方法 和裁科及び寝具科に係る学科試験のうち関連学科の系基礎学科
合板科	学科試験のうち指導方法 木型科、木工科及び工業包装科に係る学科試験のうち関連学科の系基礎学科
製紙科	学科試験のうち指導方法 紙器科に係る学科試験のうち関連学科の系基礎学科
ゴム製品科	学科試験のうち指導方法
製革科	学科試験のうち指導方法 レザー加工科に係る学科試験のうち関連学科の系基礎学科
窯業焼成科	学科試験のうち指導方法 ほうろう製品科及び陶磁器科に係る学科試験のうち関連学科の系基礎学科

七宝科	学科試験のうち指導方法 ほうろう製品科及び陶磁器科に係る学科試験のうち関連学科の系基礎学科
冷凍食品科	学科試験のうち指導方法 麺《めん》科、パン・菓子科、食肉科、水産物加工科及び発酵科に係る学科試験のうち関連学科の系基礎学科
化学反応科	学科試験のうち指導方法
石油精製科	学科試験のうち指導方法
化学繊維科	学科試験のうち指導方法
火薬科	学科試験のうち指導方法
地質調査科	学科試験のうち指導方法 土木科、測量科及びさく井科に係る学科試験のうち関連学科の系基礎学科
動力科	学科試験のうち指導方法 クレーン科、建設機械運転科及び港湾荷役科に係る学科試験のうち関連学科の系基礎学科
トレース科	学科試験のうち指導方法
がん具科	学科試験のうち指導方法
内張り科	学科試験のうち指導方法

	畳科、インテリア科、床仕上げ科及び表具科に係る学科試験のうち関連学科の系基礎学科
工場管理科	学科試験のうち指導方法 電話交換科、事務科及び貿易事務科に係る学科試験のうち関連学科の系基礎学科
不動産実務科	学科試験のうち指導方法 流通ビジネス科に係る学科試験のうち関連学科の系基礎学科
家政科	学科試験のうち指導方法 介護サービス科に係る学科試験のうち関連学科の系基礎学科
クリーニング科	学科試験のうち指導方法
原子力科	学科試験のうち指導方法

附　則（平成五年二月二十三日省令第二号）

（施行期日）

第一条　この省令は、平成五年四月一日から施行する。

（訓練基準に関する経過措置）

第二条　この省令の施行の際現に家具製作科若しくはいす張り科、内装仕上げ施工科、機械・プラント製図科又は機械製麺《めん》科に係る短期課程の普通職業訓練を受けている者に対して改正後の職業能力開発促進法施行規則（以下「新規則」という。）別表第五各号に定める基準（以下この項において「新基準」という。）による家具製作科、内装仕上げ施工科、機械・プラント製図科又は製麺《めん》科に係る訓練を行う場合においては、当該普通職業訓練を受けている者の受けた改正前の職業能力開発促進法施行規則（以下「旧規則」という。）別表第五各号に定める基準による訓練の教科の科目、訓練期間及び訓練時間に応じて、新基準による当該訓練における教科の科目を省略し、並びに訓練期間及び訓練時間を短縮することができる。

2　この省令の施行の際現に家具製作科、内装仕上げ施工科、機械・プラント製図科、いす張り科又は機械製麺《めん》科に係る短期課程の普通職業訓練を受けている者に対する短期課程の普通職業訓練に関する基準については、なお従前の例によることができる。

（技能検定に関する経過措置）

第三条　この省令の施行前に旧規則別表第十二若しくは別表第十三又は別表第十三の二の検定職種の欄のうち次の表の上欄に掲げるものに係る技能検定に合格した者は、新規則の適用については、それぞれ、新規則別表第十二若しくは別表第十三又は第十三の二の検定職種の欄のうち次の表の下欄に掲げるものに係る技能検定に合格した者とみなす。

旧規則の検定職種	新規則の検定職種
いす張り	家具製作
機械製麺《めん》	製麺《めん》

第四条　この省令の施行前に旧規則別表第十二若しくは別表第十三又は別表第十三の二の検定職種の欄のうち次の表の第一欄に掲げるものに係る技能検定において学科試験の試験科目のうち同表の第二欄に掲げる試験科目を選択して学科試験に合格した者は、新規則第六十五条第二項及び第三項、第六十八条の二並びに別表第十四の規定の適用については、それぞれ、新規則別表第十二若しくは別表第十三又は別表第十三の二の検定職種の欄のうち次の表の第三欄に掲げるものに係る技能検定において学科試験の試験科目のうち同表の第四欄に掲げる試験科目を選択して学科試験に合格したものとみなす。

旧規則の検定職種	学科試験の試験科目	新規則の検定職種	学科試験の試験科目
内装仕上げ施工	天井鋼製下地施工工法	内装仕上げ施工	鋼製下地施工法
	天井ボード仕上げ施工法	内装仕上げ施工	ボード仕上げ施工法
機械製麺《めん》	生麺《めん》製造法	製麺《めん》	機械生麺《めん》製造法
	乾麺《めん》製造法	製麺《めん》	機械乾麺《めん》製造法

2　この省令の施行前に旧規則別表第十二又は第十三の検定職種の欄に掲げるいす張りに係る技能検定において学科試験に合格した者は、新規則第六十五条第二項及び第三項、第六十八条の二並びに別表第十四の規定の適用については、新規則別表第十二又は別表第十三の検定職種の欄に掲げる家具製作に係る技能検定において学科試験の試験科目のうちいす張り作業法を選択して学科試験に合格した者とみなす。

3　この省令の施行前に旧規則別表第十二若しくは別表十三又は別表十三の二の検定職種の欄のうち次の表の第一欄に掲げるものに係る技能検定において実技試験の試験科目のうち同表の第二欄に掲げる試験科目を選択して実技試験に合格した者は、新規則第六十五条第二項及び第三項、第六十八条の二並びに別表第十四の規定の適用については、それぞれ、新規則別表第十二若しくは別表第十三又は別表十三の二の検定職種の欄のうち次の表の第三欄に掲げる者に係る技能検定において実技試験の試験科目のうち同表の第四欄に掲げる試験科目を選択して実技試験に合格したものとみなす。

旧規則の検定職種	学科試験の試験科目	新規則の検定職種	実技試験の試験科目
内装仕上げ施工	天井鋼製下地工事作業	内装仕上げ施工	鋼製下地工事作業
	天井ボード仕上げ工事作業	内装仕上げ施工	ボード仕上げ工事作業
機械製麺《めん》	生麺《めん》製造作業	製麺《めん》	機械生麺《めん》製造作業
	乾麺《めん》製造作業	製麺《めん》	機械乾麺《めん》製造作業

4　この省令の施行前に旧規則別表第十二又は別表第十三の検定職種の欄に掲げるいす張りに係る技能検定において実技試験に合格した者は、新規則第六十五条第二項及び第三項、第六十八条の二並びに別表第十四の規定の適用については、新規則別表第十二又は別表第十三の検定職種の欄に掲げる家具製作に係る技能検定において実技試験の試験科目のうちいす張り作業を選択して実技試験に合格した者とみなす。

附　則（平成五年四月一日省令第十六号）

この省令は、公布の日から施行する。

附　則（平成五年五月十一日省令第二十号）

この省令は、公布の日から施行する。

附　則（平成五年八月二日省令第二十九号）

この省令は、公布の日から施行する。

附　則（平成五年十二月二十日省令第三十六号）（抄）

1　この省令は、公布の日から施行する。

附　則（平成六年二月一日省令第三号）（抄）

（施行期日）

第一条　この省令は、平成六年四月一日から施行する。

（訓練基準に関する経過措置）

第二条　この省令の施行の際現に金属熱処理科、機械保全科又は製版科に係る短期課程の普通職業訓練を受けている者に対して改正後の職業能力開発促進法施行規則（以下「新規則」という。）別表第五各号に定める基準（以下この項において「新基準」という。）による金属熱処理科、機械保全科又は製版科に係る訓練を行う場合においては、当該普通職業訓練を受けている者の受けた改正前の職業能力開発促進法施行規則（以下「旧規則」という。）別表第五各号に定める基準による訓練の教科の科目、訓練期間及び訓練時間に応じて、新基準による当該訓練における教科の科目を省略し、並びに訓練期間及び訓練時間を短縮することができる。

2　この省令の施行の際現に金属熱処理科、機械保全科又は製版科に係る短期課程の普通職業訓練を受けている者に対する短期課程の普通職業訓練に関する基準については、なお従前の例によることができる。

（技能検定に関する経過措置）

第三条　この省令の施行前に旧規則別表第十二、別表第十三又は別表第十三の二の検定職種の欄に掲げる金属熱処理に係る技能検定において学科試験の試験科目のうち浸炭・浸炭浸窒・窒化処理作業法を選択して学科試験に合格した者は、新規則第六十五条第二項から第四項まで、第六十八条の二、別表第十四及び別表第十四の二の規定の適用については、それぞれ、新規則別表第十二、別表第十三又は別表第十三の二の検定職種の欄に掲げる金属熱処理に係る技能検定において学科試験の試験科目のうち浸炭・浸炭窒化・窒化処理作業法を選択して学科試験に合格したものとみなす。

2　この省令の施行前に旧規則別表第十二、別表第十三又は別表第十三の二の検定職種の欄に掲げる金属熱処理に係る技能検定において実技試験の試験科目のうち浸炭・浸炭浸窒・窒化処理作業を選択して実技試験に合格した者は、新規則第六十五条第二項から第四項まで、第六十八条の二、別表第十四及び別表第十四の二の規定の適用については、それぞれ、新規則別表第十二、別表第十三又は別表第十三の二の検定職種の欄に掲げる金属熱処理に係る技能検定において実技試験の試験科目のうち浸炭・浸炭窒化・窒化処理作業を選択して学科試験に合格したものとみなす。

第四条　この省令の施行前に旧規則別表第十二又は別表第十三の検定職種の欄に掲げる機械保全に係る技能検定において学科試験に合格した者は、新規則第六十五条第二項及び第三項、第六十八条の二第一項並びに別表第十四の規定の適用については、それぞれ、新規則別表第十二又は別表第十三の検定職種の欄に掲げる機械保全に係る技能検定において学科試験の試験科目のうち、機械系保全法及び電気系保全法を選択して学科試験に合格したものとみなす。

2　この省令の施行前に旧規則別表第十二又は別表第十三の検定職種の欄に掲げる機械保全に係る技能検定におい

て実技試験に合格した者は、新規則第六十五条第二項及び第三項、第六十八条の二第一項並びに別表第十四の規定の適用については、それぞれ、新規則別表第十二又は別表第十三の検定職種の欄に掲げる機械保全に係る技能検定において実技試験の試験科目のうち、機械系保全作業及び電気系保全作業を選択して実技試験に合格したものとみなす。

附　則（平成六年三月二十九日省令第十四号）

この省令は、平成六年四月一日から施行する。

附　則（平成六年九月二十九日省令第四十二号）

この省令は、行政手続法（平成五年法律第八十八号）の施行の日（平成六年十月一日）から施行する。

附　則（平成七年二月二十二日省令第六号）

（施行期日）

第一条　この省令は、平成七年四月一日から施行する。

（訓練基準に関する経過措置）

第二条　この省令の施行の際現に電気めつき科に係る短期課程の普通職業訓練を受けている者に対して改正後の職業能力開発促進法施行規則（以下「新規則」という。）別表第五に定める基準（以下この項において「新基準」という。）によるめつき科に係る訓練を行う場合においては、当該普通職業訓練を受けている者の受けた改正前の職業能力開発促進法施行規則（以下「旧規則」という。）別表第五に定める基準による訓練の教科の科目、訓練期間及び訓練時間に応じて、新基準による当該訓練における教科の科目を省略し、並びに訓練期間及び訓練時間を短縮することができる。

2　この省令の施行の際現に電気めつき科に係る短期課程の普通職業訓練を受けている者に対する短期課程の普通職業訓練に関する基準については、なお、従前の例によることができる。

（技能検定に関する経過措置）

第三条　この省令の施行前に旧規則別表第十一の四、別表第十二、別表第十三、別表第十三の三又は別表第十三の四の検定職種の欄に掲げる電気めつきに係る技能検定に合格した者は、新規則の適用については、それぞれ、新規則別表第十一の四、別表第十二、別表第十三、別表第十三の三又は別表第十三の四の検定職種の欄に掲げるめつきに係る技能検定に合格した者とみなす。

2　この省令の施行前に旧規則別表第十二又は別表第十三の検定職種の欄に掲げる電気めつきに係る技能検定において学科試験に合格した者は、新規則第六十五条第二項及び第三項、第六十八条の二並びに別表第十四の適用については、それぞれ、新規則別表第十二又は別表第十三の検定職種の欄に掲げるめつきに係る技能検定において学科試験の試験科目のうち、電気めつき作業法を選択して学科試験に合格した者とみなす。

3　この省令の施行前に旧規則別表第十二又は別表第十三の検定職種の欄に掲げる電気めつきに係る技能検定において実技試験に合格した者は、新規則第六十五条第二項及び第三項、第六十八条の二並びに別表第十四の適用については、それぞれ、新規則別表第十二又は別表第十三の検定職種の欄に掲げるめつきに係る技能検定において実技試験の試験科目のうち、電気めつき作業を選択して実技試験に合格した者とみなす。

附　則（平成七年三月十四日省令第十一号）

この省令は、平成七年四月一日から施行する。

附　則（平成八年二月二十八日省令第四号）

（施行期日）

第一条　この省令は、平成八年四月一日から施行する。

（訓練基準に関する経過措置）

第二条　この省令の施行の際現に熱絶縁施工科に係る短期課程の普通職業訓練を受けている者に対して改正後の職業能力開発促進法施行規則（以下「新規則」という。）別表第五に定める基準（以下この項において「新基準」という。）による熱絶縁施工科に係る訓練を行う場合においては、当該普通職業訓練を受けている者の受けた改正前の職業能力開発促進法施行規則（以下「旧規則」という。）別表第五に定める基準による訓練の教科の科目、訓練期間及び訓練時間に応じて、新基準による当該訓練における教科の科目を省略し、並びに訓練期間及び訓練時間を短縮することができる。

2　この省令の施行の際現に熱絶縁施工科に係る短期課程の普通職業訓練を受けている者に対する短期課程の普通職業訓練に関する基準については、なお従前の例によることができる。

（技能検定に関する経過措置）

第三条　この省令の施行前に旧規則別表第十二又は別表第十三の検定職種の欄に掲げる熱絶縁施工に係る技能検定において学科試験に合格した者は、新規則第六十五条第二項及び第三項、第六十八条の二並びに別表第十四の適用については、それぞれ、新規則別表第十二又は別表第十三の検定職種の欄に掲げる熱絶縁施工に係る技能検定において学科試験の試験科目のうち、保温保冷施工法を選択して学科試験に合格した者とみなす。

2 この省令の施行前に旧規則別表第十二又は別表第十三の検定職種の欄に掲げる熱絶縁施工に係る技能検定において実技試験に合格した者は、新規則第六十五条第二項及び第三項、第六十八条の二並びに別表第十四の適用については、それぞれ、新規則別表第十二又は別表第十三の検定職種の欄に掲げる熱絶縁施工に係る技能検定において実技試験の試験科目のうち、保温保冷工事作業を選択して実技試験に合格した者とみなす。

3 この省令の施行前に旧規則別表第十二又は別表第十三の検定職種の欄のうち版下製作に係る技能検定に合格した者が、受けることができる職業訓練指導員試験については、なお従前の例による。

4 この省令の施行前に旧規則別表第十二又は別表第十三の検定職種の欄のうち版下製作に係る技能検定に合格した者が職業能力開発促進法第六十六条第一項の規定に基づき称することができる名称については、なお従前の例による。

附　則（平成九年二月二十四日省令第五号）

（施行期日）

第一条 この省令は、平成九年四月一日から施行する。

（訓練基準に関する経過措置）

第二条 この省令の施行の際現にさく井科、製版科、プラスチック成形科又は防水施工科に係る短期課程の普通職業訓練を受けている者に対して改正後の職業能力開発促進法施行規則（以下「新規則」という。）別表第五に定める基準（以下この項において「新基準」という。）によるさく井科、製版科、プラスチック成形科又は防水施工科に係る訓練を行う場合においては、当該普通職業訓練を受けている者の受けた改正前の職業能力開発促進法施行規則（以下「旧規則」という。）別表第五に定める基準による訓練の教科の科目、訓練期間及び訓練時間に応じて、新基準による当該訓練における教科の科目を省略し、並びに訓練期間及び訓練時間を短縮することができる。

2 この省令の施行の際現にさく井科、製版科、プラスチック成形科又は防水施工科に係る短期課程の普通職業訓練を受けている者に対する短期課程の普通職業訓練に関する基準については、なお従前の例によることができる。

（技能検定に関する経過措置）

第三条 この省令の施行前に旧規則別表第十二又は別表第

十三の検定職種の欄に掲げるさく井に係る技能検定において学科試験の試験科目のうち同表パーカッションさく井施工法又はロータリーさく井施工法を選択して学科試験に合格した者は、新規則第六十五条第二項及び第三項、第六十八条の二並びに別表第十四条の規定の適用については、それぞれ、新規則別表第十二又は別表第十三の検定職種の欄に掲げるさく井に係る技能検定において学科試験の試験科目のうちパーカッション式さく井施工法又はロータリー式さく井施工法を選択して学科試験に合格した者とみなす。

2　この省令の施行前に旧規則別表第十二又は別表第十三の検定職種の欄に掲げるさく井に係る技能検定において実技試験の試験科目のうち同表パーカッションさく井工事作業又はロータリーさく井工事作業を選択して実技試験に合格した者は、新規則第六十五条第二項及び第三項、第六十八条の二並びに別表第十四の規定の適用については、それぞれ、新規則別表第十二又は別表第十三の検定職種の欄に掲げるさく井に係る技能検定において実技試験の試験科目のうちパーカッション式さく井工事作業又はロータリー式さく井工事作業を選択して実技試験に合格した者とみなす。

第四条　この省令の施行前に旧規則別表第十二又は別表第十三の検定職種の欄に掲げるスレート施工に係る技能検定において学科試験の試験科目のうち同表石綿スレート施工法を選択して学科試験に合格した者は、新規則第六十五条第二項及び第三項、第六十八条の二並びに別表第十四の規定の適用については、新規則別表第十二又は別表第十三の検定職種の欄に掲げるスレート施工に係る技能検定において学科試験の試験科目のうちスレート施工法を選択して学科試験に合格した者とみなす。

2　この省令の施行前に旧規則別表第十二又は別表第十三の検定職種の欄に掲げるスレート施工に係る技能検定において実技試験の試験科目のうち同表石綿スレート工事作業を選択して実技試験に合格した者は、新規則第六十五条第二項及び第三項、第六十八条の二並びに別表第十四の規定の適用については、新規則別表第十二又は別表第十三の検定職種の欄に掲げるスレート施工に係る技能検定において実技試験の試験科目のうちスレート工事作業を選択して実技試験に合格した者とみなす。

附　則（平成九年十月二十七日省令第三十三号）

この省令は、公布の日から施行する。

附　則（平成十年二月十七日省令第二号）

この省令は、平成十年四月一日から施行する。

附　則（平成十年三月二十五日省令第十一号）

（施行期日）

第一条　この省令は、平成十年四月一日から施行する。

（訓練基準等に関する経過措置）

第二条　この省令の施行の際現に理容・美容系理容科又は理容・美容系美容科に係る普通課程の普通職業訓練を行っているものは、改正後の職業能力開発促進法施行規則（以下「新規則」という。）第十条の規定にかかわらず、平成十二年三月三十一日までの間、改正前の職業能力開発促進法施行規則（以下「旧規則」という。）第十条に定める基準により理容・美容系理容科又は理容・美容系美容科に係る普通課程の普通職業訓練を行うことができる。

2　この省令の施行の際現に金属加工系塑性加工科、理容・美容系理容科、理容・美容系美容科、調理系日本料理科、調理系中国料理科若しくは調理系西洋料理科に係る普通課程の普通職業訓練又は調理技術系調理技術科に係る専門課程の高度職業訓練を受けている者に対して新規則別表第二又は別表第六に定めるところにより行われる建築外装系建築板金科、理容・美容系理容科、理容・美容系美容科、調理系日本料理科、調理系中国料理科若しくは調理系西洋料理科又は調理技術系調理技術科に係る訓練を行う場合においては、当該普通職業訓練又は高度職業訓練を受けている者の受けた旧規則別表第二又は別表第六に定めるところにより行われる訓練の教科の科目、訓練期間及び訓練時間に応じて、新規則別表第二又は別表第六に定めるところにより行われる当該訓練における教科の科目を省略し、並びに訓練期間及び訓練時間を短縮することができる。

3　この省令の施行の際現に調理系日本料理科、調理系中国料理科若しくは調理系西洋料理科に係る普通課程の普通職業訓練又は調理技術系調理技術科に係る専門課程の高度職業訓練を受けている者に対する普通課程の普通職業訓練又は専門課程の高度職業訓練については、なお従前の例によることができる。

（職業訓練指導員免許に関する経過措置）

第三条　この省令の施行の際現に旧規則別表第十一の免許職種の欄に掲げる免許職種（以下「旧免許職種」という。）のうち附則別表の上欄に掲げるものについて職業訓練指導員免許を受けている者は、それぞれ新規則の規定により同表の下欄に掲げる免許職種について職業訓練指導員免許を受けた者とみなす。

（職業訓練指導員試験に関する経過措置）

第四条　この省令の施行前に旧免許職種のうち附則別表の上欄に掲げるものに係る職業訓練指導員試験に合格した者は、それぞれ新規則の規定により行われた同表の下欄に掲げる免許職種に係る職業訓練指導員試験に合格した者とみなす。

2　この省令の施行前に旧免許職種のうち附則別表の上欄に掲げるものに係る職業訓練指導員試験において実技試験又は学科試験のうち指導方法若しくは関連学科の系基礎学科若しくは専攻学科に合格した者は、新規則第四十六条の規定の適用については、それぞれ、新規則の規定により行われた同表の下欄に掲げる免許職種に係る職業訓練指導員試験において実技試験又は学科試験のうち指導方法若しくは関連学科の系基礎学科若しくは専攻学科に合格した者とみなす。

附則別表

改正前の免許職種	改正後の免許職種
塑性加工科	塑性加工科 建築板金科
理容科	理容科
美容科	美容科
日本料理科	日本料理科
中国料理科	中国料理科
西洋料理科	西洋料理科

附　則（平成十年四月六日省令第十九号）

この省令は、公布の日から施行する。

附　則（平成十年四月二十七日省令第二十四号）（抄）

（施行期日）

第一条　この省令は、平成十一年四月一日から施行する。

（訓練基準に関する経過措置）

第二条　この省令の施行の際現に専門課程若しくは専門短期課程の高度職業訓練又は研究課程の指導員訓練を受けている者に対する専門課程若しくは専門短期課程の高度職業訓練又は研究課程の指導員訓練の基準については、なお従前の例による。

（専門課程又は応用課程の職業訓練指導員の資格に関する経過措置）

第三条　この省令の施行の際現に職業能力開発促進法及び

雇用促進事業団法の一部を改正する法律（平成九年法律第四十五号）による改正前の職業能力開発促進法による職業能力開発大学校において、教授、助教授、専任講師、助手又はこれらに相当する職員としての経歴を有している者に関する新能開則第四十八条の二第二項及び第三項の規定の適用については、同条第二項第二号中「職業能力開発総合大学校」とあるのは「職業能力開発総合大学校（職業能力開発促進法及び雇用促進事業団法の一部を改正する法律（平成九年法律第四十五号）による改正前の職業能力開発促進法による職業能力開発大学校を含む。以下この項及び次項において同じ。）」とする。

附　則（平成十年十一月十日省令第三十六号）

この省令は、公布の日から施行する。ただし、別表第十二及び別表第十三の改正規定は、平成十一年四月一日から施行する。

附　則（平成十一年一月十一日省令第七号）

（施行期日）

第一条　この省令は、公布の日から施行する。

（経過措置）

第二条　改正後の職業能力開発促進法施行規則（以下「新規則」という。）第二十三条の教材認定申請書、新規則第二十七条第二項の教材改定承認申請書及び新規則第三十条第一項の職業訓練認定申請書、新規則第三十一条第二項において準用する新規則第三十条第一項の職業訓練認定申請書は、当分の間、なお改正前の職業能力開発促進法施行規則（以下「旧規則」という。）の相当様式によることができる。この場合には、氏名を記載し、押印することに代えて、署名することができる。

第三条　新規則第三十六条の認定職業訓練実施状況報告書、新規則第四十条の職業訓練指導員免許申請書、新規則第四十二条第二項の職業訓練指導員免許証再交付申請書、新規則第四十七条の職業訓練指導員試験受験申請書、新規則第六十六条第一項の技能検定受検申請書及び新規則第六十九条第二項の技能検定合格証書再交付申請書は、当分の間、なお旧規則の相当様式によることができる。この場合には、押印することを要しない。

附　則（平成十一年二月十日省令第九号）

（施行期日）

第一条　この省令は、平成十一年四月一日から施行する。

（訓練基準に関する経過措置）

第二条　この省令の施行の際現に機械保全科、電気機器組立て科又は機械・プラント製図科に係る短期課程の普通職業訓練を受けている者に対して改正後の職業能力開発促進法施行規則（次条において「新規則」という。）別表第五に定める基準（以下この項において「新基準」という。）による機械保全科、電気機器組立て科又は機械・プラント製図科に係る訓練を行う場合においては、当該普通職業訓練を受けている者の受けた改正前の職業能力開発促進法施行規則（次条において「旧規則」という。）別表第五に定める基準による訓練の教科の科目、訓練期間及び訓練時間に応じて、新基準による当該訓練における教科の科目を省略し、並びに訓練期間及び訓練時間を短縮することができる。

2　この省令の施行の際現に機械保全科、電気機器組立て科又は機械・プラント製図科に係る短期課程の普通職業訓練を受けている者に対する短期課程の普通職業訓練に関する基準については、なお従前の例によることができる。

（技能検定に関する経過措置）

第三条　この省令の施行前に旧規則別表第十二又は別表第十三の検定職種の欄に掲げる機械・プラント製図に係る技能検定において学科試験の試験科目のうち機械製図法を選択して学科試験に合格した者は、新規則第六十五条第二項及び第三項、第六十八条の二第一項並びに別表第十四の規定の適用については、それぞれ、新規則別表第十二又は別表第十三の検定職種の欄に掲げる機械・プラント製図に係る技能検定において学科試験の試験科目のうち機械製図手書き法を選択して学科試験に合格した者とみなす。

2　この省令の施行前に旧規則別表第十二又は別表第十三の検定職種の欄に掲げる機械・プラント製図に係る技能検定において実技試験の試験科目のうち機械製図作業を選択して実技試験に合格した者は、新規則第六十五条第二項及び第三項、第六十八条の二第一項並びに別表第十四の規定の適用については、それぞれ、新規則別表第十二又は別表第十三の検定職種の欄に掲げる機械・プラント製図に係る技能検定において実技試験の試験科目のうち機械製図手書き作業を選択して実技試験に合格した者とみなす。

附　則（平成十一年三月三十日省令第二十一号）

この省令は、平成十一年四月一日から施行する。

附　則（平成十二年一月三十一日省令第二号）　（抄）

（施行期日）

第一条　この省令は、平成十二年四月一日から施行する。

附　則（平成十二年二月四日省令第三号）

（施行期日）

第一条　この省令は、平成十二年四月一日から施行する。

（経過措置）

第二条　この省令の施行前に改正前の職業能力開発促進法施行規則（以下「旧規則」という。）別表第十三の二の検定職種の欄に掲げるプラスチック成形に係る技能検定において学科試験に合格した者は、改正後の職業能力開発促進法施行規則（以下「新規則」という。）第六十五条第四項、第六十八条の二第二項及び別表第十四の二の規定の適用については、それぞれ、新規則別表第十三の二の検定職種の欄に掲げるプラスチック成形に係る技能検定において学科試験の試験科目のうち、圧縮成形法、射出成形法及びインフレーション成形法を選択して学科試験に合格したものとみなす。

2　この省令の施行前に旧規則別表第十三の二の検定職種の欄に掲げるプラスチック成形に係る技能検定において実技試験に合格した者は、新規則第六十五条第四項、第六十八条の二第二項及び別表第十四の二の規定の適用については、それぞれ、新規則別表第十三の二の検定職種の欄に掲げるプラスチック成形に係る技能検定において実技試験の試験科目のうち、圧縮成形作業、射出成形作業及びインフレーション成形作業を選択して実技試験に合格したものとみなす。

附　則（平成十二年三月三十一日省令第十三号）

1　この省令は、平成十二年四月一日から施行する。

2　この省令の施行の際現に提出されているこの省令による改正前の職業能力開発促進法施行規則（以下「旧規則」という。）第四十条の職業訓練指導員免許申請書及び旧規則第四十七条の職業訓練指導員試験受験申請書は、この省令による改正後の職業能力開発促進法施行規則に定める相当様式による申請書とみなす。

3　この省令の施行の際、現に存する旧規則第四十条の職業訓練指導員免許申請書及び旧規則第四十七条の職業訓練指導員試験受験申請書の用紙は、当分の間、必要な改定をした上、使用することができる。

附　則（平成十二年八月七日省令第三十三号）

（施行期日）

第一条　この省令は、公布の日から施行する。ただし、別表第十二、別表第十三及び別表第十三の二の改正規定（「電気用品取締法」を「電気用品安全法」に改める部分に限る。）は、平成十三年四月一日から施行する。

（訓練基準に関する経過措置）

第二条　この省令の施行の際現に鉄道車両製造・整備科に係る短期課程の普通職業訓練を受けている者に対して改正後の職業能力開発促進法施行規則別表第五に定める基準（以下この項において「新基準」という。）による鉄道車両製造・整備科に係る訓練を行う場合においては、当該普通職業訓練を受けている者の受けた改正前の職業能力開発促進法施行規則（次条において「旧規則」という。）別表第五に定める基準による訓練の教科の科目、訓練期間及び訓練時間に応じて、新基準による当該訓練における教科の科目を省略し、並びに訓練期間及び訓練時間を短縮することができる。

2　この省令の施行の際現に鉄道車両製造・整備科に係る短期課程の普通職業訓練を受けている者に対する短期課程の普通職業訓練に関する基準については、なお従前の例によることができる。

（技能検定に関する経過措置）

第三条　この省令の施行前に旧規則別表第十二又は別表第十三の検定職種の欄のうち織機調整に係る技能検定に合格した者が受けることができる職業訓練指導員試験については、なお従前の例による。

2　この省令の施行前に旧規則別表第十二又は別表第十三の検定職種の欄のうち織機調整に係る技能検定に合格した者が職業能力開発促進法第六十六条第一項の規定に基づき称することができる名称については、なお従前の例による。

附　則（平成十二年八月十四日中央省庁等改革推進本部令第四十六号）（抄）

（施行期日）

第一条　この中央省庁等改革推進本部令（以下「本部令」という。）は、内閣法の一部を改正する法律（平成十一年法律第八十八号）の施行の日（平成十三年一月六日）から施行する。〈後略〉

（この本部令の効力）

第二条　この本部令は、その施行の日に、中央省庁等改革のための厚生労働省組織関係命令の整備に関する命令（平成十三年厚生労働省令第一号）となるものとする。

附　則（平成十二年十月三十一日省令第四十一号）（抄）

（施行期日）

第一条　この省令は、内閣法の一部を改正する法律（平成十一年法律第八十八号）の施行の日（平成十三年一月六日）から施行する。

（様式に関する経過措置）

第五条　＜前略＞第二十六条の規定による改正前の職業能力開発促進法施行規則第七十八条の規定による証票＜中略＞は、当分の間、＜中略＞第二十六条の規定による改正後の職業能力開発促進法施行規則第七十八条の規定による証票＜中略＞とみなす。

第六条　この省令の施行の際現に提出され又は交付されているこの省令による改正前のそれぞれの省令に定める様式による申請書等は、この省令による改正後のそれぞれの省令に定める相当様式による申請書等とみなす。

第七条　この省令の施行の際現に存するこの省令による改正前のそれぞれの省令に定める様式による申請書等の用紙は、当分の間、必要な改定をした上、使用することができる。

附　則（平成十三年八月十日厚生労働省令第百八十四号）

（施行期日）

第一条　この省令は、平成十三年十月一日から施行する。

（訓練基準に関する経過措置）

第二条　この省令の施行の際現に強化プラスチック成形科、防水施工科又は建築図面製作科に係る短期課程の普通職業訓練を受けている者に対して改正後の職業能力開発促進法施行規則（以下「新規則」という。）別表第五に定める基準（以下この項において「新基準」という。）による強化プラスチック成形科、防水施工科又は建築図面製作科に係る訓練を行う場合においては、当該普通職業訓練を受けている者の受けた改正前の職業能力開発促進法施行規則（以下「旧規則」という。）別表第五に定める基準による訓練の教科の科目、訓練期間及び訓練時間に応じて、新基準による当該訓練における教科の科目を省略し、並びに訓練期間及び訓練時間を短縮することができる。

2　この省令の施行の際現に強化プラスチック成形科、防水施工科又は建築図面製作科に係る短期課程の普通職業訓練を受けている者に対する短期課程の普通職業訓練に関する基準については、なお従前の例によることができる。

（技能検定に関する経過措置）

第三条　この省令の施行前に旧規則別表第十二又は別表第十三の検定職種の欄に掲げる強化プラスチック成形に係

る技能検定において学科試験に合格した者は、新規則第六十五条第二項及び第三項、第六十八条の二第一項並びに別表第十四の規定の適用については、それぞれ、新規則別表第十二又は別表第十三の検定職種の欄に掲げる強化プラスチック成形に係る技能検定において学科試験の試験科目のうち積層成形法を選択して学科試験に合格した者とみなす。

第四条　この省令の施行前に旧規則別表第十二又は別表第十三の検定職種の欄に掲げる建築図面製作に係る技能検定において学科試験の試験科目のうち建築製図法を選択して学科試験に合格した者は、新規則第六十五条第二項及び第三項、第六十八条の二第一項並びに別表第十四の規定の適用については、それぞれ、新規則別表第十二又は別表第十三の検定職種の欄に掲げる建築図面製作に係る技能検定において学科試験の試験科目のうち建築製図手書き法を選択して学科試験に合格した者とみなす。

2　この省令の施行前に旧規則別表第十二又は別表第十三の検定職種の欄に掲げる建築図面製作に係る技能検定において実技試験の試験科目のうち建築製図作業を選択して実技試験に合格した者は、新規則第六十五条第二項及び第三項、第六十八条の二第一項並びに別表第十四の規定の適用については、それぞれ、新規則別表第十二又は別表第十三の検定職種の欄に掲げる建築図面製作に係る技能検定において実技試験の試験科目のうち建築製図手書き作業を選択して実技試験に合格した者とみなす。

附　則（平成十三年九月二十七日省令第百九十二号）

（施行期日）

第一条　この省令は、平成十三年十月一日から施行する。

（技能検定に関する経過措置）

第二条　この省令の施行前に改正前の職業能力開発促進法施行規則別表第十四の三から第十七までの検定職種の欄に掲げる検定職種の技能検定に合格した者が同規則第七十二条の規定に基づき称することができる名称については、なお従前の例による。

（委員の任期に関する経過措置）

第三条　この省令の施行日の前日において従前の地方職業安定審議会及び地区職業安定審議会の委員である者の任期は、第四条の規定による改正前の職業安定法施行規則第八条第六項の規定にかかわらず、その日に満了する。

附　則（平成十四年三月二十六日省令第三十七号）

（施行期日）

第一条　この省令は、平成十四年四月一日から施行する。

（訓練基準に関する経過措置）

第二条　この省令の施行の際現にロープ加工科、冷凍空気調和機器施工科、製版科又はハム・ソーセージ・ベーコン製造科に係る短期課程の普通職業訓練を受けている者に対して改正後の職業能力開発促進法施行規則（以下「新規則」という。）別表第五に定める基準（以下この項において「新基準」という。）によるロープ加工科、冷凍空気調和機器施工科、製版科又はハム・ソーセージ・ベーコン製造科に係る訓練を行う場合においては、当該普通職業訓練を受けている者の受けた改正前の職業能力開発促進法施行規則（以下「旧規則」という。）別表第五に定める基準による訓練の教科の科目、訓練期間及び訓練時間に応じて、新基準による当該訓練における教科の科目を省略し、並びに訓練期間及び訓練時間を短縮することができる。

2　この省令の施行の際現にロープ加工科、冷凍空気調和機器施工科、製版科又はハム・ソーセージ・ベーコン製造科に係る短期課程の普通職業訓練を受けている者に対する短期課程の普通職業訓練に関する基準については、なお従前の例によることができる。

第三条　この省令の施行の際現に製版科に係る短期課程の普通職業訓練を受けている者のうち旧規則別表第五製版科の項教科の欄に規定する訓練のうち次の表の上欄に掲げる訓練を受けているものに対して新規則別表第五製版科の項教科の欄に規定する訓練を行う場合においては、当該普通職業訓練を受けている者の受けた次の表の上欄に掲げる訓練に係る訓練期間及び訓練時間に応じて、それぞれ同表の下欄に掲げる訓練を省略し、又はその訓練期間若しくは訓練時間を短縮することができる。

旧規則の教科	新規則の教科
活版文選製版法 活版植字製版法 写真植字法 電算写真植字法	ＤＴＰ法
単色写真製版法 写真凸版製版法	プロセス製版カラースキャナ法
プロセス製版写真法 プロセス製版修整法 プロセス製版焼付け法	プロセス製版校正法

2　この省令の施行の際現に製版科に係る短期課程の普通職業訓練のうち旧規則別表第五製版科の項教科の欄に規

定するＤＴＰ法、電子製版ＣＥＰＳ法、プロセス製版カラースキャナ法又はプロセス製版校正法に係る訓練を受けている者が受けたこれらの教科に係る訓練期間又は訓練時間は、新基準によるものとみなす。

（技能検定に関する経過措置）

第四条　この省令の施行前に旧規則別表第十二又は別表第十三の検定職種の欄に掲げる製版に係る技能検定において学科試験の試験科目のうち次の表の上欄に掲げるものを選択して学科試験に合格した者は、新規則第六十五条第二項及び第三項、第六十八条の二第一項並びに別表第十四の規定の適用については、それぞれ、新規則別表第十二又は別表第十三の検定職種の欄に掲げる製版に係る技能検定において学科試験の試験科目のうち次の表の下欄に掲げるものを選択して学科試験に合格した者とみなす。

旧規則の学科試験の試験科目	新規則の学科試験の試験科目
活版文選製版法 活版植字製版法 写真植字法 電算写真植字法	ＤＴＰ法
単色写真製版法 写真凸版製版法 プロセス製版写真法	プロセス製版カラースキャナ法
プロセス製版修整法 プロセス製版焼付け法	プロセス製版校正法

2　この省令の施行前に旧規則別表第十二又は別表第十三の検定職種の欄に掲げる製版に係る技能検定において実技試験の試験科目のうち次の表の上欄に掲げるものを選択して実技試験に合格した者は、新欄則第六十五条第二項及び第三項、第六十八条の二第一項並びに別表第十四の規定の適用については、それぞれ、新規則別表第十二又は別表第十三の検定職種の欄に掲げる製版に係る技能検定において実技試験の試験科目のうち次の表の下欄に掲げるものを選択して実技試験に合格した者とみなす。

旧規則の実技試験の試験科目	新規則の実技試験の試験科目
活版文選作業 活版植字作業 写真植字作業 電算写真植字作業	ＤＴＰ作業
単色写真製版作業 写真凸版製版作業 プロセス製版写真撮影作業	プロセス製版カラースキャナ作業

プロセス製版修整作業 プロセス製版焼付け作業	プロセス製版校正作業

別表第一（第八条関係）

名称	位置
北海道障害者職業能力開発校	北海道砂川市
宮城障害者職業能力開発校	宮城県仙台市
中央障害者職業能力開発校	埼玉県所沢市
東京障害者職業能力開発校	東京都小平市
神奈川障害者職業能力開発校	神奈川県相模原市
石川障害者職業能力開発校	石川県石川郡野々市町
愛知障害者職業能力開発校	愛知県宝飯郡一宮町
大阪障害者職業能力開発校	大阪府堺市
兵庫障害者職業能力開発校	兵庫県伊丹市
吉備高原障害者職業能力開発校	岡山県上房郡賀陽町
広島障害者職業能力開発校	広島県広島市
福岡障害者職業能力開発校	福岡県北九州市
鹿児島障害者職業能力開発校	鹿児島県薩摩郡入来町

別表第二～別表第十七　〈略〉

職業能力開発促進法第四十七条第一項に規定する指定試験機関の指定に関する省令

職業能力開発促進法第四十七条第一項に規定する指定試験機関として、次の表の検定職種の欄に掲げる職種に応じ、それぞれ同表の指定試験機関の欄に掲げる者を指定する。

検定職種	指定試験機関			
	名称	主たる事務所の所在地	試験業務の範囲	指定の日
ファイナンシャル・プランニング	社団法人金融財政事情研究会	東京都新宿区南元町十九番地	ファイナンシャル・プランニング職種に係る技能検定試験のうち、次に掲げるものの実施に関する業務 一　一級 イ　実技試験 ロ　学科試験 二　二級 イ　実技試験 ロ　学科試験 三　三級 イ　実技試験 ロ　学科試験	平成十四年六月十一日
	特定非営利活動法人日本ファイナンシャル・プランナーズ協会	東京都港区虎ノ門一丁目一番二十号	ファイナンシャル・プランニング職種に係る技能検定試験のうち、次に掲げるものの実施に関する業務 一　一級 実技試験 二　二級 イ　実技試験 ロ　学科試験	平成十四年六月十一日
金融窓口サービス	社団法人金融財政事情研究会	東京都新宿区南元町十九番地	金融窓口サービス職種に係る技能検定試験のうち、次に掲げるものの実施に関する業務 一　一級 イ　実技試験 ロ　学科試験 二　二級 イ　実技試験 ロ　学科試験 三　三級 イ　実技試験 ロ　学科試験	平成十四年六月十一日
レストランサービス	社団法人日本ホテル・レストランサービス技能協会	東京都中央区銀座八丁目十二番六号	レストランサービス職種に係る技能検定試験のうち、次に掲げるものの実施に関する業務 一　一級 イ　実技試験 ロ　学科試験 二　二級 イ　実技試験 ロ　学科試験 三　三級 イ　実技試験 ロ　学科試験	平成十四年六月十一日

ガラス用フィルム施工	日本ウインドウ・フィルム工業会	東京都墨田区両国四丁目三十五番一号	ガラス用フィルム施工職種に係る技能検定試験のうち、次に掲げるものの実施に関する業務 一　一級 イ　実技試験 ロ　学科試験 二　二級 イ　実技試験 ロ　学科試験	平成十四年六月十一日
調理	社団法人調理技術技能センター	東京都港区赤坂七丁目十番九号	調理職種に係る技能検定試験のうち、次に掲げるものの実施に関する業務 一　実技試験 二　学科試験	平成十三年十月一日
ビルクリーニング	社団法人全国ビルメンテナンス協会	東京都荒川区西日暮里五丁目十二番五号	ビルクリーニング職種に係る技能検定試験のうち、次に掲げるものの実施に関する業務 一　実技試験 二　学科試験	平成十三年十月一日

附　則

この省令は、公布の日から施行する。

職業訓練を無料とする求職者を定める告示

平成　五年　二月　十二日労働省告示第　五号

改正　平成十二年十二月二十五日労働省告示第百二十号

職業能力開発促進法施行規則（昭和四十四年労働省令第二十四号）第二十九条の四第一項の規定に基づき、職業訓練を無料とする求職者を次のように定め、平成五年四月一日から適用する。

職業能力開発促進法施行規則第二十九条の四第一項の厚生労働大臣が定める求職者は、新たな職業に就こうとする求職者とする。

附　則（平成十二年十二月二十五日告示第百二十号）（抄）

（適用期日）

第一　この告示は、内閣法の一部を改正する法律（平成十二年法律第八十八号）の施行の日（平成十三年一月六日）から適用する。

職業能力開発促進法施行規則第三十九条第一号の厚生労働大臣が指定する講習を定める告示

昭和四十五年　七月　一日労働省告示第三十九号
改正　昭和五十四年　四月　四日労働省告示第三十七号
昭和六十　年　九月三十日労働省告示第六十二号
平成十一　年十　月七日労働省告示第百三十三号
平成十二年十二月二十五日労働省告示第百二十号

職業能力開発促進法施行規則第三十九条第一号の厚生労働大臣が指定する講習は、都道府県、雇用・能力開発機構、中央職業能力開発協会又は都道府県職業能力開発協会が行う職業訓練指導員の講習（雇用・能力開発機構法（平成十一年法律第二十号）附則第六条第一項の規定による解散前の雇用促進事業団が行ったものを含む。）で、次の表に掲げる科目及び講習時間によるものとする。

科目	講習時間	科目	講習時間
職業訓練原理	四八時間	生活指導	
教科指導法		職業訓練関係法規	
労働安全衛生		事例研究	
訓練生の心理			

附　則（平成十二年十二月二十五日告示第百二十号）（抄）

（適用期日）

第一　この告示は、内閣法の一部を改正する法律（平成十二年法律第八十八号）の施行の日（平成十三年一月六日）から適用する。

職業訓練指導員免許を受けることができる者を定める告示

昭和四十四年十月　一日労働省告示第三十八号

改正　平成十二年十二月二十五日労働省告示第百二十号

職業訓練法施行規則（昭和四十四年労働省令第二十四号）附則第九条第一項第三号の規定に基づき、職業訓練指導員免許を受けることができる者を次のように定める。

職業能力開発促進法施行規則（以下「規則」という。）附則第九条第一項第三号に掲げる者は、次の各号のいずれかに該当する者とする。

一　免許職種に関し、規則第九条に定める専門課程の高度職業訓練のうち規則別表第六に定めるところにより行われるもの（職業能力開発促進法施行規則等の一部を改正する省令（平成五年労働省令第一号。以下「平成五年改正省令」という。）による改正前の職業能力開発促進法施行規則（以下「旧能開法規則」という。）別表第三の二に定めるところにより行われる専門課程の養成訓練及び職業訓練法施行規則及び雇用保険法施行規則の一部を改正する省令（昭和六十年労働省令第二十三号）による改正前の職業訓練法施行規則（以下「訓練法規則」という。）別表第一の専門訓練課程の養成訓練を含む。）を修了した者（規則附則第九条第一項第二号の三に定める者を除く。）で、その後四年以上の実務の経験を有するもの

一の二　免許職種に相当する規則第九条に定める普通課程の普通職業訓練（旧能開法規則第九条に定める普通課程及び訓練法規則別表第一の普通訓練課程の養成訓練を含む。）に係る訓練科に関し、技能照査に合格した者で、その後当該免許職種に関し六年以上の実務の経験を有するもの

一の三　免許職種に関し、規則第九条に定める普通課程の普通職業訓練のうち規則別表第二に定めるところにより行われるもの（旧能開法規則別表第三に定めるところにより行われる普通課程の養成訓練及び訓練法規則別表第一の普通訓練課程の養成訓練を含む。）を修了した者（前号に定める者を除く。）で、その後七年以上の実務の経験を有するもの

二　免許職種に関し、規則第九条に定める短期課程の普通職業訓練のうち規則別表第四に定めるところにより行われるもの（旧能開法規則別表第七に定めるところにより行われる職業転換課程の能力再開発訓練及び訓練法規則

別表第一の職業転換訓練課程の能力再開発訓練を含む。）であつて訓練時間の基準が七百時間以上であるものを修了した者で、その後十年以上の実務の経験を有するもの

三　免許職種に関し、職業訓練法施行規則の一部を改正する省令（昭和五十三年労働省令第三十七号。以下「昭和五十三年改正規則」という。）附則第二条第一項に規定する専修訓練課程の普通職業訓練（平成五年改正省令による改正前の同項に規定する専修訓練課程の養成訓練を含む。）を修了した者で、その後十年以上の実務の経験を有するもの

四　外国の学校であつて学校教育法（昭和二十二年法律第二十六号）による大学（短期大学を除く。）と同等以上と認められるものにおいて免許職種に関する学科を修めて卒業した者で、その後当該免許職種に関し二年以上の実務の経験を有するもの

五　免許職種に関し、廃止前の職業訓練法（昭和三十三年法律第百三十三号。以下「旧法」という。）第十五条第一項若しくは同法第十六条第一項の認定を受けて行なう職業訓練（以下「旧法の認定職業訓練」という。）であつて訓練期間の基準が三年であるもの又は旧法附則第五条第一項の規定による改正前の労働基準法（昭和二十二年法律第四十九号）第七十一条第一項の認可を受けて行なわれた技能者養成を修了した者で、その後七年以上の実務の経験を有するもの

六　学校教育法による高等学校において免許職種に関する学科を修めて卒業した者で、その後当該免許職種に関し七年以上の実務の経験を有するもの

七　免許職種に関し、旧法の規定により行なわれた専門的な技能に関する職業訓練であつて訓練期間及び訓練時間の基準がそれぞれ二年及び三千六百時間であるもの又は旧法の認定職業訓練であつて訓練期間の基準が二年であるものを修了した者で、その後八年以上の実務の経験を有するもの

八　免許職種に関し、旧法の規定により行なわれた基礎的な技能に関する職業訓練であつて訓練期間及び訓練時間の基準がそれぞれ一年及び千八百時間であるもの又は旧法附則第六条の規定による改正前の職業安定法（昭和二十二年法律第百四十一号）第二十七条の公共職業補導所の職業補導であつて補導期間及び補導時間の基準がそれぞれ一年及び千八百二十四時間であるものを修了した者で、その後十年以上の実務の経験を有するもの

九　旧法の施行前に失業保険法（昭和二十二年法律第百四十六号）第二十七条の二第一項の施設において行なわれた職業訓練であつて訓練期間及び訓練時間の基準がそれぞれ一年及び千八百二十四時間であるものを修了した者で、その後当該免許職種に関し十年以上の実務の経験を有するもの

十　職業訓練法施行規則の一部を改正する省令（昭和四十八年労働省令第二号。以下「改正省令」という。）の施行の際現に改正省令による改正前の職業訓練法施行規則第二十九条第一号に規定する都道府県が家事サービス職業訓練を行なうために設置する施設において免許職種に関する当該職業訓練を担当している者

十一　免許職種に相当する昭和五十三年改正規則による改正前の職業訓練法施行規則（以下「旧訓練法規則」という。）第一条の特別高等訓練課程の養成訓練に係る訓練科に関し、技能照査に合格した者で、その後当該免許職種に関し三年以上の実務の経験を有するもの

十一の二　免許職種に関し、旧訓練法規則第一条の特別高等訓練課程の養成訓練を修了した者（前号に定める者を除く。）で、その後四年以上の実務の経験を有するもの

十一の三　免許職種に相当する旧訓練法規則第一条の高等訓練課程の養成訓練に係る訓練科に関し、技能照査に合格した者で、その後当該免許職種に関し六年以上の実務の経験を有するもの

十二　免許職種に関し、旧訓練法規則第一条の高等訓練課程の養成訓練を修了した者（前号に定める者を除く。）で、その後七年以上の実務の経験を有するもの

十三　免許職種に関し、旧訓練法規則第一条の専修訓練課程の養成訓練を修了した者で、その後十年以上の実務の経験を有するもの

十四　厚生労働省職業能力開発局長が前各号に掲げる者と同等以上の技能を有すると認める者

改正文（昭和五十三年九月三十日労働省告示第百十七号）抄

昭和五十三年十月一日から適用する。

改正文（昭和六十年九月三十日労働省告示第六十二号）抄

昭和六十年十月一日から適用する。

改正文（平成五年三月二十九日労働省告示第二十三号）抄

平成五年四月一日から適用する。

附　則（平成十二年十二月二十五日労働省告示第百

二十号）抄

（適用期日）

第一　この告示は、内閣法の一部を改正する法律（平成十二年法律第八十八号）の施行の日（平成十三年一月六日）から適用する。

職業訓練指導員試験の受験資格を定める告示

昭和四十五年四月　一日労働省告示第　十七号

改正　平成十二年十二月二十五日労働省告示第百二十号

職業訓練法施行規則（昭和四十四年労働省令第二十四号）第四十五条の二第二項第十一号の規定に基づき、職業訓練指導員試験の受験資格を次のように定める。

職業能力開発促進法施行規則第四十五条の二第二項第十一号に掲げる者は、次の各号のいずれかに該当する者とする。

一　免許職種に関し、廃止前の職業訓練法（昭和三十三年法律第百三十三号。以下「旧法」という。）附則第五条第一項の規定による改正前の労働基準法（昭和二十二年法律第四十九号）第七十一条第一項の認可を受けて行なわれた技能者養成を修了した者で、その後二年以上の実務の経験を有するもの

二　免許職種に関し、旧法附則第六条の規定による改正前の職業安定法（昭和二十二年法律第百四十一号）第二十七条の公共職業補導所の職業補導であつて補導期間及び補導時間の基準がそれぞれ一年及び千八百二十四時間であるもの又は旧法の施行前に失業保険法（昭和二十二年

法律第百四十六号）第二十七条の二第一項の施設において行なわれた職業訓練であつて訓練期間及び訓練時間の基準がそれぞれ一年及び千八百二十四時間であるものを修了した者で、その後三年以上の実務の経験を有するもの

三　外国の学校であつて学校教育法（昭和二十二年法律第二十六号）による大学（短期大学を除く。）と同等以上と認められるものにおいて免許職種に関する学科を修めて卒業した者で、その後当該免許職種に関し一年以上の実務の経験を有するもの

四　外国の学校であつて学校教育法による短期大学と同等以上と認められるものにおいて免許職種に関する学科を修めて卒業した者で、その後当該免許職種に関し二年以上の実務の経験を有するもの

五　学校教育法による高等学校の専攻科において免許職種に関する学科を修めて修了した者で、その後当該免許職種に関し二年以上の実務の経験を有するもの

六　外国の学校であつて学校教育法による高等学校と同等以上と認められるものにおいて免許職種に関する学科を修めて卒業した者で、その後当該免許職種に関し三年以上の実務の経験を有するもの

七　学校教育法による高等学校の別科において免許職種に関する学科を修めて修了した者で、その後当該免許職種に関し五年以上の実務の経験を有するもの

八　外国の学校であつて学校教育法による高等学校と同等以上と認められるものを卒業した者で、その後当該免許職種に関し五年以上の実務の経験を有するもの

九　国立工業教員養成所の設置等に関する臨時措置法（昭和三十六年法律第八十七号）による国立工業教員養成所において免許職種に関する学科を修めて修了した者で、その後当該免許職種に関し二年以上の実務の経験を有するもの

十　大学入学資格検定規程（昭和二十六年文部省令第十三号）による検定に合格した者で、その後免許職種に関し五年以上の実務の経験を有するもの

十一　免許職種に関し、法務省設置法（平成十一年法律第九十三号）による刑務所若しくは少年刑務所における受刑者職業訓練であつて訓練期間及び訓練時間の基準がそれぞれ一年及び千六百時間以上であるものを修了した者又は少年院法（昭和二十三年法律第百六十九号）による中等少年院若しくは特別少年院における職業補導であつて補導期間及び補導時間の基準がそれぞれ一年及び千六

百時間以上であるものを修了した者で、その後五年以上の実務の経験を有するもの

改正文（昭和六十年九月三十日労働省告示第六十二号）抄

昭和六十年十月一日から適用する。

附　則（平成十二年十二月二十五日労働省告示第百二十号）抄

（適用期日）

第一　この告示は、内閣法の一部を改正する法律（平成十二年法律第八十八号）の施行の日（平成十三年一月六日）から適用する。

職業訓練指導員試験の受験資格を定める告示

昭和六十三年　四月　八日労働省告示第三十八号

職業能力開発促進法施行規則（昭和四十四年労働省令第二十四号）第四十五条の二第三項第二号の規定に基づき、職業訓練指導員試験の受験資格を次のように定め、昭和六十三年四月一日から適用する。

職業能力開発促進法施行規則（以下「規則」という。）第四十五条の二第三項第二号に掲げる者は、職業訓練指導員として五年以上の実務経験を有する者であつて、職業訓練指導員試験に係る免許職種に関し、次の各号に掲げる基準に相当するものと職業能力開発局長が認める研修を修了した者とする。

一　研修の科目　免許職種に応じ、規則別表第十一の実技試験の科目の欄に定める科目及び学科試験の科目の欄に定める関連学科の科目に関する科目（取得している職業訓練指導員免許の免許職種に係る同表の実技試験の科目の欄に定める科目及び学科試験の科目の欄に定める関連学科の科目に関する科目については、これを省略することができる。）

二　研修の標準期間　二年（取得している職業訓練指導員

免許に係る免許職種と関連する免許職種に係るものにあつては、一年)
三　研修の標準時間　三、二〇〇時間(取得している職業訓練指導員免許に係る免許職種と関連する免許職種に係るものにあつては、一、六〇〇時間)

雇用保険法（抄）

昭和四十九年十二月二十八日法律第百　十六号
改正　平成　十三年　四月二十五日法律第　三十五号

（目的）

第一条　雇用保険は、労働者が失業した場合及び労働者について雇用の継続が困難となる事由が生じた場合に必要な給付を行うほか、労働者が自ら職業に関する教育訓練を受けた場合に必要な給付を行うことにより、労働者の生活及び雇用の安定を図るとともに、求職活動を容易にする等その就職を促進し、あわせて、労働者の職業の安定に資するため、失業の予防、雇用状態の是正及び雇用機会の増大、労働者の能力の開発及び向上その他労働者の福祉の増進を図ることを目的とする。

（管掌）

第二条　雇用保険は、政府が管掌する。

2　雇用保険の事務の一部は、政令で定めるところにより、都道府県知事が行うこととすることができる。

（雇用保険事業）

第三条　雇用保険は、第一条の目的を達成するため、失業等給付を行うほか、雇用安定事業、能力開発事業及び雇用福祉事業を行うことができる。

（訓練延長給付）

第二十四条　受給資格者が公共職業安定所長の指示した公共職業訓練等（その期間が政令で定める期間を超えるものを除く。以下この条、第三十六条第一項及び第二項並びに第四十一条第一項において同じ。）を受ける場合には、当該公共職業訓練等を受ける期間（その者が当該公共職業訓練等を受けるため待期している期間（政令で定める期間に限る。）を含む。）内の失業している日について、所定給付日数（当該受給資格者が第二十条第一項及び第二項の規定による期間内に基本手当の支給を受けた日数が所定給付日数に満たない場合には、その支給を受けた日数。第三十三条第三項を除き、以下この節において同じ。）を超えてその者に基本手当を支給することができる。

2　公共職業安定所長が、その指示した公共職業訓練等を受ける受給資格者（その者が当該公共職業訓練等を受け終わる日における基本手当の支給残日数（当該公共職業訓練等を受け終わる日の翌日から第四項の規定の適用がないものとした場合における受給期間（当該期間内の失業している日について基本手当の支給を受けることができきる期間をいう。以下同じ。）の最後の日までの間に基本手当の支給を受けることができる日数をいう。以下この項及び第四項において同じ。）が政令で定める日数に満たないものに限る。）で、政令で定める基準に照らして当該公共職業訓練等を受け終わつてもなお就職が困難な者であると認めたものについては、同項の規定による期間内の失業している日について、所定給付日数を超えてその者に基本手当を支給することができる。この場合において、所定給付日数を超えて基本手当を支給する日数は、前段に規定する政令で定める日数から支給残日数を差し引いた日数を限度とするものとする。

3　第一項の規定による基本手当の支給を受ける受給資格者が第二十条第一項及び第二項の規定による期間を超えて公共職業安定所長の指示した公共職業訓練等を受けるときは、その者の受給期間は、これらの規定にかかわらず、当該公共職業訓練等を受け終わる日までの間とする。

4　第二項の規定による基本手当の支給を受ける受給資格者の受給期間は、第二十条第一項及び第二項の規定にかかわらず、これらの規定による期間に第二項前段に規定する政令で定める日数から支給残日数を差し引いた日数を加えた期間（同条第一項及び第二項の規定による期間を超えて公共職業安定所長の指示した公共職業訓練等を受ける者で、当該公共職業訓練等を受け終わる日において第一項の規定による基本手当の支給を受けることができるものにあつては、同日から起算して第二項前段に規定する政令で定める日数を経過した日までの間）とする。

（技能習得手当及び寄宿手当）

第三十六条　技能習得手当は、受給資格者が公共職業安定所長の指示した公共職業訓練等を受ける場合に、その公共職業訓練等を受ける期間について支給する。

2　寄宿手当は、受給資格者が、公共職業安定所長の指示した公共職業訓練等を受けるため、その者により生計を維持されている同居の親族（婚姻の届出をしていないが、事実上その者と婚姻関係と同様の事情にある者を含む。第五十八条第二項において同じ。）と別居して寄宿する場合に、その寄宿する期間について支給する。

3　第三十二条第一項若しくは第二項又は第三十三条第一項の規定により基本手当を支給しないこととされる期間については、技能習得手当及び寄宿手当を支給しない。

4　技能習得手当及び寄宿手当の支給要件及び額は、厚生労働省令で定める。

5　第三十四条第一項及び第二項の規定は、技能習得手当及び寄宿手当について準用する。

（能力開発事業）

第六十三条　政府は、被保険者等に関し、職業生活の全期間を通じて、これらの者の能力を開発し、及び向上させることを促進するため、能力開発事業として、次の事業を行うことができる。

一　職業能力開発促進法（昭和四十四年法律第六十四号）第十三条に規定する事業主等及び職業訓練の推進のための活動を行う者に対して、同法第十一条に規定する計画に基づく職業訓練、同法第二十四条第三項（同法第二十七条の二第二項において準用する場合を含む。）に規定する認定職業訓練（第五号において「認定職業訓練」という。）その他当該事業主等の行う職業訓練を振興するために必要な助成及び援助を行うこと並びに当該職業訓練を振興するために必要な助成及び援助を行う都道府県に対して、これらに要する経費の全部又は一部の補助を行うこと。

二　公共職業能力開発施設（公共職業能力開発施設の行う職業訓練を受ける者のための宿泊施設を含む。以下この号において同じ。）又は職業能力開発総合大学校（職業能力開発総合大学校の行う指導員訓練又は職業訓練を受ける者のための宿泊施設を含む。）を設置し、又は運営すること、職業能力開発促進法第十五条の六第一項ただし書に規定する職業訓練を行うこと及び公共職業能力開発施設を設置し、又は運営する都道府県に対して、これらに要する経費の全部又は一部の補助を行うこと。

三　求職者及び退職を予定する者に対して、再就職を容易にするために必要な知識及び技能を習得させるための講習（第五号において「職業講習」という。）並びに作業環境に適応させるための訓練を実施すること。

四　職業能力開発促進法第十条の三第二項に規定する有給教育訓練休暇を与える事業主に対して、必要な助成及び援助を行うこと。

五　職業訓練（公共職業能力開発施設又は職業能力開発総合大学校の行うものに限る。）又は職業講習を受ける労働者に対して、当該職業訓練又は職業講習を受けることを容易にし、又は促進するために必要な交付金を支給すること及びその雇用する労働者に職業能力開発促進法第十一条に規定する計画に基づく職業訓練、認定職業訓練その他の職業訓練を受けさせる事業主（当該職業訓練を受ける期間、労働者に対し所定労働時間労働した場合に支払われる通常の賃金を支払う事業主に限る。）に対して、必要な助成を行うこと。

六　技能検定の実施に要する経費を負担すること、技能検定を行う法人その他の団体に対して、技能検定を促進するために必要な助成を行うこと及び技能検定を促進するために必要な助成を行う都道府県に対して、これに要する経費の全部又は一部の補助を行うこと。

七　前各号に掲げるもののほか、労働者の能力の開発及び向上のために必要な事業であつて、厚生労働省令で定めるものを行うこと。

2　前項各号に掲げる事業の実施に関して必要な基準については、同項第二号の規定による都道府県に対する経費の補助に係るものにあつては政令で、その他の事業に係るものにあつては厚生労働省令で定める。

3　前条第三項の規定は、第一項各号に掲げる事業の一部の実施について準用する。

雇用保険法施行令（抄）

昭和五十　年　三月　十　日政令第　二十五号
改正　平成　十四年　五月　七日政令第百六十八号

（都道府県が処理する事務）

第一条　雇用保険法（以下「法」という。）第二条第二項の規定により、次に掲げる事業の実施に関する事務は、都道府県知事が行うこととする。

一　法第六十三条第一項第一号に掲げる事業のうち職業能力開発促進法（昭和四十四年法律第六十四号）第十一条第一項に規定する計画に基づく職業訓練を行う事業主及び職業訓練の推進のための活動を行う同法第十三条に規定する事業主等（中央職業能力開発協会を除く。）に対する助成の事業

二　法第六十三条第一項第四号の助成の事業

三　法第六十三条第一項第五号に掲げる事業のうち職業能力開発促進法第十一条第一項に規定する計画に基づく職業訓練又は同法第二十四条第三項（同法第二十七条の二第二項において準用する場合を含む。）に規定する認定職業訓練をその雇用する労働者に受けさせる同号に規定する事業主に対する助成の事業

２　前項の規定により都道府県が処理することとされている事務は、地方自治法（昭和二十二年法律第六十七号）第二条第九項第一号に規定する第一号法定受託事務とする。

（法第十五条第三項の政令で定める訓練又は講習）

第二条　法第十五条第三項の政令で定める訓練又は講習は、国、都道府県及び市町村並びに雇用・能力開発機構が設置する公共職業能力開発施設の行う職業訓練（職業能力開発総合大学校の行うものを含む。）のほか、次のとおりとする。

一　法第六十三条第一項第三号の講習及び訓練

二　障害者の雇用の促進等に関する法律（昭和三十五年法律第百二十三号）第五条の適応訓練

三　高年齢者等の雇用の安定等に関する法律（昭和四十六年法律第六十八号）第十五条第一項の計画に準拠した同項第三号に掲げる訓練

四　沖縄振興特別措置法（平成十四年法律第十四号）第八十一条第一項第三号の講習

（都道府県に対する補助）

第十二条　法第六十三条第一項第二号の規定による都道府県に対する経費の補助の事業として、都道府県が設置する職業能力開発校及び職業能力開発短期大学校（次条において「職業能力開発校等」という。）の施設及び設備に要する経費に関する補助金及びこれらの運営に要する経費に関する交付金を交付するものとする。

（職業能力開発校等の施設及び設備に要する経費に関する補助金）

第十三条　職業能力開発校等の施設及び設備に要する経費に関する補助金の交付は、各年度において、職業能力開発校等の施設及び設備に要する経費（事業主に雇用される労働者に対して行う職業訓練に係る経費に限る。）のうち次の各号に掲げるものに係る当該各号に定める額の合算額から厚生労働大臣が定める収入金の額に相当する額を控除した額（当該職業能力開発校等の施設又は設備に関し他の補助金があるときは、当該控除した額から厚生労働大臣が定める額を控除した額）の二分の一について行う。

一　職業能力開発促進法第十九条第一項の職業訓練の基準により必要な建物の新設、増設又は改設に要する経費　建物の構造、所在地による地域差等を考慮して厚生労働大臣が定める一平方メートル当たりの建設単価（その建設単価が当該建物の新設、増設又は改設に係る一平方メートル当たりの建設単価を超えるときは、当該建物の新設、増設又は改設に係る建設単価とする。）に、厚生労働大臣が定める範囲内の建物の新設、増設又は改設に係る延べ平方メートル数を乗じて得た額

二　職業能力開発促進法第十九条第一項の職業訓練の基準により必要な機械器具その他の設備の新設、増設又は改設に要する経費　職業能力開発校等において行われる職業訓練の種類、規模等を考慮して厚生労働大臣が定める額（その額が当該経費につき現に要した金額を超えるときは、当該金額とする。）

2　前項の補助金の交付は、厚生労働大臣が職業能力開発校等の設置又は運営が職業能力開発促進法第五条第一項に規定する職業能力開発基本計画に適合すると認める場合に行う。

（職業能力開発校等の運営に要する経費に関する交付金）

第十四条　都道府県が設置する職業能力開発校（以下この条において単に「職業能力開発校」という。）の運営に要する経費に関する交付金は、職業能力開発校の運営に要する経費（事業主に雇用される労働者及び離職者に対して行う職業訓練に係る経費に限る。）の財源に充てるため、都道府県に交付する。

2　前項の交付金は、その予算総額に、各都道府県の職業能力開発校の行う職業訓練を受ける被保険者等（法第六十二条第一項に規定する被保険者等をいう。以下この条において同じ。）の延べ人数が全国の職業能力開発校の行う職業訓練を受ける被保険者等の延べ人数に占める割合を乗じて得た額を当該都道府県に配分する。

3　前項の職業訓練を受ける被保険者等の延べ人数は、その受ける職業訓練の訓練期間その他の事情を考慮して厚生労働大臣が定める算定方法により、算定するものとする。

4　前三項の規定は、都道府県が設置する職業能力開発短期大学校の運営に要する経費に関する交付金について準用する。

雇用保険法施行規則（抄）

昭和五十年三月　十　日　労働省令第　　三号
改正　平成十四年五月二十九日厚生労働省令第七十二号

（技能習得手当の種類）
第五十六条　技能習得手当は、受講手当、特定職種受講手当及び通所手当とする。

（受講手当）
第五十七条　受講手当は、受給資格者が公共職業安定所長の指示した公共職業訓練等を受けた日（基本手当の支給の対象となる日（法第十九条第一項の規定により基本手当が支給されないこととなる日を含む。）に限る。）について支給するものとする。

2　受講手当の日額は、六百円とする。

（特定職種受講手当）
第五十八条　特定職種受講手当は、受給資格者が公共職業訓練等（国、都道府県及び市町村並びに雇用・能力開発機構が設置する公共職業能力開発施設の行う職業訓練（職業能力開発総合大学校の行うものを含む。）に限る。）であつて厚生労働大臣の定める職種に係るものを受ける場合に支給するものとする。

2　特定職種受講手当の月額は、二千円とする。ただし、次の各号に掲げる日のある月の特定職種受講手当の月額は、その日数のその月の現日数に占める割合を二千円に乗じて得た額を減じた額とする。

一　公共職業訓練等を受ける期間に属さない日

二　基本手当の支給の対象となる日（法第十九条第一項の規定により基本手当が支給されないこととなる日を含む。）以外の日

三　受給資格者が、天災その他やむを得ない理由がないと認められるにもかかわらず、公共職業訓練等を受けなかつた日

（通所手当）
第五十九条　通所手当は、次の各号のいずれかに該当する受給資格者に対して、支給するものとする。

一　受給資格者の住所又は居所から公共職業訓練等を行う施設への通所（以下この条において「通所」という。）のため、交通機関又は有料の道路（以下この条において「交通機関等」という。）を利用してその運賃又は料金（以下この条において「運賃等」という。）を負担することを常例とする者（交通機関等を利用しなければ通所することが著しく困難である者以

外の者であつて交通機関等を利用しないで徒歩により通所するものとした場合の通所の距離が片道二キロメートル未満であるもの及び第三号に該当する者を除く。）

二　通所のため自動車その他の交通の用具（以下この条において「自動車等」という。）を使用することを常例とする者（自動車等を使用しなければ通所することが著しく困難である者以外の者であつて自動車等を使用しないで徒歩により通所するものとした場合の通所の距離が片道二キロメートル未満であるもの及び次号に該当する者を除く。）

三　通所のため交通機関等を利用してその運賃等を負担し、かつ、自動車等を使用することを常例とする者（交通機関等を利用し、又は自動車等を使用しなければ通所することが著しく困難な者以外の者であつて、交通機関等を利用せず、かつ、自動車等を利用しないで徒歩により通所するものとした場合の通所の距離が片道二キロメートル未満であるものを除く。）

2　通所手当の月額は、次の各号に掲げる受給資格者の区分に応じて、当該各号に掲げる額とする。ただし、その額が四万二千五百円を超えるときは、四万二千五百円とする。

一　前項第一号に該当する者　次項及び第四項に定めるところにより算定したその者の一箇月の通所に要する運賃等の額に相当する額（以下この条において「運賃等相当額」という。）

二　前項第二号に該当する者　自動車等を使用する距離が片道十キロメートル未満である者にあつては三千六百九十円、その他の者にあつては五千八百五十円（厚生労働大臣の定める地域に居住する者であつて、通所のため利用できる交通機関のないもの又は自動車等を使用しないで交通機関を利用して通所するものとした場合において、その者の住所若しくは居所からその利用することとなる交通機関の最寄りの駅（停留所等を含む。）までの距離が二キロメートル以上であるもの若しくはその利用することとなる交通機関の運行回数が一日十往復以下であるもののうち、自動車等を使用する距離が片道十五キロメートル以上である者にあつては八千十円）

三　前項第三号に該当する者（交通機関等を利用しなければ通所することが著しく困難である者以外の者であつて、通常徒歩によることが例である距離内においてのみ交通機関等を利用しているものを除く。）のうち、自動車等を使用する距離が片道二キロメートル以上である者及びその距離が片道二キロメートル未満であるが自動車等を使用しなければ通所することが著しく困難である者　第一号に掲げる額と前号に掲げる額との合計額

四　前項第三号に該当する者（前号に掲げる者を除く。）のうち、運賃等相当額が第二号に掲げる額以上である者　第一号に掲げる額

五　前項第三号に該当する者（第三号に掲げる者を除く。）のうち、運賃等相当額が第二号に掲げる額未満である者　第二号に掲げる額

3　運賃等相当額の算定は、運賃、時間、距離等の事情に照らし、最も経済的かつ合理的と認められる通常の通所の経路及び方法による運賃等の額によつて行うものとする。

4　運賃等相当額は、次の各号による額の総額とする。

一　交通機関等が定期乗車券（これに準ずるものを含む。次号において同じ。）を発行している場合は、当該交通機関等の利用区間に係る通用期間一箇月の定期乗車券の価額（価額の異なる定期乗車券を発行しているときは、最も低廉となる定期乗車券の価額）

二　交通機関等が定期乗車券を発行していない場合は、当該交通機関等の利用区間についての通所二十一回分の運賃等の額であつて、最も低廉となるもの

5　前条第二項各号に掲げる日のある月の通所手当の月額は、第二項の規定にかかわらず、その日数のその月の現日数に占める割合を同項の規定による額に乗じて得た額を減じた額とする。

（寄宿手当）

第六十条　寄宿手当は、受給資格者が公共職業訓練等を受けるため、法第三十六条第二項に規定する親族（以下「親族」という。）と別居して寄宿している場合に、当該親族と別居して寄宿していた期間について、支給するものとする。

2　寄宿手当の月額は、一万七百円とする。ただし、受給資格者が親族と別居して寄宿していない日又は第五十八条第二項各号に掲げる日のある月の寄宿手当の月額は、その日数のその月の現日数に占める割合を一万七百円に乗じて得た額を減じた額とする。

（技能習得手当及び寄宿手当の支給手続）

第六十一条　技能習得手当及び寄宿手当は、受給資格者に

対し、支給日又は傷病手当を支給すべき日に、その日の属する月の前月の末日までの分を支給する。

2　受給資格者は、技能習得手当及び寄宿手当の支給を受けようとするときは、受講証明書に受給資格者証を添えて管轄公共職業安定所の長に提出しなければならない。

3　第二十一条第一項ただし書の規定は、前項の場合に準用する。

（準用）

第六十二条　第二十二条第二項、第四十四条第一項、第四十五条、第四十六条及び第五十四条の規定は、技能習得手当及び寄宿手当の支給について準用する。

（調整）

第百十九条　求職活動等支援給付金の支給を受けることができる事業主が、同一の事由により、求職活動支援給付金、介護能力開発給付金、職業能力開発休暇給付金、中小企業雇用創出等能力開発助成金（中小企業労働力確保法第七条第一項第三号及び第五号に基づく助成をいう。以下同じ。）又は地域人材高度化能力開発助成金（地域雇用開発促進法第十二条第一項及び第十七条第一項第二号に基づく助成をいう。以下同じ。）の支給を受けた場合には、当該支給事由によつては、求職活動等支援給付金は支給しないものとする。

2　再就職支援給付金の支給を受けることができる事業主が、同一の事由により、再就職支援会社活用給付金の支給を受けた場合には、当該支給事由によつては、再就職支援給付金は支給しないものとする。

3　定着講習支援給付金の支給を受けることができる事業主が、同一の事由により、定年延長等職業適応助成金、認定訓練助成事業費補助金の支給を受けて都道府県が行う助成若しくは援助、介護能力開発給付金、訓練給付金、職業能力開発休暇給付金、中小企業雇用創出等能力開発助成金若しくは地域人材高度化能力開発助成金の支給又は建設労働者の雇用の改善等に関する法律（昭和五十一年法律第三十三号。以下「建労法」という。）第九条第一項に基づく助成を受けた場合には、当該支給事由によつては、定着講習支援給付金は支給しないものとする。

4　定年延長等職業適応助成金の支給を受けることができる事業主が、同一の事由により、雇用調整助成金の支給を受けることができる場合には、当該支給事由によつては、定年延長等職業適応助成金は支給しないものとする。

5　定年延長等職業適応助成金の支給を受けることができる事業主が、同一の事由により、定着講習支援給付金、認定訓練助成事業費補助金の支給を受けて都道府県が行う助成若しくは援助、介護能力開発給付金、訓練給付金、職業能力開発休暇給付金、キャリア・コンサルティング推進給付金、中小企業雇用創出等能力開発助成金若しくは地域人材高度化能力開発助成金の支給又は建労法第九条第一項に基づく助成を受けた場合には、当該支給事由によつては、定年延長等職業適応助成金は支給しないものとする。

（以下　略）

（法第六十三条第一項第一号に掲げる事業）

第百二十一条　法第六十三条第一項第一号に掲げる事業として、次に掲げる事業を行うものとする。

一　中小企業人材育成事業助成金、広域団体認定訓練助成金、地域職業訓練推進事業助成金、情報関連人材育成事業助成金及び認定訓練助成事業費補助金を交付すること。

二　職業能力開発促進法第十三条に規定する事業主等の行う職業訓練の援助を行うための施設を設置し、及び運営すること。

（中小企業人材育成事業助成金）

第百二十二条　中小企業人材育成事業助成金は、次の各号のいずれかに該当する中小企業事業主の団体又はその連合団体に対して、支給するものとする。

一　その構成員又は連合団体を構成する団体の構成員である中小企業事業主のために、職業能力開発促進法第二十四条第三項（同法第二十七条の二第二項において準用する場合を含む。）に規定する認定職業訓練（以下「認定訓練」という。）であつて、事業の高度化に伴い必要となるものに関する計画を作成する中小企業事業主の団体又はその連合団体であつて、認定訓練を振興するために助成を行うことが必要であると認められるものであること。

二　その構成員又は連合団体を構成する団体の構成員である中小企業事業主のために、職業能力開発促進法第二十四条第三項に規定する認定職業訓練（職業能力開発促進法施行規則第九条に定める普通課程及び短期課程（職業に必要な基礎的な知識及び技能を習得させるためのものに限る。）の普通職業訓練並びに専門課程及び応用課程の高度職業訓練に限る。以下この条において「認定職業訓練」という。）であつて建労法第二条第二項に規定する建設労働者に係るものに関する計画を作成する中小企業事業主の団体又はその連合団体であつて、認定職業訓練を振興するために助成を行うことが必要であると認められるもの（前号に該当する中小企業事業主の団体又はその連合団体を除く。）であること。

2　中小企業人材育成事業助成金の額は、次の各号に掲げる中小企業事業主の団体又はその連合団体の区分に応じて、当該各号に定める額とする。

一　前項第一号に該当する中小企業事業主の団体又はその連合団体　同号の計画の作成又は当該計画に基づく認定訓練の実施の準備に要する経費のうち厚生労働大臣が定める経費の額（その額が厚生労働大臣が定める額を超えるときは、その定める額）

二　前項第二号に該当する中小企業事業主の団体又はその連合団体　同号の計画の作成又は当該計画に基づく認定職業訓練の実施の準備に要する経費のうち厚生労働大臣が定める経費の三分の二の額（その額が厚生労働大臣が定める額を超えるときは、その定める額）

（広域団体認定訓練助成金）

第百二十二条の二　広域団体認定訓練助成金は、その構成員又は連合団体を構成する団体の構成員である中小企業事業主のために認定訓練を実施する中小企業事業主の団体（その構成員が二以上の都道府県にわたるものに限る。）又はその連合団体であつて、認定訓練を振興するために助成を行うことが必要であると認められるものに対して、支給するものとする。

2　広域団体認定訓練助成金の額は、前項に規定する中小企業事業主の団体又はその連合団体が実施する認定訓練の運営に要する経費に関し、職業訓練の種類、規模等を考慮して厚生労働大臣が定める基準に従つて算定した額（その額が当該経費につき当該年度において要した金額を超えるときは、当該金額とする。）の二分の一（全国的な中小企業事業主の団体の連合団体にあつては、三分の二）の額とする。

（地域職業訓練推進事業助成金）

第百二十二条の三　地域職業訓練推進事業助成金は、第百二十一条第二号に規定する施設において実施する職業訓練の計画（以下この条において「実施計画」という。）を作成し、当該実施計画に基づき職業訓練を実施する事業主の団体又はその連合団体であつて、職業訓練の振興のために助成を行うことが必要と認められるものに対して、支給するものとする。

2　地域職業訓練推進事業助成金の額は、次の各号に掲げる事業主の団体又はその連合団体の区分に応じて、当該各号に定める額とする。

一　公共職業能力開発施設から転換された第百二十一条第二号に規定する施設において実施計画に基づき職業訓練を実施する事業主の団体又はその連合団体　次に掲げる額の合計額

イ　実施計画の作成に要した経費の額（その額が厚生労働大臣が定める額を超えるときは、その定める額）

ロ　最初の職業訓練が開始された日から起算して五年を経過する日までの期間に開始された職業訓練の実施に要した経費の二分の一（最初の職業訓練が開始された日から起算して三年を経過する日までの期間に開始された職業訓練の実施に要した経費にあつては当該経費）の額（その額が厚生労働大臣が定める額を超えるときは、その定める額）

二　第百二十一条第二号に規定する施設（前号に該当するものを除く。）において実施計画に基づき職業訓練を実施する事業主の団体又はその連合団体　実施計画の作成に要した経費の額（その額が厚生労働大臣が定める額を超えるときは、その定める額）

（情報関連人材育成事業助成金）

第百二十二条の四　情報関連人材育成事業助成金は、推進団体助成金、情報関連人材育成事業推進助成金及び情報関連人材育成事業派遣奨励金とする。

2　推進団体助成金は、新事業創出促進法（平成十年法律第百五十二号）第二条第八項に規定する新事業支援機関（同法第二十二条第一項第一号に規定する情報関連人材育成事業（以下この項において「情報関連人材育成事業」という。）を行う者に限る。以下この条において「新事業支援機関」という。）の行う情報処理に関する職業訓練（情報関連人材育成事業に該当するものに限る。次項及び第四項において同じ。）の推進のための活動を行う団体であつて、厚生労働大臣が職業訓練を振興するために助成を行うことが必要であると認めるものに対して、当該団体の行う当該情報処理に関する職業訓練の実施の援助その他の当該職業訓練の推進のための活動に要する経費のうち厚生労働大臣が定める経費に相当する額を支給するものとする。

3　情報関連人材育成事業推進助成金は、新事業支援機関が情報処理に関する職業訓練を実施した場合に、当該職業訓練の運営に要した経費について、厚生労働大臣が定める基準に従つて算定した額の三分の一に相当する額を支給するものとする。

4　情報関連人材育成事業派遣奨励金は、その雇用する被保険者に、新事業支援機関が行う情報処理に関する職業訓練であつて厚生労働大臣が定める基準に適合するものを受けさせる事業主に対して、当該被保険者が当該職業訓練を修了した場合に支給するものとする。

5　情報関連人材育成事業派遣奨励金の額は、前項の事業主が負担した同項の職業訓練に係る受講料について厚生労働大臣が定める基準に従い算定した額の四分の一（中小企業事業主にあつては、三分の一）に相当する額とする。

（認定訓練助成事業費補助金）

第百二十三条　認定訓練助成事業費補助金は、中小企業事業主又は中小企業事業主の団体若しくはその連合団体が行う認定訓練を振興するために必要な助成又は援助を行う都道府県に対して、次の各号に掲げる経費に関し、それぞれ職業訓練の種類、規模等を考慮して厚生労働大臣が定める基準に従つて算定した額（その額が当該経費につき当該年度において要した金額を超えるときは、当該金額とする。）の経費について、都道府県が行う助成又は援助に係る額の二分の一に相当する額（その額が当該基準に従つて算定した額（その額が当該経費につき当該年度において要した金額を超えるときは、当該金額とする。）の三分の一に相当する額を超えるときは当該三分の一に相当する額）を交付するものとする。

一　認定訓練の運営に要する経費

二　認定訓練の実施に必要な施設又は設備の設置又は整備に要する経費

（法第六十三条第一項第一号、第四号、第五号及び第七号に掲げる事業）

第百二十五条の二　法第六十三条第一項第一号、第四号、第五号及び第七号に掲げる事業として、キャリア形成促進助成金を支給するものとする。

（キャリア形成促進助成金）

第百二十五条の三　キャリア形成促進助成金は、訓練給付金、職業能力開発休暇給付金、長期教育訓練休暇制度導入奨励金、職業能力評価推進給付金及びキャリア・コンサルティング推進給付金とする。

2　訓練給付金は、第一号に該当する事業主に対して、第二号に定めるところにより支給するものとする。

一　次のいずれにも該当する事業主であること。
イ　当該事業主の事業所の労働組合等の意見を聴いて作成した職業能力開発促進法第十一条第一項に規定する計画（以下この条において「事業内職業能力開発計画」という。）をその雇用する被保険者に周知させる事業主であつて、当該事業内職業能力開発計画に基づき年間職業能力開発計画（職業訓練、職業能力開発のための休暇、職業能力の評価、キャリア・コンサルティング（職業能力開発促進法第十条の二第一号の情報の提供、相談その他の援助をいう。以下この条において同じ。）その他の職業能力開発に関する計画であつて一年ごとに定めるものをいう。以下この条において同じ。）を作成し、及びその雇用する被保険者に周知させるものであること。
ロ　年間職業能力開発計画に基づき、その雇用する被保険者に専門的な知識若しくは技能を追加して習得させることを内容とする職業訓練又は新たな職業に必要な知識若しくは技能を習得させることを内容とする職業訓練（以下この項において「対象職業訓練」という。）を受けさせる事業主であること。
ハ　職業能力開発推進者を選任している事業主であること。
ニ　当該被保険者に係る対象職業訓練の実施状況及び当該対象職業訓練に要する経費等の負担の状況並びに当該対象被保険者に対する賃金の支払の状況を明らかにする書類を整備している事業主であること。
二　訓練給付金は、対象職業訓練の実施期間について当該対象職業訓練に係る被保険者に支払つた賃金の額及び対象職業訓練に要した経費の負担に応じて、支給するものとする。

3　職業能力開発休暇給付金は、第一号に該当する事業主に対して、第二号に定めるところにより支給するものとする。
一　次のいずれにも該当する事業主であること。
イ　前項第一号イ及びハに該当する事業主であること。
ロ　年間職業能力開発計画に基づき、その雇用する被保険者であつて次のいずれかに掲げる教育訓練又は当該事業主以外の者の行う職業能力検定（職業に必要な労働者の技能及びこれに関する知識についての検定をいう。）若しくはキャリア・コンサルティングを受けるものに対し、当該被保険者の申出により教育訓練、職業能力検定又はキャリア・コンサルティングを受けるために必要な休暇（労働基準法第三十九条の規定による年次有給休暇を除く。以下この条において「職業能力開発休暇」という。）を与える事業主であること。

(1)　公共職業能力開発施設の行う職業訓練又は職業能力開発促進法第十五条の六第一項ただし書に規定する職業訓練

(2)　職業能力開発総合大学校の行う職業能力開発促進法第二十七条第一項に規定する指導員訓練又は職業訓練

(3)　学校教育法による高等学校、大学又は高等専門学校の行う学校教育

(4)　学校教育法による専修学校又は各種学校の行う教育であつて、職業人としての資質の向上に資すると認められるもの

(5)　(1)から(4)までに掲げる教育訓練に準ずる教育訓練であつて、職業人としての資質の向上に資すると認められるもの

(6)　(1)から(5)までに掲げる教育訓練のほか、教育訓練の期間その他の事項に関して厚生労働大臣が定める基準に適合する教育訓練

ハ　当該被保険者に係る職業能力開発休暇の付与の状況及び教育訓練の受講又は職業能力検定の受検に要する経費の負担の状況並びに当該被保険者に対する賃金の支払の状況を明らかにする書類を整備している事業主であること。

二　職業能力開発休暇給付金は、職業能力開発休暇の期間について当該職業能力開発休暇に係る被保険者に支払つた賃金の額及び教育訓練の受講又は職業能力検定の受検に要した経費の負担に応じて、支給するものとする。

4　長期教育訓練休暇制度導入奨励金は、第一号に該当する事業主に対して、第二号に定めるところにより支給するものとする。

一　次のいずれにも該当する事業主であること。

イ　第二項第一号イ及びハに該当する事業主であること。

ロ　年間職業能力開発計画に基づき、労働協約又は就業規則に定めるところにより、その雇用する被保険者であつて職業に関する教育訓練を受けるものに対

し、当該被保険者の申出により職業能力開発促進法第十条の三第一項第一号の長期教育訓練休暇（以下この条において「長期教育訓練休暇」という。）を与える事業主であること。

ハ　当該被保険者に係る長期教育訓練休暇の付与の状況を明らかにする書類を整備している事業主であること。

二　長期教育訓練休暇制度導入奨励金は、長期教育訓練休暇を与えられたその雇用する被保険者の数に応じて、支給するものとする。

5　職業能力評価推進給付金は、第一号に該当する事業主に対して、第二号に定めるところにより支給するものとする。

一　次のいずれにも該当する事業主であること。

イ　第二項第一号イ及びハに該当する事業主であること。

ロ　年間職業能力開発計画に基づき、その雇用する被保険者に、当該事業主以外の者の行う職業能力検定であつて職業能力の開発及び向上に資するものとして厚生労働大臣が定めるもの（以下「対象職業能力検定」という。）を受けさせる事業主であること。

ハ　当該被保険者に職業訓練（対象職業能力検定の対象となる技能及びこれに関する知識を習得するためのものに限る。）を受けさせた事業主又は教育訓練（対象職業能力検定の対象となる技能及びこれに関する知識を習得するためのものに限る。）を受けるための職業能力開発休暇を付与した事業主であること。

ニ　当該被保険者に係る対象職業能力検定の受検の状況及び当該受検に要する経費の負担の状況並びに当該被保険者に対する賃金の支払の状況を明らかにする書類を整備している事業主であること。

二　職業能力評価給付金は、対象職業能力検定の実施期間について当該対象職業能力検定に係る被保険者に支払つた賃金の額及び当該受検に要した経費の負担に応じて、支給するものとする。

6　キャリア・コンサルティング推進給付金は、第一号に該当する事業主に対して、第二号に定めるところにより支給するものとする。

一　次のいずれにも該当する事業主であること。

イ　第二項第一号イ及びハに該当する事業主であること。

ロ　年間職業能力開発計画に基づき、その雇用する被保険者に、当該事業主以外の者が行うキャリア・コンサルティングを受けさせる事業主であること。

ハ　当該被保険者に係るキャリア・コンサルティングの委託の状況及び当該委託に要する費用の支払の状況を明らかにする書類を整備している事業主であること。

ニ　キャリア・コンサルティング推進給付金は、当該委託に要する費用に応じて、支給するものとする。

（法第六十三条第一項第一号及び第七号に掲げる事業）

第百二十五条の四　法第六十三条第一項第一号及び第七号に掲げる事業として、次に掲げる事業を行うものとする。

一　職業能力開発推進者講習

二　事業主、労働者等に対して、労働者の職業能力の開発及び向上に関する情報及び資料の提供並びに助言及び指導その他労働者の職業生活設計に即した自発的な職業能力の開発及び向上に係る技術的な援助を行うこと。

（職業能力開発推進者講習）

第百二十五条の五　職業能力開発推進者講習は、職業能力開発促進法第十二条の職業能力開発推進者に対して、同条各号に掲げる業務の的確な実施のために必要な事項について行うものとする。

（法第六十三条第一項第二号に掲げる事業）

第百二十六条　法第六十三条第一項第二号に掲げる事業として、公共職業能力開発施設（公共職業能力開発施設の行う職業訓練を受ける者のための宿泊施設を含む。次条第一項において同じ。）及び職業能力開発総合大学校（職業能力開発総合大学校の行う指導員訓練又は職業訓練を受ける者のための宿泊施設を含む。第百二十八条において同じ。）の設置及び運営並びに職業能力開発促進法第十五条の六第一項ただし書に規定する職業訓練の実施を行うものとする。

（公共職業能力開発施設の設置及び運営）

第百二十七条　法第六十三条第一項第二号の規定により設置し、又は運営する公共職業能力開発施設は、高等職業訓練校、職業能力開発短期大学校、職業能力開発大学校及び職業能力開発促進センターとする。

2　前項の公共職業能力開発施設の設置又は運営の基準は、職業能力開発促進法その他の関係法令の定めるところによる。

（職業能力開発総合大学校の設置及び運営）

第百二十八条　職業能力開発総合大学校の設置又は運営の基準は、職業能力開発促進法その他の関係法令の定めるところによる。

（法第六十三条第一項第三号に掲げる事業）

第百二十九条　法第六十三条第一項第三号に掲げる事業として、職場適応訓練及び介護労働講習を行うものとする。

（職場適応訓練）

第百三十条　職場適応訓練は、受給資格者、高年齢受給資格者又は特例受給資格者であつて、再就職を容易にするため職場適応訓練を受けることが適当であると公共職業安定所長が認めるものに対して、次の各号に該当する事業主に委託して行うものとする。

一　設備その他について職場適応訓練を行うための条件を満たしていると公共職業安定所長が認める事業所の事業主であること。

二　職場適応訓練が終了した後当該職場適応訓練を受けた者を雇い入れる見込みがある事業主であること。

（介護労働講習）

第百三十一条　介護労働講習は、介護労働者法第二条第二項に規定する介護労働者又は介護労働者になろうとする者に対して、必要な知識及び技能を習得させるため行うものとする。

（法第六十三条第一項第三号、第五号及び第七号に掲げる事業）

第百三十一条の二　法第六十三条第一項第三号、第五号及び第七号に掲げる事業として、再就職促進講習給付金を支給するものとする。

（再就職促進講習給付金）

第百三十一条の三　再就職促進講習給付金は、再就職促進講習奨励給付金及び再就職促進講習受講給付金とする。

2　再就職促進講習奨励給付金は、受給資格者の再就職の促進を図るために必要な知識及び技能を習得させるため適当であると公共職業安定所長が認める講習（厚生労働大臣が定める基準に該当するものに限る。以下「再就職促進講習」という。）を実施する事業主、事業主の団体その他厚生労働大臣が指定する団体に対して、当該再就職促進講習を受ける受給資格者の数及び当該受給資格者が受ける当該再就職促進講習の日数に応じて、支給するものとする。

3　再就職促進講習受講給付金は、再就職促進講習を受ける受給資格者に対して、当該再就職促進講習を受ける日数に応じて、支給するものとする。

（法第六十三条第一項第一号、第六号及び第七号に掲げる事業）

第百三十四条　法第六十三条第一項第一号、第六号及び第七号に掲げる事業として、中央職業能力開発協会費補助金及び都道府県職業能力開発協会費補助金を交付するものとする。

（中央職業能力開発協会費補助金）

第百三十五条　中央職業能力開発協会費補助金は、中央職業能力開発協会に対して、中央職業能力開発協会が職業能力開発促進法第五十五条の規定に基づいて行う業務に要する経費について、厚生労働大臣が定める基準に従つて算定した額を交付するものとする。

（都道府県職業能力開発協会費補助金）

第百三十六条　都道府県職業能力開発協会費補助金は、都道府県職業能力開発協会が職業能力開発促進法第八十二条の規定に基づいて行う業務に要する経費について補助する都道府県に対して、厚生労働大臣が定める基準に従つて算定した額を交付するものとする。

（法第六十三条第一項第六号に掲げる事業）

第百三十七条　法第六十三条第一項第六号に掲げる事業として、技能検定試験業務費補助金を交付するものとする。

（技能検定試験業務費補助金）

第百三十七条の二　技能検定試験業務費補助金は、職業能力開発促進法第四十七条第一項の規定に基づいて厚生労働大臣が技能検定試験に関する業務を行わせる指定試験機関であつて、当該業務に要する経費について補助を行うことが必要なものに対して、当該経費について、厚生労働大臣が定める基準に従つて算定した額を交付するものとする。

（法第六十三条第一項第七号の厚生労働省令で定める事業）

第百三十八条　法第六十三条第一項第七号の厚生労働省令で定める事業は、第百二十五条の三、第百二十五条の五、第百三十一条の二、第百三十四条及び第百四十条の二に定めるもののほか、次のとおりとする。

一　労働者に対して、その職業の安定を図るために必要な知識及び技能を習得させるための講習を行い、及び当該講習に係る受講給付金を支給すること。

二　労働者に対して、職業訓練の受講を促進するために必要な知識を付与させるための講習を行い、及び当該講習に係る受講給付金を支給すること。

三　事業主又は事業主団体に対して、育児・介護休業者職場復帰プログラム実施奨励金を支給すること。

四　都道府県に対して、職業訓練指導員の研修の実施を奨励すること。

五　技能士の全国的な団体であつて、厚生労働大臣の指定するものに対して、労働者が技能を習得することを促進するための活動を奨励すること。

六　労働者の能力を開発し、及び向上させることを促進するための事業を行う全国的な団体であつて、厚生労働大臣の指定するものに対して、教育訓練のための施設又は設備の設置又は整備その他技能者の育成及び地位の向上を図るための措置を講ずることを奨励するために必要な助成を行うこと。

七　卓越した技能者の表彰を行うこと。

八　技能労働者及び職業訓練指導員その他の職業訓練関係者の国際交流を行うこと。

九　雇用管理に関する業務に従事する労働者に対して、当該業務の遂行に必要な能力の開発及び向上を図るための研修を行うこと。

十　法第六十三条第一項第一号から第六号までに掲げる事業及び前各号に掲げる事業に附帯する事業を行うこと。

（職業訓練の受講を促進するための講習及び受講給付金）

第百三十九条　第百三十八条第二号に規定する講習は、受給資格者又は特例受給資格者であつて、職業訓練の受講を促進するため当該講習を受けることが適当であると公共職業安定所長が認めるものに対して行うものとする。

2　第百三十八条第二号に規定する受講給付金は、前項の講習を受ける労働者に対して、当該講習を受ける日数に応じて、支給するものとする。

（育児・介護休業者職場復帰プログラム実施奨励金）

第百三十九条の二　育児・介護休業者職場復帰プログラム実施奨励金は、育児休業者職場復帰プログラム実施奨励金及び介護休業者職場復帰プログラム実施奨励金とする。

2　育児休業者職場復帰プログラム実施奨励金は、次の各号のいずれにも該当する事業主又は事業主団体に対して、その実施する育児休業者職場復帰プログラムに係る被保険者の数、内容及び実施期間に応じて、支給するものとする。

一　育児休業者職場復帰プログラムに関する計画を作成した事業主又は事業主団体であること。

二　育児休業をした期間が三箇月以上である被保険者（被保険者に労働基準法第六十五条第二項の規定によつて休業した期間があり、かつ、当該期間の満了後引き続き育児休業をした場合にあつては、当該期間及び当該育児休業をした期間を通算した期間が三箇月以上である被保険者）に対して、前号の計画に基づく措置として育児休業者職場復帰プログラムを実施した事業主又は事業主団体であること。

三　前号の被保険者を当該育児休業の終了後引き続き一箇月以上雇用した事業主又はその構成員である事業主が前号の被保険者を当該育児休業の終了後引き続き一箇月以上雇用した事業主団体であること。

3　前項の育児休業者職場復帰プログラムとは、育児休業に係る被保険者に対して実施する当該被保険者が当該育児休業の終了後の当該被保険者に係る事業所において再び就業することを円滑にするための能力の開発及び向上に関する措置であつて、次の各号のいずれかに該当するものをいう。

一　育児休業中の被保険者に対する情報及び資料の継続的な提供

二　育児休業中の被保険者が当該事業所、当該事業所の事業主を構成員とする事業主団体の施設及び教育訓練施設以外の場所において、当該事業所の事業主、当該事業所の事業主を構成員とする事業主団体又は教育訓練施設が提供する教材を用いて受講する講習

三　育児休業中の被保険者に対し当該事業所において行う当該被保険者に係る事業所の業務の状況についての説明、育児休業の終了後の当該被保険者に係る事業所において再び就業することを円滑にするための能力の開発及び向上に関する相談、指導その他の援助

四　育児休業中の被保険者が当該事業所、当該事業所の事業主を構成員とする事業主団体の施設又は教育訓練施設において受講する実習その他の講習（育児休業の終了の日から起算して三箇月前の日以後に受講するものに限る。）

五　育児休業をした被保険者が育児休業の終了の日の翌日から起算して一箇月を経過する日までの間に、当該事業所、当該事業所の事業主を構成員とする事業主団体の施設又は教育訓練施設において受講する実習その

他の講習

4　介護休業者職場復帰プログラム実施奨励金は、次の各号のいずれにも該当する事業主又は事業主団体に対して、その実施する介護休業者職場復帰プログラムに係る被保険者の数、内容及び実施期間に応じて、支給するものとする。

一　介護休業者職場復帰プログラムに関する計画を作成した事業主又は事業主団体であること。

二　介護休業をした期間が一箇月以上である被保険者に対して、前号の計画に基づく措置として介護休業者職場復帰プログラムを実施した事業主又は事業主団体であること。

三　前号の被保険者を当該介護休業の終了後引き続き一箇月以上雇用した事業主又はその構成員である事業主が前号の被保険者を当該介護休業の終了後引き続き一箇月以上雇用した事業主団体であること。

5　前項の介護休業者職場復帰プログラムとは、介護休業に係る被保険者に対して実施する当該被保険者が当該介護休業の終了後の当該被保険者に係る事業所において再び就業することを円滑にするための能力の開発及び向上に関する措置であつて、次の各号のいずれかに該当するものをいう。

一　介護休業中の被保険者に対する情報及び資料の継続的な提供

二　介護休業中の被保険者が当該事業所、当該事業所の事業主を構成員とする事業主団体の施設及び教育訓練施設以外の場所において、当該事業所の事業主、当該事業所の事業主を構成員とする事業主団体又は教育訓練施設が提供する教材を用いて受講する講習

三　介護休業中の被保険者に対し当該事業所において行う当該被保険者に係る事業所の業務の状況についての説明、介護休業の終了後の当該被保険者に係る事業所において再び就業することを円滑にするための能力の開発及び向上に関する相談、指導その他の援助

四　介護休業中の被保険者が当該事業所、当該事業所の事業主を構成員とする事業主団体の施設又は教育訓練施設において受講する実習その他の講習（当該休業の終了の日から起算して一箇月前の日以後に受講するものに限る。）

五　介護休業をした被保険者が当該休業の終了の日の翌日から起算して一箇月を経過する日までの間に、当該事業所、当該事業所の事業主を構成員とする事業主団

体の施設又は教育訓練施設において受講する実習その他の講習

（調整）

第百三十九条の三　介護能力開発給付金又は訓練給付金の支給を受けることができる事業主が、同一の事由により、雇用調整助成金の支給を受けることができる場合には、当該支給事由によつては、介護能力開発給付金及び訓練給付金は支給しないものとする。

2　中小企業人材育成事業助成金の支給を受けることができる中小企業事業主の団体又はその連合団体が、同一の事由により、再就職支援体制整備奨励金、広域団体認定訓練助成金若しくは地域職業訓練推進事業助成金の支給、認定訓練助成事業費補助金の支給を受けて都道府県が行う助成若しくは援助、第百四十条第四号ロ若しくはハの都道府県が行う助成又は建労法第九条第一項に基づく助成を受けた場合には、当該支給事由によつては、中小企業人材育成事業助成金は支給しないものとする。

3　広域団体認定訓練助成金の支給を受けることができる中小企業事業主の団体又はその連合団体が、同一の事由により、地域職業訓練推進事業助成金の支給又は認定訓練助成事業費補助金の支給を受けて都道府県が行う助成若しくは援助を受けた場合には、当該支給事由によつては、広域団体認定訓練助成金は支給しないものとする。

4　地域職業訓練推進事業助成金の支給を受けることができる事業主の団体又はその連合団体が、同一の事由により、中小企業人材育成事業助成金若しくは広域団体認定訓練助成金の支給、認定訓練助成事業費補助金の支給を受けて都道府県が行う助成若しくは援助又は建労法第九条第一項に基づく助成を受けた場合には、当該支給事由によつては、地域職業訓練推進事業助成金は支給しないものとする。

5　情報関連人材育成事業派遣奨励金の支給を受けることができる事業主が、同一の事由により、雇用調整助成金、定着講習支援給付金、定年延長等職業適応助成金、介護能力開発給付金、訓練給付金、中小企業雇用創出等能力開発助成金及び地域人材高度化能力開発助成金の支給を受けることができる場合には、当該支給事由によつては、情報関連人材育成事業派遣奨励金は支給しないものとする。

6　介護能力開発給付金の支給を受けることができる認定事業主が、同一の事由により、求職活動等支援給付金、定着講習支援給付金、定年延長等職業適応助成金、求職活動支援給付金、認定訓練助成事業費補助金の支給を受けて都道府県が行う助成若しくは援助、訓練給付金、職業能力開発休暇給付金、中小企業雇用創出等能力開発助成金又は地域人材高度化能力開発助成金の支給を受けた場合には、当該支給事由によつては、介護能力開発給付金の支給はしないものとする。

7　訓練給付金の支給を受けることができる事業主が、同一の事由により、定着講習支援給付金若しくは定年延長等職業適応助成金の支給、認定訓練助成事業費補助金の支給を受けて都道府県の行う助成若しくは援助、介護能力開発給付金、中小企業雇用創出等能力開発助成金若しくは地域人材高度化能力開発助成金の支給又は建労法第九条第一項に基づく助成を受けた場合には、当該支給事由によつては、訓練給付金は支給しないものとする。

8　職業能力開発休暇給付金の支給を受けることができる事業主が、同一の事由により、求職活動等支援給付金、定着講習支援給付金、定年延長等職業適応助成金、求職活動支援給付金、介護能力開発給付金、中小企業雇用創出等能力開発助成金又は地域高度人材能力開発助成金の支給を受けた場合には、当該支給事由によつては、職業能力開発休暇給付金は支給しないものとする。

9　キャリア・コンサルティング推進給付金の支給を受けることができる事業主が、同一の事由により、定年延長等職業適応助成金、介護雇用管理助成金又は中小企業雇用創出雇用管理助成金の支給を受けた場合には、当該支給事由によつては、キャリア・コンサルティング推進給付金は支給しないものとする。

（国等に対する不支給）

第百三十九条の四　第百二十二条の四第三項及び第四項、第百二十五条第一項、第百二十五条の三第二項から第六項まで並びに第百三十一条の三第二項の規定にかかわらず、情報関連人材育成事業推進助成金、情報関連人材育成事業派遣奨励金、介護能力開発給付金、キャリア形成促進助成金及び再就職促進講習奨励給付金は、国等に対しては、支給しないものとする。

労働基準法（抄）

昭和二十二年　四月　七日法律第　四十九号
改正　平成　十三年十一月　十六日法律第百　十八号

（この法律違反の契約）

第十三条　この法律で定める基準に達しない労働条件を定める労働契約は、その部分については無効とする。この場合において、無効となつた部分は、この法律で定める基準による。

（契約期間）

第十四条　労働契約は、期間の定めのないものを除き、一定の事業の完了に必要な期間を定めるもののほかは、一年（次の各号のいずれかに該当する労働契約にあつては、三年）を超える期間について締結してはならない。

（労働条件の明示）

第十五条　使用者は、労働契約の締結に際し、労働者に対して賃金、労働時間その他の労働条件を明示しなければならない。この場合において、賃金及び労働時間に関する事項その他の厚生労働省令で定める事項については、厚生労働省令で定める方法により明示しなければならない。

2　前項の規定によつて明示された労働条件が事実と相違する場合においては、労働者は、即時に労働契約を解除することができる。

3　前項の場合、就業のために住居を変更した労働者が、契約解除の日から十四日以内に帰郷する場合においては、使用者は、必要な旅費を負担しなければならない。

（危険有害業務の就業制限）

第六十二条　使用者は、満十八才に満たない者に、運転中の機械若しくは動力伝導装置の危険な部分の掃除、注油、検査若しくは修繕をさせ、運転中の機械若しくは動力伝導装置にベルト若しくはロープの取付け若しくは取りはずしをさせ、動力によるクレーンの運転をさせ、その他厚生労働省令で定める危険な業務に就かせ、又は厚生労働省令で定める重量物を取り扱う業務に就かせてはならない。

2　使用者は、満十八才に満たない者を、毒劇薬、毒劇物その他有害な原料若しくは材料又は爆発性、発火性若しくは引火性の原料若しくは材料を取り扱う業務、著しくじんあい若しくは粉末を飛散し、若しくは有害ガス若しくは有害放射線を発散する場所又は高温若しくは高圧の場所における業務その他安全、衛生又は福祉に有害な場所における業務に就かせてはならない。

3　前項に規定する業務の範囲は、厚生労働省令で定める。

（坑内労働の禁止）

第六十三条　使用者は、満十八才に満たない者を坑内で労働させてはならない。

（徒弟の弊害排除）

第六十九条　使用者は、徒弟、見習、養成工その他名称の如何を問わず、技能の習得を目的とする者であることを理由として、労働者を酷使してはならない。

2　使用者は、技能の習得を目的とする労働者を家事その他技能の習得に関係のない作業に従事させてはならない。

（職業訓練に関する特例）

第七十条　職業能力開発促進法（昭和四十四年法律第六十四号）第二十四条第一項（同法第二十七条の二第二項において準用する場合を含む。）の認定を受けて行う職業訓練を受ける労働者について必要がある場合においては、その必要の限度で、第十四条の契約期間、第六十二条及び第六十四条の三の年少者及び妊産婦等の危険有害業務の就業制限並びに第六十三条及び第六十四条の二の年少者及び女性の坑内労働の禁止に関する規定について、厚生労働省令で別段の定めをすることができる。ただし、第六十三条の年少者の坑内労働の禁止に関する規定については、満十六才に満たない者に関しては、この限りでない。

第七十一条　前条の規定に基いて発する厚生労働省令は、当該厚生労働省令によつて労働者を使用することについて行政官庁の許可を受けた使用者に使用される労働者以外の労働者については、適用しない。

第七十二条　第七十条の規定に基づく厚生労働省令の適用を受ける未成年者についての第三十九条の規定の適用については、同条第一項中「十労働日」とあるのは「十二労働日」と、同条第二項の表六年以上の項中「十労働日」とあるのは「八労働日」とする。

第七十三条　第七十一条の規定による許可を受けた使用者が第七十条の規定に基いて発する厚生労働省令に違反した場合においては、行政官庁は、その許可を取り消すことができる。

（作成及び届出の義務）

第八十九条　常時十人以上の労働者を使用する使用者は、次に掲げる事項について就業規則を作成し、行政官庁に届け出なければならない。次に掲げる事項を変更した場合においても、同様とする。
一〜六　略
七　職業訓練に関する定めをする場合においては、これに関する事項
八〜十　略

労働基準法施行規則（抄）

昭和二十二年八月三十日厚生省令第　二十三号
改正　平成十四年四月一日厚生労働省令第　六十三号

第三十四条の二の二　法第七十一条の規定による許可を受けた使用者が行う職業訓練を受ける労働者（以下「訓練生」という。）に係る労働契約の期間は、当該訓練生が受ける職業訓練の訓練課程に応じ職業能力開発促進法施行規則（昭和四十四年労働省令第二十四号）第十条第一項第四号、第十二条第一項第三号又は第十四条第一項第三号の訓練期間（同規則第二十一条又は職業訓練法施行規則の一部を改正する省令（昭和五十三年労働省令第三十七号。以下「昭和五十三年改正訓練規則」という。）附則第二条第二項の規定により訓練期間を短縮する場合においてはその短縮した期間を控除した期間とする。）の範囲内で定めることができる。この場合、当該事業場において定められた訓練期間を超えてはならない。

第三十四条の三　使用者は、訓練生に技能を習得させるために必要がある場合においては、満十八歳に満たない訓練生を法第六十二条の危険有害業務に就かせ、又は満十六歳以上の男性である訓練生を坑内労働に就かせること

ができる。

2　使用者は、前項の規定により訓練生を危険有害業務又は坑内労働に就かせる場合においては、危害を防止するために必要な措置を講じなければならない。

3　第一項の危険有害業務及び坑内労働の範囲並びに前項の規定により使用者が講ずべき措置の基準は、別表第一に定めるところによる。

第三十四条の四　法第七十一条の規定による許可は、様式第十四号の二の職業訓練に関する特例許可申請書により、当該事業場の所在地を管轄する都道府県労働局長から受けなければならない。

第三十四条の五　都道府県労働局長は、前条の申請について許可をしたとき、若しくは許可をしないとき、又は許可を取り消したときは、その旨を都道府県知事に通知しなければならない。

年少者労働基準規則（抄）

昭和二十九年六月　十九日労働省令第　十三号

改正　平成　十四年二月二十二日厚生労働省令第十四号

（年少者の就業制限の業務の範囲）

第八条　法第六十二条第一項の厚生労働省令で定める危険な業務及び同条第二項の規定により満十八歳に満たない者を就かせてはならない業務は、次の各号に掲げるものとする。ただし、第四十一号に掲げる業務は、保健師助産師看護師法（昭和二十三年法律第二百三号）により免許を受けた者及び同法による保健師、助産師、看護師又は准看護師の養成中の者については、この限りでない。

一　ボイラー（労働安全衛生法施行令（昭和四十七年政令第三百十八号）第一条第三号に規定するボイラー（同条第四号に規定する小型ボイラーを除く。）をいう。次号において同じ。）の取扱いの業務

二　ボイラーの溶接の業務

三　クレーン、デリック又は揚貨装置の運転の業務

四　緩燃性でないフィルムの上映操作の業務

五　最大積載荷重が二トン以上の人荷共用若しくは荷物用のエレベーター又は高さが十五メートル以上のコン

クリート用エレベーターの運転の業務

六　動力により駆動される軌条運輸機関、乗合自動車又は最大積載量が二トン以上の貨物自動車の運転の業務

七　動力により駆動される巻上げ機（電気ホイスト及びエアホイストを除く。）、運搬機又は索道の運転の業務

八　直流にあつては七百五十ボルトを、交流にあつては三百ボルトを超える電圧の充電電路又はその支持物の点検、修理又は操作の業務

九　運転中の原動機又は原動機から中間軸までの動力伝導装置の掃除、給油、検査、修理又はベルトの掛換えの業務

十　クレーン、デリック又は揚貨装置の玉掛けの業務（二人以上の者によつて行う玉掛けの業務における補助作業の業務を除く。）

十一　最大消費量が毎時四百リットル以上の液体燃焼器の点火の業務

十二　動力により駆動される土木建築用機械又は船舶荷扱用機械の運転の業務

十三　ゴム、ゴム化合物又は合成樹脂のロール練りの業務

十四　直径が二十五センチメートル以上の丸のこ盤（横切用丸のこ盤及び自動送り装置を有する丸のこ盤その他反ぱつにより労働者が危害を受けるおそれのないものを除く。）又はのこ車の直径が七十五センチメートル以上の帯のこ盤に木材を送給する業務

十五　動力により駆動されるプレス機械の金型又はシヤーの刃部の調整又は掃除の業務

十六　操車場の構内における軌道車両の入換え、連結又は解放の業務

十七　軌道内であつて、ずい道内の場所、見通し距離が四百メートル以内の場所又は車両の通行が頻繁な場所において単独で行う業務

十八　蒸気又は圧縮空気により駆動されるプレス機械又は鍛造機械を用いて行う金属加工の業務

十九　動力により駆動されるプレス機械、シヤー等を用いて行う厚さが八ミリメートル以上の鋼板加工の業務

二十　削除

二十一　手押しかんな盤又は単軸面取り盤の取扱いの業務

二十二　岩石又は鉱物の破砕機又は粉砕機に材料を送給する業務

二十三　土砂が崩壊するおそれのある場所又は深さが五

メートル以上の地穴における業務
二十四　高さが五メートル以上の場所で、墜落により労働者が危害を受けるおそれのあるところにおける業務
二十五　足場の組立、解体又は変更の業務（地上又は床上における補助作業の業務を除く。）
二十六　胸高直径が三十五センチメートル以上の立木の伐採の業務
二十七　機械集材装置、運材索道等を用いて行う木材の搬出の業務
二十八　火薬、爆薬又は火工品を製造し、又は取り扱う業務で、爆発のおそれのあるもの
二十九　危険物（労働安全衛生法施行令別表第一に掲げる爆発注の物、発火性の物、酸化性の物、引火性の物又は可燃性のガスをいう。）を製造し、又は取り扱う業務で、爆発、発火又は引火のおそれのあるもの
三十　削除
三十一　圧縮ガス又は液化ガスを製造し、又は用いる業務
三十二　水銀、砒素、黄りん、弗化水素酸、塩酸、硝酸、シアン化水素、水酸化ナトリウム、水酸化カリウム、石炭酸その他これらに準ずる有害物を取り扱う業務
三十三　鉛、水銀、クロム、砒素、黄りん、弗素、塩素、シアン化水素、アニリンその他これらに準ずる有害物のガス、蒸気又は粉じんを発散する場所における業務
三十四　土石、獣毛等のじんあい又は粉末を著しく飛散する場所における業務
三十五　ラジウム放射線、エックス線その他の有害放射線にさらされる業務
三十六　多量の高熱物体を取り扱う業務及び著しく暑熱な場所における業務
三十七　多量の低温物体を取り扱う業務及び著しく寒冷な場所における業務
三十八　異常気圧下における業務
三十九　さく岩機、鋲打機等身体に著しい振動を与える機械器具を用いて行う業務
四十　強烈な騒音を発する場所における業務
四十一　病原体によつて著しく汚染のおそれのある業務
四十二　焼却、清掃又はと殺の業務
四十三　監獄又は精神病院における業務
四十四　酒席に侍する業務

四十五　特殊の遊興的接客業における業務
四十六　前各号に掲げるもののほか、厚生労働大臣が別に定める業務

女性労働基準規則（抄）

昭和六十一年一月二十七日　労働省令第　三号
改正　平成　十四年二月二十二日厚生労働省令第十四号

（臨時の必要のため坑内で行われる業務等）

第一条　労働基準法（以下「法」という。）第六十四条の二の厚生労働省令で定める業務は、次のとおりとする。
一　医師の業務
二　看護師の業務
三　新聞又は出版の事業における取材の業務
四　放送番組の制作のための取材の業務
五　高度の科学的な知識を必要とする自然科学に関する研究の業務

2　法第六十四条の二の厚生労働省令で定める妊産婦は、妊娠中の女性及び坑内で行われる前項各号に掲げる業務に従事しない旨を使用者に申し出た産後一年を経過しない女性とする。

（妊産婦の就業制限の業務の範囲等）

第二条　法第六十四条の三第一項の規定により妊娠中の女性を就かせてはならない業務は、次のとおりとする。
一　次の表の上欄に掲げる年齢の区分に応じ、それぞれ

同表の下欄に掲げる重量以上の重量物を取り扱う業務

年齢	重量（単位　キログラム）	
	断続作業の場合	継続作業の場合
満十六歳未満	十二	八
満十六歳以上満十八歳未満	二十五	十五
満十八歳以上	三十	二十

二　ボイラー（労働安全衛生法施行令（昭和四十七年政令第三百十八号）第一条第三号に規定するボイラーをいう。次号において同じ。）の取扱いの業務

三　ボイラーの溶接の業務

四　つり上げ荷重が五トン以上のクレーン若しくはデリック又は制限荷重が五トン以上の揚貨装置の運転の業務

五　運転中の原動機又は原動機から中間軸までの動力伝導装置の掃除、給油、検査、修理又はベルトの掛換えの業務

六　クレーン、デリック又は揚貨装置の玉掛けの業務（二人以上の者によつて行う玉掛けの業務における補助作業の業務を除く。）

七　動力により駆動される土木建築用機械又は船舶荷扱用機械の運転の業務

八　直径が二十五センチメートル以上の丸のこ盤（横切用丸のこ盤及び自動送り装置を有する丸のこ盤を除く。）又はのこ車の直径が七十五センチメートル以上の帯のこ盤（自動送り装置を有する帯のこ盤を除く。）に木材を送給する業務

九　操車場の構内における軌道車両の入換え、連結又は解放の業務

十　蒸気又は圧縮空気により駆動されるプレス機械又は鍛造機械を用いて行う金属加工の業務

十一　動力により駆動されるプレス機械、シヤー等を用いて行う厚さが八ミリメートル以上の鋼板加工の業務

十二　岩石又は鉱物の破砕機又は粉砕機に材料を送給する業務

十三　土砂が崩壊するおそれのある場所又は深さが五メートル以上の地穴における業務

十四　高さが五メートル以上の場所で、墜落により労働者が危害を受けるおそれのあるところにおける業務

十五　足場の組立て、解体又は変更の業務（地上又は床上における補助作業の業務を除く。）

十六　胸高直径が三十五センチメートル以上の立木の伐採の業務
十七　機械集材装置、運材索道等を用いて行う木材の搬出の業務
十八　鉛、水銀、クロム、砒素、黄りん、弗素、塩素、シアン化水素、アニリンその他これらに準ずる有害物のガス、蒸気又は粉じんを発散する場所における業務
十九　多量の高熱物体を取り扱う業務
二十　著しく暑熱な場所における業務
二十一　多量の低温物体を取り扱う業務
二十二　著しく寒冷な場所における業務
二十三　異常気圧下における業務
二十四　さく岩機、鋲打機等身体に著しい振動を与える機械器具を用いて行う業務

2　法第六十四条の五第一項の規定により産後一年を経過しない女性を就かせてはならない業務は、前項第一号から第十二号まで及び第十五号から第二十四号までに掲げる業務とする。ただし、同項第二号から第十二号まで、第十五号から第十七号まで及び第十九号から第二十三号までに掲げる業務については、産後一年を経過しない女性が当該業務に従事しない旨を使用者に申し出た場合に限る。

労働安全衛生法（抄）

昭和四十七年　六月　八日法律第　五十七号
改正　平成　十三年十二月　十二日法律第百五十三号

（就業制限）

第六十一条　事業者は、クレーンの運転その他の業務で、政令で定めるものについては、都道府県労働局長の当該業務に係る免許を受けた者又は都道府県労働局長若しくは都道府県労働局長の指定する者が行う当該業務に係る技能講習を修了した者その他厚生労働省令で定める資格を有する者でなければ、当該業務に就かせてはならない。

2　前項の規定により当該業務につくことができる者以外の者は、当該業務を行なつてはならない。

3　第一項の規定により当該業務につくことができる者は、当該業務に従事するときは、これに係る免許証その他その資格を証する書面を携帯していなければならない。

4　職業能力開発促進法（昭和四十四年法律第六十四号）第二十四条第一項（同法第二十七条の二第二項において準用する場合を含む。）の認定に係る職業訓練を受ける労働者について必要がある場合においては、その必要の限度で、前三項の規定について、厚生労働省令で別段の定めをすることができる。

労働安全衛生法施行令（抄）

昭和四十七年　八月　十九日政令第三百十八号
改正　平成　十三年　三月二十八日政令第　七十八号

（就業制限に係る業務）

第二十条　法第六十一条第一項の政令で定める業務は、次のとおりとする。

一　発破の場合におけるせん孔、装てん、結線、点火並びに不発の装薬又は残薬の点検及び処理の業務

二　制限荷重が五トン以上の揚貨装置の運転の業務

三　ボイラー（小型ボイラーを除く。）の取扱いの業務

四　前号のボイラー又は第一種圧力容器（小型圧力容器を除く。）の溶接（自動溶接機による溶接、管（ボイラーにあつては、主蒸気管及び給水管を除く。）の周継手の溶接及び圧縮応力以外の応力を生じない部分の溶接を除く。）の業務

五　第六条第十六号のボイラー又は同条第十七号の第一種圧力容器の整備の業務

六　つり上げ荷重が五トン以上のクレーン（跨《こ》線テルハを除く。）の運転の業務

七　つり上げ荷重が一トン以上の移動式クレーンの運転（道路交通法（昭和三十五年法律第百五号）第二条第一項第一号に規定する道路（以下この条において「道路」という。）上を走行させる運転を除く。）の業務

八　つり上げ荷重が五トン以上のデリックの運転の業務

九　潜水器を用い、かつ、空気圧縮機若しくは手押しポンプによる送気又はボンベからの給気を受けて、水中において行う業務

十　可燃性ガス及び酸素を用いて行なう金属の溶接、溶断又は加熱の業務

十一　最大荷重（フオークリフトの構造及び材料に応じて基準荷重中心に負荷させることができる最大の荷重をいう。）が一トン以上のフオークリフトの運転（道路上を走行させる運転を除く。）の業務

十二　機体重量が三トン以上の別表第七第一号、第二号、第三号又は第六号に掲げる建設機械で、動力を用い、かつ、不特定の場所に自走することができるものの運転（道路上を走行させる運転を除く。）の業務

十三　最大荷重（ショベルローダー又はフォークローダーの構造及び材料に応じて負荷させることができる最大の荷重をいう。）が一トン以上のショベルローダー又はフォークローダーの運転（道路上を走行させ

る運転を除く。）の業務

十四　最大積載量が一トン以上の不整地運搬車の運転（道路上を走行させる運転を除く。）の業務

十五　作業床の高さが十メートル以上の高所作業車の運転（道路上を走行させる運転を除く。）の業務

十六　制限荷重が一トン以上の揚貨装置又はつり上げ荷重が一トン以上のクレーン、移動式クレーン若しくはデリックの玉掛けの業務

労働安全衛生規則（抄）

昭和四十七年九月三十日　労働省令第三十二号

改正　平成十四年二月二十二日厚生労働省令第　十四号

（職業訓練の特例）

第四十二条　事業者は、職業能力開発促進法第二十四条第一項の認定に係る職業訓練を受ける労働者（以下「訓練生」という。）に技能を修得させるため令第二十条第二号、第三号、第五号から第八号まで又は第十一号から第十六号までに掲げる業務に就かせる必要がある場合において、次の措置を講じたときは、法第六十一条第一項の規定にかかわらず、職業訓練開始後六月（訓練期間が六月の訓練科に係る訓練生で、令第二十条第二号、第三号又は第五号から第八号までに掲げる業務に就かせるものにあつては五月、当該訓練科に係る訓練生で、同条第十一号から第十六号までに掲げる業務に就かせるものにあつては三月）を経過した後は、訓練生を当該業務に就かせることができる。

一　訓練生が当該業務に従事する間、訓練生に対し、当該業務に関する危険又は健康障害を防止するため必要な事項を職業訓練指導員に指示させること。

二　訓練生に対し、当該業務に関し必要な安全又は衛生に関する事項について、あらかじめ、教育を行なうこと。

2　事業者は、訓練生に技能を修得させるため令第二十条第十号に掲げる業務につかせる必要がある場合において、前項の措置を講じたときは、法第六十一条第一項の規定にかかわらず、職業訓練開始後直ちに訓練生を当該業務につかせることができる。

3　前二項の場合における当該訓練生については、法第六十一条第二項の規定は、適用しない。

最低賃金法（抄）

昭和三十四年　四月　十五日法律第百三十七号

改正　平成　十四年　五月三十一日法律第　五十四号

（最低賃金の原則）

第三条　最低賃金は、労働者の生計費、類似の労働者の賃金及び通常の事業の賃金支払能力を考慮して定められなければならない。

（最低賃金額）

第四条　最低賃金額（最低賃金において定める賃金の額をいう。以下同じ。）は、時間、日、週又は月によつて定めるものとする。

2　賃金が通常出来高払制その他の請負制で定められている場合であつて、前項の規定によることが不適当であると認められるときは、同項の規定にかかわらず、厚生労働省令で定めるところにより最低賃金額を定めることができる。

（最低賃金の効力）

第五条　使用者は、最低賃金の適用を受ける労働者に対し、その最低賃金額以上の賃金を支払わなければならない。

2　最低賃金の適用を受ける労働者と使用者との間の労働契約で最低賃金額に達しない賃金を定めるものは、その部分については無効とする。この場合において、無効となつた部分は、最低賃金と同様の定をしたものとみなす。
3　次に掲げる賃金は、前二項に規定する賃金に算入しない。
一　一月をこえない期間ごとに支払われる賃金以外の賃金で厚生労働省令で定めるもの
二　通常の労働時間又は労働日の賃金以外の賃金で厚生労働省令で定めるもの
三　当該最低賃金において算入しないことを定める賃金
4　第一項及び第二項の規定は、労働者がその都合により所定労働時間若しくは所定労働日の労働をしなかつた場合又は使用者が正当な理由により労働者に所定労働時間若しくは所定労働日の労働をさせなかつた場合において、労働しなかつた時間又は日に対応する限度で賃金を支払わないことを妨げるものではない。

（現物給与等の評価）

第六条　賃金が通貨以外のもので支払われる場合又は使用者が労働者に提供した食事その他のものの代金を賃金から控除する場合においては、最低賃金の適用について、これらのものは、適正に評価されなければならない。

（最低賃金の競合）

第七条　労働者が二以上の最低賃金の適用を受ける場合は、これらにおいて定める最低賃金額のうち最高のものにより第五条の規定を適用する。

（最低賃金の適用除外）

第八条　次に掲げる労働者については、当該最低賃金に別段の定めがある場合を除き、厚生労働省令で定めるところにより、使用者が都道府県労働局長の許可を受けたときは、第五条の規定は、適用しない。
一　精神又は身体の障害により著しく労働能力の低い者
二　試の使用期間中の者
三　職業能力開発促進法（昭和四十四年法律第六十四号）第二十四条第一項の認定を受けて行われる職業訓練のうち職業に必要な基礎的な技能及びこれに関する知識を習得させることを内容とするものを受ける者であつて厚生労働省令で定めるもの
四　所定労働時間の特に短い者、軽易な業務に従事する者その他の厚生労働省令で定める者

最低賃金法施行規則（抄）

昭和三十四年七月　十　日労働省令第　十六号

改正　平成　十二年十月三十一日労働省令第四十一号

第五条　法第八条の許可を受けようとする使用者は、許可申請書を当該事業場の所在地を管轄する労働基準監督署長を経由して都道府県労働局長に提出しなければならない。

2　前項の許可申請書は、法第八条第一号の労働者については様式第一号、同条第二号の労働者については様式第二号、同条第三号の労働者については様式第三号、前条第二項第一号の労働者については様式第四号、同項第二号又は第三号の労働者については様式第五号によるものとする。

七訂版　職業能力開発促進の実務手引　©

昭和45年３月15日　初版発行
昭和54年６月30日　改訂版発行
昭和57年11月30日　三訂版発行
昭和63年２月１日　四訂版発行
平成３年５月30日　五訂版発行
平成５年11月15日　六訂版発行
平成14年11月30日　七訂版発行

定価：本体 4,762（税別）

監　修　厚生労働省職業能力開発局

発行者　財団法人職業訓練教材研究会
〒162-0052　東京都新宿区戸山 1-15-10
電話　03（3203）6235

ISBN 4-7863-0307-0